JN202143

埼玉県東南部方言辞典

まえがき

本書『埼玉県東南部方言辞典』は、『埼玉県東南部方言の記述的研究』(くろしお出版2016) 付録のCD-ROM版の『埼玉東南部方言語彙集』をもととして作られている。『埼玉県草加市小山町方言の記述的研究』(1970年)、『埼玉県東南部方言の記述的研究』(1972年)以来、日常生活の中で折に触れ見聞きした方言の語彙や語法について、メモしたり考察を加えたりしたものを、書きためてきたものである。

旧版(1972年)の『埼玉県東南部方言の記述的研究　音韻篇』や『埼玉県東南部方言の記述的研究　文法篇』の本文で扱わなかった部分について補足する必要が生じた場合に、本文の該当箇所以外に、旧版(1972年)の『埼玉東南部方言語彙集』に関連項目を立てて書き加えてきたものもあったが、『埼玉県東南部方言の記述的研究』(2016くろしお出版)では、その多くを「補足」などの形で本文中の音韻編・文法編に組み込んだので、本書と重複する形になっているところがある。今回、見やすくするため活字を大きくし体裁も多少改めた。内容については、できるだけ目を通して、補うべきは補い、改めるべきは改めたが、長い期間にわたって書いてきたものであるため、内容の一貫性や精粗については、まだばらつきがあるように思う。

本書は、埼玉県東南部の大宮台地と東側の中川低地地域(川口市東部、草加市、八潮市周辺)に行われていた伝統的方言、とりわけ北足立郡旧安行村とその周辺の方言が対象になっている。この地域で行われる言語は大づかみに言えば、戦前(1945年以前)に言語形成期(尋常小学校)を終えた世代〈伝統的方言の世代〉、高度経済成長期以前(1970年頃以前)に言語形成期(小学校)を終えた世代〈伝承と共通語化の世代〉、高度成長期以後の世代〈伝承の断絶と消失の世代〉と、体系が大きく変容している。前述の諸論文は、このような状況の中で方言の消滅を予感し、方言の記録を言語学的に残そうと志して書かれたものであった。従って、戦前世代（高年層)と高度経済成長期までの戦後世代(成年層) の言語を対象に、同時に激しい共通語化にさらされる以前の比較的自律的だった体系を明らかにすることにも関心をもって、継続的に取り組んできた調査に基づいてまとめたものであった。本書は、音韻編、文法編に続く方言の語彙についてまとめたものということになる。

取り上げた語彙は、次のようなものである。

１つは、俚言といわれる地域特有な単語や民俗語彙といわれる習俗にかかわる語彙である。
俚言や民俗語彙は1970年代に主に草加市と川口市の安行地域およびその周辺地域で聞き集めたことばである。従って、『埼玉県東南部方言の記述的研究』(1972年)とほぼ同時代を反映している。「戦前世代(旧稿では「高年層」)」は戦前に、「戦後世代(旧稿では「成年層」)」は高度経済成長期(1970年前後)以前に言語形成期を終えていた世代を典型としている。高度経済成長期以後、俚言や民俗語彙は地域の共同体が共同体としてのまとまりと伝承を失っていく中で急速に消えていっている。明治生まれの人たちから聞き集めたことばも今ではあらかた死語になっている。

その一方で、生活語として根強く生き延びていることばがある。例えば「かたす」である。なぜ共通語の「かたづける」にならないのかというと、それには訳がある。この方言では「(机の上の物を)かたせ」と言われてそうしたら机の上には何もなくなる。「(机の上の物を)かたづけろ」と言われてそうしたら机の上は整頓されて物は残る。つまり、意味が違っていて意味が分担されているのである。こういう語はこの区別を必要とする話者がいる限り消えないのである。ほかにも、「ぶっつく」という動詞がある。これは「誰かが車にぶっついた」のように使われ、具体的な対象物への衝突を表す。これは共通語の「ぶつかる」に似ているが、「ぶつかる」は「あの人は何か壁にぶつかって悩んでいる」というように抽象的な障害に突き当たることにも使えるが、「あの人は壁にぶっついて…」と来たら「けがをして苦しんでる」となる。具体的な生の体験を表すことばも案外残るもののようである。

このように、この辞典では、滅び去ろうとしている俚言や民俗語彙だけでなく、今も使われる生活語彙や基礎語彙の一部と機能語である助詞・助動詞、接尾辞についても取り上げて説明している。特に格助詞については構文法との関連をふまえて詳しく説明してある。

次に、この辞典の特徴ともいうべきものを簡単に説明する。

１つは、見出し語を音韻表記していることである。埼玉特殊アクセントといわれる方言であるが、音韻的に弁別的なアクセント核の位置(下がり目の位置)を表示している。音声的で非弁別的な高低の問題については『埼玉県東南部方言の記述的研究』(2016くろしお出版)の「音韻」の「アクセント」(p63) を参照。基礎的・日常的でない語ではアクセントが１つでないものやアクセントの揺れというべきもののもあるが、気づいたものは注記し表示するようにしてある。但し、文の中では、ひと息に続けて発音されると後続語のアクセント核が抑圧されて消えたり、音調上の切れ目や音休止を置くと先行語の末尾のアクセント核が目立たなくなる（置いたつもりでも同様に先行語の末尾のアクセント核が目立たなくなることが観察される）など、表記が実際の発音とずれることがあることは了解しておいていただきたい。調査者がネイティヴ・スピーカーであることもこの辞典のアクセント表記の特徴になると思う。

もう１つは、見出し語の単語の品詞、活用の種類など文法事項を明示していることである。例えば「古くなる」の「ひねる」と「ねじるように回す」の「ひねる」では活用の注記がないとお手上げである。前者は(所動詞ナ行下一段)、後者は(他動詞ラ行五段)と注記している。従って、「ひねた(大根)」「ひねった(首)」となる。活用が変則・特殊なものは本文中で説明してある。

そのほか、ことばの記述に当たっても、言語学的に、断片的でなく体系的に、ことばの意味・用法や語誌・語源に配慮した説明を行っている。

ことばの意味・用法は、共起する形態や構文をおろそかにしないようにして、例えば、所動詞から他動詞を派生する接尾辞「＝かす」の項では、「(泥が)跳ねる」(所動詞)の派生他動詞の「(泥を)跳ねる」と「(泥を)跳ねかす」とを「雨垂れが泥を＋×わざと○跳ねてる／×わざと×跳ねかしてる」「車が泥を＋○わざと○跳ねた／○わざと○跳ねかした」のように、関連語を対比しつつ、違いを明らかにしている。(他動詞派生の「所動詞＋＝カス」と、使役動詞派生の「能動詞＋＝(サ)セル」の特に「自動詞＋＝(サ)セル」とは相補的なところがあり、また他動詞派生と使役動詞派生は同一か近似した原理に基づいていると思われることにも注意。)

ことばの語誌・語源については、音韻(音素とアクセント)を手がかりとして語形と意味を明らかにするように心がけている。例えば、戦前世代の尊敬命令の「早くしせー、早く起きせー」の尊敬命令形語尾「せー」の祖形・語源は明らかではなかった。「くれる」の尊敬命令の２形「くいせー、くんせー」の１つ「くんせー」は「*くれ＋せー→くんせー」では鼻音の由来が説明できない。そこで鼻的要素を持つ「*んせー」さらに遡って「*なせー」を仮定して、それから「くれ＋*なせー→くれ＋*んせー→くんせー」という過程を経て形成されたと説明できること、すなわち祖形・語源が「*なせー」であることを、「くいせー」の項で明らかにしている。

民俗・習俗語彙に関しては、民俗学や宗教学、宗教民俗学などの知見を参考にして広い視点から捉えて記述するように試みている。話の中で「生きているとき魂はどこにあって死んだらいつどこへ行くのか」と尋ねて教えてもらったことなども、／たまし˥ー tamasi˥ʀ／の項のように、参考に記している。

説明欄の最後に、見出し語に近似した語が、越谷(会田)吾山の『物類称呼』(1775)に取り上げられているものについてはできるだけ言及している。「草加、越ヶ谷、千住の先」といわれるように、吾山の出身地の越ヶ谷と草加は隣接した土地柄なのである。

辞書としてはまだ十分なものではないが、方言の特色ある語彙と基礎的な語彙のかなり多くは取り上げたと思う。もう消滅目前のかつて使われていた方言の語彙と語法を少しでも正確に記述し記録として残すことができたらと思っている。

埼玉県東南部方言辞典

見出し語など発音表記上の注意

見出し語は、音韻に基づく平仮名の表音表記と、ローマ字による音韻表記によって立てられている。

※戦後世代(高度経済成長期[1970年頃]以後の世代を除く)と戦前世代の音韻体系上の最大の相違点は、ア行の「イとエ」とハ行の「ヒとへ」が、戦後世代では「イ：エ /'i ：'e/」と「ヒ：へ /hi ：he/」のように音韻的に区別されるのに、戦前世代は音韻的対立が中和して、「イ～エ /'ɪ/」と「ヒ～へ /hɪ/」のように音韻的に区別がないことである。図式的には、戦後世代の「/'i ：'e/」「/hi ：he/」に、戦前世代の「/'ɪ/」「/hɪ/」が２対１に対応している。従って、この点で、戦後世代と戦前世代で共通する単語は、戦後世代の形から戦前世代の形が(不可逆的に)類推できるので、音韻に基づく平仮名の表音表記は、戦後世代の形をもって代表させるという便法を採用している。ローマ字による音韻表記は、断らない限り原則的に戦前世代の形を表記している。但し次項に述べるように、二重母音は便宜的に／Vi／と表記している。

分節音の音韻表記に関して

『埼玉県東南部方言の記述的研究』(くろしお出版2016。以下『記述的研究』と略記)との相違点：

1．ふつう二重母音に発音される連母音を、『記述的研究』では／V'i (戦前世代V'ɪ)／と表記したが、アクセント上の振るまいが「引音」や「撥音」を含む／Vʀ／／Vɴ／と同じである点—／V˥ʀ／／V˥ɴ／と／Vʀ˥／／Vɴ˥／が対立しないように、／V˥i(戦前世代V˥ɪ)／と／Vi˥(戦前世代Vɪ˥)／の音韻的対立がない点—を重視して、(戦前世代は音韻論的には／Vɪ／であるが、戦後世代の／Vi／と１対１に対応しているので戦前世代・戦後世代ともに便宜的に簡略に)／Vi／と表記した。

2．語頭の長い成節的鼻音の音韻表記を／んん＝、'ɴɴ-／から／んー＝、'ɴʀ-／に変更した。

アクセント表記に関して

1．˥はアクセント核の位置を示す。アクセント核とは低の直前の高い音節をいう。つまり、下がり目の位置を示す。アクセント核以前の高い音節は比較的平らに発音され、共通語と違って、第１音節から第２音節への上がり目ははっきりしない。

2．=˥もアクセント核の位置を示すが、これは自立語の末尾にのみ現れ、このアクセント核は統語的関係で位置が動く。一部の付属語を除いて、付属語が続くと単語境界を越えて付属語の第１音節にアクセント核が移動する。この場合、副次アクセント核(これも˥で表す)のある付属語のアクセントは抑圧される。自立語が続く場合は、アクセント核は単語境界を越えることなく自身の語尾音節の位置に現れる。つまり一種の尾高型(「尾高型Ｂ類」)となるが、他にアクセント核が動かない尾高型(「尾高型Ａ類」)があるので、【主に(見出し語など)「単語」としてのアクセント型を示す場合に、】=˥と表記することにした(例文などではアクセント核は˥で一律に表記)。なお、『埼玉県東南部方言の記述的研究』で／○˥'／と表記した語類が本辞典では／○=˥／と表記されていることに注意。

※一部の付属語とは／～みて˥ー・だ／（「～みたい・だ」）が代表的で、他に、動作名詞に付いて動詞相当連語を構成する付属語の／～しる、～できる˥／（「～する、～できる」）などがある。いずれも自立語起源の単語である。／ばか˥・みてー・だ／は「馬鹿を見た様だ→馬鹿みたようだ→馬鹿みたよだ→馬鹿みたいだ」と特個的に変化し成立した比較的新しい付属語である。

※１～３音節語(とりわけ１～２音節語)ではアクセント核が移動する「尾高型Ｂ類」も比較的はっきりしているが、４音節語以上でははっきりしなくなる。４音節語以上では尾高型Ａ類と区別しがたい、またアクセントが複数ある単語も存在する。

※単語末尾にアクセント核のある単語は、息の切れ目や音調上の切れ目を置いて後続の語に続くと核のない平板型と区別がつかなくなるが、切れ目を置かずに発音すると区別がはっきり現れる。

3．˥(中抜きの˥)と、⌒と、｜について：

˥：一息に発音されるときなど先行語句のアクセント核によって抑圧されるアクセント核を表す。抑圧されたアクセント核（の後の下がり目）は目立たなくなるか全く消えるが、息の切れ目(音休止・ポーズ）をおいて発音すると現れる。˥は煩瑣なので特に必要がなければ省く。

⌒：特に切れ目を置かずに自立語がひと息に続けて発音されることを⌒の記号で表すことがある。

｜：はっきりした音休止は｜で表す。「自立語＋付属語」結合や「連体語＋被連体語」結合では音休止の現れはまずないか非常に少ない。(なお、一部で音調上の切れ目を＋で表している。)

※一般に付属語の副次アクセント核は自立語にアクセント核がある場合は、特別の強調や軽いポーズが間に置かれたときなどを除いて抑圧される。特別の強調が助詞の意味の強調にあるときなどは逆に自立語のアクセント核が抑圧されて、自立語が平板に発音されることなどまである。

4．¯は仮名表記の見出し語などに付けてこの語がアクセント核をもたないことをはっきり表すために用いる音韻論的には剰余的な記号である。斜線で引用される方言の例文ではこの記号は付けないこともある。また、必要に応じて音韻表記等のローマ字にもこの記号を付けることがある。

注．分節音の音韻表記の１で取り上げたように、この方言では、いわゆる特殊音節（引き音・撥ね音・促め音）と「イ連母音／Vi／」は、アクセント核に関して、例えば／V˥ʀ／と／Vʀ˥／は音韻的に対立しない。音声学的には、呼気段落の末尾(ポーズの直前)では／V˥ʀ／が、その他の他の語に続く位置では／Vʀ˥／が現れる傾向があり、自然な発話ではどの位置でも／Vʀ˥／の発音がよく聞かれる(なお促め音はほとんど常に／Vǫ˥／である)。核の位置の表記は統一すべきだが、採録時のそれをそのまま残した表記をしてあるものもある。特に native speaker でもある筆者の使用語彙でないものに関しては殆どそうした扱いをとっているが、音韻的に対立するものではないことに注意。

注．アクセント核が末尾にある動詞のいわゆる尾高型の単語は単独で発音されるとき、現在では後ろから二番目にアクセント核が現れるいわゆる中高型に発音される傾向が戦後世代に著しくなっているが、続けて発音されるときはそれでも尾高型が卓越している。そんなわけで、この辞書ではこういう動詞類は尾高型のみを表記する。動詞はもう一つアクセント核がない類が尾高型と並んで二大類をなす。しかし、共通語と違って、その他の位置に固定的アクセント核があるものがかなりある。

注．１音節語は／○=¯～○ー¯／／○=⌉～○ー⌉／と見出し表記しているが、次のような統語音韻論的 syntactico-phonemic 条件に従う。なお、「単語」の表記には／○=¯、○=⌉／を代表形として用いる。
①短音形は、付属語を伴なうか、指示語性の連体語（指示連体詞）を受けたときに現れる形である。
②長音形は、単独で発音されるか、付属語を伴わない形で文中に現れる形。
③普通の連体語を受けるときは、短音形、長音形いずれも現れ、自由変異の関係にある。

注．拍数の多い語の、／○○○○⌉／(尾高型Ａ類)、／○○○○=⌉／(尾高型Ｂ類)、／○○○○¯／(平板型)のアクセントは、かなり区別が微妙になっている。一応、
①他の語と一息で発音されるときに語尾に核が現れること、
②付属語「みたい・だ」との結合で語尾に核が現れることで、
／○○○○⌉／(尾高型Ａ類)と／○○○○=⌉／(尾高型Ｂ類)を、／○○○○¯／(平板型)から区別し、
③助詞の「の」との結合で、語尾の核が残るか消えるかを目安として、
／○○○○⌉→○○○○⌉・の／のように残れば「尾高型Ａ類」、／○○○○=⌉→○○○○・の／のように消えれば「尾高型Ｂ類」として区別することが可能ではある。
しかし、／○○○○=⌉／(尾高型Ｂ類)とした語は、〈他の付属語との結合で規則的に１拍ずれるかどうか、ときに「の」が付いて核が消えるかどうか〉は、２・３拍語に比べてはっきりしなくなっている。つまり、「ずれる」「消える」は「尾高型Ｂ類」に固有の形だが、「ずれない」「消えない」ような場合では「尾高型Ａ類」と同じになってしまっている。これ以上の多拍語においても同様である。
実際に拍数が多い語のアクセントについて聞くと、中高型については比較的はっきりした覚識があるのに、尾高型・平板型については、話者が、尾高型Ａ類にも尾高型Ｂ類にも平板型にも、どちらにも言う、どちらでもよい、という語が多くなっている。接尾辞「=さま／-sama／」の項を参照。
本辞典に載せた語句についても、筆者の使用語彙ではないものについては、上記のチェックができないので、聞いたまま載せてあり、また単独で発音された単語は、尾高型Ａ類か尾高型Ｂ類か平板型か明らかでないので、語によっては記載した型に混乱があるかもしれない。さらに、短い拍数の単語も含めて話者によってアクセントの型が異なる単語もあり、たまたま使っているもの・聞いたものを載せて、他のアクセントを落としている場合も考えられ、ここで記載されたものだけがすべてというわけではない。

文法的事項に関して（学校文法と異なる点など）
1．形容動詞語幹は「状態詞」として、「名詞」とともに「体言」の下位類とする。
2．単語としての「付属語」と単語未満の「付属形式」を区別する。（付属形式は前後に = を付けて表記。）
3．単語未満の付属形式は、語基の統語関係の変更の有無で、変更するものを「派生接尾辞」、変更せず統語関係を維持するものを「屈折接尾辞」とする。
4．「屈折接尾辞(＝屈折語尾)」は、再活用の有無で、再活用するものを「拡張接尾辞(＝拡張語尾)」、再活用せず統語的な断続機能と文法意味を付与するものを「統語接尾辞(＝統語語尾)」とする。
※学校文法に関連させて言えば、使役のセル・サセル、受身のレル・ラレルなどが「派生接尾辞」、否定のナイ・願望のタイ・丁寧のマス・過去のタなどのいわゆる助動詞が「拡張接尾辞」、接続のテ・ツツ・ナガラ、仮定のバ、禁止のナや、いわゆる活用語尾が「統語接尾辞」となる。
従って、付属語としての「助動詞」「助詞」はこれらを除いたものとなる。
5．単語としての付属語は、「助動詞」「準体助詞」「助詞」「間投助詞」に下位区分する。
6．助動詞のダ・デスを、国文法的「断定の助動詞」から一般文法的「繋合詞」に呼び変えている。
7．文法用語・術語などの細部は『記述的研究』本文を参照。独特なものはその都度できるだけ学校文法の用語を併記した。活用の種類は、学校文法的に表示した。

アステリスクの記号「*」は、それが付けられている形式が理論的な仮説形や再構形であることを表す。
記号「＋」は、上記の音調上の切れ目(//の中で)の他に、形態的・統語的な切れ目(「」の中で)を表す。
見出し語の文法項目で『記述的研究』から抜き出し立項したものについては内容に重複するものがある。

本辞典で言及するアクセントに関しては主に次の文献を参考にした：
『日本語アクセント史総合資料索引篇』(東京堂出版1997)秋永一枝・上野和昭他編
『「早稲田語類」「金田一語類」対照資料』(アクセント史資料研究会1998)坂本清恵・秋永一枝他編
『日本国語大辞典』(小学館第一版1972・第二版2002)のアクセント注記
『日本大辞書』(明法堂版1893影印復刻ノーベル書房1978)山田美妙
『(新)明解日本語アクセント辞典』(三省堂1958～新明解第二版2015)金田一春彦監修・秋永一枝編
『全国アクセント辞典』(東京堂1960)平山輝男編

本辞典で言及する、越谷(会田)吾山『物類称呼』は次の文献による。
『物類称呼』(1941岩波書店)
『物類称呼』(1972古典資料20藝林舍)
『物類称呼』(1976生活の古典双書17八坂書房)

本辞典で言及する、『日葡辞書』は次の文献による。
『邦訳日葡辞書』(岩波書店1980)
『パリ本・日葡辞書』(1976勉誠社)

あー¯(〜あー˥) ／'aʀ(〜'aʀ˥)／（指示副詞）

遠称の指示副詞。ああ。繋合詞「だ/da/」、終助詞「か/ka/」、係助詞「は/'wa/」「も/mo/」、状態詞的準体助詞「みたい/mite(˥)ʀ/」との連語では、平板型の他に尾高型も聞かれ、語形の揺れが見られる。

あー˥っさらし ／'aʀ˥Qsarasi／（感動詞）

人の発言を、多少驚きをこめて感嘆的に受け止めて、「ああ、そうか。そうですか。」のように使われる。話し手と聞き手が交互に立場を替えながら、「あーっさらし」「あーっさらし」と言い言い話を続けていた場面が記憶に残る。

※語源的には、感動詞「ああ」と形容詞「恐ろしい」(あるいはその語尾短呼形か語幹形の「恐ろし」)とから成る感動文「ああ恐ろしい。」(あるいは「ああ恐ろし。」)に起原する感動詞ではないかと思われるが、方言では「恐ろしい」は／おっかな˥い 'oQkana˥i／と言って、「恐ろしい/'osorosi˥ʀ/」とは言わないので、その化石(的残存)形かもしれないが、本当のところはよく分からない。

※詳しい意味用法など不明だが、似た語形の語に、森下喜一『栃木県方言辞典』(1977桜楓社)に「あっそろしー囮 恐ろしい。ああ、恐ろしい。栃木・小山・真岡・矢板・上都賀」が見られる。

あー˥よ〜あ˥よ ／'aʀ˥'jo〜'a˥'jo／（感動詞）

相手の返事を促すことば。／あ˥よ／は頭高で発音されアクセント核は後退しない。

あい¯ ／'ai／（連体詞）

ああいう。遠称の状態指示の連体詞。名詞に先立つが、代名助詞(準体助詞)「の」にも先立つ。

／あい⌒やつ˥ら・わ　あい⌒こと˥⌒やって　いー˥⌒き・な　もん˥・だ↓／

(ああいう奴らはああいうことをしていい気になっている。)

／あい˥・の・わ　どー˥・か・ともー・よ↓／(ああいうのはどうかと思うよ。)

※「ああいう」の短縮形に基づく。／'aʀ'juʀ→'aʀ'ju→'aʀ'ɪ→'ai／と転訛したもの。

あいこ˥ん ／'aiko˥ɴ／（動作名詞）

ジャンケン。かけ声は、昭和20年代では／あいこ˥ん　え˥し／と言っていた(安行辺り)。

※昭和30年ごろ子どもたちは、「いし・グウ」を／クロ˥ kuro˥／、「はさみ・チョキ」を／ミッ˥キ miQ˥ki／、「かみ・パア」を／ベテ˥〜ベッ˥テ bete˥〜beQ˥te／といっていた。それぞれ漫画の主人公や登場人物に因むという。

あいたいずく¯ ／'aitaizuku／［相対尽く］（名詞）

相談ずく。納得ずく。／あいたいずく・で　やった　こと˥／

あいだ¯ ／'aida／［間］（名詞）

二つの物事にはさまれた部分を表す。／あいだっこ¯ 'aidaQko／に比べて一般的・抽象的である。

※形式名詞用法の、例えば／gaQkoʀ ni 'iru 'aida hjoʀzjuɴŋo hanasu˥／(学校にいるあいだ標準語を話す)は、「標準語を話す」コトが行われる時間を、「二つの物事にはさまれた部分」を表す「間」と把えることで、「学校に居ル」以前と「学校に居タ」以後を排除した、「学校に居る」アイダ、即ち「居始め」から「居終わり」までの「居る」状態が持続している期間、と有限界的・有界的に述べている。「学校にいるあいだダケ標準語を話す」を含意しやすいのはそのためと思われる。

あいだっこ¯ ／'aidaQko／［間っこ］（名詞）

／あいだ¯ 'aida／と違い、具体的な物と物との間をいう。

／そこ・の　あいだっこ・に　おっこ˥とした↓／(そこの間の場所に落とした。)

※一般的に指小辞(接尾辞)／=っこ -Qko／は、事物を具体的に指す傾向がある。

あいつ¯ ／'aicu／（代名詞）

話し手と聞き手から遠くにいる軽い待遇の個人や生物個体を指して言う。複数形に／あいつら˥／がある。遠くにある個物を指して言うこともあるが、個物は多くの場合／あれつ¯ 'arecu／と指称される。なお、／あれつ¯／には複数形／*あれつら˥／はない。

あいつ˥〜あいつつ˥〜あいつつつ˥ ／'aicu˥〜'aicucu˥〜'aicucucu˥／
〜 あい˥つ〜あい˥つつ〜あい˥つつつ ／'ai˥cu〜'ai˥cucu〜'ai˥cucucu／（感動詞）

痛みを感じたときとっさに口に出ることば。「あ痛」の訛語([*ai˥ta]→[ai˥tsu])かも知れないが不明。

／あいつつ˥、あいつつつ˥、…／は、／あいつ 'aicu˥／の程度強調の強意語。尾高型アクセントが多いが、中一高型も聞かれる。／あいて˥ 'aite˥／とも言う。

あいて˥〜あいてて˥〜あいててて˥ ／'aite˥〜'aitete˥〜'aitetete˥／
〜 あい˥て〜あい˥てて〜あい˥ててて ／'ai˥te〜'ai˥tete〜'ai˥tetete／（感動詞）

痛みを感じたときとっさに口に出ることば。／あいて˥ー 'aite˥ʀ／も聞かれる。「あ痛い」の訛語。

／あいてて˥、あいててて˥、…／は、／あいて˥ 'aite˥／の程度強調の強意語。尾高型アクセントが多いが、中一高型も聞かれる。／あいつ˥ 'aicu˥／とも言う。同じ事態を形容詞「痛い」自体で表現するときは、／いて˥〜いて˥ー／や／いてて˥〜いててて˥／となる。

あい˥て(〜あえ˥て) ／'ai˥te／(〜戦後世代／'a'e˥te／)［敢えて］（副詞）

そんなに、たいして。／せ・わ˥　あえ˥て　かわんねー・な˥ー↓／（背はそれほど変わらない。）

あいな¯ ／'aina／（連体詞）

ああいうふうな。遠称の外貌的状態指示の連体詞。

／あいな⌒こと˥／ああいうようなこと、ああいうふうなこと、という意味。

※「ああいうような」の意味の／'ai 'jo˥ na／の訛語の可能性が高いが、「ああいうふうな」の意味の

／'ai hu꜔ na／の転訛の可能性も考えられる。アクセント核は消失している。

あいに¯　／'aini／（副詞）前項の連体詞に対応する副詞
ああいうふうに。／あいに　ゆったっ˥て、ほんと・ん⁀とこん・わ　どー˥・か・なー↓／

あう˥～あー˥　／'a'u꜔～'aʀ꜔／［会う］（自動詞ワ行五段）
「{[ひとガ]＋[ひと{ニ／ト}]／[ひとト＋ひと]ガ}＋対面する」。会う。
※「会う」は「会う主体」と「会う相手」を必要とする二項動詞で他動詞的である。但し、通常の他動詞と異なり、受身形はない。これは補足語(目的語)が単なる(一方向的な)「対象」ではなく、相互主体的な性質をもつ(双方向的な)「相手」であることが関連しているものと思われる(後述)。
「会う相手」は、与格助詞の「ゲ」で表されることはなく(使うと非文法的な文(非文)になる)、位格助詞「ニ」か、(「共同者」の)共同格助詞「ト」で示される。
／ひと・{ニ／ト}　あう˥／（*／ひと・ゲ　あう˥／は非文)。
また、「会う主体」と「会う相手」は、交換しても出来事の知的意味に違いがないことから分かるように、いわば「相互主体的intersubjective」な関係にあるので、両者を並立助詞で並置することで主語とすることができる。その場合は補足語を欠く文になる。
「太郎ガ＋花子{ニ／ト}＋会った」≒「花子ガ＋太郎{ニ／ト}＋会った」
≒「[太郎ト花子]ガ＋会った」。
※二項能動詞の補足語は、対格助詞「コト」(対格目的語(直接目的))をとるものが一番多く、次に、与格助詞「ゲ」(与格目的語(間接目的))が多い。格助詞「ニ」(相手)を取るものは、「会う」「勝つ・負ける」「似る」など語的に限られ、比較的少数である。前述のように、文法的なふるまいの点でも、前二者とは異なっている。
※なお、古代語「会ふ」は、現代語と異なり、古く補足語(目的語)に対格目的語を取ったかもしれない。『伊勢物語』東下りの段の「修行者φ会ひたり」は、「修行者φ(＝ガ[主語])会ふ」や「修行者φ(＝ニ[補足語])会ふ」(ニのφ形態は異例)ではなく、φ(ゼロ)形態の対格目的語をとった「修行者φ(＝ヲ)会ふ」かもしれない。対義語の「別る(別れる)」からもそう推測される。cf. 英語"meet")

あう˥～あー˥　／'a'u꜔～'aʀ꜔／［合う］（所動詞ワ行五段）
「{[ものガ]＋[もの{ニ／ト}]／[ものト＋もの]ガ}＋ぴったりくっつく」。合う。
／くつ˥　あし・に˥　あって˥ねー↓／(靴が足に合っていない。)
≒／くつ・と˥⁀あし　あって˥ねー↓／(靴と足が合っていない。)
※他動詞は、使役動詞の／あわせる˥ 'a'waseru꜔／(「合わせる」サ行下一段特殊)が転用される。他動詞として代用される使役動詞の／あわせる˥ 'a'waseru꜔／から派生する一種の自動詞、厳密には自発(＝自然可能)の形(脱使役decausativeの形)が、／あわさる˥ 'a'wasaru꜔／(「合わさる」)で、このような（使役動詞からの自発(＝自然可能)動詞の）派生は方言としては(共通語でも)特異なものだが、このような派生(/('a'w)-ase-ru/―/('a'w)-asar-u/)が一般化したのが北海道・東北方言のいわゆる自発(＝自然可能)の助動詞「サル・ラサル」であろうと考えられる。

あお˥い　／'a'o꜔i／［青い］（形容詞）
①色の(「緑色」を含む)青い。②果物などが熟していない。青い。程度名詞は／あお˥さ 'a'o꜔sa／。名詞は／あお˥ 'a'o꜔／。強意形は／まっつぁお˥ maQca'o꜔～まっさお˥ maQsa'o꜔／(状態詞)。

あおだいしょー¯　／'a'odaisjoʀ／［青大将］（名詞）
蛇の一種。

あおっちろ˥い～あおっちれ˥ー　／'a'oQciro꜔i～'a'oQcire꜔ʀ／［青白い］（形容詞）
主に顔色について、血の気がなく青白い。

あおっぱな¯　／'a'oQpana／［青洟］（名詞）
子どもなどが垂らす青い色(緑色)の粘りけのある鼻汁。最近はめったに目にしない。
※粘りけのない水っこい鼻汁は／みずっぱな¯ mizuQpana／(水洟)という。

あおむ˥し　／'a'omu꜔si／［青虫］（名詞）
青虫。「蛾/ga=¯/」と「蝶々/cjoʀcjo꜔/」の子ども(幼虫)で、体表面に(目立つ)毛が無く、体色が青い(緑色の)もの。⇒／けんむ˞し˥ keɴmusi꜔／(毛虫)、／いもむ˞˥し 'ɪmomu꜔si／(芋虫)の項を参照。

あか˥　／'aka꜔／［赤］（名詞）
①色の「赤」。②金属の「銅」。

あか=˥　／'aka=꜕／［垢］（名詞）
こすると取れる、体の皮膚表面の汚れ。垢。
※こすると取れる、頭の皮膚表面の汚れは／ふけ=˥ huke=꜕／と言う。

あかい¯～あけー¯　／'akai～'akeʀ／［赤い］（形容詞）
①色の「赤い」。②果物などが熟している。程度名詞は／あかさ¯ 'akasa／。名詞は／あか˥ 'aka꜔／。強意形は／まっか˥ maQka꜔／、さらなる強意形は／まっかっか˥ maQkaQka꜔／、いずれも状態詞。

あがく˥　／'aŋaku꜔／（自動詞カ行五段）
欲ばる、むさぼる。／あがい˥て　くー˥／(欲ばって食う)
※語源的には上代語「あがく(足＋掻く)」(馬が前足で地面を掻く）からと思われる。『日葡辞書』に、「agaqi, u, ita」(アガク)の比喩的意味として「何かの仕事や目標に向かって熱心に励む」とあるのが意味派生の中間項として参考になろう。

あか⌉げーろ ／'aka⌉ŋeʀro／［赤蛙］(名詞)
アカガエル(赤蛙)。複合語の接合部にアクセント核が現れる。薬といって焼いて食する人がいた。

あかつち¯ ／'akacuci／［赤土］(名詞)
／のーがた¯ noʀŋata／(洪積台地)に広く分布する赤褐色をした土。学問的には関東ローム層といわれるもの。

あかっぱじ¯ ／'akaQpazi／［赤っ恥］(名詞)
ひどくみっともない恥。動詞表現は／あかっぱじ⌒かく⌉／。
※この「赤」は「むき出しの、あらわな」の意味で、／'aka⌉ no taniɴ／(赤の他人)、／'akahada⌉ka／(赤裸)の／'aka⌉／(赤)と同じものである。

あか⌉とんぼ ／'aka⌉toɴbo／(名詞)
赤トンボ。複合語の接合部にアクセント核が現れる。
※アクセントは(古い)東京語の頭高型の［ア⌉カトンボ］に対応する。類例に、／なか⌉せんどー／(中山道)、／かげ⌉ぼーし／(影法師)、／かた⌉ぐるま／(肩車)などがある。／ねぎ⌉ぼーず／(葱坊主)も型対応からは祖形は頭高型と想定されるが、東京語は中二高型で対応していない。
※『物類称呼』に、「とんばう」の項に「東武にて○あかとんぼと云　和名あかゑんば也」とある。

あがりっぱな¯ ／'aŋariQpana／［上がりっ端］(名詞)
①入り口。上がり口。端近。対義語は／おく⌉ 'oku⌉／(奥)。
②土間に入ってすぐの「小縁/ko'ɪɴ¯/」や「小縁」に続く「座敷/zasiki=⌉/」のことをいうとも言う。
※／とばっくち¯ tobaQkuci／(入り口。端近)と同じだと言う話者があるが、／あがりっぱな¯ 'aŋariQpana／は土間に入ってすぐの「小縁」(やそれに続く「座敷」の部屋) のこともいうようで、入り口、特に土間の入り口をいう／とばっくち¯ tobaQkuci／とは語義を異にするようである。
⇒／こえん¯ ko'ɪɴ／(小縁)、／ざしき=⌉ zasiki=⌉／の各項を参照。

あかる¯ ／'akaru／［開かる］(①所動詞・②可能動詞。ラ行五段)
①「(知らないうちにいつの間にか)戸ガ＋開かってる」
「出来事の自然(自ずから然る)的成立」を表す「戸ガ＋開く」に、「出来事の起こし手」が加わったところの「出来事の他然(他の然らしめる)的成立」を表すのが、「{誰か／何か}ガ＋戸φ＋開ける」であるが、この「出来事の起こし手」の存在を含意しつつ括弧入れしたのが、「戸ガ＋開かる」である(脱使役decausativization)。従って、単なる出来事としての「戸ガ＋開く」に比べると、「戸ガ＋開かる」には背後に起こし手の影があって、「{誰か／何か}が「開けた」から「開かった」のだという事態の把え方」があるように感じられる。
②「(どうやっても)おれ{ガニ／ニ}は＋この戸ガ＋開からない」
「(どうやっても)おれ{ガニ／ニ}は＋この戸ガ＋開けられない」とほぼ同意の表現で、他にも、例えば、「(どうやっても) おれ{ガニ／ニ}は＋腕ガ＋{挙がらない(≒挙げられない)／曲がらない(≒曲げられない)}」などがある。このように下一段動詞から派生する可能動詞には、一般的・規則的な「-Ce-rare-ru(否定形-Ce-rare-na-i)」型と、個別的・語彙的な「-Care-ru(否定形-Care-na-i)」型が存在する。

あがる¯ ／'aŋaru／［上がる］(自動詞・所動詞ラ行五段)
垂直上下の上方向に非連続的に移動することで、斜め上下の上方向に連続的に移動することを表す／のぼる¯ noboru／(上る)とは、違いがある。例えば、「いま二階{?へ(/'i/)／に}上がってる/'aŋaQteru¯/」は、移動が完了していて「二階に居る」こと(移動完了＝結果相)を意味するが、「いま二階{へ(/'i/)／に}上ってる/noboQteru¯/」は、移動が完了していず「(途中の)階段に居る」こと(移動途中＝継続相)を表しているなど、意味に違いがある。⇒／のぼる¯ noboru／(上る)を参照。

あかるい¯～あかりー¯ ／'akarui～'akariʀ／［明るい］(形容詞)
明るい。程度名詞は／あかるさ¯ 'akarusa／。反対語は／くらい¯～くれー¯ kurai～kureʀ／(暗い)。
※「赤(あか)し(→赤(あか)い)」と「明(あか)し(→明(あか)い)」が上代語以来西日本諸方言では未分化で、東日本諸方言では「赤い」と「明るい」に分化していることがよく知られている。しかし、語形「明るい」が「赤(あか)い・明(あか)い」からどう派生・分化したかは案外難しい。「あか＋い」→「[あか＋る]＋い」という形容詞派生は類がないからである。考えられることは、「あか」に接尾辞の「ら」の付いた状態詞の「あから」を語基として動詞形成接尾辞の「む」が付いて動詞「[あから]む」が作られ、次にその母音交替形の「[あかる]む」ができて、「赤」「明」の分化に伴って必要とされるようになった「明」の意味をになう形容詞の「[あかる]い」がそこから逆形成 back-formation 的に作られたという筋道かと思われる。(「あか」→「あから」→「あからむ」→)「あかるむ」→「あかるい」

あかんべ⌉ ／'akaɴbe⌉／(動作名詞)
しぐさを伴う現場的用法では、指で下まぶたを裏返して赤い部分を見せ、相手に対する強い拒絶・軽蔑・あざけりを表す。比喩的転用法では、単に、相手に対する拒絶・軽蔑・あざけりを表す。
／いまごろ・わ　あかんべ⌉　してん・だ⌉んべ・な↓／
([目の前にいる時とは違って、目の前にいない] 今は、いい気味だと思っているだろう。)
※／あっかんべ⌉ 'aQkaɴbe⌉／という強調形や、上略形に基づく／べー⌉ beʀ⌉／も聞かれる。
※「赤目」が「あかめ→あかんめ→あかんべ」と転じたもの。

あかんぼ¯ ／'akaɴbo／(名詞)

乳児。赤ちゃん。赤ちゃんをおなか側に抱えることを／だく‾ daku、だっ˥こ daQ˥ko／(抱く・抱っこ) といい、背中側に背負うことを／ぶー˥～ぶう˥ buʀ˥～bu'u˥、おん˥ぶ 'ᴏɴ˥bu／(おぶう・おんぶ) という。赤ちゃん側から把え返した自動詞表現は、それぞれ／だかる‾ dakaru／(抱かる)、／ぶっつぁ˥る buQca˥ru／(おぶさる)となる。⇒／だかる‾ dakaru／、／ぶっつぁ˥る buQca˥ru／
「母親ガ＋あかんぼコト＋{抱く／ぶう}」:「あかんぼガ＋母親ニ＋{抱かる／ぶっつぁる}」

あき˥ ／'aki˥／［秋］(名詞)
秋。涼しくなっていく季節として秋は把えられている。〈暑い夏→涼しい秋〉というふうに、基準が夏にあるのか、春と同じ気温でも、暖かい(季節)とは把えられていない。「真夏」に対する「真秋」の不在にも注意。

あきねー˥ ／'akineʀ˥／［akine:˥▷～akine˥:♯］(動作名詞)
商い。／なん˥・か　あきねー˥⁀してた・っつってた↓／(何か商売をしていたと言っていた。)
※本方言では、アクセント核に関して、／V˥ʀ／と／Vʀ˥／は音韻的に対立しない。音声学的には、呼気段落の末尾(ポーズ「♯」の直前)では／V˥ʀ／、他の付属語などに続く位置(▷で表している)では／Vʀ˥／が現れる傾向があり、自然な発話ではどの位置でも／Vʀ˥／の発音がよく聞かれる。

あきれけーる˥～あきれける˥ ／'akirekeʀru˥～'akirekeru˥／ (自動詞ラ行五段)
ひどくあきれる、あきれ果てる。あきれる対象(情意の原因)はニ格で表示される。
／んーな⁀こと・に˥　あきれけって˥たって　しゃーろ˥んか・よ↓／
(そのようなことにあきれかえっていても仕方がない。)

あきれる‾ ／'akireru／ (自動詞ラ行下一段・他動詞ラ行下一段)
生物や事物の常識を超えたありように驚く。あきれる。情意の原因となる対象は、「ニ格」を取るが、まれに「コト格」を取ることがある。「ニ格」を取るものを自動詞、まれに(生物目的語に)「コト格」を取るものを他動詞とする。
「ニ格」の例：／いつ˥・も　やつ˥・に・わ　あきれる‾↓／、／いつ˥・も　やつ˥・の　やる⁀こと・に˥・わ　あきれる‾↓／(いつもあの男(のやること)ニはあきれる。)
「コト格」の例：／おや・も˥　おめー・こ˥と　あきれてる‾↓／(親もおまえヲあきれている。)
※「コト格」は、共通語訳すれば「(おまえの)親もおまえをあきれている」となる表現である。なお、「おまえのことを」なら／おめー・の⁀こと(～おめー・の⁀こと・こ˥と)　あきれてる／となる。

あきん˥ど ／'akiɴ˥do／［商人］(名詞)
商人。／しょーばいにん‾ sjoʀbainiɴ／(商売人)とも言う。

あく‾ ／'aku／［灰汁］(名詞)
①水に浸した灰の上澄み。②食用の植物に含まれていて、喉をひりつかせる成分。

あぐ=˥ ／'aŋu=˥／［顎］(名詞)
顎。「あご」の訛語。戦後世代では／あご=˥ 'aŋo=˥／と言うのがふつう。顎先の「おとがい」は区別されない。
※／くち‾ kuci／(口)を挟んで、／うわあぐ‾ 'u'wa'aŋu／(上顎。戦後世代は／'u'wa'aŋo／)と、／したあぐ‾ sita'aŋu／(下顎。戦後世代は／sita'aŋo／)からなる。

あくた˥い(～あくて˥ー)⁀つく˥ ／'akuta˥i cuku˥～'akute˥ʀ cuku˥／［悪態つく］(自動詞相当連語。カ行五段)
憎まれ口をたたく。ふだんは／あくて˥ー⁀つく 'akute˥ʀ⁀cuku／という。
／おめー・わ　だれ˥・げ　あくて˥ー⁀ついてん・だ↓／(おまえは誰に悪態をついてるのだ。)

あくたれぐち‾ ／'akutareŋuci／［悪たれ口］(名詞)
悪たれた(反抗的な)物言い。

あくたれぼー˥ず ／'akutareboʀ˥zu／［悪たれ坊主］(名詞)
悪たれた(反抗的な)態度をとる子ども。(卑称)

あくたれる‾ ／'akutareru／［悪たれる］(自動詞ラ行下一段)
人の悪口などを言って反抗的態度をとる。連用形名詞／あくたれ‾ 'akutare／は、悪たれる人。

あくぬき˥～あくぬき=˥ ／'akunuki˥～'akunuki=˥／(動作名詞)
／あく‾ 'aku／(灰汁)の②を水などによく浸して取ること。

あぐら˥～あぐら=˥ ／'aŋura˥～'aŋura=˥／［胡座］(名詞)
あぐら。戦前世代の／あんぐる˥ 'aɴŋuru˥／に替わる戦後世代の形。⇒／あんぐる˥ 'aɴŋuru˥／参照。
／あぐら˥⁀かいて　すわってる↓／(胡座を組んで座っている。)
／あぐら˥・で　いー˥・よ↓／(胡座坐りでいいよ。)
※共通語化形なのに共通語の平板型と違って、尾高型Aになっている(尾高型Bも聞かれる)。固有語の／あんぐる˥ 'aɴŋuru˥／が、祖形の「あぐら(胡座)」の同類の他の３拍名詞第５類の語と同様に尾高型Aになっていて、これが共通語化形に重ね書きされているためと思われる。

あけがた‾ ／'akeŋata／［明け方］(名詞)
夜の終わりの(まだ暗い)時間。明け方。
※夜は、／よい‾ 'joi／(宵)→／よなか=˥ 'jonaka=˥／(夜中)→／あけがた‾ 'akeŋata／(明け方)と推移し、昼間の、／あさ˥ 'asa˥／(朝)→／ひる=˥ hiru=˥／(昼)→／ばんがた‾ baɴŋata／(晩方)に対応する。

あけた˥て ／'aketa˥te／［開け閉て］(動作名詞)

開け閉め。／しょーじ　あけた˥て⌒しる／(障子を開け閉めする)
※「閉める」の意味で「たてる」ということはないので化石形式fossilized formである。

あけっぱなし¯　／'akeQpanasi／［開け放し］(動作名詞)
戸や障子を閉めないままにすること。「(障子を){開けっ放ししてる／開けっ放しにしてる}」。
※戸や障子をきちんと閉めないで不注意に少し開け残すことを／げす¯ gesu／と言っていた。

あご=˥　／'aŋo=˥／［顎］(名詞)
→／あぐ=˥ 'aŋu=˥／

あさ˥　／'asa˥／［朝］(名詞)
「あけがた」に続く「昼間/hiruma=˥/」の初めの時間。朝。／あさ・の⌒(う)ち¯／(朝のうち)。

あざ=˥　／'aza=˥／［痣］(名詞)
体表面のこすっても取れない、広がりのある黒い変色部分。痣。
※点的と把握されるものは／ほころ¯ hokoro／(戦後世代で／ほくろ¯ hokuro／［黒子］)と言う。
※／あざ=˥ 'aza=˥／は黒いのが普通で、その他の痣は色によって、／あかあざ¯ 'aka'aza／(赤痣)と呼んだりする。痣の黒いのを特に／くろあざ¯ kuro'aza／とも言う。ぶつけるなどしてできた一時的な青い痣は／あおあざ¯ 'a'o'aza／と言う。

あさあめ˥　／'asa'ame˥／［朝雨］(名詞)
朝降る雨。朝雨は晴れるといわれる。

あさあめ˥・わ　みの˥　ぬけ˥↓　／'asa'ame˥ 'wa mino˥ nuke˥.／（ことわざ）
朝雨は蓑を脱げ。朝雨は晴れるということ。
※この方言では「脱ぐ」は、第２音節は上代語と同じく清音で／ぬく˥ nuku˥／という。

あさずくり¯　／'asazukuri／［朝作り］(名詞)
早朝（朝飯前)。／あさずくり・に　きた˥↓／([ある人が]朝早く来た。)
※本来は、「朝食前の仕事」という意味だったと思われるが、その意味では使わない。

あさった¯　／'asaQta／［浅っ田］(名詞)
浅い田。／ふかんぼ¯ hukaɴbo／(深い田)の対語。

あさって˥　／'asaQte˥／（名詞）
明後日。／あさって˥・の⌒ほ／(明後日の方)は「全く見当違いの方向」の意で慣用的表現。
※明後日のことを／あしたあさっ˥て'asita'asaQ˥te／と言う人が多い(明日と明後日ではない)。

あさっぱら¯　／'asaQpara／［朝っぱら］(名詞)
朝のうち。／あさっぱら・っから¯／という連語で使われることが多い。
／あさっぱら・っから　なに˥　さわい˥てん・だ↓／(朝のうちから何を騒いでるのだ。)
※ガ行五段動詞のいわゆるイ音便形＋「て」「た」等は共通語と違って濁音化しない。
「騒ぐ」／sa'waŋu˥／→／さわい˥て sa'wai˥te、さわい˥た sa'wai˥ta／

あし=˥　／'asi=˥／［足・脚］(名詞)
「股/momo˥/」の付け根から「つま先/cumasaki¯/」までの部分。
※足首から先の「足 foot」と足首から上の「脚 leg」を区別しないのは共通語と同様。この点では、手首から上の「腕」／うで=˥ 'ude=˥／と手首から先の「手」／て=˥〜てー˥ te=˥〜teʀ˥／を、ふつうは区別しないで「手」／て=˥〜てー˥ te=˥〜teʀ˥／で指称するのと平行的である。

あじ¯　／ 'azi／［味］(名詞)
味覚の内容をなす感覚。味。⇒／なめる˥ nameru˥／を参照。
※砂糖の味→／あまい¯ 'amai／。味噌や塩辛の味→／しょっから˥い sjoQkara˥i／。梅干しの味→／しょっぱ˥い sjoQpa˥i／。夏蜜柑の味→／すっぱ˥い suQpa˥i／。唐辛子や味噌汁、炭酸の味→／から˥い kara˥i／。渋柿の味→／しぶ˥い sibu˥i／。コーヒーや緑茶の味→／にが˥い niŋa˥i／。味噌汁の薄味→／あまい¯ 'amai／。

あじ˥　／ 'azi˥／（名詞）
魚を取る網の一種。／あじあ˥み 'azi'a˥mi／とも言い、川を仕切って魚を捕る網とのこと。筆者は実際に見ていない。話者の説明からすると、*「あじろあみ(網代網)」を経て古語の「あじろ(網代)」につながる語かもしれない。「あじろ(網代)」→「*あじろあみ(網代網)」→「あじあみ」→「あじ」か。

あじあ˥み　／'azi'a˥mi／（名詞）
⇒前項の／あじ˥ 'azi˥／を参照。

あしーれ=˥　／'asiʀre=˥／［足入れ］(動作名詞)
試験結婚。子どもが出来るまでは入籍しない婚姻形式で、嫁は夫の家族と同居する。子どもができないと帰されて破談となったという。戦前(昭和10年代)までで今日では行われていない。

あしけん˥けん　／'asikeɴ˥keɴ／［足けんけん］(動作名詞)
片足跳び。単に／けん˥けん／とも言う。⇒／けん˥けん keɴ˥keɴ／を参照。
※Ｓ字型や四角い陣を作って、陣地以外は片足跳びをし、敵の陣地奥の決まった地点を踏めば勝ちとする遊びの／かいせんど˥ん kaiseɴdo˥ɴ／(開戦ドン)という遊びなどがあった。(昭和20年代)

あした=˥　／'asita=˥／（名詞）
明日。アクセントは、／あした¯　くる˥／(明日来る)、／あした・ま˥で／(明日まで)、／あした・の⌒あさ˥／(明日の朝)、／あした˥・みたい・だ／(明日のようだ)となる。副詞的単独用法と助詞

「の」との結合ではアクセント核が消え、一般の付属語との結合ではアクセント核が1拍後退する。ただ、「ミタイ・ダ」のみアクセント核の後退がブロックされる。なお、助詞の「も/mo/」に関しては、例えば「明日も来る」は、核の後退した[アシタ・モ˥⌒クル]の他に、人によって核のない平板な[アシタ・モ¯⌒クル˥]という形も聞かれる。不定代名詞との結合でも似た現象が見られる。

あしたあさっ˥て ／'asita'asaQ˥te／［明日明後日］(名詞)

明後日。「明日」と「明後日」のことではなく、「明後日」のことをこう言う人が多い。

あしたなさ˥ ／'asitanasa˥／ (名詞)

明日の朝。明朝。／あした・の⌒あさ˥ 'asita no 'asa˥／の短縮形。

あじっけ⌒ね˥ー～あじっけ⌒な˥い ／'aziQke ne˥ʀ～'aziQke na˥i／［味っ気ない］(連語形容詞)

食物に味や味わいが感じられないことを言う。「味っ気＋無い」という語構成意識がはっきりとあり、「味っ気＋の＋無い＋味噌汁」など間に助詞が介入することができるので連語とする。語源的には古語の「あづきなし」から「あぢきなし」「あぢけなし」を経て成立した「あじけない」の異分析metanalysisに基づく形と思われる。

／この⌒つけもん　あじっけ⌒ねー˥・な↓／(この漬け物は味がないな。)

あしっこ˥ ／'asiQko˥／［足っこ］(名詞)

歩いた足跡。／こども・の　あしっこ˥／(子どもの足跡)

あしっこだら˥け ／'asiQkodara˥ke／［足っこだらけ］(名詞)

足跡だらけ。

／そけらじゅー　ねこ˥・の　あしっこだら˥け・だった↓／(至る所、猫の足跡だらけだった。)

あし・の⌒うら=˥ ／'asi no 'ura=˥／［足の裏］(連語名詞)

足の裏。手の対応部分は／て・の¯⌒ひ˥ら te no hı˥ra／(手の平。このアクセントは異例)と言う。

あし・の⌒こ˥ー ／'asi no ko˥ʀ／［足の甲］(連語名詞)

足の甲。手の対応部分は／て・の¯⌒こ˥ー te no ko˥ʀ／(手の甲。このアクセントは異例)と言う。

あすく¯～あすこ¯ ／'asuku～'asuko／ (場所代名詞)

→／あすこ¯～あすく¯ 'asuko～'asuku／

あすけ¯ ／'asuke／ (場所代名詞「あすこ」と方向格助詞「イ」との融合形)

→／あすこ¯～あすく 'asuko～'asuku／(遠称指示場所代名詞)

あすけら¯ ／'asukera／ (場所代名詞)

[漠然と指示される場所としての]あの辺、あの辺り。戦後世代は／あすこいら¯ 'asukoira／と言う。「辺り」であることを明示して、／あすけらへん¯ 'asukerahen／と言う。戦後世代は／あすこいらへん¯ 'asukoirahen／と言う。「辺り一面」は／あすけらじゅー¯ 'asukerazjuʀ／と言う。戦後世代では、／あすこいらじゅー¯ 'asukoirazjuʀ／と言う。戦前世代の／あすけら¯ 'asukera／よりも戦後世代の／あすこいら¯ 'asukoira／の方が古形(回帰形)である。⇒／こけら¯ kokera／(代名詞)の※を参照。

あすこ¯～あすく¯ ／'asuko～'asuku／ (場所代名詞)

[はっきり指示される場所としての]あそこ。

※方向の格助詞「イ」との結合は融合して／あすけ¯ 'asuke／と言う。この形は「方向」と「位置」とを表すが、存在の「ある」とは共起しない(「ニ＋ある」)。戦後世代では／あすこ・い 'asuko 'i／と分析的に言うのがふつう。

／あすけ　わすいて⌒きしゃ˥った↓／(あそこに忘れて来てしまった。)

※／あすこ¯／が／あすく¯／より通時的に古いことは、上記の／あすけ¯／や前項／あすけら¯／が／'asuko 'i／／'asuko-'i-ra／からしか導かれないこと([oi]→[e])から明らかである。

※場所代名詞が連体語になるときは、連体助詞「ナ」か「ノ」を介して名詞を修飾する。「ナ」は場所性を明示する機能をもち「～にある」のような意味を、「ノ」は場所性に関して中立的・一般的な連体関係を表し共通語の「～の」に相当する。一般的に戦後世代では「の」専用になっている。

／あすく・な　き=˥／(あそこにある木)、／あすく・の　き=˥／(あそこの木)。

※場所性を取り立てる強調表現に／あすこ・ん⌒とこん¯～あすこ・ん⌒とこ˥ん～あすく・ん⌒とこん¯～あすく・ん⌒とこ˥ん／がある。

／あすく・ん⌒とこ˥ん・に　だい˥・か　いる↓／(あそこの所に誰か居る。)

あすぶ¯ ／'asubu／［遊ぶ］(自動詞バ行五段)

遊ぶ。語誌的には、「あすぶ」は、上代からある「あそぶ」に遅れて、中世後期から近世初期に確認できる新しい語形と考えられているようであるが、琉球語首里方言の「aşib-uɴ[アスィブン]」(の語幹部分)が音韻法則的に日本語(本土語)の「あそぶasob-u」ではなく「あすぶasub-u」(の語幹部分)に対応すること(cf.日su：琉şi/日so：琉su)から考えると、こちらもやはり相当古く遡れる語形と考えられる。本方言の戦前世代の伝統的な語形はこちらの形を受け継いでいるわけである。

なお、当地方言としては、／あそぶ¯ 'asobu／は新しい語形(共通語からの借用語＝共通語化形)だが、1970年代前後(昭和40・50年代)の調査時の戦後世代の話者では、ふだん／あすぶ¯ 'asubu／と言っている人でも、改めて聞くと／あそぶ¯ 'asobu／と答えるのがふつうになっていた。1990年代後半(旧稿作成当時)ではほぼ／あそぶ¯ 'asobu／になっていると思われる。

なお、1950年代前後(昭和20・30年代)、東京語の「(○○ちゃん)遊ぼうよ。」に相当たる表現は、／

（○○ちゃん）　あすぶべ˥・や　'asubube˥ 'ja↓／だった。
※当て字と思われるが、地名の「遊馬」（草加市遊馬町）もみんな／あすま¯　'asuma／と言っていた。
あたい¯　／'atai／（第一人称代名詞）
次項の女性語第一人称代名詞／あたし¯　'atasi／のくだけた言い方。若い女性や女の子の使用語。
あたし¯　／'atasi／（第一人称代名詞）
女性語で、日常語の／おれ¯～おい¯　'ore～'oi／（俺）に比べて、上品な感じの語で、多少とも改まった感じで使われていた。複数形は／あたしら˥／。所属を表す派生語に／あたしら˥ち／（私の家）、／あたしら˥ほ／（私の方）がある。⇒／あっし¯　'aQsi／を参照。
あた¯⌒しる¯　／'ata siru／（自動詞相当連語、サ変）
人につらく当たる。人に八つ当たりする。相手は与格助詞「ゲ」でマークされる。
／ひと・げ　あた⌒したっ˥て　しゃーろ˥んか↓／（人に当たっても仕様がない。）
※『日葡辞書』に「fitoni atauo nasu（他人に悪事をなす、または、害を加える）」とあり、清音「アタ」が載っている。東京語では「仇」は［あだ］と濁音化しているが、この方言では古典語や『日葡』と同じく［あた］と発音されている。現在でも「あた・する」（サ変）と形を変えて生き残っている。アクセントの平板型は平安期の「上上［高高］」に規則的に対応する形で、東京語の尾高型が例外的。
あだち¯～あだ˥ち　／'adaci～'ada˥ci／［足立］（固有名詞・地名）
足立。埼玉県さいたま市の大宮西部の地名（cf.「足立神社」）が郡名を通して広域地名化したもののようである。埼玉県分の「北足立郡」は／きたあだち˥ぐん　kita'adaci˥ŋuɴ／。東京都分の「南足立郡」、現在の「足立区」は／あだち˥く　'adaci˥ku／と発音される。
※名字の「足立」は／あだち¯　'adaci／のアクセントしかないが、地名の「足立」は、人によって、／あだ˥ち　'ada˥ci／も聞かれる。
あたま=˥　／'atama=˥／［頭］（名詞）
「頚/kubi¯/（neck）」から上の部分の髪の毛の生えている部分。／あたま˥　かる／（頭の毛を刈る）。
※「顔/ka'o¯/」は含まない。「頭/'atama=˥/」と「顔/ka'o¯/」の総称（英語のhead）は／くび¯　kubi／（首）が当たる。（ex.／くるま・の⌒まど˥・から　くび　だす˥な／）。共通語同様／くび¯　kubi／は、「頚（neck）」の意味に意味縮小してきていて、「頚（neck）」から上の部分（「首（head）」）は／あたま=˥　'atama=˥／と言うようになってきている。
※共通語で尾高型の「頭」「刀」さらには「鏡」「はさみ（鋏）」などは共通語で中高型化の傾向が顕著に観察される（「尾高型の中高型化」）が、この地域の共通語化した世代の話者でも同様に尾高型の他に中高型にも発音される傾向が観察される。記述の対象からは除いている。
あたま・の⌒あぶ˥ら　／'atama no 'abu˥ra／［頭の脂］（連語名詞）
頭の脂。
※油・脂のアクセントは平板型／あぶら¯　'abura／だが、この場合のようにアクセント核のない平板型の連体語を受けたとき／あぶ˥ら／となる。「ガマの油」も同様で／がま・の・あぶ˥ら　gama no 'abu˥ra／となる。
あたま・の⌒け¯　／'atama no ke／［頭の毛］（連語名詞）
髪の毛。
あた˥もーけ　／'ata˥moʀke／［あた儲け］（名詞）
暴利による儲け。ぼろ儲け。一時的な、身につかない儲けと考えられている。
※以前、語源は「徒（あだ）儲け」かとして、「あだ（徒）」を［あた］と清音に言うのは「仇（あた）」に引き付けられたものか、あるいは別に語源があるのか、としたが、江戸語に、（「われに対して害をなすもの、あるいは敵」の意の）「あた（仇）」に起源する「忌みきらう情をのべる語・句・文に冠して、その情の強いことを表す」副詞・接頭辞の「あた」が存在する（前田勇『江戸語大辞典』（1974講談社）取意）ので、／あた˥もーけ／の「あた」もこれと何らかの関係がある（「あた（仇）」からの）派生形式ではないかと現在は考えている。ただこの副詞・接頭辞の「あた」と同定するには、「もうけ」が嫌悪の意味のある語かどうかや、他の「あた～」の用例からも問題があるように思われる。
あた˥り　／'ata˥ri／［辺り］（名詞・接尾辞）
おおよその場所、おおよその時間。「この辺り、その辺り、…」「きょう辺り、あした辺り、…」。
「場所代名詞＋連体助詞＋辺り」の連体助詞には「な」と「の」が現れる（戦後世代は「の」専用）。
／{ここ¯／そこ¯／あすく¯～あすこ¯／どこ˥}＋{な／の}＋あた˥り／
これと「指示連体詞＋辺り」の／{この¯／その¯／あの¯／どの˥}＋あた˥り／との違いは微妙である。類義語の／こけら¯、そけら¯、あすけら¯、どけ˥ら／との違いや、／こけらへん¯、そけらへん¯、あすけらへん¯、どけらへん¯／と／こけらあた˥り、そけらあた˥り、あすけらあた˥り、どけらあた˥り／（前者の方が一般的）との違いも十分解明できていない（いずれも語形は戦前世代のもの）。
※「おおよその場所と範囲」を表すほぼ同義の形式に／へん¯　heɴ（戦前世代はhɪɴ）／（辺）があり、形式名詞として、「場所名詞＋の＋辺」（「草加の辺、越谷の辺」など）の形で、また指示連体詞と結合して／この⌒へん¯、その⌒へん¯、あの⌒へん¯、どの⌒へん¯／（「どの辺」は平板型）の形で使われる。その他、／ここいらへん¯、そこいらへん¯、あすこいらへん¯、どこいらへん¯／（戦前世代では／こけらへん¯、そけらへん¯、…／）のように接尾辞としての形が見られる。
あたりき¯～あたりき⌒しゃり˥き　／'atarimki～'atariki sjari˥ki／［当たりき～当たりき車力］（名詞）

／あたりめ¯～あたりめー¯～あたりまい¯／(当たり前)のくだけた言い方。／あたりき⌒しゃり⌉き／は語呂合わせに基づく強調表現。さらに強調的に／あたりき⌒しゃり⌉き・の⌒こんこん⌉ちき／と言うのも耳にした。／しゃり⌉き／(車力)に関しては東京語と意味に違いがあるが、この表現では単なる語呂合わせでその意味が連想されることはない。

あたりどし¯ ／'ataridosi／［当たり年］(名詞)

ある特定の農作物や果物の収穫の多い年。果物は／なりど⌉し narido˥si／と言うのがふつう。

あたりめ¯～あたりめー¯～あたりまい¯ ／'atarime～'atarimeʀ～'atarimai／［当たり前］(名詞・状態詞)

当然であること。道理からして「すべき、あるべき」とする「当為(Sollen,oughtness)」を含意する。

／んーな⌒こと⌉　あたりめ・だんべ⌉↓／(そんなこと、当たり前だろう。)

名詞に続くときには、「[[当たり前]ノ]こと」と「[[当たり前]ナ]こと」の両様の言い方がある。なお、この語自体の強調形として、／あったりめ¯～あったりめー¯～あったりまい¯／もよく聞かれた。

※くだけた言い方に／あたりき¯／や／あたぼー¯／があった。前者には語呂合わせに基づく／あたりき⌒しゃり⌉き／や／あたりき⌒しゃり⌉き・の⌒こんこん⌉ちき／という強調表現があった。

あつい¯ ／'acui／［厚い］(形容詞)

板状のものの側面の、表面側と裏面側との距離が大きいことをいう。／うすい¯ 'usui／の反対語。

あつざむ⌉い ／'acuzamu˥i／［熱寒い］(形容詞)

風邪などで、体はほてっていて寒けがすること。

※「熱い」は／あっつ⌉い～あっち⌉ー 'aQcu˥i～'aQci˥ʀ／と言う。

あっし¯ ／'aQsi／(第一人称代名詞)

男性語で、／おれ¯～おい¯ 'ore～'oi／(俺)に比べて、上品な感じの語で、多少とも改まった感じで使われる。1972年当時では大体40代から上ぐらいの人に多く聞かれ、それ以下の若い層では殆ど聞かれなかった。複数形は／あっしら⌉／。所属を表す派生語に／あっしら⌉ち／(私の家)、／あっしら⌉ほ／(私の方)がある。⇒／あたし¯ 'atasi／を参照。

あったか⌉い～あったけ⌉ー ／'aQtaka˥i～'aQtake˥ʀ／［暖かい］(形容詞)

暖かい。ふだんは、／あったけ⌉ー／と言う。

※類義語／ぬくと⌉い／は、ひなたぼっこや干した布団などの、もっとほんわかと優しい皮膚感覚的な暖かさをいう。

※「中途半端に」の意味の接頭辞「なま」との結合形／なまあったか⌉い／はあるが、「過度に」の意味の接尾辞「すぎる」との結合形／あったかすぎる⌉／(例えば「あたたか過ぎる{風呂／気温}」)は、場面・文脈の保証がないとかなり不自然な感じが伴い、言えるとしても温度プロパーの問題ではないように感じられる。

あっち⌉～あっちっち⌉～あっちっちっち⌉ ／'aQci˥～'aQciQci˥～'aQciQciQci˥／
～ あっ⌉ち～あっ⌉ちっち～あっ⌉ちっちっち ／'aQ˥ci～'aQ˥ciQci～'aQ˥ciQciQci／(感動詞)

熱いものが身体(皮膚)に触れたときとっさに口に出ることば。／あっち⌉ー 'aQci˥ʀ／(熱い)とも言う。「熱い」あるいは「あ熱い」の訛語。尾高型アクセントが多いが、中一高型も聞かれる。

／あっちっち⌉、あっちっちっち⌉、…／は、／あっち⌉ 'aQci˥／の程度強調の強意語。

あっちっち⌉～あっちち⌉ ／'aQciQci˥～'aQcici˥／(名詞・状態詞)

幼児に対して、熱いものや熱い状態を指して言う。幼児に教え諭すように、／これ　あっちっち⌉・だ・よ↓／(これは熱いから{触ってはだめだよ／気をつけなよ}。)ように使われる。

あっつ⌉い～あっち⌉ー ／'aQcu˥i～'aQci˥ʀ／［暑い、熱い］(形容詞)

(物の温度や人の体温が)熱い、(気温が)暑い。

「熱い」「暑い」は、ふだんはともに／あっち⌉ー 'aQci˥ʀ／と言うことが多い。

「熱い」は手触りできる物が手や体に触れての感覚である点で冷感覚の／しゃっこ⌉い／に対応する。「暑い」は手触りできない物の感覚である点で、(／さむ⌉い／に対応する他に、)／つめたい¯／の一部(例えば「部屋の空気がツメタイ」)に対応している。(「部屋の空気がシャッコイ」は不可。)

／その⌒なべ⌉　{あっち⌉ー／あっつ⌉い}・よ↓／(その鍋は熱いよ。)

／きょー⌉・わ　{あっち⌉ー／あっつ⌉い}・なー↓／(今日は暑いなあ。)

寒暑の時候の挨拶語に、美化語「お暑い」の連用形「お暑く」のウ音便形に基づく／おあつー⌒ござい ま⌉す／が現れるが、この形以外は使われない。

※「中途半端に」の意味の接頭辞「なま」との結合形／なまあっつ⌉い／は存在しない。「過度に」の意味の接尾辞「すぎる」との結合形／あっつすぎる⌉／はアツイの極的性格からして自然に成立する。

※「厚い」は／あつい¯ 'acui／で、アクセントのほかに分節音的にも異なっている。

あつっかしら¯ ／'acuQkasira／(名詞・状態詞)

髪の毛の豊かなこと。またその人。語源は「厚(あつ)＋頭(かしら)」であろう。

あつぼったい¯～あつぼってー¯ ／'acuboQtai～'acuboQteʀ／［厚ぼったい］(形容詞)

厚くて重い感じがする様子。ふだんは／あつぼってー¯／と言う。

あで⌉～あでみ⌉ち ／'ade˥～'ademi˥ci／［畦～畦道］(名詞)

田んぼの中の(境の)細い道。「あぜ」の訛語。母音間の/-z-/が/-d-/に変化した語形。

※類義の／たのころ⌉ tanokoro˥～たのころ⌉みち tanokoro˥mici／はもう少し広くて恒常的に通行に使われる道を言うという。区別なくどちらも／たのころ⌉～たのころ⌉みち／と言う個人も多い。

※「田んぼの中を通る(いわゆる)道路」は/たんなか˥みち taɴnaka˥mici/と言う。なお「田んぼ」は、/たんなか¯ taɴnaka/と言う。「田んぼの中」は/たんなか・ん⌒なか˥ taɴnaka ɴ naka˥/と言う。

あてずっぽ¯ /'atezuQpo/ [当てずっぽ] (名詞)
根拠のない推測。当て推量。
/あてずっぽ・で ゆって⌒みた˥ら あたった↓/(当て推量で言ってみたら当たった。)

あでつけ¯ /'adecuke/ [畦つけ] (動作名詞)
/あで˥ 'ade˥/(畔)に/たんなか¯ taɴnaka/(田んぼ)の泥を塗りつけて、/くわ¯ ku'wa/(鍬)で平らにする、畔の塗り替えの作業を言うという。

あでみ˥ち /'ademi˥ci/ [畦道] (名詞)
→/あで˥~あでみ˥ち 'ade˥~'ademi˥ci/

あと˥ /'ato˥/ (名詞・副詞)
①(名詞) 空間的移動や時間的変化の「前後」の「後」、出来事の順番の「前後」の「後」、つまり「軌跡・痕跡・次番」を/あと˥ 'ato˥/と言う。⇒/うしろ¯ 'usiro/を参照。
※時間表現の「この後/kono 'ato˥/」と「この先/kono saki¯/」はともに未来時を表す点で同意だが、前者は、過去を「前/meʀ¯/」とし、そこから現在の「今/'ɪma˥/」を経て、未来を「後/'ato˥/」とする把え方を表している。気づきにくいが、正面(前面)が過去、背面(後面)が未来となっている。後者は、現在を「もと/moto¯/」としてそこから延びていく「先/saki¯/」としての未来時という把え方を表している。
②(副詞) 前件(前項)に後件(後項)を付加する働きの副詞。それから。そのあと。
/さけ かって⌒きて˥⌒くれ↓ あと˥ | たばこ・も かって⌒きて˥⌒くれ↓/
/これ・と それ・と あと˥ あれ・も あった˥ら⌒いー・か・な↓/

あとっしゃー˥り /'atoQsjaʀ˥ri/ [後退り] (動作名詞)
後ずさり。「後に退く」ことを、/あと˥・に しゃーる˥ sjaʀru˥/と言う。
※/しゃーる˥ sjaʀru˥/は、「しさる」から変化した語形と思われる。共通語の「あとしさり~あとじさり~あとしざり(後退り)」の後部成分と同一の形式。「しさる→*ししゃる→しゃーる」と変化したものと思われる。/あとっしゃー˥り/は「*あとししゃり」から転じたものであろう。

あと˥・と ばけもの˥ でた˥⌒こと⌒ねー /'ato˥ to bakemono˥ deta˥ koto neʀ/ (ことわざ)
「お化けが出たことがない」ように、「後でやる」という言い訳が実際になされたことが(殆ど)ない、ということで、後回しや先送りすることを戒める意味で使われ{る/ていた}。

あとと˥り /'atoto˥ri/ [跡取り] (名詞)
家の跡継ぎ。/そーりょー¯ sorrjoʀ/(総領)は男女を問わず最初の子「長子(長男・長女)」を言う。

あな=˥ /'ana=˥/ (名詞)
穴。「耳の穴」や「鼻の穴」のような生得的・本具的な「穴」は、通常/みみ・の⌒あな=˥//はな・の⌒あな=˥/と言って、次項以下の/あなっこ˥、あなぼこ˥、あなめっこ˥、あなめど˥/は使えない。/あなっこ˥、あなぼこ˥、あなめっこ˥、あなめど˥/は何か特殊具体的な特徴をもった穴を指して言う。

あなっこ˥ /'anaQko˥/ [穴っこ] (名詞)
穴。掘られた(小さな)穴。
※語構成的には/あなっこ˥/は「穴」+指小辞「っこ」で、具体物としての穴を意味する傾向が強い。

あなぼこ˥ /'anaboko˥/ [穴ぼこ] (名詞)
穴。(地面に)ぽっかり空いたくぼみや穴。
※語構成的には/あなぼこ/は、「穴」+擬態語的語根「ぼこ(凹凸のある様子。特に凹み)」。

あなめっこ˥ /'anameQko˥/ [穴めっこ] (名詞)
穴。次項を参照。
※語構成的には/あなめっこ˥/は、/あなっこ˥/と/あなめど˥/の 混淆contamination形式か。

あなめど˥ /'anamedo˥/ [穴めど] (名詞)
穴。/あなめど˥/は、「穴」+「めど」(「めど」は/はりめど˥ harimedo˥/(針の穴) や/けつめど¯ kecumedo/(肛門)に含まれる「穴」の意味の形態素)という類義並列複合語。/あなっこ˥/との混淆形/あなめっこ˥/を成立させているところから、/あなっこ˥/と同様に、具体的に作られた(小さな)穴を原意としたかと思われる。
※「めど」に関しては、『物類称呼』に「穴 あな 東国にて○めどと云」とある。ただし、本方言では単独の自立語としての「めど」はない。/めどっこ¯ medoQko/は地面に掘られた溝や小川のことである
※上記4語は、いずれも「穴」という意味を表すが、/あなぼこ˥/が他の3者と明確に異なるほかはよく似た意味をもち、細かい相違点については十分明らかでない。

あに˥~あんに˥ /'ani˥~'aɴni˥/ [兄] (名詞)
年上の男のきょうだい。兄。普通は/あに˥ 'ani˥/という。⇒/あね˥~あんね˥/(姉)参照。
敬称は/あにさ˥ん~あに˥さん 'anisa˥ɴ~'ani˥saɴ/~/にー˥さん niʀ˥saɴ/。
親称は/あんちゃ˥ん~あん˥ちゃん 'aɴcja˥ɴ~'aɴ˥cjaɴ/。
年下の男のきょうだいは、ふつうには/しゃて˥ー~しゃて˥ sjate˥ʀ~sjate˥/(舎弟)と言った。

／おとーと=˥ 'otoʀto=˥／とも言うが、改まった語感があり、語としては新しいようである。

あにさ˥ん～あに˥さん ／'anisa˥ɴ～'ani˥saɴ／［兄さん］（名詞）

①兄の敬称。②若い男性の敬称(①からの転用)。⇒／あねさん¯／(姉さん)参照。

※アクセントは親称／あんちゃ˥ん～あん˥ちゃん 'aɴ˥cjaɴ～'aɴcja˥ɴ／にも同様の揺れが見られる。

※旧稿では「共通語とのアクセント対応からは中一高型が本来の形で中二高型は更に１拍後退した形と考えられる」とした。この時は、共通語(東京語)の「あにさん(兄さん)」のアクセントを「あに(兄)」が[ア˥ニ](頭高型)であることから［ア˥ニサン］(頭高型)だと思い込んでいたので、このような記述になった。その後『明解日本語アクセント辞典(1981)』と『新明解日本語アクセント辞典(2001)』に、「あにさん(兄さん)」は中一高型[アニ˥サン]とあることに気づき、共通語に対応するのは、アクセント対応から考えて共通語のアクセントのアクセント核が１拍後退している中二高型の／あにさ˥ん 'anisa˥ɴ／の方だということが明らかになったので、「共通語とのアクセント対応からは中二高型が本来の形と考えられる」と訂正する。中一高型の／あに˥さん／については、現在のところ、敬称接辞の／＝さん -saɴ／が接合する場合に、例えば「猿/saru˥/」は「猿さん/saru˥saɴ/」に、「蟹/kani¯/」は「蟹さん/kanisaɴ¯/」になるというような、一般的な派生の型があるので、それに従って、規則からは異例なアクセント(／〇〇˥＋さん→〇〇さ˥ん／) の／あにさ˥ん／に代わって、「兄/'ani˥/」から「兄さん/'ani˥saɴ/」という規則的な形(／〇〇˥＋さん→〇〇˥さん／) が新たに作り直されて生じたものではないかと考えている。なお、ここでの「→」は通時的な変化ではなく共時的な派生を表していることに注意。それから、「あに(兄)」は２拍名詞第５類の語だから、東京語で「頭高型」が、方言で「尾高型Ａ」が対応するのは規則的であるが、東京語で「さま、さん」が付いた「兄さま、兄さん」が「中一高型」になるのは東京語のアクセント規則から見て異例と考えられるが、本方言の語形の方も上記のように東京語に対応する形で異例の「中二高型」となっている。これは、両方言が[規則的な対応とともに]例外(異例)を共有しているということであり、それは、比較言語学(方言学)的には、両方言(言語)のアクセントが、外形的（音形的)な相違にも関わらず、系譜的には近い[関係にある]ことの１つの証しでもあると考えられる。

あね˥～あんね˥ ／'ane˥～'aɴne˥／［姉］（名詞）

年上の女のきょうだい。姉。普通は／あんね˥ 'aɴne˥／と言っていたという。

⇒／あに˥ ～あんに˥／(兄)参照。

敬称は／あねさん¯ 'anesaɴ／～／ねー˥さん neʀ˥saɴ／。親称は／ねー˥ちゃん neʀ˥cjaɴ／。

年下の女のきょうだいは／いもーと=˥ 'ɪmoʀto=˥／と言う。

※／あね˥～あんね˥ 'ane˥～'aɴne˥／のアクセントは、型としては共通語の頭高型に対応して、実際の共通語の平板型の[アネ¯]には対応していないが、敬称の／あねさん¯ 'anesaɴ／のアクセントから見て本来は平板型であったと推定される。「兄」の／あに˥～あんに˥ 'ani˥～'aɴni˥／に引きつけられて変化した形と考えられる。

あねさん¯ ／'anesaɴ／［姉さん］（名詞）

①姉の敬称。⇒前項の注を参照。②若い女性の敬称(①からの転用)。

⇒／あに˥さん～あにさ˥ん／(兄さん)参照。

あねご˥ ／'aneŋo˥／［姉御］（名詞）

姉の敬称。／あねさん¯ 'anesaɴ／は言及・呼びかけいずれにも使われるが、／あねご˥ 'aneŋo˥／は言及用法のみ。

あの¯ ／'ano／（指示連体詞）

個別的な指示(指定)の遠称の指示連体詞。統語的異形態に、「時/to˥ki˥/」「所/toko˥ɴ¯/」「中/naka˥/」「畜生/cikisjo˥ʀ/」の前の／あん¯ 'aɴ／、「奴/'jacu˥/」「野郎/'jaro˥ʀ/」の前の／あね¯ 'ane／がある。

あのよ¯ ／'ano'jo／（名詞）

今ここにない死んで行く世界をいう。今ここに生きている世界の／このよ¯ kono'jo／の対語。

※死んだ人たち(／ほとけさま=˥／(死霊)や／せん˥ぞさま／(祖霊))の居る所で、そこから訪れたり、迎えに来たり、生まれ変わって来たりするという観念は存在したが、どこにあるかと聞いてもはっきりしなかった。ネガティヴな、死んで行く死後の世界以上・以外のものではなかった。

あばあば˥ ／'aba'aba˥／（感動詞）

「さようなら」の意味の別れの挨拶語。幼児語。

あば・な˥ ／'aba na˥／（感動詞）

「さようなら」の意味の別れの挨拶語。子どもことば。小学生などが学校や遊びの帰りなどに言っていた(昭和20年代)。終助詞「な」によって相手への念押しの語気が加わっている。

／あば・よ˥ 'aba 'jo˥／とも言った。幼児は／あばあば˥ 'aba'aba˥／と言っていた。

／あば・な˥↓　また　あした　くら˥・なー↓／(あばな。また明日来るわな。)

あば・よ˥ ／'aba 'jo˥／（感動詞）

「さようなら」の意味の別れの挨拶語。子どもことば。人によって子どもでなくても気安いくだけた物言いで使われていた。終助詞「よ」によって相手への告知の語気が加わっている。

／あば・な˥ 'aba na˥／ともいった。幼児は／あばあば˥ 'aba'aba˥／といっていた。

※別れや辞去の改まった大人の挨拶語には、／ごめん⁀なさい˥ gomeɴ nasai˥／が使われていた。
日常的には「それでは(また)」に相当する／そい・じゃ˥ー(⁀また)、そん・じゃ˥ー(⁀また)／、

／ん・じゃ˥ー(⌒また)、じゃ˥ー～じゃー˥⌒また／などが今も昔も使われている。

※以上３項目の「あば」は、現代語の別れの挨拶語の「さようなら」(語源的には「さよう＋なら」)と語構成的にはよく似た「さ＋あらば」に起原する近世語の別れの挨拶語の「さらば」と同系の、中称の指示語「さ」を融合させずに落とした(「さ＋あらば」→「φ＋あらば」→)「あば」あたりが語源ではなかろうかと思われる。

あぶ˥ ／'abu˥／ (名詞)

アブ(虻)。昆虫の名。

あぶい¯ ／'abui／ (形容詞)

「危ない」の意味の幼児語。

あぶない¯～あぶねー¯ ／'abunai～'abuneʀ／ [危ない] (形容詞)

危険が直接的なこと。危ない。⇒／あぶなっかしー¯ 'abunaQkasiʀ／

あぶなっかしー¯ ／'abunaQkasiʀ／ [危なっかしい] (形容詞)

危険が予測されて、見ていて危ないと感じる様子。⇒／あぶない¯～あぶねー¯ 'abunai～'abuneʀ／

※「危ない」と叫んで危険を知らせることはできるが、「危なっかしい」ではそれはできない。

あぶら¯ ／'abura／ [油(脂)] (名詞)

ねばねばした水に浮く動物・植物・鉱物性の油脂。共通語同様に液体の「油oil」と固体の「脂fat」を区別しない。

※アクセント核のない連体語を受けると、／あたま・の⌒あぶ˥ら／や／がま・の⌒あぶ˥ら／のように／あぶ˥ら 'abu˥ra／となる。

※「肉の脂肪(の多い)部分」は／あぶら˥み～あぶらみ¯ 'abura˥mi～'aburami／(脂身)と言う。

あぶらげ¯ ／'aburaŋe／ [油揚げ] (名詞)

揚げ豆腐の一種で、厚く切った厚揚げを「生揚げ/nama'aŋe¯/」と言うのに対して、薄く切った薄揚げを「油揚げ/'aburaŋe¯/」と言っている。なお、近頃は「生揚げ」を「厚揚げ」と言うのをよく耳にするが、以前は「厚揚げ/'acu'aŋe¯/」と言うことはなかった。「厚揚げ」は商品名表示を通して広がったようである。

※「油揚げ/'abura'a˥ŋe/」の短縮形だが、アクセントは、中二高型の/'abura˥ŋe/ではなく、平板型の/'aburaŋe¯/に発音されている(中二高型がないとは言い切れない)。身近に聞くアクセントは「危なげ/'abunaŋe¯/」と同じアクセントで、音的にもよく似ている。

あぶらっかす˥ ／'aburaQkasu˥／ [油粕] (名詞)

肥料として使われる油脂作物の油分を搾り取った残りかす。油粕。

あぶらっけ¯ ／'aburaQke／ (名詞)

油分を含んでいる(と感じられる)こと。また、含まれている油分。

あぶらっこ˥い ／'aburaQko˥i／ (形容詞)

油分が多いと強く感じられる様子。語構成を反省的には「あぶら(油脂)＋濃い」と感じている話者がある。但し、活用や派生に関しては／こい˥ koi˥／(濃い)とは異なり、一般の形容詞に同じ。

※／あぶらっぽ˥い 'aburaQpo˥i／と発音する話者が少なからずいる。／みずっぽ˥い mizuQpo˥i／(水っぽい)などに類推したものか、あるいは接尾辞／＝っぽい -Qpoi／による新たな単語形成かは明らかではない。⇒／＝っぽい -Qpoi／(接尾辞)を参照。

あぶら˥み～あぶらみ¯ ／'abura˥mi～'aburami／ [脂身] (名詞)

肉の脂肪(の多い)部分。脂身。

あぶら˥むし[1] ／'abura˥musi／ [油虫] (名詞)

台所に出るアブラムシ。ゴキブリのこと。「ゴキブリ」は聞いたことのないことばだった。

あぶら˥むし[2] ／'abura˥musi／ [油虫] (名詞)

草木につくアブラムシ。

※前項の語とは同音異義語。場面と文脈が違うので混乱はなかった。

あまい¯～あめー¯ ／'amai～'ameʀ／ [甘い] (形容詞) ふだんは／あめー¯／と言う。

①甘味である。比喩的に、物事や人間に対する態度等に使われるのは共通語同様である。

②(みそ汁の)味が薄い。反対語は／から˥い～かれ˥ー kara˥i～kare˥ʀ／と言う。

③タイヤに空気が少ない。反対語は／かたい¯～かてー¯ katai～kateʀ／。但し、タイヤは「空気があまい」とはいうが、「空気がかたい」とは言わない。

あま˥ ／'ama˥／ (名詞)

女性の卑称。ふつう指示連体詞との結合形(／このあま˥、あのあま˥／など)で使われ、単独での使用はないと思われる。／あまっこ˥ 'amaQko˥、あまっちょ˥ 'amaQcjo˥／の派生基となる。

あまっこ˥ ／'amaQko˥／ (名詞)

女性の卑称。語基「あま」と(「小(こ)」や「子」と同根の)指小辞「っこ」との派生語。

あまったるい¯ ／'amaQtarui／ (形容詞)

ねっとりした過度の甘さの感じを表す。

あまったれぼー˥ず ／'amaQtareboʀ˥zu／ (名詞)

ひどい甘えん坊。

あまったれる¯ ／'amaQtareru／ [甘ったれる] (自動詞ラ行下一段)

ひどく甘える。

あまっちょ˥／'amaQcjo˥／（名詞）
女性の卑称。軽卑の度合いは／あまっこ˥ 'amaQko˥／より大きい。
語基「あま」と接尾辞「っちょ」との派生語。（接尾辞「っちょ」は／ふと˥っちょ huto˥Qcjo、でぶ˥っちょ debu˥Qcjo／にも見られる。）

あみ=˥／'ami=˥／［網］（名詞）
網。／あみ˥ とって˥⌒くれ↓／～／あみ˥⌒とって⌒くれ↓／（網を取ってくれ。）

あめ˥／'ame˥／［雨］（名詞）
雨。／おーあめ˥／（大雨）、／こさめ¯／（小雨）、／てんきあめ˥／（天気雨）など。
／あめ˥・に⌒ふらいて えんが˥みた↓／（雨に降られて難儀した。）

あめ¯／'ame／［飴］（名詞）
飴。／あめ なめ˥た／（飴をなめた）。／あめ くんのん˥じゃった／（飴を飲み込んでしまった）。

あめんぼ¯／'ameɴbo／（名詞）
①棒状の長い形をした「飴/'ame¯/」（「棒飴」の逆語順？）。②軒先などにぶら下がるつらら（氷柱）。
※共通語で言う「あめんぼ（水馬）」は、／かっぱ¯ kaQpa／と言う。

あやかす˥／'a'jakasu˥／（他動詞サ行五段）
子どもをことさらにあやす。他動詞の/'a'jasu˥/＋有意的動作の他動詞形成接尾辞の/-kasu/という語構成の、二重に他動的な動詞である。/'a'jasu˥/（あやす）と/'a'jakasu˥/（あやかす）との関係は、例えば/kusa˥rasu/（腐らす）と/kusa˥rakasu/（腐らかす）の関係にやや似ている。

あやす˥／'a'jasu˥／（他動詞サ行五段）
子どもをあやす。／はやす˥ ha'jasu˥／とも言う。

あやまる˥／'a'jamaru˥／［謝る］（他動詞ラ行五段）
迷惑をかけた相手に自分の不始末を謝罪する。謝る相手は与格「ゲ」か位格「ニ」で表される。
／だれ˥・げ あやまって˥ん・だ↓／（誰に謝ってるのだ。）
※謝りのことばは／わり˥ー（・な˥）'wari˥ʀ na／／すまね˥ー（・な˥）sumane˥ʀ na／がふつうだが、昔は／かん˥にん（・な˥）kaɴ˥niɴ na／（堪忍）、／かん˥べん（・な˥）kaɴ˥beɴ na／（勘弁）とも言った。

あら=˥／'ara=˥／（名詞）
玄米に交じっている籾米（籾殻の付いた米）。

あらい˥はり～あれー˥はり／'arai˥hari～areʀ˥hari／［洗い張り］（動作名詞）
着物をほどいて洗濯し、／のりずけ¯ norizuke／（糊付け）してしわを伸ばし、／はりーた¯ hariʀta／（張り板）に張って干すこと。

あらいもん¯～あらいもの¯／'araimoɴ～'araimono／［洗い物］（動作名詞・名詞）
①衣類や食器を洗うこと。「洗濯/seɴtaku¯/」の上位語。
／さっき˥・から あらいもん¯⌒してる¯／とも／さっき˥・から あらいもん¯⌒やってる¯／とも言う。後者は具体的な身体動作を伴う場合に使われ、洗濯機や食洗機の場合は使いにくい。
②時に、洗うべきものとしての衣類や食器。「洗濯物/seɴtakumoɴ¯/」の上位語。

あらう¯～あらー¯／'ara'u～araʀ／［洗う］（他動詞ワ行五段）
水で汚れを取る。「衣服」に関しては／せんたく¯⌒しる¯ seɴtaku siru／（「洗濯する」サ変）とも言う。

あら˥し／'ara˥si／［嵐］（名詞）
激しい雨風のことで、以前は「台風」も／あら˥し 'ara˥si／と言っていた。
／らじお˥・じゃ あした あら˥し・だ・と・よ↓／（ラジオでは明日は台風だという。）
※「荒風（あらし）」語源説が流布しているが、「嵐」の平安期のアクセントは低起こりの「平平平［低低低］」で、形容詞「荒し」や動詞「荒らす」の語幹のそれは高起こりの「上上［高高］」だから、この語源説はアクセント法則的には問題があり、むしろ、「颪（おろし）」（アクセントは語源「下ろし」から考えて「*平平平［低低低］」）の母音交替（遞音）形（/ö/-/a/）と考えた方が合理的である。

あら˥まし／'ara˥masi／（副詞）
（想定していたことの）全部ではないが大体のところ。おおかた。副詞／あらかた¯ 'arakata／も近似した意味を表す。アクセントは共通語の平板型と異なり、第2音節にアクセント核がある。

ありがと˥～ありがと¯（～ありがと˥ー～ありがとー¯）／'ariŋato˥～'ariŋato（～'ariŋato˥ʀ～'ariŋatoʀ）／（感動詞）
感謝のことば。幼児語は、／あんがと˥～あんがと¯ 'aɴŋato˥～'aɴŋato／。
※日常的には、／すまね˥ー（・な˥） sumane˥ʀ(na˥)／や／わり˥ー（・な˥） 'wari˥ʀ(na˥)／が（謝罪だけでなく）感謝にもよく使われていた。
※東京語の［あり˥がとー］の中一高型アクセントは東京に出るまでは思いもよらないものだった。我々の（方言的でない）地域共通語（読書音）では「ありが˥とー」（中二高型アクセント）だった。

ありんぼ¯／'ariɴbo／［蟻んぼ］（名詞）
蟻。最近は子どもたちに「蟻んこ/'ariɴko¯/」を耳にすることがあるが、以前は全く聞かれなかった。

ある˥／'aru˥／（所動詞ラ行五段。①②は一項所動詞、③④は二項所動詞。）
①［（場所名詞）ニ＋（無生物名詞「もの」）{ガ／φ}＋アル］構文（「ニ格名詞句」は任意成分）
「ガ格」か「φ格」のモノ的な無生物名詞を主語にして、そのものが特定の場所に存在する。

／そこ・に　かご　ある˥↓／（そこに籠がある。）
※生物を主語とする存在文の述語動詞は／いる¯ 'iru／が使われる。
②［（場所名詞）デ＋（無生物名詞「出来事」）］｛ガ／φ｝＋アル］構文（「デ格名詞句」は任意成分）
「ガ格」か「φ格」のコト的（ふつうはデキゴト的）な無生物名詞を主語にして、そのことが特定の場所で起こる。
／きんぬ　しかーさま˥・で　かじ˥⌒あった↓／（昨日氷川神社で火事があった。）
／おとてー　ひがし˥・の⌒ち・で　たてめー　あった˥↓／
（一昨日東の家で建前（上棟式）があった。）
③［（生物名詞）｛ガニ／ニ｝＋（無生物名詞）｛ガ／φ｝＋アル］構文
「ニ格」（古くは「ガニ格」）の生物名詞（主語）が、「ガ格」か「φ格」の無生物名詞（目的語［対象語］）に先行し、主語に目的語（対象語）が帰属している（主語が目的語（対象語）を所有している）。
／おれ・に（～おれ・が˥に）　もっと　かね　あった˥ら・な˥↓／
（俺にもっとカネがあったらな。）。
④［（生物名詞）｛ガニ／ニ｝＋（生物名詞）｛ガ／φ｝＋アル］構文
「ニ格」（古くは「ガニ格」）の生物名詞（主語）が、「ガ格」か「φ格」の生物名詞（目的語［対象語］）に先行し、主語に目的語（対象語）が帰属している（主語が目的語（対象語）を所有している）。
［生物名詞｛ガ／φ｝＋アル］のみの文も潜在的には上記の構造をもち、文脈や場面がないと単独では不自然な文になる。
／おれ・に（～おれ・が˥に）　こども・が　ある˥↓／（［俺に］子どもがある。）
／こども・が　ある˥／
※［（生物名詞）｛ガニ／ニ｝＋（生物名詞）｛ガ／φ｝＋イル］の構文も④と併存している。数量詞を伴う／おれ・に（～おれ・が˥に）　こども・が　ふたーり　いる↓／などではイルの方がふつうのように感じられる。
※③④の二項所動詞文では、「ニ格」（「ガニ格」）名詞句が主語、「ガ格～φ格」名詞句が目的語と考えられる。再帰代名詞の現れ「あの人｛ガニ／ニ｝は自分の家ガない（≒「あの人は自分の家を持っていない」）」や共通語の「先生には女の子がおありになる」のような尊敬表現等を参考のこと。
※④の構文にはアルのほかイルが現れうる。これは直近の生物目的語に引きつけられて、（二項所動詞＝他動詞的所動詞の）アルに代わって、（能動詞・自動詞の）イルが現れているもので、「牽引 attraction」と言われる文法現象である。従って、このイルはイル本来の構文機能以上のものをアル構文から受け継いでいるので、イルとしては特異なものとなっている。
※戦前世代にいくほど主語標示の格助詞は、「ニ格」ではなく「ガニ格」が現れる。年齢層が下がるほど「ニ格」専用になる。1996年（旧稿作成時）では戦前世代も「ニ格」専用に近い。反省的・内省的には、「ガニ格」を本来の表現形式と答え、以前は「ガニ」を使っていたと言う native speaker の言明が得られている。
※否定拡張形式を主要部分で欠き、否定形容詞／ねー˥ neʀ˥～ない˥ nai˥／（無い）が補充形式となっている。［「ある」＋「否定」］の結合は次のような場合に現れる。
／あんめ˥ー 'aɴme˥ʀ／（あるまい、ないだろう）
／あろ˥んか 'aro˥ɴka／（絶対にない、あるはずがない［強意的否定。「あるものか」が語源］）
／あり˥っこ⌒ね˥ー 'ari˥Qko ne˥ʀ／（ありっこない）
／あり˥っこ⌒あろ˥んか 'ari˥Qko 'aro˥ɴka／（絶対にありっこない）
【中抜きのアクセント核記号「˥」・「˥」は先行語と続けて言うと抑圧されて現れないことを表す。多くの例文では煩雑になるので、続けて発音されることを表す記号「⌒」を使っているなどの場合は中抜きのアクセント記号自体を省略している。】
※「ある」や「分かる」の構文は、「太郎にお金がある」や「太郎に英語が分かる」という統語構造をもち、この文頭の「太郎に」を「与格」と取り「与格構文」と称する学説がある。しかし、この扱いには大いに疑問がある。なぜなら、この方言では東京方言と異なり「与格助詞」が用法上「位格助詞」と（重なりながらも）明確に分かれており、次のようにこの位置には「与格助詞」の「ゲ」が現れないからである。
「太郎ニ（～太郎ガニ［戦前世代］）　お金ガ　ある。」
「太郎ニ（～太郎ガニ［戦前世代］）　お金ガ　要る。」
「太郎ニ～太郎ガニ　英語ガ　分かる。」
一方、「与格助詞」は次のように使われる。
「太郎ガ　花子ゲ　猫コト　渡した。」（太郎が花子に猫を手渡した。）
ゲは「与格助詞」、コトは「対格助詞」である。この「ゲ」を上述の文に用いた、
「*太郎ゲ　お金ガ　ある。」
「*太郎ゲ　お金ガ　要る。」
「*太郎ゲ　英語ガ　分かる。」
は非文である。方言のこの文法事実は言語学的に軽視できないものであると思う。（結局このような「～に＋～が＋所動詞」構文は、三上章の「位格文」説が妥当ということになる。）
あるく˥ ／'aruku˥／［歩く］（自動詞カ行五段［特殊型］）

［本動詞］（⇒／かける˥ kakeru˥／［駆ける］を参照）
①前足が地面に付いてから後ろ足が地面を離れるように足を交互に動かして前に移動する。歩く。
②あちこち歩き回る。／ほっつきあるく˥／と意味的に近い。
／やつ˥　どこ˥⌒あるってん・だんべ↓／（やつはどこを歩き回っているのだろう。）
［(接続形(テ形)に付く)補助動詞］(形式化が進んで「歩行」の意味が全くない例が見つかる。)
③あちこちして回る。
／へん˥・な・の・が　となん・の⌒こと・こ˥と　きーて⌒ある˥ってた・って・よ↓／
(変な人が隣家のことを聞いて回って［≒聞き回って］いたとよ。［この文の対格助詞コトは特例］)
／たんなか¯　みて˥⌒あるってた↓／(田んぼを見て回って［≒見回って］いた。)
／かー¯　とんで⌒ある˥ってる↓／(蚊が飛び回っている。)
※「走る」意味の動詞との連語「駆けて歩く/kake˥te 'aruku˥/」「おっ駆けて歩く/'oQkake˥te 'aruku˥/」の「歩く/'aruku˥/」は、③の補助動詞で「駆け回る」「追いかけ回す」の意味を表し、本動詞①②とは意味的に分化しているので矛盾した行動でも言表でもない。
／はー　かけ˥て⌒あるってる↓／([赤ちゃんだったのが]もう駆け回っている。)
／いぬっころ˥　すずめ・こ˥と　おっかけ˥て⌒あるってた↓／(子犬が雀を追い回していた。)
※いわゆる連用形の音便形は／ある˥って'aru˥Qte、ある˥った'aru˥Qta／とカ行五段一般のイ音便形でなく促音便形である。カ行五段で同じく促音便形が現れるのは他に、「行く/'ɪku¯/」と「まるく/maruku¯/」(束ねるトイウ意味)の２語だけである。
アクセントも、他の活用形が東京式アクセントの中高型に対応するのに、この形のみは頭高型に対応していて特異である。この語が三拍動詞第３類に属したことの反映であろうか。
なお、中古語「ありく(あるく)」が「類聚名義抄」などで「平上平［低高低］」なのは、多回相の接頭要素「あり」(「あり通ふ、あり触れる」の「あり」、アクセントは「平東［低降］」)と「いく(ゆく)」(アクセントは「上平［高低］」)の熟合([低降＋高低]→[低高低])に基づくためと考えられる。
※いわゆる音便形のアクセントは、音便の種類によって、東京式アクセントと次のような対応を示す。(平板式はアクセント核のない平板型が対応するが、) 起伏式は一般には、
①イ音便：書い˥た
②撥音便：編ん˥だ
のようにアクセント核が１拍ずれた型が対応するが、
③促音便：待った˥（こと）
のように、二拍ずれた形が対応しているので、／ある˥って'aru˥Qte、ある˥った'aru˥Qta／のアクセントはこの点で異例である。［また、この方言では「促音」は（通時的変化の仕方から考えて）１拍の資格を欠いていると見られるところがある。］

あるときだい˥みょー　／'arutokidai˥mjoʀ／　［あるとき大名］（名詞）
あると派手にぜいたくにカネを浪費してしまう人を皮肉を込めて言う。

あれ¯〜あい¯　／'are〜'ai／　（指示代名詞・人称代名詞）
①話し手からも聞き手からも離れた事物や生物を指示する、遠称の指示代名詞。あれ。
②比較的に待遇上中立な第三人称の「人代名詞」としても使われる(①の指示代名詞からの転用)。
※他に第三人称人代名詞に／あいつ¯ 'aicu／と／やつ˥ 'jacu˥／がある。／あいつ¯／は待遇上は下がるが、共通語ほど軽卑感や卑俗感はないように感じられる。それに対して／やつ˥／は、頻用される傾向があり、おとしめるほどの悪意はないけれども、多少の軽卑感を伴って用いられる単語と言える。
※指示代名詞「これ、それ、あれ」は、指示対象referent が生物のとき、有生性を特徴とする格助詞「コト(対格)・ガニ(能格)・ゲ(与格)」と共起できる。逆に「コト・ガニ・ゲ」と共起する「これ、それ、あれ」の指示対象は生物であるということができる。
「これ(＝この子)コト連れて行く」、「それ(＝その猫)ガニ盗み食いなどできるわけない」、
「あれ(＝あの犬)ゲ何か呉れてやれ」など。
特に、「あれφ好きだ」の「あれ」の指示対象は無標で事物、生物いずれも可で両義的ambiguous で曖昧だが、「あれコト好きだ」となると指示対象は人物(人代名詞②)か生物(指示代名詞①)の「あの人・あの子・あの猫…」となって、有生の指示対象であることが明確になる。
このように、有生性を特徴とする格助詞「コト・ガニ・ゲ」との共起・不共起は、単語や句などの形式が決定するのではなく、形式の意味内容つまり指示対象が条件となっていることに注意。
※／あれ¯ 'are／と／あい¯ 'ai／とは、自由変異（後者は一種の弱まり語形)。助詞「だけ」とは／あん・だけ¯ 'aɴ dake／となるのが普通だが、この場合も／あい・だけ¯ 'ai dake／という人がある。主題形(主題助詞「ワ」との融合形)は／あら¯ 'ara／と言う。

あれつ¯　／'arecu／（指示代名詞）
あの物。／あれ¯ 'are／と／あいつ¯ 'aicu／の混淆形。多くの場合、／あいつ¯／は生物を指して言い、／あれつ¯／は事物を指して言う。／あれつ・も　これつ・も／(あれもこれも)。

あれ・んべ˥ー　／'are ɴbe˥／（指示代名詞副助詞連語）
あればかり。あれだけ。限定を意味する。「［あれ＋べー］→［あれ＋んべー］」という連語構成。
／*あい・んべ˥ー *'ai ɴbe˥ʀ／とは言わない。⇒／これ・んべ˥ー kore ɴbe˥ʀ／の注(※)を参照。

／あれ・んべ˥ー・の⌒もん　うれし˥か　あろ˥んか↓／
([たった]あれだけのもの[をもらっても]うれしくはない。)

あろ˥んか ／'aro˥ɴka／ (所動詞／ある˥ 'aru˥／の「確否形」)

否定形容詞／ねー˥～ない˥ neʀ˥～nai˥／が「不定人称者」による通常の(無色の)否定(非存在)判断を表すのに対して、「第一人称者」による確信的・断言的な(強い)否定(非存在)判断を表す。前者は、断言文／くー˥⌒もん　ね˥ー↓／(食うものがない。)を質問文／くー˥⌒もん　ねー˥↑／(食うものがないか。)に変えることができるが、後者は、断言文／くー˥⌒もん　あろ˥んか↓／(食うものなんかない。)を(判断要求の)質問文／*くー˥⌒もん　あろ˥んか↑／に変えることはできない。
／はー　ここ・に˥・わ　なんに・も　あろ˥んか・ぞ↓／(もうここにはなにもないぞ。)

※この形式は、形態論的には、語幹形態素/'ar-/と語尾形態素/-oɴka/に分析される。語尾形態素の/-oɴka/には母音語幹動詞(一段動詞・変格動詞)に付く異形態/-roɴka/(例えば「(いくら起こしても)起きろんか」)がある。「有ろんか/'ar-o˥ɴka/」「起きろんか/'oki-ro˥ɴka/」は全体で１単語で、末尾の「カ」が終助詞「カ」ではないことは、終助詞「ゾ」「ゼ」との連接の可否によって検証される。
　○「あろんか＋ぞ」↔ ×「ある・か＋ぞ」　○「起きろんか＋ぜ」↔ ×「起きる・か＋ぜ」

その他に、補助形容詞／ねー˥～ない˥ neʀ˥～nai˥／(ない)と同様に、補助動詞として、形容詞連用形(＝ク)や繋合詞(断定の助動詞)の連用形「で」に付いて、形容詞の否定形式や繋合詞「だ」の否定形式を作る用法がある。否定は肯定を前提としその対極として存立するため、通常、対比の助詞のワを介在させる。但し、形容詞はワの介入しない「連用形(＝ク)＋あろんか」が併存するが、繋合詞はワの介入しない「連用形(で)＋あろんか」は自然談話には現れない。助詞ワは、対比を強調するとき以外は以下のように直前の形式と融合するのがふつうである。(→)で表記した形は臨時的で聞き返すと直前の形になる。

「高い」：高く・ワ＋あろんか→高か＋あろんか(→高かろんか taka˥karoɴka)
「派手・だ」：派手・で・ワ＋あろんか→派手・じゃ＋あろんか～派手・だ＋あろんか
(→派手・じゃろんか zjaroɴka～派手・だろんか daroɴka)
「親子・だ」：親子・で・ワ＋あろんか→親子・じゃ＋あろんか～親子・だ＋あろんか
(→親子・じゃろんか zjaroɴka～親子・だろんか daroɴka)

※「で＋ワ＋あろんか」は「じゃ＋あろんか」の他に「だ＋あろんか」とも発音される。平板型の名詞・状態詞に付いた「じゃ＋あろんか」や「だ＋あろんか」の「じゃ」や「だ」にはアクセント核が現れたり現れなかったり(zja˥ 'aroɴka～zja 'aro˥ɴka／da˥ 'aroɴka～da 'aro˥ɴka)して自由変異をなす。

あわ˥⌒くー˥～あわ˥⌒くう˥ ／'a'wa˥ kuʀ˥～'a'wa˥ ku'u˥／ (自動詞相当連語。ワ行五段)

驚き慌てる。／あわ˥⌒くって　でて˥った↓／(慌てて出て行った。)

あわぶく˥ ／'a'wabuku˥／ (名詞)

泡。「泡/'a'wa=˥/」と擬音語語根「ぶく」の複合形で「あぶく」の原形。／あぶく˥ 'abuku˥／とも言う。

あん˥が ／'aɴ˥ŋa／ (動作名詞)

「あがる」の幼児語。

あんがと˥ ／'aɴŋato˥／ (感動詞)

／ありがと˥ 'ariŋato˥／の幼児語。／あんがと˥⌒した↑／(ありがとうを言ったか。)

あん˥ぎょー～あんぎょ˥ー ／'aɴ˥ŋjoʀ～'aɴŋjo˥ʀ／ [安行] (固有名詞・地名)

安行。／きたあだち˥ぐん⌒あんぎょーむら¯ kita'adaci˥ŋuɴ 'aɴŋjoʀmura／(北足立郡安行村)。

※戦国時代末期に岩槻太田氏の家臣でこの地の(開発[カイホツ])領主だった「中田安行(やすゆき)」の名に因むという。

あんぐる˥ ／'aɴŋuru˥／ (名詞)

胡座。／あんぐる˥⌒かく˥／(胡座をかく)。戦後世代では／あぐら˥ 'aŋura˥／がふつう。
／あんぐる˥ 'aɴŋuru˥／(胡座)という語形に関しては／たんぐる˥～たんぐろ˥ taɴŋuru˥～taɴŋuro˥／(蛇のとぐろ)との関係が何かたどれそうである。⇒／たんぐる˥～たんぐろ˥ taɴŋuru˥～taɴŋuro˥／

※「あぐら(胡座)」は３音節名詞第５類の語で、／あんぐる˥ 'aɴŋuru˥／も他の／いのち˥(命)、すがた˥(姿)、なみだ˥(涙)、ひばし˥(火箸)、まくら˥(枕)／と同様に、尾高型Aになっている。

あん˥こ ／'aɴ˥ko／ [餡子] (名詞)

「小豆/'azuki=˥/」を煮て「砂糖/sato˥ʀ/」を加えて練ったもの。餡。餡子。

あんころ˥もち～あんころ˥ ／'aɴkoro˥moci～'aɴkoro˥／ (名詞)

搗き立ての餅の小さくちぎったのを、餡子の中にころがして周りに餡子をつけて食べるのを「あんころ餅」略して「あんころ」と言う(話者の説明の要約)。

※『日本国語大辞典第二版』によると、初出が、「あんころばし」(1720年)、「あんころ」(1767年)、「あんころもち」(1780年)となっている。仮にこれが語としての出現順序だとすると、「あん(餡)＋ころばし(転ばし)」が元の語形で、その下略形が「あんころ」、それに範疇を明示する「餅」が付いて「あんころもち」となったように推測される。

あんちゃ˥ん～あん˥ちゃん ／'aɴcja˥ɴ～'aɴ˥cjaɴ／ [兄ちゃん] (名詞)

／あに˥ 'ani˥／(兄)の敬称の／あにさ˥ん～あに˥さん 'anisa˥ɴ～'ani˥saɴ／(兄さん)の親称。
※筆者の周辺では／あんちゃ˥ん 'aɴcja˥ɴ／と言っていた(昭和20年代現草加市小山)。
⇒／あに˥～あんに˥ 'ani˥～'aɴni˥／(兄)、／あにさ˥ん～あに˥さん 'anisa˥ɴ～'ani˥saɴ／の項参照。

あんな¯ ／'aɴna／（指示連体詞・指示副詞）
遠称の状態指示の連体詞・副詞。あんな、あんなに。「あんな謝り方ない」「あんな謝ってるから」のように連体詞・副詞の両様がある。「奴/'jacu˥/」「野郎/'jaro˥ʀ/」の前で／あんね¯ 'aɴne／となる。
あんに˥ ～あに˥ ／'aɴni˥～'ani˥／［兄］（名詞）
→／あに˥ ～あんに˥ 'ani˥～'aɴni˥／（兄）
あんね˥ ～あね˥ ／'aɴne˥～'ane˥／［姉］（名詞）
姉。敬称は／あねさん¯ 'anesaɴ／。親称は／ねー˥ちゃん neʀ˥cjaɴ／。／あね˥ 'ane˥／とも言う。
⇒／あね˥ ～あんね˥ 'ane˥～'aɴne˥／（姉）の項を参照。
あんばい¯～あんべー¯ ／'aɴbai～'aɴbeʀ／［塩梅］（名詞）
物事の具合。天気の様子。体の状態。ふだんは／あんべー¯／と言う。
※出会いの挨拶語では／いー˥⌒やんばい'jaɴbai・で／のように異形態／やんばい¯／が現れる。
あんばい¯⌒わる˥い～あんべー¯⌒わり˥ー ／'aɴbai 'waru˥i～'aɴbeʀ 'wari˥ʀ／［連語形容詞］
①病気など体の具合が悪い。②遂行困難な事情など都合が悪い。
あんまこー¯ ／'aɴmakoʀ／（名詞）
消炎鎮痛の貼り薬を明治生まれの人たちがこういうのを聞いた（昭和20年代）。
※昭和初年に草加に鈴木日本堂（現「トクホン」）の工場が作られて以後、この地域では消炎鎮痛の貼り薬一般をただ／とくほん¯ tokuhoɴ／と言う人が多かった。製品名が普通名詞化したもの。
あんまし¯ ／'aɴmasi／（副詞）
副詞／あんまり 'aɴmari／の異語形（訛語）で併用される。「あんま」は以前は耳にしなかった。
／あんまし　んーま˥か⌒ねー↓／（あまりうまくない。）
あん˥よ ／'aɴ˥'jo／（名詞・動作名詞）
名詞では「足」。動作名詞としては「（前進）歩行」すること。
※一歩一歩前に進む意味の「歩む（あゆむ／あよむ）」の語基ayu-/ayo-に由来する語であろう。

い～／'ɪ～／ ：
○「い」で始まる「平仮名表記の見出し語」のあとの／音韻表記／の／'ɪ／は、「戦前世代」（だいたい第二次世界大戦以前に学校を出た人たちが典型）では「喉頭音音素」／'／の後で「前舌の狭（narrow/close）母音」／i／と「前舌の中（mid）母音」／e／の対立がなく、「中和neutralize」しているのを表したものである。
（注意．ここで、中（mid）母音というのは、半狭（half-close）母音と半広（half-open）母音にわたる母音を総称したものであり、具体的音価は両者の中間から半広寄りである。）
○「見出し語」の平仮名表記の「い」は、それより若い年齢層（だいたい「戦中・戦後生まれで高度経済成長期（1970年頃）以前に学校を出た人たち」―本書で扱う「戦後世代」というのはこの年齢層の人たち―と、「それ以降のより若い人たち」―共通語化が著しく本書では扱わなかった年齢層の人たち―との二つの年齢層から成る）では、「前舌の狭（narrow/close）母音」／'i／と「前舌の中（mid）母音」／'e／の対立があるので、その音韻的区別に基づいて立てた形である。特に断りないものは音韻表記の／'ɪ／が若い層では／'i／で現れる。
なお、若い年齢層で「え～」「い～」両形ある語は、「え～」の方で立項しているので、「え～」をみること。

い ／(')ɪ／（格助詞「方向格」）
格助詞の「い」の音韻表記／(')ɪ／に関しての注記
注１：／(')ɪ／は戦前世代の音韻を表記したものである。この格助詞は、①先行語との間に音休止pauseを置いた場合と、②撥音/ɴ/と引音/ʀ/の後の位置で、成節的に／-'ɪ／[ɪ]と発音される。③短母音で終わる先行語に続く場合には、成節的な／-'ɪ／[ɪ]の他に、先行語が/a, o, u/で終わる場合はふつう弱化して非成節的な副母音／-ɪ／[-ĭ]のように発音される。これらの成節的・非成節的な母音を／(')ɪ／と合成表記している。なお、先行語の語尾音が前舌短母音の/-i, -e/で終わる場合は、非成節的に発音されて引音/-ʀ/[ː]になるのがふつうである。【本辞典では原則的に戦前世代の副母音／-ɪ／[-ĭ]は／-i／[-ĭ]と表記している。】
注２：高度経済成長期（1970年頃）以前に言語形成期を終えた戦中・戦後世代の／い／は、（前述の注記のように）音韻としての／い (')i／を簡略に／い／と表記したものである。以下に、戦中・戦後世代の「格助詞／い (')i／」について注記する。
①先行語との間に音休止pauseを置いた場合と、②撥音/ɴ/と引音/ʀ/の後の位置で、成節的に／-'i／[i]と発音される。③短母音で終わる先行語に続く場合には、成節的／-'i／[i]の他に、先行語が/a, o, u/で終わる場合はふつう弱化して非成節的な副母音／-i／[-ĭ]のように発音される。（戦前世代の表記に合わせれば／(')i／と合成表記できる。）なお、先行語の語尾音が前舌の短母音の/-i, -e/で終わる場合は、非成節的に発音されて引音/-ʀ/[ː]になるのがふつうである。【現在では、さらに共通語化が進んで方向格助詞はどの位置でも／え 'e／と発音されるようになってきている。】
「運動・移動の方向」を示すのが基本的で、派生的に「運動・移動が目標とする場所」をも示す。主として、（移動先となりうる[場所的に把えられる]）無生物類名詞に付くが、（目標となりうる）生

物類名詞にも付く。その点で「有生性」に関して中立的な格助詞である。生物類名詞に付く場合、与格の「ゲ ŋe」と併存することになるが、「ゲ」は(広義の)利害関係に関わる者として目標対象(相手)を遇しており、「イ」はそういうことには関心を向けない中立的な運動目標として目標対象(相手)を把えていることになる。

例：／ここ・い　こ˥ー↓／（ここへ来い。）
／きょー˥と・い　いった・ん˥・だ・と・よ↓／(京都へ行ってきたのだとよ。)
／いしゃ・い˥・わ　なに˥⁀しー　いった・の˥↑／(医者へはどうして行ったの？)
／くさ・い˥・も　みず　くれろ˥↓／（草へも水をやれ。）
cf.／おれ・げ˥・も　みず　くれ˥↓／（おれにも水をくれ。）
／やつ˥・い　てがみ　きて˥た↓／（彼に手紙が来ていた。）
cf.／やつ˥・げ　てがみ　きて˥た↓／（彼に手紙が来ていた。）

※「場所(代)名詞＋／に ni／＋移動動詞(往来動詞)」と「場所(代)名詞＋／い 'ɪ／(戦後世代は/'i/)＋移動動詞(往来動詞)」では区別があり、前者では、着点としてのその場所への到着が含意され、後者では、目標としてのその場所への方向指示性がまさっていて、必ずしも到着することを含意しない。なお、「場所(代)名詞＋／い 'i／＋移動動詞(往来動詞)」は、任意に「場所(代)名詞＋／φ／＋移動動詞(往来動詞)」とすることができる。

例：／しごと・で　とーきょー・に　いった↓／（仕事で東京にまで行った。）
／しごと・で　とーきょー・い　いった↓／（仕事で東京へ行った。）
／しごと・で　とーきょー・φ　いった↓／（仕事で東京(へ)行った。）

注意：上記の無助詞のφについては、このⓐ「φ＋動詞」の型をとる動詞の分布が、ⓑ「ニ＋動詞」の型をとる動詞の分布と異なり、ⓒ「イ＋動詞」の型をとる動詞の分布と重なること(ⓐ＝ⓒ≠ⓑ)と、話者の“「～φ＋行く・来る」は、「～ニ＋行く・来る」よりは「～イ＋行く・来る」に近い”という内省報告から判断して、この場合は(「ニ」のφ形式ではなく)「イ」のφ形式と考えた。
いかなる格助詞も現れない「橋φ＋渡る」と違い、「東京φ＋行く・来る」は、「東京{ニ／イ}＋行く・来る」という格助詞が現れる文と共存する点で異なるが、運動や移動の「場所」にかかわる点で共通点があり、無助詞の「橋φ」や「東京φ」は、あるいは一括して「絶対格absolutive case」とする説明が可能かもしれない。なお『言語学大事典６術語編』(1996三省堂)の「絶対格」p834参照。

補足：「有生性」に関して無標unmarked(中立的)な、「位格」助詞の「(東京)ニ(行く)」と「方向格」助詞の「(東京)イ(行く)」の区別(対立)の存在と、「有生性」に関して有標markedな、「能格」助詞の「ガニ」、例えば「おまえガニはそれは呉れられない」([おまえが(誰かに)それを与えること]が(おまえには)できない)と、「与格」助詞の「ゲ」、例えば「おまえゲはそれは呉れられない」([(誰かが)おまえにそれを与えること]が(その誰かには)できない)の区別(対立)の存在とには、構造的・体系的な平行関係parallelism(≒類似性)が存在する。なお、「ゲ」例文の「誰か」は通常「話し手」である。換言すれば、「能格」は「有生位格」、「与格」は「有生方向格」として、通時的(起源的)にも、共時的(機能的)にも把え返せるところがあり、この体系性(「～ニ」：「～イ」≒「～ガニ」：「～ゲ」)こそが当方言の「～ニ」と「～イ」(および「～ガニ」と「ゲ」)における「位置」と「方向」の区別(対立)を保たせている(支えている)理由と思われる。なお、日常語では、例文の「呉れられない」は／くいらいね(ー)¯ kuiraine(ʀ)／、「おまえ」は／おめ(ー)¯ 'ome(ʀ)／と発音される。

＝い ／-i／（接尾辞）

終助詞的機能を持つ接尾辞。分布の点で付属語とは見なしがたい。接尾する形式は次のとおり。

①動詞終止形／かく˥ kaku˥／(書く)　→／かく˥い kaku˥i／
②動詞ロ語尾命令形／あけろ˥ 'akero˥／(開けろ)　→／あけろ˥い 'akero˥i／
カ変命令形／こ˥ー～こー˥ ko˥ʀ♯～koʀ˥ 'jo／　→／こ˥い～こい˥ ko˥i♯～koi˥ 'jo／
③動詞禁止形／かく˥な kaku˥na／(書くな)　→／かく˥ない kaku˥nai／
④動詞確否形／かこ˥んか kako˥ɴka／(書くものか)　→／かこ˥んかい kako˥ɴkai／
⑤動詞主張形／かか˥ー kaka˥ʀ／(書かあ)　→／かか˥い kaka˥i／
⑥繋合詞(断定の助動詞)／だ da／の終止形　→／だい da˥i／
⑦助詞／か ka／／や 'ja／／わ 'wa／　→／かい kai／／やい 'jai／／わい 'wai／
⑧実現拡張形の終止形／かい˥た kai˥ta／(書いた)　→／かい˥たい kai˥tai／

意味としては、「それの接合する形式の示すある種の判断を強める」といったところである。

※①の動詞終止形に付く形は、疑問詞を含む文の終止形式として使われる用法が耳立つ。「何・誰」と共起する文では反語文となることが(全てではないが)非常に多い。
／なに˥　いまさら　いそぐ˥　こと　ある˥い↓／(どうして今さら急ぐことがあるか。反語)
／だれ˥・が　んーな⁀こと　しる˥い↓／(誰がそんなことをするか。反語)
／おめー　なに˥⁀してるい↓／(おまえは何をしているのか。質問)
／おめー　いつ˥⁀きたい↓／(おまえはいつ来た。質問)

いー˥ ／'ɪʀ˥／［良い］（形容詞）

良い。反対語は／わり˥ー 'wari˥ʀ／。
戦前世代の/'ɪʀ˥/は音声的には[イー～エー](精密表記では[(iː～)ɪː～eː(～ɛː)])と幅があるが、少し緩んだ[イー](精密表記で[ɪː～eː])と聞こえることが多い(上下の歯で小指の先１㎝弱くらいの所を軽く噛んだまま[イー]と言うと近い音が得られる)。戦後世代は前舌狭母音の/'ɪʀ˥/[iː]。

語幹は/よ 'jo-/。個人的に語幹を終止=連体形と同じ/いー 'ɪʀ-/としている話者がある。そういう個人においては、連用形:/よく˥ 'joku˥/→/いー˥く 'ɪʀ˥ku/、推量形:/よか˥んべー 'joka˥Nbeʀ/→/いー˥かんべー 'ɪʀ˥kaNbeʀ/、過去形:/よか˥った 'joka˥Qta/→/いー˥かった 'ɪʀ˥kaQta/のようになる。ただし、仮定形語尾「ければ〜けんば〜けりゃ」は共通語と違い、方言では語幹ではなく終止=連体形(と同じ形)に付くので、いずれの場合も/いー˥ければ 'ɪʀ˥kereba/等となる。

※1音節語幹の形容詞は接尾辞「そー」「すぎる」との結合で3つの類型がある。

①/な˥い〜ない˥ na˥i〜nai˥/　→/なさそ˥ー nasaso˥ʀ/　/なさすぎる˥ nasasuŋiru˥/

②/い˥ー〜いー˥ 'ɪ˥ʀ〜'ɪʀ˥/　→/よさそ˥ー 'josaso˥ʀ/　/よすぎる˥ 'josuŋiru˥/

③/こ˥い〜こい˥ ko˥i〜koi˥/　→/こーそ˥ー koʀso˥ʀ/　/こ(ー)すぎる˥ ko(ʀ)suŋiru˥/

※「好意的に言う」という意味の「良く言う/'joku˥ 'juʀ/」は、「[誰か[1]]ゲ+[誰か[2]]ゲ+[誰か[3]]コト+良く+言う」という構文をとる。(戦後世代は「[誰か[2]]ニ」。与・位格句は随意的)

/あれ・が (おれ・げ) {おめー・こ˥と/おめーら˥ち・こと} よく˥ ゆってた↓/

(あの人が(おれに){おまえを/おまえの家を}ほめていた。「おめーらち」は集合名詞で生物扱い)

「好意的に思う」の意味の「良く思う/'joku˥ 'omo˥ʀ/」は、似ているが与・位格句を欠き、「[誰か[1]]ガ+[誰か[3]]コト+良く+思う」という。/おれ・わ あれ・こ˥と よく˥ おもって˥た↓/

いーかげん¯ /'ɪʀkaŋeN/ (状態詞)

①度を超さないほどほどの程度である様子。

/いーかげん・に¯ けーれ˥・や↓/(もうほどほどにして帰れ。)

②することが大雑把で徹底していない様子。無責任で信頼に欠ける様子。いい加減。

/あれ・わ いーかげん・な⌒やつ˥・だ・かん⌒な˥ー↓/(あれはいい加減な男だからな。)

※アクセント(「○○○○○¯」平板型)や文法機能(「状態詞」いわゆる形容動詞(語幹))の点から1単語と認められる。

対して、/いー˥⌒かげん¯/(良い加減)は、アクセント(「○○˥+○○○¯」尾高型+平板型のいわゆる"分離語")や文法機能(「形容詞+名詞」の句的phrasal構造)の点で2単語から成る連語と認められる。従って、共通語風に言えば「いい+加減→[トテモ+いい]+[オ(接頭辞)+加減]」や「いい+加減+の+風呂→いい+風呂+の+加減」のようにそれぞれの構成要素の拡大や入れ替えができる。

形態的に同一の形態素から成るが、アクセントも文法機能も意味も異なる別形式となっている。

いーからかん¯ /'ɪʀkarakaN/ (状態詞)

することが大雑把で徹底していない様子。無責任で信頼に欠ける様子。いい加減。

※/いーかげん¯ 'ɪʀkaŋeN/の②よりも強意的・強調的に感じられる。「ほどほどの程度」の意味では使われない。

いーずける˥ /'ɪʀzukeru˥/ [言い付ける] (他動詞カ行下一段)

/よー˥ いーずける˥/(用を言いつける)の形で、人に用事を強制的に依頼する(命じる)。

命じられる相手は与格助詞「ゲ」か位格助詞「ニ」で表示される。

/だれ˥・げ よー˥ いーずけ˥た・ん・だ↓/ (誰に用を言い付けたのだ。)

※「告げ口する」意味では/いーつける˥ 'ɪʀcukeru˥/と言う。

いーつぎ¯ /'ɪʀcuŋi/ [言い継ぎ] (動作名詞)

「組合/kumi'jai¯/」(隣組)などの、家から家への、公的な内容の伝言。現在の「回覧板/kairaNbaN¯/」に相当する。/いつぎ¯ 'ɪcuŋi/とも言う。

いーつける˥ /'ɪʀcukeru˥/ [言い付ける] (他動詞カ行下一段)

人に告げ口をする。告げられる相手は「ゲ」か「ニ」で表示される。

/せんせー˥・げ いーつけ˥て やる↓/(先生に密告してやる。)

※「用事を言いつける」ことは/いーずける˥ 'ɪʀzukeru˥/と言う。

いー˥⌒なか /'ɪʀ˥ naka/ [いい仲] (連語名詞)

恋仲、好きあう仲、恋愛。

/いー˥⌒なか・で いっしょ・ん⌒なった˥↓/ (好き合って一緒になった。)

いー˥⌒やんばい¯〜いー˥⌒やんべー¯ /'ɪʀ˥ 'jaNbai〜'ɪʀ˥ 'jaNbeʀ/ (連語)

/(きょー˥・わ) いー˥⌒やんばい・{だ/です}・ねー↓/などと繋合詞(いわゆる断定の助動詞)と結合して出会いの挨拶語に使われる。/きょー˥・わ いー˥⌒やんばい¯・で↓/などと言いさしの形(中止法)でもよく使われる。⇒/あんばい¯〜あんべー¯/を参照。

いー˥⌒わりー /'ɪʀ˥ 'wariʀ/ [良い悪い] (連語名詞)

共通語の「善し悪し」に相当し、「善悪/善悪の別」という意味を表す。/いー˥⌒わりー・も わかんねー˥・の・か{↓/↑}/のように使われる。/こと・の⌒いー˥⌒わりー/(事の善悪)のように連体語を受けるので機能的には名詞相当連語。/〜いー˥も わりー˥・も/のように割って間に助詞を入れることができるので、単語ではなく連語である。

いうい¯ /'ɪ'ui/ (名詞)

農繁期に近所や親類などで相互に労働を提供し合うこと。「結い」(労働交換)。

※この語形は「結い」に対応しない。後半部の／-'ui／を「植え」と意識する個人があるので、語源的には、「結い植え」が［jui-ue→iːue→iue→ɪuɪ］と変化して成立した語形かと思われる。後述の／はかうい˥ haka'ui˥／を参照。

※「ゆい」に直接対応する形（推定形は/*'ju'ɪ/か/*'ɪʀ/で上例からも後者/*'ɪʀ/の可能性が大きい）は聞いた限り出てこなかった。「ゆい」「いー」ということばを出して質問してもそうは言わないということだった。

※「いい-」に関しては、『物類称呼』に「（ゆひする［互に人を雇いつやとはれつする事］を）武州及上総にて○えいすると云　下総辺にて○いひにするといふ」のが参考になる。

※／はかうい˥ haka'ui˥／という語があり、「田植えの共同作業で、（手の届く三尺程度の幅の）自分の分担箇所に（「後ずさり/'atoQsjaʀ˥ri/」で）稲の苗を植えていくこと」を意味するが、この語の後部成分／＝うい -'ui／と、／いうい¯ 'ɪ'ui／の／＝うい -'ui／とは同じ形態（「植え/'ui/」）と考えられる。

いが°=˥ ／'ɪŋa=˥／［毬］（名詞）

トゲの密生した、栗の外皮。／いが°˥⌒むく／（いがを剥く）。

いき˥ ／'ɪki˥／［息］（動作名詞）

呼吸。出入りする息。／いき˥⌒してる／（息をしている。生きている）。

※死に瀕しての吐くだけの息を／かたいき¯ kata'ɪki／（片息）という。

いぎ°かい˥り～いぎ°けー˥り ／'ɪŋikai˥ri～'ɪŋikeʀ˥ri／［行ぎ帰り］（名詞）

行き帰り。「行く」は／いく¯ 'ɪku／で、／いぐ°¯ 'ɪŋu／とは言わない。この語にだけ鼻音が現れる。

※この語だけの借用は考えがたいので、古く「行く」を「行ぐ°［iŋu］」と言った名残（化石形）かもしれない。埼玉県東北部に散見する「行ぐ［igu］」や東関東の諸方言に見られる「行ぐ°［eŋu］」とどうつながるかなど不明（未考）。

いき˥っつく ／'ɪki˥Qcuku／（所動詞カ行五段）

移植した草木などが根付く。活着する。

／この⌒あめ˥・で　なす˥・も　いき˥っつく・だんべ↓／（この雨で茄子も根付くだろう。）

いきも˥の～いきも˥ん ／'ɪkimo˥no～'ɪkimo˥ɴ／［生き物］（名詞）

生き物。

※生物学では「植物」は、「生物」に属するが、言語的分節では「生き物」ではなく、無生物名詞に属する。「生き物」の存在動詞は／いる¯ 'ɪru／、「物」の存在動詞は／ある˥ 'aru˥／である。授受動詞、例えば「水＋くれる」（水をやる）も、相手が生物なら「｛子ども／犬｝ゲ（水くれた）」（「イ」も可能）と言い、相手が無生物なら「｛植木／草｝イ（水くれた）」（「ゲ」は原則不可［有例外］）で扱いが異なる。

いきる˥ ／'ɪkiru˥／［生きる］（自動詞カ行上一段）

①生き物の「生」。「死ぬ」の反対語の「生きる」。／（この犬）いきて˥る／↔／しんでる¯／。

②植物の「生」。「枯れる」の反対語の「生きる」。／（この草）いきて˥る／↔／かれてる¯／。

いく¯ ／'ɪku／［行く］（自動詞カ行五段［特殊型］）

行く。話し手の現在地を起点・出発点として目標点・着点に向かって移動する。

⇒／くる˥ kuru˥／（来る）の項を参照。

※「場所（代）名詞＋ニ＋行く」と「場所（代）名詞＋イ＋行く」では区別があり、前者では、着点としてのその場所への到達が含意され、後者では、目標としてのその場所への方向指示性がまさっていて、必ずしも到着することを含意しない。

／とーきょー・に　いった／（東京に～）↔／とーきょー・い　いった／（東京へ～）

なお、「場所名詞＋イ＋行く」は、任意に「場所名詞＋φ＋行く」とすることができ、先行する行き先を表す名詞句は、方向格助詞「イ/'ɪ/（戦後世代は/'i/）」を伴わないことも多い。

／どこ˥φ　いった・の˥↑／、／とーきょー・φ　いった・ん˥・だ↓／

なお、「＋イ＋行く」→「＋φ＋行く」は、［イ・イ（ク）］音が短縮されて［イ（ク）］となったためではないかと研究を始めた頃に考えたこともあったが、その後、「＋イ＋来る」でも「＋φ＋来る」となる（例えば「ここ・イ＋来い」→「ここ・φ＋来い」）ので、音韻的条件からは説明できないことに気づき、上記のように統語的条件から説明し直すに至ったものである。

※共通語の、移動の目的を表す「動詞連用形（～動作名詞）＋ニ＋移動動詞［往来動詞］（行く・来るなど）」に対応する言い方では助詞の「ニ」が現れないで、

／そと˥・い　なん˥・か　みー˥⌒いった↓／（外へ何かを見に行った。）

／まち・ま˥で　みやげ　かい˥⌒いった↓／（町まで土産を買いに行った。）

／いしゃ・い˥・わ　なに˥⌒しー　いった・ん˥・だんべ↓

そら　いしゃ・に　みて˥⌒もらい　いった˥・ん・だんべ・よ↓／

（病院へは何しに行ったのだろう。それは、医師に診てもらいに行ったのだろうよ。）

／どこ˥・い　なに˥⌒しー　いってた˥・ん・だ↓／（どこに何をしに行っていたのだ。）

／はたけー（←はたけ・い）　いも˥⌒ほり　いってた↓／（畑へ芋を掘りに行っていた。）

のように言う。（先行する動詞連用形は尾高型アクセントになるが、アクセント核がある直前の語にひと息に続けて言う場合は抑圧されることが多い。）

※いわゆる連用形の音便形は促音便を取る。カ行五段動詞で音便形が促音形なのは、「行く」「歩く」

「まるく(束ねる)」の３語だけである。

／いった¯ 'ɪQta／、／ある˥った 'aru˥Qta／、／まるった¯ maruQta／。

いくじな˥い〜いくじね˥ー ／'ɪkuzina˥i〜'ɪkuzine˥ʀ／ (形容詞)

(困難に耐える)気力や体力がない。／いくじなく˥⌒なった↓／(体が衰えて力がなくなった。)

語構成は、用例のアクセントから明らかなように、「いくじなく＋なる」であって、「いくじ＋なくなる」ではない。後者なら／(いくじ＋)なくなる¯／(平板型)になるはずである。

※「困難に耐える気力や体力がない人」を／いくじな˥し 'ɪkuzina˥si／と言う。

いくつ˥ ／'ɪkucu˥／ ［幾つ］(不定数量詞)

個数や年齢の不定数量詞。幾つ。／いくつ˥・ん⌒なる／(幾つになる)、／いくつ˥・か⌒ある／(幾つかある)、／いくつ˥・も⌒ない〜いくつ・も⌒な˥い／(幾つもない)、／いくつ˥・でも〜いくつ・でも¯／(幾つでも)。助詞「も」「でも」との結合では二様のアクセントが聞かれる。

※アクセントは尾高型Aで、東京語の頭高型には対応していない。

いくら˥ ／'ɪkura˥／ ［幾ら］(不定数量詞)

数量や値段の不定数量詞。幾ら。／いくら˥・ん⌒なる／(幾らになる)、／いくら˥・か⌒ある／(幾らかある)、／いくら˥・も⌒ない〜いくら・も⌒な˥い／(幾らもない)、／いくら˥・でも〜いくら・でも¯／(幾らでも)。助詞「も」「でも」との結合では二様のアクセントが聞かれる。

※アクセントは尾高型Aで、東京語の頭高型には対応していない。

※「どれほど」という意味の副詞は／いっくら˥ 'ɪQkura˥／といい、使い分けている。

いけ=˥ ／'ɪke=˥／ ［池］(名詞)

人工的に造られた広くて深い水を湛えた場所。池。／へんでんしょ・の　いけ=˥／(変電所の池)。

※自然にできた広くて深い水を湛えた場所は／ぬま=˥ numa=˥／(沼)という。

※一般的に「沼」の方が「池」より大きいことから違いを大小と理解して、自然物でも小さいのは「池」だとする把え方がある。

いけぐね¯ ／'ɪkeŋune／ (名詞)

生け垣。垣根は／くね=˥ kune =˥／と言う。

いける˥ ／'ɪkeru˥／ ［生ける(活ける)・埋ける］(他動詞カ行下一段)

①生かしておく。ⓐ切った花などを花器に挿して生かしておく。ⓑ(保存のために)野菜などを土に埋めて生かしておく。ⓒ火の付いた炭(＝燠/'oki¯/)を灰に埋めて生かしておく。

②単に土や水に埋める。／にわ・に　どかん　いけ˥て⌒ある↓／(庭に(排水の)土管が埋設してある)。／うけ˥　ほり・に˥　いけ˥といた↓／([魚を捕る]筌(うけ)を堀に設置して置いた)。／ねこ˥・こと　くねぎわ・に　いけ˥た↓／([死んだ]猫を垣根の側に埋めた)。なお、前者には対応する所動詞に／いかる˥ 'ɪkaru˥／があって、／にわ・に　どかん　いかって˥る↓／(庭に土管が埋設されている。)などとなる。

※自動詞／いきる˥ 'ɪkiru˥／(生きる)に対応する他動詞には、他に／いかす˥ 'ɪkasu˥／(生かす)があるが、／いける˥ 'ɪkeru˥／は、例えば「(人は)生かされて生きている」「(人を)生かすも殺すも」などのこの位置で使えないことから分かるように、「生き死に」との関連が希薄化していて、上記のように意味的にも特殊化しているので、厳密には自他の対応からは外れつつある(外れている)。

いける¯ ／'ɪkeru／ ［行ける］(自動詞・所動詞カ行下一段)

「行くことができる」の意味では／いかいる¯'ɪkairu(〜いかれる¯'ɪkareru)／(行かれる)と言うのが本来の言い方で、これを／いける¯ 'ɪkeru／と言うのは新しい言い方と内省する話者がある。その他、「うまく出来る」「うまく感じる」「酒が(かなり)飲める」等については東京語と同様に使われる。

いごかす˥ ／'ɪŋokasu˥／ ［動かす］(他動詞サ行五段)

動かす。／いごく˥ 'ɪŋoku˥／の他動詞。／そこ・な⌒いし　いごかせっ˥・か↑／(そこの石を動かせるか。)

いごく˥ ／'ɪŋoku˥／ ［動く］(自動詞カ行五段)

動く。戦前世代はほぼ／いごく˥ 'ɪŋoku˥／専用で、／うごく˥ 'uŋoku˥／は通常の発話では聞かれない。戦後世代はほぼ／うごく˥ 'uŋoku˥／専用になっている。⇒／うごく˥ 'uŋoku˥／を参照。

いさぶる¯ ／'ɪsaburu／ (他動詞ラ行五段)

力を加えて大きく揺り動かす。共通語の／'ju／に／'ɪ／が対応するものの一つ。

いし=˥ ／'ɪsi=˥／ ［石］(名詞)

石。／いし˥　なげ˥た 〜 いし˥⌒なげた／(石を投げた)、／いし・よ˥り　かてー／(石より硬い)、／いし・の⌒した・ん˥⌒なってる／(石の下になっている)、／いし˥・みてー・だ／(石のようだ)。⇒／ゆわ=˥ 'ju'wa=˥／(岩)の項を参照。

いし˥ ／'ɪsi˥／ (代名詞)

第二人称の卑称の代名詞。ことばの荒い人が使っていたという。安行辺ではふつう／うぬ¯ 'unu／と言っていた。八潮・三郷・吉川辺りで二人称卑称を／いし˥ 'ɪsi˥／、／いし˥ら 'ɪsi˥ra／(複数)と言うという話は度々聞いた。実際の発話では聞いていない。

※「ぬし(主)」→「にし」→「いし」と待遇価値が下落しつつ音が転じたものであろう。

『物類称呼』に「他(ひと)をさしていふ詞に…下総にて○いしと云」とあるのが参考になる。

いじ=⌉ ／'ɪzi=⌉／［意地］（名詞）
自分の意思を自分本位に押し通そうとする気持ち。自己の欲望への執着や他者への悪意をも表す。／いじ⌉⌒はる／（意地を張る。名詞は／いじっぱり=⌉／）、／いじ・の⌒はりやい¯／（意地の張り合い）、／いじ・ん⌉⌒なる／（意地になる。類語に／えこじ・ん⌒なる⌉／）。／いじ⌉⌒きたねー／（意地汚い）。／いじ⌉⌒つっつく／（意地悪する）、／いじ⌉⌒わりー／（意地が悪い）。

いじ⌉いじ（⌒してる）／'ɪzi⌉'ɪzi／（副詞、擬態語）
内向的で態度がはっきりしないこと（みっともないという評価を伴う）。

いしうす¯ ／'isi'usu／［石臼］（名詞）
／いすす¯ 'ɪsusu／の異語形。⇒／いすす¯ 'ɪsusu／（石臼）を参照。

いしがっ⌉せん ／'ɪsiŋaQ⌉sᴇɴ／ ［石合戦］（名詞・動作名詞）
（他村の子どもたち同士が村境（の川など）をはさんで）石を投げ合ってした喧嘩（1950年代以前）。

いじ⌉⌒きたね⌉ー ／'ɪzi⌉ kitane⌉ʀ／（連語形容詞）
食欲や物欲など、ものに対する執着心が異常に強い様子。

いじくる⌉ ／'ɪzikuru⌉／（他動詞ラ行五段）
くり返しいじる、いじることに専念すること。／いじる⌉ 'ɪziru⌉／の反復frequentative動詞。
派生動詞に／いじくり⌉まわす 'ɪzikuri⌉ma'(w)asu～'ɪzikuri⌉maʀsu／（隅々まで散々にいじる）。
※接尾辞「＝クル」は、「くり返し～スル、～スルことに専念する」というような意味を表す派生動詞を作る。「しゃべる→しゃべくる」、「ねじる→ねじくる」、「ひねる→ひねくる」、「ほじる→ほじくる」など語例がかなり見つかる。
補：従来接中辞「-ku-」による派生と考えて[['ɪzi(-ku-)r]-u]と分析してきたが、一段動詞（母音動詞）「捏ねる」の派生動詞「捏ねくる」は[[kone-kur]-u]」と分析すべきだから、ラ行五段動詞（子音動詞）の派生動詞の場合も語幹末子音の[-r]を削除してそれに接尾辞「-kur-u」を接合させた形式とすべきだと考えるに至った。例えば、「いじくる」は[['ɪzi(r)-kur]-u]と分析される。

いしげー⌉し～いしげーし¯ ／'ɪsiŋeʀ⌉si～'ɪsiŋeʀsi／［意趣返し］（動作名詞）
受けた恨みを返すこと。仕返し。「意趣返し」の方言形。

いしけ⌉り～いしき⌉り ／'ɪsike⌉ri～'ɪsiki⌉ri／［石蹴り］（名詞）
石蹴り（子どもの遊び）。
※「蹴る」ことはふつう／けっぽ⌉る keQpo⌉ru／と言う。人によって／いしき⌉り 'ɪsiki⌉ri／と言っていたが、子どもにとって／ける⌉ keru⌉／が生活語でないことから生じた変化と思われる。

いしっころ⌉ ／'ɪsiQkoro⌉／［石っころ］（名詞）
小石。砂利。「石＋ころ」という語構成。「ころ」は、「小さくて丸みのある物が回転する様子」を表す「ころころ」の語根√koroから導かれる「小さくて丸い物」という意味の形態素（造語成分）。この語の場合は同時に語根√koroを語基とする「転がる・転ばる」への連想も伴っていると思われる。
※『物類称呼』に、「石 いし　畿内にて○ごろたと云は　石の小なる物を云　東国にて○石ころといふ…　江戸にて○じやりと云」とある。ここは前後のつながりから考えて、「石」＝東国の「石ころ」ではなく、畿内の「ごろた」＝「石の小なる物」＝東国の「石ころ」＝江戸の「じやり」と読むのが正しいようである。

いじ⌉⌒つっつく⌉ ／'ɪzi⌉ cuQcuku⌉／（他動詞相当連語、カ行五段）
意地悪する。いじめる。からかう。かまう。
／あんまり　こども・こ⌉と　いじ⌉⌒つっつく・ん・じゃ　ね⌉ー↓／
（あまり子どもをいじめるんじゃない。）
※本来は「意地をつつく」という目的語を含む連語構成で、「子どもの意地をつつく」（「子どもの気持ちを刺激する」）なのであろうが、方言の構文は、「子どもコト（目的語）＋[意地（目的語）＋つっつく（他動詞）]」のように、他動詞相当連語が生物目的語（「～コト」）をとる形になっている。共通語に直訳すれば「子どもヲ意地をつつく」となり、文法的には共通語では非文になる構文である。

いしばい¯～いしべー¯ ／'ɪsibai～'ɪsibeʀ／［石灰］（名詞）
（肥料として田畑に撒かれた）石灰。

いしばし¯ ／'ɪsibasi／［石橋］（名詞）
石で作られた橋。石橋。⇒／どばし¯～どば⌉し dobasi～doba⌉si／（土橋）を参照。

いじめる¯ ／'ɪzimeru／［苛める］（他動詞マ行下一段）
自分より弱い者をわざと苦しめる。／よめいじ⌉め 'jome'ɪzi⌉me／は、姑や小姑による嫁への露わないじめをいう。／よめいび⌉り 'jome'ɪbi⌉ri／は、姑や小姑による嫁への陰湿ないじめをいう。
⇒／いびる⌉ 'ɪbiru⌉／の項を参照。

いじゃり¯ ／'ɪzjari／［躄］（名詞）
足の障害から立って歩けない人。（差別的語気がある）
※「居去り（ゐざり）」で、「居（ゐ）る」は「坐る」が古義。「さる（去る）」も古くは離脱だけでなく接近する動きも表し、移動する（推移する）が古義。従って「坐ったまま移動する（人）」が原義。

いじる⌉ ／'ɪziru⌉／（他動詞ラ行五段）
いじる。派生動詞に反復動詞の／いじくる⌉ 'ɪzikuru⌉／がある。
※『物類称呼』に、「○なぶる（手にてなれふるるなり）…東国にて○いぢる又いびるといふ」とある。

いじ⌉⌒わり⌉ー　／'ɪzi⌉ 'wari⌉ʀ／（連語形容詞）
他人にわざとつらく当たる様子。／いじ⌉⌒わりー～いじ・が⌉⌒わりー～いじ・の⌒わり⌉ー／（＋「人」）のように、間に助詞が介在しうるので連語である。⇒次項／いじわ⌉る 'ɪzi'wa⌉ru／参照。
いじわ⌉る　／'ɪzi'wa⌉ru／（動作名詞・状態詞）
他人にわざとつらく当たること。また、そうする様子。
「子どもガ＋猫{ニ／ゲ／コト}＋意地悪＋してる」（「意地悪する」の、相手は位格「ニ」か与格「ゲ」で、対象は対格「コト」で示される）。「意地悪ナ＋子ども」≒「意地{φ／ガ／ノ}＋悪い＋子ども」。
いず⌉　／'ɪzu⌉／（名詞）
柚子（植物名）。柚子の実。／いず⌉・の⌒き／（柚子の木）、／いず⌉・の⌒み／（柚子の実。柚子）。
共通語の／'ju／に／'ɪ／が対応するものの一つ。戦後世代は／ゆず⌉ 'juzu⌉／に回帰。
いすぐ¯　／'ɪsuŋu／［濯ぐ］（他動詞ガ行五段）
濯ぐ。共通語の／'ju／に／'ɪ／が対応するものの一つ。戦後世代は／ゆすぐ¯ 'jusuŋu／。
いすす¯　／'ɪsusu／［石臼］（名詞）
石製の磨り臼。豆・蕎麦や炒った小麦などをひくのに使ったという。人によって、また、戦後世代は／いしうす¯ 'isi'usu／と言う。
いすぶる¯　／'ɪsuburu／［ 揺すぶる］（他動詞ラ行五段）
揺すぶる。共通語の／'ju／に／'ɪ／が対応するものの一つ。戦後世代は／ゆすぶる¯ 'jusuburu／。
いする¯　／'ɪsuru／［揺する］（他動詞ラ行五段）
揺する。共通語の／'ju／に／'ɪ／が対応するものの一つ。戦後世代は／ゆする¯ 'jusuru／。
いずる¯　／'ɪzuru／［譲る］（他動詞ラ行五段）
譲る。共通語の／'ju／に／'ɪ／が対応するものの一つ。戦後世代は／ゆずる¯ 'juzuru／。
いた⌉　／'ɪta⌉／［板］（名詞）
二次元的方向への（面的）広がりの卓越を特徴とする立体。木の板を典型とする。
／ひらべったい¯ hɪrabeQtai／ものを「板」と言う。
いた⌉い～いて⌉ー　／'ɪta⌉i～'ɪte⌉ʀ／［痛い］（形容詞）
痛い。主語に人称制限があり、当事者を主語とし、断定文では当事主体（第一人称者（話し手））が、質問文では当事客体（第二人称者（聞き手））が主語になる。第三者を主語とする文は／いたがる⌉／（痛がる）が使われる。構文は、「[[おれ]＋[[頭／腕／腹／足／…]＋痛い]]」という形をとる。すなわち「身体部位」を主語とし「痛い」を述語とする節が「述語節」として「身体部位」の所有者を主語にとるという二重の主述構造になっている。上位の述語節の主語と下位の述語の主語とはいわゆる不可譲渡所有関係にある。／おれ　あたま⌉　いて⌉ー↓／のように、ふつう格助詞なしで表現される。
いたがゆ⌉い～いたがい⌉ー　／'ɪtaŋa'ju⌉i～'ɪtaŋa'ɪ⌉ʀ／［痛痒い］（形容詞）
（歯などの炎症で）痛くて痒い感じがすることをいう。ふだんは／いたがい⌉ー／と言う。
いた⌉く⌒しる　／'ɪta⌉ku siru／［痛くしる］（連語他動詞サ変）
怪我する。[[生物名詞]ガ＋[その身体部位]φ＋[痛くする]]という構文をとる。
／こども　うで⌉⌒いたく⌒した↓／（子どもが腕を怪我した。）
／ねこ⌉・が　あし⌉⌒いたく⌒してる↓／（猫が足を怪我している。）
※目的語にアクセント核があり、続けて言うと[イタ⌉ク]のアクセントは抑圧されて耳立たない。
いたずら¯　／'ɪtazura／（名詞）
子どもの（時として罪のない）悪戯。「いたずらは子ども」という観念連合が社会的にできている。
※子どもに限らず、他人に迷惑となる悪戯は／わる⌉さ 'waru⌉sa／と言う。
いたち=⌉　／'ɪtaci=⌉／［鼬］（名詞）
イタチ（動物名）。よくニワトリの卵を盗りに来た。道路を横切る姿や立ち上がる姿が見られた。
いたっきれ¯　／'ɪtaQkire／（名詞）
①板の切れ端。②小さい板。
いたっぺら⌉　／'ɪtaQpera⌉／（名詞）
板切れ。この語の後半部は／かみっぺら⌉ kamiQpera⌉／［紙っぺら］の後半部と同じ形態素である。
いたのま¯　／'ɪtanoma／［板の間］（名詞）
畳の敷いてない板敷きの部屋。畳の敷いてある部屋が／ざしき=⌉ zasiki=⌉／（座敷）である。
いち⌉　／'ɪci⌉／［市］（名詞）
一定の期日（市日／いちび⌉ 'ɪcibi⌉／）と場所（市場／いち⌉ば 'ɪci⌉ba／）に、売り手と買い手が集まってする取引とその場所。市。／いち⌉（・が）　たつ⌉／（市が立つ）。
いちこ¯　／'ɪciko／［市子］（名詞）
（占いなどをする）巫女。新築の家の向きを占ってもらいに行くという話をよく聞いた。
※『物類称呼』に「梓巫（あづさみこ）」の項に「東国にて○降巫（いちこ）又口よせといふ」とある。
いち⌉ご　／'ɪci⌉ŋo／［苺］（名詞）
広く（実が食べられる）イチゴ（苺）、特に栽培種の草の苺（植物名とその実）。木の苺は、必要な場合／きいち⌉ご～きーち⌉ご ki'ɪci⌉ŋo～kiʀci⌉ŋo／（木苺）と言って区別した。なお、野生種の草の苺に、／へびいち⌉ご～へびーち⌉ご hɪbi'ɪci⌉ŋo～hɪbiʀci⌉ŋo／（蛇苺）があるが、これを単に／いち⌉ご 'ɪci⌉ŋo／と呼ぶことはなかった。

いち˥ば ／'ɪci˥ba／［市場］（名詞）
①特定の日時に売り手と買い手が集まってする取引の場所。②商品作物の出荷先としての市場。

いちび˥ ／'ɪcibi˥／［市日］（名詞）
市が立つ日。市は定期的に開かれ、市が立つ日は市場ごとに決まっていた。

いちやかざ˥り ／'ɪci'jakaza˥ri／［一夜飾り］（名詞）
元旦の前日の大晦日／おーみそ˥か 'oʀmiso˥ka／の12月31日に飾られる正月飾り。禁忌とされる。

いちや˥もち ／'ɪci'ja˥moci／［一夜餅］（名詞）
12月31日に餅を搗くこと。禁忌とされる。

いつ˥ ／'ɪcu˥／（副詞）
不定・疑問の時間・時点を表す。
※／あした　いつ˥　いく↑／(明日の何時に行くか)のように、「時点」を問うことも多い。
※(全成員妥当の)同類包括的な係り助詞「も」との結合形／いつ˥・も／は、／いっつ˥・も／と発音されることがある。次項を参照。
／いっつ˥・も　おくれて　きや˥がる↓／(いつも～いつでも、遅れて来る。)
※時間と場所が共起するときは、／いつ˥　どこ˥(・で)／のように「時間＋場所」の語順になる。逆語順の／どこ˥・で　いつ˥／は殆どの話者がこのままでは不自然だと判断している(共通語も同様)。「時間＋場所」の配列は、疑問詞以外でも／いま˥　ここ¯／(「ここに(ここで)いま」は時空的一点の意味では不可)や共通語の「時空」のように当てはまる(cf.英語「space-time, spatiotemporal」)。但し、この語順は通言語的に普遍的なものではないようで、英語などの西欧諸言語には異なった語順が広く見られる。例えば、英語 where and when/here and now、ドイツ語 wo und wann/hier und jetzt、フランス語 où et quand/ici et maintenant、ラテン語 ubi et quando/hic et nunc など参照。

いつ˥・も～いっつ˥・も ／'ɪcu˥ mo～'ɪQcu˥ mo／（連語副詞）
いつも、いつでも。前項の／いつ˥ 'ɪcu˥／と係り助詞「も」との結合形。／いっつ˥・も／はその強意強調形式である。前項の注を参照。
※／いっつ˥ 'ɪQcu˥／は、「も」と(のみ)結合して現れ、類意の「でも」「だって」との結合でも、(臨時的に言うことはあるかもしれないが、)ふつう／いっつ˥・でも／／いっつ˥・だって／と言うことはない。

いつぎ¯ ／'ɪcuŋi／［言い継ぎ］（動作名詞）
「組合/kumi'jai¯/」(隣組)などの、家から家への、公的な内容の伝言。現在の「回覧板/kairaɴbaɴ¯/」に相当する。／いーつぎ¯ 'ɪʀcuŋi／とも言う。

いっくら˥ ／'ɪQkura˥／（副詞）
どれほど（そうしても、そうでも）。
／いっくら˥⌒ゆったって　きて˥⌒くんねー↓／（いくら言っても来てくれない。）
／いっくら˥　くさ˥⌒とったって　きり˥⌒ねー↓／（いくら草を取ってもきりがない。）
※数量や値段の不定数量詞は／いくら˥ 'ɪkura˥／で語形が違う。

いっ˥け ／'ɪQ˥ke／［一家］（名詞）
親類。一族。集落の有力な一族について言われることが多いように見受けられる。
※／いもち˥ 'ɪmoci˥／(分家)などの／わかれ˥ 'wakare˥、ひっぱれ¯ siQpare／(分家筋)と／ほん˥け hoɴ˥ke／(本家)からなる本家を中心とする血縁的結合。／いもちほん˥け 'ɪmocihoɴ˥ke／とも言う。
※『日葡辞書』において「icqe」という項目が「hũa(＝uma) familia」とあり、『邦訳日葡辞書』で同項目が「一つの家、または、一族」と訳されている。

いっすい˥き ／'ɪQsui˥ki／（名詞）
一周忌。死亡後１年目の年忌法要。周辺地域でも聞かれるが、「すい」の語源は不明である。この後は、２年目が「三回忌/saɴkai˥ki/」、６年目が「七回忌/sicikai˥ki～nanakai˥ki/」などと「回」が現れて、「すい」は出て来ない。
※『言海』・『日本国語大辞典』に「一遂忌」の項目があり、「一周忌の訛」としたうえで、江戸時代の用例が載っている。また前田勇『江戸語大辞典』(1974講談社)にも江戸語として「いっすいき」が立項され用例が挙がっていて、この語の歴史的、地域的な広がりが確認できる。また語源に関して、『大言海』では「いッすいき」は空項目だが、「いッしうき(一周忌)」の条に「俗ニいッすいきト云フ、しトすト、うトいト転ジタル語ナキニモアラネド、到底(＝ツマルトコロ)いッしうきノ訛語ナリ」とある。このような「周」の字音「シウ」の音通「シ(→ス)ウ(→イ)」によって「スイ」を導く語源解釈は今日では学問的とは言いがたい。またこの説明には「スイ」を「遂」と漢字表記する根拠も明らかにされていない。語源はやはり今のところ未詳とせざるを得ないようである。

いったり˥きたり ／'ɪQtari˥kitari／（動作名詞）
付き合いや交際があること。／あすく・と˥・わ　いったり˥きたり⌒してる↓／(あそこの家とは［行ったり来たりの］付き合いがある。)という。
※／いったり˥きたり 'ɪQtari˥kitari／は、／いった˥り　きた˥り 'ɪQta˥ri kita˥ri／や／いったり˥きた˥り 'ɪQtari˥ kita˥ri／のようなアクセント核が２箇所ある並立語構造の連語としても現れうるが、見出し語のような、ひと息に発音され接合部にアクセント核が１つしかない形は、アクセン

トから見て１語の複合語と考えられる(意味も特殊化している)。

いっちょー⌉らい ／'ɪQcjoʀ⌉rai／ ［一張羅］(名詞)

一番の晴れ着（／よそいき¯ 'joso'ɪki／の着物)。「一張羅」が語源と考えられるが、「いっちょうらい」となる理由は不明。あるいは、「一張羅衣」であろうか。

※衣服は、まず[＋外出着]の／よそいき¯ 'joso'ɪki／と[－外出着]に分けられ、次に、[－外出着]が、[＋仕事着]の／のらぎ¯ noraŋi／と[－仕事着]の／ふだんぎ⌉ hudaɴŋi⌉／とに分けられているようである。

いつつ⌉ ／'ɪcucu⌉／ ［五つ］(数詞)

五つ。／いつつ⌉　ある／(五つある)、／いつつ⌉・も　ある／(五つもある)。

いっとー¯ ／'ɪQtoʀ／ ［一等］(名詞・副詞)

①(名詞)　等級・序列の一等、一番。

／かけや⌉し・で　いっとー・ん⁀なった⌉・よ↓／(競走で一番になった。)

②(副詞)　最も。いちばん(一番)。

／やつ⌉・が　いっとー　はや⌉かった↓／(あれがいちばん速かった。)

※副詞の「いっとう」は、最近はあまり聞かれない。ほぼ／いちばん¯／などの語に代わっている。

いっとく¯ ／'ɪQtoku／ ［一得］(名詞)

一つ得なこと。一つ得になっていること。

いっぷく¯ ／'ɪQpuku／ ［一服］(動作名詞)

本来はお茶やタバコを一服飲むことだが、現在はお茶やタバコに関係なく「一休み」することの意味で使われている。

／はー　いっぷく　しべ⌉ー・や↓／(もう一休みしよう。戦後世代なら／しんべ⌉ー・や／)

いっぺー¯～いっぺ¯（～いっぱい¯）／'ɪQpeʀ～'ɪQpe(～'ɪQpai)／（副詞・名詞)

分量が容れ物を満たしていること（満容量）をいう。多数量は／いら⌉ 'ɪra⌉／と言う。

※／いっぺー　くった⌉／は「食ったもの」の数量ではなく、「腹」を満たす内容量にかかわる。／いら⌉　くった⌉／は「食ったもの」の数量にかかわるようである。

いど⌉ ／'ɪdo⌉／ ［井戸］(名詞)

井戸。ポンプで汲み上げる井戸が殆どだったが、「釣瓶井戸/curube'ɪdo⌉/」を使っている家もあった(昭和30年頃)。⇒／いどみ⌉ず／(井戸水)、／こしみず¯／(漉し水)、／みず¯／(水)の項を参照。

いときり⌉ば ／'ɪtokiri⌉ba／ ［糸切り歯］(名詞)

前歯と奥歯の間の先の尖った歯(犬歯)。

いとこ⌉ ／'ɪtoko⌉／ ［従兄弟・従姉妹］(名詞)

親のきょうだいの子。「いとこの子」を／はとこ⌉ hatoko⌉／と言う。

※アクセントは３拍名詞第５類(推定)の語で、多くの第５類の語と同じく尾高型Ａになっている。

いどころね¯ ／'ɪdokorone／ ［居所寝］(動作名詞)

居眠り。うたた寝。語源は「居所寝」で、「居る所で寝る」かあるいは「居(ゐ)る」の古義が「坐る」であったから「坐ったままその所で寝る」かであると思われる。「居ても立っても」や「立ち居(ふるまい)」などに古義が残存している。立って歩けない人を「躄り/'ɪzjari¯/」(差別的語気がある)というがこれも「居去り」で「坐ったまま移動する(人)」が原義と考えられる。⇒／いじゃり¯ 'ɪzjari／の項を参照。

※同じ意味で／きどころね¯ kidokorone／という人がいるが、そうは言わないという人もいる。

⇒／きどころね¯ kidokorone／の項を参照。

いどさら⌉い ／'ɪdosara⌉i／ ［井戸浚い］(動作名詞)

井戸の底にたまったゴミなどを取り除いてきれいにすること。

いと⌉とんぼ ／'ɪto⌉toɴbo／ ［糸蜻蛉］(名詞)

イトトンボ(体も羽も細い小型のトンボ)。

いどみ⌉ず ／'ɪdomi⌉zu／ ［井戸水］(名詞)

井戸水。井戸水は、飲み水としては漉(こ)して飲むものだった。⇒／こしみず¯ kosimizu／を参照。

いなご¯ ／'ɪnaŋo／ (名詞)

イナゴ(昆虫の名)。高度経済成長期以後の世代で／ばった¯／と区別がつかない人たちが見つかる。

いなご⌉とり ／'ɪnaŋo⌉tori／ ［イナゴ捕り］(動作名詞)

(イナゴの佃煮を作るために)秋の田んぼで(捕獲用の網と布袋を持って)イナゴを捕ること。

いなびか⌉り ／'ɪnabika⌉ri／ ［稲光］(名詞)

稲光。／いなず⌉ま 'ɪnazu⌉ma／とも言うが／いなびか⌉り／がふつう。

いな⌉りさま ／'ɪna⌉risama／ ［稲荷様］(名詞)

稲荷。村や屋敷の守護神として祭られる。

※川口市峰の「谷古田八幡(峯ケ岡八幡)」のすぐ近くに(塚の上に稲荷さまが祀られた)「高稲荷」という大きな古墳があったが、土地では／たか⌉いなり takа⌉'ɪnari／と言っていた。

／いな⌉り／(稲荷)も／たか⌉いなり／(高稲荷)もアクセントの型対応からすれば、あれば東京語の頭高型の[イ⌉ナリ]や[タ⌉カイナリ]に対応するはずのアクセントを示している。前者は現実にアクセント型が対応している。

いぬ=⌉ ／'ɪnu=⌉／ ［犬］(名詞)

犬。幼児語は／わん˥わん 'waɴ˥'waɴ／。次項を参照。鳴き声はふつう／わん˥、わん˥わん／。
／おすいぬ¯／(雄犬)↔／めすいぬ¯／(雌犬)、／いぬっころ˥／(小犬。犬一般)。
／いぬ˥⌒かう／(犬を飼う)。／いぬ・こ˥と・も　ねこ˥・こと・も　かう˥／(犬も猫も飼う)。
／いぬ・の⌒はな¯／(犬の鼻)。／いぬ˥・みてー・な　ねこ˥・みてー・な／(犬の様な猫の様な)。
※犬をけしかけて相手に向かわせようとするときのことばは、／おい˥し・おい˥し 'oi˥si 'oi˥si／や、／お˥し・お˥し 'o˥si 'o˥si／(アクセントに注意。例外的に頭高)と言う(1960年頃)。
⇒／おい˥し・おい˥し／の項を参照。
※犬や猫を呼ぶときに「吸着音click」いわゆる「舌打ち音」が[ʇ][ʇʇ][ʇʇʇ]のように使われる。歯茎音だが、厳密には舌の形は舌尖的apicalではなく舌背的dorsalで、舌の形からは舌尖的な歯音／歯茎音の[t]ではなく舌背音な歯茎硬口蓋音の[ȶ]に同じである。(最近の表記法では[t*][ȶ*]となろうが、旧来の[ʇ]を用いている。)人によっては調音時に唇のまるめを伴う発音を観察する。

いぬっころ˥ ／'ɪnuQkoro˥／ ［犬っころ］(名詞)
①小さい犬、小犬。②小さい犬だけでなく犬一般をも言う。但し大きい犬については言いにくい。語構成は「犬＋ころ」で、「ころ」は、「小さくて丸みのある物が回転する様子」を表す「ころころ」の語根√koroから導かれる「小さくて丸い物」という意味の形態素(造語成分)と考えられる。

いぬっころ˥し ／'ɪnuQkoro˥si／ ［犬っ殺し］(名詞)
野犬／nora'ɪnu／を捕獲しに来る役所の人間を言った。(記録のため載せる。)
／いぬっころ˥し・が　きて˥ん・ど↓／(「犬っ殺し」が来ているぞ。)

いね˥ ／'ɪne˥／ ［稲］(名詞)
植物としての稲。稲の実が／こめ=˥ kome=˥／(米)。麦などの他の栽培作物と違い植物名と果実名を異にする。⇒／こめ=˥ kome=˥／(米)の項を参照。

いねか˥り ／'ɪneka˥ri／ ［稲刈り］(動作名詞)
稲の刈り入れ。収穫。

いねご¯／'ɪneŋo／ (名詞)
リンパ腺の腫れ(て出来た箇所)。／ごりごり¯ gorigori／とも言う。

いねこ˥き ／'ɪneko˥ki／ ［稲扱き］(動作名詞)
稲の脱穀。

いねぶり˥ ／'ɪneburi˥／ ［居眠り］(動作名詞)
居眠り。／いどころね¯ 'ɪdokorone／に同じ。戦後世代では／いねむり˥ 'inemuri˥／がふつう。

いねわら¯～いなわら¯ ／'ɪne'wara～'ɪna'wara／ ［稲わら］(名詞)
稲のわら。／いね˥・の　わら˥・の　こと／を言う。

いのち˥ ／'ɪnoci˥／ ［命］(名詞)
生命。アクセントは尾高型Aである。この方言では３拍名詞第５類の多くが尾高型Aになる。例えば、／すがた˥(姿)、なみだ˥(涙)、まくら˥(枕)、ひばし˥(火箸)(、めがね˥(眼鏡))／など。

いび=˥ ／'ɪbi=˥／ ［指］(名詞)
指。共通語の／'ju／に／'ɪ／が対応するものの一つ。戦後世代は／ゆび=˥ 'jubi=˥／に回帰。
※／ゆび=˥ 'jubi=˥／と自由変異。但し、／-Ci／の後では／'ɪbi／は現れないようである。
※指の名は、次のとおり。各項を参照。
「親指」／おやゆび¯～おやいび¯ 'o'ja'jubi～'o'ja'ɪbi／
「人差し指」／しとさしゆ˥び sitosasi'ju˥bi／(戦後世代／ひとさしゆ˥び hitosasi'ju˥bi／)
「中指」／なかゆ˥び～なかい˥び naka'ju˥bi～naka'ɪ˥bi／
「無名指」／くすりゆ˥び kusuri'ju˥bi／
「小指」／しっこ˥ゆび～しっこ˥いび siQko˥'jubi～siQko˥'ɪbi／(本来の方言語形)
／ちっこ˥ゆび～ちっこ˥いび ciQko˥'jubi～ciQko˥'ɪbi／(改新形。人によって)
／こゆび¯～こいび¯ ko'jubi～ko'ɪbi／(共通語化形。戦後世代で)

いび・の⌒はら=˥ ／'ɪbi no hara=˥／ (名詞)
指の爪の反対側の部分。／ゆび・の⌒はら=˥ 'jubi no hara=˥／とも言う。

いびき=˥ ／'ɪbiki=˥／ ［鼾］(名詞)
いびき。／いびき˥⌒かく／、／いびき・も˥⌒かく／、／いびき・の⌒おと=˥／。

いびる˥ ／'ɪbiru˥／ (他動詞ラ行五段)
自分より弱い立場の者をわざと陰湿に苦しめる。／よめいび˥り 'jome'ɪbi˥ri／は、姑や小姑による陰湿な嫁へのいじめをいう。⇒／いじめる¯ 'ɪzimeru／の項を参照。
※『物類称呼』に、「○なぶる(手にてなれふるるなり)…東国にて○いぢる又いびるといふ」とあり、関連がありそうだが、意味にずれがある。

いぶ˥い～いび˥ー ／'ɪbu˥i～'ɪbi˥ʀ／ (形容詞)
(煙が目に滲みるように) ひどく煙いことを言う。
※／けむい¯～けむったい¯ kemui～kemuQtai／は(煙が立ち籠めていて、それで)煙いというニュアンスが強く、／けむ¯ kemu／［煙］との関係が保たれている。／けむい kemui／は以前は使わなかったという個人もある。戦後世代で／えぶ˥い 'ebu˥i／と発音する個人もある。
※語幹の「いぶ'ɪbu-」は「燻る'ɪburu˥、燻す'ɪbusu˥」の語基「いぶ'ɪbu-」と同一形式。

いぼ˥げーろ ／'ɪbo˥ŋeʀro／（名詞）
イボガエル(ヒキガエル)。体に疣状の突起を持つところからの命名。⇒／おかまさま=˥／を参照。
いまさっき˥～いまさっき¯ ／'ɪmasaQki˥～'ɪmasaQki／（名詞・時詞）
今よりほんの少し前の時間。
／いまさっき˥・まで　いた↓／(ほんの少し前まで居た。)
／いまさっき¯　きた˥⌒とこん・だ／(ほんの少し前に来たところだ。)
いま˥・に ／'ɪma˥ ni／［今に］(連語・副詞)
近い将来。そのうち。／いま˥・に⌒なったら 'ɪma˥ ni naQtara／も同意で副詞的に使われる。
／あいつ・わ　いま˥・に(⌒なったら)　しゃーろ˥んか・ぞ↓／
（直訳「あいつは今に(なったら)仕様がないぞ。」→あいつはそのうちどうしようもなくなるぞ。）
=いむ ／-'ɪmu／［衛門］(人名接尾辞)
いわゆる「衛門名(えもんな)」の「右衛門」は、人名や人名起原の屋号および新田開発者に因む地名などに／=いむ -'ɪmu／と発音される語例が見つかる。
例：／きーむ˥さん／(「喜右衛門さん」人名・屋号(←／*きいむ˥さん／)、
／ちょーいむ˥さん／(「長右衛門さん」人名・屋号)。
／ちょーいむしん˥でん／(「長右衛門新田」地名、現「草加市長栄町」)、
／せーむしん˥でん／(「清右衛門新田」地名、現「草加市清門町」(←／*せーいむしん˥でん／)、
／きーむしん˥でん／(「金右衛門新田」地名、現「草加市金明町」(←／*きんいむしん˥でん／)。
なお、「伝右衛門川」(現「伝右川」。利根川水系綾瀬川支流の一級河川。1630年頃、井出伝右衛門による開削という(『埼玉東部今昔物語』(本間清利1993)参照))は、周辺地域では／でんが˥わ／と発音されていた。この／でんが˥わ／という形は、『新編武蔵風土記稿』(1810-1828年)にも出る「伝右川(デンウガワ)」の訛語（/deɴ'u˥ŋa'wa/[deũɯŋawa]→/deɴŋa˥'wa/[deŋŋawa]）の可能性もあるが、次のような変化による可能性も仮説として立てられるかもしれない。口頭語において「金右衛門新田(キンエモン・シンデン)」が［*キンイム・シンデン］を経て[*キーイム・シンデン]、さらに[キーム・シンデン]となっていると推定されることなどから考えて、「伝右衛門川(デンエモンガワ)」も同様な音変化、すなわち［*デンイムガワ］から母音間の撥音「ン」(音価は鼻母音)の脱落と先行母音の代償延長「ー」によって[*デーイムガワ]になり、語中母音「イ」が脱落して［*デームガワ］に、さらに母音間の鼻子音を持つ音節「ム」が語彙的・個的に弱化(撥音化)するなどして最終的に［デンガワ］となったとする仮説がそれである。
いも=˥ ／'ɪmo=˥／［芋］(名詞)
ふつうは、「芋」といえば、「里芋」類を言う。
※「甘藷」は／さつま=˥ sacuma=˥／、「馬鈴薯」は／じゃがいも¯ zjaŋa'ɪmo／、「長芋」は／きねいも¯ kine'ɪmo／(杵芋)と言う。
いもーと=˥ ／'ɪmoʀto=˥／［妹］(名詞)
妹。言及用法のみで、呼びかけ用法はなく、その場合は名前を呼び捨てにする。
他人の妹は(多少改まったことば遣いで)／いもーとさん¯ 'ɪmoʀtosaɴ／。
／{いもーと˥・みてー・に／いもーと・の・よー˥・に}　おもって˥る↓／(妹のように思ってる。)
いもがら¯ ／'ɪmoŋara／［芋幹］(名詞)
里芋の茎(を干したもの)。
いもたね˥ ／'ɪmotane˥／（名詞）
里芋の種。
いもち˥ ／'ɪmoci˥／（名詞）
分家。／ほん˥け hoɴ˥ke／［本家］の対語。⇒／うち¯ 'uci／(家)の注(※)を参照。
※語源は「いえ＋もち(家持ち)」で、「(新たに)家を持つこと」からと思われる。音韻変化の過程としては次のような変化が考えられる。すなわち、「家持ち」の/*'i'emoci/[iemotɕi]から連母音が融合変化(長母音化)して/*'eʀmoci/[eːmotɕi]に、さらに長母音が短母音化して/*'emoci/[emotɕi]に、さらに前舌母音の広狭の対立が中和して/'ɪmoci˥/となったものと考えられる。あまり聞かれないが、同意の語に／しんきい¯ siɴki'ɪ／[ɕiŋkii～ɕiŋkie]があり、語構成が「新規＋家」だとすると、語尾の「い」は、「いもち」の「い」と同一形態素／い 'ɪ／(家)となる。
※縁続き・分家筋は、／しっぱれ¯ siQpare／(戦後世代は／ひっぱれ¯ hiQpare／)とも、／わかれ˥～わか˥れ 'wakare˥～'waka˥re／とも言う。
いもちほん˥け ／'ɪmocihoɴ˥ke／（名詞）
本家分家関係(にあること)。／いっ˥け 'ɪQ˥ke／(一家)とも言うが／いもちほん˥け／が一般的。
いもむ˥し ／'ɪmomu˥si／［芋虫］(名詞)
芋虫。「蛾/ga=¯/」と「蝶々/cjoʀcjo˥/」の子ども(幼虫)で、体表面に(目立つ)毛が無く、体色が(目立って)青く(緑色で)ないもの。
⇒／けんむし˥ keɴmusi˥／(毛虫)、／あおむ˥し 'a'omu˥si／(青虫)の項を参照。
いもん˥かけ ／'ɪmoɴ˥kake／［衣紋掛け］(名詞)
洋服掛け、ハンガーをいう。戦後世代で／いもん˥かけ～えもん˥かけ 'imoɴ˥kake～'emoɴ˥kake／。
いら˥ ／'ɪra˥／（副詞）

数・量の多いこと。
／たんなか・に　いなご　いら˥　いた↓／（たんぼにイナゴがたくさん居た。）
／かね　いら˥　もって˥た↓／（お金をたくさん持っていた。）
のように、数にも量にも使う。
※／いっぺー¯～いっぱい¯　'ɪQpeʀ～'ɪQpai／は分量が容れ物を満たしていること（満容量）をいう。／いら˥　'ɪra˥／は数量が多いことをいう。
※語源は、『物類称呼』の「大いなる事を」の項に、「今按に東国にても　ゑらひ　と云　物の多き事をいひて　大いなるかたには用ひず」とあるような、「多い」という意味の形容詞「えらい」の語幹の「えら」の副詞用法か、あるいは連用形の「えらく」のウ音便形「*えらう」の個別的・語彙的変化形「*えらー→えら」かに起源する語と思われる（「見たくない→*見たうない→*みたーない→みったない」（みっともないトイウ意味ノ形容詞）参照）が、現在、形容詞／えら˥い／は「優れて立派」という意味でしか使われていないので、共時的にはつながらない。また／'ɪ／と／'e／の区別のある主として戦後世代では／いら˥／と／えら˥い／は音形的にも切れている。

いらす¯　／'ɪrasu／（他動詞サ行五段）
揺らす。共通語の／'ju／に／'ɪ／が対応するものの一つ。所動詞は／いる¯　'ɪru／（ラ行五段）。

いる¯　／'ɪru／［居る］（自動詞ア行上一段）
①存在構文（「場所名詞ニ＋生物名詞ガ＋存在動詞」）の存在動詞で、生物が存在する。
／にわ・に　こども・が　いる↓／／やね˥・に　ねこ˥・が　いる↓／
②本来の所有構文（生物名詞主語ガニ＋名詞目的語ガ＋所有動詞）の所有動詞「ある」が直近の生物名詞目的語に引きつけられて「いる」となったもので、生物を所有する。
／おれ・が˥に・わ　こども・が　ふたーり　いる↓／（おれには子どもが二人いる。）
（戦前世代では以前はこのように言ったという。現在は／おれ・に˥・わ…／と言うトイウ。）
※②は、直近の生物目的語に引きつけられて、（二項所動詞＝他動詞的所動詞の）アルに代わって、（能動詞・自動詞の）イルが現れているもので、「牽引 attraction」と言われる文法現象である。従って、このイルはイル本来の構文機能以上のものをアル構文から受け継いでいるので、イルとしては特異なものとなっている。
※昨今の東京語のように「電車・船」など無生の可動物を「いる」と言うことは、なかった。現在でも耳にするたびに違和感がある（という）［筆者だけでない複数意見］。（有生性・無生性に敏感なのはこの方言の文法構造に関係がありそうだ。この方言では名詞の有生性・無生性が格助詞の選択［共起制限］等に深くかかわっているためであろう）。

いる¯　／'ɪru／［要る］（所動詞ラ行五段）
必要とする。要る。
※「太郎ニお金ガ要る」が基本的な「必要構文」だが、戦前世代では、このような「必要」文で格助詞「ガニ」を使って「太郎ガニはお金ガ要る」「太郎ガニはお金ガ必要だ」とも言っていた。戦後世代ではこういう場合には格助詞「ニ」を使い、「ガニ」は使わない。
※いわゆる「与格構文」に関して、当方言では与格助詞「ゲ」が存在するが、このような構文には現れず、位格助詞「ニ」か能格助詞「ガニ」（戦前世代）が現れる。「太郎{ニ／ガニ}はお金ガある」「太郎{ニ／ガニ}はお金ガ要る」「太郎{ニ／ガニ}は英語ガ分かる」。このような構文で与格助詞「ゲ」を用いて「太郎ゲは…」とすると非文法的な文となる。最後の例の可能文では戦中戦後生まれで高度経済成長期以前に学校を終えた世代もかつては言っていた。

いる¯　／'ɪru／［入る］（所動詞ラ行五段）
「外部から内部への移動」は、基本的には／へー˥る～はい˥る／（一部の戦前世代で／ひゃー˥る／）が使われるが、慣用的に固定された語に限ってこの語が使われる。他動詞は／いれる¯　'ɪreru／。
／みー¯⁀いる¯／（実が入る）、／ひび˥⁀いる／（［壁などに］ひびが入る）、／しみ¯⁀いる¯／（［内部にまで］染みが入る）、／き・に¯⁀いる¯／（気に入る）、／て・に˥⁀いる／（手に入る）ナド。
※内部方向への運動を表す、複合動詞後部成分としては「＝こむ」がふつうで、「＝いる」は少数存在するが、「＝はいる」はないようである。／ねいる˥　ne'ɪru˥／（寝入る）、／こみいる¯～こみーる¯　komi'ɪru～komiʀru／（込み入る）、／おそれ˥いる　'osore˥'ɪru／（恐れ入る）ナド。

いる˥　／'ɪru˥／［煎る］（他動詞ラ行五段）
火にあぶって水分をなくす。煎る。所動詞は／いれる˥　'ɪreru˥／（「煎れる」ラ行下一段）。
／あられ　いって˥　｜　しょーい　かけ˥て　くった˥・もん・だ↓／
（［昔は網かごで］霰餅を煎って、醤油をかけて食ったものだ。）
※「気持ちがいらつく」の意味の慣用句／きも˥⁀いる／（肝を煎る）、／きも˥⁀いれる／（肝が煎れる）にも現れている。

いる¯　／'ɪru／［揺る］（所動詞ラ行五段）
揺る。共通語（文語）の／'ju／に／'ɪ／が対応するものの一つ。対応する「揺（ゆ）る」が共通語（口語）には存在しないため、この語形は戦後世代でも「ゆる」に回帰することはない。
※／きんぬ˥　じしん　いった・な˥ー↓／（昨日地震で地面が揺れたなあ。）
のように「地震が揺る」という言い方をする。古語の「地震（なゐ）揺る（ゆる）」を彷彿とさせる。

＝いる（～＝れる）／-iru（～-reru）／（受身動詞形成接尾辞［学校文法で助動詞］。ア行上一段（～ラ行下一段））

五段動詞のいわゆる未然形に付く(厳密には子音語幹＋-ai-ru)。一段動詞のいわゆる未然形に付く／＝らいる -rairu(厳密には母音語幹＋-rai-ru)／の異形態である。
①受身動詞を作る。(受身文には直接・間接・いわゆる所有の受身文がある)
②少数の語に限って可能動詞を作る。／いかいる¯／(行かれる)。
※／＝れる -re-ru(厳密には-are-ru)／と言うことも、多くはないが観察されないわけではない。
※いわゆる「所有の受身文」は共通語と異なって能動文が成立することに注意。能動文の目的語は「生物コト＋無生物φ」の形をとり、意味的に不可譲渡的な「生物の無生物」関係成立が必要。
「次郎は太郎ニ頭φぶんな˥ぐらいた」↔「太郎ガ次郎コト頭φぶんな˥ぐった」
(次郎は太郎に頭を殴られた)　(*太郎が次郎を頭を殴った)
「花子は太郎ニ足φ踏んず˥びらいた」↔「太郎ガ花子コト足φ踏んず˥びた」
(花子は太郎に足を踏まれた)　(*太郎ガ花子を足を踏んだ)
※受身文の動作主は、(使役文の動作主が、間接使役で格助詞「ゲ」か「ニ」、直接使役で「コト」によって示されるのと違って、)格助詞「ニ」で示される(語彙的に「カラ」も可能な場合もあるが、与格助詞「ゲ」で示されることは絶対にない)。
「子どもガ猫コト抱く」―受動化→「猫ガ子どもニ抱かれる」
(cf.「子どもガ猫コト抱く」―使役化→「子どもゲ猫コト抱かせる／子どもニ猫コト抱かせる」)
※対応する基本文で格助詞「コト」「ゲ」で示される名詞句が直接受身文の主語になれる。
「犬コト呼んだ」→「犬ガ呼ばれた」、「子どもゲ渡した」→「子どもガ渡された」など。

いれる¯ ／'ɪreru／［入れる］(他動詞ラ行下一段)
外部から内部に移動させる。／へー˥る herʀ˥ru／(戦前世代／hɪʀ˥ru／)の他動詞。
「入る」「入れる」の場所の補足語には、共通語の「へ」に対応する「イ」(「風呂イ{入る／入れる}」)と、共通語と同じ「ニ」(「風呂ニ{入る／入れる}」)と、「φ(無助詞)」(「風呂φ{入る／入れる}」)の３つがある。「φ(無助詞)」には、方向「イ」(目標)と位置「ニ」(着点)に関して中立的な、対立を括弧入れしたような場所を表しているというような感じがある。
※この「φ」は、共通語の場所の「を」に対応する位置に現れる「φ」(「家φ{出る／出す}」)とは、表す意味が〈「目標・着点」↔「起点」〉で、結合する動詞が〈「接近」↔「離脱」〉の移動動詞であるという点で違いがあり、同じには扱えない。前者の「φ」は、〈(格助詞を用いた文脈自立的な)有形(有標)の「ガ(主格)」「ガニ(能格)」「コト(対格)」「ゲ(与格)」「ニ(位格)」「イ(方向格)」などの動詞の(必須の)補足語は、意味が文脈から明らかな(明らかにできる)場合は、(格助詞を用いない文脈依存的な)無形(無標)の「φ(無助詞)」でも表示される〉と(共時的には)一般化できる文法現象の一環として把えられるが、後者の「φ」は、交替可能な有形の格助詞が存在しないという点で、文法的に特異な「φ(無助詞)」である。

いれる¯ ／'ɪreru／［揺れる］(所動詞ラ行下一段)
揺れる。共通語の／'ju／に／'ɪ／が対応するものの一つ。戦後世代は／ゆれる¯ 'jureru／。他動詞は／いらす¯ 'ɪrasu／(「揺らす」)。／ずい˥ぶん　うち　いれた↓／(ずいぶん家が揺れた。)

いろいんな¯ ／'ɪro'ɪɴna／［色いんな］(連体詞)
いろいろな。このごろは／いろんな¯ 'ɪroɴna／と言う者も多い。
※「色々な」から「いろんな」へ至る過渡的形態を示している。[iroirona]→[iroinna]→[ironna]
「いろんな」は新しい言い方で、戦前世代は使わなかった。

いろり¯ ／'ɪrori／［囲炉裏］(名詞)
囲炉裏。上に吊るされていた鍋や鉄瓶をかける鉤は、／じざい˥かぎ zizai˥kaŋi／と言っていた。

いろんな¯ ／'ɪroɴna／［色んな］(連体詞)
／いろいんな¯ 'ɪro'ɪɴna／に同じ。

いんぐわ*¯ ／'ɪɴŋu'wa／［鋳鍬］(名詞)
「いぐわ(鋳鍬)」の訛語。筆者が直接に観察した語ではないが、筆者の祖父(明治11年安行村峯分生)の書き残した明治43年の帳簿(古物台帳)に「イン鍬／イングワ」(売渡譲渡人住所は安行村花栗)の記載があり、周辺地域に「鋳鍬」を「イグワ≅エグワ」や「インガ≅エンガ」と言う語形が存在することと、日本国語大辞典(小学館)や農民生活史事典(柏書房)に引用される「農具便利論」(1822)の「鋳鍬(イグワ)下総国辺に専ら用ゆ。…土人いんぐわと呼べり」とあることから、「鋳鍬」の訛語として、参考のために立項した。「いぐわ」のアクセントが共通語で平板型(大辞林(三省堂))とあるので、型の対応から平板型と推定して*を付した。なお、上記周辺地域の「イ～／エ～」は音韻的には対立せず音声的・表記的な変異形であることに注意。この地域では語構成意識として「柄鍬」とも考えられているようである。「イグワ≅エグワ」と「インガ≅エンガ」については「マグワ(馬鍬)→マンガ」を参照。
念のため、「鋳鍬」とは、先端に短い鋳物の刃の付いた長い板の台と、長い木の柄からできていて、台の後端の横木に足をかけ踏み込んで刃先を地面に突き入れて土を掘り起こす農具のことである。

うー˥⌒さび˥ー～うー˥⌒さぶ˥い ／'uʀ˥ sabi˥ʀ～'uʀ˥ sabu˥i／ (感動詞的連語)
／かじかむ¯ kazikamu／(悴む)ような寒さのときに思わず出る感動詞的表現。／*うー⌒さぶ˥／というような形容詞語幹による感動表現は聞かなかった。

※／うー˥ ’uʀ˥／は「低く抑えた声」に起源する感動詞で、「うなる/’u-nar-u˥/」や「うめく/’ɴ-mek-u˥/」の語基「う」(/’ɴ-mek-u/の/’ɴ/は/’u/の条件異音。戦後世代では/’u-mek-u˥/)と共通する形式と考えられるが、この連語表現で非常によく使われる。

うー˥⌒さみ˥ー～うー˥⌒さむ˥い ／’uʀ˥ sami˥ʀ～’uʀ˥ samu˥i／（感動詞的連語）

／かじかむ¯ kazikamu／(悴む)ような寒さのときに思わず出る感動詞的表現。／*うー⌒さむ˥／というような形容詞語幹による感動表現は聞かなかった。／うー˥ ’uʀ˥／については前項注(※)参照。

うう˥ん(～んん˥ん) ／’u’u˥ɴ(～’ɴ’ɴ˥ɴ)／（否定の応答詞(感動詞の一種)）

[前２拍は低から高へ上昇し第３拍は下がる。文末音調は(断言の)自然下降音調／↓／がふつうだが、第３拍の低に上昇する(持ちかけの)文末音調／↑／が加わって全体が[⋀↗]のようになる発音も時に観察される。母音[ɯ]は鼻母音[ɯ̃]であることが多い。]

親しい関係での否定の応答詞。公的な場面では成人は使わない。

※否定の応答詞は、大体「親・慎」(親・疎)の観点から、大きくは、親しい関係間での{／うう˥ん／―／いや˥／}と慎まれる関係間の{／いえ˥／―／いーえ˥／}とに二分され、次にまた、それぞれその中で{より親しい関係―より慎まれる関係}の左右の二項に分かれるような体系になっている。

うーん¯(～んーん¯) ／’uʀɴ(～’ɴʀɴ)／（感動詞）

[全体が高低なく平板に発音される。文末音調は(保留の)文末音調／→／をとる。母音[ɯ]は鼻母音[ɯ̃]であることが多い。]

判断未定の言いよどみや言いさしを表す感動詞。

／うーん¯→｜ どー˥⌒しんべ↓／(んーん…。どうしよう。)

うえ¯～うい¯ ／戦前世代 ’u’ɪ～’ui／(戦後世代は／’u’e／(／’u’i～’ui／は少数派))［上］（名詞）

垂直方向の(非連続的な)上下の「上・上方」をいうのが典型的な「うえ」の意味である。反対語は／した¯ sita／(下)。

※アクセント核のない平板型の連体語に続くと、／うえ˥～うえ=˥ ’u’ɪ˥～’ui˥ ～ ’u’ɪ=˥～’ui=˥／となる。／たな・の⌒うえ˥・に⌒ある↓／～／たなの⌒うえ・に˥⌒ある↓／(棚の上にある。)

※(例えば「川」などの)斜め方向の(連続的な)上下の「上・上方」の「かみ」とは区別があるが、一般的に垂直上下の「うえ・した」と斜め上下の「かみ・しも」とは区別が曖昧になりつつある。

うえき¯～ういき¯ ／’uiki／(戦後世代は今はふつう／’u’eki／)［植木］（名詞）

(自然に生えている木に対して)庭や植木鉢などに人が植えた木。植木。

うえきや¯～ういきや¯ ／’uiki’ja／(戦後世代は今はふつう／’u’eki’ja／)［植木屋］（名詞）

植木の栽培、手入れ、販売、造園を家業(職業)とする家(人)。

うえる¯～ういる¯ ／’uiru／(戦後世代は今はふつう／’u’eru／)［植える］（他動詞一段）

草木の根を土に埋めて根づかせる。植える。

※(動作主を括弧入れした脱使役decausativeの)所動詞は／うわる¯ ’u’waru／(植わる)。
／きー˥⌒ういる／(木を植える)↔／きー˥⌒うわってる／(木が植わっている)。

うかしんぼ¯ ／’ukasiɴbo／［浮かしんぼ］（名詞）

（釣り糸につけて水に浮かばせる）浮き。

うきる¯ ／’ukiru／［浮きる］（所動詞カ行上一段）

浮く。戦前世代。／みず・に　うきてる　はっぱ¯／（水に浮いてる葉っぱ）。

※「文語四段／口語上一段(西日本方言五段／東日本方言上一段)」対応の一つと考えるべきもの。
「飽く／飽きる」、「借る／借りる」、「足る／足りる」の類。
戦後世代は／うく¯ ’uku／と言っていて、／うきる¯ ’ukiru／を知らないという話者もいる。

うけ=˥ ／’uke=˥／［筌］（名詞）

割り竹を円筒型や円錐型に編んだもので、口に返しがつけてあり、入ると出られない仕掛けになっていて、中に餌を入れて川や池に置いて魚を捕る道具をいう。

※口頭説明では、「池などにいけておいて魚を捕る、竹で編んだカゴ状のもの」ということだった。

うけっぽ˥ ／’ukeQpo˥／［筌っぽ］（名詞）

前項の／うけ=˥ ／に同じ。

うごく˥ ／’uŋoku˥／［動く］（自動詞カ行五段）

動く。戦後世代では、／いごく˥ ’ɪŋoku˥／は殆ど使われず、ほぼ／うごく˥ ’uŋoku˥／専用になっている。ときに／んごく˥ ’ɴŋoku˥／のように、語頭音節が[ŋ̍(ŋoku)]([ŋ̍]は成節的)と発音されるのを聞くことがある。アクセントは、／うご˥く ’uŋo˥ku／と「中高型」で発音されることが多くなっている(「尾高型A」の動詞が全般にそうなってきている)。

うさぎ¯ ／’usaŋi／［兎］（名詞）

ウサギ。一部の話者に／うさ˥ぎ ’usa˥ŋi／というアクセントが聞かれた。

うし¯ ／’usi／［牛］（名詞）

牛。／うし　かって˥た、うし・こ˥と　かって˥た／(牛を飼っていた)。

うじ˥うじ（⌒してる）／’uzi˥’uzi／（副詞）

態度がはっきりせず、歯がゆく感じられる様子。

うしげー˥ろ ／’usiŋeʀ˥ro／［牛蛙］（名詞）

牛蛙。大きな蛙で牛のように低い太い声で鳴く。／しょくげー˥ろ sjokuŋeʀ˥ro／［食蛙］とも言う。

うじむ˥し ／'uzi˥'uzi／（名詞）
蛆虫。蝿/hɪʀ¯/（戦後世代/heʀ¯/）の幼虫。
※蛆虫などの虫の発生は、／はやける˥ ha'jakeru˥／（卵から孵る）と言わず、「水がわく/'waku¯/」と同じように、「虫がわく/'waku¯/」と自然発生的に把えて言うのは共通語と同様である。
うしろ¯ ／'usiro／［後ろ］（名詞）
典型的には「目のむいている方向」である／めー˥ meʀ˥／（前）の反対方向。
※空間的前後の布置は、「誰かの／うしろ¯／に立つ、先頭の人の／うしろ¯／に付ける」といい、空間的移動を伴う前後の布置は、「母親の／あと˥／に付いて行く、誰かの／あと˥／を尾ける」というようである。「学校の／うしろ¯／」は学校の後方だが、「学校の／あと˥／」は、施設としての学校だと廃校後の跡地、教育活動としての学校だと「学校の／あと˥／は塾だ」など終業後の行動予定である。空間的に把握された「前後の後」は／うしろ¯／で、「移動・変化」や出来事の「順番」などの時間的に把握された「前後の後」、つまり「軌跡・痕跡・次番」は／あと˥／と言うようである。（漢字表記は無視して単語の意義のみを問題にしている。）
※埼玉県東北部では、「後ろ」という単語を欠き、この意味でも「うら」を使う。「電車の後ろ（後方）に乗ろう」を、「電車のウラに乗ろう」と言って他方言の者をまごつかせる［1964年の体験］。埼玉県東北部の方言話者にとって、「ウラの黒板」とは同じ教室にある「後ろの黒板」であって、壁の向こうの、次の教室にある黒板のことではないなど誤解されることが多い。以前は埼玉県東南部では聞かれない言い方であったが、最近では「うら」という者が出始めている［1980年頃］。
うしんぼ¯ ／'usiɴbo／［唖んぼ］（名詞）
生まれつき口が聞けない人。（差別的語気がある）。「おし」とは言わなかった。
うす˥[1] ／'usu˥／［嘘］（名詞）
嘘。／うそ˥ 'uso˥／とも言う。
／うす˥⌒ついてる／、／うす˥・なんか　つい˥てろんか／（嘘など吐いていない）。
※／うす˥ 'usu˥／（臼）と同音衝突するが、場面・文脈から混乱はなかった。
※先行する／u／に後続の／o／が順行同化した形。／ふるしき¯ hurusiki／（風呂敷）の類。
うす˥[2] ／'usu˥／［臼］（名詞）
臼。杵/kine˥/で米や餅をつくための丸い凹みのある、木や石の円筒形をした道具。
／うす˥⌒ついてる／、／うす˥・なんか　つけろ˥んか／（［子どもに杵で］臼など搗けるものか）。
うすい¯ ／'usui／［薄い］（形容詞）
①板状のものの側面の、表面側と裏面側との距離が小さいこと。／あつい¯ 'acui／の反対語。
②色・味などの濃密度が小さいこと。／こい˥ koi˥／（濃い）の反対語。
※「塩味」に関して、「塩味」の不足は／あまい¯ 'amai／と言うのがふつうだった。
うすっくらい¯～うすっくれー¯ ／'usuQkurai～'usuQkureʀ／［薄っ暗い］（形容詞）
薄暗い。ふだんは／うすっくれー¯／と言う。
うすっくら˥がり ／'usuQkura˥ŋari／（名詞）
薄暗い所。
うすっとぼける˥ ／'usuQtobokeru˥／［薄っとぼける］（自動詞）
知らないふりや分からないふりをする。
うすっぺらい¯～うすっぺれー¯／'usuQperai～'usuQpereʀ／［薄っぺらい］（形容詞）
厚さがごく薄い様子。
うすばか¯／'usubaka／［薄馬鹿］（名詞・状態詞）
軽度の馬鹿、少し馬鹿な人。またその様子。
うすべったい¯～うすべってー¯／'usubeQtai～'usubeQteʀ／［薄べったい］（形容詞）
薄く平たい様子。／うすい¯ 'usui／と／ひらべったい¯ hɪrabeQtai／の混交形かもしれない。
うそ˥ ／'uso˥／［嘘］（名詞）
嘘。／うす˥ 'usu˥／とも言う。
うそっかち=˥ ／'usoQkaci=˥／［嘘っ勝ち］（名詞）
最終的には敗れる初期の優位。本当でない勝利。
／はじめ・の⌒かち・わ˥　うそっかち・って˥⌒ゆー・ぞ↓／
（「初めの勝ちは嘘っ勝ち」って言うぞ。）
うた=˥ ／'uta=˥／［歌］（名詞）
歌。／うた˥⌒うたう／（歌を歌う）。／うた・の⌒もん˥く／（歌の文句・歌詞）。
うたう¯～うたー¯ ／'uta'u～'utaʀ／［歌う］（他動詞ワ行五段）
歌う。／うた˥⌒うたう／のように同族目的語と熟して言うことが多い。
うたうためめ˥ず ／'uta'utamemé˥zu／［うたうた蚯蚓］（名詞）
20㎝～30㎝の大型のミミズという。
※「歌歌いミミズ」という語構成意識を持っている話者も複数いて、雨の日などに畑で歌を歌っている（鳴いている）のが聞こえると言っていた。筆者は一度だけそれらしいのを見たが歌声（鳴き声）は聞いていない。
うだる˥ ／'udaru˥／［茹だる］（所動詞ラ行五段）

多めの湯の中で十分に加熱されて取り出せる状態になること。ゆだる。他動詞／うでる˥'uderu˥／。

うち¯ ／'uci／［内］(名詞)

基本的な生活世界分節で、自他を分節する円環的分割線の自己を中心とする閉じた自己領域部分を／うち¯／と言い、「うち」から排除される開いた他者領域を／そと˥ soto˥／(外)と言う。そこから、円環的に分節されたものの閉じている部分を「うち」、開いている部分を「そと」と言うようになっている。

うち¯ ／'uci／［家］(名詞)

①家(特に自己が所属する家)・家庭・家族。

／うち・わ¯　あとと˥り・が　いねー・か˥ら →／(家は跡取りがいないから…。)

※自己が所属する組織(学校や会社など)にも拡大されて、所属組織を「うち」「うちの(学校・会社など)」と指称するのは共通語と同様である。この①の意味の反対語は「そと/soto˥/」(外)ではなく、「うち」に対しては「よそ、よその(う)ち/'joso=˥, 'joso no˥ ('u)ci/」、「うちの〜」に対しては「よその〜/'joso no˥ 〜/」のように、「よそ/'joso=˥/」(余所)である。なお、共通語化した世代では1990年代頃から、「うちの(部活・学校)」を一種の朧化の複数表現で「うちらの/'uci˥ra no/(部活・学校)」と言うのを度々耳にする(方言アクセントなら/'ucira˥ no/となることに注意)。

②(自己が所属する)家族が生活する家屋・建物。

／もこー・な⌒うち¯　ぶっくっ˥しゃー・か↓／(向こうの家は壊してしまうか。)

※①と②から明らかなように、家屋 house と家庭 home を区別せず／うち¯ 'uci／と言うが、以下の語に「家(いえ)」の痕跡が存在する。いずれも「分家」の意味の／いもち˥ 'ɪmoci˥／(「家(いえ)＋持ち」が語源)と／しんきい¯ siɴki'ɪ／[ɕiŋkii〜ɕiŋkie](「新規＋家(いえ)」が語源)がそれである。この形式に含まれる「家(いえ)」の意味が「家屋」なのか「家庭」なのかは難しいが、後述の語彙史的知見と「新規」の意味から考えて一応「家屋」をもととした具体から抽象への語義の展開と考えておく。従って、複合語に古い語が化石形式として残存しているものと考える。なお、文献的、言語地理学的な知見から語彙史的に、上代語の《「や(家屋)」↔「いへ(家庭)」》から、《「いへ(家屋)」＝「いへ(家庭)」》(現代東北諸方言に残存)を経て、近世語の《「いえ(家屋)」↔「うち(家庭)」》(現代西日本諸方言に残存)へ、さらに現代語の関東・中部諸方言の《「うち(家屋)」＝「うち(家庭)」》へと推移したと推定されていること(徳川宗賢『日本の方言地図』(1979))を参照。

※連体助詞の属格「の」と所在格「な」の後で、／うち¯(〜うち=˥) 'uci〜'uci=˥／は、「弱まり語形」／ち¯(〜ち=˥) ci〜ci=˥／の形態を取ることがある。以下参照。

※東京語同様に、平板型の連体語を受けるときに東京語の尾高型に対応する／うち=˥ 'uci=˥／が現れることがあるが、その場合でも、アクセント核のない形の／うち¯ 'uci／が現れることが多い。直接訊いたところどちらにも言うということがあった。

／ここ・の⌒うち・に⌒すん˥でる〜ここ・の⌒うち・に˥⌒すんでる／(ここの家に住んでる)。

／そこ・の⌒うち・みた˥い・だ〜そこ・の⌒うち˥・みたい・だ／(そこの家のようだ)。

※「〜の家」については、次のような表現形式と使い分けが見られる。

①連語形式の「家の所有者・居住者」を表す表現(「{ガ／ノ}＋うち」)。

ⓐ「生物名詞＋連体助詞ガ＋{うち}」

／おれ・ガ⌒うち¯／(俺の家)、／たろ˥ー・ガ⌒うち／(太郎の家)。

ⓑ「生物名詞＋連体助詞ノ＋{うち／ち}」〜「生物名詞(所有者)＋連体助詞ン＋ち」

／おれ・ノ⌒うち¯／(俺の家)、／たろ˥ー・ノ⌒うち／(太郎の家)。

／おれ・ノ⌒ち¯／(俺の家)、／たろ˥ー・ノ⌒ち／(太郎の家)。

／おれ・ン⌒ち¯／(俺の家)、／たろ˥(ー)・ン⌒ち／(太郎の家)。

「家の所有者・居住者」を表す場合、生物名詞で示される生物を、前者ⓐは、所有・居住の主体として把えた表現であり、後者ⓑは、「前項名詞(生物)―後項名詞(家)」の関係性の中で決まってくる、主体性に関して中立的(無標)な所有者・居住者として把えた表現となっている。

なお、／おれ・ン⌒ち¯／(俺の家)に関しては、次項の／おら˥ち／の方が一般的だった。

(ⓐには、ⓑのような「弱まり語形」／うち¯ 'uci〜ち¯ ci／、／ノ no〜ン ɴ／を含む変異形、すなわち／おれ・ガ⌒ち¯／や／たろ˥ー・ガ⌒ち／のような言い方は、聞いていない。)

なお、ⓐは、戦後世代で徐々に、特に高度経済成長期以後の戦後世代で、全く使われることがなくなった。

※「ノ＋うち」→「ノ＋ち」、「ノ＋ち」→「ン＋ち」のように、もとの形と弱まった形が並存する場合、「ち」「ン」のような語形をもとの形に対して「弱まり語形」という(cf.服部四郎『言語学の方法』1960 p467)。

②接尾辞形式の「家の所有者・居住者」を表す表現(「らち」)。

「生物名詞＋接尾辞＝ら˥ち」

／おら˥ち／(俺の家。／*おれら˥ち／の短縮形)、／おめーら˥ち〜おめら˥ち／(おまえの家)、／たろ˥ーらち／(太郎の家)、／さと˥ーらち／(「佐藤」(家族名)の家)。

家の所有・居住関係を分析的・説明的に表現する①に対して、②はそれを直接的に表現していて、関係の緊密性・親密性が感じられる表現になっている。

なお、この／＝ら˥ち／は／＝ら˥⁀うち／のように言うことはなく、1つの接尾辞として扱う。（古くは／＝ら˥⁀うち／言った可能性があるが、調査時（1970年ごろ）では言わないということだった。）

③「家の所在地」を表す表現（「{ナ／ノ}＋うち」）。

ⓐ「場所（代）名詞＋連体助詞ナ＋{うち／ち}」

／もこー・ナ⁀うち¯／（向こうにある家）、／ここ・ナ⁀うち¯／（ここにある家）。

／もこー・ナ⁀ち¯／（向こうにある家）、／ここ・ナ⁀ち¯／（ここにある家）。

ⓑ「場所（代）名詞＋連体助詞ノ＋{うち／ち}」

／もこー・ノ⁀うち¯／（向こうの家）、／ここ・ノ⁀うち¯／（ここの家）、

／めー˥・ノ⁀うち／（前の家）、／うら・ノ⁀うち¯／（裏の家）。

／もこー・ノ⁀ち¯／（向こうの家）、／ここ・ノ⁀ち¯／（ここの家）

／めー˥・ノ⁀ち／（前の家）、／うら・ノ⁀ち¯／（裏の家）。

「家の所在地」を表す場合、前者ⓐは、場所（代）名詞が所在地であることを明示する有標markedな表現、後者ⓑは、「前項名詞（場所）—後項名詞（家）」の関係性の中で、所在地であることを示す無標unmarkedな表現となっている。

なお、ⓐは、戦前世代でも特に明治期生まれの話者によく聞かれたが、徐々に、特に戦後世代で、使われることがなくなった。

（なお、上記の／もこー・ナ⁀ち¯／には、母屋に対して別棟の建物を固有名詞的に／もこー・ナ˥⁀ち～もこ・ナ˥⁀ち／（アクセントの違いに注意）という言い方があった。）

うちっころ˥ぼし ／'uciQkoro˥bosi／ ［内っ踝］（名詞）

内側の踝。／そとっころ˥ぼし sotoQkoro˥bosi／［外っ踝］の対語。総称は／ころぼし¯ koro˥bosi／。

※主に戦後世代はこのような区別を失って、ただ／くるぶ˥し kurubu˥si／と言っている。

うちわ˥ ／'uci'wa˥／ ［団扇］（名詞）

団扇。／うちわ˥・で　さめかす˥／（団扇であおいで冷ます）。

うつ˥ ／'ucu˥／ ［打つ］（他動詞タ行五段（話者によってツァ行五段））

打つ。⇒／ぶつ˥ bucu˥／の項参照。

※「打つ」は他動的（及物的）な打撃の意味ではふつう「人、人の身体やその部分」を表す名詞を目的語に取らず、「人、人の身体やその部分」への他動的（及物的）な打撃は／ぶつ˥ bucu˥／と言うのがふつうである。但し、身体部位を目的語にした表現において、「打つ」には、自己の身体を目的語にした非他動的（非及物的）な再帰的行為や非有意的（無意志的）な出来事としての打撃を表す用法があり、「ぶつ」との間に、以下のような違い（使い分け）が見られる。

・／こども・こ˥と　てー˥⁀ぶった／（（悪戯したので）子どもの手（←子どもを*手を）をぶった）。
／あいつ¯　おれ・こ˥と　はら˥⁀ぶった／（あいつが俺の腹（←俺を*腹を）をぶった）。

・／こども・が¯　てー˥⁀うって　わらってる¯／（子どもが（自分の）手を打って笑っている）。
／おれ¯　はら˥⁀うった／（俺、（水泳の飛び込みで自分の）腹を打った）。

うっちゃ˥らかす～うっちゃら˥かす ／'uQcja˥rakasu～'uQcjara˥kasu／（他動詞サ行五段）

片付けもせず（散らかしたまま）中途で投げ出す、放り出す、放置する。

「派生名詞形/'uQcjarakasi¯/＋格助詞/ni/＋サ変動詞/siru/」は、同意の他動詞相当連語として働く。

／しごと うっちゃ˥らかして けって˥⁀きねー↓／（仕事を放り出して（出かけて）帰ってこない。）

※学校文法的には／うっちゃ˥る 'uQcja˥ru／（（投げ）捨てる）の未然形に他動詞形成接尾辞／＝かす -kasu／が接合した形式。厳密には/'uQcjar-akas-u/（/-akas-u/は/-kas-u/の異形態）と分析される。

うっちゃ˥る ／'uQcja˥ru／（他動詞ラ行五段）

捨てる。投げ捨てる。この語はすべての活用形をとおしてアクセント核の移動は起こらない。

※特定の接頭要素を持った派生動詞や特定の複合動詞においては、二番目の要素の第1音節か第2音節にアクセント核が来てすべての活用形を通してアクセント核が移動しない、例外的なアクセントの型を示すものがかなりある。

／おっこ˥ちる 'oQko˥ciru／（落ちる）、／おっこ˥とす 'oQko˥tosu／（落とす）、

／けっぽ˥る keQpo˥ru／（蹴る）、／けっと˥ばす keQto˥basu／（蹴飛ばす）、

／けつ˥まずく kecu˥mazuku／（躓く）、／しっちら˥かす siQcira˥kasu／（一面に散らかす）、

／よっぱ˥らう 'joQpa˥ra'u／（酔う）、など。

※なお、原則的な動詞のアクセントの型は、（共通語の平板型に対応する）「平板型」と、（共通語で語尾から二番目の音節にアクセント核のある型に対応する）「尾高型A」の二つである。

※『物類称呼』に「（捨てると云事を）東国にて○うつちやる［うっちゃる］と云」とある。

うで=˥ ／'ude=˥／ ［腕］（名詞）

腕。／て=˥～てー˥ te=˥～teʀ˥／（手）と言うことが多い。一般的に「指」から「腕」までを「手」と言う。

うでる˥ ／'uderu˥／ ［茹でる］（他動詞ダ行下一段）

食材を多めの湯の中に入れて十分に加熱してから取り出す。ゆでる。所動詞／うだる˥ 'udaru˥／。

※／たく¯ taku／（炊く）は、「米を適量の水とともに加熱して柔らかくする」こと。
／にる¯ niru／（煮る）は、「米以外の食材をだし汁とともに加熱して柔らかくする」こと。
／ふかす˥ hukasu˥／（蒸かす）は、「食材を、蒸気を通らせて加熱して柔らかくする」こと。

／おむす⌉ 'omusu˥／（蒸す）は、「食材を、蒸気を籠もらせて加熱して柔らかくする」こと。

うなう¯～うなー¯ ／'una'u～'unaʀ／（他動詞ワ行五段）

畑や田を耕す。日常語では、耕すことは専ら／うなう¯ 'una'u／と言い、「たがやす/taŋa'jasu˥/」と言うことはない。この動詞の目的語は場所目的語で格助詞はφである。

／はたけ・φ　うなう／（畑を耕す）、／たんなか・φ　うなう／（田を耕す）。

※ふだんは／うなー¯／と言う。ワ行五段動詞の語尾／-'u／は、自然な発話では直前の語幹母音の引き音／ʀ／となっている。改まると／'u／が現れ、（いわゆる本来の意味での）「音便」的現象が観察される。

※「うね（畝）」と派生関係にあると思われるが、アクセントに問題がある。「うね」が２拍名詞第３類／○○（平平）／なので（／うね=⌉ 'une=˥／がその対応形）、同語源とすると、いわゆる「金田一の法則」から、動詞形のアクセントは（語頭音節が低い）３拍動詞第２類／○○⦸（平平東）／に対応する／*うなう⌉ *'una'u˥／になるはずであるが、本方言の／うなう¯ 'una'u／は（語頭音節が高い）３拍動詞第１類／●●○（上上平）／に対応する形を示していて対応するアクセントではない。三省堂『辞海』（1954）や小学館『日本国語大辞典』（2000）の「うなう」の標準アクセントの注記は、３拍動詞第２類に対応する中高型なので、これなら同源語として問題がない。すると、本方言の「うなう」はアクセント対応の例外なのかとも考えられるが、明治期東京語の山田美妙『日本大辞書』（1893）の「うなフ（うなう）」のアクセントが本方言のアクセントに対応する「（全平）」（平板型）となっていて、相違があり、語史（語誌）的にこの語のアクセントがどうなっているのかが問題となるが、この点に関しては今のところよく分からない。

うなぎ¯ ／'unaŋi／［鰻］（名詞）

ウナギ。昔は川や用水堀で捕れた（捕ったことがある）という。

うなりっこ⌉ ／'unariQko˥／（動作名詞）

（犬や猫などが取っ組み合いのけんかになる前などに）相互に低い声を威嚇的に発し合うこと。

うなり⌉つける ／'unari˥cukeru／（他動詞カ行下一段）

相手に対して一方的に威嚇的な言動を行う。ことばで威嚇する。意味的には次項①の／うなる⌉／と／どなり⌉つける／（激しく一方的にどなる）が合わさったようなことばで、この語の場合／うなる⌉／の「低い声で」という意味特徴は抑圧されていて、語全体としては／どなり⌉つける／に近い。

うなる⌉ ／'unaru˥／（自動詞・他動詞ラ行五段）

①（犬や猫などが）威嚇的に低い声を発する。うなる。自動詞、他動詞の両様がある。

／なに⌉　うなる⌉⌒こと　ある⌉い↓／

（［猫をしかって］どうしてうなることがあるのだ。うなるな。）

→［疑問詞＋文末イ（動詞終止形＋イ）］の反語形式の文。疑問詞は「何・誰」が多い。

／おれ・こ⌉と　うなって⌉やがる↓／（おれを威嚇してうなってる。）

②（人が我慢できない痛みなどで）ことばにならない低い声を発する。うなる。うめく。自動詞のみ。

※擬音語「う」＋「なる」という語構成。「なるna-r-u」は「泣く・鳴くna-k-u」や「鳴るna-r-u」と同根で声を発すること。語基の「なna」は「ね（音）ne（←*në←*na-i←na）」や「なのる（名＋告る）na＋no-r-u」に含まれる「告るno-r-u（←nö-r-u）」（/a/-/ö/母音交替［逓音］）と同根の形態である。なお、「低い声を発する」の／うなる⌉／と、「大きい声を発する」の／どなる⌉／や／がなる⌉／は、語構成と意味から見て、擬音的「う」「ど」「が」と語基「なる」から派生・分化した関連語と考えられる。

うぬ¯ ／'unu／（代名詞）

第二人称代名詞卑称。複数形は／うぬら⌉ 'unura˥／。所属を表す派生語に／うぬら⌉ち／（きさまの家）、／うぬら⌉ほ／（きさまの方）がある。けんか腰で挑発的な物言いである。

※語源は再帰代名詞「己れ」の語基「おの」で、再帰代名詞の卑称用法が起源である。「うぬ」という形式自体なら共通語の「うぬぼれ（自惚れ）」（語源は「おの（己）惚れ」）の「うぬ」と起源的には同じ。なお、方言では「自惚れ」は「うぬぼれ」とは言わず／おのぼれ¯ 'onobore／と言うのが固有の言い方（固有語）である。

うね=⌉ ／'une=˥／［畝］（名詞）

種を蒔くために、鍬/ku'wa¯/で畑の表面を直線状に浅く掘って作った溝（／さく=⌉ saku=˥／）の片側に、低く土を寄せ（て盛り上げ）た直線状の高まり。⇒／さく=⌉ saku=˥／参照。

うみ⌉ ／'umi˥／［海］（名詞）

海。／うみ⌉⌒いく／（海に行く）、／うみ⌉・に⌒いく／（海に行く）、／うみ⌉・の⌒いろ／（海の色）、／うみ⌉・みてー・だ／（海のようだ）というアクセントになる。共通語の頭高型に対応する型。

うみ=⌉ ／'umi=˥／［膿］（名詞）

膿。／うみ⌉⌒でた、うみ・が⌉⌒でた／（膿が出た）、／うみ・の⌒いろ=⌉／（膿の色）、／うみ⌉・みてー・だ／（膿のようだ）というアクセントになる。 共通語の尾高型に対応する型。

うみずき¯ ／'umizuki／［産み月］（名詞）

子どもが生まれる（予定の）月。臨月。子どもを産むことを／さん¯ saɴ／（産）と言う。

うむ¯ ／'umu／［生む］（他動詞マ行五段）

生む。／んまねー¯'ɴmaneʀ、うみてー¯'umiteʀ、うむ¯'umu koto、んめば⌉'ɴmeba˥、んめ⌉'ɴme˥、んもんか⌉'ɴmoɴka˥（生むはずがない）、うんだ¯'uɴda／と活用する。

注．／うむ¯ 'umu／(生む)と／んまれる¯ 'ɴmareru／(生まれる)は能・受動や自・他動詞の対立をなしていないことに注意。「むすめガ男の子コト生んだ」と「むすめニ男の子ガ生まれた」とは、一見、能動と受動の対のように見えるが、これは、「×せがれガ男の子コト生んだ」と「○せがれニ男の子ガ生まれた」から明らかなように能・受動の対ではない。また、「生まれる」は、高年層では「むすめガニ男の子ガ生まれた」「せがれガニ男の子ガ生まれた」というように二項所動詞「〜ガニ＋〜ガ＋生まれる」の構文を取り、通常の自動詞とは異なっているので、「生まれる」と「生む」はこの点からも自・他動詞の対をなしていない。
(「生まれる」がこの構文を取るのは、類意の「できる」の取る「〜ガニ＋〜ガ＋できる」に牽引されているのかもしれない。)

※次項の語も含めて、連用形・終止＝連体形の語幹を除いて、基本語幹が音韻規則的に／'um-／から／'ɴm-／に替わる。この方言ではマ行音の前の語頭の「ウ'u-」は後続するマ行音の母音の広狭に従って、広母音(マ・メ・モ)の前では／ん'ɴ／が、狭母音(ミ・ム)の前では／う'u／が現れるという音韻規則があるためである。戦後世代以下では／う＝〜ん＝ 'umV-〜'ɴmV-／が交替せずに／う＝ 'umV-／専用の人が多くなっている。以前は、自然談話では／'umV-〜'ɴmV-／と交替する話者でも改まると／'umV-／としか言わないなど、発音の実際と規範(仮名遣い)に基づく意識とにずれがある話者が結構いた。現在では、／'umV-〜'ɴmV-／が交替する話者(交替に自覚的な話者)はもう殆どいなくなっていて、ほぼ／'umV-／専用になっている(ようである)。
東京語では、「生もう」は［ンモー］で、「羽毛」は［ウモー］だという人がいるから、音韻規則ではなく形態規則ということになろう。

※なお、「生めば[m̩meba ンメバ]」の語尾音の拗音化[-eba→-ja:]によって生じた異語形「生みゃー」については、／'umV-〜'ɴmV-／の交替をもつ話者は[m̩mja: ンミャー]と発音し、／'umV-／専用の話者は[umja: ウミャー]と発音していた。
(アクセントは、／んみゃ˥ー〜んみゃー¯／、／うみゃ˥ー〜うみゃー¯／の二様。)

うむ˥ ／'umu˥／ ［膿む］(所動詞マ行五段)
腫れ物が化膿する。／んまね˥ー'ɴmane˥ʀ、うみそ˥ー'umiso˥ʀ、うむ˥'umu˥ koto、んめ˥ば'ɴme˥ba、(んめ˥'ɴme˥、)、んも˥んか'ɴmo˥ɴka(膿むはずがない)、うん˥だ'uɴ˥da／と活用する。
※実が熟することを言う／うむ˥ 'umu˥／(熟む)と同語源である。

うむ˥ ／'umu˥／ ［熟む］(所動詞マ行五段)
実が熟する。活用とアクセントに関しては前項「膿む」に同じ。
※腫れ物が化膿することを言う／うむ˥ 'umu˥／(膿む)と同語源である。

うら=˥ ／'ura=˥／ ［裏］(名詞)
典型的に「そのものを代表する面」である／おもて=˥ 'omote=˥／(表)の反対側面で、「表」から隠れた見えない所を言う。家屋の場合は客を迎える正面の出入り口のある「おもて」の反対側を言う。
／うら˥⁀ある／、／うら・が˥⁀ある／(裏がある)、／うら˥・みてー・だ／(裏のようだ)。
※埼玉県東北部(春日部以北)では「うら」が共通語の「裏」と「後ろ」を兼ねる。⇒／うしろ¯／を参照。

うら= ／'ura-／ ［末］(造語成分)
「もと/moto¯/(本・元)」から見た「先端」の意味の語基形態素。単独では使われない。古典語の「末葉(うらば)」「末弭(うらはず)」などの「末(うら)」の残存形。
⇒／うらっぽ¯ 'uraQpo／、／うらっぽし¯ 'uraQposi／、／うらなり¯ 'uranari／を参照。

うらぐち¯ ／'uraŋuci／ ［裏口］(名詞)
家の裏の出入り口。

うらっか˥し ／'uraQka˥si／ (名詞)
裏側の方(方向としての裏側)。
※語源的には[「うらっかわ」＋方向の接尾辞「し」]という語構成だが、現在では「かし」自体に方向性が結び付いて、[「うら」＋方向の接尾辞「っかし」]と理解されている。反対語は／'omoteQka˥si／。

うらっか˥た ／'uraQka˥ta／ (名詞)
裏の方(の場所)。
※／うらって¯ 'uraQte／(裏っ手)に比して、それと指示される場所が限定されている。

うらっかわ¯ ／'uraQka'wa／ (裏っ側)(名詞)
裏側(場所・位置としての裏側)。

うらって¯ ／'uraQte／ ［裏っ手］(名詞)
裏の方。裏手。／おもて˥ 'omote=˥／の対語。
※／うら=˥ 'ura=˥／が場所的なのに対して、／うらって¯／は方位・方向を中心とし、その方向に含まれる場所も漠然と指示する。

うらっぽ¯ ／'uraQpo／ (名詞)
(木の幹などの)先端。語源は「うら(末)」＋「ほ(穂・秀)」であろう。

うらっぽし¯ ／'uraQposi／ (名詞)
(木の幹などの)先端。
※／うらっぽ¯ 'uraQpo／／うらっぽし¯ 'uraQposi／は、いずれも「(木の幹などの)先端」を意味する語で、／もと¯ moto／(本)、／ねもと˥ nemoto˥／(根本)の反対語。

※語源は前項の「うらっぽ」＋方向の接尾辞の「し」であろう。⇒／うらっか˥し／を参照。
うらなり¯ ／'uranari／（名詞）
長く伸びた枝や蔓などの先端のほうに生った実をいう。形も悪く味も落ちるという。
／もとな˥り motona˥ri／の反対語。
うら・の⁀ち¯ ／'ura no ci／［裏の家］（連語名詞）
自家の「うら」方向に近接して存在する（多くは北側の）家。反対語は／おもて・の⁀ち¯／（表の家）。
※／うら・の⁀ち¯／（裏の家）は、そのように言及する基準となる家からは固有名詞的に固定的に指示される家を言い、／うしろ・の⁀ち¯／（後ろの家）は、普通名詞的に説明的に指示される対象としての家を言うのがふつうである。／おもて・の⁀ち¯／（表の家）と／めー˥・の⁀ち／（前の家）にもこれと並行的な違いが見られる（前者が固有名詞的、後者が普通名詞的）。
※以前の農村時代には殆どなかったが、現在では北向きに玄関がある家が多くなっている。原理的には、家の玄関のある北側を「表」、北側の他家を「表の家」や「前の家」、家の南側を「裏」、南側の他家を「裏の家」や「後ろの家」と言うはずだが、この場合、そう言うという話者と、やはり南側を「表」、北側を「裏」と言うという話者があり、「表—裏」の基準を家の玄関のある方に置く（家基準）か、家の南北の方位に置く（方位基準）かで混乱が見られる。
うらやま¯ ／'ura'jama／［裏山］（名詞）
家屋の背後の屋敷林や神社の背後の自然林を言う。単に／やま=˥ 'jama=˥／とも言う。
※特に、「くねうち/kune'uci¯/」（垣根の内）の、家屋（母屋）の裏にある雑木林や竹林を指して言う。
⇒／やま=˥ 'jama=˥／（山）を参照。
うる¯～うるち¯ ／'uru～'uruci／［粳］（名詞）
／もちごめ mociŋome／（糯米）ではない、普通の米。
うるさ˥い～うるせ˥ー ／'urusa˥i～'uruse˥ʀ／［煩さい］（形容詞）
①物音が「うるさい」。やかましい。②蘊蓄があって細部にこだわる態度が「うるさい」。
③相手の自分に対する態度が「うるさい」。わずらわしい。
※間投詞的な物言いでは語頭音節が脱落して／るせ˥ー ruse˥ʀ／と言っていることが多い。
うるし˥ー ／'urusi˥ʀ／［嬉しい］（形容詞）
うれしい。／うれし˥ー 'uresi˥ʀ／の異語形。こう言う人がかなりいる（いた）。
うるぬ˥く～おるぬ˥く～おろぬ˥く ／'urunu˥ku～'orunu˥ku～'oronu˥ku／［疎抜く］（他動詞）
群がって生えている作物の一部を引き抜いて間を開ける。間引く。
／うるぬい˥たら　どー˥⁀しん・だ↓／（間引いたらどうするのだ。）
語形は／うるぬ˥く 'urunu˥ku／がいちばんふつうと思われるが、個人でも語形に揺れが見られる。
※アクセントは中高型の他に尾高型でも言う。／うるぬく˥～… 'urunuku˥～…／。
／うるぬ˥く—うるぬ˥こんか（間引かない）／～／うるぬく˥—うるぬこ˥んか（間引かない）／。
うれし˥ー ／'uresi˥ʀ／［嬉しい］（形容詞）
うれしい。／うるし˥ー 'urusi˥ʀ／と言う人もかなりいる（いた）。
うわすき¯ ／'u'wasuki／［上敷き］（名詞）
「敷き布団」（／すきぶとん¯ sukibutoɴ／と言う）の上に敷く白いシーツ。
※「敷く」は「しく」でなく／すく¯ suku／と言うのが本来の言い方。／しく¯～ひく¯ siku～hiku／という個人も増えてきている。「布団を／ひく¯ hiku／」と言うのは「誤った回帰」である。
うわっか¯ ／'u'waQka／（名詞）
上側。表面。うわべ。
／うわっか・べ˥ー　みて˥ちゃ　だめ・だ˥・よ↓／（表面だけ見ていてはだめだよ。）
※語形は／うわっか¯ 'u'waQka／で安定している。語源的には、／うわっかわ¯ 'u'waQka'wa／（上っ側）が／うわっかー¯ 'u'waQkaʀ／を経てできた語形である。意味的には、「上下」の「上」よりも「表裏」の「表・表面」の方に片寄っている。
うわっぺら¯ ／'u'waQpera／（名詞）
見た目、うわべ。表面、外観。／うわっぺら・よ˥り　なかみ˥・だ・よ↓／（外見より中身だ。）
うわべろ¯～うわびる¯ ／'u'wabero～'u'wabiru／［上唇］（名詞）
上唇。／したべろ¯～したびる¯ sitabero～sitabiru／（下唇）の対語。
総称は／くちべろ¯～くちびろ¯～くちびる¯ kucibero～kucibiro～kucibiru／（唇）。
※／べろ˥／（舌）に引き付けられた形か、それとも、唇と舌との総称としての／べろ˥／を仮定すべきなのかは未詳。
う˥ん（～ん˥ー） ／'u˥ɴ（～'ɴ˥ʀ）／（①肯定の応答詞（感動詞の一種）・②感動詞）
［本来は発語（言い出し）の感動詞／うん 'uɴ／に（断言の）文末音調／↓／が加わってできた形式。第１拍の高から第２拍の低へ下降調に発音される。母音[ɯ]は鼻母音[ɯ̃]であることが多い。］
①親しい関係での肯定の応答詞。公的な場面では成人は使わない。
※肯定の応答詞は、大体「親・慎」（親・疎）の観点から、大きくは、親しい関係間での{／う˥ん／—／あ˥ー／}と慎まれる関係間の{／え˥ー／—／は˥い／}とに二分され、次にまた、それぞれその中で{より親しい関係—より慎まれる関係}の左右の二項に分かれるような体系になっている。
②自問自得の感動詞（他者の質問に対する応答ではない）。

／う˥ん↓｜　そー・だ˥った↓／（うん、そうだった。）
うん˥（～んー˥）／'uɴ˥（～'ɴʀ˥）／（感動詞）
[本来は発語（言い出し）の感動詞／うん 'uɴ／に（持ちかけの）文末音調／↑／が加わってできた形式。全体が上昇調に発音される。なお、通常は語頭から２番目の拍が特殊拍でそこにアクセント核がある場合には「高高」（高平）に発音されるが、ここでは便宜的に第２拍にアクセント核の記号を付けて、次項の平板な／うん¯（～んー¯）'uɴ（～'ɴʀ）／と表記の上で区別する。母音の音価など前に同じ。]
強い疑念や疑問を表す感動詞。／うん˥↑｜　あら　なん˥・だ↑／（うん？あれは何だ。）
※図式的に表現すれば「疑問（判断未定）＋持ちかけ＝質問（判断要求）」と考えるが、この例では、いわば質問の相手が話し手自身で自問となるために、強い疑念や疑問の表現になると考える。
うん¯（～んー¯）／'uɴ（～'ɴʀ）／（応答詞（感動詞の一種）・感動詞）
[本来は発語（言い出し）の感動詞／うん 'uɴ／に（保留の）文末音調／→／が加わってできた形式。全体が高低なく平板調に発音される。文末音調は自然下降音調／↓／と異なり平板な音調型／→／で末尾まで緊張が続く。母音の音価など前に同じ。]
①相手の発言に対する、話し手の判断を保留した応答や時に無関心な気のない返事を表す応答詞。
（「行くのか」という問いに）／うん¯→｜　まー˥だ　きめてね（˥）ー↓／（うん、まだ決めていない。）
（「頼まれたけど行かなかった」という発言に）／うん¯→｜　そー˥・な・ん・だ↓／
②判断未定の言いよどみや言いさしを表す感動詞。
／うん¯→｜　どー˥⌒しんべ↓／（うん…。どうしよう。）
うん˥こ ／'uɴ˥ko／（名詞・動作名詞）
大便。また、大便をする。／うん˥こ 'uɴ˥ko／は、／んー˥こ 'ɴʀ˥ko／のように語頭音節[ɯŋ(ko)]が長い成節的な鼻音[ŋ̩:(ko)]で発音されることがしばしば観察される。⇒／くそ=˥ kuso=˥／参照。
うん˥ち ／'uɴ˥ci／（名詞・動作名詞）
大便。また、大便をする。幼児語。／うん˥ち 'uɴ˥ci／は、／んー˥ち 'ɴʀ˥ci／のように、語頭音節[ɯɲ̟(tɕi)]が長い成節的鼻音[ɲ̩:(tɕi)]で発音されることがしばしば観察される。
うんと¯（～うん˥と）／'uɴto（～'uɴ˥to）／（副詞）
被修飾語が表す事柄の内容（属性）の程度が大きいことを表すのが基本的で、数量が多いことを表すのは派生的と考えられる。この点で、／すこ˥し suko˥si／（少し）が、「被修飾語が表す事柄の内容（属性）の程度が小さいことを表すのが基本的で、数量が少ないことを表すのは派生的」と考えられるのと平行的で、ある意味でよく似ている。例えば、「うんとある」（「少しある」）は、「うんと少ない」（「少し多い」）から考えて、「ある」ことの程度が大きい（小さい）ことを表していてそこから「多く存在する」（「少なく存在する」）の意味になっていると考えられる。「うんと待つ」（「少し待つ」）も「待つ」ことの程度が大きい（小さい）ことから「長い時間待つ」（「短い時間待つ」）になると考えられる。両者にはこの他に、「うんとはない」≒「少しはある」、「うんとは待たなかった」≒「少しは待った」のような肯否の対応が見られる。なお、数量の多いことを端的に表す副詞／いら˥ 'ɪra˥／の「いらある」（沢山有る）と「うんとある」は、上記したところから明らかなように、違っていると思われる。⇒／すこ˥し suko˥si／（少し）、／いら˥ 'ɪra˥／（副詞）の各項を参照。
／せん˥・わ　でん˥ぱた　うんと　あった˥・けど・よ˥↓／（昔は田畑が沢山あったけどよ。）
／うち・わ　うんと　すくな˥かった・な˥↓／（家はずっと少なかったな。）
／うんと　まった˥／（沢山待った）、／うんと　おこらい˥た／（沢山叱られた）。
／うんと　さき・の⌒ほー˥・まで　いってた↓／（うんと先の方まで行っていた。）
うんま˥い～うんめ˥ー～んーま˥い～んーめ˥ー'uɴma˥i～'uɴme˥ʀ～'ɴʀma˥i～'ɴʀme˥ʀu／[旨い]（形容詞）
味がよい。うまい。女性も使い、以前、男性は「おいしい/'oisiʀ¯/」とはふつう言わなかった。
※自然な発音では、語頭音は／んーま˥い～んーめ˥ー／と長い撥音[m̩:]になっていることが多い。
うんま˥かす～んーま˥かす／'uɴma˥kasu～'ɴʀma˥kasu／（他動詞サ行五段）
容れ物をひっくりかえして、中味を全部外に勢いよく出して散らかすこと［±意志的］。
※ふつうは／んーま˥かす／と言う。
うんま˥ける～んーま˥ける ／'uɴma˥keru～'ɴʀma˥keru／（他動詞カ行下一段）普通は／んーま˥ける／。
容れ物をひっくりかえして、中味を全部外に勢いよく、出して散らかすこと［＋意志的］。
※／うんま˥かす／とほぼ同意。意味・ニュアンスの微妙な違いは明確にできないが、／うんま˥かす／の方は「ついうっかり」とも「わざと」とも共存しやすく、／うんま˥ける／の方は「ついうっかり」とは共存しにくいように感じられる。「取り返しのつかない」という connotation（共示義）をもつ完了相の／（ついうっかり）うんま˥かっしゃった↓／はよい文だが、／（ついうっかり）うんま˥けちゃった↓／はあまりよい文には感じられない。（個人的な感じかも知れない）。
※ふつうは／んーま˥ける／と言う。
※「打ち撒（ま）ける」が語源であるが、「撒き散らす」意味の単独の「撒（ま）ける」や「撒（ま）かす」は本方言にはなく、接頭辞／うん＝～んー＝／などと結合してのみ現れる形態（造語成分）である。
※／こぼす˥ kobosu˥／／おっこ˥ぼす 'oQko˥bosu／は容れ物を傾けて、中味を一部外に落とすこと（意志的なことも無意志的なこともある）。
※前の３項目の語頭音表記に現れる／'ɴʀma˥i、'ɴʀma˥kasu、'ɴʀma˥keru／の／'ɴʀ／は成節的な長い有声両唇鼻音[m̩:]である。なお、／んーな¯ 'ɴʀna／（そんな）のような／'ɴʀ／は後続音に従って

[n̩ː]である。念のため。

え～ ／'e～／

「え」で始まる見出し語は、音韻的に／'i／と／'e／の対立のある主として戦後世代で／'e／で現れる語形を表すものである。戦前世代では／'i／と／'e／の対立がなく中和して　共に／'ɪ／となっているので、以下の見出し語もみな音韻的には／'ɪ／で始まる語ということになる。

えがらっぽ]い～いがらっぽ]い ／'eŋaraQpo]i～'iŋaraQpo]i／（形容詞）
喉がヒリヒリする感じを言う。
※語源的には、形容詞「えぐい(蘞い)」と「からい(辛い)」の混淆形「えがらい」の語幹と接尾辞「っぽい」からなると考えられる。「えぐい」は、アクと苦みのある(古語の)食用植物「ゑぐ」(「芹」「慈姑(クワイ)」説がある)からの派生形容詞と言われる。
えき] ／'eki]／(戦前世代は/'ɪki]/)［駅］(名詞)
(鉄道の)駅。「駅/'ɪki]/」(尾高型A)と「行き/'ɪki¯/」(平板型)は、戦前世代では音韻表記から明らかなように、分節音的同音の異アクセント語だったが、「～駅」と「～行き」のような複合語後部成分としても、例えば「草加駅・川口駅」は[ソーカ]イキ・カワグチ]イキ]のような中高型(/-]'ɪki/)、「草加行き・川口行き」は[ソーカイキ¯・カワグチイキ¯]のような平板型(/-'ɪki¯/)で異なっていた。
えこじ¯～いこじ¯ ／'ekozi～'ikozi／［依怙地］(名詞)
妥協しないで意地を通そうとすること。／えこじ・ん　なる]／と言うのがふつう。
えはい¯ ／'ehai／［位牌］(名詞)
位牌。戦前世代は語頭音が中和した／'ɪhai／である。
※仏壇のご本尊ではなく、先祖の位牌を／ほとけさま=] hotokesama=]／と呼んでいた。
えばる]～いばる] ／'ebaru]～'ibaru]／［威張る］(名詞)
自己を他者に対して優越する者してふるまう。いばる。
えびがに¯～いびがに¯ ／'ebiŋani～'ibiŋani／［海老蟹］(名詞)
ザリガニ。「ざりがに」とは言わなかった。戦前世代の話者がアメリカザリガニは昔はいなかったと言っていた。
えぶ]い～えび]ー ／'ebu]i～ebi]ʀ／（形容詞）
ひどく煙い。／いぶ]い～いび]ー'ɪbu]i～'ɪbi]ʀ／の戦後世代での個人的変種。戦後世代の話者の多くは／いぶ]い～いび]ー'ibu]i～'ibi]ʀ／と言う。
えべす¯～えびす¯ ／'ebesu～ebisu／［恵比須］(名詞)
福の神の恵比須、その神像。昔は／えべす¯'ɪbesu／と言った。敬称は／えべっさま¯ 'ɪbeQsama／。
えべつ¯～えびつ¯～いびつ¯ ／'ebecu～'ebicu～ibicu／［歪］(名詞)
いびつ。形が歪んでいること。昔は／えべつ¯ 'ɪbecu／と言った。今は、多く／えびつ¯／という。
えぼ]～いぼ] ／'ebo]～'ibo]／［疣］(名詞)
いぼ。戦前世代は語頭音が中和した／'ɪbo]／である。
えぼ]げーろ～いぼ]げーろ ／'ebo]ŋeʀro～'ibo]ŋeʀro／（名詞）
体の表面に疣状の突起のある蛙。疣蛙。
えもん]かけ～いもん]かけ ／'emoɴ]kake～'imoɴ]kake／［衣紋掛け］(名詞)
着物を掛けてつるす肩幅ほどの細い棒状の器具をいうが、今は、洋服掛け、ハンガーなども言う。
えんが]みる ／'eɴŋa]miru／［因果見る］(自動詞マ行上一段)
ひどい目に遭う。難儀する。仏教語「因果」の転義の「悪業(あくごう)の報い」の再転義「不幸せ」から「不幸な目に遭う」と転じたものであろうが、話者にはこのような語源意識は全くなく全体で一語の動詞である。／あめ]⌒ひどくて　えんが]みた↓／(ひどい雨で難儀した。)
えんがわ¯～えんがあ¯～えんがー¯ ／'eɴŋa'wa～'eɴŋa'a～'eɴŋaʀ／［縁側］(名詞)
建物や部屋から外に張り出して作られた板敷きの部分。家に上がり込む用途の他、坐り込んで話したりするのに使われた。⇒／ろーか¯ roʀka／(廊下)の項を参照。
えんぎ]ん～えんぎん]まめ ／'eɴŋi]ɴ～'eɴŋiɴ]mame／［隠元豆］(名詞)
インゲンマメ。なお、「さやいんげん」(莢隠元)も／さやえんぎ]ん sa'ja'eɴŋi]ɴ／と言っていた。
えん]こ ／'eɴ]ko／（動作名詞）
①「坐る」の幼児語。／えん]ちゃん'eɴ]cjaɴ（⌒しる）／とも言う。
②車が故障で立ち往生する。この意味では幼児語でなく一般語。
えんだい¯～えんでー¯ ／'eɴdai～'eɴdeʀ／［縁台］(名詞)
数人掛けの腰掛け用の長四角の台。一休みや夕涼みなどに使った。また、「縁側/'eɴŋa'wa¯/」のない家では、「縁側」の代わりにしている家が多かった。
※筆者の祖父(明治11年生)の書き残した明治43年の帳簿に「イン台」とあるのを見つけた(2021年)。
えん]ちゃん ／'eɴ]cjaɴ／（動作名詞）
「坐る」の幼児語。／えん]こ'eɴ]ko（⌒しる）／とも言った。
えんつーふつー¯ ／'eɴcuʀhucuʀ／［縁通不通］(名詞)
親戚付き合いをやめること。／えんつーふつー・に　しべ]・や↓／(戦後世代／しんべ]・や／。)

※『日本国語大辞典』に、【縁通不通】「かつて深いつながりのあった者が、便りも連絡もとぎれてしまうこと」とある語であるが、上記の意味で使われていた。

えんぬ˥した ／'eɴnu˥sita／［縁ぬ下］（名詞）

「縁の下」の訛語。縁側の下だけでなく建物の床下も言う。「えんのした」とは言わなかった。

えん˥ぴ ／'eɴ˥pi／［円匙］（名詞）

シャベルに似た土掘りの道具。

※筆者の祖父（明治11年生）の書き残した明治43年の帳簿に「インピ」とあるのを見つけた（2021年）。

なお、「えんぴ」は「円匙（えんし）」の誤読に基づくというが、／えん˥ぴ 'eɴ˥pi／としか言わない。

えん˥まさま ／'eɴ˥masama／［閻魔さま］（名詞）

死後審判の神で冥途の主宰者とされるが、子どもには「嘘をつくとエンマさまに舌を抜かれる」存在で、半信半疑ながら閻魔堂に連れて行かれそうになると恐れられた。インド神話の、最初の人間で最初に死の道を発見し死の世界の支配者となったYamaが仏教の護法神になったものという。

お ／'o／［を］（格助詞［共通語からの借用語］）

共通語の対格と経由格の格助詞「を」の借用されたもの。方言の固有語ではない。

伝統的（典型的）な埼玉県東南部方言と考えられる戦前世代の日常のくつろいだ言語使用では、他動詞の生物目的語は「こと/ko˥to/」か「名詞だけ」（すなわち格助詞なし）で表され、他動詞の無生物目的語と運動・移動動詞の場所補足語は常に「名詞だけ」（すなわち格助詞なし）で表されるので、一部慣用句などを除き、格助詞「を/'o/」は全く現れない。但し、多少とも改まった場面で筋道立てて話そうとするときなどには現れる傾向があり、これは（意識的、無意識的な）共通語の使用（借用）と考えられる。⇒／こ˥と ko˥to／（格助詞［対格］）の項を参照。

共通語化がさらに深く一層進んでいる戦後世代、とりわけ高度経済成長期以降の世代では、「名詞だけ」（すなわち格助詞なし）の表示と並んで、頻度的に多いとは言えないが、「を/'o/」の使用がより日常化している。対格助詞「こと/ko˥to/」に関しては、人により遅速はあるが、高度成長期以前の戦後世代では生物目的語の対格助詞「こと/ko˥to/」による格表示がなお健在（＝使用語）で、高度成長期以降の世代では漸減しつつ「分かるけど使わない」（＝理解語）を経て、現在の若い世代では死語化していて、「を/'o/」への移行が完成している。

「を/'o/」の借用は、一時的・過渡的に、他動詞の生物目的語は「こと／φ」で、他動詞の無生物目的語と運動・移動動詞の場所補足語は「を／φ」で示されるような観を呈するが、併行して「生物目的語＋こと」は、音形と一部の意味の類似から「［生物目的語＋の＋こと］＋を」（詳しくは「を」を落とした形の「生物目的語＋の＋こと」）に引きつけられるとともに、そのような連語形式（「生物目的語＋の＋こと（＋を）」）の短縮形（「生物目的語＋こと（＋を）」）と解釈し直されて、結局は「生物目的語（＋の＋こと）＋を」に収斂したので、つまり、対格助詞「こと」が消えて、「を」へと一元化してしまったので、体系として確立されることはなかった。

なお、上述のように、対格助詞「こと/ko˥to/」を失いつつある、或いはすでに持たない世代の話者は、対格目的語の「名詞＋こと/ko˥to/」を、「［名詞＋の＋こと］＋（を）」の短縮形と解釈（改釈）したり、或いは聞こえている対格「こと/ko˥to/」（を含む発話）を「［名詞＋の＋こと］＋（を）」と聞き做したりして、理解していることが非常に多い。

次に示すように、「こと/ko˥to/」および「のこと（を）」（連語）と「を/'o/」は、必ずしも意味的・機能的に等価ではない。

「花子は太郎コト考えてる」　：「花子は太郎{のこと（を）／を}考えてる」
「花子は太郎コト思ってる」　：「花子は太郎{のこと（を）／を}思ってる」
「花子は太郎コト見た」　：「花子は太郎{のこと（を）／を}見た」
「花子は太郎コト笑った」　：「花子は太郎{のこと（を）／を}笑った」
「花子は太郎コト呼んだ」　：「花子は太郎{のこと（を）／を}呼んだ」
「花子は太郎コト小突いた」　：「花子は太郎{のこと（を）／を}小突いた」
「花子は太郎コト殺した」　：「花子は太郎{のこと（を）／を}殺した」
「花子は太郎コト行かせる」　：「花子は太郎{のこと（を）／を}行かせる」
「花子は太郎コト面倒見てる」　：「花子は太郎{のこと（を）／を}面倒見てる」
「花子は太郎コトあきれてる」　：「花子は太郎{のこと（を）／を}あきれてる」
「花子は太郎コト好きだ」　：「花子は太郎{のこと（を）／を}好きだ」

「コト」は、例文のすべてについて文法的に適格だが、「のこと（を）」と「を」については、すべて言えるという話者と、それぞれの一部（特に具体的な他動的（及物的）な働きかけを表す文）については、「言いにくい、言わない」という話者とがいる。なお、「のこと（を）」と「を」がすべて言えるという話者については、方言の「コト」の文法性判断と関連があるかもしれない。もしそうなら「コト」が基層語substratumとして影響しているということになる。

＝お˥ ／-'o／［男・夫］（人名語尾（接尾辞））

「○○お」で終わる男性人名は、共通語ではアクセント核のない平板型に発音されるが、この地域では多く（殆ど？）の話者が／○○お˥／と語尾に固定した核の来る「尾高型A」で発音している（いた）。／はるお˥・が　きて˥る／（春夫が来ている）、／はるお˥・こと　よんでる／（〜を呼んでいる）、

／はるお⌉・ん⌒とこん／（～の所)、／はるお⌉らち　よってく／（～の家に寄っていく）など。
※親称の「＝ちゃん」や敬称の「＝さん」が接尾した場合は／はるおちゃん¯／や／はるおさん¯／のように核が消え平板型に発音される。
※このアクセント型は東京語の中高型に対応するが、東京語は中高型ではないので、違例となる。

おい⌉し　おい⌉し　／'oi˥si 'oi˥si／（感動詞）
犬をけしかけて相手に向かわせようとするときのことば。／お⌉し・お⌉し　'o˥si 'o˥si／（アクセントは例外的に頭高型に発音されることに注意）とも言う。
※犬を「牛、牛」と言ってけしかけたものが、[uɕi→oɕi→oiɕi]と変化したものであろうが、多くの話者においては自明ではなくなっている。犬と牛の取り合わせに関しては、英語の「bulldog」の語源が、"The Universal Dictionary of the English Language"（edited by Henry Cecil Wyld, 1932）に、「dog, originally bred for baiting bulls（→bull-baiting dog→bulldog）」（bait = to worry bulls with dogs）[取意]とあることなども参照。

おいっこ¯　／'oiQko／［甥っこ］（名詞）
きょうだいの子。「甥」と「姪」を区別しないのが戦前の世代の特徴だった。性別は必要に応じて臨時的に／おとこ・の　おいっこ¯／、／おんな・の　おいっこ¯／と区別していた。
戦後世代は、「女の甥っこ」は／めーっこ¯　meʀQko／（姪っこ）と言うようになってきている。文字言語の影響か「甥」の語形の干渉か／めいっこ¯　meiQko[meĭkko]／と発音する人もいる。
※「甥」と「姪」を区別せず／おいっこ¯／と言う。／いとこ⌉　'ɪtoko˥／や／はとこ⌉　hatoko˥／に男女の言い分けがないのと同様である。指小辞つきの「おいっこ」は語形的にも「いとこ」「はとこ」と揃っている点が注目される。なお、／おいっこ¯／から見た両親の兄弟は、／おじさん¯　'ozisaɴ／、／おばさん¯　'obasaɴ／で、男女による区別がある。

おいねー¯　／'oineʀ／（可能動詞否定形[構文的機能・活用形などから1語の形容詞とはできない]）
動詞「負う」の可能動詞「負える」の否定形「負えない」に由来する形式。但し、「負う」は、本方言では、人を「負う」は／（ぶう⌉～）ぶー⌉／（負ぶう)、物を「負う」は／（しょう¯～）しょー¯／（背負う）と言うので、使われない。①②のような慣用句形式の用法と、③のような単独形式の用法が見られる。
①「手に負えない／て・に⌉＋おいねー¯～て・に⌉⌒おいねー／」の形で、手に余る、処理できない、などの意味を表す。構文的には「誰かガニ＋何かガ＋(その)誰かノ＋手ニ＋負えない」、例えば、／おめー・が⌉に・わ　あれ・わ　て・に⌉⌒おいねー・よ↓／（お前にはあれは手に負えない）～／あれ・わ　おめー・の⌒て・に⌉　おいねー・よ↓／（あれはお前の手に負えない）という形をとる。この場合は、「手に負えっこない/'oiQko⌒ne˥ʀ/」「手に負えろんか/'oiroɴka¯/」などとも言うことができる（ともに強い否定)。（戦後世代ではこのような「ガニ」は「ニ」と言う。以下同じ）
②「始末に負えない／しま⌉つ・に＋おいねー¯～しま⌉つ・に⌒おいねー／」の形で、始末（≒処理）できない、などの意味を表す。構文は「誰かガニ＋何かガ＋始末ニ＋負えない」という形をとり、上記①にあるような所有形式での表現形式(*／おめー・の⌒しま⌉つ・に　おいねー／)はない。これは、「始末」が他動詞的動作名詞で、「({何か／誰か}の)始末」のような属格の先行語はふつう目的語的に解釈され、主語的解釈が成り立ちにくいためかもしれない。なお、「何か」は、物事だけでなく、出来事（ex.「子どもが泣いて、むずかって」）であってもよい。
③「負えない／おいねー¯／」単独で、どうしようもない、だめだ、いけない、などの意味を表す。戦後世代では殆ど耳にしない。
／そんな⌒こと⌉⌒っしゃ　おいねー↓／（そんなことをしてはだめだ（いけない)。）

おいら¯　／'oira／［俺ら］（代名詞）
第一人称代名詞。
※語形は、（複数形が／*おいらら⌉　*'oirara˥／とならないことから推測されるように）複数接尾辞の／＝ら／を語源的に含むと考えられるが、／おれ¯～おい¯／と同様に、単数に使われるのがふつうである。
／おいら¯　しと⌉り・の　しごと¯／（おいら一人の仕事)、
／おいら¯　しと⌉ん・で　やった¯／（おいら一人でやった）
アクセント核のない形式に接尾辞の／＝ら／が付くと、／おれ¯　'ore／→／おれら⌉　'orera˥／、／おい¯　'oi／→／おいら⌉　'oira˥／（俺ら）のように、核位置の固定的な尾高型Aになるのが通則なのに、この場合ふつう平板型に発音されるのも、意味の変容（複数形の単数化）と関係があるかもしれない。／おれら⌉／→／おいら⌉／→／おいら¯／。

おーあめ⌉　／'oʀ'ame˥／［大雨］（名詞）
激しく大量に降る雨。／ゆんべ⌉・わ　おーあめ⌉・だった↓／（昨夜は大雨だった。）

おー⌉い～おーい⌉　／'oʀ˥'ɪ～'oʀ'ɪ˥／［多い］（形容詞）
多く存在する。多い。⇒／うんと¯　'uɴto／（副詞）の項を参照。
※「多い・少ない」は、数量と存在を含意した数量存在詞とも言うべき語類で、知的意味に限れば、「多くの石がある―（数量詞遊離）→石が多くある＝石が多い」、「少しの石がある―（数量詞遊離）→石が少しある＝石が少ない」というような意味関係にある（「少し」には多少問題がある）。
※終止＝連体形のアクセントには／おーい⌉（こと）'oʀ'ɪ˥ (koto)／という尾高型音も観察される。また、語幹を短呼した／おい⌉（こと）'o'ɪ˥～'oi˥ (koto)／という発音もしばしば観察される。

おーかぜ￣　／'oʀkaze／［大風］(名詞)
　激しい風。暴風。
おーかん￣〜おかん￣　／'oʀkaɴ〜'okaɴ／［往還］(名詞)
　街道・大通り(広い道)など公道を言い、枝道は／よこみち￣ 'jokomici／［横道］と言う。話者によっては／おーか˥ん／とも発音される。
　※屋敷から／おーかん￣／へ出る私道は／けーど￣〜かいど￣ kaido〜keʀdo／［垣外(かいど)］と言う。この語について殆どの話者は「街道」という語意識を持っているが、民間語源(語源俗解)である。
おーけが˥　／'oʀkeŋa˥／［大怪我］(名詞・動作名詞)
　重いけが。重傷。
　／うばぐる˥ま・から　おっこ˥って　おーけが˥⌒した↓／(乳母車から落ちて大怪我をした。)
おーさわ˥ぎ〜おーさー˥ぎ　／'oʀsa'wa˥ŋi〜'oʀsaʀ˥ŋi／(名詞)
　世話を焼くこと。よく気遣ってもてなすこと。面倒をよく見ること。
　／いつ˥・も　おい・こ˥と　おーさわ˥ぎ⌒して⌒くいる／(いつもおれを大いに歓待してくれる)
おーしん˥つくつく　／'oʀsiɴ˥cukucuku／(擬音語。名詞)
　ツクツクボウシの鳴き声。また、ツクツクボウシ(蝉の名)。
　※鳴き声は／つくつくほ˥いし cukucukuho˥isi／とも／つくつくお˥いし cukucuku'o˥isi／とも聞く。
おーばんふる˥まい　／'oʀbaɴhuru˥mai／［椀飯振る舞い］(名詞)
　正月に親戚を招いてした新年のもてなし。
　※後部成分が連濁していないのは、一般に「目的語＋他動詞」に由来する複合名詞の後部成分が連濁しにくいこと(通則)から考えて、「椀飯をふるまうコト」という語源の反映かもしれない(語源は、椀飯「わんばん→わうばん」→オーバン］で「大盤」ではない)が、他に、(嫁を披露する)「婆さま振る舞い」は／ばーさまぶる˥めー baʀsamaburu˥meʀ／となる。
おーみず˥　／'oʀmizu˥／［大水］(名詞)
　台風などの大雨で河川が氾濫して押し寄せる大量の水。洪水。
　※明治43年(1910)と昭和22年(1947)の利根川の大水がどこどこまで来たとしばしば話題になった。
おーやませきそ˥んさま　／'oʀ'jamasekiso˥ɴsama／(名詞)
　大山石尊様。作神として崇められた大山の阿夫利神社(明治以前は大山寺)の講。成人を迎えた村の若者は連れだってここにお参りに行くのが昔は慣例だったと言う(成人登山習俗)。また、その山開きの期間には、周囲に笹竹と標縄が張られた灯籠(／ごんげ˥んさま goɴŋe˥ɴsama／といわれた)が神社や川や堀の側などに立てられた。［埼玉県北足立郡安行村・本郷村(川口市・草加市)辺り］
おかい￣〜おけー￣　／'okai〜'okeʀ／［お粥］(名詞)
　お粥。なお、味付けしたものは／おじや˥ 'ozi'ja˥／(雑炊)と言う。
おかげ￣　／'okaŋe／［お陰］(名詞)
　他者が原因で、良い結果がもたらされた、というふうに事態が把握されていることを表す名詞で、「連体語・連体節＋／おかげ・で￣／」という形で使われること多い。反対語は／せー˥・で／。
　／せん˥ぞさま・の　おかげ・で　いま˥・が　ある˥↓／(先祖さまのおかげで今がある。)
　※他者へのいっそうの強い感謝の気持ちは／おかげさま￣ 'okaŋesama／ということばで表す。
おかし˥ー　／'okasi˥ʀ／(形容詞)
　①普通(平均・標準)や正常(規範)からの逸脱が引き起こす感覚・感情。普通や正常でない。変だ。
　②日常(的規範)からの正負(多くは負)の逸脱が引き起こす笑いの感覚・感情。面白くて笑える、ばかげていて笑える
おかし˥な　／'okasi˥na／(連体詞)
　前項／おかし˥ー 'okasi˥ʀ／のもう一つの連体形のように働く。
　／うち・の⌒めー˥・に　おかし˥な⌒{やつ／の}　たって˥る／(家の前に不審な奴が立っている)
　※普通の連体詞と違い「連体節(連体修飾節)」(一種の関係節)の述語の位置にも現れる。但し、いわゆる準体助詞の「の」と組み合わせた《「連体節(連体修飾節)」＋「の」》という一種の名詞節の述語位置に置くと、多少とも不自然になるとする話者が多い。また、接続助詞の「ので」「のに」の前には立たない。形容詞「おかしい」も併せて示すと以下のようになる。
　例：語形は共通語に近づけて現代仮名遣い表記。{A／B}はAとBが選択関係にあることを表す。／?のor×の／や／のor?の／という表記は、人により判断に揺れがあることを表す。無記号は文法的に問題がないこと、? は少し変かも、× は言えないと判断されたことを表す。
　あの人は言ってることがおかしい。
　→あの[[言ってること{が／の}おかしい]{人／やつ／の}] は誰だ？
　〜あの[[言ってること{が／の}おかしな]{人／やつ／?のor×の}] は誰だ？
　[あの人は言ってることがおかしい]ので、気をつけろ。
　〜[あの人は言ってることが×おかしな]ので、気をつけろ。
　この大根は形がおかしい。
　→この[[形{が／の}おかしい]{大根／やつ／の}] は捨てろ。
　〜この[[形{が／の}おかしな]{大根／やつ／のor?の}]は捨てろ。
　[この大根は形がおかしい]ので、捨てる。

〜[この大根は形が×おかしな]ので、捨てる。
※共通語の「大きな」や「小さな」も上と同じようなふるまいをする。
なお、方言では／でっか˥い／や／ちっつぁ˥い〜ちっちゃ˥い／が日常語彙で、／*でっか˥な／は存在せず、対立語を欠く／ちっつぁ˥な〜ちっちゃ˥な／は言うかもしれない(聞けば言うという)が使用は少ないか稀と思われるので、立項しなかった。

おがっくず˥ ／'oŋaQkuzu˥／（名詞）
ノコギリくず(鋸屑)。「ノコギリ」の意味の「おが」という語はない。

おかぼˉ ／'okabo／［陸稲］(名詞)
田んぼの稲(水稲)に対して、畑の稲(陸稲)をいう。人によって／おかぶˉ 'okabu／とも言うという。

おかま˥ ／'okama˥／［蟷螂］(名詞)
カマキリ。／かまぎっちょˉ kamaŋiQcjo／とも言う。ほかに、／はらたちむ˥し haratacimu˥si／、／ごん˥べー goɴ˥beʀ／、／はらたちごん˥べー haratacigoɴ˥beʀ／とも言う。いずれも近ごろ（旧稿作成時）は聞かれなくなっている。

おかまげー˥ろ ／'okamaŋeʀ˥ro／［お蝦蟇蛙］(名詞)
ガマガエル（蝦蟇蛙）。／おかまさま=˥ 'okamasama=˥／とも言う。
※『物類称呼』の「蟾蜍(ひきがへる)」の項に「房総にて○…をかまがへる」とある。

おかまさま=˥ ／'okamasama=˥／［お蝦蟇さま］(名詞)
ガマガエル（蝦蟇蛙）。／おかまげー˥ろ 'okamaŋeʀ˥ro／とも言う。
※「かまど」（／かまˉ kama／とも／へっついˉ〜ひっついˉ hɪQcui(戦後世代：hiQcui〜heQcui)／とも言った)の神である／こーじんさま=˥ koʀzinsama=˥／［荒神さま］のお使いだから／おかまさま=˥ 'okamasama=˥／と敬称するということのようであるが、本来は語構成から考えて、／おかまさま˥／は「荒神さま」そのものを指して言ったのではないかと思われる。神とその「使わしめ」との混乱は／いな˥りさま 'ina˥risama／と／きつねˉ kicune／にもその傾向が見られる。

おかまっぱら˥い〜おかまっぱれ˥ー ／'okamaQpara˥i〜'okamaQpare˥ʀ／（名詞）
①大みそかの晩にする／かまやˉ kama'ja／（かまど）の煤払い。
②着ているものが大きくてだぶだぶで、借り着（／かりっきˉ kariQki／と言う）みたいなこと。
※①と②の派生関係ははっきりしない。

おかみさんˉ ／'okamisaɴ／（名詞）
周囲から／だいじ˥ん〜でーじ˥ん daizi˥ɴ〜deʀzi˥ɴ／(大尽)と言われる、／いー˥⌒うち 'iʀ˥'uci／(「いい家」資産家・素封家)の主人の配偶者を、他人が呼びかけたり言及したりするときの称。対語は／だんなˉ daɴna／。

おかんぱ˥た ／'okaɴpa˥ta／［往還端］(名詞)
街道・大通り(広い道)の道端。

おきˉ ／'oki／［熾き］(名詞)
赤くおこった炭火。「火」に引きつけられて／おひˉ 'ohɪ／(「お火」の意識)と言う話者もいた。
※「炭などに火が移って赤く発熱する」意味の／おきる˥ 'okiru˥／(熾きる)の連用形名詞。

おきる˥ ／'okiru˥／［起きる］(自動詞カ行上一段)
①起き上がる、起床する。②目が覚める、覚醒する。他動詞は／おこす˥ 'okosu˥／(「起こす」)。
※①と②は意味的にはかなり異なるが近接する出来事であるため融合しているものと考えられる。
※反対語の／ねるˉ neru／も、①「横になる、寝る」と②「眠る」が融合している。
※使役動詞形／おきさせる˥ 'okisaseru˥／(「起きさせる」)は「目覚めさせる」の意味では殆ど使われない。「子どもガ起きる(＝目覚める)」を使役形にしてみると可能な形式としては「子ども{ニ／ゲ／コト}起きさせる(＝目覚めさせる)」が考えられるが、特に「ニ」「ゲ」は坐りが悪い。これは「目覚める」ことが、随意に自由意志で行われ得ず、当人の意志を超えた出来事であるため任意使役がなじまないからではないかと思われる。また、格助詞コトを使った強制使役や「起床させる」の意味でならば十二分に文法的grammaticalだが、日常談話にあまり現れないのは、強制使役がすでにして使役的であるよりも他動的であるため、競合する(端的に他動詞の)「起こす」の方が使われやすく現れやすいのだと思われる。

おきる˥ ／'okiru˥／［熾きる］(所動詞カ行上一段)
炭などに火が移って赤く発熱する。他動詞は／おこす˥ 'okosu˥／(「熾こす」)。

おくˉ ／'oku／［置く］(他動詞カ行五段)
置く。「置く場所」は、「ここ・ニ＋置く」のように「位格」でも、「ここ・イ＋置く」のように「方向格」でも表される。これは「置く」が「設置に至る物の移動」と「設置の結果として物がその位置にある」こととを意味の構成要素として持っているためと思われる。位格の「ニ」は後の意味要素に、方向格の「イ」(共通語の「へ」に対応)は前の意味要素に関連した(注目した)表現と思われるが、実際の使用ではあまりはっきりしない。以下の例文を参照。なお、「イ」は、任意に「φ」にできる（落として言うことができる)。
／そこ・に　おいて⌒くれ↓／、／そこ・に　おいとい˥て⌒くれ↓／
（そこに置いてくれ。そこに置いておいてくれ。）
／そこ・い　おいて⌒くれ↓／、／そこ・い　おいとい˥て⌒くれ↓／

（そこへ置いてくれ。そこへ置いておいてくれ。）

／そこ・φ　おいて⌒くれ↓／、／そこ・φ　おいとい⌉て⌒くれ↓／

（そこ(へ)置いてくれ。そこ(へ)置いておいてくれ。）

関連して、結果状態の「おいてある」だと、「ニ」「イ」は問題ないが、「φ」だと少し落ち着きが悪くなる。さらに、存在の「ある」だと、「ニ」はよいが、「イ」や「φ」は文法的ではないと判断される。

／なに⌉・か　そこ・に　おいて⌒ある↓／、／○なに⌉・か　そこ・に　ある↓／

／なに⌉・か　そこ・い　おいて⌒ある↓／、／×なに⌉・か　そこ・い　ある↓／

／なに⌉・か　そこ・φ　おいて⌒ある↓／、／×なに⌉・か　そこ・φ　ある↓／

※場所表現が「場所(代)名詞・{ニ／イ～φ}＋置く」である点で、移動動詞(往来動詞)の「行く・来る」の移動先表現が「場所(代)名詞・{ニ／イ～φ}＋行く・来る」であるのとよく似ている。

おく⌉／'oku⌉／［奥］(名詞)

奥。入り口から中に深く入った所。

※反対語は、家の場合／とばっくち¯ tobaQkuci／や／あがりっぱな¯ 'aŋariQpana／になる。

おく⌉っかた／'oku⌉Qkata／［奥っ方］(名詞)

奥の方。

おくりでー⌉し／'okurideʀ⌉si／［送り大師］(名詞)

「三郡送り大師」とその講。春に西新井大師を中心として北足立郡・南足立郡・南埼玉郡の八十八箇寺を巡る。／でーっ⌉さま deʀ⌉Qsama／とも言う。

おけ=⌉／'oke=⌉／［桶］(名詞)

桶。アクセントが／おけ⌉　ある／、／おけ・に⌉　いれる／、／おけ・ん⌒なか⌉・に／、／おけ⌉・みてー・だ／で、東京語の頭高型に対応せず、尾高型に対応する発音をする話者が多い。

おけら¯／'okera／［螻蛄］(名詞)

土の中に住む昆虫の名。ケラ(螻蛄)。

※手にとったオケラは両手を開くような動きをするので、それに向かって子どもたちが互いの一物の大きさをふざけて聞く他愛のない遊びがあった。

おこ⌉さま／'oko⌉sama／［お蚕様］

／かい⌉こ kai⌉ko／(蚕)の敬称。

※／おこ⌉さま 'oko⌉sama／や／かい⌉こ kai⌉ko／(蚕)に含まれる語根「こ」は、古語では「蚕」という意味の自立語の名詞だった（「かいこ」は古語「かひこ」すなわち「飼ひ＋蚕(こ)」が語源)。「お蚕様(おこさま)」はその化石的な残存形である。平安期の「こ(蚕)」と「こ(子)」のアクセントは、共に「上[高]」で同じなのだが、方言音では、「お蚕様」は／おこ⌉さま 'oko⌉sama／と「中一高型」に発音され、「お子様」は日常ふつうには使わないことばだが言うとしたら、／おこさま¯ 'okosama／と「平板型」に発音され、違った発音になっている。理由は不明である。

おこらいる⌉／'okorairu⌉／［怒らいる］(受身動詞ア行上一段)

怒られる。叱られる。／おごらいる⌉ 'ogorairu⌉／[ogoɾairɯ]と言う個人がかなりいる(いた)。

※「叱る」と「怒る」の対立が無く、／おこる⌉ 'okoru⌉／[怒る]がどちらの意味も表しているので、／がっこー・で　せんせー⌉・に　おこらい⌉た／(学校で先生に叱られた)と言うことになる。

おこりん⌉ぼ／'okoriɴ⌉bo／［怒りんぼ］(名詞)

怒りやすい人。

おこる⌉／'okoru⌉／［怒る］(他動詞ラ行五段)

①腹を立てる。②腹を立てて、相手を激しくたしなめる（厳しく注意する)。

※「叱る」という語が日常語になく、／おこる⌉／がその意味領域も覆う。

※／おごる⌉、'ogoru⌉／[ogoɾɯ]と第２音節「ご」を濁音(軟口蓋の有声破裂音。いわゆる鼻濁音ではない)で発音する個人がかなりいる。そういう個人では／(火が)'okoru⌉／と／(人を)'ogoru⌉／では音韻的に最小対語をなしている。

おご̊る¯～おもる¯／'oŋoru～'omoru／［奢る］(他動詞ラ行五段)

自分の金で他人に飲食物をふるまう。

※／おご̊る 'oŋoru／と／おもる 'omoru／の両形が行われるが、どうして「おもる」という語形が生まれたか明らかでない。「おごる」が「あがる」の母音交替形で「自ラヲ高クスル」ことであるとすると、あるいは意味的に「おもる」は「重る」で「自ラヲ重クスル」ことからの派生的転義語であろうか。それとも音声的に前後を円唇奥舌母音[o]に挟まれた軟口蓋鼻音[ŋ]が「暗い音性gravity」を共通特徴とする両唇鼻音[m]に置き換えられたのか、それに「重い／重る」の意味的連想も働いているのであろうか。

※奢られる人は対格助詞「コト」か与格助詞「ゲ̊」でマークされる。使い分けは目的語(対象)が無いときは受益者は「コト」で表され、目的語(対象)が有るときは受益者は「ゲ̊」で表される。

／ゆんべ　だれ⌉・こと　おご̊った・の⌉↑／（ゆうべだれを奢ったのか。）

／ゆんべ　だれ⌉・げ̊　ばんめし　おご̊った・の⌉↑／（ゆうべだれに晩ごはんを奢ったのか。）

おこわ¯／'oko'wa／(名詞)

（祝い事に食する）赤飯。性状形容詞／こわ⌉い ko'wa⌉i／(強い)の語幹に接頭辞「お」の付いた形。

おさーる¯～おさる¯／'osaʀru～'osaru／［教わる］(自動詞ラ行五段)

教わる。語幹母音が短呼されて／おさる‾／とも言う。(能動的)複他動詞の／おせーる‾～おせる‾ 'oseʀru～'oseru／に対応する(受動動詞的)自動詞。 複他動詞の「教える/'oseʀru‾/」が、「[誰か[1]]ガ＋[誰か[2]]{ゲ／ニ}＋[何か]φ＋教える」(先生ガ生徒{ゲ／ニ}九九φ教える)という構文をとるのに対して、自動詞の「教わる/'osaʀru‾/」は、「主語」と「ヒト目的語」が入れ替わった「[誰か[2]]ガ＋[誰か[1]]{ニ／カラ}＋[何か]φ＋教わる」(生徒ガ先生{ニ／カラ}九九φ教わる)という構文をとり、「教え手」は、位格の「ニ」か奪格の「カラ」で表示される(「[何か]φ」のφは格助詞が現れない記号)。
／こら　ひと・に　おさーった　はなし・だ˥・けど・な˥↓／(これは人に教わった話だけどな。)

おさ˥いる～おせ˥ーる～おせ˥る　／'osa˥iru～'ose˥ʀru～'ose˥ru／［押さえる］(他動詞一段)
押さえる。長音節短呼による語形／おせ˥る 'ose˥ru／は別立てする。アクセント核は動かない。
①押し止どめる。／うごかね˥・よ・に　おさ˥いてろ↓／(動かないように押さえていろ。)
②捕まえる。／ねこ˥・が　ねずみ・こ˥と　おさ˥いた↓／(猫が鼡を捕まえた。)
※『類聚名義抄』で「抑ふ・抑ふる」が「上平東・上平平平」(３・４拍動詞第４類)という特異なアクセントの語であること(この語のアクセントが特異なのは「押し＋あふ・あふる」という複合語起源のためである)と、祖形が／*お˥さえる／と推定される方言の／おさ˥いる／の特異なアクセントとがどう関係しているか、現在のところは不明である。⇒／あるく˥／を参照。
なお、金田一春彦1964『四座講式の研究』(三省堂)参照。

おさ˥まいる　／'osa˥mairu／［押さまえる］(他動詞ア行上一段)
捕まえる。目的語は生物名詞である。アクセント核は動かない。
／なつ・わ˥　よく˥　せみ・こ˥と　おさ˥まいて　あすんだ↓／(夏はよく蝉を捕まえて遊んだ。)
／くも˥・が　せみ・こ˥と　おさ˥まいてた↓／(蜘蛛が蝉を捕まえていた。)。
※／おさ˥いる 'osa˥iru／(押さえる)と／つかまいる‾ cukamairu／(捕まえる)の混淆形。

おさ˥まる　／'osa˥maru／［押さまる］(受動動詞的自動詞ラ行五段)
捕まる。アクセント核は移動しない。なお、「(あるべき所に)おさまる」は／おさまる˥／で異なる。
他動詞／おさ˥まいる 'osa˥mairu／の生物名詞目的語を主語とする一種の受身・可能動詞的自動詞。
／せみ・が　くも˥・に　おさ˥まってた／(蝉が蜘蛛に捕まっていた)。
※初めに、「押さえる/'osa˥iru/：捕まえる/cukamairu‾/」という類義の２単語から、新語(混淆形)の「押さまえる/'osa˥mairu/」ができて、新たに、「押さえる/'osa˥iru/：捕まえる/cukamairu‾/：押さまえる/'osa˥mairu/」の類義語群が形成される。次に、この他動詞群の「押さえる/'osa˥iru/：捕まえる/cukamairu‾/：押さまえる/'osa˥mairu/」と対になる受動的自動詞群において「押さる/'osa˥ru/：捕まる/cukamaru‾/：χ」のように欠落部分χがあり、ここに類比・類推が働き、χ＝「押さまる/'osa˥maru/」というのようにして「押さまる/'osa˥maru/」という新語(類推形)ができたものと推定される。受動的自動詞が他動詞に先行(先在)するとは考えにくいのでこのように考える。

おさめ=˥　／'osame=˥／(名詞)
税金。「納め」は「(税金を)納める」の連用形名詞。(古いことばで明治生まれの人が使っていた。)

おさら‾　／'osara／［お皿］(名詞)
①／さら‾／(皿)の美化語。②膝の骨。

おさる‾～おさーる‾　／'osaru～'osaʀru／［教わる］(自動詞ラ行五段)
→／おさーる‾～おさる‾ 'osaʀru～'osaru／［教わる］(自動詞ラ行五段)

おさ˥る　／'osa˥ru／［押さる］(受動動詞的自動詞ラ行五段)
捕まる。アクセント核は移動しない。
／はしっこ˥くて　なかなか　おさ˥んねー↓／(動きが素速くてなかなか捕まらない。)
※他動詞／おさ˥いる～おせ˥ーる～おせ˥る 'osa˥iru～'ose˥ʀru～'ose˥ru／の受動・可能動詞的自動詞で、／おさ˥まる 'osa˥maru／と似た意味・用法の動詞である。
※／おさ˥まいる／、／おさ˥まる／、／おさ˥る／はいずれも第２音節にアクセント核があって、動詞のアクセントとしては異例である。元となる動詞の「押さえる」が／おさ˥いる／で、このアクセントがこれら諸形式に反映していると考えられる。

おし˥　／'osi˥／(名詞)
味噌汁。「お汁」の下略形。今はふつう／おみお˥つけ 'omi'o˥cuke／と言う。
※口がきけない人は、／うしんぼ‾ 'usiɴbo／(差別的語気がある)といったので同音衝突しない。

おじ‾　／'ozi／［伯父・叔父］(名詞)
両親の男のきょうだい。敬称は／おじさん‾ 'ozisaɴ／。親称は／おじちゃん‾ 'ozicjaɴ／(子供語)。
※次男以下の男の子を言うことはなかった、と言う。(八潮・三郷・吉川の辺では言うという。)

おしーれ‾　／'osiʀre／［押し入れ］(名詞)
和室の布団や衣類、道具などを入れておく収納空間。押し入れ。
※[オシーレ]と長母音(１音節)に発音し、[オシ＋イレ]と２音節に割って発音することはない。

おして‾＋({いく‾／くる˥})／'osite＋({'ɪku／kuru˥})／［押して({行く／来る})］(連語動詞前部要素)
(不満なので言い掛かりをつけて、)苦情を言いに怒鳴り込んで(行く、来る)。今日の「クレーム」に当たる行為をいう(「クレーム」≠「claim」に注意)。
※「押す」はふつう／おっぺす˥ 'oQpesu˥／と言って、／おす‾ 'osu／とは言わない。

おしめ˥ ／'osime˥／（名詞）
おむつ。「おむつ」とは言わなかった。
おじや˥ ／'ozi'ja˥／（名詞）
雑炊。具入りの味付けしたおかゆ。
※『物類称呼』の「雑炊」の項に「東国にて　婦人の詞に○おぢやといふ」とある。
おしんこ¯ ／'osiɴko／（名詞）
野菜の漬け物を言う。／こーこ˥ koʀko˥／より新しいことばのようである。
おす¯ ／'osu／［押す］（他動詞サ行五段）
一般的には／おっぺす˥ 'oQpesu˥／が使われ、／haɴko˥ 'osu／（判子を押す）、／neɴ 'osu／（念を押す）などと使われるが盛んではない。具体的身体動作には／おっぺす˥ 'oQpesu˥／が専らである。ただし、接続形／おして¯／＋往来動詞／いく¯、くる˥／（行く、来る）では、「苦情を言いに怒鳴り込んで（＋行く、来る）」という特殊化した意味で使われている。／おしかける˥ 'osikakeru˥／（「押しかける」招かれないのに他人の家に行く）や／おしうり¯～おしゅーり¯ 'osi'uri～'osjuʀri／（「押し売り※」無理やりものを売りつける）などの意味に関連するものでその特殊化した派生義であろう。
（※中世語には「押し売り」の対語に「押し買い」（買い手が売り手から威力をもって無理やり買い取る）も見られる。）
おせる¯～おせーる¯ ／'oseru～'oseʀru／［教える］（他動詞一段）
→／おせーる¯～おせる¯ 'oseʀru～'oseru／［教える］（他動詞一段）
おせ˥る～おせ˥ーる～おさ˥いる ／'ose˥ru～'ose˥ʀru～'osa˥iru／［押さえる］（他動詞一段）
→／おさ˥いる～おせ˥ーる～おせ˥る 'osa˥iru～'ose˥ʀru～'ose˥ru／［押さえる］（他動詞一段）
おせーる¯～おせる¯ ／'oseʀru～'oseru／［教える］（他動詞下一段）
教える。語幹母音が短呼されて／おせる¯／とも言う。間接目的の「ヒト目的語」と直接目的の「モノ・コト目的語」をとる複他動詞ditransitive verbで、「［誰か[1]］ガ＋［誰か[2]］{ゲ／ニ}＋［何か］φ＋教える」という構文をとり、「教わり手」は、与格の格助詞「ゲ」（戦前世代）か位格の格助詞「ニ」（戦前・戦後世代）で表示される（「［何か］φ」のφは格助詞が現れない記号）。
／おやじ・が　おれ・に　この⌒ことば・と˥⌒いみ　おせーて⌒くれた↓／
（父が俺にこのことばと意味を教えてくれた。）
／おれ・げ˥・も　ほんと・の⌒こと˥　おせーろ˥↓／（俺にも本当のことを教えろ。）
※「モノ・コト目的語」のない「ヒト目的語」だけの文（次の例文の［ ］で括った部分、厳密には「節」）、例えば／［むかし　うち・の⌒こ・こ˥と　おせーてた］　せんせ˥・に　こねーだ　あった˥↓／（［昔うちの子を教えていた］先生に先日会った。）のような文（「節」）では、「教わり手」は与・位格の「ゲ・ニ」ではなく、対格助詞の「コト」で表される。
おぜぜ¯ ／'ozeze／（名詞）
金銭／ぜね˥ zene˥／の美化語。おかね。
おそい¯～おせー¯ ／'osoi～'oseʀ／［遅い］（形容詞）
①時間が「遅い」。②速度が「遅い」。③頭や心の働きが「遅い」。
おぞ˥い～おぜ˥ー ／'ozo˥i～'oze˥ʀ／（形容詞）
ずる賢い。悪賢い。「賢い」という意味はもっているが、よい意味では使わない。
※『物類称呼』に「又をぞい　とは尾州奥州辺にて　物のあしき事也　然るに駿河わたりより武蔵上野辺迄物事かしこき事に云ならはせり」とある。
おそねー¯～おそない¯ ／'osoneʀ～'osonai／（名詞）
（神棚の）神仏や（仏壇の）先祖に供えるもの。
おたげーっこ¯～おたがいっこ¯ ／'otaŋeʀQko～'otaŋaiQko／［お互いっこ］（動作名詞）
年始や盆暮れ、祝儀・不祝儀などに互酬的に行われている付き合いや儀礼などを双方の相談づくで行わないと取り決めること。
／おたげーっこ・に　しべ˥・や↓／（お互いの納得ずくで付き合いをやめようや。）
おたま˥ ／'otama˥／［お玉］（名詞）
味噌汁（／おし˥、おみお˥つけ／）をすくう丸い杓子。「お玉杓子」の下略形。
※ご飯を／よそる¯ 'josoru／（盛る）のは／しゃも˥じ sjamo˥zi／（杓文字）と言う。
おたまげー˥ろ ／'otamaŋeʀ˥ro／（名詞）
オタマジャクシ。戦前世代のことば。語構成は〈「お玉（杓子）/'otama/」＋「蛙/geʀro/」〉。次項参照。
おたまん˥けろ ／'otamaɴ˥kero／（名詞）
オタマジャクシ。戦前世代のことば。語構成は、〈「お玉（杓子）/'otama/」＋の/ɴ/＋「蛙/kero/」〉。戦後世代は共通語と同じ／おたまじゃく˥し 'otamazjaku˥si／になっている。
※「蛙」は／げーろ¯ geʀro／というが、ここでは／けろ kero／となっている。／げーろ¯／が古くは／けーろ¯ keʀro／だった名残かと思われる。／げーろ¯／への語頭音の変化（濁音化）は複合語後部成分の連濁形に牽引されたものであろうか。
おちゃ¯ ／'ocja／［お茶］（名詞）
①お茶。②仕事の休憩、特に３時の休み。／ちゃ¯ 'ocja／とも言う。
おちゃらける¯ ／'ocjarakeru／（自動詞カ行下一段）

茶化すような真面目でない言動をする。
※／ちゃかす⌉／(「茶化す」)や「おちゃらかす」(この語はあまり耳にしない)と、／おどける‾／の形態的、意味的混淆形かもしれない。

おっ＝〜おん＝　／'oQ-〜'oN-／（接頭辞）
主として動詞に接頭して、「勢いよく(〜スル)」というような副詞的意味機能を果たす接辞。
「曲げる／曲がる」のような、対象変化の能動詞(他動詞)と主体変化の所動詞(自動詞)の対立(「能所」の対立)のある動詞(有対動詞)に語彙的に接頭することが多い。
無声子音で始まる形態には／おっ 'oQ-／が、有声子音で始まる形態には／おん 'oN-／が接頭する。

おっか⌉ー　／'oQka⌉R／（名詞）
母。反対語は／おっ⌉ちゃん 'oQ⌉cjaN／。呼びかけ用法はその家族内の子どもや配偶者が使用者。言及用法では家族外の他人も使用可能だが、家族外の他人が直接に本人に呼びかけることは不可能である。
※類義語に／あっか⌉ー 'aQka⌉R／(反対語は／ちゃん⌉ cjaN⌉／)、／あー⌉ちゃん 'aR⌉cjaN／(反対語は／おとっ⌉ちゃん 'otoQ⌉cjaN／)があり、集落(≒小字)内では家ごとに使用語に違いがあった。
※言及用法では、普通の／びんぼーにん‾／(貧乏人)の父母は／おっか⌉ー／と／ちゃん⌉／と他人から呼ばれ、／いー⌉⌒うち／(良い家)の父母は／おかみさん‾／と／だんな‾／と他人から呼ばれた、という話者の話があった。

おっかかる⌉　／'oQkakaru⌉／（自動詞ラ行五段）
寄りかかる。／よっかかる⌉ 'joQkakaru⌉／とも言う。寄りかかる対象は、無生物名詞なら位格助詞の「ニ」、生物名詞なら位格助詞の「ニ」か与格助詞の「ゲ」で標示される。
／へー・に　おっかかって⌉　やすん⌉でる↓／（塀に寄りかかって休んでいる。）
／おれ・げ　おっかかん⌉な・よ↓／（俺に寄りかかるなよ。）

おっかく⌉　／'oQkaku⌉／（他動詞カ行五段）
壊して二つ以上の部分に分ける。対応する所動詞は／おっかける⌉ 'oQkakeru⌉／。
※共通語では棒状のものは「折る」、板状のものは「割る」と区別するが、方言では区別なくいずれも／おっかく⌉／と言う（cf. 英語"break"）ので、「折る」と「割る」の使い分けを誤ってしまうことがなくはなかった。
／ぼー　おっかい⌉た／（棒を折った）↔／さら　おっかい⌉た／（皿を割った）。

おっかけっこ⌉　／'oQkakeQko⌉／（動作名詞）
追いかけっこ。／ねこっこ⌉・が　おっかけっこ⌉⌒してる↓／（子猫が追いかけっこしている。）

おっかける⌉　／'oQkakeru⌉／（所動詞カ行下一段）
壊れて二つ以上の部分に分かれる。対応する他動詞は／おっかく⌉ 'oQkaku⌉／。
※共通語では棒状のものは「折れる」、板状のものは「割れる」と区別するが、方言では区別なくいずれも／おっかける⌉／と言う。
／ぼー　おっかけ⌉た／（棒が折れた）↔／さら　おっかけ⌉た／（皿が割れた）。

おっかける⌉　／'oQkakeru⌉／（他動詞カ行下一段）
追いかける。／いぬ・が⌉　ねこ⌉・こと　おっかけ⌉てった↓／（犬が猫を追いかけていった。）

おっか⌉さん　／'oQka⌉saN／（名詞）
母。反対語は／おとっ⌉つぁん 'otoQ⌉caN／。
※父・母を表す代表的なことばは／おとっ⌉つぁん 'otoQ⌉caN／と／おっか⌉さん 'oQka⌉saN／だったと言う。

おっかな⌉い〜おっかね⌉ー　／'oQkana⌉i〜'oQkane⌉R／（形容詞）
恐怖を感じる。こわい。
※感じ手(主語)が恐怖を感じる対象(対象語・目的語の一種)が生物名詞のときは対格助詞「コト」で表示されることがある。この場合は当該名詞句に対象性の際立てと総記exhaustive listingの意味が加わるように感じる。
①／おら　へー⌉び・こと　おっかね⌉ー↓／（俺は蛇ヲ怖い。）
同じ事態を、主格助詞「ガ」や絶対格「φ」でも表現できる。
②／おら　へー⌉び・が　おっかね⌉ー↓／（おれは蛇ガ怖い。）
／おら　へー⌉び・φ　おっかねー↓／（おれは蛇φ怖い。）
「ガ」と「φ」とでは対象の取り上げ方に多少の違い(「ガ」では対象性の際立ちが少なく、「φ」では際立ちがなく)が感じられるが、事柄自体は中立的に述べられているように感じられる。
①と②とでは事態に対する把え方に違いがあって、①は「俺は蛇コトおっかなく(感ジテイル／思ッテイル)」、②は「俺は蛇ガおっかなく(感ジラレル／思ワレル)」のように敷衍できるような、事態の把え方になっているように感じられる(native speakerとしての内省)。
※『物類称呼』に「おそろし(こはし)　…駿河辺より武蔵近国にて○をつかないといふ」とある。

おっかながりや‾　／'oQkanaŋari'ja／（名詞）
こわがりや。臆病者。／おっかながり‾ 'oQkanaŋari／とも言う。

おっか⌉ぶさる〜おっかぶさる⌉　／'oQka⌉busaru〜'oQkabusaru⌉／（所動詞・自動詞ラ行五段）
他動詞／おっか⌉ぶせる〜おっかぶせる⌉ 'oQka⌉buseru〜'oQkabuseru⌉／の主語(動作主)を削除し目

的語(対象)を主語とする、脱使役decausative文(一種の受動動詞文)を作る。次項を参照。
／いた˥・が　あなっこ˥・に　おっか˥ぶさってる↓／(板が穴にかぶさっている。)
／ふとん・が　ねてる　ねこ˥・げ　おっか˥ぶさってる↓／(布団が寝てる猫にかぶさってる。)
※受動動詞／おっか˥ぶせらいる～おっかぶせらいる˥ 'oQka˥buserairu～'oQkabuserairu˥／では、／ねこ˥・が　こども・に　ふとん　おっか˥ぶせらいた↓／のように、動作主が「子どもニ」の形で現れ得る(但し「布団」を主語とする／ふとん・が　こども・によって　ねこ˥・げ　おっか˥ぶせらいた↓／は理解可能だが使用されない)が、／おっか˥ぶさる～おっかぶさる˥ 'oQka˥busaru～'oQkabusaru˥／では動作主はいかなる形でも現れ得ない。

おっか˥ぶせる～おっかぶせる˥ ／'oQka˥buseru～'oQkabuseru˥／ (他動詞サ行下一段)
〈{[何か]ニ／[誰か]ゲ}＋{[何か]φ(／[誰か]コト)}＋おっかぶせる〉の形で使われ、力を込めて上から覆う。人に無理やりに負わせる。
／あなっこ˥・に　なに˥・か　いた˥・でも　おっか˥ぶせとけ↓／
(穴に何か板でもかぶせておけ。)
／こども・が　ねてる　ねこ˥・げ　ふとん　おっか˥ぶせて　あすんでる↓／
(子どもが寝ている猫に布団をかぶせて遊んでいる。)
／や・な˥⌒しごと・わ　おれ・げ　おっか˥ぶせて　にげや˥がった↓／
(いやな仕事はおれにやらせて逃げた。)

おつき˥さま ／'ocuki˥sama／ [お月さま] (名詞)
「月/cuki=˥/」の敬称(親称)。第2音節の「つ」とアクセント核のある第3音節の「き」はともに無声母音である。「太陽」の敬称(親称)は／おてんと˥さま～おて˥んとさま 'otento˥sama～'ote˥ntosama／。
※東京語アクセントの「お˥つきさま」(頭高型)は理解の外のアクセントだったことを記憶している。

おっ˥き ／'oQ˥ki／ (動作名詞)
「起きる」の幼児語。／ほら˥　おっ˥き　して↓／。反対語は／ねん˥ね nen˥ne／。

おっく˥ ／'oQku˥／ [億劫] (状態詞)
面倒で気が進まない。／おっく˥・で　やる⌒き・ん⌒なんね˥ー↓／(億劫でやる気にならない。)
※仏教語「億劫」が「オクコフ」→[オッコウ]→[オッコー]→[オックー]→[オック]と転じたもの。「劫」は梵語kalpa、俗語形kappaの音写語で一説では43億2000万年という極めて長い時間を言い、長くてやりきれないの意味から生じたという。なお、梵語kalpaの印欧祖語形は*kolpo-で、時間を分割した単位、のような意味が原義と考えられている。英語のhalfもこの祖形からの発達形と考えられるので、日本語として使われる「劫」と「ハーフ」は一種の二重語 doublet と言える。

おつけ¯ ／'ocuke／ (名詞)
味噌汁。／おみお˥つけ 'omi'o˥cuke／のほうが少し上品な感じがして、あるいは新しい語形かも知れない。共時的には／おつけ¯ 'ocuke／の美化語が／おみお˥つけ 'omi'o˥cuke／となっている。
※／おみお˥つけ／は、語源的には、女房詞の「味噌」の「おみい」「おみ」と「おつけ」の複合語「おみ＋おつけ」であって、俗説に聞く「御御御付け」ではない。

おっこ˥ちる ／'oQko˥ciru／ (所動詞タ行上一段)
落ちる。(生物名詞も主語になるが、この場合は無生物名詞並みで有意的存在とは見なされない。)上一段動詞にもかかわらず、接続形や完了形が／おっこ˥って／／おっこ˥った／のようにいわゆる促音便形を取るのは、この語に特異な現象である。この語のアクセント核は諸活用形を通して移動しない。／おっこ˥ちねー、おっこ˥ちそー、おっこ˥ちんば、おっこ˥ちろんか(絶対に落ちない)、おっこ˥った／など。
※この語形は「落ちる」に強意の接頭辞「おっ」が付いた形から次のような過程を経て出来たものと思われる。つまり、強意の接頭辞(/'oQ-/)と母音始まりの語基(音韻論的には/'oci-ru/)との接合において生じた、臨時的な無声声門閉鎖の重ね子音(/'oQ'ociru/[oʔʔotɕiɾɯ]の/-Q'-/に該当する音声[-ʔʔ-])が、より安定した無声軟口蓋閉鎖の重ね子音(/-Qk-/[-kk-])に変化して生じた語であろうと思われる。「おっ落ちる」[oʔʔotɕiɾɯ]→「おっこちる」[okkotɕiɾɯ]。なお、これに関しては、本方言を含め現代東京語などで感動詞の語尾などに現れる促音/Q/(例えば「あっ」「おやっ」など)は、(音休止の前で後続音に条件づけられない)「絶対語尾」位置absolute final position で声門閉鎖音の[-ʔ](厳密には声門内破音implosive/unreleased stop の[-ʔ˺])がふつうであることなど参照。
　この語形の分布が東日本に局在することからこの地域(のどこか)で上記のような変化が生じたものと考えられる。
　参考までに、『日葡辞書』で「-t」と表記されている(字音語の語尾の「ツ(～チ)」に該当する)「舌内入声音」(音声学的には歯/歯茎の内破音)の[-t˺]を、『ﾛﾄﾞﾘｹﾞｽ日本語小文典』(1993岩波書店)で、「tçumeji(詰字(つめじ))」(同書59)と言い「[舌内入声音]」と「/促音/」を同定している(同書66頁)ことから知られるように、近世初頭(まで)の京都語では、「/促音/」は絶対語尾では[-t˺]だったと考えられる。その後、「[舌内入声音]」は音節化([-t˺]→/-cu(～-ci)/)して「/促音/」から外れるので、その後の京都語の「/促音/」の「[音声的内容]」は違ったものとなっていることにも注意。
注. 但し、現在の本方言に限っても、/-Q'-/(促音＋ア行音)に該当する音声が、声門閉鎖音ではない、形容詞の強調形式―例えば、「青い」／あお˥い 'a'o˥i／→／あっおー˥い 'aQ'oR˥i／―があるので、上記の変化は(いつでもどこでも起こるというものではなく)通時的・一回起的な特個的現象であったと考えなければならない。なお、本方言で観察される、／あっおー˥い 'aQ'oʀ˥i／の/-Q'-/に該当する音声は、声門閉鎖音[-ʔʔ-]ではなく、喉頭の緊張(と僅かな唇と舌の狭め)を伴う音声で、摩擦的噪音はないが咽頭有声摩擦音の[-ʕʕ-]に幾らか似た音声である。

おっこ˥とす ／'oQko˥tosu／ (他動詞サ行五段)
落とす。共通語同様、意志的な「落とす」行為だけでなく無意志的な「落とす」行為も表す。
／がまぐち・の おっこ˥とした・の めっけて⌒くいた↓／(落とした財布を見つけてくれた。)
アクセント核は諸活用形を通じて移動しない。／おっこ˥とさねー、おっこ˥としそー、おっこ˥とせば、おっこ˥とそんか(絶対落とさない)、おっこ˥とした／など。
※語源は前項に同じく、「おっ落とす」[oʔʔotosɯ]→「おっことす」[okkotosɯ]が考えられる。

おっこ˥ぼす ／'oQko˥bosu／ (他動詞サ行五段)
容れ物を傾けて、中味を一部外に勢いよく落とすこと。アクセント核は移動しない。／おっこ˥ぼさねー、おっこ˥ぼした、おっこ˥ぼっしゃった(こぼしてしまった)／など。
※／んーま˥ける 'ɴʀma˥keru／は、容れ物をひっくりかえして、中味を全部外に勢いよく出して散らかすこと。

おっこ˥ぼれる ／'oQko˥boreru／ (所動詞ラ行下一段)
入れ物が傾いて、中味が一部外に勢いよく落ちること。アクセント核は移動しない。

おっころ˥がす ／'oQkoro˥ŋasu／ [おっ転がす] (他動詞サ行五段)
次項・次々項の他動詞。勢いよく転がす。アクセント核は移動しない(次項・次々項も同じ)。

おっころ˥がる ／'oQkoro˥ŋaru／ [おっ転がる] (自動詞・所動詞ラ行五段)
勢いよく(人・生き物・物が)転がる([転倒][±多回転][±横タワル][±意志的])。
／たま˥ {おっころ˥がって／おっころ˥げて／×おっこ˥ろんで}った↓／
(ボールが地面を転がっていった。)
／あすく・に かん˥・が {おっころ˥がって／×おっころ˥げて／×おっこ˥ろんで}る↓／
(あそこに空き缶が転がっている。)
／{おっころ˥がって／×おっころ˥げて／×おっこ˥ろんで} ほん˥⌒よんでる↓／
(人が横になって本を読んでいる。この意味では／ねっころ˥がる neQkoro˥ŋaru／がほぼ同意。)

おっころ˥げる ／'oQkoro˥ŋeru／ [おっ転げる] (自動詞・所動詞ガ下一段)
勢いよく(人・生き物・物が)転げる([転倒][±多回転][－横タワル][－意志的])。
／けつ˥まずいて {おっころ˥がった／おっころ˥げた／おっこ˥ろんだ}↓／(つまづいて転んだ。)

おっこ˥ろばす ／'oQko˥robasu／ [おっ転ばす] (他動詞サ行五段) アクセント核は移動しない。
次項の他動詞。勢いよく転ばす。

おっこ˥ろぶ ／'oQko˥robu／ [おっ転ぶ] (自動詞バ行五段) アクセント核は移動しない。
勢いよく(人・生き物が)転ぶ([転倒][－多回転][－横タワル][－意志的])。

おったつ˥ ／'oQtacu˥／ [おっ立つ] (自動詞タ行五段(話者によってツァ行五段))
勢いよく基準面に対して垂直方向(縦方向)に立つ。

おったてる˥ ／'oQtateru˥／ [おっ立てる] (他動詞タ行下一段)
勢いよく基準面に対して垂直方向(縦方向)に立てる。

おったま˥げる ／'oQtama˥ŋeru／ [おっ魂消る] (自動詞ガ行下一段)
ひどくびっくりすること。アクセント核は移動しない。

おっつく˥ ／'oQcuku˥／ [追っ付く] (自動詞カ行五段)
先を行くものが存在する位置に後から追うものが達する。

おっつけ¯ ／'oQcuke／ (副詞)
そのうちに、まもなく。／おっつけ くん˥・だんべ・や↓／ (間もなく来るだろうよ。)

おっつける˥ ／'oQcukeru˥／ [押っ付ける] (他動詞カ行下一段)
力を入れて強く密着させる。押し付ける。

おっつ˥びる〜おっつびる˥ ／'oQcu˥biru〜'oQcubiru˥／ (他動詞バ行上一段)
力を入れて押し潰す。／むし・こ˥と おっつ˥びた／(虫をつぶした)。
※／ふんず˥びる huɴzu˥biru／(他動詞バ行上一段)にも同じ形式が現れている。意味は語源的には「踏みつぶす」だろうが、単に「踏む」意味で使われている。
※他動詞語基「つびる/cubi-ru/」は「つぶす/(cubu-s-u→)cubus-u/」と同じ語根形態素√cubU-を含んでいる。他動詞の「つぶす」との対応からすると「つびる」は所動詞が期待されるが他動詞である。

おっつ˥ぶす ／'oQcu˥busu／ (他動詞サ行五段)
力を入れて押し潰す。

おっと˥ばす ／'oQto˥basu／ [おっ飛ばす] (他動詞サ行五段)
追い払う。アクセント核は移動しない。
／そこ・な にわっとり・こ˥と おっと˥ばせ↓／ (そこの鶏を追い払え。)

おっぺ˥ー〜おっぱ˥い ／'oQpe˥ʀ〜'oQpa˥i／ (名詞)
乳房とその分泌物の母乳の両方を指していう幼児語。
／この⌒こ˥・も あかんぼ・ん⌒とき˥ おっぺ˥・よ って ゆく˥ ないた↓／
(この子も、赤ん坊のとき、おっぱいが欲しいよ、といってよく泣いた。)

※身体器官とその分泌物が同一名称のものには、他に／はな‾ hana／の「鼻」と「洟」がある。
おっぱしる⌉／'oQpasiru˥／（他動詞ラ行五段）
追い払う。／すずめ・こ⌉と　おっぱしった⌉↓／（スズメをパッと追い払った。）
※「はしる」が、古語で「勢いよく、すばやく動く。パッと飛び散る」を意味したので、その原義を残すものであろう。
おっぱしる⌉／'oQpasiru˥／（自動詞ラ行五段）
勢いよく走る。／かける⌉ kakeru˥／（駆ける）に押されてかあまり盛んではない。
おっぱじまる‾〜おっぱじ⌉まる／'oQpazimaru〜'oQpazi˥maru／［おっ始まる］（所動詞ラ行五段）
勢いよく始まる。／けんか　おっぱじまった↓／（喧嘩が始まった。）
おっぱじめる‾〜おっぱじ⌉める／'oQpazimeru〜'oQpazi˥meru／［おっ始める］（他動詞マ行下一段）
勢いよく始める。／けんか　おっぱじめた↓／（喧嘩を始めた。）
おっぱて‾／'oQpate／［おっ果て］（名詞）
一番外れの場所。／おっぱて・の⌒うち‾／（一番外れにある家）
※接頭辞「おっ＝」は名詞には付かないから、この語は「おっ果てる」のような動詞の連用形に由来する名詞（「連用形名詞」）と考えるべきものであろう。「おっ果てるトコロ」→「おっ果て」。
おっぱ⌉なす〜おっぱなす⌉／'oQpa˥nasu〜'oQpanasu˥／［おっ放す］（他動詞サ行五段）
勢いよく離す。
おっぱ⌉らう〜おっぱ⌉らー〜おっぱらう⌉〜おっぱら⌉ー／'oQpa˥ra'u〜'oQpa˥raʀ〜'oQpara'u˥〜'oQpara˥ʀ／［おっ払う］（他動詞ワ行五段）
追って離れた所へ行かせる。追い払う。
おっぴろ⌉げる／'oQpiro˥ŋeru／［おっ広げる］（他動詞ガ行下一段）
勢いよく広げる。／てー⌉　おっぴろ⌉げて　つったっ⌉てる↓／（手を広げて立っている。）
おっぷる⌉／'oQpuru˥／［おっ振る］（他動詞ラ行五段）
勢いよく振る。／てー⌉　おっぷって⌉る↓／（手を勢いよく振っている。）
おっぺす⌉／'oQpesu˥／［おっ圧す］（他動詞サ行五段）
本来は「力を入れて勢いよく押す」であろうが、単に「押す」ことも言うようになっている。
／うしろ・っから　おっぺして⌉⌒くれ↓／（後ろから押してくれ。）
※具体的身体動作を伴う「押す」の意味領域は殆ど／おっぺす⌉ 'oQpesu˥／になっている。なお、「へす」単独の用法はない。
おっぽ⌉らかす〜おっぽら⌉かす／'oQpo˥rakasu〜'oQpora˥kasu／（他動詞サ行五段）
放り投げる、放り出す、放置する。／おっぽ⌉る 'oQpo˥ru／①の強意動詞のような語感がある。
「派生名詞形/'oQporakasi‾/＋格助詞/ni/＋サ変動詞/siru/」は、同意の他動詞相当連語として働く。
／かばん　おっぽ⌉らかして　あすび⌉⌒いった↓／（カバンを放り出して遊びに行った。）
おっぽ⌉りだす〜おっぽり⌉だす／'oQpo˥ridasu〜'oQpori˥dasu／［おっ放り出す］（他動詞サ行五段）
外に向かって勢いよく放り投げる。放り出す。
／かばん　おっぽ⌉りだして　あすび⌉⌒いった↓／（カバンを放り出して遊びに行った。）
おっぽ⌉る／'oQpo˥ru／［おっ放る］（他動詞ラ行五段）
①放り投げる、放り出す。
／かばん　おっぽ⌉って　あすび⌉⌒いった↓／（カバンを放り投げて遊びに行った。）
②放っておく、放置する。
／あんな⌒やつ⌉　かまー⌉な↓　おっぽ⌉っとけ↓／（あんな奴は構うな。放っておけ。）
おつゆ⌉／'ocu'ju˥／（名詞）
吸い物（の汁）。澄まし汁。
おでこ⌉／'odeko˥／（名詞）
額。額を指す一般語で、特に突き出た額を言うわけではない。／してー‾〜したい‾ siteʀ〜sitai／（額）は、訊くと出るが稀にしか聞かない語だった。戦後世代は改まれば／ひたい‾ hitai／と言う。
おてんと⌉さま〜おて⌉んとさま／'oteɴto˥sama〜'ote˥ɴtosama／［お天道さま］（名詞）
「太陽」の敬称（親称）。「月」の敬称（親称）は、／おつき⌉さま 'ocuki˥sama／（お月さま）。
おどー‾／'odoʀ／［御堂］（名詞）
宗教儀礼などの「寄合/'jori'jai‾/」（集会）の場所として使われた、神仏を祭った建物。
おとーと=⌉／'otoʀto=˥／［弟］（名詞）
（多少改まった言葉遣いで）弟。言及用法のみで、呼びかけ用法はなく、その場合は名前を呼び捨てにする。他人の弟は（多少改まった言葉遣いで）／おとーとさん‾ 'otoʀtosaɴ／と言う。
以前は／しゃて⌉ー／（舎弟）と言うのがふつうだった。⇒／しゃて⌉ー sjate˥ʀ／（舎弟）の項を参照。
／{おとーと⌉・みてー・に／おとーと・の・よー⌉・に}　おもって⌉る↓／（弟のように思ってる。）
おどける‾／'odokeru／（自動詞カ行下一段）
（人の笑いを取るために）おもしろおかしい言動をことさらに行うこと。そのようにする人は／おどけもの‾〜おどけもん‾／と言われる。
／いっつ⌉・も　おどけた⌒こと⌉⌒して　みんな・こ⌉と　わらかしてる↓／
（いつでもおどけたことをしてみんなを笑わせている。）

※意味的に似た語に／おちゃらける¯／(茶化すような真面目でない言動をする)がある。この語は、あるいは「茶化す」「おちゃらかす」と「おどける」の意味的、形態的な混淆形かもしれない。
※『物類称呼』に「ざれたはふるる事を　…関東にて○をどけると云」とある。

おとこ=˥ ／'otoko=˥／［男］(名詞)
男。単独での言及は軽い軽卑感を伴う。待遇中立的には／おとこ・の⌒しと˥(〜ひと˥)／と言う。卑称は／やろ˥ー 'jaro˥ʀ／、／やろっこ˥ 'jaroQko˥／。

おとっ˥つぁん ／'otoQ˥caɴ／(名詞)
父。反対語は／おっか˥さん 'oQka˥saɴ／。
※父・母を表す代表的なことばは／おとっ˥つぁん 'otoQ˥caɴ／と／おっか˥さん 'oQka˥saɴ／だったという。

おとて˥ー〜おとと˥い ／'otote˥ʀ〜'ototo˥i／［一昨日］(名詞)
一昨日。助詞なしの副詞的用法ではアクセント核が消える。／おととい¯　きた˥／(〜来た。)
※「一昨日の前日」は／さきおとて˥ー〜さきおとと˥い saki'otote˥ʀ〜saki'ototo˥i／。アクセント核のの扱いは上に同じ。

おとと˥し ／'ototo˥si／［一昨年］(名詞)
一昨年。「一昨年の前年」は／さきおとと˥し saki'ototo˥si／。

おと˥な ／'oto˥na／［大人］(名詞)
おとな。／こども¯ kodomo／の対語。
／こども・と⌒おと˥な／のように対をなす語なのに、「男の{子／子ども}」や「女の{子／子ども}」に平行的な「*男のおとな」や「*女のおとな」という言い方は共通語同様に存在しない。
※アクセントは平板型ではない。平板型の東京語と違って、明瞭に中高型に発音する。
／おと˥な・と　こども¯／(大人と子ども)
なお戦後世代では個人的に改まると平板型で／おとな¯／と言う話者が存在した(1972年頃)。
※1970年頃の調査で中高型だった話者が2015年に改めて調べ直したら／おとな¯／(平板型)になっていた。むかし本人が中高型に発音していたことも忘れていたのには非常に驚いた。

おどむ¯ ／'odomu／［澱む］(所動詞マ行五段)
(かき混ぜたりして飽和状態にあったものが) 液体の底に沈殿する。
※／よどむ¯ 'jodomu／は「流れが停滞する」で、／おどむ¯／とは区別される。

おどろっぱし˥ー ／'odoroQpasi˥ʀ／(形容詞)
驚きやすい。
※語構成は、「おどろく」の語根「おどろ」と／はしっこ˥い hasiQko˥i／(動きがすばやい)に残る古語のシク活用形容詞「はし(疾し)」の複合に基づく形容詞「おどろ＋はし」であろう。

おない˥どし〜おねー˥どし ／'onai˥dosi〜'oneʀ˥dosi／［同い年］(名詞)
同じ年齢。

おなし¯〜おんなし¯〜おなじ¯〜おんなじ¯ ／'onasi〜'oɴnasi〜'onazi〜'oɴnazi／(形容詞不規則活用)
同じ。
※「AガB{ニ／ト}同じ」という構文を潜在的・顕在的にとる(主語を主題化すると「AはB{ニ／ト}同じ」となる)が、主語Aと補足語Bを並列関係に置いて「AトBガ同じ」としても、更に主語Aと補足語Bを入れ替えて「BガA{ニ／ト}同じ」としても、知的意味において同意である。
※終止形相当には繋合詞(断定の助動詞)／だ da／(とその統語的交替形／φ／)が、連体形相当には繋合詞の／φ／形態が現れる。「(答えは)同じダ。」「(答えは)同じφか。」「同じφ(答え)」など。ほかは、共通語と違って形容詞的に活用する。
／おなじく¯、おなじけ˥りゃ、おなじかんべ˥ー、おなじくて{¯／˥}、おなじかった¯／など。
例えば、「(答えが)同じくなる」「(答えが)同じく(同じか)ない」、「(答えが)おなじかった」など。
なお、仮定形の／おなじけ˥りゃ／については、本方言の仮定形語尾／＝けりゃ／は (例えば「高い＝けりゃ」のように)「終止＝連体形」に付くので、(従って、)語基の／おなじ¯＝／は「終止＝連体形」相当の形態と考えるべきで、(例えば共通語の「高(たか)＝ければ」のような)「語幹＋語尾」の「語幹」に相当する形態と見るべきではないことに注意。
※「異同」を表す語はどちらも活用が不規則である。／ちがう¯〜ちがー¯ ciŋa'u〜ciŋaʀ／は動詞形容詞の混合活用である。⇒／ちがう¯／を参照。

おなし¯〜おんなし¯〜おなじ¯〜おんなじ¯ ／'onasi〜'oɴnasi〜'onazi〜'oɴnazi／(副詞)
同じとされる事柄から、その可能性の条件内の一つの事柄を選択的に取り立てて、それについて述べる副詞。
／おなじ　なが˥い・でも　ぼー・みて˥ー・な・の・わ　ながっぽそ˥い・って　ゆってた↓／
(おなじ「長い」でも「棒みたいな長い」は「ながっぽそい」って言ってた。)
／おんじ　いく˥・ん・だら　はな˥・っから　いく・っつった˥ら　いー˥・のに・よ˥ー↓／
(おなじ行くのなら最初っから行くといったらいいのによお。)

おに=˥ ／'oni=˥／［鬼］(名詞)
鬼。／おに˥⌒くる／(鬼が来る)、／おに˥・みてー・な、おに・の・よー˥・な／(鬼のような)。
目隠し鬼では、［おに˥さん　こちら¯　て・の˥⌒なる　ほー˥・え］と歌われていた(昭和20年代)。

おにがわ˥ら～おに˥がわら ／'oniŋa'wa˥ra～'oni˥ŋa'wara／ ［鬼瓦］(名詞)

鬼瓦。アクセントは中三高型の／おにがわ˥ら／がふつうだが、東京語の古い頭高型［オ˥ニガワラ］に対応する中一高型の／おに˥がわら／が明治・大正生まれの話者(複数)では聞かれた。念のため、「瓦」の方言アクセントは中高型／かわ˥ら ka'wa˥ra／で、東京語の平板型に対応しないことに注意。なお、後半部の分節音／わ／[wa]は弱まって／＝があら～＝がーら／[ŋaara～ŋa:ra]ともなる。

おにっこ˥ ／'oniQko˥／ (名詞)

親に似ていない子。鬼っ子。

おにごっ˥こ ／'oniŋoQ˥ko／ (名詞)

鬼ごっこ。古くは／おにや˥っこ 'oni'ja˥Qko／と言っていたという。

おにや˥っこ ／'oni'ja˥Qko／ (名詞)

(安行の小山辺りの)明治生まれの人が「鬼ごっこ」を昔はこう言っていたという。語構成意識については話者に聞いていない。「鬼＋やっこ」なのか「鬼や＋っこ」なのか、前者なら「鬼奴」かもしれない。後者なら「[鬼＋や(呼び掛けの間投助詞)]＋っこ(接尾辞)」かもしれない。、

おに・わ˥⌒そと ／'oni 'wa˥ soto／ ［鬼は外］(連語)

節分の豆まきのときの唱えことば。／ふく・わ˥⌒うち huku 'wa˥ 'uci／[福は内]と前後して唱えられる。アクセントは「鬼/'oni=˥/」「福/huku=˥/」で尾高型Ｂ(付属語との結合で核が１拍後退する型)なので方言としては異常なアクセントではない。実際の発話では、／おに・わー˥⌒そと｜ふく・わー˥⌒うち／や／おに・わー˥⌒そとー｜ふく・わー˥⌒うちー／と唱えられるのがふつう。

おのぼれ¯ ／'onobore／ ［自惚れ］(名詞)

自惚れ。「おの(己)＋ぼれ(惚れ)」という語構成。／おのぼれや¯ 'onobore'／は、自己中心的な独善的な人のことを言う。戦後世代では／うぬぼれ¯ 'unubore／がふつうになっている。

おば¯ ／'oba／ ［伯母・叔母］(名詞)

両親の女のきょうだい。敬称は／おばさん¯ 'obasaɴ／、親称は／おばちゃん¯ 'obacjaɴ／(子供語)。⇒／おじ¯ 'ozi／の項を参照。

※次女以下の女の子を言うことはなかった、と言う。(八潮・三郷・吉川の辺では言うという)。

おはじ˥き ／'ohazi˥ki／ (名詞)

おはじき。

※おはじきの歌：(メロディーは写せないが聴き取れる高さの下がり目を(˥)で示す。)

／いち˥じく　にんじん　さんしょ・で　しー˥たけ　ごぼー・で　むかご・で　ななく˥さ
なずな　とーと・の　とり・と　わた˥ら・の　さき・で　すとと˥ん　と˥ん　よ／

おはち¯ ／'ohaci／ ［お鉢］(名詞)

炊いたご飯を入れておくための木製の容れ物。飯櫃。

おはち˥ーれ ／'ohaci˥ʀre／ ［お鉢入れ］(名詞)

前項／おはち¯／のご飯が冷めるのを防ぐための藁で出来た蓋付きの容れ物。

※[オハチーレ]と長母音(１音節)に発音し、[オハチ＋イレ]と２音節に割って発音することはない。

おはよー¯⌒ございま˥す ／'oha'joʀ gozaima˥su／ ［お早うございます］(連語挨拶語)

「朝」の挨拶言葉。「日の出」から「昼」に至る「朝」の挨拶言葉。概略午前の６：00～10：00。

※家庭内・家族の成員間では使われない。

おはり¯ ／'ohari／ ［お針］(名詞・動作名詞)

①針仕事、裁縫。②裁縫の稽古・手習い。

おはりこ¯ ／'ohariko／ ［お針子］(名詞)

裁縫の稽古・手習いに通って来る娘。

おび˥ ／'obi˥／ ［帯］(名詞)

帯。／おび˥⌒しめる／(帯を締める)、／おび˥⌒ほどく／(帯をほどく)。

おびしゃ¯ ／'obisja／ (名詞)

北足立郡では「氷川神社」、南埼玉郡では「久伊豆神社」の境内で行われる(行われた)、紙に書いた鬼などを弓矢で射る鬼打ちの行事。

※語源は、馬上で射る「騎射(きしゃ)」に対する、徒歩で射る「歩射(ぶしゃ)」の訛語に由来する。

おびと˥き ／'obito˥ki／ ［帯び解き］(名詞)

男の子５歳、女の子７歳の帯祝い。

※幼児の着物の付け帯(＝付け紐)を解きふつうの帯に変える、幼児期から少年期・少女期への通過儀礼的な行事に起源する語。

おひまち¯ ／'ohımaci／ (名詞)

稲刈りの終わった後などの、農家の農繁期後の祝いの祭り（とそれに伴う休暇)。

おひる˥ ／'ohıru˥／ ［お昼］(名詞)

①正午。②昼食。／はー　おひる˥・に　しべ˥ー↓／(もう昼食にしよう。)

おぶ˥ ／'obu˥／ (名詞)

「お湯」(飲用)の幼児語。／さとおぶ˥ sato'obu˥／は砂糖をとかした飲用のお湯。

おべーる˥～おぼいる˥ ／'obeʀru˥～'oboiru˥／ (他動詞一段)

覚える。／そら˥・で　ゆいる・よ˥・ん　なる˥　こと／(そらで言えるようになること)を言う。

おべたい¯～おべてー¯ ／'obetai～'obeteʀ／（形容詞）
冷たい（幼児語）。
おぼん˥ ／'oboɴ˥／［お盆］（名詞）
月遅れの八月の十三日から十五日に行われる先祖の霊を迎え供養し送る行事。
※送り迎えするしつらえの／ぼんこ˥ boɴko˥／を墓に立てて迎え送りする家と、家の前の道端に立てて送り迎えする家とがあった。
※物を載せる器の「お盆」は平板型に／おぼん¯ 'oboɴ／と発音し、アクセントが異なる。
おぼん¯ ／'oboɴ／［お盆］（名詞）
物を載せる平たい器。行事の／おぼん˥ 'oboɴ˥／とはアクセントを異にする。
おみやまいり¯ ／'omi'jamairi／［お宮参り］（動作名詞）
新生児が初めて神社に参詣すること。産着は実家で用意し、祖父母も一緒することが多かった。
おみお˥つけ～おみよ˥つけ～おみょー˥つけ ／'omi'o˥cuke～'omi'jo˥cuke～'omjoʀ˥cuke／（名詞）
味噌汁(の美化語)。⇒／おし˥ 'osi˥／、／おつけ¯ 'ocuke／を参照。
※／おみお˥つけ／は、語源的には、女房詞の「味噌」の「おみい」「おみ」と「おつけ」の複合語「おみ＋おつけ」であって、俗説に聞く「御御御付け」ではない。
おむす˥ ／'omusu˥／［蒸す］（他動詞サ行五段）
籠もらせた湯気で熱して柔らかくする。蒸す。共通語は「蒸(む)す」で語形が異なる。
※／ふかす˥ hukasu˥／は通らせた湯気で熱して柔らかくすること。
おむす˥び ／'omusu˥bi／（名詞）
握り飯。男性は／むすび¯／とも言う。子どもの頃(昭和20年代)、／おにぎ˥り 'oniŋi˥ri／と言った記憶がない。
おむれる˥ ／'omureru˥／［蒸れる］（所動詞ラ行下一段）
籠もらせた湯気で熱せられることで柔らかくなる。蒸れる。釜で炊いたご飯は／おむれる˥／まで待って蓋を開ける。共通語は「蒸(む)れる」で語形が異なる。
※「蒸す」「蒸れる」は、/'omusu˥//'omureru˥/であって、「むす」「むれる」とは言わない。古語(『新撰字鏡』)に「うむす」とあり、[umusu→omusu]のように語頭母音が転じたもの。各地の方言にもこの語形は現れる。
※通らせた湯気で熱せられることで柔らかくなることは／ふける˥ hukeru˥／という。
おめー¯～おめ¯ ／'omeʀ～'ome／［お前］（代名詞）
第二人称代名詞単数。この語を使用した場合、話し手本人は／おれ¯～おい¯ 'ore～'oi／で指称される。共通語ほど見下げた意識はないが、目上(年上)には使えない。再帰的用法については／じぶん¯／(自分)の項の①の注※を参照。
おめーら˥～おめら˥ ／'omeʀra˥～'omera˥／［お前ら］（代名詞）
(前項の)第二人称代名詞の複数(不特定多数)形。聞き手＋聞き手側に含まれる不特定多数者からなる集合。おまえたち、おまえら。
※名詞と複数接尾辞(「たち」「ら」)との接合形は、特定数とふつう共起しないが、人称代名詞では、不特定多数だけでなく特定数とも共起することに注意。以下の文法性判断(○／×／?)は、方言話者の判断を示しているが、共通語話者についても同じようだった。語形は共通語形に直して表記している。⇒／＝ら˥／(接尾辞)の項を参照。
「×?男の子たち３人／×?３人の男の子たち」→「○男の子３人／○３人の男の子」
「×?彼には男の子たちが３人いる」→「○彼には男の子が３人いる」
「○おまえら(おまえたち)３人／×３人のおまえら(おまえたち)[「特定数＋の＋代名詞」は不可]」
↔「×おまえ３人／×３人のおまえ」(代名詞は、名詞と違って「単複分化」していることに注意。)
「それはおまえら(おまえたち)３人の責任だ」
おめーら˥ち～おめら˥ち ／'omeʀra˥ci～'omera˥ci／［お前らち］（名詞）
おまえの家。この語を使用した場合、話し手本人の家は／おら˥ち 'ora˥ci ／と指称される。
※語構成は、二人称代名詞／おめー¯／＋「～の家」の意味の接尾辞／ら˥ち／である。この接尾辞は生産的で人を意味する名詞にはほとんど付けて使える。
おめーら˥ほ～おめら˥ほ ／'omeʀra˥ho～'omera˥ho／［お前ら方］（名詞）
お前の方。この語を使用した場合、話し手本人の方は／おら˥ほ 'ora˥ho／と指称される。
※語構成は、二人称代名詞／おめー¯／＋「～の方」の意味の接尾辞／ら˥ほ／である。この接尾辞は生産的で人を意味する名詞にはほとんど付けて使える。
おもい¯～おめー¯ ／'omoi～'omeʀ／［重い］（形容詞）
重い。⇒／おもたい¯～…～おもったい¯～… 'omotai～…～'omoQtai～…／(重たい)の項を参照。
おも˥かげ ／'omo˥kaŋe／［面影］（名詞）
年少者が血縁のある年長の(物故)者に似たところのあること。中一高型アクセントに発音する。
おもし˥ー ／'omosi˥ʀ／（形容詞）
おもしろい。／ちっとも　おもし˥く　ね˥ー↓／（少しも面白くない。）。
※／おもしろ˥い～おもしれ˥ー 'omosiro˥i～'omosire˥ʀ／とも言う。／おもし˥ー／という語形は、／おもしろ˥い／が意味的に近似する／おかし˥ー 'okasi˥ʀ／に引きつけられた語形(牽引)の可能

性がある。「おもしい」を茨城方言の特徴とする言説が流布するが、茨城だけのことばではない。
おもしろ˥い〜おもしれ˥ー　／'omosiro˥i〜'omosire˥ʀ／［面白い］（形容詞）
①心引かれる様子。面白い、興味深い。②「心引かれる様子」から、日常（的規範）からの正の逸脱が引き起こす笑いの感覚・感情をいう。面白くて笑える。
※／おもし˥ー 'omosi˥ʀ／という個人がかなりいる（いた）。前項を参照。
おもたい¯〜おもてー¯〜おもったい¯〜おもってー¯　／'omotai〜'omoteʀ〜'omoQtai〜'omoQteʀ／（形容詞）
「重い/'omoi¯〜'omeʀ¯/」よりも重さの度合いが大きく感じられることを言う。
おもったるい¯　／'omoQtarui／（形容詞）
ねっとりした重さの感じ。消化不良のもたれた胃の感じなどの表現にも用いられる。
おもて=˥　／'omote=˥／［表］（名詞）
ものの前面や表面など真っ先に他者の目に触れる部面で、典型的に「そのものを代表する部面」をいう。家屋の場合は客を迎える正面の出入り口のある方が「おもて」になる。
おもてっか˥し　／'omoteQka˥si／（名詞）
表側の方。
おもてっか˥た　／'omoteQka˥ta／（名詞）
表の方（の場所）。
おもてっかわ¯　／'omoteQka'wa／（名詞）
表側。
おもて・の⁀ち¯　／'omote no ci／［表の家］（連語名詞）
自家の「おもて」方向に近接して存在する（多くは南側の）家。反対語は／うら・の⁀ち¯／（裏の家）。
※／おもて・の⁀ち¯／（表の家）は、そのように言及する基準となる家からは固有名詞的に固定的に指示される家を言い、／めー˥・の⁀ち／（前の家）は、普通名詞的に説明的に指示される対象としての家を言うのがふつうである。／うら・の⁀ち¯／（裏の家）と／うしろ・の⁀ち¯／（後ろの家）にもこれと並行的な違いが見られる（前者が固有名詞的、後者が普通名詞的）。
※以前の農村時代には殆どなかったが、現在では北向きに玄関がある家が多くなっている。原理的には、家の玄関のある北側を「表」、北側の他家を「表の家」や「前の家」、家の南側を「裏」、南側の他家を「裏の家」や「後ろの家」と言うはずだが、この場合、そう言うという話者と、やはり南側を「表」、北側を「裏」と言うという話者があり、「表—裏」の基準を家の玄関のある方に置く（家基準）か、家の南北の方位に置く（方位基準）かで混乱が見られる。
おもる¯〜おごる¯　／'omoru〜'oŋoru／［奢る］（他動詞、ラ行五段）
自分の金で他人に飲食物をふるまう。⇒／おごる¯〜おもる¯／の項を参照。
おや=˥　／'o'ja=˥／［親］（名詞）
父と母の総称。親。／こども¯ kodomo／の対語。／こども⁀いて˥・こそ　おや・だ˥・よ↓／。
※下記のように、世代を共にする親族語彙には（「男性語彙＋女性語彙＝総称語彙」のような）体系的平行性が見られるのに、なぜか、grandfather＋grandmother＝grandparents に対応する、親の１世代上の「祖父/zisama˥〜zirsama˥/」と「祖母/basama˥〜barsama˥/」を総称する語（「祖父母」のような併称語ではなく、例えば「*祖親」「*ひおや（曽親）」「*おおおや（大親）」のような語）が共通語でも方言でも日常語彙としては見つからない。（印欧祖語も「*pə₂ter（父）」「*māter（母）」の総称語（「親」）が欠けていると言われる。）
(-2) 祖父/zisama˥〜zirsama˥/＋祖母/basama˥〜barsama˥/＝「祖父母」/ — /
(-1) 父/'otoQ˥caɴ/＋母/'oQka˥saɴ/＝親/'o'ja=˥/ （father＋mother ＝ parents）
(0) 自分（ego）
(+1) 息子/musuko¯〜seŋare¯/＋娘/musume=˥/＝子ども/kodomo¯/ （son＋daughter ＝ children）
(+2) 孫息子/maŋomusu˥ko/（/*maŋoseŋa˥re/はない）＋孫娘/maŋomusu˥me/＝孫/maŋo=˥/
(grandson＋granddaughter ＝ grandchildren)
おや˥こはこ　／'o'ja˥kohako／［親子箱］（名詞）
（夫婦の同居の父母が亡くなるなどして、）夫婦と子どもとからなる家族。核家族。
※「親子」は／おや˥こ／と言う。「親子＋箱？」だとして、アクセントが前部成分のままなのは特異。
おやぜみ¯　／'o'jazemi／［親蝉］（名詞）
アブラゼミ（油蝉）。若い世代は／あぶらぜ˥み 'aburaze˥mi／がふつう（1970年代）。／あぶらぜ˥み 'aburaze˥mi／は新しいことばだという指摘を、戦中世代の話者から聞いた。
おやゆび¯〜おやいび¯　／'o'ja'jubi〜'o'ja'ıbi／［親指］（名詞）
親指。⇒／いび 'ıbi／（指）を参照。
およぐ˥　／'o'joŋu˥／［泳ぐ］（自動詞ガ行五段）
泳ぐ。／むかし・わ　ここ・で　およい˥た・ん・だ↓／（昔はここで泳いだのだ。/'o'joi˥ta/）
※「水泳」という意味では連用形名詞／およぎ=˥ 'o'joŋi=˥／が使われる。
／あら　およぎ・も˥　んーま˥い↓／（彼は水泳も上手だ。）
おら¯　／'ora／（代名詞）
一人称代名詞／おれ¯ 'ore／と係助詞／'wa／の融合amalgam形。／'ore＋'wa→'ora／
※アクセント核のない平板型で、次項とはアクセントを異にしている。中高年層（ここでは1970年

頃に大体40歳以上だった人たちを指している)では女性も使っていた。

おら˥／'ora˥／(代名詞)

一人称代名詞。主に明治生まれの戦前世代に使われ、多くは連体助詞の「ガ」「ガノ」「ノ」、連体助詞に準体助詞の付いた連語「ガ・ノ」に先立つ。なお、連体助詞の「ガ」「ノ」は被修飾語(被連体語)の名詞(主名詞)が文脈から自明のときには主名詞をφ(ゼロ)か「の」(準体助詞。精密には「代名助詞」)にすることができる。このような主名詞の「φ化形式」の、「ガ+φ」「ノ+φ」を便宜的に連体助詞の準体用法とも準体助詞ともしている。一方、主名詞の「の化形式」は、「ガ+の」「ノ+の」となる。この場合、主名詞の「φ化」した連体助詞「ガノ+φ」と、連体助詞「ガ」と準体助詞「の」(主名詞の「の化」)の連語「ガ+の」は形態的に見分けがつかなくなるが、連体助詞の「ガノ」は「おらガノ(嫁・孫ナド)」の結合しか確認できず分布が局限されるから、一般に生物名詞+「ガノ」は、後者の連語形式の「ガ+の」と考えるべきことになる。(念のため、当方言においては、「名詞+ノ+φ」「名詞+ノ+の」はあっても「名詞+の」([名詞]+[名詞に直接する準体助詞「の」])はないことに注意。)

次項の／おら˥= 'ora˥-／はこの語からの特異な派生形式。

連体助詞の「ガ」「ガノ」「ノ」との結合形:／おら˥・が／、／おら˥・がの／、／おら˥・の／

／おら˥・が　まご／、／おら˥・がの　まご／、／おら˥・の　まご／(おれの孫)。

連体助詞+準体助詞の「ガ・の」との結合形:／おら˥・が・の／

主名詞の「φ化」と「の化」の例(「ガ+φ」「ガ+の」、「ノ+φ」「ノ+の」):

「孫は、ひと(他人)ガφより、おら(自分[たち])ガφの方がかわいい」

—「孫は、ひと(他人)ガのより、おら(自分[たち])ガのの方がかわいい」

「孫は、ひと(他人)ノφより、おら(自分[たち])ノφの方がかわいい」

—「孫は、ひと(他人)ノのより、おら(自分[たち])ノのの方がかわいい」

※語源は、アクセントの／おら˥ 'ora˥／から考えて、／おれら˥ 'orera˥／からの特個的な変化形と考えられる。／おれら˥ 'orera˥／→／*おっら˥ *'oQra˥／[*olla]→／おら˥ 'ora˥／。

※以前は／おいら¯ 'o'ira／の変化形(短縮形)と考えたが、アクセントに問題があるので、上のように改める。従って／おら˥／と／おいら¯／は、／おれら˥／を基とするdoublet二重語と考える。

※中高年層(ここでは1970年頃に大体40歳以上だった人たちを指している)では、日常のふだん着の会話においては、／おれ¯〜おい¯ 'ore〜'oi／の使用が男女とも一般的だった。

おら˥= ／'ora˥-／(接頭辞)

一人称の所有所属人称接頭辞。「俺の〜」の意味の接頭辞で話し手に本質的関連をもつ種々の名詞に連体詞のように付く。明治生まれの戦前世代の使用語。戦後世代は全く使わない。

／おら˥むら／(我が村)、／おら˥せがれ／(我が息子)、／おら˥むすめ／(我が娘)など。

おら˥ち ／'ora˥ci／(名詞)

俺の家。聞き手の家は／おめーら˥ち〜おめら˥ち 'omeʀra˥ci〜'omera˥ci／と指称される。

※中高年層(ここでは1970年頃に大体40歳以上だった人たちを指している)では女性も使っていた。

おら˥ほ ／'ora˥ho／(名詞)

俺の方。聞き手の方は／おめーら˥ほ〜おめら˥ほ 'omeʀra˥ho〜'omera˥ho／と指称される。

※中高年層(ここでは1970年頃に大体40歳以上だった人たちを指している)では女性も使っていた。

おるぬ˥く〜おるぬく˥ ／'orunu˥ku〜'orunuku˥／[疎抜く](他動詞)

／うるぬ˥く 'urunu˥ku／(間引く)の変異形variant。アクセントは尾高型でも言う。

⇒／うるぬ˥く 'urunu˥ku／の項を参照。

おれ¯〜おい¯ ／'ore〜'oi／[俺](代名詞)

第一人称代名詞単数。この語を使用した場合、聞き手は／おめー¯〜おめ¯ 'omeʀ〜'ome／で指称される。複数形は／おれら˥ 'orera˥／。より新しい形に／おれた˥ち 'oreta˥ci／がある。再帰的用法については／じぶん¯／(自分)の項の①の注※を参照。

※中高年層(ここでは1970年頃に大体40歳以上だった人たちを大雑把に指している)の日常のふだん着の会話においては／おれ¯〜おい¯ 'ore〜'oi／の使用が、共通語の「俺」と違って、男女ともに一般的だった(女性もふつうに使っていた)。使用状況から見て、方言内においては本来はそれほど卑俗感はなく、知的意味の他に語として現在帯びている卑俗な語感は、間方言的interdialectalな(特に東京方言との)交流や、方言外的extradialectal な(特に標準語的な)外部の視線からもたらされたものと思われる。なお、多少とも改まった場面では、男性は「あっし」、女性は「あたし」と言っていた。1997年現在では女性の使用は高齢者に限られて、極めて少なくなっている。1970年頃までは女子高校生でも仲間内の会話では使っているのを耳にした。

※／おい¯ 'oi／という語形は、代名詞語尾の「〜れ」が「〜い」に弱化する例の一つで、もとの語形と自由変異の関係にある。

／これ¯〜こい¯ kore〜koi／、／それ¯〜そい¯ sore〜soi／、／あれ¯〜あい¯ 'are〜'ai／、

／どれ˥〜どい˥ dore˥〜doi˥／、／だれ˥〜だい˥ dare˥〜dai˥／など。

※題目の助詞の／わ／との連語は常に／おら¯ 'ora／となる。／おら　なんに・も　しらねー↓／

※日本語の第一人称は自存者ではない。第二人称から反照的に規定される相関者である。つまり、第二人称にどの代名詞を選ぶか(聞き手をどう待遇するか)によって、反照的に、相関する第一人称の代名詞が選択される。原理的には、「あなた」の「あなた」が「わたし」であり、「きみ」

の「きみ」が「ぼく」であり、「おまえ」の「おまえ」が「おれ」という仕組みになっている。

おれた˥ち ／'oreta˥ci／［俺たち］(代名詞)

第一人称代名詞／おれ¯～おい¯ 'ore～'oi／の比較的新しい複数(不特定多数)形。次項の／おれら˥(～おいら˥) 'orera˥(～'oira˥)／の方が使用者層や語彙の形態的特徴からみて本来の語形。

おれら˥(～おいら˥) ／'orera˥(～'oira˥)／［俺ら］(代名詞)

第一人称代名詞／おれ¯～おい¯ 'ore～'oi／の複数(不特定多数)形。話し手＋話し手側に含まれる不特定多数者からなる集合（話し手側には、場面・文脈によって聞き手を排除する場合と包括する場合とがあるが、語としてはそれに関して中立的)。おれら。おれたち。

※より若い層では／おれた˥ち 'oreta˥ci／という形式も使われている。複数(不特定多数)接尾辞の「＝たち」と「＝ら」では、語彙的に見て、「＝ら」の方が基礎的でその接合形式も多数であること(、日本語語彙史的に見ても、第一人称と「＝ら」の接合形式に比べて、第一人称と「＝たち」の接合形式は新しいこと)などから、／おれた˥ち 'oreta˥ci／は新しい語形と考えられる。

※名詞と複数接尾辞(「たち」「ら」)との接合形は、特定数とふつう共起しないが、人称代名詞では、不特定多数だけでなく特定数とも共起することに注意。以下の文法性判断(○／×／?)は、方言話者の判断を示しているが、共通語話者についても同じようだった。語形は共通語形に直して表記している。⇒／＝ら˥／(接尾辞)の項を参照。

「×?子どもたち３人／×?３人の子どもたち」→「○子ども３人／○３人の子ども」

「×?彼には子どもたちが３人いる」→「○彼には子どもが３人いる」

「○おれら(おれたち)３人／×３人のおれら(おれたち)」(「特定数＋の＋代名詞」は不可)

↔「×おれ３人／×３人のおれ」(代名詞は、名詞と違って「単複分化」していることに注意。)

「それはおれら(おれたち)３人がやった」

※アクセントは、平板型の／おいら¯／が尾高型の／おいら˥／よりも一般的なので( )に入れて示し、また、／おいら¯／は意味・用法においても異なる点があるので、項目としても別立てした。⇒／おいら¯／を参照。

※共通語にある？という、聞き手排除exclusiveの「私ども」と、聞き手包括inclusiveの「私たち」のような区別はない。

おれべーしき ／'orebeʀsiki／(状態詞)

自己中心的で「俺が、俺が、」とばかり言う人。

※語源的語構成は、代名詞／おれ¯／＋限定の副助詞／べ˥ー／(「ばかり」の変化形)＋程度の接尾辞／しき／(この接尾辞は「これしき、それしき、あれしき」に現れる)と思われる。

おろの˥く～おろのく˥ ／'oronu˥ku～'oronuku˥／［疎抜く］(他動詞)

／うるぬ˥く 'urunu˥ku／(間引く)の変異形variant。アクセントは尾高型Aでも言う。

／おろのい˥た⌒やつ　どー˥⌒しん・だ↓／(間引いたのをどうするのだ。)

⇒／うるぬ˥く 'urunu˥ku／を参照。

おわし¯ ／'o'wasi／［お足］(名詞)

通貨・貨幣、お金。

※「お足」だとは子どもの頃気づかなかった。英語のcurrency(通貨)はラテン語のcurrere(to run)に由来すること参照。

おわす¯ ／'o'wasu／［終わす］(他動詞サ行五段)

所動詞「終わる」の他動詞として、／おわす¯ 'o'wasu／という形式を使う人たちを時々見かける。これは「回す」:「回る」のような能所([能動詞ト所動詞])の対(つい)いわゆる自他の対をひな型として、「終わす」:「終わる」の対として、類推的に形成された形式と思われる。

「三時までに仕事φ(＝仕事を)終わすつもりだ」。「早くこんなことφ終わして帰りたい」ナド。

※所動詞の「終わる/'o'waru¯/」に対する他動詞は、能所(自他)同形の「終わる/'o'waru¯/」か、使役動詞の「終わらせる/'o'waraseru¯/」がふつう使われている。

「三時までに仕事φ(＝仕事ガ)終わると思う」:「三時までに仕事φ(＝仕事を)終わるつもりだ」～「三時までに仕事φ(＝仕事を)終わらせるつもりだ」

能所(自他)同形の「終わる」では、volitionality(意志・無意志の別)やtransitivity(及物・不及物の別)が明示的でないので、補充的に「終わらせる」が使われるのだと思われる。なお、本来の他動詞の「終える」はないとは断言できないが、日常的には殆ど「終わる」専用で、複合動詞の後部成分も、同様に、「(書き)終える」ではなく、「(書き)終わる」が専らだった。本来の「終える」:「終わる」の対が、このように「終える」が使われなくなることで、新たに組み直されたのが「終わす」:「終わる」の対であると考えられる。このようなわけで改新形の可能性が高いと考える。広がるかどうかは不明。

おわる¯ ／'o'waru／［終わる］(所動詞・他動詞ラ行五段)

終わる。能所(自他)が同形となっている。前項／おわす¯／を参照。

＝お˥わる ／'o˥'waru／(派生動詞[終了動詞]形成接尾辞ラ行五段)

動詞の語基形(連用形)に付いて、語基の表す動きの「終り(終了)」({動きが終わる／動きを終える})を表す語彙的派生接尾辞。

※アクセントは、表記のように語基の動詞の基本形が無核型(平板式)・有核型(起伏式)を問わず、

／おきお˥わる／（置き終わる）・／かきお˥わる／（書き終わる）となるのがふつうであるが、有核型の語基との結合形には／かきおわる¯／のような平板型も聞かれる。

おわんこ¯ ／'o'waNko／［お椀こ］（名詞）
汁物をよそう木製の容れ物。ご飯をよそう瀬戸物の容れ物は／ちゃわんこ¯ cja'waNko／と言う。
※身近な、手触りのある具体物には接尾辞／＝っこ／が付く傾向が見られる。

おわんや¯ ／'o'waN'ja／（名詞）
便所の汲み取り屋。「汚穢（おわい）屋」の訛語（おわいや［owaĩja］→おわんや［owaĩja］）。「汚穢（おわい）」は、他に「肥舟［koibune¯］」の別名の「汚穢舟［owaibune］」にも現れるが、こちらは*［owambune］とは言わなかった（ようである）。
※／Vi'jV→VN'jV／［VĩjV→VĩjV］という変化は調音運動と聴覚印象が似ているためか類例が幾つか見つかる。東京語では「問屋（といや→とんや）」。1955年頃、野球の審判「アンパイヤ」のことを多くの子どもたちは／あんぱん˥や 'aNpaN˥'ja ／と言っていた。

おんだす˥ ／'oNdasu˥／（他動詞サ行五段）
勢いよく外に押し出す。

おんでる˥ ／'oNderu˥／（自動詞ダ行下一段）
勢いよく外に出る。

おんな=˥ ／'oNna=˥／［女］（名詞）
女。単独での言及は軽い軽卑感を伴う。待遇中立的には／おんな・の⁀しと˥（～ひと˥）／と言う。
卑称は／あまっこ˥ 'amaQko˥／、／あまっちょ˥ 'amaQcjo˥／。

おんなっこ˥ ／'oNnaQko˥／［女っこ］（名詞）
女。男（／おとこ˥ 'otoko˥／）の「～こ」に終わる語形に引き付けられて出来た語形であろう。
／あまっこ˥ 'amaQko˥／ほど軽卑の語気はないが、やや軽んじた感じはある。

おんぬく˥ ／'oNnuku˥／［おん抜く］（他動詞カ行五段）
勢いよく追い抜く。
※近ごろ（1980年頃）、よそから転居して来た人たちやその子どもたちの中で、駆けっこなどで人を追い抜くことを「ぬかす」というのをよく耳にするが、こういう言い方はこの地域にはないことであった。この地域の／ぬかす¯ nukasu／は、「一連の物の中のいくつかを順番から除いてその先に進める」ことをいった。

おんのめす˥ ／'oNnomesu˥／（他動詞サ行五段）
勢いよく前に倒す、倒れさせる。

おんのめる˥ ／'oNnomeru˥／（自動詞ラ行五段）
勢いよく前に倒れる、倒される。

おんばこ¯ ／'oNbako／（名詞）
オオバコ（車前草）。

おん˥ぶ ／'oN˥bu／（動作名詞）
／ぶう˥ buR˥～bu'u˥／（ワ行五段「おぶう」）の幼児語。反対語は／だっ˥こ daQ˥ko／（「抱かる」）。

おんま˥ける ／'oNma˥keru／（他動詞カ行下一段）
容れ物をひっくりかえして、中味を全部外に、勢いよく、出して散らかすこと。
※「押し＋撒ける」という語構成。しかし、単独の「撒ける」では使われず、接頭辞と結合した形でのみ使われる。／んーま˥ける 'NRma˥keru／と／うんま˥ける 'uNma˥keru／は、「打ち＋撒ける」、／ぶんま˥ける buNma˥keru／は「ぶち＋撒ける」という語構成で、接頭辞の意味の違いが類義の他動詞の微妙な意味の違いをもたらしている。

おんもむ˥ ／'oNmomu˥／（他動詞マ行五段）
両手につかんで、力を入れてこすり合わせること。

おん˥り ／'oN˥ri／（動作名詞）
／おりる˥ 'oriru˥／（ラ行上一段）の幼児語。反対語は／あん˥が 'aN˥ŋa／（上がる）。

／がga、ぎgi、ぐgu、げge、ごgo、ぎゃgja、ぎゅgju、ぎょgjo／（ガ行濁音）
／が゚ŋa、ぎ゚ŋi、ぐ゚ŋu、げ゚ŋe、ご゚ŋo、ぎ゚ゃŋja、ぎ゚ゅŋju、ぎ゚ょŋjo／（ガ行鼻音）
について。（/ /は音素表記、［ ］は音声表記）
細かい音声的変異（異音allophone）はあるが概略、「ガ行濁音」とは頭子音に有声軟口蓋破裂音の/g-/［g-］をもつ音節を、「ガ行鼻音」とは頭子音に有声軟口蓋鼻音の/ŋ-/［ŋ-］をもつ音節をいう。少数の例外はあるが、伝統的共通語と同様に、「ガ行濁音」は、基本的には自立語の語頭に現れ、「ガ行鼻音」は自立語の語中・語尾や付属語の語頭と語中・語尾に現れる。両者はこのように、「/g-/［g-］～/-ŋ-/［-ŋ-］」という一種の相補的分布をなしているが、有声閉鎖音が母音間で鼻音化する音声学的理由がないので異なる音素とする（「環境同化の作業原則」『言語学の方法』（服部四郎1960岩波書店）参照）。例えば、「午後五時が（締め切り）」は／ごご゚˥⁀ごじ・が goŋo˥ gozi ŋa／［goŋo gozi ŋa］と発音される。自立語の語頭その他の例外には、例えば戦前世代では、

「教える側/'oseru ŋa'wa¯/と教わる側/'osaru ŋa'wa¯/」(「側/ŋa'wa¯/」は形式名詞)や「ぎゃーすか/ŋjaʀ˥suka/」(猫の鳴き声。擬音語)、「十五六/zjuʀgo˥roku/」(15・6歳。cf.「十五夜/zjuʀŋo'ja¯/」)や「ごろごろさま/gorogoro sama(=˥)/」(雷さま)などがある。このような「/g-/:/-ŋ-/」を原則とする区別は、戦前世代と高度経済成長期(1970年頃)以前の戦後世代でははっきりしている。しかし、高度経済成長期(1970年頃)以前の戦後世代でも、小学校低学年で町の小学校へ(分村合併で)転校した話者や特に(町の)幼稚園に通っていた話者では、「撥音(ん/ɴ/)」の後の位置では鼻音が現れるが、母音間では濁音と鼻音がランダム(無原則)に現れるなど、「ガ行鼻音」を音韻(音素phoneme)として失っている高度経済成長期(1970年頃)以後の世代と同様になっている話者が見られる。なお、このような音素/ŋ/を持たない話者の、音素/g/の母音間の/-g-/に該当する(有声破裂音の[-g-]と自由異音free allophoneの関係にある)有声鼻音の異音[-ŋ-]は、有声軟口蓋破裂音が母音間で鼻音化する一般音声学的な理由がなく、歴史的・通時的な理由を持ち込まないと説明できないなど、音韻論的には問題があることに注意。最近の大体1990年代以降の世代では音声としてもガ行鼻音がほぼ全く現れなくなっているのはこの点ですっきりしている。なお、ガ行濁音音素/g/の他にガ行鼻音音素/ŋ/を持つ話者では副詞「すごく」の強調形が/すんご˥く sunŋo˥ku/となり、ガ行濁音音素/g/しか持たない話者では/すっご˥く suQgo˥ku/となるので、両者を見分ける目印Merkmalとなる。

【以上の世代分けや世代差は大づかみな一種の「理念型Idealtypus」的な把え方であることに注意。】

また、1970年頃の調査ではガ行濁音/g-/とガ行鼻音/-ŋ-/のはっきりした区別を持っていた戦中生まれの話者が、2015年に調べ直すと、ガ行鼻音[-ŋ-]が現れる(現れた)位置に、ガ行鼻音[-ŋ-]の他にガ行濁音[-g-]が自由変異のようにランダム(無原則)に現れるようになっていて、音韻的対立を失っているとしか考えられないような事例に出くわした。同じ話者が1970年頃は「おとな」を中高型で発音していたがこれも平板型になっていた。いずれも周囲の圧倒的に多数派の言語(≒共通語(ガ行鼻音を欠くなど伝統的共通語とは異なる))に同化した変化だが、いつごろ変わったのか・変えたのかと訊いたが自覚がなく分からないということだった。言語変化は、世代間だけでなく、個人においても無自覚的に進行する(進行しうる)のだと気づかされた。

か=¯〜かー¯ /ka〜kaʀ/ [蚊](名詞)

蚊。蚊の吸血行動を、人間を主語にした受身文では、/か・に ささい˥た/(蚊に刺された)とも、/か・に くっつぁ˥さいた/(蚊に食っ刺された)とも、/か・に くわい˥た/(蚊に食われた)とも言うが、蚊を主語にした能動文にすると、/かー おめー・こ˥と さして˥る/(蚊がおまえを刺している)、/かー おめー・こ˥と くっつぁ˥してる/(蚊がおまえを食っ刺している)とは言うが、/かー おめー・こ˥と くって˥る/(蚊がおまえを食っている)と言うのは、不自然で変だと言う。

※/しまっか˥ simaQka˥/(/やぶっか¯ 'jabuQka/とも言う)が特に刺されると痒かった。「痒い」は、/かい˥ー〜かい˥ ka'i˥ʀ〜kai˥/と言った(過去形は/かい˥かった kai˥kaQta/)。

が=¯〜がー¯ /ga〜gaʀ/ [蛾](名詞)

蛾。「蛾」も「蝶々/cjoʀcjo˥/」も親(成虫)によって子ども(幼虫)を区別することはなく、成虫とは別に、幼虫は、上位範疇の体毛の有無[±毛]と下位範疇の体色[±青]の組み合わせによって、[+毛]/けんむし˥ keɴmusi˥/(毛虫)、[−毛、+青]/あおむ˥し 'a'omu˥si/(青虫)、[−毛、−青]/いもむ˥し 'ɪmomu˥si/(芋虫)となっているようである。

/ゆーがとー・ん⌒とこん・で がー いら˥ しんでた↓/(誘蛾灯の所で蛾が沢山死んでいた。)

※「蛾」と「蝶々/cjoʀcjo˥/」の違いは、止まったとき、「蛾」は羽を開いている(伏せている)、「蝶々」は羽を閉じている(合わせている)と、子どもの頃に聞いたことがある。

が=¯〜がー¯ /ga〜gaʀ/ [我](名詞)

自我。自我一般ではなく自己中心的egocentricな自我をいうのがふつう。/がー⌒つよ˥い〜が・が⌒つよ˥い/(自己主張が強い)、/がー⌒はる/(強く自己主張し妥協しない)。

か /ka/ (助詞)

① (副助詞)

不定語(疑問語[疑問詞])に付いて「不定」であることを表す。

/だれ|・か〜だい|・か/ (誰か)、/なに|・か〜なん|・か/ (何か)、

/どこ˥・か〜どっ˥・か/ (どこか)、/いつ˥・か/ (何時か) 等。

② (並立助詞)

「A か B か」、「A か B」の形で、択一的並立を表す。ABには大概の自立語が入り得る。

③ (終助詞)

不定人称者の「疑問」を表す。(「質問」ではないので相手がいなくても可能。従って、自問自答的自得[納得・感嘆・詠嘆]の用法も可能である。この「疑問」に音調型など相手(理解者)への持ちかけが加わって「質問」(時に「念押し」)となる。)

※終助詞「か」の直前にラ行五段と一段の動詞語尾の「る」が来ると促音便化するのが普通である。なお、音便は元の形(非音便形)と共存することを特徴とする。

例:/ある˥・か〜あっ˥・か/(有るか)、/あける・か˥〜あけっ・か˥/(開ける)など。

が[1] /ŋa/ (格助詞「主格」)

主格を表す。主格はゼロ(「φ」)でも表される。ゼロが中立で、/が/は総記(「今話題になっているものの中でソレダケが」という意味」)や強調・強意の意味を帯びやすく、格助詞のない格助詞「φ」

との間に微妙な区別がある。
／なに⌉・か　おと⌉　きこいる↓／と、／なに⌉・か　おと・が⌉　きこいる↓／
（「何か音φ聞こえる。」と、「何か音ガ聞こえる。」）。
a．能動詞の自動詞文「子どもガ遊んでいる」と他動詞文「子どもガ猫コト撫ぜている」、および所動詞の一項所動詞文「空ニ月ガ輝いている」では、ガ格は主語（主格主語）を表す。
b．所動詞の二項所動詞文「おれガニは車ガ見えなかった」・「猫ガニは犬ガ見えていた」では、ガ格は一種の目的語〈対象語〉（主格目的語〈主格対象語〉）を表す。（他動詞文「おれは車φ見なかった」・「猫ガ犬コト見ていた」を参照。）
形容詞文も動詞文に準じる。例えば「おれガニは自分ガ恥ずかしい」のガ格は上記bに該当する。
※この連用格助詞の／が[1]／と次項の連体格助詞の／が[2]／とは、通時的には同一の古典語の「が」（格助詞）に由来する語だが、文法的な機能、先行名詞の有生性選択などの点で、大きな違いが生じていて、共時的には、別語（同音異義語）とすべきものになっている。ただ、意味的に帯びやすい「総記」と「排他的所有」に関しては何か密接な関係があるように話者には感じられている。

が[2]　／ŋa／（連体格助詞・準体助詞）
①（連体格助詞）：生物名詞を受けて連体語を作る。連体格助詞には他に、「有生性」に関して中立的で一般的な所有や所属を表す／の／があるが、／が／は、生物名詞に付いて排他的な所有や所属を表すという違いがある。（この二者の違いは、英語のof-genitive と's-genitive の違いに一見似たところがあり、of-genitive と's-genitive の使い分けに、［±Human］［±Animate］が関係していることや、殊に後者、いわゆる所有格possessive の「-'s」形式が、主として生物（特に人間）に限られることなどが、関連して注目される。）
／{おれ／ひと}・の　もの=⌉／（一般的所有）と／{おれ／ひと}・が　もの=⌉／（排他的所有）。
／この⌒ねこ⌉・わ　あんちゃ⌉ん・が⌒とこん・しか　いかねー↓／
（この猫は長男の所（に）しか行かない。）
※／おれ・が　ふとん・の　した⌉・ん　なって⌉る↓／は両義的で、
a．「布団の下になっているのが外ならぬこの俺である。」（「［おれガ］（総記）［布団の下］になってる」トイウ関係）という意味と、
b．「何かが、外ならぬこの俺の布団の下になっている。」（「（［何かガ］）［［［おれガ］布団］の下］になってる」（詳しくは「…［［［おれガ］（排他的所有）＋布団］の下］…」）トイウ関係）という意味を、表しうる。前者が主格助詞、後者が連体助詞であるが、この両助詞間には意味的に密接な関連があるように方言話者（複数）native speakers には感じられている。しかし、前者は有生性に関して中立的、後者は有生の生物名詞にしか付かないなど、文法的なふるまいには違いがある。その他に、aには／おれ・が　｜　ふとん・の　した⌉・ん　なって⌉る↓／のように、／おれ・が／の後に音休止pause（「｜」）を置きうるが、bには置けないなどという違いもある。
②（準体助詞）：生物類名詞に付いて、それが所有するものを表す。／ŋa⌉no／に同じ。
／そら　おれ・が⌉・より　りっぱ・だ↓／＝／そら　おれ・が⌉・の・より　りっぱ・だ↓／
（それは俺のより立派だ。）⇒／の[2]　no／（名詞的準体助詞）、／おら⌉　'ora⌉／（代名詞）を参照。

かー⌉ちゃん　／kaʀ⌉cjaɴ／（名詞）
母の親称。対語は／とー⌉ちゃん　toʀ⌉cjaɴ／。
※呼びかけ用法はその家族内の子どもや配偶者が使用者。言及用法では、家族外の他人も使用可能だが、家族外の他人がその本人に向かって使うことは不可能。

かーるい⁻　／kaʀrui／（形容詞）
軽い。
※共通語の３音節平板型で／Carui／という形をした形容詞は、語頭音節が長呼され、語尾の連母音も融合しない形／Caʀrui／が対応する。
「軽い」→／かーるい⁻　kaʀrui／　「丸い」→／まーるい⁻　kaʀrui／
逆に、共通語の３音節起伏式で／Caru⌉i／という形の形容詞は、語頭音節が長呼されず語尾は母音融合する形／Cari⌉ʀ／が対応する。
「だるい」→／だり⌉ー　dari⌉ʀ／　「悪い」→／わり⌉ー　'wari⌉ʀ／

かーるっこい⁻　／kaʀruQkoi／（形容詞）
極めて軽いこと、軽さの度合いの大きいことを表す。

かい⌉ー～かい⌉　／ka'i⌉ʀ～kai⌉／（形容詞）
痒い。語幹は／かい＝　kai-／で、／かい⌉く、かい⌉ー～かい⌉、かい⌉ーけりゃ～かい⌉けりゃ、かい⌉かんべ、かい⌉かった／のように活用する。
※「痒い」は終止＝連体形が分節音的に２形ある。類例に／かわい⌉ー～かわい⌉～かわ⌉い　ka'wa'i⌉ʀ～～ka'wai⌉～ka'wa⌉i／（可愛い）がある。いずれも音韻的に条件付けられた形である。

かいど⁻～けーど⁻　／kaido～keʀdo／［垣外］（名詞）
→／けーど⁻～かいど⁻　keʀdo～kaido／（垣外）

かう⁻～かー⁻　／ka'u～kaʀ／［買う］（他動詞ワ行五段）
買う。／（金魚を）　かった⌒こと⌉⌒ある／。

かう⌉～かー⌉　／ka'u⌉～kaʀ⌉／［飼う］（他動詞ワ行五段）

飼う。／(金魚を)　かった⌉⌒こと⌒ある／。
かう⌉～かー⌉／ka'u˥～kaʀ˥／［支う］(他動詞ワ行五段)
①「棒をかう」、例えば／ぼー¯　かっと⌉く／の形で、棒を当て戸を押さえて開かなくしておく。
②「鍵をかう」、例えば／かぎ⌉　かっと⌉く／の形で、鍵などを掛けて開かなくしておく。
がかい¯～がけー¯／gakai～gakeʀ／(名詞)
体格。／がかい・が　い⌉ー↓／(体格が良い。)、／がかい・が　ある⌉↓／(体が大きい。)、／がかい・べ⌉ー　あって⌉も→／(体ばかり大きくても…)、／がかい・わ　あっ⌉・けど　かーるっこい↓／(体は大きくても軽い。)
※／がかい¯／は俚言意識がなく共通語的場面でもよく出てくる。最近では／がたい¯ gatai／と言うのもよく耳にするが、伝統的な語形は戦前・戦中世代の発音からして／がかい¯～がけー¯／である。語として無契的immotivé(unmotivated)な「ガカイ」を、「ガタイ」とすることで、「ズータイ」(図体/zuʀ˥tai/)などの「タイ(体)」に関連づけて、語としての有契化を図った語形であろうか。
※『日葡辞書』の「Gacai［ガカイ］」(＝aparencia de obras, ou edificios(工作物、建造物の外見))参照。
かかし¯／kakasi／(名詞)
案山子。／かかし・の⌒あたま⌉　から⌉す　とまってる↓／(かかしの頭に烏が止まっている。)
かかと¯／kakato／(名詞)
かかと(踵)。／あるきすぎ⌉て　かかと　いて⌉ー↓／(歩きすぎてかかとが痛い。)
※『物類称呼』の「きびす」の項に「関東にて〇かかとと云」とある。
かがむ¯／kaŋamu／［屈む］(自動詞マ行五段)
腰は下ろさずに腰や膝を曲げて体を前屈する。／こごむ¯ koŋomu／も耳にする。
かがめっちょ=⌉～かがめっちょ¯／kaŋameQcjo=˥～kaŋameQcjo／(名詞)
とかげ。なお、「かなへび」と「とかげ」については、仏・伊・西語で「蛾」も「蝶」も papillon, farfalla, mariposa であるように、区別を知らない。⇒／かまぎっちょ¯ kamaŋiQcjo／(蟷螂)の項参照。
※／かがめっちょ／の語構成は、語基／かがめ／と指小辞／っちょ／から成ると推定される。
・１つの仮説として、次のような語源が考えられる。それは、語基としての／かがめ／を更に語根／かが／と生物接尾辞／め／にさかのぼると考えるものである。とすると、共通語の「とかげ」に含まれる「かげ」との関係が浮かんでくる。これらを「きらきらする光」の意味の古語「かげ kagë」(とその母音交替形「かが kaga-」)に関連づけられるなら、いずれもトカゲの皮膚のきらきらしているところからの命名と考えることができるかもしれない(「と」については不明)。但し、濁音形の「とかげ」が清音形の「とかけ」より新しいと、この語源仮説の一部は成り立たなくなる。
『物類称呼』には「蜥蜴　とかけ〇畿内にて○とかけ…江戸にては○とかげと　け　の字を濁りてよぶ」とあるが、時代的に先行する『日葡辞書』には「lagartixa(小蜥蜴). tocague［トカゲ］」とあるので、ひとまず濁音形「とかげ」を古くからある語形として上記のように考えておく。
　なお、ポルトガル語 “lagartixa”(小蜥蜴［雌］)は、スペイン語 “lagartija”と同義・同源で共に語基“lagarto/a”(蜥蜴［雄／雌］)＋指小辞 “-ix-/-ij-” による派生語で、ラテン語 “ lacertus/a”(蜥蜴)にさかのぼる。(英語の “alligator”(鰐)は、スペイン語の “el lagarto”(定冠詞＋蜥蜴) からの借用で、“allagarto” を経て “alligator” となったといわれている。)
・もう１つの仮説としては、／かがむ¯ kaŋamu／(「屈む」腰は下ろさずに腰や膝を曲げて体を前屈する)や／かがめる¯ kaŋameru／(「屈める」腰は下ろさずに腰や膝を曲げて体を前屈させる)と関係づけて(とりわけ後者と)、体を屈曲させてしなやかに動くその動きから「かがめ＋っちょ」と考えるものであるが、この場合の難点は、「屈む、屈める」が方言では〈「腰や膝を曲げて」＋「腰は下ろさずに体を前屈(する／させる)」〉という意味特徴を持つ点で、特に後者の意味特徴がひっかかるように思われる。ただ、「屈曲(する／させる)」ところに注目すれば、語源としては案外こちらも成り立つ可能性があるかもしれない。⇒／かがむ¯ kaŋamu／、／かがめる¯ kaŋameru／、／しゃがむ¯ sjaŋamu／の項を参照。
かがめる¯／kaŋameru／［屈める］(他動詞マ行下一段)
腰は下ろさずに腰や膝を曲げて体を前屈させる。／こごめる¯ koŋomeru／も耳にする。
かがる¯／kaŋaru／［縢る］(他動詞ラ行五段)
布の破れや端の部分を糸で縫いつけてほつれないようにする。
かき¯／kaki／［柿］(名詞)
①柿(樹木)＝／かき・の⌒き⌉／。②柿(果実)＝／かき・の⌒み¯／。渋いのは／しぶっか⌉き／。甘いのに／ひゃくめ¯／(百目柿)、／ふゆ⌉がき／(富有柿)など。干したものは／ほしが⌉き／。
※家によって、子どもが生まれると記念に植えて、それぞれの子の木としてその子に占有させた。
がき=⌉～がき¯／gaki=˥～gaki／［餓鬼］(名詞)
子どもの意味の卑語。子どもや子ども扱いされた人に向けて直接に使われると罵倒語になる。
／いつ⌉・まで　がき⌉　やってん・じゃ⌒ねー⌉・よ↓／
(いつまでも子どものようなことをしているのではない。)
／がき・わ　しっこん⌉でろ↓／(子どもは引っ込んでいろ。)
／がき・が　いら⌉　いる↓／(子どもをたくさんもっている。［自分の子どもなら謙遜になる］)
※子どものもつマイナス属性(無分別・無遠慮・手がかかるナド)が嫌悪される用法が多い。

※「六道」「三悪道」の１つの「餓鬼道pretaloka」の衆生の「餓鬼preta[pré:tʌ]」が飢渇に苦しみ常に飲食を求めて止まない有り様から、比喩的に子どもに転用されたもので、隠喩に起原する語である。

かぎっ˥ちょ ／kaŋiQ˥cjo／（名詞）

物を引っかけるのに使う、先の曲がった金属製のかぎ(鉤)。

がきっちょ˥ ／gakiQcjo˥／（名詞）

子どもの意味の卑語。「餓鬼」に(軽卑の意味合いを含む)指小辞「＝っちょ」が付いた語。

かぎっつぁき¯ ／kaŋiQcaki／［鉤っ裂き］（動作名詞）

着物などの、釘などに引っ掛かって切り裂けたあと。

がきっぽ˥い ／gakiQpo˥i／（形容詞）

／こどもっぽ˥さ／(子どもっぽさ)のうち、そのマイナス属性を特に強調するような意味合いで用いられる。／いつ˥・まで・も　がきっぽ˥い⌒やつ・だ↓／

かく˥ ／kaku˥／［掻く］（他動詞カ行五段）

指先の爪やとがったものの先をものの表面に強く押しつけて動かすことであとやきずをつける。

※／しっかく˥～ひっかく˥ siQkaku˥～hiQkaku˥／(siQkaku˥が本来の語形、hiQkaku˥は新しい語形)は類義語で、「手前に引っ張るようにして(力を入れて)そうする」。

かく˥～かぐ˥ ／kaku˥～kaŋu˥／［嗅く］（他動詞カ行五段）

匂いなどを鼻で嗅ぐ。／によい˥⌒かく／(匂いを嗅ぐ)。

※語尾は清音で発音するのがふつう(だが、鼻濁音で発音する人もいる)。共通語のガ行五段にカ行五段が対応するものには、ほかに／ぬく˥ nuku˥／（「脱ぐ」）がある。

※アクセントは共通語の平板型には対応せず、頭高型に対応する尾高型である。あるいは平板型に発音する人がいるかも知れないが、この辺りで確認できるのは尾高型である。

かくし=˥ ／kakusi=˥／（名詞）

ズボンのポケット。「隠す」ことは「かくなす/kakunasu˥/」と言っていたので、ポケットの「かくし」が「隠し」だとは子どもの頃は気がつかなかった。

／かくし・ん⌒なか˥・に　なん˥・か　かくなして˥る↓／（ポケットに何か隠している。）

かくなす˥ ／kakunasu˥／［隠なす］（他動詞サ行五段）

隠す。ふつう／かくす˥ kakusu˥／とは言わない。自動詞／かくねる˥ kakuneru˥／の他動詞。

かくねる˥ ／kakuneru˥／［隠ねる］（自動詞ナ行下一段）

隠れる。他動詞／かくなす˥ kakunasu˥／の自動詞。

※語幹末音節の[re]が調音点の近さから[ne]に変わったものであろう(／kakureru→kakuneru／)。この方言のナ行鼻音[n]の調音点は、(タ・テ・ト、・ダ・デ・ドのタ・ダ行の破裂子音[t][d]が前歯の裏から歯の付け根付近の前歯茎と舌尖・舌端で調音される歯裏音dentalであるのと違って、)歯の付け根と歯槽突起との中間付近と舌尖で調音されかつ舌端・前舌面が少し凹む歯茎音alveolar(歯の付け根と歯槽突起との中間付近)なので、歯茎弾き音のラ行子音[ɾ](東京語の[ɾ]は歯槽突起より奥側と舌尖のすぐ裏側で調音されるが、この方言の[ɾ]は歯槽突起のすぐ前側と舌尖で調音される)に調音点が近くほんの少し前であるに過ぎず、かつ調音時の舌端・前舌面の凹みなどなど調音方法が似ている。

こうして成立した自動詞／かくねる˥ kakuneru˥／から他動詞派生の型(e-ru→-as-u)に従って再構成された語形が他動詞／かくなす˥ kakunasu˥／であろう。

かくねん˥ぼ ／kakuneɴ˥bo／（動作名詞）

かくれんぼ。昭和20年代頃は誰もが「かくねんぼ」と言って、「かくれんぼ」とは言っていなかった。

かくら˥ん ／kakura˥ɴ／［霍乱］（名詞、動作名詞）

暑さ負け(で体をこわすこと)。日射病など。

／そんな⌒ひなた・で　ねてん・と　かくら˥ん⌒しん・ど↓／

（そんな日なたで寝ていると暑さ負けで体をこわすぞ。）

がけ¯ ／gake／［崖］（名詞）

崖。大宮台地の安行支台が中川低地に接する台地縁が崖や坂になっていた。／もろ=˥ moro=˥／(室)が崖下や高台に掘られていた。

かけじ˥ ／kakezi˥／［掛け字］（名詞）

床の間などに掛ける掛け物。掛け軸のこと。書画いずれをも言い、書だけではない。

かけっこ˥ ／kakeQko˥／（動作名詞）

駆け競べ、競走。「駆けっこ」は、「駆け事(かけこと→かけっこと)」の下略形に基づく。

／かけっこ˥・わ　だい˥・に・も　まけなかった¯↓／(駆け競べは誰にも負けなかった。)

かけっこ˥ら ／kakeQko˥ra／（動作名詞）

駆け競べ、競走。「駆けっこら」は「駆け競べ(かけくらべ→かけっくらべ)」の下略形「駆けっくら」が類義語の「駆けっこ」に引き付けられて変化した形。現在では殆ど同じ意味の語と理解されている。

がけっぱら¯ ／gakeQpara／［崖っぱら］（名詞）

崖っぷち。「崖っぱら」の「＝っぱら」は「片っぱら/kataQpara¯/」(物事の一方の端)の「＝っぱら」と同一形式と思われる。

かげ˥ぼーし ／kaŋe˥boʀsi／［影法師］（名詞）

影法師。鬼ごっこの一種に鬼が影法師を踏むと踏まれた子が鬼となる遊び(影踏み)があった。
※昔は／かげ˥んぼち kaŋe˥ɴboci／と言っていたという明治生まれの話者があったが、戦前世代でも／かげ˥ぼーし kaŋe˥boʀsi／がふつう。戦後世代では／かげぼ˥ーし kaŋebo˥ʀsi／がふつう。

かけや˥し ／kake'ja˥si／［駆け足］(動作名詞)
(競争して) 走ること。

かける˥ ／kakeru˥／［駆ける］(自動詞カ行下一段)
生物が両足を素早く動かして高速で前へ移動する。走る。
※特に、後ろ足(利き足)が地面を蹴ること、そのことで前足だけでなく後ろ足も瞬間的に地面を離れることが、「歩く/'aruku˥/」との違いとする複数の話者があり、筆者の内省とも一致する。両足が地面から離れないといくら速くても「歩く/'aruku˥/」「早歩き/ha'ja'aru˥ki/」と見られる。なお、連語動詞「駆けて歩く/kake˥te 'aruku˥/」「おっ駆けて歩く/'oQkake˥te 'aruku˥/」の「歩く/'aruku˥/」は、「駆け回る」「追いかけ回す」の意味の補助動詞で本動詞「歩く/'aruku˥/」とは意味的に分化しているので矛盾した行動ではない。
／はー　かけ˥て⌒あるってる↓／([赤ちゃんだったのが]もう駆け回っている。)
／いぬっころ˥・が　すずめ・こ˥と　おっかけ˥て⌒あるってた↓／(子犬が雀を追い回してた。)
※／はしる˥ hasiru˥／に比べて、主語の有生性(有意性)、動作の具体性が特徴。／はしる˥／はこの点で、一般性・抽象性を帯びる。／くるま・が　かける˥／(車が駆ける) とは言わない。
こういう区別は、「為す」の意味の／やる¯ 'jaru／と／しる¯ siru／(する)にも見られる。

かげ˥んぼち ／kaŋe˥ɴboci／ (名詞)
明治生まれの話者が、／かげ˥ぼーし kaŋe˥boʀsi／(影法師)を昔はこう言っていたという。

かご¯ ／kaŋo／［籠］(名詞)
短冊状や紐状の竹ひごなどを編んだり組んだりして作った容れ物。乗り物の／かご¯ kaŋo／も、鳥を入れておく／かご¯ kaŋo／も同じことばと意識されていた。
※形状・機能が「笊」／ざーる=˥ zaʀru=˥／と似るが、形状はザルよりも深く、機能は保存・貯蔵などザルよりも長く入れておくもの、という違いが意識されている。
しかし、「竹で編んだカゴ」は／ざっき˥ zaQki˥／で、「ワラで編んだカゴ」は／てんご˥ teɴŋo˥／と言うと説明されたが、また別の時に／ざっき˥ zaQki˥／は「田植えで苗を運ぶザル」だとも言われた。同一のものが「かご」とも「ざる」とも言われているところに両者の近さが露呈しているようである。

かさ˥ ／kasa˥／［傘］(名詞)
(さす)傘。／さす˥⌒かさ˥、かさ˥⌒さす˥／(さす傘、傘をさす)。

かさ˥ ／kasa˥／［笠］(名詞)
(かぶる)笠。／かさ˥⌒かぶる˥／(笠をかぶる)。／みの˥⌒かさ˥ mino˥ kasa˥／(蓑と笠)。

かさ=˥ ／kasa=˥／［嵩］(名詞)
重なりが作る高さや大きさ(体積・容積)。／としかさ¯／(年かさ)、／みずかさ¯／(水かさ)。
※「重なる/kasanaru¯/」や「重ねる/kasaneru¯/」の語基の「かさ = /kasa-/」は同じ形態素と見られる。形態と意味が類似しているうえに、院政期のアクセントが、「嵩/kasa/」は「上平[高低]」で、「重なる」「重ぬ」はそれぞれ「上上上平[高高高低]」「上上平[高高低]」で、第1音節のアクセントが一致するので、第一要素に同じ形態素を含む単語家族と見做すことに問題はない。

かざはな¯ ／kazahana／［風花］(名詞)
晴れた日に風に舞いながら降る雪。
※晴れた日に降る雨は／てんきあめ˥ teɴki'ame˥／［天気雨］と言う。

かさばる˥ ／kasabaru˥／ (所動詞ラ行五段)
→／がさばる˥ gasabaru˥／

がさばる˥ ／gasabaru˥／ (所動詞ラ行五段)
扱いづらいくらいに、／かさ=˥ kasa=˥／(「嵩」体積・容積)が大きい。
※／かさばる˥ kasabaru˥／とも言うが、それよりも程度性を強調した動詞である。

かし˥〜かし¯ ／kasi˥〜kasi／［樫］(名詞)
カシ(木の名)。アクセントに尾高型と平板型の2つが観察される。
樹木は／かし˥・の⌒き〜かし・の⌒き˥／、果実は／かし˥・の⌒み〜かし・の⌒み¯、かし˥・の⌒き・の⌒み〜かし・の⌒き˥・の⌒み¯／(樫の実、樫の木の実)。殆ど／かし˥・の(＋{木／実})〜かし・の¯(＋{木／実})／の形で使われ、この形以外で／かし˥〜かし¯／は殆ど使われない。
※はっきり平板型で発音する話者があり、どうも年齢層から見て平板型の方が古いようである。
「樫」は、2拍名詞第3類だからアクセント対応からは東京式アクセントで尾高型が期待されるところ、実際は頭高型となっている語である。方言の平板型の語形は、東京式で期待される尾高型に対応する尾高型B類の／*かし=˥／に格助詞「の」が付いて、その場合に働く〈=˥の削除規則〉によって／かし¯・の¯／となったものと説明できるかもしれない。尾高型A類の／かし˥／は、東京語の頭高型に対応する語形で、東京語の影響が考えられるかもしれない。
※「樫の実」を／doɴ˥ŋuri／と言った記憶はない。「どんぐり」は、もう少し大きくて別のものという感覚があるが、「どんぐり」は新しいことばで以前は／kasi no mi¯／(アクセントは平板型)と言

ったという戦前生まれの人の内省もある。
かじ˥ ／kazi˥／［火事］（名詞）
火事。／ゆんべ　きん˥じょ・で　かじ˥⌒あった↓／（昨夜近所で火事があった。）
かじ˥ ／kazi˥／［舵］（名詞）
乗り物の方向を変えるための装置。舟の「かじ」の他に、自転車や自動車の「ハンドル」や「ハンドル操作」をも言う。／みぎー　かじ˥⌒きれ↓／（自転車のハンドルを右へ切れ。）
かじかむ¯ ／kazikamu／（所動詞マ行五段）
手足が冷えすぎて利かなくなる。
かしぐ˥ ／kasiŋu˥／（所動詞ガ行五段）
（人や木や家など本来垂直に立っているものが）斜めに傾くこと。他動詞は／かしげる˥ kasiŋeru˥／。
かしば¯ ／kasiba／［河岸場］（名詞）
川岸に設けられた物資を輸送する船の常設の発着施設。昭和の初め頃までは使われていたという。
かじば˥な ／kaziba˥na／［火事花］（名詞）
彼岸花。花を摘み取って家に持ち込むと火事になると言って忌まれる。子どもの頃、きれいなので折り取って家に持ち帰って叱られたことがある。
※北の岩槻辺りでは「死んだもんの花」と言ってこれも忌まれている。上野勇（1933）『埼玉県幸手方言集』に「シンダモンバナ」が見える。
がしゃがしゃ¯ ／gasjagasja／（名詞）
クツワムシ（轡虫）。
かしょ˥う～かしょ˥ー ／kasjo˥'u～kasjo˥ʀ／（他動詞ワ行五段）
誘う（戦前世代）。／あれ・こ˥と・も　かしょって˥くべー↓／（彼をも誘って行こう。）
／こい˥⌒かける˥／、戦後世代／こえ˥⌒かける˥／（声かける）という表現も一般的である。
※戦後世代は「誘う」ことを／さそう¯～さそー¯／と言って、この語は殆どの人が知らないと言う。
か˥しら～かしら ／ka˥sira～kasira／（助詞）
東京語の「かしら」と違い、「女性語」ではなく、男性もふつうに使用する、性別に関してニュートラルな「通性語」であることに注意。時に東京語の使用者からは違和感を持たれることがある。
①（副助詞）
不定称の指示語（不定語・疑問語）に付いて、（「か」に比べて）軽く「不定」であることを表す。
／だれ・かしら¯～だい・かしら¯～だれ˥・かしら～だい˥・かしら／（不定の誰か）
／なに・かしら¯～なん・かしら¯～なに˥・かしら～なん˥・かしら／（不定の何か）
／どこ・かしら¯～どっ・かしら¯～どこ˥・かしら～どっ˥・かしら／（不定のどこか）
／いつ・かしら¯～いつ˥・かしら／（不定の何時か）等。
／だれ・かしら¯　き・が⌒つい˥てた・ともー・けど　｜　な˥ー↓／
（誰かが気がついていたと思うけど、なあ。）
※アクセントは、例文のように、［不定語＋かしら］の句全体が（アクセント核のない）平板型に発音されることが殆ど。この点で同類付加の係助詞「も」のアクセント上のふるまいと似ている。
②（終助詞）
不定人称者の軽い「疑問」を表す。（「質問」ではないので相手がいなくても可能。従って、自問自答的自得［納得・感嘆・詠嘆］の用法も可能である。この「疑問」に、音調型など相手（理解者）への持ちかけが加わって（「か」に比べて）軽い「質問」（時に「念押し」）となる。）
※終助詞「かしら」の直前にラ行五段と一段の動詞語尾の「る」が来ると促音便化するのがふつうである。なお、音便は元の形（非音便形）と共存することを特徴とする。
例：／ある˥・かしら～あっ˥・かしら／（有るか、有るかしら）、
／あける・か˥しら～あけっ・か˥しら／（開けるか、開けるかしら）など。
※アクセントは、アクセント核のない平板型の自立語の名詞に／か˥しら ka˥sira／が付くので、付属語としての固有のアクセントは／か˥しら ka˥sira／と考えられる。
／ねこ˥・かしら／（猫／ねこ˥／＋かしら）、
／いぬ・か˥しら／（犬／いぬ=˥／＋かしら）、
／とり・か˥しら／（鳥／とり¯／＋かしら）ナド。
※指示副詞には次のようになる。一対の語のうちでは前者が多く観察される。
／こー・か˥しら～こー˥・かしら／、／そー・か˥しら～そー˥・かしら／、
／あー・か˥しら～あー˥・かしら／、／どー˥・かしら／。
※不定称の指示語（不定語・疑問語）との結合では、副助詞の場合と違って句全体が平板型化する形は存在せず、［○○˥＋かしら］しか存在しない（○○˥は東京語の頭高に対応する形）。
／だれ˥・かしら～だい˥・かしら／（誰か）
／なに˥・かしら～なん˥・かしら／（何か）
／どこ˥・かしら～どっ˥・かしら／（どこか）
／いつ˥・かしら／（何時か）等。
／あすく・で　よんでん・の˥　だい˥・かしら↓／（あそこで呼んでるのは誰だろうか。）
=かす ／-kasu／（他動詞形成接尾辞、サ行五段）

主として一段活用系の所動詞の語幹に付いて、有意的動作(±作為)を表す他動詞を作る。例えば、同じ所動詞「(泥が)撥ねる」からの二つの派生他動詞でも、／どろ⌉⌒はねる⌉／(泥を撥ねる)は「雨垂れが泥を撥ねてる」のように人の意志が関与しない事態の表現に使えるが、／どろ⌉⌒はねかす⌉／は「車が泥を撥ねかした」のように人間(の意志)が関与した動作を表している。／＝かす／が接尾した他動詞形が有意性という意味特徴の有標な項、／＝かす／が接尾しない単純な他動詞形がその特徴の点で無標な項である。従って、／かれかす¯／(枯れかす)は「薬を使って雑草を枯れかした。」のように有意性がはっきり出ているが、／からす¯／(枯らす)の「大事な花を枯らしてしまった。」においては有意性の有無が問題になっていないわけである。

／＝かす／は、原則的に所動詞に接尾する接尾辞であり、この点で機能的には能動詞にのみ接尾するいわゆる使役の助動詞／＝せる～＝させる／と相補的分布を示す。但し、かなり生産的であるけれども、すべてに規則的派生が行われるわけではない。［注：一段動詞語幹とは学校文法でいう未然形・連用形と同形で実質同じものを指している。］

※意味・用法上、自然的出来事であっても人為的出来事であるかのように表現できることに注意。例えば、歯を腫らして痛がっている人に／そんなに　はー⌉⌒はれかして　いま・まで⌉　なに⌉⌒してた・ん・だ↓／（そんなに歯を腫れさせて、今まで何をしていたんだ。）など。

①一段動詞に接尾する例：／ゆー⌉⌒さめかす⌉／（人工的に湯を冷ます）、／くさ⌉⌒はえかす⌉／（当然すべき手入れを怠って草を生やす）、／はな⌉⌒しなびかす¯／（水をやるなどすべきことを怠って花を萎びさせる）、／こども・こ⌉と　ねかす／（子供を寝かしつける［特例］）、など。この形式のみかなり生産的である。

語例：

こげかす⌉（焦げさせる）、すけかす¯（透けさせる）、とけかす⌉（溶けさせる）、はげかす⌉（剥げさせる）、やせかす¯（痩せさせる）、はねかす⌉（撥ねさせる）、さめかす⌉（冷めさせる）、すいかす⌉（饐えさせる）、はいかす⌉（生えさせる）、ふいかす⌉（殖えさせる）、あれかす¯（荒れさせる）、かれかす¯（枯れさせる）、たれかす⌉（垂れさせる）、なれかす⌉（慣れさせる）、はれかす¯（腫れさせる）、おむれかす⌉（蒸らす）、かびかす¯(黴びさせる)、さびかす⌉（錆びさせる）、のびかす⌉（伸びさせる）、しなびかす¯(萎びさせる)、しみかす¯（滲みさせる）、ねかす¯（寝させる）、~~でかす⌉（出来させる）~~※、など。

※「でかす」については、通時的(語誌的)には「出来る(でくる→できる)」の派生他動詞「出来＝かす(*でこ＝かす→*でき＝かす→)」に由来する形ではないかと考えたが、共時的には、意味と形態の点から「出(で)＝かす」すなわち「出る」の派生他動詞と分析できるのではないかと考えた。しかし、やはり「生きる↔生かす」等と同様に、自動詞の「出来る/[deki]-ru/」に対する他動詞の「出来す/[[deka]s]-u/」(/deka-/は/deki-/の異形態)と分析するのが妥当と考えるようになった。

②五段活用動詞の未然形に接尾したもの：

語例：ちらかす¯、やらかす¯、わらわかす¯～わらかす¯、など。

③他の形態と関連する語構成要素としての造語成分に接尾するもの：

語例：あやかす⌉（子どもをあやす。／あやす⌉／は／はやす⌉／がふつう）、
　　ならかす⌉（慣れさせる。cf.「慣らす／慣れる」）、
　　はやかす⌉（卵などをかえす。cf.「*生やす／*生える」。関連語／はやける⌉／）、
　　ふやかす⌉（水などに浸けてふやけさせる。cf.「増やす／増える」。関連語／ふやける⌉／）、
　　ひやかす⌉（井戸水に浸けておくなどして冷やす。cf.「冷やす／冷える」）、
　　ひやかす⌉（／ふやかす⌉／の異語形。麩をふやけさせる）、など。

かぜ¯　／kaze／（名詞）

①(吹く)風。／おーかぜ¯／(大風)。／いー⌉⌒かぜ／(心地よい風)。／あめ⌉かぜ／(雨風)。
②(病気の)風邪。／かぜ⌒しく¯／(風邪を引く。戦後世代は／かぜ⌒ひく¯／)。

かぜっけ¯　／kazeQke／（名詞）

風邪気味。／きょー⌉・わ　かぜっけ・だ↓／(今日は風邪気味だ。)

かせる¯　／kaseru／（所動詞サ行下一段）

①（「～ニ　カセル」の形で）かぶれる、影響を受ける。
　／うるし・に　かせる／(漆にかぶれる)、／ともだち・に　かせる／(友達に感化される)。
②（「～(ガ)　カセル」の形で）うつる、伝染する。
　／びょーき(・ガ)　かせる／(病気がうつる)、／かぜ(・ガ)　かせる／（風邪がうつる)。

かた⌉　／kata⌉／［肩］（名詞）

肩。／かた⌉⌒いてー／(肩が痛い)。／かた⌉⌒こる／＝／かた⌉⌒はる／(肩が凝る)。

かた＝　／kata-／［片］（接頭辞）

一対のものの一方を指して言うことば。単語としては／かたっ⌉ぽ～かたっぽ⌉／が使われる。
／りょー＝　rjoʀ-／(両)の対語。
／かため¯(片目)、かたみみ¯(片耳)、かたて¯(片手)、かたあし¯(片足)、かたがわ¯(片側)／など。

かたいき¯　／kata'ıki／［片息］（名詞）

病気など瀕死の状態での、吐くだけの息。
※本当は「ハッ、ハッ」という呼気が耳立つ、絶え絶えの荒い呼吸をいうのかもしれない。

かたがわ¯～かたっかわ¯ ／kataŋa'wa～kataQka'wa／［片側］（名詞）
中を挟んで対する一方の側。／りょーがわ¯～りょーっかわ¯ rjoʀŋa'wa～rjoʀQka'wa／（両側）の対語。「道の片側に寄る」など。
かた˥ぐり ／kata˥ŋuri／（名詞）
肩車。／かた˥ぐりさま kata˥ŋurisama／に同じ。／かた˥ぐりさま kata˥ŋurisama／とは言わなかったという話者もいる。
※「かたぐり」は動詞「*かたぐる」（四段）の連用形に由来する名詞ではないかと考えていたところに、『物類称呼』に、「桶」の項目の「をけ…江戸にて○になひといふ」の注に、「これになひをけの略也。人ふたりにてもつを云。又になふとは、かつくと云ヒかたぐると云は意違へり」とあるのに気づいた。江戸では、（人ふたりでもつ）「になふ（担う）」とは、「かつく（担ぐ）」といい「かたぐる」というのは意味が違っている、と読めるので、後二者は対比的に「人ひとりでもつ」という意味特徴をもつ語ということになると思われた。「江戸にて」とあるので、多分下二段活用の語でないだろうと考えて、語形と意味特徴から四段動詞「*かたぐる」がここに確認できるように思われた。しかし、詳しく調べると『物類称呼』には（文語）下二段動詞が（東国・関東として下一段化した形でも出るが）「江戸にて　たこをあくる　といふ」のように下二段「（凧を）揚ぐる」の形でも出るのと、江戸語での他の用例「かたげ」などから見て、『物類称呼』の「かたぐる」は、やはり下二段動詞で、現代諸方言の下一段の「かたげる」の祖形と考えるようになった。
　やはり、／かた˥ぐり kata˥ŋuri／は、／かた˥ぐるま kata˥ŋuruma／の下略形／かた˥ぐる kata˥ŋuru／から、理由は不明だが、変化した語と考えるのが妥当ではないかと、現在は考えている。
かた˥ぐりさま ／kata˥ŋurisama／（名詞）
肩車。前項に同じ。なぜ「さま付け」されるのか分からない。筆者の記憶にはこの形で残っている。
かた˥ぐる ／kata˥ŋuru／（名詞）
肩車。ふつうは／かた˥ぐり kata˥ŋuri／（、／かた˥ぐりさま kata˥ŋurisama／）と言った。
※／かた˥ぐる kata˥ŋuru／は、／かた˥ぐるま kata˥ŋuruma／の下略形で、／かた˥ぐり kata˥ŋuri／へ至る中間語形かもしれない。
かた˥ぐるま ／kata˥ŋuruma／（名詞）
肩車。アクセントは、山田美妙（1892）『日本大辞書』に「第一上」とある、東京語の古い［カ˥タグルマ］（頭高型）に対応する形を示している。
かたす˥ ／katasu˥／（他動詞サ行五段）
物を移す、移動させる。「机φ＋かたす」は、机本体を移動させることを言う。
※方言の／かたずける˥ katazukeru˥／（片付ける）は、（東京語の「片づける」の意味より狭く）「整理整頓する」という意味で、「移す、移動させる」意味の／かたす˥／とには使い分けが見られる。
かたずく˥ ／katazuku˥／［片付く］（所動詞カ行五段）
整理整頓された状態になる。片付く。
かたずける˥ ／katazukeru˥／［片付ける］（他動詞カ行下一段）
整理整頓する。片付ける。「机φ＋かたずける」は、机の上や机の引き出しの中などを整理整頓することで、ふつう机本体の移動はない。⇒／かたす˥ katasu˥／を参照。
※古典語の「かたづく（下二段）」は「片方に寄せる」「片方に寄せて整える」というような意味だったから、東京語（共通語）の「かたづける」はその意味を引き継いでいるものといえる。しかし、方言では、「片方に寄せる」は／かたす˥／に、「片方に寄せて整える」は／かたずける˥／にと、意味によって単語が分化していて、〈東京語の「片づける」＝方言の／かたす˥／＋／かたずける˥／〉という１対２の対応になっている。
かた˥ちんば ／kata˥ciɴba／（名詞）
二つで一つの物の、一方がもう一方と揃っていないこと。
かた˥⁀つく˥ ／kata˥ cuku˥／（連語所動詞カ行五段）
物事が決着する。「方（ガ）＋付く」という語構成。「片付く」すなわち「片（＝片方）ニ＋付く」とは構成要素を異にすることに注意。
※／あれ　かた˥⁀ついた↓／（あの件は決着した）は、／あれ　まー˥だ　かた・な˥んて　つい˥てろんか↓／（あの件はまだ決着などしていない）のように、間に助詞が現れうるので連語である。
かた˥⁀つける˥ ／kata˥ cukeru˥／（連語他動詞カ行下一段）
物事を決着させる。「方（ヲ）＋付ける」という語構成。「片付ける」すなわち「片（＝片方）ニ＋付ける」とは構成要素を異にすることに注意。
／これ・わ　おれ・が　かた˥⁀つける↓／（この件はおれが決着させる。）
かたっけ¯～かた˥っけ ／kataQke～kata˥Qke／［堅貝？］（名詞）
カラスガイ（烏貝）。語源は「堅貝」で、「殻が堅い貝」か。「け」は、「貝」の／けー˥ keʀ˥／の短呼形。
かたっつみ¯ ／kataQcumi／［片隅］（名詞）
周縁部の目立たない場所。
※／うち¯ 'uci／（内）の周縁部を／すみ˥ sumi˥／、／すみ˥っこ sumi˥Qko／と言う。
※促音の後では「真っ直ぐ/maQcuŋu˥/」など摩擦音/s/［s］は破擦音/c/［ʦ］になりやすい。
かたっぱじ¯ ／kataQpazi／（名詞）

物事の一方の端。／かたっぱじ・に　よせとく／（[何かの] 隅に寄せておく）。

かたっぱら¯ ／kataQpara／（名詞）

物事の一方（の端）。

／かたずける˥　かたっぱら・から　しっちら˥かしてる↓／(片づけるそばから散らかしている。)

※「かたわら(傍ら)」の二重語 doublet であろう。古語「かたはら」→／かたわら¯〜かたっぱら¯／。cf. 古語「あはれ」→／あわ˥れ〜あっぱれ˥／。

かたっぽ˥〜かたっ˥ぽ ／kataQpo˥〜kataQ˥po／（名詞）

一対のものの一方。二つ(二人)で一つの物の片方。片一方。

※／りょーほ˥〜りょーほ˥ー rjoʀho˥〜rjoʀho˥ʀ／(「両方」両方、双方)の対語。

かたっぽ˥かた ／kataQpo˥kata／（名詞）

片方。片一方。／かたっぽ˥かた・の　かた˥⁀もつ／(片一方の肩を持つ)。

※／りょーほ˥っかた rjoʀho˥Qkata／に類推した臨時的な対語かもしれない。

かたな=˥ ／katana=˥／（名詞）

刀。「片刃の刃物」すなわち「片(かた)＋刃(な)」が原義。菜切り包丁の／ながた˥な／にも含まれる。

／うち・に　かたな˥⁀あった↓／／うち・に　かたな・と˥か　かぶ˥と・とか　あった˥↓／(家に(伝来の)刀があった。家に(伝来の)刀や兜などがあった。)

※共通語で尾高型の「刀」「頭」さらには「鏡」「はさみ(鋏)」などは共通語で中高型化の傾向が顕著に観察される(「尾高型の中高型化」)が、この地域の共通語化した世代の話者でも同様に尾高型の他に中高型にも発音される傾向が観察される。本書の記述の対象からは除いている。

かだな¯ ／kadana／（名詞）

川棚。洗濯や野菜などの洗い物のために、川岸に設えられた、木や石で造られた洗い場。

かつ˥ ／kacu˥／（自動詞タ行五段[話者によりツァ行五段]）

勝つ。主語(動作主)項の他に補足語(相手)項をとる(他動詞的)二項自動詞。勝つ相手はニ格(位格)で表示され、コト格(対格)やゲ格(与格)で表示されることはない。なお、例えば「猫ガけんかデ犬ニ勝った」のような文から勝負相手を表すニ格の名詞句を削除すると、勝負事を表す名詞句がデ格からニ格に代わって「猫ガけんかニ勝った」のようになる(デ格のままだと坐りが悪い)。

※意味関係からは補足語(相手)を主語化する受動態に相当する表現が考えられる(例えば「猫ガ犬ニ勝った」→「*犬ガ猫ニ勝たれた」)。この受身動詞の「*勝たれる/*katareru˥/」の補充suppletive形式が自動詞の「負ける/makeru¯/」(カ行下一段)ではないかと思われるようなところがある(「*犬ガ猫ニ勝たれた」≒→「犬ガ猫ニ負けた」)。

かっ＝〜かん＝ ／kaQ-〜kaɴ-／（動詞接頭辞）

「手や腕を動かして〜スル」という意味の動詞を作る接頭辞。無声子音で始まる形態には／かっ＝ kaQ-／、有声子音で始まる形態には／かん＝ kaɴ-／が接頭する。

語例：／かっきる˥、かっく˥す、かっく˥らう、かっく˥らす、かっこむ˥、かっつぁ˥らう、かっぱぐ˥、かっぱ˥らう、かんど˥かす、かんま˥す／など。

かっきる˥ ／kaQkiru˥／（他動詞ラ行五段）

鎌/kama˥/や鍬/ku'wa¯/などを使って草や野菜などを切り取る。／かま˥・で　くさ˥⁀かっきる／。

かっく˥す ／kaQku˥su／（他動詞サ行五段）

鍬/ku'wa¯/などで土を細かく砕いて平らに均すこと。アクセント核は移動しない。

※／かっく˥す kaQ-ku˥su／の／＝くす -ku˥su／は、／ぶっく˥す buQ-ku˥su／(「力を込めて壊す」)にも現れ、「壊す」という意味の語基である。語源的には［-kowasu→-kosu→-kusu］と音変化したものと考えられる。

かっく˥らう〜かっく˥らー ／kaQku˥ra'u〜kaQku˥raʀ／（他動詞ワ行五段）

掻き込むようにして勢いよく飲み食いする。アクセント核は移動しない。

かっく˥らす ／kaQku˥rasu／（他動詞サ行五段）

げんこつなどで殴る。アクセント核は移動しない。／ぶっく˥らす buQ-ku˥rasu／より語感が軽い。

※／かっく˥らす kaQ-ku˥rasu／の／＝くらす -ku˥rasu／は／ぶっく˥らす buQ-ku˥rasu／（「力を込めて殴る」）にも現れ、「殴る」という意味を表す語基である。語源的には［-korasu(懲らす)→-kurasu(殴る)］で、音義ともに変化したものと考えられる。

かっこむ˥ ／kaQkomu˥／（他動詞マ行五段）

①手を盛んに動かして、物を何かの中に入れること。②忙しく食べ物を口の中に入れること。

＝かった ／-kaQta／（形容詞拡張接尾辞(「実現形」形成接尾辞)）

形容詞の語幹に付く拡張接尾辞で、動詞の実現語幹(いわゆる連用音便形)に付いて「事態（過程・属性）が以前に実現した(現実化した)」という不定人称者の判断を表す拡張接尾辞（学校文法では助動詞)の／＝た〜＝だ -ta 〜 -da／の異形態。なお、例えば／なが˥かった naŋa˥kaQta／(長かった)を／なが˥かっ＝た naŋa˥kaQ-ta／ではなく／なが˥＝かった naŋa˥-kaQta／と分析する理由については『埼玉県東南部方言の記述的研究』206頁以下参照。アクセントは、起伏式は／たか˥かった／(高かった)のように中高型、平板式は／あかかった¯／(赤かった)のように平板型になっていた。⇒／＝た〜＝だ -ta 〜 -da／(拡張接尾辞)の項を参照。

＝かったり～＝くったり ／-kaQtari～-kuQtari／ (形容詞統語接尾辞(「例示形」形成接尾辞))
形容詞の語幹に付いて、「例示的取り上げ」を示す。／てん˥き・が こん⁀とこん よか˥ったり わる˥かったり して…／(天気がこのところ良かったり悪かったりして…)の他に／てん˥き・が こん⁀とこん よく˥ったり わる˥くったり して…／のように言う話者がかなりいる。
⇒／＝たり～＝だり -tari～-dari／(統語接尾辞)の項および前項／＝かった -kaQta／を参照。

かったる˥い～かったり˥ー ／kaQtaru˥i～kaQtari˥ʀ／ (形容詞)
疲れてからだがだるい。埼玉県東北部で聞く「けったるい」はこの地域では聞かれない。
※『物類称呼』に「(くたびれといふ事を) 東国にて○かったるいと云」とある。
※文献的・論理的に考えて、「かひなだゆシ」(かひな[腕]＋だゆ[弛]＋シ)→「かひだゆシ」と、「かひなだるシ」(かひな[腕]＋だる[弛]＋シ)→「かひだるシ」→「 caidarui 」(『日葡辞書』(1603-04)「非常に疲れていて身体や手足が弱っている」)という二つの系譜がたどれるようである(古典語の「かひな」は「肩から肘までの部分」を指す)。埼玉県東南部の「かったるい」や埼玉県東北部の「けったるい」は、この「caidarui」に連なるものと考えられる。なお、『日葡辞書』では「身体o corpoやou手足membros」となっていて語源の「かひな」につながる意味要素が保たれているが、現在の方言話者の内省では「手足がだるい」ではなく「体がだるい」と把えられていることが注意される。

かっつぁばく˥ ／kaQcabaku˥／ (他動詞カ行五段)
(布団を) 畳んできちんと片付ける。／ふとん かっつぁばく˥／。
※／かっつぁばく˥ kaQcabaku˥／の／＝つぁばく -cabaku／は、／しっつぁ˥ばく siQca˥baku／にも現れていて、意味はかなり異なるが、共に「捌く/sabaku˥/」からの派生語である。

かっつぁ˥らう～かっつぁ˥らー ／kaQca˥ra'u～kaQca˥raʀ／ (他動詞ワ行五段)
すきをみてすばやく奪い取る。盗み取る。アクセント核は移動しない。

かっつぐ˥ ／kaQcuŋu˥／ (他動詞ガ行五段)
物を肩に担ぐ。／にも˥つ かっつい˥て くたびれ˥た↓／ (荷物を担いで疲れた。)
※／かつぐ˥ kacuŋu˥／ではなく、／かっつぐ˥ kaQcuŋu˥／と言うのがふつうである。
※ガ行五段動詞の接続形や完了形は／かっつい˥て、かっつい˥た／のように／-te、-ta／で、共通語のように「で、だ」とはならない。

がっつく¯ ／gaQcuku／ (自動詞カ行五段)
貪欲に欲しがる。語形と意味から「むさぼる様子」を表す状態副詞(擬態語)「がつがつ/gacu˥gacu/」からの派生動詞と推定される。語構成的(語源的)には、「がつがつ」の語根「がつ」＋動詞形成接尾辞「つく」＝「*がつつく/*gacucuku¯/」(がつがつした様子をする)→「がっつく/gaQcuku¯/」という成り立ちが考えられる。従って、①外的に観察される様子を述べるためふつう話し手を主語にして自己について言及することはない(「おれ、がっついてる。」は反省的に自己を外化し客観視して述べるような特別な文脈でない限り不自然になる)。②他者について、「あの人はがっついている。」(cf.「あの人はがつがつしている。」)は、「貪欲に欲しがっている様子(状態)」を表していて自然な文と判断されるが、含意されると思われる(欲しがる)対象を明示して、「あの人は[何かヲ(方言では「何かφ」以下略)]がっついている。」や「あの人は[何かニ]がっついている。」という文にすると、多くの話者は「不自然だ、何か変だ」と判断する([何かニ]の方が「少しまし」とする話者もある)。なお、③構文的に、「あの人は[何かヲ]がっついて食う。」の「何かヲ」は他動詞「食う」の目的語で「がっついて」の目的語ではないこと、動詞接続形「がっついて」は一種の分詞構文(分詞節)で主節「あの人が[何かヲ]食う」の修飾節(付帯状況)であることに注意。
／がっついてる・みて˥ー・で みったねー˥・よ↓／(がっついているようでみっともない。)
／がっついて くー˥・ん・じゃ ねー˥・よ↓／(がつがつとむさぼって食うんじゃない。)

かってん˥ぼ ／kaQteɴ˥bo／ (名詞)
ハンセン病患者。(差別的語感を伴う。)
※／かって＝ kaQte-／の部分は、古語の「かたゐ」(乞食)に対応する。

かっぱ¯¹ ／kaQpa／ (名詞)
川や水辺に住む妖怪、河童。

かっぱ¯² ／kaQpa／ (名詞)
アメンボ (水黽)。
※妖怪の「河童」も虫の「アメンボ(水黽)」もともに／かっぱ¯ kaQpa／と言う。

かっぱき˥だす ／kaQpaki˥dasu／ (他動詞サ行五段)
外に(向かって)勢いよく表面(の土)を払い除く。

かっぱく˥ ／kaQpaku˥／ (他動詞カ行五段)
勢いよく表面(の土)を払い除く。

かっぱぐ˥ ／kaQpaŋu˥／ (他動詞ガ行五段)
(布団などを) 手で引き剥がす。

かっぱ˥た ／kaQpa˥ta／ (名詞)
川端、川のそば。

かっぱ˥らう～かっぱ˥らー ／kaQpa˥ra'u～kaQpa˥raʀ／ (他動詞ワ行五段)
すきを狙って、手早く物を盗み去ること。アクセント核は移動しない。

かつぶし¯ ／kacubusi／（名詞）
鰹節。／ねこ˥・に　かつぶし¯／（猫に鰹節）。
かっぽじくる˥ ／kaQpozikuru˥／（他動詞ラ行五段）
繰り返し勢いよく(指先などで)つついて地面に穴を掘りあける。繰り返し勢いよく(指先などで)つついて穴から掻き出す。／かっぽじる˥ kaQpoziru˥／の反復動詞。
かっぽじる˥ ／kaQpoziru˥／（他動詞ラ行五段）
勢いよく(指先などで)つついて地面に穴を掘りあける。勢いよく(指先などで)つついて穴から掻き出す。派生語に反復動詞／かっぽじくる˥ kaQpozikuru˥／がある。
／ねこ˥・が　たね˥⌒まいた　とこん　かっぽじりや˥がった↓／(猫が種を蒔いた所を…。)
※／ほじくる˥ hozikuru˥／と／ほじる˥ hoziru˥／では、前者が一般的で、後者は分かるが使わない、更には知らないという話者があるのに対して、この対では、／かっぽじくる˥ kaQpozikuru˥／よりも／かっぽじる˥ kaQpoziru˥／の方が一般的でよく使われているように見える。
かど˥ ／kado˥／[角](名詞)
二次元・三次元の有界的boundedな広がりをもつモノや場所の、突き出た形をなしている部分をいう。特に、突き出た外側の部分をいうことがある。
※二次元・三次元の有界的boundedな広がりをもつモノや場所の、周辺部分を／すみ˥ sumi˥／といい、特に突き出た部分の外側に対して、内側の部分を／すみ˥ sumi˥／ということがある。
かど˥っこ～かどっこ˥ ／kado˥Qko～kadoQko˥／[角っこ](名詞)
／かど˥ kado˥／(角)に指小辞の付いた語で、具体的に把えられた「角」を指して言う傾向が強い。
／そこ・な　かどっこ˥・に　ねこ˥　ぶっつい˥て　しっくる˥がった↓／
(そこの角に[走ってきた]猫がぶつかって転んだ。)
かど˥・の⌒ち ／kado˥ no ci／[角の家](連語名詞)
三叉路・十字路に面して建つ家をいう。固有名詞的になっていることが多い。
かと˥んぼ ／kato˥Nbo／[蚊とんぼ](名詞)
蚊より大きい、蚊に似ているが血を吸わない昆虫の名。ガガンボ(大蚊)。
かなかな˥～かなかな¯ ／kanakana˥～kanakana／（名詞）
蝉の名前。ヒグラシ（蜩)。
※『物類称呼』の「茅蜩(ひぐらし)」の項に「上総にて…又○かなかなと云」とある。
かなくさ˥い～かなくせ˥ー ／kanakusa˥i～kanakuse˥ʀ／ ［金臭い］（形容詞）
①金属に特有な匂いや味がすること。②特に、（中味が空の鍋などの）金属が熱く熱せられたときの金属の焦げるような匂いがすること。
かなごき¯ ／kanaŋoki／ ［金扱き］（名詞）
刃が鉄でできている脱穀の道具。／かなごき¯ kanaŋoki／という語形は、旧安行村（現在は川口市と草加市に分村)とその周辺で聞いたもの。安行村峯分(現、草加市北谷)出身の筆者の祖父(明治11年生)の書き残した明治43年の帳簿にも「金ゴキ」とあるのを2021年に見つけた。
なお、『川口市史』『鳩ヶ谷市史』の民俗編には「カナゴキ」と記載があり、『草加市史』『八潮市史』の民俗編には「カナコギ」とあることに、2016年の「語彙集」出版後に気づいたので補筆した。
※『物類称呼』に、「稲扱」を「いなこき…江戸田舎にて○かなごきと云」とある。なお、「かなごき」の「ご」の濁点については、影印本(『物類称呼』1972古典資料20藝林舎)でも確認。
かなだら˥い～かなだれ˥ー ／kanadara˥i～kanadare˥ʀ／ ［金盥］（名詞）
金属製のたらい(盥)。
かなっけ¯ ／kanaQke／ ［金っ気］（名詞）
水に含まれる鉄分など金属に原因する特有な味（がすること）を言う。
がなる˥ ／ganaru˥／（自動詞ラ行五段）
大声を上げる、怒鳴る。「がーがーと大きな声を上げる」の意味で「が」は擬音語起源の語基である。
※[擬音語基＋なる(音や声を出す「鳴る」)]という語構成は他に／うなる˥／、／どなる˥／がある。
かに¯ ／kani／ ［蟹］（名詞）
蟹。川や堀、田んぼでよく見かけた。話者によっては／がに¯ gani／と言うのを聞いた。
がに¯ ／gani／ ［蟹］（名詞）
蟹。前項／かに¯ kani／(蟹)の語頭音有声化。話者によってこのように言う。
が˥に ／ŋa˥ni／（格助詞「能格」)
①高度成長期以前の戦中戦後世代では、生物名詞に付いて、可能文・難易文の「能力の所有者」を表す。
②戦前世代では、生物名詞に付いて、所有文・必要文・可能文・難易文、感情(情意)形容詞文などの「主体的関与者」を表す。
／やつ˥・がに　んーな⌒あぶねー⌒こと　できろ˥んか・よ↓／
(あいつにそんな危ないこと出来るはずがない。)
／やれ˥・ったって　おれ・が˥に・わ　むずかしー↓／（やれと言われても俺には難しい。)
／おれ・が˥に・わ　かね・な˥んか　ねー˥↓／（俺には金など無い。[戦前世代])
／やつ˥・がに・わ　ぜね˥・が　いる˥・ん・だ・よ↓／（彼には金が要るのだよ。[戦前世代])

／おれ・が⌉に・わ　やつ⌉・が　うらやまし⌉かった↓／（俺には彼が羨ましかった。［戦前世代］）
※この助詞は、戦前世代を基準にすると、「［生物名詞］ガニ＋［（生物・）無生物名詞］ガ＋［アル・要ル・分カルなどの所動詞］」や「［生物名詞］ガニ＋［生物・無生物名詞］ガ＋［感情（情意）形容詞］」という構造に現れ、動詞文に限れば一種の「能格 ergative」構文（二項動詞文）を構成する。参考までに、対応する「対格 accusative」構文（二項動詞文）も添えて示すと以下のようになる。可能動詞文も参考までに添える。

「太郎ガニ＋息子ガ（二人）＋ある」（太郎には息子がある）、「太郎ガニ＋財産ガ（沢山）＋ある」

cf.「太郎ガ＋息子コト＋持ってる」、「太郎ガ＋財産φ＋持ってる」

「子どもガニ（ワ）＋親ガ＋要る」（子どもには親が要る）、「子どもガニ（ワ）＋親の援けガ＋要る」

cf.「子ども~~ガ~~（ワ）＋親コト＋必要としてる」、「子ども~~ガ~~（ワ）＋親の援けφ＋必要としてる」

「猫ガニ＋雀ガ＋見えてる」（猫には雀が見えている）、「猫ガニ＋呼ぶ声ガ＋聞こえてる」

cf.「猫ガ＋雀コト＋見てる」、「猫ガ＋呼ぶ声φ＋聞いてる」

「この子ガニ（ワ）＋{猫／猫の頭}ガ＋撫ぜられない」（この子には猫（の頭）が撫でられない）

cf.「この子~~ガ~~（ワ）＋{猫コト／猫の頭φ}＋撫ぜられない」（この子は猫（の頭）を撫でられない）

可能文に関しては中間的・混合的な構文の「この子{ガニ／φ}＋猫{ガ／コト／φ}＋撫ぜられない」や「この子{ガ／φ}＋猫{コト／ガ／φ}＋撫ぜられない」があって複雑な相を示すが、詳しくは『埼玉県東南部方言の記述的研究』194頁以下を参照のこと。

年齢層が下るほどこの構文機能は縮小していき、「所有文→必要文→可能文」（アル→要ル→分カル）の順で、格助詞「ガニ」は「ニ」に置き換わって失われていく傾向があり、格助詞「ニ」専用に移っていく。この語は、生活語としては高度経済成長期（1970年頃）以前の戦後世代を最後すると言えるようである。この助詞は、所有・必要・能力の当事主体としての生物個体・人間を表す一種の「位格助詞」としての意味特性を持つ。

なお、参考までに、明治42年生まれの筆者の父は90歳を過ぎて聴覚を失った最晩年に、「一般の人ガニは聞き取れても、自分ガニはちょっと聞き取れねえ。」と言ってから、どうしてか同じことを再度、「一般の人ニは聞き取れても、自分ニはちょっと聞き取れねえ。」と言ったことがある（いま思うとたぶん前者は独り言、後者は周りの人を意識しての発言）。「ガニ」から「ニ」への推移を実感させた。

※格配列の点で、所有構文は「おれガニかねガある」など「～ガニ～ガある」で格表示され、存在構文は「そこニ学校ガある」など「～ニ～ガある」で格表示されるなど、二者は違いを見せる。文構造上も、所有文のガニ格は、主語尊敬語（お～になる）や主語軽卑語（やがる）の敬意や卑意の対象になる、再帰詞「自分」の先行詞になるなど、主語的なふるまいを示すのに対し、存在文のニ格は付加語の状況補語であるなど、二者は大きな相違点をもつ別の構文と考えられる。また、例えば、所有文（補文）を含む心理内容文「［おれφワ　［太郎ガニワ　財産ガ　ある］　ト　思ってた］」の補文主語「太郎」は、「［おれφワ　太郎コト　［t　財産ガ　ある］　ト　思ってた］」のように主文目的語に繰り上げできるが、存在文の「名詞句＋ニ」は主文目的語に繰り上げることができず、「おれφワ　［家［うち］（{ニ／φ}）ワ　財産ガ　ある］　ト　思ってた」としか言えないなど、文法上のふるまいにも違いがある。

※この「ガニ」の一種の「位格助詞」としての意味特性の「場所」は「内在性」を特徴とする。それは、「ガニ」が基本的に格助詞「ニ」の分布の中に収まりながらも、しかも「ニ」が「接近」や「離脱」も文脈からは担い得る開かれた「位置」を表すのに対し、「ガニ」は「接近」や「離脱」という「方向性」の意味を排除する閉じられた「位置」を表すと考えられるからである。「ニ」なら現れ得る位置でも、「*太郎が花子ガニ手紙を渡す」や「*太郎が花子ガニ嫌われている」だと非文法的である。

※念のため、能格の「ガニ」と与格の「ゲ」とは、文法的意味機能の点で厳密に区別される。例えば、「おまえガニはそれは呉れられない」は、「［おまえが（誰かに）それを与えること］が（おまえには）できない」という意味で、「ガニ」で表示される「おまえ」は主語的にしか解釈され得ない。他方、例えば、「おまえゲはそれは呉れられない」は、「［（誰かが）おまえにそれを与えること］が（その誰かには）できない」（「誰か」は通常「話し手」）という意味で、「ゲ」で表示される「おまえ」は間接目的語としてしか解釈され得ないことに注意。なお、日常語では、例文の「呉れられない」は／くいらいね（ー）¯ kuiraine(ʀ)／、「おまえ」は／おめ（ー）¯ 'ome(ʀ)／と発音される。

※「対象」の名詞句は「ガ」で表されるが、可能文・情意文の「対象」の生物名詞句は「コト」でも表される。語順上、「対象」の名詞句は、主題「ワ」・総記「ガ」のほかは、通常「ガニ」に先行することはない。

※「*昨日おまえガニ会った」（「相手」の意では非文）を、「［おまえガ［友達］］ニ会った」（「ガ」は有生の連体助詞）→「［おまえガφ］ニ会った」（「ガ」は主名詞がφ化した有生の準体助詞）のように、連語「準体助詞ガ＋格助詞ニ」と解釈して認容可能とすることがあるので注意が必要。

○家族とその成員を家の所在地で指称する名詞、会社や役所などの組織名称の名詞（「集合名詞」）が主語に立つときは基本的に具格助詞「デ」で表されるが、述語が可能動詞の場合はその主語を能格助詞「ガニ」で表すことができる。生物名詞ではないが、生物を成員とすることから「ガニ」が用いられる。

／そーか・が⌉に　んーな⁀こと⌉　ゆいろんか⌉・よ↓／
(草加の親戚がそんなことを言えるはずがない。直訳：草加にそんなことが言えるはずがない。なお、「草加の親戚ニ対シテ」の意味ではないことに注意。)
cf.／そーか・で　んーな⁀こと⌉　ゆってた↓／(草加の親戚がそんなことを言っていた。)
／うらわ・が⌉に　きさいん⌉・だんべー・か↓／(浦和に(＝浦和が)来られるだろうか。)
cf.／うらわ・で　きさい⌉たら　いー⌉・ん・だ・けど・な↓／
(浦和の親戚が来られたらいいのだけどな。「きさいる(きされる)」は来ラレルの意。)

補注１：一項所動詞に基づく特異な「～ガニ＋～ガ＋所動詞」文について

二項所動詞文とは異なる一項所動詞に基づく特異な「～ガニ＋～ガ＋所動詞」文が存在する。それは、「おれガニ目ガ見えたら…」「おれガニ耳ガ聞こえない」のような文―他に、反省的に「～ガ＋～ガ＋所動詞」型の「おれガ目ガ見えたら…」「おれガ耳ガ聞こえない」と言うことが可能―のことで、実質は「[おれの目ガ]見えたら…」「[おれの耳ガ]聞こえない」と同じであり、それを「[おれガニ目ガ]見えたら…」「[おれガニ耳ガ]聞こえない」(構文的には「[おれガニ[目ガ見え]]たら…」等)―同様に、「[おれガ目ガ]見えたら…」「[おれガ耳ガ]聞こえない」(構文的には「[おれガ[目ガ見え]]たら…」等)―と言っているわけで、「二重化された目的語」(前掲『記述的研究』の192頁参照)と同様に、一種の「二重化された主語」と考えるべきものと思われる。

補注２：感覚形容詞文の「ガニ ŋa˥ni」について

通常「痛い」のような感覚形容詞は当事者を主語とし、断定文では当事主体(第一人称者(話し手))が、質問文では当事客体(第二人称者(聞き手))が主語になる。構文は、「[[おれ]{ガ／φ}＋[[頭／腕／腹／足／…]{ガ／φ}＋痛い]]」という形をとる。「身体部位」を主語とし「痛い」を述語とする節が「述語節」として「身体部位」の所有者を主語にとるという二重の主述構造になっている。上位の述語節の主語と下位の述語の主語とはいわゆる不可譲渡所有関係にある。この他に、上位主語をガニ格で表示した、「[[おれ]{ガニ／φ}＋[[頭／腕／腹／足／…]{ガ／φ}＋痛い]]」という外見的には所動詞文的な形容詞文が存在する。意味的・現象的には前記の「二重化された主語」の２つの構文と似ているが、この場合の両表現には違いがあり、話者の直感や内省の報告からすると、以下のように感覚形容詞が感覚動詞を繰り込んだような構文的・意味的な構造を持っていると話者には感じられているように思われる。

「腹ガ痛い」→「おれガ[腹ガ痛い]」／「おれガニ[腹ガ痛い]」
←「おれガ[[腹ガ痛い]~~ト感じ(てい)る~~]」／「おれガニ[[腹ガ痛い]~~ト感じられ(てい)る~~]」

すなわち、「おれガ腹ガ痛い」は能動的感覚動詞「(と)感じ(てい)る」を繰り込んだ構文、「おれガニ腹ガ痛い」は自然可能(自発)の可能動詞「(と)感じられ(てい)る」を繰り込んだ構文と感じられている(性状形容詞文のガニにも同類の事象が見られる)。従って、前者のガ格名詞句は能動主語、後者のガニ格名詞句は所動主語と受け取られている。後者は構文もやはり所動詞文的で、「おれガニ居られない」や「おれガニ山ガ見える」と平行的な「Ｓ(Ｏ)Ａ→Ｓガニ(Ｏガ)Ａダ」という格配列を示している。このように、ガニは、上述のように繰りこまれた(と感じられている)述語が選択する構文(統合型)がその現れを決定している文法格と考えられる。

補説：「ガニ ŋa˥ni」を(意味格ではなく)文法格(構造格)と考える根拠

①埼玉東南部方言では「ＳＯＶ」(二項動詞)構文が、述語動詞の種類によって体系的に、所動詞 inactive verb 述語構文の「ＳガニＯガＶする」と、能動詞active verb 述語構文の「ＳガＯコトＶする」(少数の「ＳガＯニＶする」等も摂して考える)の２類に大きく分かれていると記述できること。

②構文的にガニはふつう文頭に位置し、通常の斜格と現れる位置が違うこと。

③斜格主語なら格形式においていずれかの斜格補語の格形式と同定できるはずなのにそのような斜格補語の格形式は存在しない。二項所動詞(時に一項所動詞＝可能動詞)述語の主語専用の格であること。

④ガニ格は、ガ格が主語専用の格形式でないのと違って、主語専用の格形式であること。
例えば、「おれガニワ　自分ガ　信じられねえ」の「自分ガ」は再帰詞の使用から見て目的語であって主語ではない。却って「おれガニ」は再帰詞の先行詞になっていることから明らかに主語として機能している。

⑤文主語のガニ格は、ガ格とともに補文化に伴い、規則的な格形交替を起こすこと。(以下の文中の名詞句についた指標(*i*)は名詞句が同一指示的であることを表わす。)例えば、
a 「太郎φワ　[花子ガニワ　太郎ガ　信じられないンダ]ト　思った。」
→「太郎*i*φワ　[花子コト　自分*i*ガ　信じられないンダ]ト　思った。」
b 「[花子ガニワ　太郎ガ　信じられなかった]。」
→「太郎*i*ガ　自然ト[花子ゲ　自分*i*{ガ／φ}　信じられなく]さしたンダ。」(任意使役)
→「太郎*i*ガ　てごって[花子コト　自分*i*{ガ／φ}　信じられなく]さしたンダ。」(強制使役)
([ ]はここでは該当箇所を表わす。「てごって」は副詞で「自分から意図して」の意味。)
これらはガニが意味格でなく構造格であることを証していると思われる。

⑥φ形式との交替を自由にする格助詞は、通常「ガ」「ガニ」「コト」に限られること。φ化が可能なのは原則として構造格だけと考えられる。(ただし、文頭位置の付加語adjunct 的な状況補

語や、述語に直接支配され通常それに直接先行する補足語complement的な一部のφ格助詞名詞句は除く）

⑦以上のように、二項能動詞(いわゆる他動詞)においては格配置が「対格型」を、二項所動詞においては格配置が「能格型」を示している。埼玉東南部方言では、角田太作『世界の言語と日本語』(1991)の二項述語階層の、動作が対象に及ぶ度合いの高い述語ほどコト「対格型」を示し、及ぶ度合いの低い述語ほどガニ「能格型」を示す点や、Silverstein(1976)の名詞句階層上の分布において、ガニが通常の能格と逆の分布を示すなど、典型的、一般的な能格言語の場合と逆対応する点がこの方言の特異な現象と言える。

⑧「名詞句＋ガニ」の意味役割が「経験者」であることに問題はないが、経験者名詞句が常にガニでマークされるわけではない。例えば、「*太郎ガニ花子コト羨んでる。」は非文であって、「太郎ガ花子コト羨んでる」でないと文法的ではない。意味格ならもっと構造拘束性がゆるくもっと自由な分布を示すと思われる。

⑨大雑把に、日本語の敬語は対者敬語の丁寧語(です・ます)と素材敬語で主語尊敬の尊敬語(ex.「お～になる」)と補語(非主語)尊敬の謙譲語(ex.「お～する」)とに分類されるが、ガニ格名詞句は主語尊敬の尊敬語の敬意の対象になること(例えば東京語の「先生には子供が一人おありになる」の方言直訳形は「先生ガニは子供ガ一人おありになる」となる[実際の発話は未聞])、反敬語ともいうべき主語軽卑語の「ヤガル」(例えば「やつガニは下心ガありやがった」)の卑意の対象者になるのもガニ格名詞句であることから、ガニ格名詞句が主語であることは動かないと思われる。敬語の敬意の対象者の問題については『静大國語』(2014.3 第15・16号)所載の拙論「「素材敬語」の「敬意の対象者」の文法的規定について」を参照のこと。

かね¯ ／kane／［金］(名詞)

①金属。②金銭。以前は／ぜね˥ zene˥／(銭)を聞くことが多かった。

※複合語の前項では／かな＝ kana-／となる。

複合語前項で／かな＝ kana-／でない／かね＝ kane-／という語形を示す地名は、古代中世の製鉄に因む「金鋳(*kana-i->kane-)」を起源とすると推定されるものが多く、低地に面した台地縁辺の地名に見つかる。

が˥・の ／ŋa˥ no／ (連語)

生物名詞に付いて、所有者とその所有物を表す。

「連体助詞／が／＋準体助詞／の／」の連語形で、[[有生名詞＋が]＋の]という句は全体として名詞的に働く。

／[おれ・が˥・の]・の⁀ほー・が　[おめー・が˥・の]・より・か　い˥ー↓／

(おれのの方が[直訳]おまえのよりいい。)

※／おれ・の˥(よりいいもの持ってる)／と／おれ・が˥・の(よりいいもの持ってる)／とでは意味の相違がある。前者は中立的で帰属的な関係を、後者は排他的で所有的な関係を表していて、その点で総記の意味に近い。前者には他に、／おれ・の˥・の(よりいいもの持ってる)／という(より)分析的な形が存在している。こちらは／おれ・の˥／よりは所有的な関係がはっきり出るが、／おれ・が˥・の／に比べると排他的でなく、一般的な所有関係を表していると感じられる。

なお、／おれ・が˥・の⁀ほー・が　でっか˥い／(おれの持っている物の方が大きい)や、／あらおれ・が˥・の・よー・に　めー˥る／(あれはおれの持っていた物のように見える)の「が・の」連語は、接続と意味から見て、「準体助詞／が／＋連体助詞／の／」と考えられるべきものである。

が˥の ／ŋa˥no／ (「有生属格」の複合連体助詞)

生物名詞に付いて、所有者の有生性を際立たせる複合的な連体助詞。

「準体助詞／が／＋連体助詞／の／」に起源する(と思われる)複合的連体助詞で、明治20年代生まれの話者に、第一人称代名詞／おら˥／に続く／おら˥・がの⁀よめ／(うちの嫁)のような形が確認されたが、あまり活発ではなく、ふつうには／おら˥・が⁀よめ／と言うのが観察された。連体語(＝所有者)は／おら˥・がの／という形しか確認できなかったが、被連体語の方は／'jome／(嫁)だけでなく、／musume=˥／(娘)や／mura=˥／(村)と言うのも観察された。

※この連体格助詞「がの/ŋa˥no/」は、能格「がに/ŋa˥ni/」、与格「げ/ŋe/」とともに、準体用法の有生所有格の「が/ŋa/」に、格助詞「に/ni/」、「へ/'ɪ/」、「の/no/」が付いてできた、「(が＋に→がに)有生位格→能格」、「(が＋へ→げ)有生方向格→与格」、「(が＋の→がの)有生属格」を表す形式で、有生性を有標化するための連語に起源する複合格助詞が語源と推定される。

かぶっち¯ ／kabuQci／ (名詞)

(草や木の)切り株。

かぶる˥ ／kaburu˥／ (他動詞ラ行五段)

①頭や顔の表面を覆うように身につける。／かさ˥⁀かぶる／(笠を～)。／ぼーし¯　かぶる˥／(帽子を～)。／おめん¯　かぶる˥／(面を～)。転じて、／ふとん¯　かぶる˥／(布団を～)。／みず¯　かぶる˥／(水を～)。

②物の表面が覆われる。／いね˥　どろ˥　かぶった˥／([水が上がって]稲が泥を～)。／にんぎょ¯　ほこり¯　かぶって˥る／([放って置いて]人形がほこりを～)。

※使役動詞派生語：／かぶせる˥ kabuseru˥／と／かぶらせる˥ kaburaseru˥／の２形式がある。通常

被使役者(行為者)は戦前世代では「ニ」か「ゲ」、戦後世代以下では「ニ」で格表示される。
「子どもガ帽子φかぶる」
→「子ども{ゲ／ニ(／コト)}帽子φかぶせる」／「子ども{ゲ／ニ(／コト)}}帽子φかぶらせる」
「かぶせる」の目的語は他動的(使役的)行為の単なる対象(非主体的対象者)で、「かぶらせる」の目的語は場合によっては自己決定することが可能な有意志的な対象者(主体的対象者)と扱われ、使役者との相互関係によって任意と強制の使役の両様の意味が出る。被使役者(行為者)をコト表示できる話者ではコトは強制使役になる。⇒／きる¯ kiru／(着る)の補足を参照。

かま¯ ／kama／ [①釜・②竈] (名詞)
①米(ご飯)を入れて炊く/taku¯/ことを典型とする調理器具。食材を入れて煮る/niru¯/ことを典型とする調理器具は／なべ˥ nabe˥／(鍋)と言う。／なべ˥かま nabe˥kama／(鍋釜)という並列複合語の存在や、同じものが視点の違いで「圧力釜」「圧力鍋」と呼ばれている現象などにも注意。
※「鍋で炊いたご飯」を初めて耳にしたときに殊に耳立って響いたのだが、それは、「鍋でご飯を炊くこと」自体が事象として新しいからだけでなく、この表現が「炊く—釜」「煮る—鍋」という調理法と調理器具との単語同士の(社会習慣化している)典型的な結合関係(共起関係)を破っているからでもあると、内省して感じたことがある。周囲に確認しても同様だった。
②釜や鍋をかけて煮炊きする設備。／へっつい¯～ひっつい¯ heQcui～hiQcui(戦前世代/hɪQcui/)／とも、／かまど¯ kamado／、／かまだん¯ kamadaɴ／とも言っていた。

かま˥ ／kama˥／ [鎌] (名詞)
草刈りの農具。刃は、「刀状のもの」と「鋸状のもの」とがある。

がま˥ ／gama˥／ (名詞)
ガマガエル(蝦蟇蛙)。／がま˥げーろ gama˥ŋeʀro／とも言う。
※荒神様の使いなので、／おかまさま=˥ 'okamasama=˥／と敬しても言う。他に、／おかまげー˥ろ 'okamaŋeʀ˥ro／とも言ったという。

かまいずら¯～かめーずら¯ ／kamaizura～kameʀzura／ (動作名詞)
犬・猫や子どもなどを／かまう˥ kama'u˥／(からかう、いじめる)こと。
※語構成は「かまい(構い)＋ずら」で、後部成分は「面(つら)」の連濁形かと思われるが、意味派生の点で問題を感じる。あるいは、「いたずら/'ɪtazura¯/」(悪戯)が、幼児語で「おいた/'o'ɪ˥ta/」と言うことから、「いた＋ずら」と異分析されて、それをもとに意味的連想で「かまい＋ずら」が作られた可能性が考えられるかもしれない。

かまいぼり¯～かめーぼり¯ ／kamaibori～kameʀbori／ [構え堀] (名詞)
屋敷の周りの堀。堀を掘ってその土を屋敷地の土盛りに使ったともいうが、大きな堀は地主など村落の有力者の屋敷の特徴をもなしていた。

かまう˥～かまー˥ ／kama'u˥～kamaʀ˥／ [構う] (他動詞ワ行五段)
犬・猫や子どもを、相手にする、からかう、いじめる。
／いぬ・こ˥と かまって˥ ｜ ふっかかい˥た・ん・だ・と・よ↓／
(犬をかまって、犬に噛まれたのだという。)

がま˥げーろ ／gama˥ŋeʀro／ (名詞)
ガマガエル(蝦蟇蛙)。／がま˥ gama˥／とも言う。同項を参照。

かま˥きり ／kama˥kiri／ (名詞)
カマキリ。共通語的語形。次項の／かまぎっちょ¯ kamaŋiQcjo／を参照。

かまぎっちょ¯ ／kamaŋiQcjo／ (名詞)
カマキリ (蟷螂)。「トカゲ」は／かがめっちょ¯ kaŋameQcjo／と言う(⇒当該項参照)。
※ふつうは、／はらたち˥むし harataci˥musi／、／はらたちごん˥べー haratacigoɴ˥beʀ／、／ごん˥べー goɴ˥beʀ／と言うが、聞くとこのようにも言ったという(戦前世代の話者)。
※語構成は「かま(鎌)＋ぎっちょ(キリギリス)」と考えられている(東條操『方言の研究』(刀江書院1952p114)等参照)。キリギリスの「ぎっちょ」の存否は筆者生地周辺では確認できていないが、近隣の吉川市の『よしかわ地方の方言と話言葉』(1996吉川市教育委員会p109)に「キリギリス(バッタに似た昆虫)」として「ぎっちょ」が挙がっていて参考になる。「ぎっちょ」は、各地の俚言(方言)語形から、「きりぎりす」の上略形「ぎりす」を祖形とする転化形の一つである可能性が考えられる((「きりぎりす」→)「ぎりす」→「ぎっちょ」)。
※『物類称呼』の「蜥蜴(とかけ)」の「東国にて○…かまぎつてう」とは別項目の、「蟷螂(かまきり)」の「江戸にて○かまぎつてう」とあるのに関連ある語である。

かます¯ ／kamasu／ (名詞)
ムシロ(筵)を二つ折りにして作った袋。

かまだん¯ ／kamadaɴ／ (名詞)
釜や鍋をかけて煮炊きする設備。かまど。
※／かまど¯ kamado／や／へっつい¯～ひっつい¯ heQcui～hiQcui／(戦前世代／hɪQcui¯／)との違いの有無などは不明だったが、古物台帳(明治43年)に「赤釜ダン」が売買されているので、この語は物品としての「かまど」を指示する語ではないかと考えられる(2021年追記)。後半部は「壇」かもしれないが不明(前記台帳では「仏壇」も「仏ダン」として売買されている)。

かまど￣ ／kamado／（名詞）
釜や鍋をかけて煮炊きする設備。かまど。単に／かま￣ kama／とも言う。⇒／かま￣ kama／参照。
※戦前世代で／hɪQcui￣／、戦後世代で／へっつい￣～ひっつい￣ heQcui～hiQcui／とも言った。他に、／かまだん￣ kamadaɴ／とも言った。

かまや￣ ／kama'ja／（名詞）
台所。／かま￣ kama／(この語は器具の「釜」と設備の「竈(かまど)」のどちらの意味でも使うが、ここでは後者)の設備してある場所。農家では、「土間/doma=˥/」の一画が／かまや￣ kama'ja／であることがふつうだった。⇒／だいどこ￣～でーどこ￣ daidoko～deʀdoko／(台所)の項を参照。

かみ˥ ／kami˥／［上］（名詞）
(例えば「川」などの)斜め方向の(連続的な)上下の「上・上方」を「かみ」という。
反対語は／しも=˥ simo=˥／。／かみ˥・の⁀ち／(上の家)↔／しも・の⁀ち￣／(下の家)。
／かわかみ￣ ka'wakami／(川上)↔／かわしも￣ ka'wasimo／(川下)。
／かざかみ￣ kazakami／(風上)↔／かざしも￣ kazasimo／(風下)。
※垂直方向の(非連続的な)上下の「上・上方」の「うえ」とは区別が曖昧になりつつある。

かみ=˥ ／kami=˥／［紙］（名詞）
紙。／はなっかみ￣ hanaQkami／は「鼻をかむ紙、ちり紙」のこと。

かみ=˥ ／kami=˥／［髪］（名詞）
髪。「髪の毛」は／かみ・の・け˥／と発音する。／かみ・の・け˥(・が)　のび˥た／。
※／あたま・の⁀け￣ 'atama no ke／や省略語法の／あたま=˥ 'atama=˥／もよく使われる。
／あたま・の⁀け　のび˥てる／～／あたま˥　のび˥てる／(頭の毛が伸びている)。

かみおか￣ ／kami'oka／［上後架］（名詞）
家の中にある便所。農家では便所は家の外にあるのを使うのがふつうだった。現在は聞かれることがなくなった語。屋外の便所は、／したべ˥んじょ sitabe˥ɴzjo／［下便所］と言った。
※「上後架(かみごか)」が変化した語。「後架」は禅院の僧堂の背後に設けられた「洗面架」から「洗面所」の意味を経て「用便所」と意味変化した語。［kamiŋoka→kamioka］。
⇒／せっち˥ん seQci˥ɴ／(雪隠)も参照。

かみさ˥ま ／kamisa˥ma／（名詞）
①目に見えない霊的存在者。神。②祖霊。先祖(／せん˥ぞさま seɴ˥zosama／)。
※死者は、死んでなお個性的な／ほとけさま=˥ hotokesama=˥／(死霊)から、没個性的な／かみさ˥ま kamisa˥ma／(祖霊)になると信じられている。祖霊はふつう／せん˥ぞさま seɴ˥zosama／と言う。／ほとけさま=˥ hotokesama=˥／(死霊)や／せん˥ぞさま seɴ˥zosama／がいるのは／あのよ￣ 'ano'jo／であって、「天国」とは考えられていない。
※単独の「神」は談話では殆ど使用されないが、聞くと戦後世代では／かみ˥／と東京語の頭高型に対応する(アクセント核の動かない)「尾高型Ａ類」に発音される(さらに改まると／か˥み／とも発音される)が、戦前世代では／かみ=˥／と東京語の尾高型に対応する(アクセント核が後続形式によって動く)「尾高型Ｂ類」に発音されていた。敬称接尾辞が付いた「神様」のアクセントは、高度経済成長期(1970年頃)以前の世代までは／かみさ˥ま／と発音されていた。これは「尾高型Ｂ類」の／よそ=˥／(余所)に敬称接尾辞が付くと／よそさ˥ま／(余所様)となるのと平行するもので、「神」のアクセントが本来「尾高型Ｂ類」あったことを反映し証明するものとなっている。従って、現在の東京語の頭高型の「神様/ka˥misama/」に対応するアクセントではないことに注意。
※「神様」と指称されるものには次のようなものがある。①「先祖の神」(「先祖様」祖霊)。②「家の神」(門戸・井戸・台所・便所の神と家の建つ土地の神[特定の場所にいてそこに固有の働きを果たしている神])。③「神棚の神」(「大神宮様」)。④屋敷の神(「稲荷様」など家の祠に祀られる神)。
⑤「集落の神」(「氷川様」など集落の寄合施設に祀られる神)。⑥「道の神」(道祖神)。⑦「祠の神」(民間信仰の神)。⑧「神社の神」(神社神道の神)。他に、⑨「霊能者の神」(「巫女(/いちこ￣ 'iciko/と言った)」や「山伏(修験者)」の寄せる神霊)。⑩「(天理教などの)新宗教の神」。
※「天国の神」(超越的主宰神)や「天国」「死後昇天」は伝統的神観念や宗教観とは異質なもので受け容れられていない(1970年頃)。

かみだ˥な ／kamida˥na／［神棚］（名詞）
しめ縄が張られ、神札を収めた小さな神社型の造作(宮形)が置かれている、神を祀るための家の中の施設をいう。／でーじぐ˥さま～だいじぐ˥さま deʀziŋu˥sama～daiziŋu˥sama／(大神宮様)とも言っている。

かみっきれ￣ ／kamiQkire／［紙っきれ］（名詞）
紙の切れ端、小さい紙。

かみっくず˥ ／kamiQkuzu˥／［紙っ屑］（名詞）
使い捨てた紙。要らなくなった紙。

かみっぺら￣ ／kamiQpera／［紙っぺら］（名詞）
薄い一枚の紙切れ。
※語基「ぺら」は／うすっぺらい￣ 'usuQperai／や、状態詞／ぺらぺら￣ perapera／にも現れる。

かみなり￣ ／kaminari／（名詞）

雷。次項を参照。
かみなりさま=˥～かみなりさま¯ ／kaminarisama=˥～kaminarisama／（名詞）
雷。雷が鳴ると、／{かみなりさま／らいさま}・に˥ へそ とらいる˥／(雷さまにへそを取られる)とよく言われ、また耳にもした。「さま付け」して言うのがふつうなのは、敬避の気持ちからと考えられる。
※／らいさま=˥ raisama=˥／(雷さま)の方がふつう。子どもは、また子どもに対しては／ごろごろさま=˥ gorogorosama=˥／とも言った。
かみ˥・の⌒ち ／kami˥ no ci／［上の家］(名詞)
山や川などの上手（かみて）にある家。
※／なか˥・の⌒ち naka˥ no ci／（中の家）、／しも・の⌒ち¯ simo no ci／（下の家）の対。
※「上」のアクセントは、／かみ˥・の～、かみ˥・わ／で共通語の頭高型に対応する。同じく「中」も／なか˥・の～、なか˥・わ／で頭高型が対応する。固有名詞的に言及される「下の家」は／しも・の⌒ち¯ simo no ci／の他に、／しも・な⌒うち¯／言い換えて／しも・に⌒ある˥⌒うち／となっていて、共通語の平板型に対応するはずの型を示していて、偶々なのか聞いた限りでは共通語の尾高型にアクセント型が対応していなかった。
かみまい˥り～かみめー˥り ／kamimai˥ri～kamimeʀ˥ri／［神参り］(動作名詞)
神社などにお参りすること。
かみ˥やしき～かみや˥しき ／kami˥'jasiki～kami'ja˥siki／［上屋敷］(名詞)
固有名詞。(村の上手(かみて)にある屋敷を固有名詞的に言及する。各地に存在していた。)
かむけ¯ ／kamuke／（名詞）
川向こう。「川向かい」の訛語。
／かむけ・に いなご とり˥⌒いく↓／(川の向こう側に蝗を捕りに行く。)
かめ˥ ／kame˥／［亀］(名詞)
亀。川や堀、池や田んぼでよく見かけたが、よくいる場所は決まっていた。
／かめ˥⌒いる／(亀が居る)、／かめ˥・の こーらぼし／(亀の甲羅干し)。
かめ=˥ ／kame=˥／［瓶］(名詞)
壺／つぼ¯ cubo／に似るが、それより大型のもので、口が大きく胴が丸く深い容器。
／かめ˥⌒おいといた⌒とこん／(瓶を置いておいた所)、／かめ・ん⌒なか˥・に／(瓶の中に)。
かも˥ー ／kamo˥ʀ／［蒲生］(固有名詞・地名)
日光街道を草加から越谷へ綾瀬川を渡った所の地名。戦前世代は語頭は清音に発音していた。戦後世代は／がも˥ー gamo˥ʀ／しか知らない。
かや˥ ／ka'ja˥／［萱］(名詞)
屋根を葺くのに使う丈が高く芯が固い草をいう。
かや¯ ／ka'ja／［蚊帳］(名詞)
蚊を防ぐために寝床を覆うように吊り下げる目の細かい網でできた覆い。
かやば¯ ／ka'jaba／［茅場］(名詞)
屋根を葺くのに使う草の群生している所をいう。
かやり¯ ／ka'jari／［蚊遣り］(名詞)
蚊取り線香(／かとりせん˥こー～かとりせん˥こ karorisen˥koʀ～karorisen˥ko／)を明治生まれの人たちがこう言うのを聞いた(昭和20年代)。
から=˥ ／kara=˥／［殻］(名詞)
「堅い表皮」を／から=˥ kara=˥／(殻)と言い、「柔らかい表皮」を／かわ=˥ ka'wa=˥／(皮)と言う。
から=˥ ／kara=˥／［空］(名詞)
中に何もないこと、中身がなく実質を欠くことをいう。／からっぽ¯ karaQpo／(名詞・状態詞)にほぼ同義。／はこ・ん⌒なか˥ から・だ˥った↓／≒／はこ・ん⌒なか˥ からっぽ・だ˥った↓／
※前項「殻」とこの「空」は、遡れるアクセントを含む音形と意味の語誌から見て同源(「殻」→「空」)で、「空」は、語源的には〈「殻」だけの(「み[実・身]」(なかみ)の無い)状態〉が原義と考えられる。
から¯～っから¯ ／kara～Qkara／（格助詞「奪格」）
起点（出発点）を表す。
／まー˥だ がっこー・から けって˥⌒きねー↓／([子どもが]まだ学校から帰って来ない。)
／きょー˥・わ せんせ˥・から ほめらい˥た↓／(今日は先生から褒められた。)
※／っから Qkara／という語頭促音添加形が自由変異的な異語形としてよく聞かれる。
／とーきょー・っから きた˥⌒こ／（東京から来た子）。
※指示場所代名詞／ここ¯、そこ¯、あすこ¯～あすく¯、どこ˥／との結合形は／こっ・から¯、そっ・から¯、あすこ・っから¯～あすく・っから¯、どっ˥・から／となる。
※「ニ」は「位置格・位格 locative」の格助詞で、「発着点(起点・出発点／着点・目標点)」に関しては無標の単なる地点(位置)を表し、述語動詞の意味素性(と文脈)によって、「起点・出発点」を表すことがある。また述語動詞の意味素性と文脈によっては「着点」を表す。無標の「目標点(方向格)」は「イ」で表される。有生の「目標点(与格)」は「ゲ」で表される。
か˥ら ／ka˥ra／（接続助詞）

順接確定条件を表す。[＋有根拠性]の／˥んで ˥ɴde／に比して、論理構成上の主観性が強い。
※接続助詞「から」の直前にラ行五段と一段の動詞語尾の「る」が来ると促音便化するのがふつうである。なお、音便形は元の形(非音便形)と共存することを特徴とする。
／ある˥・から～あっ˥・から／(有る)、／あける・か˥ら～あけっ・か˥ら／(開ける)など。
※原因理由の条件節のみで言いさす文末用法の／(ka˥ra na→)ka˥ɴ na／という終助詞との結合形がよく聞かれ耳立つ。／たのん˥だ・かん・な˥↓／(頼んだからな。)

かか

からうす⁻ ／kara'usu／［唐臼］(名詞)
籾米から籾殻を取り去る「籾摺り/momisuri⁻/」用の足踏み式の臼で、「四斗樽/sitodaru⁻/」を二つに切って作られたという。人によって／からす⁻ karasu／／からーす⁻ karaʀsu／とも言っていた。
からかみ⁻ ／karakami／［唐紙］(名詞)
ふすま(襖)。「ふすま」とは言わなかった。
からす⁻～からーす⁻ ／karasu～karaʀsu／［唐臼］(名詞)
／からうす⁻ kara'usu／の異語形。⇒／からうす⁻ kara'usu／(唐臼)を参照。
から˥す ／kara˥su／(名詞)
カラス(鳥の名)。／かー˥かー kaʀ˥kaʀ／は、鳴き声の他、カラスの幼児語としても使われる。
※カラスが家の木に集まり群がるとその家の人が死ぬと言われ不吉視された。
からすうり˥ ／karasu'uri˥／(名詞)
カラスウリ。卵のような赤い実のなるつる性のウリ科の植物。また、その実。
からすねこ˥ ／karasuneko˥／(名詞)
全身真っ黒な猫。黒猫。
からだ⁻ ／karada／［体］(名詞)
身体。「体つき」は／がかい⁻～がけー⁻ gakai～gakeʀ／、／ずー˥たい zuʀ˥tai／と言う。
からっつぇき⁻ ／karaQceki／［空っ咳］(動作名詞)
①痰のからまない咳。②わざとする咳。
※／そらっつぇき⁻ soraQceki／とも言う。音節/ce/[ʦe]は他に／なかっつぇ⁻ nakaQce／(きょうだいの「中の子」)に現れるぐらいで非常に少ない。
但し、タ行五段動詞をツァ行五段化する個人では仮定形、命令形語尾にも／ce／[ʦe]が現れる。例えば、「待つ」などは次のように活用する個人(複数)がある。
／まつぁ(な˥い)、まち(ま˥す)、まつ˥、まつぇ˥ば、まつぇ˥、まつぉ˥んか、まった˥／
／macana˥i, macima˥su, macu˥, mace˥ba, mace˥, maco˥ɴka, maQta˥／
からって⁻ ／karaQte／［空っ手］(名詞)
手に何も持たないこと。手ぶら。／からって・で　いく／(空手で行く)。
か˥らって ／ka˥raQte／(接続助詞。終止形接続)
原因・理由として成立しないことを表す。「(だ)からといって」。
／あやまった˥・からって　すむ˥⁀もん・じゃ　ね˥ー↓／(謝ったからとて済むものではない。)
※「から(順接確定条件)＋とて(逆接仮定条件)」(→「からって」)という語構成。「って」の分布から、「からって」は連語ではなく一語と認められる。⇒／＝って -Qte／(統語接尾辞)参照。
からっぽ⁻ ／karaQpo／［空っぽ］(名詞・状態詞)
／から=˥ kara=˥／(空)にほぼ同義だが、「空＋の＋箱」:「空っぽ＋{の／な}＋箱」となっている。
か˥らば ／ka˥raba／(接続助詞。終止形接続)
①からには。／やる・か˥らば　さい˥ご・まで　やれ↓／(やるからには最後までやれ。)
②から。／いく・か˥らば　まって˥ろ↓／(行くから待っていろ。)
※「から・に・わ」(からには)からか、あるいは「から・わ」(からは)からの、後者なら例えば「はらわた」を／harabata／というのと同類の、個的な変化によって成立した語形かと思われるが、ひょっとしたら接続助詞「から」に、接続助詞的接尾辞(学校文法では接続助詞)の「＝ば」が類推などによって付いた可能性も考えられる。これに関しては、共通語の「＝たら」「なら」(これは近世語において「＝たれば→*＝たりゃ→＝たら」「なれば→*なりゃ→なら」という変化を経て成立したものと推定される)に、さらに「＝ば」が付いて「＝たら＝ば」「なら＝ば」となる現象(類推変化)が参照されよう。なおこれに関して、「＝たら」「なら」を、原形(古形)「＝たらば」「ならば」―すなわち「未然形＋＝ば」(「＝たら＝ば」「なら＝ば」)―の「ば」の脱落した語形(新形)とする考えは、「未然形＋＝ば」の形は他では新しい「仮定形＋＝ば」によってすべて淘汰されていること、「未然形＋＝ば」の「＝ば」の脱落に基づく活用形は他に例がないことなどからして、(口頭語の水準で考える限り)成り立たないと考える。
⇒共通語の「なら」の文法的規定については／だ˥ら da˥ra／(繋合詞仮定形)を参照。
からみ=˥ ／karami=˥／［辛み］(名詞)
①辛い味。②「大根おろし」のこと。／でーこおろ˥し deʀko'oro˥si／に同じ。
からみ˥もち ／karami˥moci／［辛み餅］(名詞)
搗き立ての餅のちぎったのを、醤油をかけた大根おろしにからませて食べるのを「辛み餅」という。
かりっき⁻ ／kariQki／(名詞)
借り着。

がりっ˥こつ ／gariQ˥kocu／ （名詞）
骸骨。「痩せて骨だらけ（の人）」の隠喩としても使われる。
※語構成は状態副詞（擬態語）／がりがり¯ garigari／の語根√gari＋漢語形態素「骨 kocu」であろう。背景には、（分かりにくい）漢語「骸骨（がいこつ）」に、「がりがり」が干渉して（より分かりやすい）「がりこつ（→がりっこつ）」という語形ができた可能性（有契化）が考えられるかもかもしれない。

＝がる ／-ŋaru／ （動詞形成接尾辞。ラ行五段）
主として、感情・感覚の形容詞語幹・状態詞に付いて、感じ手の感情・感覚の内容が表情・そぶりに現れたり察せられたりして様子に現れることを表す。
／うれしがる˥、こいしがる˥、やーがる˥（嫌がる）、ざんねんがる˥（残念がる）、さむがる˥、いたがる˥／等。他に、／すまながる˥（済まながる）、やりたがる˥、かわいそがる˥（可哀想がる）／等。
※／＝がる -ŋaru／による派生動詞は、通常、主語に第一人称は立たないが、例えば「俺がこんなに痛がってるのに、かまってくれなかった」のような文は、可能と判断される。
※語源的には、様子・気配を表す接尾辞「＝げ（気）」との関連が考えられ、「げ」（-ge←-gë←*-ga-i）の語根の「*が」（√*ga）を語基とする動詞派生接尾辞「-ga-r-u」とすると、意味的関連も辿りやすいと思われる。（なお、上代音が乙類の「ケ（kë）」で被覆形が「カ＝（ka-）」である「け（気）」に、さらにさかのぼって関係づけられるが深くは触れないでおく。）

がれる˥ ／gareru˥／ （自動詞ラ行下一段）
がりがりになる、ガリガリに痩せる。／（あの人は最近） ずい˥ぶん がれ˥た・な↓／
※語源は／かれる¯ kareru／（枯れる）の比喩的転用で、それが擬態語語基「ガリ」に牽引されて語頭音が有声化して成立したものかもしれない。参考までに、「枯れる／枯らす」は「殻（から）」を語基（語根）とする派生語で「殻だけの（中身の無い）状態になる／する」が原義と考えられる。擬態語語基「ガリ」の動詞化だと「*がりる」（上一段）や「*がる」（五段）となるのが自然と思われる。

かわ＝˥～かあ＝˥～かー＝˥ ／ka'wa=˥～ka'a=˥～kaʀ=˥／ ［川］（名詞）
①広義で、水の流れる「河川」一般を言う。
②狭義で、自然河川を／かわ＝˥ ka'wa=˥／（川）と言い、「田」／たんなか¯／の用排水用の人工河川（水路）を／ほり＝˥ hori=˥／（堀）と言った。しかし大きなかつての「堀」も現在「川」と言っているものもあり、違いが明瞭とは言えなくなっている。小さな水の流れは自然のものも人工のものも含めて／めどっこ¯ medoQko／と言った。
※［（大きい流れ←）「川」＞「堀」＞「めどっこ」（→小さい流れ）］のような把え方をする話者がある。これは、一般的に自然河川の「川」の方が人工河川の「堀」より大きいことから、両者を大小の違いと捉え直して理解したためと思われる。
※共通語［-awa-］に対して、［-awa-～-aa-～-a:-］が現れる。［-awa-］は改まった物言いに、［-aa-～-a:-］（連母音～長母音）は、自然な発話に現われる。連母音（間に音節の切れ目のある母音連続）［-aa-］と長母音［-a:-］の音声的な違いについては「球跡・弾痕［tamaato］」と「偶に［tama:ni］」などを参照。どちらかというと長母音に発音されていることが多い。改まるほど［-awa-］に回帰する。
※丁寧な一続きの発音では／かわ˥⌒こす／（川を越す）となるが、ぞんざいな発音では／かー˥⌒こす／となる。「川も越す」の「川も」のように助詞が続くと／かわ・も˥～かあ・も˥～かー・も˥／のようにアクセント核が１拍後退するが、「川みたいに見える」のように準体助詞（学校文法では助動詞語幹）「みたい」が続くと／かわ˥・みてー～かあ˥・みてー～かー˥・みてー／のように後退が阻止され、「川の手前」のように連体助詞「の」が付くと／かわ・の¯～かあ・の¯～かー・の¯／のようにアクセント核が消えて平板型になる。次項の「皮・革」のアクセントも同様である。

かわ＝˥～かあ＝˥～かー＝˥ ／ka'wa=˥～ka'a=˥～kaʀ=˥／ ［①皮・②革］（名詞）
①「柔らかい表皮」を「かわ」と言い、「堅い表皮」を／から＝˥ kara=˥／（殻）と言う。
②動物の皮をなめし（て加工し）たもの。典型的には、「から（殻）」は／かたい¯／もの、「かわ（革）」は／こわ˥い／ものと考えられている。（戦後世代は「こわい（強い）」をも「かたい」と言うようになってきている。）
※／かー＝˥ kaʀ=˥／のような／CVʀ=˥／（「引音」に「１拍遅れのアクセント核」が続く形）は異例で、／かー＝˥ kaʀ=˥／が／かわ＝˥ ka'wa=˥／（／CVCV=˥／）の弱まり語形だから許される形である。
／（あの人は） かわ˥（～かー˥） くって˥る↓／（皮を食べている。）
／（あの人は） かわ・も˥（～かー・も˥） くって˥る↓／（皮も食べている。）
※この点で／よー・な˥ くち きけねー／（必要なことが言えない）の／よー＝˥／は全く異例。

がわ¯～があ¯～がー¯ ／ŋa'wa～ŋa'a～ŋaʀ／ ［側］（形式名詞）
対立するものの一方。
／もこー・の がわ・の いーぶん・わ どー˥⌒なって˥る↑／
（向こうの側の言い分はどうなっているか。）
／よめ・に くれる がわ／ （嫁にやる方）。
※ガ行鼻音（鼻濁音）で始まる唯一？の自立語。

かわい˥ー～かわい˥～かわ˥い ／ka'wa'i˥ʀ～ka'wai˥～ka'wa˥i／ （形容詞）
愛らしい様子。かわいい。
※語幹は／かわい＝ ka'wai-／で、活用は／かわい˥く、かわい˥ー～かわい˥～かわ˥い、かわい˥

ーけりゃ〜かわい⌉けりゃ、かわい⌉かんべ、かわい⌉かった／のようになる。
※終止＝連体形に分節音的に２形、かぶせ音(アクセント)的に３形ある。
／かわい⌉〜かわ⌉い／は自由変異だが、傾向として、続くときは／かわい⌉／が、音休止の前で／かわ⌉い／が現れやすい。／かわい⌉　かお　してる／(かわいい顔をしている)。

かわぐ⌉ち〜かあぐ⌉ち〜かーぐ⌉ち ／ka'waŋu˥ci〜ka'aŋu˥ci〜kaʀŋu˥ci／［川口］(固有名詞・地名)
川口。中世では「入間川」の「川口」、近世では「荒川」の「川口」に位置した土地。
※「川口」を古く「小川口」と言ったとする説が流布しているが、これは、『義経記』の「武蔵国足立郡に川口に著き給ふ」(『新編武蔵風土記稿』に「むさしの國足立の郡こかはロにつき給ふ」と引用)や、『とはずがたり』の「武蔵の国に川口といふ所へ下る」とある箇所の、古典語に特有な「[[同所大地名]に[同所小地名]に]著く」という語法、すなわち「[[武蔵国足立郡]に[川口]に]著き給ふ」(意味は「武蔵国足立郡の川口に著き給ふ」)や、同じような「[[武蔵の国]に[川口といふ所]へ]下る」に不注意(無理解)だったため、最初の「に」(の変体仮名)を「小」と読み違えて後の「川口」に付けたためにできた幽霊語のようである。従って古くから「川口」は「川口」だったようである。以上は、新潮日本古典集成・福田秀一校注『とはずがたり』1978の頭注を参考にした。

かわし¯〜かあし¯〜かーし¯ ／ka'wasi〜ka'asi〜kaʀsi／(名詞)
(〜の) 代わり。(〜する) 代わり。／その⌒かーし／ (その代わり)
※語源は「代わり」の語尾音「り」が「し」に転じたもの。副詞「あんまり→あんまし」「やっぱり→やっぱし」、助詞「ばっかり→ばっかし」などこの変化は語的だがかなり広範に起きている。

かわ⌉ら〜かあ⌉ら〜かー⌉ら ／ka'wa˥ra〜ka'a˥ra〜kaʀ˥ra／［瓦］(名詞)
瓦。⇒次項／かわら¯ ka'wara／(河原)参照。
※「河原」は／かわら¯ ka'wara／(平板型)で、「瓦」は／かわ⌉ら ka'wa˥ra／(中高型)で、アクセントが異なる。これは平安期のアクセントの、「河原」の「上上上[高高高]」と「瓦」の「平平平[低低低]」の別を反映するもので、区別のない東京方言よりもアクセント的には古い。

かわら¯〜かあら¯〜かーら¯ ／ka'wara〜ka'ara〜kaʀra／［河原］(名詞)
川沿いの平坦地。⇒前項／かわ⌉ら ka'wa˥ra／(瓦)参照。
※古利根川・中川、綾瀬川・江戸川周辺の越谷・吉川・三郷・草加・八潮・足立で「川沿いの芦などが生える泥の深い低湿な土地」を意味する／やっから¯ 'jaQkara／という語を聞くが、これは低湿地・後背湿地の意味の「谷(や)」と「河原(かわら)」の複合語「谷河原」に起源する語と思われる。

かわらっぱ¯〜かあらっぱ¯〜かーらっぱ¯ ／ka'waraQpa〜ka'araQpa〜kaʀraQpa／(名詞)
川沿いの平坦地。「河原→河原っぱ」(「原→原っぱ」と同類)。前項注(※)の／やっから¯ 'jaQkara／と同じ地域で聞かれた語。安行台地や周辺では聞かれなかった。

かわらやね⌉〜かあらやね⌉〜かーらやね⌉ ／ka'wara'jane˥〜ka'ara'jane˥〜kaʀra'jane˥／［瓦屋根］(名詞)
瓦葺きの屋根。

かわり¯〜かあり¯〜かーり¯ ／ka'wari〜ka'ari〜kaʀri／(名詞)
(〜の) 代わり。(〜する) 代わり。／その⌒かーり／ (その代わり)

かわりばん⌉こ〜かありばん⌉こ〜かーりばん⌉こ ／ka'waribaɴ˥ko〜ka'aribaɴ˥ko〜kaʀribaɴ˥ko／(名詞)
代わる代わる。交互。／かーりばん⌉こ・に　やって⌒みん⌉べ↓／ (交互にやってみよう。)

かわる¯〜かある¯〜かーる¯ ／ka'waru〜ka'aru〜kaʀru／(所動詞・他動詞、ラ行五段)
あるものが別のものになる、代わる。
所動詞の例：／ここ・わ　むかし・と　ずい⌉ぶん　かーっちゃった・な⌉ー↓／
(ここは昔と比べてずいぶんと変わってしまった。)
他動詞の例：／この⌒しごと　かーって⌒くれ⌉↓／
(この仕事を代わってくれ。)［この例では、仕事の仕手が別の人に代わる］。
※複合語の後部要素になるときは／とっか⌉る toQka˥ru／(取り変わる)のように／＝かる karu／と短音化することが多い。

かん⌉ ／kaɴ˥／［缶］(名詞)
金属製の容器。

かんから⌉ ／kaɴkara˥／［缶空］(名詞)
空き缶。容器自体は／かん⌉ kaɴ˥／という。大きい空き缶は／かんから⌉ kaɴkara˥／とは言わない。
※「かんから(缶空)」は「空缶(からかん)」のことで、「ゴム消し」などと同様の逆語順的な語構成。

かんか⌉ん ／kaɴka˥ɴ／［缶々］(名詞)
／かん⌉ kaɴ˥／(缶)の畳語形で、{小さい／軽い}缶や空き缶などの缶を指して使われる。ドラム缶などの{大きい／重い}缶には使わない。

かんしゃくだま¯ ／kaɴsjakudama／［癇癪玉］(名詞)
①火薬を豆粒ぐらいに丸めたもので、地面にたたきつけると爆発して大きな音を出す遊び道具。
②直ぐに怒り出す性質。またその人。

かんじょ⌉〜かんじょ⌉ー〜かんじょー⌉ ／kaɴzjo˥〜kaɴzjo˥ʀ〜kaɴzjoʀ˥／［勘定］(動作名詞)
計算(すること)。短呼形がふつう。語尾長呼形は、切れると前者、続くと後者になる傾向がある。

かんじょ⌉⌒しる¯ ／kaɴzjo˥ siru／［勘定・しる］(他動詞相当連語、サ変)
数える。終止＝連体形は／かんじょ⌉⌒する¯／が多くなってきている。「練習やる」「勉強やる」と違って「勘定やる」と言わないのは具体的・外形的動作ではないからである。

か˥ん・だ ／ka˥ɴ da／(接続助詞「から/ka˥ra/」の語尾撥音化形/ka˥ɴ/と繋合詞(断定助動詞)「だ/da/」の連語)

「原因理由節カラ＋結果帰結節」(例えば「無茶をしたカラ＋怪我をした(のだ)」)を倒置強調文にして、「結果帰結節ワ＋原因理由節カラ＋ダ」(例えば「怪我をしたのワ＋無茶をしたカラ＋ダ」)の「カラ＋ダ」が「カン＋ダ」となったもの。／けが˥⁀した・の・わ　むちゃ˥⁀した・かん・だ↓／

かんだす˥ ／kaɴdasu˥／ (他動詞サ行五段)

水などを外に、掻き出す・汲み出す。⇒／けーだす˺ keʀdasu／参照。

かんど˥かす ／kaɴdo˥kasu／ (他動詞サ行五段)

無理にどかす。／ひと　かんど˥かした／ (人を無理にどかした)。アクセント核は移動しない。

か˥ん・な ／ka˥ɴ na／ (接続助詞「から/ka˥ra/」の語尾撥音化形/ka˥ɴ/と終助詞「な/na˥/」の連語)

原因理由の条件節のみで言いさす文末用法の「かん・な(/ka˥ra na/→/ka˥ɴ na/)」がよく聞かれる。

／さき・に　いく・か˥ん・な↓／(先に行くからな。)

／まって˥ろ↓　もって⁀くっ˥・かん・な↓／(待っていろ。持ってくるからな。)

これらは状況的にも文脈的にも帰結節が含意された表現で、本来は「条件節カラ＋帰結節。」の語順で、「先に行くから、…。」「持ってくるから、待っていろ。」となるものが、倒置されて、「(帰結節＋)条件節カラ。」＋終助詞「な」の語順になって、そこから文末用法の「かん・な」が生じたものと考えられる。なお、「かん・な」を接続助詞的に使っているように見える次のような文を耳にすることがあるが、これは結果節を二次的に後置してできた文と考えられる。

／もって⁀くっ˥・かん・な　まって˥ろ↓／(持ってくるから(な。)、待っていろ。)

／いろいろ　あっ˥・かん・な　きー⁀つけろ˥↓／(色々あるから(な。)、気を付けろ。)

かん˥にん～かん˥にん・な(˥) ／kaɴ˥niɴ～kaɴ˥niɴ na(˥)／ [堪忍、堪忍な] (感動詞)

謝罪、謝りのことば。「堪忍(してくれ)」の意のはしょり表現。「堪忍」(動作名詞)は「こらえて我慢する」(原義)から「許す」となったもの。／かん˥べん～かん˥べん・な(˥)／とも言った。

現在(1970年代)は／わり˥ー～わり˥ー・な(˥) 'wari˥ʀ、'wari˥ʀ na(˥)／が多く聞かれる。

がんばこ˺ ／gaɴbako／ (名詞)

棺桶。最近は／かんおけ˥ kaɴ'oke˥／や／おかん˺ 'okaɴ／(お棺)と言う。語頭の濁音に関しては、下記の／ねがん˺ neŋaɴ／(寝棺)や／ざかん˺ zakaɴ／(坐棺)の問題も絡むが、①忌避される事物に多く見られる語頭音有声化(/kaɴbako/(棺箱)→/gaɴbako/)の可能性(「棺(中古漢音kuɑn)」漢・呉音クヮン)と、②「龕(死体を収める箱)＋箱」の可能性(「龕(中古漢音k'ʌm)」呉音コン・漢音カン・慣用音ガン)が考えられる。但し、当方言で死体を収める箱の意味の単独の「龕(がん)」の使用はない。

※古くは、縦長の／ねがん˺ neŋaɴ／(寝棺)ではなく、正立方体の／ざかん˺ zakaɴ／(坐棺)だったという。この２語に含まれる/ŋaɴ/と/kaɴ/は同一の漢語形態素「棺/kaɴ/」の異形態と思われるが、どうしてなのか不明。/ŋaɴ/は「寝/ne/」の(有声)鼻音による順行同化形(/ne＋kaɴ/→/neŋaɴ//)と説明できるかもしれない(cf.「寝相」/ne＋soʀ/→/nezoʀ)。あるいは上記②のように、「寝＋龕」で、別の語構成かもしれない。その場合古いとされる「座棺」が/*zaŋaɴ/でないところが問題になる。

がん˥ぶつ ／gaɴ˥bucu／ (名詞)

丈夫な人。前田勇『江戸語大辞典』(1974講談社)に「強物(がんぶつ)」が立項されていて、「強盛(がんじょう)。頑健。」「がんぶつな男」とある。この語の残存形である。

※反対語は／ほそ˥い　ひと(～しと[戦前世代])／だと言う。この／ほそ˥い／の意味は、「細い」→「弱い」のような派生義(cf.／sjoku hoso˥i／食が細い)に基づくものであろう。

＝かんべ˥ー～＝かんべ˥ ／-kaɴbe˥ʀ～-kaɴbe˥／ (統語接尾辞)

形容詞の語幹に付いて「推量形」を形成する統語接尾辞で、起源的には動詞に付いて「志向形」を形成する統語接尾辞(学校文法では助動詞)の／＝べ˥ー～＝べ˥ -be˥ʀ～-be˥／と同一の形態素(異形態)。共時的には、形容詞の方は「推量」、動詞(能動詞)の方は「意志(・勧誘)」を表すように分化している。なお、例えば／なが˥かんべー naŋa˥kaɴbeʀ／(長かろう)を／なが˥かん＝べー naŋa˥kaɴ-beʀ／ではなく／なが˥＝かんべー naŋa˥-kaɴbeʀ／と分析する理由については『埼玉県東南部方言の記述的研究』206頁以下を参照。戦後世代では、例えば／たか˥かんべー／(高かろう)・／あかかんべ˥ー／(赤かろう)は、／たけ˥ー・だんべー／・／あけー・だ˥んべー／、さらに／たか˥い・だろー／・／あかい・だ˥ろー／というように、迂言的・分析的に言うのがふつうになっている。

⇒／＝べ˥ー～＝べ˥ -be˥ʀ～-be˥／(統語接尾辞)の項を参照。

かん˥べん～かん˥べん・な(˥) ／kaɴ˥beɴ～kaɴ˥beɴ na(˥)／ [勘弁、勘弁な] (感動詞)

謝罪、謝りのことば。「勘弁(してくれ)」の意のはしょり表現。「勘弁」(動作名詞)は「よく考えて判断する」(原義)から「許す」となったもの。／かん˥にん～かん˥にん・な(˥)／とも言った。

かんま˥す ／kaɴma˥su／ (他動詞サ行五段)

(風呂の水などを) かき回す。アクセント核は移動しない。

／あっつ˥かったら よく˥ かんま˥して へー˥れ↓／(風呂が熱かったらよくかき回して入れ。)

かんめ˺ ／kaɴme／ [貫目] (名詞)

他人からするその人の評価・重み。その人に備わっていると見られる重さ・貫録。

／かんめ・が　おもい／ (人の評価の重さが重い)。

／かんめ・が　かーるい／ (人の評価の重さが軽い)。

き=˥〜きー˥ ／ki=˥〜kiʀ˥／ ［木］（名詞）
①植物の、生えて生きている「木」(樹木)。②建物や家具の材料として加工された「木」(材木)。
③草や木の「茎や幹」とその「丈」。【人の「からだ」や「がかい」に相当する表現である。】
※「草」についても、樹木の「木」同様な表現が成り立つ。
／なし˥　きー˥　でっか˥く　なって˥⌒きた↓／(梨(~~の木~~)が、木が大きくなってきた。)
／なす˥　きー˥　でっか˥く　なって˥⌒きた↓／(茄子(~~の木~~)が、木が大きくなってきた。)
cf.／なし˥　みー　でっか˥く　なって˥⌒きた↓／(梨(~~の実~~)が、実が大きくなってきた。)
／なす˥　みー　でっか˥く　なって˥⌒きた↓／(茄子(~~の実~~)が、実が大きくなってきた。)
【「梨φでっかくなる」では、梨が果樹か果実かが不分明であるが、例文のように述語位置に述語節「木φでっかくなる」「実φでっかくなる」を代入すると意味を明瞭にできる。「茄子」の場合も同様である。なおこの構文は、[梨φ[木φ[でっかくなる]]]という構造で、「〜は〜が…」のような題述構文ではなく二重の主述構文「〜が[〜が…]」なので、共通語にはうまく訳せない。】

き=¯〜きー¯ ／ki〜kiʀ／ ［気］（名詞）
①見えないが感じられる、存在するもの。またその存在するものの働き。
／きー　ぬけた　びー˥る／（気が抜けたビール)。／きー　かんじる¯／（気配を感じる）。
②人間の心の働き。
／きー　きかねー／（気が利かない)。／きー　くる˥ー／（気が狂う)。
※術語「体言・用言」の基となったいわゆる「体用(タイユウ・タイヨウ)」の論理(概略「体(タイ)」は「本体・もの」、「用(ユウ・ヨウ)」はその「作用・働き」) を用いれば、「気」は、「体(タイ)」としての「心」の「用(ユウ・ヨウ)」と考えられる。

きー⌒つける˥ ／kiʀ cukeru˥／(自動詞・他動詞相当連語。カ行下一段)
「気をつける」に当たる方言本来の形。注意すべき対象は格助詞「ニ」か「φ」で示される。
／くれー・し˥　あしもと˥　きー⌒つけ˥て　けーんな˥↓／(暗いから足下に気をつけて帰りな。)

きーろい¯ ／kiʀroi／（形容詞）
黄色い。名詞は／きーろ¯ kiʀro／。強意形は／まっきー˥ろ maQkiʀ˥ro／、更なる強意形は／まっきっき˥ maQkiQki˥／、いずれも状態詞(いわゆる形容動詞語幹)。「黄/ki/」は、「黄な粉/kinako˥/」「黄ばむ/kibamu¯/」「黄身/kimi¯/」など語基としてのみ現れる。
※戦前世代の話者は、１音ずつ丁寧に(割って)発音すると、[ki-e-ɾo-ɪ]と言うが、普通に(続けて)発音すると[kiːɾoĭ]と言う。前者は戦後世代には[キエロイ]と聞こえておかしがられたりする。

きおつける˥〜きよつける˥〜きょーつける˥ ／ki'ocukeru˥〜ki'jocukeru˥〜kjoʀcukeru˥／
(自動詞・他動詞カ行下一段)
気をつける、注意する。二項動詞で、注意すべき対象は格助詞「ニ」か「φ」で示される。共通語からの借用語。語形と機能から一語と判断する。／きー⌒つける˥ kiʀ cukeru˥／が方言本来の形。
／さむ˥く⌒なった・から　からだ・に　きょーつけろ˥↓／
(寒くなったから体に気をつけろ。)
／まふ˥ゆ・わ　きー˥　はしゃいてっ・か˥ら　｜　ひー˥　きよつけろ˥・よ↓／
(真冬は木が乾燥しているから火ヲ気をつけろ。)
※号令等の掛け声では命令形は／きおつけ˥〜きよつけ˥〜きょーつけ˥／で「ロ語尾」を欠く。
※「を」は方言固有の格助詞ではなく、使われるとしたら共通語からの借用か共通語使用である。

きかない¯〜きかねー¯ ／kikanai〜kikaneʀ／（形容詞）
気がきつく頑固で負けないこと。
／あれ・わ　きかねー・か˥ら　まーり・も　てー˥⌒やいてる↓／
（あの人は気が強くて負けないから周りも持て余している。）

きか˥ぶり ／kika˥buri／ ［着被り］（名詞）
着る物、身に着ける物の総称。衣類。
／おや・に˥　きか˥ぶり・わ　みて˥⌒もらった↓／（親に着る物の世話はみてもらった。）

きかんぼ¯ ／kikaɴbo／（名詞）
性格がきつくて人の言うことを聞かない頑固な者（子）。
※／きかない¯〜きかねー¯ kikanai〜kikaneʀ／と接尾辞／=ぼー -boʀ／(坊)の複合に由来する単語だろうが、音形的には「(聞かぬ→)聞かん」＋「坊」に対応している。

きく¯ ／kiku／ ［聞く］(他動詞カ行五段)
①（物の音・生物の声・人の言葉を）聞く。②尋ねる。
※与格助詞を使った「人ゲ聞く」は尋ネル意味しかないが、位格助詞を使った「人ニ聞く」は「人から聞く」なのか「人に尋ねる」なのか両義的である。

きく¯ ／kiku／ ［利く］(所動詞カ行五段)
感覚・運動器官としての身体部位がその本来の機能を(十分に)果たして働くことをいう。
／めー˥　きく／(目が利く)、／みみ˥　きく／(耳が利く)、／はな　きく／(鼻が利く)、
／てー˥　きく／(手が利く)、／あし˥　きく／(足が利く)、／きー　きく／(気が利く)など。
※[あの人φ＋[目が＋利く]]や[おれφ＋[手が＋利かない]]のように、[感覚器官の所有者＋[感覚

器官＋利く]]という構文(一種の二重主語構文)で、「利く」は述語節を構成して感覚器官の所有者の主語句をとる。「あの人は気が利く」も、「気」は「心の働き」を意味して身体部位ではないが、構文からは同類と把えられている(と思われる)。

※同じ感覚・運動器官としての身体部位でも「口」の場合は、上記のような「主格(〜ガ)＋利く」という自動詞・所動詞型の構文ではなく、／くち　きく／(口を利く)のように「対格(〜φ)＋利く」という他動詞型の構文(例えば「一日じゅう口(を)利かない」「あの人に口(を)利いてもらう」)をとることが注意される。

きこいる¯〜きけーる¯ ／kikoiru〜kikeʀru／ (所動詞一段)

聞こえる。／みみ⌉⌒とーくて　きけーねー・みて⌉ー・だ↓／ (耳が遠くて聞こえないようだ。)

／いぬ・が⌉に・わ　にんげん・が⌉に　きこいねー　おと⌉　きこいん⌉・だ・って・よ↓／

(犬には人間に聞こえない音が聞こえるんだってよ。)

ぎごちな⌉い〜ぎごちね⌉ー ／giŋocina꜔i〜giŋocine꜔ʀ／ (形容詞)

不慣れで動きがなめらかでない様子。「ぎこちないgikocinai」ではない。

きごる¯ ／kiŋoru／ (所動詞ラ行五段)

筋を違える、筋がつる。／あし⌉　きごって　いた⌉かった↓／ (足の筋を違えて痛かった。)

きさいる⌉(〜きされる⌉) ／kisairu꜔(〜kisareru꜔)／

(「来る/kuru꜔/」の受身・可能動詞。ア行上一段(〜ラ行下一段))

①「来る/kuru꜔/」の受身動詞。来られる。

「こっちから先に行くべきなのに、先に／kisai꜔te〜kisare꜔te／どうしたものだろうか。」

②「来る/kuru꜔/」の可能動詞。来られる。

「そんなに早い時間ではバスも電車もなくて、どうやったって／kisaine꜔ʀ〜kisarene꜔ʀ／。」

※／きされる⌉ kisareru꜔／と言うことも少ないがある。形態的には／ki-sai-ru〜ki-sare-ru／と分析される。受身・可能動詞形成の派生接尾辞は母音語幹の一段動詞には／-rai-ru〜-rare-ru／が接尾するのが通則だが、ここに現れる／-sai-ru〜-sare-ru／は／ku-ru／の／ki-／語幹とのみ接合する「唯一形式」で、他に例がない。川口・草加・八潮地域のほか、三郷・吉川・越谷地域でも使われている。地域的広がりがどこまでかは確認できていない。

※他に、／きらいる⌉(〜きられる⌉) kirairu꜔(〜kirareru꜔)／と言う個人が少ないながらある。なお、「こられる」という言い方は本来はなかった。固有形式は／きさいる⌉(〜きされる⌉)／が基本で、少数／きらいる⌉(〜きられる⌉)／が聞かれるというのが、高度経済成長期(1970年頃)以前の姿であった。「こられる」や「これる」という語形は共通語から借用された新しい形である。

きささいる⌉(〜きさされる⌉) ／kisasairu꜔(〜kisasareru꜔)／

(「来る/kuru꜔/」の使役動詞／きさせる¯ kisaseru／の受身動詞(被役動詞)。ア行上一段(〜ラ行下一段))

来させられる。

／ここ・い⌉・わ　きささい⌉て　きた⌉↓／(ここへは来させられて[仕方なく]来た。)

きさせる⌉ ／kisaseru꜔／ (「来る/kuru꜔/」の使役動詞。サ行下一段[特殊])

来させる。戦前・戦後世代の固有形は／きさせる⌉ kisaseru꜔／で本来「こさせる」という言い方はなかった。活用は基本的にはサ行下一段型だが、派生使役接尾辞／＝させる／の通則に従って、接続形／きさして⌉／、条件形／きさっしゃ⌉／、終結形／きさっしゃ⌉う／、実現形／きさした⌉／となり特殊。自動詞・所動詞文の「{誰か／何か}ガ＋どこか(目標・着点){イ(〜φ)／ニ}＋来る」から派生する使役文だが、通常使役者や被使役者の有生性制約によって、「誰かガ＋誰か{ゲ／ニ／コト}＋どこか(目標・着点){イ(〜φ)／ニ}＋来させる」という構文を取る。

／あんな⌉・の・こと　きさして⌉　やつ⌉　どい⌉⌒つもり・な・ん・だんべ↓／

(あんな[役立たず]を[ここに手伝いに]来させてあの人はどういうつもりなのだろう。)

きされる⌉〜きさいる⌉ ／kisareru꜔〜kisairu꜔／(「来る/kuru꜔/」の受身・可能動詞。ラ行下一段〜ア行上一段)

→／きさいる⌉(〜きされる⌉) kisairu꜔(〜kisareru꜔)／(「来る/kuru꜔/」の受身・可能動詞)

きじ¯ ／kizi／ [雉] (名詞)

キジ(雉)。最近はあまり見ないが、昔はよく目にした鳥だった。鳴き声は／けー⌉んけー⌉ん／。

きしゃご¯ ／kisjaŋo／ (名詞)

おはじきの石。

きしゃご¯ ／kisjaŋo／ [来孫] (名詞)

／やしゃご¯ 'jasjaŋo／ (「玄孫」) の子。来孫。

※世代順は次のようになる。

①／こ¯ ko、こども¯ kodomo／(子、子ども)

→②／まご=⌉ maŋo=꜕／(孫)

→③／しこ⌉ siko꜔ 〜 しこまご¯ sikomaŋo／(曽孫)

→④／やしゃご¯ 'jasjaŋo／(玄孫)

→⑤／きしゃご¯ kisjaŋo／(来孫)

きた=⌉ ／kita=꜕／(戦後世代は／きた¯ kita／がふつう) [北] (名詞)

北。真北は／まきた=⌉ makita=꜕／、真北の方は／まきた・の⌒ほ⌉ー／。

／きた・に⌉　いった　とこん／(北に行った所。戦後世代は／きた・に　いった　とこん／)。

き

きた˥い ／kita˥i／［希代］（状態詞）
奇妙な、不思議な様子。／きた˥い・な　こと／。
※『日葡辞書』に「Qitai. 代ニ稀ナコト(希代)。奇異なあるいは稀で不思議なこと」とあるのを参照。
きたね˥ー〜きたな˥い ／kitane˥ʀ〜kitana˥i／（形容詞）
汚ない。状態詞／きれ˥ー kire˥ʀ／(きれい）の①-ⓑの意味の反対語。強調形は／きったね˥ー〜きったな˥い kiQtane˥ʀ〜kiQtana˥i／。⇒／きれ˥ー kire˥ʀ／の項を参照。
※一般的に、「汚ない人」「汚ない顔」は、一時的に外部から付着した汚れに汚されて汚ない状態にあるだけで本質的なものではない。その点で、「きれいな人」「きれいな顔」が本質的な特性としての「美」の表現でもありうるのと異なり、厳密な意味では反対語とは言いがたい。共通語では、本質的な特性としての「醜」は「みにくい」というが、当方言にはそれに該当する単語は見当たらないようである。なお、参考までに、「醜い」(←見にくい)と語構成が似ている／みずれ˥ー mizure˥ʀ／(←見づらい)は、「(見られて)恥ずかしい」という羞恥する心を表していて意味が異なる。
きちきちばっ˥た ／kicikicibaQ˥ta／（名詞）
殿様バッタ。
※「きちきち」は殿様バッタが羽と脚をすり合わせて出す羽音であるが、「ばった」自体も飛ぶ羽音の「はたはた／ばたばた」という擬音語の語基「はた／ばた」の促音介入の異形態に起源する。
※遊び言葉：／きちきちばっ˥た　こーばったˉ　こーや・のˉ　めー˥・で　ふんばった˥　ふんばり˥すぎて　くたばった˥／（きちきちバッタ、こうばった、紺屋の前で踏ん張った。踏ん張り過ぎてくたばった)。
／こーばったˉ／は報告者は意味が分からないという。名詞なら、あるいは「子ばった」か。文脈的には動詞かと考えられるが、「こーばる、こーばった」は方言にそれらしいものが存在しない。もしかしたら「こわばる、こわばった」の訛語かもしれないが、はっきりしない。
きちげ˥ ／kiciŋe˥／（名詞）
①気が違うこと。②気が違った人。
／きちげ˥・みてー・に　よく˥　はたらいた↓／（気が違ったみたいによく働いた。）
※①の意味では価値中立的(無色)だが、②の意味では差別的であることに注意。①が本義である。
きついˉ〜きちーˉ ／kicui〜kiciʀ／（形容詞）
①ゆとりがなく耐えがたい様子。「靴がきつい」「仕事がきつい」。②性格が強い(往々にして周囲には耐えがたく感じられる)様子。「姑はきつい人だった」。「この子はきついから転んでも泣かない」。
きっかけるˉ ／kiQkakeru／（他動詞カ行下一段）
畝を切りながら、鍬で根に土を寄せる。
きったね˥ー〜きったな˥い ／kiQtane˥ʀ〜kiQtana˥i／（形容詞）
きたね˥ー〜きたな˥い ／kitane˥ʀ〜kitana˥i／(汚い)の強調形だが、この語を常用する話者もある。
ぎったんばっ˥こ ／giQtaɴbaQ˥ko／（名詞）
シーソー(遊具)。
※擬音語起源の語だが、最近は耳にしなくなっている。「ぎったんばっこん」とは言わなかった。
東京語その他にあるトイウ「ぎっくんばったん・ぎっこんばったん」も聞いたことがない。
ぎっ˥ちょ ／giQ˥cjo／（名詞）
左利き。／ひだりぎっ˥ちょ〜ひだりぎっ˥ちょ hıdariŋiQ˥cjo〜hıdarigiQ˥cjo／とも言う。
※『日葡辞書』にある「fidariguicchŏ(ひだりぎっちゃう)」に対応する／ひだりぎっ˥ちょ〜ひだりぎっ˥ちょ hıdariŋiQ˥cjo〜hıdarigiQ˥cjo／の上略形と考えられる。
きつねˉ ／kicune／［狐］（名詞）
キツネ。／むじな=˥ muzina=˥／(狸)とともに、人を化かすと信じられた代表的な動物。人が化かされたという話が子どものころまで聞かれた(1950年代)。「化かす」ことは、／ばかす˥ bakasu˥／とも、／ばやかす˥ ba'jakasu˥／とも言った。(「ばやかす」は「まやかす」から音変化した語。)
きどころねˉ ／kidokorone／（動作名詞）
居眠り。同義の／いどころねˉ 'ıdokorone／が「居所寝」で、「居る所で寝る」か、「居(ゐ)る」は古義が「坐る」であったから「坐ったままその所で寝る」かであるとすると、この語源は「着所寝」で、「(着替えずに)着たままその所で寝る」ような意味だったと思われる。
⇒／いどころねˉ 'ıdokorone／の項を参照。
※／いどころねˉ 'ıdokorone／や／いねぶり˥ 'ıneburi˥／、戦後世代では／いねむり˥ 'inemuri˥／がふつうで、一般的ではないかもしれない。八潮や吉川では／きどころねˉ kidokorone／と言った(言う)と聞いたが、草加・川口の安行辺りでは／きどころねˉ kidokorone／とは言わないという人もいる。
きなくさ˥い〜きなくせ˥ー ／kinakusa˥i〜kinakuse˥ʀ／（形容詞）
布の焦げるような匂いがすること。
※『物類称呼』には「焦臭(こがれくさき)を　…　東武にて○きなくさいと云(木にてはないにほひと云こころ)」とある。注記からすると、木などの焦げる匂いとは区別される匂いのようで現代語の「きなくさい」につながるものと思われる。
きなこ˥ ／kinako˥／（名詞）

きな粉。「(黄なる粉→)黄な粉」という成立の語。
※アクセントは東京語の古い中高型の[キナ˥コ]に対応し、現在の頭高型[キ˥ナコ]に対応する語形ではない。改まった共通語的発音(読書音)では／きな˥こ kina˥ko／が聞かれる。

きね˥ ／kine˥／ ［杵］(名詞)
臼／'usu˥／に入れた穀物や蒸かした餅米などを搗く木製の道具。

きねいも¯ ～きねーも¯ ／kine'ɪmo～kineʀmo／ ［杵芋］(名詞)
長芋。杵／きね˥ kine˥／に似ていることからの命名。「山芋」は／じねんじょ¯ zineɴzjo／(自然薯)と言った。

きのー˥ ／kinoʀ˥／ ［昨日］(名詞)
昨日。戦前世代では／きんぬ˥ kiɴnu˥／。高度成長期(1970年頃)以前に言語形成期を終えた戦後世代では、自然な発話では／きの˥ー／(中高型)ではなく／きのー˥／(尾高型)と発音される。但し、「の」助詞との結合と無助詞のときはアクセント核が消える。この語のふるまいが戦前世代の／きんぬ˥ kiɴnu˥／とよく似ているのはその影響のためかとも考えられる。⇒／きんぬ˥ kiɴnu˥／(昨日)
／きのー˥・わ　おせわ˥・ん⌒なりました↓／(昨日はお世話になりました。)
／{きのー／きのー・の⌒うち}　やるべき˥・だった↓／(昨日(のうちに)やるべきだった。)

きのこ˥ ／kinoko˥／ ［茸］(名詞)
キノコ。／きのこ˥・に・わ　どく・の˥・も　あん˥・ど↓／(茸には毒のもあるぞ。)
※現在の東京語の頭高型アクセントには対応しない。語構成から考えて「木の子」だとすると平安時代末期では「平平上[低低高]」が推定され、3拍名詞第5類と同じだったと考えられる。とすると、東京語の「出自」のアクセントは「低高低」(中高型)になると推定される。この出自のアクセントから音韻法則的に1拍後退したのが方言のアクセント／きのこ˥／(尾高型A) ということになる。改まった共通語的発音(読書音)では、／きの˥こ kino˥ko／が聞かれる。毒キノコは／どくきの˥こ dokukino˥ko／と発音される。

きのどく˥～きのどく=˥ ／kinodoku˥～kinodoku=˥／ ［気の毒］(状態詞・動作名詞)
①他人の苦しみ・悲しみに同情する心理状態をいう。
／こども・が　しんで　きのどく・な˥⌒こった↓／(子どもが死んで気の毒なことだ。)
②相手に申し訳なく思う。
／(せっかく来てくれたのに)　いねーで　きのどく˥⌒した↓／(居なくて気の毒した。)

きばさ˥み ／kibasa˥mi／ ［木鋏］(名詞)
刈り込み用の柄の長い植木ばさみ。⇒／なんばん¯／、／くねかりばさ˥み／各項参照。

きびしょ˥ ／kibisjo˥／ (名詞)
急須。この語の使用者は／きゅーす˥ kjuʀsu˥／は新しいことばだと言っていた。
※『漢語方音字彙』(文字改革出版社1962)によれば、「急須」の南方字音は例えば厦門音で[kipsu]であるから、そのような発音の唐音などに基づくもののようである。

きま˥ ／kima˥／ (名詞)
気が違っているかのように感じられる人。「気違いがかっている人」のことだと言う。
／あれ・わ　きま˥・だ・かん・な˥ー↓／ (あの人は「きま」だからなあ。)。
※「気まぐれ」の下略形。「気ざわり」→「きざ」の類。

きも=˥ ／kimo=˥／ ［肝］(名詞)
①内臓器官の名。肝臓。
②意志・感情、気分などの精神の強い働き(を担うものとしての肝臓)。
／きも˥⌒すわってる／ (物事に動じない、度胸のある) ／きも˥⌒ちっちゃ˥い／ (小心な)。

きも˥⌒いる˥ ／kimo˥ 'ɪru˥／ ［肝炒る］(自動詞相当連語。ラ行五段)
気持ちをいらいらさせる、いらつかせる→気持ちがいらいらする、気持ちがいらつく。
／あいつ・の　いいぐさ・に˥・わ　きも˥⌒いった↓／ (あいつの言い分にはいらついた。)
※／いる˥ 'ɪru˥／は他動詞で／きも=˥／はその目的語である。一息に続けて発音すると[きも˥⌒いる]のように、先行語のアクセント核のみ際立ち、ふつう後続語のアクセント核は抑圧され現れない。

きも˥⌒いれる˥ ／kimo˥ 'ɪreru˥／ ［肝炒れる］(自動詞相当連語。ラ行下一段)
気持ちがいらいらする、気持ちがいらつく。
／あいつ・の　いいぐさ・に˥・わ　きも˥⌒いれた↓／ (あいつの言い分にはいらついた。)
※／いれる˥ 'ɪreru˥／は所動詞で／きも=˥／はその主語である。一息に続けて発音すると[きも˥⌒いれる]のように、先行語のアクセント核のみ際立ち、ふつう後続語のアクセント核は抑圧され現れない。
※／きも˥⌒いる˥／と／きも˥⌒いれる˥／は同義の表現として併存している。
また、／きも・も˥　いった˥・し、はら・も˥　たった˥↓／(いらだちもし、腹立ちもした)のように、間に助詞が現れうるので複合語ではなく連語である。

きもの¯～きもん¯ ／kimono～kimoɴ／ ［着物］(名詞)
「和服/'wahuku/」の他に着る着物一般をも言うことがある。この意味では、／きる・もの=˥～きる・もん=˥ kiru-mono=˥～kiru-moɴ=˥／とも言う。改まった言い方としての／ふく=˥ huku=˥／(服)もよく聞かれる。
／きもの　かって⌒きた⌉い↓／（服を買って来たよ。[「来たい」は「来た＋イ」でイは告知の意味]）
きや=⌉ ／ki'ja=1／ ［際］（名詞）
他と接する境界の直ぐ内側。際。語形は／*Ci'wa／（C≠'）→／Ci'ja／という法則的な変化の一例。
／はたけ・の　きや・に⌉　たって⌉た　こや／（畑の際に建っていた小屋）。
＝きゃ ／-kja／（形容詞仮定形語尾）
形容詞仮定形語尾（統語接尾辞）／＝ければ -kereba／の異形態。⇒／＝ければ -kereba／を参照。
／＝ければ→＝けりゃ→＝きゃ／と転じたもの。／＝けんば -keɴba／や／＝けりゃ -kerja／に比べて（反省的・内省的に）新しい形のよう感じられている。
ぎゃー⌉すか ／gjaʀ1suka／（擬音語）
（さかっている）猫や（むずかる）赤ちゃんの発する／ぎゃー⌉ぎゃー（{鳴／泣}いててうるさい）／は、{鳴／泣}く声そのものに関心が向けられているの対して、／ぎゃー⌉すか（{鳴／泣}いててうるさい）／は声をあげて{鳴／泣}く様子に関心が向けられている。⇒接尾辞／＝すか -suka／参照。
ぎゃくえん¯ ／gjaku'ɪɴ／ ［逆縁］（名詞）
未婚の弟が、死んだ兄の妻と結婚すること。昔はよくあることだったという。
きゃはん¯ ／kjahaɴ／ ［脚絆］（名詞）
農作業時、すねに巻いて紐で結ぶ布。
ぎやまん¯ ／gi'jamaɴ／（名詞）
ガラス。明治中期生まれの話者が昔使っていたという古いことば。
※原語は、英語のダイヤモンドdiamond と同語源の、ポルトガル語diamante かオランダ語diamant からの借用語で、「ガラス」の意味は日本語独自の借入後の意味変化といわれる。
※原語の[di]が[gi]と聞き取られたのは、日本語の「ぢ」が破裂音/di/[di]から近世語では破擦音/zi/[ʥi]になっていて破裂音でなくなっていたことが背景となっている。
きゅー¯ ／kjuʀ／ ［灸］（名詞）
灸。灸による治療は、／きゅー⌒すいる¯／（灸を据える）という。
※「灸を据える」ことは、子どもに対する仕置きとしても実際になされていた。（今なら児童虐待）
きゅーざか¯ ／kjuʀzaka／ ［急坂］（名詞）
高低差の大きい、勾配の急な坂道。
きゅーす⌉ ／kjuʀsu1／（名詞）
急須。／きゅーす⌉・の⌒ふた　どこ⌉　いった↑／（急須のふたはどこにある。）
※戦前世代は、以前は／きびしょ⌉ kibisjo1／と言っていたといっていた。
※アクセントが共通語の平板型には対応しないが、山田美妙『日本大辞書』(1892)には「第一上」とあり、関連するとすれば２拍ずれた不規則な対応になっている。あるいは、／きゅーす⌉／と尾高型なのは先行する／きびしょ⌉／のアクセントに影響された可能性が考えられる。
きゅー⌉り～（戦前世代で）きゅーり⌉ ／kjuʀ1ri～（戦前世代）kjuʀri1／（名詞）
キュウリ。戦前世代の一部で／きゅーり⌉ kjuʀri1／（尾高型A）という発音が聞かれる。
※「きうり（胡瓜）」は３拍名詞第５類の語（「平平上[低低高]」）で、従って、音韻対応関係から東京語の「出自」のアクセントは「中高型」と考えられる（東京語はその後に頭高型化）。この「中高型」を祖形としてアクセント核が１拍後退して成立したのが、戦前世代の／きゅーり⌉／（尾高型A）で、３拍名詞第５類の型対応から考えて、一般的で規則的な発達形だから、もとはもっとこの形で発音する人が多かったのではないかと思われる。
きょー⌉ ／kjoʀ1／（名詞）
今日（きょう）。／きょー⌉　けーる⌉／（今日帰る）。／きょー⌉・まで　いる／（今日までいる）。
※「今日は{暑い／寒い}」の「今日」は、主語と誤認されているきらいがあるが、構文的には「今日は[気温が{高い／低い}]」と同類（「今日は[(Xが){暑い／寒い}]」（「今日はひんやりして[空気が寒い]」参照））か、あるいは「今日は[Ø {暑い／寒い}]」（[０項形容詞文＝無主語文]。Øは無名詞句）と考えられる。いずれにしても「今日」は「時の状況語」（修飾語・付加語）で主語ではない。同様、「今日はウナギだ」も、構文的には多重主題文の「今日は僕はウナギだ」などの「僕は」のゼロ化形式「今日は（φは）ウナギだ」と考えられ、「僕は／（φは）」が「主語」、「今日は」は「状況語」で主語ではない。
ぎょーさ⌉ん ／gjoʀsa1ɴ／（副詞）
たくさん。古い語のようで、明治中頃生まれの人たちが使っていた。
きょー⌉だい～きょー⌉でー ／kjoʀ1dai～kjoʀ1deʀ／ ［兄弟］（名詞）
兄弟姉妹（sibling）。／きょーだい⌉なか～きょーでー⌉なか／は兄弟姉妹間の人間関係。
きょーび⌉ ／kjoʀbi1／（名詞）
今日（こんにち）。このごろ。
きら⌉ ／kira1／（名詞）
肌のつや、色つや。肌がなめらかなでつやがあること。人肌だけでなく大根などのなめらかな表皮のことも言う。／きら⌉・が　い⌉ー／（つやがいい）。
※『日葡辞書』に載る「Qira」（「cousa limpa,& lustrosa（きれいで光沢のあるもの）」）と関連があるか。

きらいる˥(～きられる˥) ／kirairu˥(～kirareru˥)／
（「来る/kuru˥/」の受身・可能動詞。ア行上一段(～ラ行下一段))
「来る/kuru˥/」の受身・可能動詞は、大多数の話者は／きさいる˥～きされる˥ kisairu˥～kisareru˥／と言い、／きらいる˥～きられる˥ kirairu˥～kirareru˥／という話者は個人的で少ない。
⇒／きさいる˥(～きされる˥) kisairu˥(～kisareru˥)／を参照。
きら˥ぶり ／kira˥buri／（名詞）
装身具。「きらぶり」の「きら」は美しい衣服の「綺羅」と関係があると思われるが、語構成など不明。
きりだし¯ ／kiridasi／［切り出し］（名詞）
ものを切ったり削ったりする小刀をいう。今では「ナイフ/nai˥hu/」に置き換わっている。
ぎりはり¯ ／girihari／［義理はり］（名詞）
世間付き合いの互酬制的(reciprocal)な義務である「義理」を守ること。また、／ぎり=˥ giri=˥／(義理)と同意の強調語のようにも使われる。より根源的な人間的な感情を表す「人情/niɴ˥zjoʀ/」と対比的文脈で使われることが多い。
きりも˥ち ／kirimo˥ci／［切り餅］（名詞）
／のしも˥ち nosimo˥ci／(搗いた餅を長四角に平たくのばした餅)を、小さく長四角に切った餅。
きる¯ ／kiru／［着る］（他動詞カ行上一段）
衣服を上半身に身につける。但し、衣服でも袖を通さない場合は／はおる˥ ha'oru˥／という。
※「和服」など上半身も下半身も覆うような物も／きる¯ kiru／というが、全身を包み覆うような物は／くるむ˥ kurumu˥／という。
※上半身でも体の小部分に身につける物は個別化して、「帽子」は／かぶる˥ kaburu˥／、「手袋」は／はめる¯ hameru／、「襟巻き」は／まく¯ maku／という。「手袋」「襟巻き」はサ変動詞「しる(する)」を動詞に取ってもよい。
※下半身に身につけることは／はく¯ haku／(「穿く」カ行五段)という。上半身と違って体の小部分に身につける物による分化はない。「ズボン」だけでなく「猿股(パンツ)」「靴下」「靴」も一様に／はく¯ haku／という。
※使役動詞派生語：／きせる˥ kiseru˥／(着せる)と／きさせる˥ kisaseru˥／(着させる)の２形式がある。通常、被使役者(行為者)は戦前世代で「ニ」か「ゲ」、戦後世代以下では「ニ」で格表示される。
「子どもガ服φ着る」
→「子ども{ゲ／ニ(／コト)}服φ着せる」／「子ども{ゲ／ニ(／コト)}服φ着させる」
「子どもガ服φ着る」という文の目的語「服」を再帰詞を含む「自分の服」として使役化した場合、
①「母親ガ子ども{ニ／ゲ}自分の服φ着せる」では、「自分の服」は文主語の「母親の服」でなければならないが、
②「母親ガ子ども{ニ／ゲ}自分の服φ着させる」では、「自分の服」は、文主語の「母親の服」すなわち「母親が子どもに母親の服を着させる」の場合も、「子どもの服」すなわち「母親が子どもに子どもの服を着させる」の場合もある。
／きせる˥／の目的語は他動的(使役的)行為の単なる対象で、／きさせる˥／の目的語は場合によっては自己決定することが可能な有意志的な対象者と扱われている。それが「自分」の読みの違いに反映していると考えられる(単文(複他動詞)構造か複文(補文)構造かの違いも関係している)。
なお、被使役者(行為者)をコトで表示できる話者では、コトは強制使役になる。
きる⁀もの=˥～きる⁀もん=˥ ／kiru⁀mono=˥～kiru⁀moɴ=˥／［着る物］（連語名詞）
着る着物一般を言う。連語だが１単語のように使われる。「着物/kimono¯/」が「和服/'wahuku¯/」も「着る物」一般も指すことができるために、着る着物一般を、特に「着る物/kiru⁀mono=˥/」と言うのかもしれない。
／きる⁀もん・の　たかい˥⁀やつ　いら˥　もって˥る・っつってた↓／
(着物の高いのをたくさん持っていると言っていた。)
きれ=˥ ／kire=˥／（名詞）
布。布切れ。
／きれ˥　かって　きた˥・から　ぬって˥⁀くれ・って　｜　たのまい˥た↓／
(布を買って来たから縫ってくれ、って頼まれた。)
きれー¯～きらい¯ ／kireʀ～kirai／（他動詞的状態詞）
嫌い。⇒／すき=˥ suki=˥／(好き)の項を参照。
強意形は／でーっ˥きれー～だいっ˥きらい deʀQ˥kireʀ～daiQ˥kirai／。反対語はそれぞれ／すき=˥ suki=˥／、／でー˥すき～だい˥すき deʀ˥suki～dai˥suki／。
「主語＋目的語＋嫌い・ダ」という文型で使われる。
ⓐ「主語ガ＋目的語コト＋嫌い・ダ」型の対格構文では目的語が生物名詞のときは対格助詞「コト」を取るが、文脈や場面が許せば任意にφとすることができる。無生物名詞の目的語はいかなる場合も無助詞(φ助詞)で表される。
「おまえガ犬コト嫌い(なのは知ってる)」「おまえガ納豆φ嫌い(なのは知ってる)」
「おまえガ犬φ嫌い(なのは知ってる)」「おまえガ納豆φ嫌い(なのは知ってる)」
ⓑ「主語ガ＋目的語ガ＋嫌い・ダ」型の二重主格構文では目的語は主格助詞「ガ」をとるが、係助詞の

「ワ」と「モ」と結合するときは義務的にφ、そのほかは任意にφとすることができる。
「おまえガ犬ガ嫌い(なのは知ってる)」「おまえガ納豆ガ嫌い(なのは知ってる)」
「おまえガ犬φ嫌い(なのは知ってる)」「おまえガ納豆φ嫌い(なのは知ってる)」
殆どの話者は⓪の対格構文の方を最も自然な文だと判断する。従って目的語がφ助詞の文も⓪ととるのがふつうである。
※／すき˥きれー suki˥kireʀ／の状態詞は情意性の強い単語だが、どちらも述語形式の「好き・ダ」「嫌い・ダ」の現在形は第一人称以外の主語も取ることができ、人称制限はない。その点で他の情意形容詞(感情形容詞)とはふるまいを異にする。

きれ˥ー ／kire˥ʀ／（状態詞）
①美しい様子。きれい(だ)。
※「きれい(だ)」には、ⓐ「(あの人は)きれいな手をしている＝(あの人は)手がきれいだ」のような本質的な特性としての「きれい(だ)」と、ⓑ「手を洗う→手がきれいになる＝手がきれいだ」のような一時的な状態としての「きれい(だ)」がある。なお、一般に「きれい(だ)」の反対語とされる／きたね˥ー kitane˥ʀ／(汚い)は、厳密にはⓑの「きれい(だ)」の反対語である（「手を汚(よご)す→手が汚くなる＝手が汚い」)。⇒／きたね˥ー～きたな˥い kitane˥ʀ～kitana˥i／(汚い)の項を参照。
②格助詞「に」と結合して副詞的に、「完全に、すっかり」のような意味を表す。
／きれ˥ー・に　わすいる／(すっかり忘れる)、／きれ˥ー・に　くっちゃ˥った／(完全に残さず食べてしまった)。
※「美しい」という美的価値表現を基本とし、他に「完全に」のような意味の副詞的用法があるのは共通語と同様である。

きれっこ˥ ／kireQko˥／（名詞）
布切れ。／きれ=˥ kire=˥／とは微妙に違っていて、具体的な布の切れ端を指す。

きれっぱし¯ ／kireQpasi／（名詞）
切ったものの残りの小部分。

ぎんが˥み ／ginŋa˥mi／［銀紙］(名詞)
銀紙。東京語の[ギ˥ンガミ](頭高型)からすると／*ぎん˥がみ／になるはずだがなっていない。

きんぬ˥ ／kiɴnu˥／（名詞）
昨日。「の」助詞との結合と無助詞のときはアクセント核が消える。⇒／きのー˥ kinoʀ˥／(昨日)
／きんぬ・の⌒うち・に　やっときゃ˥ー　よか˥った↓／(昨日のうちにやっとけばよかった。)
／きんぬ˥・わ　ずい˥ぶん　あめ˥⌒ふった・な˥ー↓／（昨日はひどく雨が降ったなあ。）

くいせ˥ー～くんせ˥ー ／kuise˥ʀ～kuɴse˥ʀ／［呉いせー～呉んせー］(動詞尊敬命令形・感動詞)
→／くんせ˥ー～くいせ˥ー kuɴse˥ʀ～kuise˥ʀ／

くいぞめ¯ ／kuizome／［食い初め］(名詞)
生後100日目に行われる、初めて大人と同じ食事を作って食べさせる(真似をする)祝いの儀式。

くいつか˥いる～くいつかいる˥ ／kuicuka˥iru～kuicukairu˥／（受身動詞、ア行上一段）
(犬に)咬まれる。もっと普通には／くっか˥かいる kuQka˥kairu／(他動詞／くっかく kuQka˥ku／(噛む、噛みつく)の受身形)と言う。

くいっちら˥かす ／kuiQcira˥kasu／（他動詞、サ行五段）
①食べ物を食べこぼして食べた後を汚く乱雑に放置すること。
②食卓の食べ物に何でも手を付けてしかも食べ残すこと。

くいて⌒やる¯(～くれて⌒やる¯) ／kuite 'jaru(～kurete 'jaru)／（連語他動詞ラ行五段）
／くいる¯(～くれる¯) kuiru(～kureru)／の接続形と／やる¯'jaru／の連語動詞。「授与(贈与)」を強調した表現。話し手側からの授与行為に限られ、話し手は、「やる」と同じく、受け手になることはできない。「与え手ガ＋受け手{ゲ／ニ}＋対象{コト(生物)／φ(無生物)}＋くれてやる」という構文をとる。「娘を嫁にやる」ことは、「与え手ガ＋受け手{ゲ／ニ}＋むすめコト＋よめニ＋くれてやる」という形になる。／ねこ˥・げ　えさ˥　くいて⌒やった↓／(猫にえさをくれてやった。)

くいぶち¯ ／kuibuci／［食い扶持］(名詞)
(その人が食う分の)食料を買うための金。食費。
／くいぶち・ぐれー˥・わ　うち・に　いれろ˥↓／(自分が食う分ぐらいの食費は家に入れろ。)

くいもの=˥～くいもん=˥ ／kuimono˥=˥～kuimoɴ=˥／［食い物］(名詞)
食物。食べ物。／なん˥か　くいもん˥⌒ねー・か↑／(何か食う物はないか。)
／くいもん・の　うらみ・だっ˥て　おっかねー˥・よ↓／(食べ物の恨みも怖いよ。)
※「食い物」が固有語で、「食べ物／たべも˥の tabemo˥no／」とはふつうには言わなかった。

くいる¯(～くれる¯) ／kuiru(～kureru)／［呉いる(呉れる)］(他動詞ア行上一段(ラ行下一段)[不規則])
与える。呉れる。改まった場面では／くれる¯ kureru／も現れる。
共通語の「くれる」と違って視点中立的で、書き言葉の「与える」、英語の「to give」に相当する動詞である。従って、受け手(間接目的語)が話し手自身である必要はない。受け手が聞き手や第三者であっても使える。戦前世代では、受け手は、生物名詞なら与格助詞の「ゲ」か方向格助詞の「イ」、無生物名詞なら「イ」で表示される(「生物イ」は合文法的だが多くはない)。位格助詞「ニ」も現れるが、その場合、共時的には、「ゲ」「イ」は目標点、「ニ」は着点というふうに表し分けられているようである。「ゲ」と「ニ」は、単なる旧新の違いではなく、微妙だが共時的に表す意味の違いがあって使い分けられている。⇒／やる¯ 'jaru／の項を参照。

／めずらし˥く　おれ・げ˥・も　くいた↓／（珍しく俺にもくれた。）

／ねこ˥・げ(～ねこ˥・い)　えさ　くれろ˥↓／（猫に餌をやれ。）。

／はな˥・い　みず　くいた・か˥↑／（花に水をやったか。）

なお、以下便宜的に「くれる」「ラレル」形を用いて説明するが、「甲ガ乙{ニ／ゲ}何かφくれる」(≒「甲が乙に何かを与える」)に対する受身文「*乙ガ甲{ニ／カラ}何かφくれラレル」(≒「乙が甲{に／から}何かを与えられる」)はなく、代わりに、「乙ガ甲{ニ／カラ}何かφもらう」のように、「もらう」文が用いられる。「もらう」が受身動詞「くれラレル」の補充形式のように構文的には機能しているわけである。視点(共感点)の問題が絡むが、／やる¯ 'jaru／もこの点で同様である。共通語でも「やる」「くれる」と「もらう」に同様の関係が見られる。⇒／もらう¯ mora'u／の項を参照。

また、「[子どもガ＋猫{ゲ／イ／ニ}＋餌φ＋{くれる／やる}]」に、使役主「母親」を加えて使役文にすると、理論的には「母親ガ＋［子ども{ゲ／ニ}＋猫{ゲ／イ／ニ}＋餌φ＋{くれさせる／やらせる}]」となるが、同じ格助詞の組み合わせの「子どもゲ＋猫ゲ」「子どもニ＋猫ニ」は落ち着きが悪く、違う格助詞の組み合わせ「子どもゲ＋猫ニ」「子どもニ＋猫ゲ」(特に後者)が坐りがよいようである。

※活用は極めて不規則で、学校文法的に説明すると、( )内は改まった場合の語形。

未然形は／くいらいる¯（くれられる¯）、くんねー¯（くれない¯）／のように「くい～くん」、

連用形¹は／くいてー¯（くれたい¯）、くんな˥（くれな˥）／のように「くい～くん」、

終止＝連体形は／くいる¯(くれる¯)、くいっ・か˥(くれる・か˥)、くいん・と¯(くれる・と¯)／のように「くいる～くいっ～くいん」、

仮定形は／くいんば˥(くれんば˥)～くいりゃ˥ー(くれりゃ˥ー)／、

命令形は／くれ˥／と／くれろ˥／(自分には／くれ˥／と他者には／くれろ˥／が使われる)、

確否形は／くいろんか˥(くれろんか˥)（「くれるはずがない」の意)、

連用形²は／くいて¯（くれて¯)、くいた¯（くれた¯）／の「くい」で、

未然形から順に並べて示すと、

「くい（～くん)、くい（～くん)、くいる（～くいっ～くいん)、くいんば、くれ～くれろ、くいろんか、くい」となって極めて不規則な変化をする。

※命令形に２形(／くれ˥ kure˥／と／くれろ˥ kurero˥／)あり、話し手が受け手の場合／おれ・げ　みず　くれ˥／(おれに水を呉れ)と言い、話し手以外の生物・無生物が受け手の場合は／ねこ˥・げ　えさ˥　くれろ／(猫に餌を呉れろ)、／はな・い˥　みず　くれろ˥／(花へ水を呉れろ)と言い分ける。なお、命令文の主語(被命令者＝行為者)には、話し手から見て、目上や年上の人がなりにくいのは共通語と同様である。

※／くいてやる¯ kuite 'jaru／(改まった場面では／くれてやる¯ kurete 'jaru／も現れる)は、／やる¯ 'jaru／と似て、話し手側からの授与行為に限られる。／くいる¯／(／くれる¯／)と同様に、受け手の有生・無生の制限はない。

／ねこ˥・げ　えさ　くいて・やった・か˥↑／(猫に餌をくれてやったか。)

／はな・い˥　みず　くいて・やった・か˥↑／(花へ水をくれてやったか。)

※／くいる¯／のように共通語ラ行下一段動詞に対して、語幹末尾の／＝れ -re／が／＝い -i／に変化して、ア行上一段が対応する動詞は語彙的だがかなり多い。その音韻的条件は、語幹末尾音が「非前舌母音／-a-, -u-／＋／-re／」という形のものに限られる。(／-are(ru)→-ai(ru)、-ure(ru)→-ui(ru)／)。

くい˥んぼ ／ku'ı˥ɴbo／［杭んぼ］(名詞)

地面に打ち付けた杭。

くー˥～くう˥ ／kuʀ˥～ku'u˥／［食う］(他動詞ワ行五段)

①食べ物を口に入れて噛んで飲み込む。②虫などが噛んだり刺したりする。

※①は人間を典型とする大きい動物を動作主とするのが普通。

※②は「蚊」や「蚤」などの「虫」が動作主になることが多い。／のみ・に˥　くわいた／(蚤に食われた)。

※「食う」が日常口にすることばで、「食べる/taberu˥/」とはふつうには言わなかった。

ぐー˥すか ／guʀ˥suka／（擬音語)

寝息・いびきの／ぐー˥ぐー(寝てる)／に対して、寝息・いびきを立てて寝ている様子を／ぐー˥すか(寝てる)／と言う。⇒接尾辞／＝すか -suka／参照。

くき=˥ ／kuki=˥／［茎］(名詞)

草の「枝葉と根の間」の「地上にある部分」をいう。「地下茎」は日常言語(方言)では「根・根っこ」と把えられている。木の「枝葉と根の間」の「地上にある部分」は、「幹/miki¯～miki˥/」という。

くぐす˥ ／kuŋusu˥／（他動詞サ行五段)

物の下を通り抜けさせる。くぐらせる。経由場所は常に格助詞なし(φ)で示される。

／こども・こ˥と　この⌒した　くぐして˥かした↓／(子どもをこの下を？くぐらせて行かせた。)

自動詞文「子どもガ＋この下φ＋くぐる」(子どもがこの下をくぐる)—(使役化)→ 使役動詞文「子どもコト＋この下φ＋くぐらせる」(子どもをこの下？をくぐらせる)≒ 他動詞文「子どもコト＋この下

φ＋くぐす」という構文関係になる。
くぐる˥ ／kuŋuru˥／（自動詞ラ行五段）
物の下を通り抜ける。「くぐる」は、「通る」と同様に、補足語は対象物ではなく移動の経由場所と考えられるので自動詞とする。常に経由場所は格助詞なし（φ）で示される。「くぐる」と「くぐす」および「くぐらせる」の関係は、「とおる」と「とおす」および「とおらせる」の自動詞と他動詞および使役動詞の関係に等しい。⇒／くぐす˥／を参照。
／ねこ˥・が　えんぬ˥した　くぐって˥った↓／（猫が縁の下をくぐって行った。）
くさ=˥ ／kusa=˥／［草］（名詞）
①一般に、草。②栽培種の「野菜」や「草花」などに対して、野生種の草、雑草。
※草の茎の部分、またその丈を／き=˥〜きー˥ ki=˥〜kiʀ˥／（木）と言う。
方言文の／この⌒くさ˥ ｜ きー˥　でっか˥く⌒なった↓／、即ち「この草は木が大きくなった」は共通語としてはあり得ない文かもしれないが、十分有意味な文である。
くさかり=˥ ／kusakari=˥／［草刈り］（動作名詞）
鎌（/kama˥/）などの道具を使って雑草を取ること。［＋道具］の意味特徴を持つ。
／かま˥・で　くさかり˥⌒した／（鎌で…）は自然だが、／て・で˥　くさかり˥⌒した／（手で…）は不自然になる。⇒／くさとり=˥ kusatori=˥／（草取り）の項を参照。
くさっぱら¯ ／kusaQpara／［草っ原］（名詞）
（田畑と違って手入れがされていない）草の生い茂っている比較的広い平地。草地。
くさとり=˥ ／kusatori=˥／［草取り］（動作名詞）
雑草を取ること。［±道具］の意味特徴を持ち、道具の使用に関して中立的で、除草一般を表す。
／て・で˥　くさとり˥⌒した／（手で…）、／かま˥・で　くさとり˥⌒した／（鎌で…）。
※／くさとり=˥／は［±道具］、／くさかり=˥／は［＋道具］、／くさむし˥り／は［−道具］のように、道具の使用・不使用に中立的か関与的かで分化しているようである。
くさば˥な ／kusaba˥na／［草花］（名詞）
花の咲く栽培種の草。花が咲く草でも野生種のものについては言わない。
※語構成要素の順序が逆になっている（いわゆる逆語順の）複合語で、後部成分が意味を決定していないことに注意。つまり、「草の花」ではなく「花の（咲く）草」である。
くさ˥⌒ぼーぼー ／kusa˥ boʀboʀ／［草ぼうぼう］（連語）
手入れをされない田畑や庭に、また野原に、雑草が一面に伸び放題に茂っていること。
※助詞なしで１語のように／くさ˥⌒ぼーぼー／と発音されることがあるが、他に、（息の切れ目ではない）音調上の切れ目（一応＋で表す）のある／くさ˥＋ぼーぼー¯／とも発音され、聴覚的には／くさ¯　ぼーぼー¯／と区別がつかない発音もある。
【一般的に、単語末尾にアクセント核のある語は息の切れ目（｜）や音調上の切れ目（＋）を置いて後続の語に続くと、アクセント核のない平板型と区別がつかなくなるが、切れ目を置かず（⌒）に発音すると平板型との区別がはっきりと際立って聞き取れる。】
※なお、「草ぼうぼう」は、間に助詞「ガ」や「ナンカ」が反省的には現れうるので連語である。「（あそこは）草・ガ＋ぼーぼー・ダ」、「（あそこは）草・ナンカ・デ＋ぼーぼー・ダ」。
くさみ˥ち ／kusami˥ci／［草道］（名詞）
草が茂っている道。草に覆われている道。
くさむし˥り ／kusamusi˥ri／［草むしり］（動作名詞）
手で雑草を取ること。［−道具］の意味特徴を持つ。／て・で˥　くさむし˥り⌒した／（手で…）は自然だが、／かま˥・で　くさむし˥り⌒した／（鎌で…）は作業の中で手で引き抜くなどの手の関与がないと不自然になる。
くさも˥ち ／kusamo˥ci／［草餅］（名詞）
／もちくさ¯ mocikusa／（ヨモギ）の葉っぱを混ぜて搗いた餅。
※ヨモギは／くさも˥ち kusamo˥ci／（草餅）の材料となることから／もちくさ¯ mocikusa／（餅草）と呼ばれていた。
くさやね˥ ／kusa'jane˥／［草屋根］（名詞）
萱葺き・藁葺きの屋根の総称。「藁葺きの屋根」は／わらやね˥ 'wara'jane˥／とも言う。
くさ˥らかす ／kusa˥rakasu／（他動詞サ行五段）　アクセント核は移動しない。
ことさらに腐らせる。同じ「腐らせる」でもそれを有意志的な行為と取った場合などに使われる。
※所動詞＋接尾辞/-kasu/による派生他動詞。厳密には/kusar-akas-u/と分析される。
くさ˥らす ／kusa˥rasu／（他動詞サ行五段）　アクセント核は移動しない。
腐らせる。しまい忘れて外に出して置いて野菜などを「腐らせた」場合などにも使われる。
くさ˥る ／kusa˥ru／（所動詞ラ行五段）
腐る。関連する他動詞に、／くさ˥らす kusa˥rasu／、／くさ˥らかす kusa˥rakasu／がある。
※派生語を含めてアクセント核が固定していて移動しない。理由は不明。
くじゅ˥ー ／kuzju˥ʀ／［九十］（数詞）
九十。
※戦前世代でこういう言い方を耳にする。戦後世代は／きゅー˥じゅー kjuʀ˥zjuʀ／と言う。

くすり⌉うり〜くすりう⌉り ／kusuri⌉'uri〜kusuri'u⌉ri／［薬売り］（名詞）
置き薬の代金精算と補充に来る行商人。よく子どもに／かみふー⌉せん kamihuʀ⌉seɴ／を呉れた。
ぐずる⌉ ／guzuru⌉／（自動詞ラ行五段）
幼児が機嫌が悪くて泣いたりすねたりする。むずかる。
くせ⌉・して ／kuse⌉ site／（接続助詞）
逆接確定条件を表す。「＋有根拠性」を持つ、論理構成上の客観性の高い表現である／の⌉に／と置き換え可能だが、［＋非難］という語気が加わる。／くせ⌉・に kuse⌉ ni／と同意である。
／しってん・の⌉に　だまって⌉た↓／（知っているのに黙っていた。）＋「非難の語気」→／しってる・{くせ⌉・に／くせ⌉・して}　だまって⌉やがった↓／（知っているくせに黙っていやがった。）
くせ⌉・に ／kuse⌉ ni／（接続助詞）
前項に同じ。
くぜる⌉〜ぐぜる⌉ ／kuzeru⌉〜guzeru⌉／（他動詞ラ行五段）
（同じことを繰り返し）くどくどとしゃべる。
／ひゃくまんべん　ぐぜりっ⌉けーしてる↓／（百万遍くどくど繰り返ししゃべっている。）
※「(多く)もの言うこと」の意味の「口舌(くぜつ)」の動詞化といわれる。『日葡辞書』に、「Cujet(口舌)」、「Cujetno qijta fito. Homem que pratica bem, ou eloquentemente.（口舌の利いた人。上手に、あるいは、雄弁に話す人)」とあるなど参照のこと。
ぐぜる⌉ ／guzeru⌉／（他動詞ラ行五段）
（同じことを繰り返し）くどくどとしゃべる。前項の／くぜる⌉／を参照。
くそ=⌉ ／kuso=⌉／［糞］（名詞）
①人体の肛門からの排泄物。／うん⌉こ 'uɴ⌉ko／と言うことの方が普通。／うん⌉こ 'uɴ⌉ko／は、／くそ=⌉ kuso=⌉／以上に、公然とは使いにくい語(タブー語)になっている。／うん⌉ち 'uɴ⌉ci／は幼児語と考えられ、こちらはタブー語の扱いは受けない。
※意志的・随意的に体外へ排泄することは／しる⌉ siru⌉／(他動詞ラ行五段。共通語の「放る(ひる)に対応」)／と言い、／くそ⌉⁀しる、くそ⌉⁀しった kuso⌉ siru、kuso⌉ siQta／と言う。無意志的・不随意的に体外に排泄することは／むらす⌉ murasu⌉／(他動詞サ行五段「この子φうんこφむらしてる」)と言う。意志を離れた出来事として排泄は／むる⌉ muru⌉／(所動詞ラ行五段「うんこφむってる」)と言う。
②造語成分として、人体の開口部のうちの「目」「耳」「鼻」に溜まる凝固した固形物を意味する。／めくしょ⌉ mekusjo⌉／(「目やに」／めくそ⌉ mekuso⌉／とも言う)、／みみくそ⌉ mimikuso⌉／(耳垢)、／はなくそ¯ hanakuso／(鼻くそ)。口に含まれるためか／はくそ⌉ hakuso⌉／(歯垢)。この意味では／うん⌉こ 'uɴ⌉ko／は使われない。「目うんこ、耳うんこ、…」とは言わない。
くそくせ⌉ー〜くそくさ⌉い ／kusokuse⌉ʀ〜kusokusa⌉i／［糞くさい］（形容詞）
糞の(強い)においがする。／ものぐせー⌉・わ　くそくせー⌉・より　わり⌉ー／(ものぐさいのは、くそくさいのより悪い)は、怠け怠ることを戒めることばとして、諺のようによく使われていた。
※／くそくせ⌉ー kusokuse⌉ʀ／、／うんこくせ⌉ー 'uɴkokuse⌉ʀ／、／うんちくせ⌉ー 'uɴcikuse⌉ʀ／は、それぞれ／くそ=⌉ kuso=⌉／、／うん⌉こ 'uɴ⌉ko／、／うん⌉ち 'uɴ⌉ci／の違いに準じる。
くたばる⌉ ／kutabaru⌉／（自動詞ラ行五段）
①体の力を使い切って弱り果てる。⇒次項／くたびれる⌉ kutabireru⌉／参照。
※語根「くた/kuta/」を共通にする類義語の／くたびれる⌉ kutabireru⌉／より疲労度・消耗度が高い。
②「死ぬ/sinu¯/」の軽卑語。／まー⌉だ　くたばりや⌉がんねー↓／(まだ死にやがらない。)
くたびれる⌉ ／kutabireru⌉／（自動詞ラ行下一段）
体の力を使うことで疲れた状態になる。結果の「疲れた状態にある」は／かったる⌉い kaQtaru⌉i／と言う。／くたびれ⌉て　かったり⌉ー／(疲れてだるい)。⇒前項／くたばる⌉ kutabaru⌉／参照。
くだ⌉⁀まく ／kuda⌉ maku／（連語自動詞カ行五段）
酒に酔うなどして、とりとめのない話をくどくどすること。
くち¯ ／kuci／［口］（名詞）
口。唇から喉までの室(むろ)状の部分の名称。摂食器官で、発声器官を兼ね、関連する多くの派生義を共通語同様に生み出している。
くちー¯ ／kuciʀ／（形容詞）
もう食べられないほど満腹な感じ。／くいすぎ⌉て　はら⌉⁀くちー↓／（食べ過ぎて満腹だ。）
くちちゃ⌉ ／kucicja⌉／［口茶］（動作名詞）
出がらしの茶葉に新しい茶葉を加えること。共通語は「くちぢゃ[クチジャ]」で語形に違いがある。
くちびる¯〜くちびろ¯〜くちべろ¯ ／kucibiru〜kucibiro〜kucibero／［唇］（名詞）
唇。
※明治生まれの話者は、もっぱら／くちべろ¯ kucibero／と言っていた。共通語化過程での混淆を／くちびろ¯ kucibiro／が表しているものであろう。
※「上唇」は／うわべろ¯ 'u'wabero／、「下唇」は／したべろ¯ sitabero／と言うように、この方言の形態素／べろ⌉ bero⌉／は意味範囲が広くて「唇〜舌」を意味する。(古典語の語基「しは」が「唇〜舌〜喉」を意味範囲とすること参照。)従って、／くちべろ¯ kucibero／は、「口の／べろ⌉／」と

いう明瞭な形態的有契性を持つと共時的にはいえる。しかし、単独の／べろ˥ berо˥／は「舌」のみを意味するところから考えると、逆に、「くち＝びる/kuci-biru¯/」が、通時的には「舌/bero˥/」に、部位的近接と音的類似から、牽引されて「くち＝べろ/kuci-bero¯/」になった可能性が考えられる。その場合、「上唇/'u'wabero¯/」「下唇/sitabero¯/」は二次的形成と考えられることになる。

くっか˥かいる〜ふっか˥かいる ／kuQka˥kairu〜huQka˥kairu／（受身動詞ア行上一段）

（犬に）咬まれる。咬み付かれる。

／きんぬ　いぬ・に˥　くっか˥かいた↓／（昨日犬に噛みつかれた。）

※語頭の／く〜／と／ふ〜／の交替については次項を参照。

くっか˥く〜ふっか˥く ／kuQka˥ku〜huQka˥ku／（他動詞カ行五段）

物に歯を立てる、噛む。（犬や猫が）咬む、咬みつく。

※／くっか˥く kuQka˥ku／[k'ɯ̥kkakɯ]の第１音節は音韻的条件によって無声化し、頭子音の出わたりの摩擦的噪音が強く響いた結果、軟口蓋ないし声門の摩擦子音に変化したのが／ふっか˥く huQka˥ku／[xɯ̥kkakɯ/hɯ̥kkakɯ]である。（この方言の／ふ hu／の子音は両唇摩擦音[ɸɯ]ではなく、軟口蓋摩擦音[xɯ]ないし声門摩擦音[hɯ]で、両者は自由変異である。）

くっきる˥ ／kuQkiru˥／（他動詞ラ行五段）

強く噛んで切断する。噛み切る。

／もっと　ちから˥　いれねー・と　くっきれろ˥んか↓／（もっと力を入れないとかみ切れない。）

ぐっく˥っと ／guQkuQto／（状態副詞）

勢いよく追い抜く（追い上げる）様子。／ぐっくっと／＋「前に進む、上に伸びる」。

※／ぐっ＋ぐっ guQ＋guQ／という形が音韻的に許されないので、／ぐっくっ guQkuQ／という形になったもの。／ぐん˥ぐん guɴguɴ（と）／に近いが、弾みがついたような動きが加わる。

くつした˥ ／kucusita˥／（名詞）

靴下。初めの３音節の母音は無声化ないし脱落していて簡略に音声表記すれば[kɯ̥tsɯ̥ɕi̥ta〜ktɕta]のようなうっかりしていると[ta]しか聞こえないような発音になる。

※足袋/tabi˥/や靴下を履いて寝ると親の死に目/sinime¯/に会えないとよく言われた。理由は不明。

くっちゃべる˥ ／kuQcjaberu˥／（他動詞ラ行五段）

言わなくてもいい余計なことまで口に出して言う。／しゃべる˥ sjaberu˥／の強意動詞。

※／しゃべくる˥ sjabekuru˥／は「専らにしゃべる」で、／くっちゃべる˥／とは意味の違いがある。

＝くったり〜＝かったり ／-kuQtari〜-kaQtari／（形容詞統語接尾辞（「例示形」形成接尾辞））

⇒／＝かったり〜＝くったり -kaQtari〜-kuQtari／（形容詞統語接尾辞）の項を参照。

くっつぁ˥す〜くっつぁす˥ ／kuQca˥su〜kuQcasu˥／（他動詞サ行五段）前者のアクセント核は移動しない。

（蚊が）刺す。／か・が　くっつぁ˥した／（蚊が刺した）。

くっつく˥ ／kuQcuku˥／（所動詞・自動詞カ行五段）

二つ（以上）の物や二人（以上）の人が接近して密着する。他動詞は／くっつける˥ kuQcukeru˥／。

※二者の密着・接着はふつう「くっつく」と言って、「ひっつく」とは言わなかった。「くっつく」が使用語彙、「ひっつく」が理解語彙であった。ただ埼玉県東南部地域のあちこちで、／しっつく˥〜ひっつく˥／を聞くことがあるので、地域的か個人的な変種としては使われていると思われる。

くっつ˥びる ／kuQcu˥biru／（他動詞バ行上一段）　アクセント核は移動しない。

（目を）かたくつぶる。／めー˥　くっつ˥びてろ↓／（目をかたくつぶっていろ。）

※単に「（目を）つぶる」ことは／つぶる¯ cuburu／（他動詞ラ行五段）と言い、／*つびる *cubiru／とは言わない。以前、／くっつ˥びる kuQcu˥biru／の／-cu˥bi-ru／を、／ふんず˥びる huɴzu˥biru／（踏みつぶす・踏む）の／-zu˥bi-ru／と同一形態素としたが、厳密には、歴史的・語源的に同一と考えるのであって、共時的・記述的には意味的に関連が薄く別の形態素とすべきかもしれない。

＝くて（〜＝くって） ／-kute（〜-kuQte）／（形容詞統語接尾辞（「接続形」形成接尾辞））

形容詞語幹に付いて「後件に先行する事態」を表す。動詞に付く／＝て〜＝で -te〜-de／（統語接尾辞）の異形態。同項を参照。動詞と違って、単純接続だけでなく前件が後件の原因・理由を表すことが多い。／てん˥き　わる˥くて　そと˥・い　でらいね˥ー↓／（天気が悪くて外へ出られない。）

くね=˥ ／kune=˥／（名詞）

屋敷周りを囲む囲いのうち、木や竹などの自然物で作られたものをいう。竹を編んで作られたものは特に／たけぐね¯ takeŋune／という。多くは生け垣だが、生け垣は特に／いけぐね¯ 'ɪkeŋune／ともいう。人為的・人工的な加工物で作られた「板塀」や「土塀」は／へー¯ heʀ／（戦前世代／hɪʀ／）といって／くね=˥ kune=˥／とは言わない。

※領域国家の「国 kuni（←*kunï←*kunu-i）」と河海に囲まれた「陸 kuga←kunuga（←kunu-ga）」から帰納される√kunu-と、「くね kune（←*kunë←*kuna-i）」の推定祖形√kuna-は意味からも同根の可能性があると思われる。「国（くに）」「陸（くが）」の古典語（平安語）のアクセントは「上上[高高]」（２拍名詞第１類）で、「くね」は東京語との比較対応からの祖形のアクセントは尾高型「低高（低）」に、さらに京阪語・古典語との比較対応からその祖形は「上平[高低]」（２拍名詞第２類）か「平平[低低]」（２拍名詞第３類）にさかのぼると推定され、仮に第２類だとするといわゆる「金田一の法則」—語源が同じ単語の第１音節のアクセントは同じ—にも合致すると思われる。

くねうち¯ ／kune'uci／（名詞）

垣根の内側。垣根の内側の屋敷地。ほぼ／やしきうち¯ 'jasiki'uci／(屋敷内)に同じ。
※／くね=˥ kune=˥／は屋敷地を囲うものだから、／くねうち¯ kune'uci／に、／うち¯ 'uci／(家)や／にわ¯～にや¯ ni'wa～ni'ja／(庭)があり、／くねそと¯ kunesoto／に、／はたけ¯ hatake／(畑)や／たんなか¯ taɴnaka／(田)があるという布置(生活空間の分節)になっている。

くねか˥り～くねかり˥ ／kuneka˥ri～kunekari˥／ (①動作名詞・②名詞)
①／くね=˥／(生け垣)の木の伸びたのを切り揃えて形を整えること。
②／くねかりばさ˥み／(クネ刈りばさみ)の下略形。／きばさ˥み kibasa˥mi／に同じ。同項参照。

くねぎ¯ ／kuneŋi／ (名詞)
垣根に植える木、垣根に植えてある木。

くねそと¯ ／kunesoto／ (名詞)
垣根の外側。⇒／くねうち¯ kune'uci／を参照。

くび¯ ／kubi／ [首(頚)] (名詞)
基本的には①頭部と胴体の間のくびれた部分「頚」(英語の「neck」)を言うが、②それより上の部分の「首」(英語の「head」)も言う。「首を{縦に／横に}振る」や「バスの窓から首を出すな」の「首」は後者。後者は戦後世代では共通語同様／あたま=˥ 'atama=˥／(頭)や／かお¯ ka'o／(顔)と言うのがふつうになっている。なお、前者①の「頚」の前面は／のぞ˥ nozo˥／(喉)と言うのがふつう。

くびったま¯ ／kubiQtama／ (名詞)
「頚/kubi¯/」の卑語。普通は／くび¯ kubi／と言う。

くびねっこ=˥ ／kubineQko=˥／ (名詞)
「頚/kubi¯/」の後ろの部分。
※母猫が子猫を運ぶために咥える部分、人が猫をつまみ上げるとき掴む部分が「首根っこ」。

くべる˥ ／kuberu˥／ (他動詞バ行下一段)
「薪/maki¯/」を「燃す/mosu¯/」(燃やす)ために火に入れる。

くま=˥ ／kuma=˥／ [熊] (名詞)
熊。／くま˥⌒みた、くま・こ˥と　みた˥／(熊を見た)、／くま・の⌒こ¯、くま・の⌒こども¯／(熊の子)。

くまぜ¯ ／kumaze／ [熊手] (名詞)
「熊手」(竹製の掻き寄せ具／飾り物)の訛語。母音間の/-d-/が/-z-/に変じた語形(cf.「喉」/nozo˥/)。

くまぜ˥み ／kumaze˥mi／ [熊蝉] (名詞)
クマゼミ。大型の蝉の名。

くまん˥ばち ／kumaɴ˥baci／ (名詞)
クマバチ。スズメバチとしていたが、「木に穴を開けて巣を作る蜂」と確認できたので訂正する。

ぐみ˥ ／gumi˥／ (名詞)
グミ(植物名)。木は／ぐみ˥・の⌒き／(グミの木)、実は／ぐみ˥・の⌒み／(グミの実)と言う。
※サクランボに似た形の実ができ、赤く熟すと、甘酸っぱい味がして食べられた。

くみやい¯ ／kumi'jai／ [組合] (名詞)
隣近所の家からなる慣行的な互助的組織。隣組。葬式などがあると人(や香典/koʀzeɴ¯/)を出さなければいけないとされる。

くむ¯ ／kumu／ [汲む] (他動詞マ行五段)
水などの液体を容器にすくい上げたりすくい取ったりする。⇒／みずくみ˥ mizukumi˥／参照。

くも˥[1] ／kumo˥／(戦前世代では／くも=˥ kumo=˥／も) [雲] (名詞)
雲。／くも˥／と言うのは戦後世代で、戦前世代でも年の行った人に／くも=˥／が聞かれた。
※戦前世代の話者には／くも=˥ kumo=˥／も聞かれ、次のような発音が観察された。
／くも˥⌒でて⌒きた／(雲が出てきた)、／くも・ん⌒なか˥・に／(雲の中に)、／くも・な˥んか　でて˥ろんか／(雲など出ていない)、／くも˥・みてー・だ／(雲のようだ)。
このようなアクセントを示すものは、共通語の尾高型に対応するアクセント型の語である。

くも˥[2] ／kumo˥／ [蜘蛛] (名詞)
蜘蛛。この／くも˥ kumo˥／のアクセントは共通語の頭高型に対応するアクセントである。
／くも˥⌒いる／(蜘蛛がいる)、／くも˥・の⌒す／(～の巣)、／くも˥・の　いと˥／(～の糸)、／くも˥・なんか　いろんか˥／(蜘蛛などいない)、／くも˥・みてー・だ／(蜘蛛のようだ)。

くやしったがる˥ ／ku'jasiQtaŋaru˥／ [悔しったがる] (他動詞ラ行五段)
ひどく悔しがる。ひどく悔しいという態度を見せる。
／あの⌒こと˥　いま˥・も　くやしったがって˥る↓／ (あのことを今もひどく悔しがっている。)
※語構成的には、「重い/'omoi¯/：重ったい/'omoQtai¯/」「眠い/nemui¯/：眠ったい/nemuQtai¯/」などの対から想定される「悔しい/ku'jasi˥ʀ/」の派生強意形容詞「*悔しったい/*ku'jasiQta˥i/」(用例は見つからなかった)を基にした「ガル派生動詞」と考えられる。⇒動詞形成接尾辞／＝がる／

くらい¯～くれー¯ ／kurai～kureʀ／ [暗い] (形容詞)
暗い。程度名詞は／くらさ¯ kurasa／。強意形は、形容詞形の／まっくら˥い～まっくれ˥ー／の他、状態詞の／まっくら˥／がある。反対語は／あかるい¯～あかりー¯ 'akarui～'akariʀ／(明るい)。

くり=˥ ／kuri=˥／ [栗] (名詞)

栗。／くり・の⌒き˥／(栗の木)、／くり・の⌒み¯／(栗の実)。栗の実の外皮は／いが=˥／。

ぐりぐり¯ ／guriguri／（名詞）

リンパ腺の腫れた所。押すと痛い。／いねご¯ 'ɪneŋo／とも言う。

くる˥ ／kuru˥／［来る］(カ変)

来る。着点・目標としての話し手への接近・到達を表す移動動詞で、起点としての話し手を離れて話し手以外の目標への接近・到達を表す移動動詞の／'ɪku／(行く)と対語をなしている。

※「場所(代)名詞＋ニ＋来る」と「場所(代)名詞＋イ＋来る」では区別があり、前者では、着点としてのその場所への到着(イメージとしては密着)が含意され、後者では、目標としてのその場所への方向指示性がまさっていて、必ずしも到着(イメージとしては密着)することを含意しない。

／(さっき)　ここ・に　きた˥・よ↓／↔／(さっき)　ここ・い　きた˥・よ↓／

なお、「場所(代)名詞＋イ＋来る」は、任意に「場所(代)名詞＋φ＋来る」とすることができ、先行する行き先を表す名詞句は方向格助詞「イ／'ɪ/(戦後世代は/'i/)」を伴わないことも多い。

／やつ˥・だら　さっき　ここ・φ　きた˥・よ↓／(その男ならさっきここへ来た。)

※共通語の、移動の目的を表す「動詞連用形(～動作名詞)＋ニ＋移動動詞[往来動詞](行く・来るナド)」に対応する言い方では助詞の「ニ」が現れないで、

／よーす　みー˥⌒きた・みてー・だ↓／(様子を見に来たようだ。)

／わざ˥わざ　みやげ　とずけ˥⌒きて⌒くいた↓／(わざわざ土産を届けに来てくれた。)

／うち・い　なに˥⌒しー　きた˥・ん・だんべ↓／ (家へ何をしに来たのだろう。)

／なん˥・か　うち・い　きき˥⌒きた・みてーだ↓／(何かを家へ聞きに来たようだ。)

のように言う。(先行する動詞連用形は尾高型アクセントになるが、アクセント核がある直前の語にひと息に続けて言う場合は抑圧されることが多い。)

※活用は共通語とはだいぶ違っている。学校文法的に整理して示すと次のようになる。

未然形「き」:

否定形／きね˥ー(～きな˥い) kine˥ʀ(～kina˥i)／、使役動詞／きさせる˥ kisaseru˥／、被役動詞(使役の受身)／きささいる˥(～きさされる˥) kisasairu˥(～kisasareru˥)／(来させられる)。受身動詞・可能動詞は大多数は／きさいる˥(～きされる˥) kisairu˥(～kisareru˥)／、ごく少数に／きらいる˥(～きられる˥) kirairu˥(～kirareru˥)／。

連用形[1]「き」:

願望形／きて˥ー(～きた˥い) kite˥ʀ(～kita˥i)／、推想形／きそ˥ー kiso˥ʀ／。

終止連体形「くる」:

／くる˥ kuru˥／

仮定形「くれ」:

／くれ˥ば～くん˥ば～くりゃ˥ー kure˥ba～kuɴ˥ba～kurja˥ʀ／

命令形「こー」:

／こ˥ー＃～こー˥▷　ko˥ʀ＃～koʀ˥ 'jo／(＃は音休止、▷は付属語。厳密には音声的変異)

／こっち˥ー　こ˥ー↓／、／こっち˥ー　こー˥・よ↓／(こっちへ来い、来いよ。)

志向形「こー」(一部の話者に「きよー/ki'jo˥ʀ＃～ki'joʀ˥▷/」が現れる):

／こ˥ー＃～こー˥▷　ko˥ʀ＃～koʀ˥ to／(＃は音休止、▷は付属語。厳密には音声的変異)

／はや˥く　こー˥・ともってた↓／(早く来ようと思っていた。)

連用形[2]「き」:

接続形／きて˥ kite˥／、実現形／きた˥ kita˥／、条件形／きしゃ˥ kisja˥／(来ては)、終結形／きしゃ˥う kisja˥'u／(来てしまう)。

確否形「くろんか」:

／くろ˥んか kuro˥ɴka／(来ない、来るはずがない)

※終結相形式は、東京語の「来ちゃう」と違って、／きしゃ˥う～きしゃ˥ー kisja˥'u～kisja˥ʀ／[ki̥ɕaɯ～ki̥ɕa:]のように破擦音[tɕ]の摩擦音[ɕ]化が起こっている(/ki/[ki̥]も母音が無声化している)。

※使役動詞は／きさせる˥ kisaseru˥／。基本的にサ行下一段だが、テ形は／きさして˥／、タ形は／きさした˥／、チャウ形は／きさっしゃ˥う／となって特異。

※受身・可能動詞は全く特異な形をしていて、／きさいる˥(～きされる˥) kisairu˥(～kisareru˥)／と言う。⇒／きさいる˥(～きされる˥)／(「来る/kuru˥/」の受身・可能動詞)の項を参照。

／よー˥⌒あって　きさいね˥で　わる˥かった↓／(用があって来られないで済まなかった。)

＝くる ／-kur-u／（反復frequentative動詞派生接尾辞[語彙的・非生産的]。ラ行五段)

一段動詞では語幹(いわゆる未然・連用形)に付く。「[[一段動詞語幹)＋-kur]-u]。ラ行五段動詞では語幹末子音／-r／を削除した形に付く。[[ラ行五段動詞語幹(r)＋kur]-u]。

(ここでいう「語幹」は言語学的なそれであって、学校文法のそれではないことに注意。)

①語幹の表す動作を反復的に行うこと、②語幹の表す動作に専念することを表す動詞形成接尾辞。いちおう、前者を「反復動詞」、後者を「強意動詞」としておくが、截然と区別できるわけではない。

※ラ行五段動詞からの派生動詞:

／いじる˥→いじくる˥／(弄る)、／しゃべる˥→しゃべくる˥／(喋る)、／つねる˥→つねくる˥／(抓る)、／ねじる˥→ねじくる˥／(捩る)、／ひねる˥→ひねくる˥／(捻る)、／ほじる˥→ほじくる˥／(穿る)、など。

一段動詞からの派生動詞：

／こねる˥→こねくる˥／(捏ねる)、／なぜる˥→なぜくる˥／(撫でる)、／まぜる˥→まぜくる˥／(混ぜる)、など。

※従来、接中辞「-ku-」による派生と考えて、例えば[['ɪzi(-ku-)r]-u]と分析してきたが、一段動詞の例えば「捏ねる」の派生動詞「捏ねくる」は、[[kone-kur]-u]」と分析すべきだから、ラ行五段動詞の派生動詞の場合も、語幹末子音の[-r]を削除してそれに接尾辞「-kur-u」を接合させた形式とすべきだと考えるに至った。例えば「いじくる」は[['ɪzi(r)-kur]-u]と分析されるべきである。

※意味的に(口先の動作ともいえる「しゃべくる」以外は)手先の動作を表す語が特徴的に多い。このことと一段動詞からの派生動詞「まぜくる」が辞書類で「雑ぜ繰る」と表記されていることなどを考えると、この接尾辞は通時的(語源的)には「繰る(くる)」に起源する可能性が考えられる。

くるぶ˥し〜くるっぷ˥し ／kurubu˥si〜kuruQpu˥si／ ［踝］(名詞)

くるぶし。

※戦後世代は／くるぶ˥し kurubu˥si／というが、主に戦前世代の話者は、／ころぼ˥し korobo˥si／と言っていた。

※体の内側と外側のをそれぞれ、／うちっくる˥ぶし 'uciQkuru˥busi／(内くるぶし)と／そとっくる˥ぶし sotoQkuru˥busi／(外くるぶし)と言って区別する。

※明治生まれの話者は／うちっころ˥ぼし 'uciQkoro˥bosi／と／そとっころ˥ぼし sotoQkoro˥bosi／と言っていた。

くるりぼー¯ ／kururiboʀ／ ［くるり棒］(名詞)

竿の先の回転するようになった棒を、竿を振りながら回転させて、稲や麦の穂を打ってモミを落とす農具。殻竿。

※『物類称呼』の「連枷(からざほ)(穀をうつの具也)」の項の「東国にて〇くるりと云」に関連する語。

くれる¯〜くいる¯ ／kureru〜kuiru／ ［呉れる〜呉いる］(他動詞ラ行下一段・ア行上一段[不規則])

→／くいる¯(〜くれる¯) kuiru(〜kureru)／(呉れる)

くれ˥〜くれろ˥ ／kure˥〜kurero˥／ (動詞「呉れる/ku'iru/」の命令形)

／ku'iru／(呉れる)の命令形。①／くれ˥ kure˥／と②／くれろ˥ kurero˥／には使い分けが見られる。

①／くれ˥ kure˥／は、話し手である自分に向けての恩恵的行為を聞き手である相手に命じるもの。

／おれ・げ　それ　くれ˥／(戦前世代)、／おれ・に　それ　くれ˥／(戦前・戦後世代)。

このように／くれ˥ kure˥／は「受益者」が自分である場合に使われる。

②／くれろ˥ kurero˥／は、第三者である他者に向けての恩恵的行為を聞き手に命じるもの。

／ねこ˥・げ　えさ˥　くれろ˥／(戦前世代)、／ねこ˥・に　えさ˥　くれろ˥／(戦前・戦後世代)。

このように／くれろ˥ kurero˥／は「受益者」が自分でない場合に使われる。

※／くれろ˥／はあまり聞かれなくなってきている。

ぐれ˥ー(〜ぐれ˥)〜ぐら˥い ／ŋure˥ʀ(〜ŋure˥)〜ŋura˥i／ (副助詞)

(大体の)程度・見当を表す。

／ぐれ˥／は、／ぐれ˥ー／の語尾音短呼の変異形variantで、聞き直すと／ぐれ˥ー／だと言う。

／ぐら˥い／は、改まった丁寧な形(一種の美化語)で、日常的には／ぐれ˥ー／が使われる。

アクセントは、付く語に①アクセント核があればアクセント核を無化した形に、②アクセント核がなければそのままの形に、／ぐれ˥ー／(一部、指示語との結合で／ぐれー¯／)が付いた形になる。

／でか˥さ・わ　{ねこ・ぐれ˥ー／いぬ・ぐれ˥ー}・だ↓／(大きさは{猫ほど／犬ほど}だ。)

／あれ・ぐれ˥ー　べんきょー・も　がんば˥んば・な˥ー↓／ (あれぐらい勉強も頑張ればなあ。)

※指示語との結合形のアクセントは特異なところがあり、以下のようになっている。

／これ・ぐれ˥ー、それ・ぐれ˥ー、あれ・ぐれ˥ー、どれ˥・ぐれー〜どれ・ぐれ˥ー／

〜／これ・ぐれー¯、それ・ぐれー¯、あれ・ぐれー¯、どれ˥・ぐれー〜どれ・ぐれー¯／

／この・ぐれー¯、その・ぐれー¯、あの・ぐれー¯、どの˥・ぐれー〜どの・ぐれー¯／

※「時刻＋／ごろ ŋoro／」と「時間＋／ぐらい ŋurai／」を区別せずに、「時刻」も／ぐらい／を使う話者がある。区別しない方が新しい言い方のように感じられる。

「駅に２時ごろに着いた」(↔「駅で２時間ぐらい待った」)→「駅に２時ぐらいに着いた」

くろ˥い〜くれ˥ー ／kuro˥i〜kure˥ʀ／ ［黒い］(形容詞)

黒い。程度名詞は／くろ˥さ kuro˥sa／。名詞は／くろ˥ kuro˥／。強意形は、形容詞形の／まっくろ˥い〜まっくれ˥ー／の他、状態詞の／まっくろ˥／がある。その様子を／まっくろ˥け／と言う。

くろつち¯ ／kurocuci／ ［黒土］(名詞)

黒色をした畑の土(耕作土)。

くろ˥め ／kuro˥me／ ［黒目］(名詞)

目の中央の黒く円い部分。「ひとみ(瞳)」は日常語ではなかった。

くろ˥んか ／kuro˥ɴka／ ［来ろんか］(カ変動詞「来る/kuru˥/」の確否形)

(不定人称者の)通常の否定判断を表す／きね˥ー／(来ない)に対して、(第一人称者の)確信的・独断的な否定判断を表す。「(待ってたってもう)／きね˥ー／↔／くろ˥んか／。」
確否形語尾の/-oɴka～-roɴka/は、子音語幹動詞(五段動詞)には/-oɴka/(ex.「持とんか/mot-o˥ɴka/」「死のんか/sin-oɴka¯/」「有ろんか/'ar-o˥ɴka/」)が、母音語幹動詞(一段動詞とサ変・カ変動詞)には/-roɴka/が接尾する。後者が付く語幹形はカ変以外は連用形と同形(ex.「起きろんか/'oki-ro˥ɴka/」「負けろんか/make-roɴka¯/」「しろんか/si-roɴka¯/」)になるが、カ変のみは/ki-/でなく/ku-/になる。これは、この語形が歴史的に「来るものか[kuru˥-mono-ka]→来るもんか→[*kuru˥loŋka]→来ろんか[kuro˥ŋka]」という、母音間の唇音退化[mo→o]の過程を経て形成されてきたためである。
なお、この語形を使用する話者で、「来る」を改まると[ク˥ル](頭高型)と発音する話者でも、この語形は[クロ˥ンカ](中一高型)と発音し[ク˥ロンカ]とは発音しない。これは、共通語にこの語形が存在しないので頭高型への牽引が働かず、従来の方言アクセントが維持されるためと考えられる。

くわ¯　／ku'wa／［鍬］(名詞)
板状の刃と長い柄をもった農具。鍬。
※刃先が３本から５本に分かれたものは／まんの˥ー～まんの˥ maɴno˥ʀ～maɴno˥／と言う。

くわ˥　／ku'wa˥／［桑］(名詞)
桑。木は／くわ˥・の⌒き／(桑の木)、実は／くわ˥・の⌒み／(桑の実)と言う。
柔らかい粒々が集まってできている実は、熟すと赤紫色から黒紫色になり、甘くて食べられる。多く食べると口の中や周りが紫色になって、後に残った。
※埼玉各地の方言で「桑の実」を「どどめ」と言うが、この方言では言わない。しかし、長く水に泳いでなどいて、体が冷えきってしまったときなどの唇の色などを／どどもいろ¯ dodomo'ɪro／(／どどめいろ¯ dodome'ɪro／という個人もいる)と言うので、現在は「桑の実」の意味では使わないが、かつてはその意味で／どども dodomo／や／どどめ dodome／が使われていたと思われる。

くんせ˥ー～くいせ˥ー　／kuɴse˥ʀ～kuise˥ʀ／［呉んせー～呉いせー］(動詞尊敬命令形・挨拶語)
店に入るときに掛けることば。東京語の「ください」に相当する。
※／＝せー -seʀ／は、軽い敬意のこもった丁寧な命令を表す形態素で、戦前世代でも高い年齢層で／みせ˥ー mise˥ʀ／(見なさい)や／きせ˥ー kise˥ʀ／(来なさい)などの形で使われていた。
※／くんせ˥ー kuɴse˥ʀ／という形は、／くいせ˥ー kuise˥ʀ／と違って、「呉れ＋＝せー」からは導けないことに注意。従って、／＝せー -seʀ／のひとつ前の形として／＝んせー -ɴseʀ／や／＝なせー -naseʀ／のような鼻音をもった形態を仮定しなければならない（そうでないと／くんせ˥ー kuɴse˥ʀ／の／ん ɴ／が説明できない)。そのようなわけで、／せー -seʀ／の語源は、／*んせー -*ɴseʀ／を介して、／*なせー -*naseʀ／(なさい)にさかのぼると推定される。

くんちかざ˥り　／kuɴcikaza˥ri／［九日飾り］(名詞)
12月29日に飾られる正月飾り。禁忌とされる。／いちやかざ˥り 'ɪci'jakaza˥ri／(一夜飾り)参照。

くんち˥もち　／kuɴci˥moci／［九日餅］(名詞)
12月29日につく餅。禁忌とされる。／いちや˥もち 'ɪci'ja˥moci／(一夜餅)参照。

くんな˥　／kuɴna˥／［呉んな］(動詞命令形・挨拶語)
店に入るときに掛けることば。「くれる→／kuiru／」の命令形の１つ「くれな→／kuɴna˥／」。
※ほかに丁寧に／くいせ˥ー kuise˥ʀ／や／くんせ˥ー kuɴse˥ʀ／という所や個人もあった。

くんのむ˥　／kuɴnomu˥／（他動詞マ行五段)
噛まないで勢いよく飲み込む。／ごは˥ん　くんのむ˥／(ご飯を噛まずに飲み込む)。

け=¯～けー¯　／ke～keʀ／［毛］(名詞)
毛。／けー　のび˥てる／(髪の毛が伸びている)。／け・が　のび˥てる／や／あたま・の⌒け　のび˥てる／のように、助詞が後続したり連体語が先行したりすると短呼される。

げ　／ŋe／（格助詞「与格」)
生物名詞に付いて、行為(・作用)の関与者としての相手、すなわち「受け手」を表す。典型的には二重目的語をとる「複他動詞ditransitive」の「間接目的語」を示すのに使われる。一つの目的語をとる「(単)他動詞(mono)transitive」は「コト」目的語(対格目的語)をとるのを典型とするが、語彙的に「ゲ」目的語(与格目的語)をとるものが存在する。主な用法は、
①行為・作用の「受け手」を表す。
例：／ともだち・げ　てがみ　だした˥↓／（友達に手紙を出した。）
／おめー・げ˥・も　てがみ　とずい˥てた・ぞ↓／（おまえにも手紙が届いていたぞ。）
／おや・げ˥　しんぺー・べ˥ー　かけや˥がった↓／（親に心配ばかりかけやがった。）
／さっき˥　こども・げ　でんわ⌒した↓／（先ほど子どもに電話した。）
／あすく・っから　いし˥　おれ・げ　おっこ˥としやがった↓／
（あそこから石をおれに落としやがった。）
／やね˥・から　かわ˥ら・が　おれ・げ　おっこ˥って⌒きた↓／
（屋根から瓦がおれに落ちて来た。）
／いま˥ ｜ いー˥　かぜ・が　おれ・げ˥・も　ふい˥て⌒きてる↓／
（今よい風がおれにも吹いて来ている。）
／いま˥・じゃ　せんせ˥・げ　かん˥しゃ⌒してる↓／

（今では先生に感謝している。）
②「授受態」表現の「受け手」を表す。
例：／やつ˥・げ・も　おせて⌒やれ˥↓／（やつにも教えてやれ。）
　／これ　こども・げ　もって˥って⌒くれ↓／（これを子どもに持って行ってくれ。）
③「使役」表現の「行為者（つまり使役の「受け手」）」を表す。
例：／おれ・げ˥・も　しと˥つ　ゆわして⌒くれ˥↓／（おれにもひとつ言わせてくれ。）
　／あれ・げ˥・も　やらして⌒みん˥ば　おもしろ˥かったんべ↓／
　（彼にもやらせてみれば面白かっただろう。）
→以上の①②③の「受け手」の与格は、文の必須成分「補足語complement」で、一般言語学的には、「目標」の与格（「間接目的」の与格、「帰属」の与格トモイワレル）に当たる。
このほかに、文の随意成分「付加語adjunct（修飾語）」で、「関与」の与格（「～にとって」トイウ意味）に当たるものがある。
④「～にとって」という意味の「関与の与格」
　／その⌒ふく・わ˥　おれ・げ˥・わ　でか˥い↓／（その服はおれにとっては大きい。）
　／ここ・わ　おれ・げ˥・わ　さぶ˥い↓／（この場所はおれにとっては寒い。）
このゲは「～にとって」という意味であって、無くても文は文法的な文として成立する。対して、主語的に働くガニを使った「おれガニはこの服はでかい。」があって、意味内容的には「おれガニはこの服は[（でかくて着られない→）でかい]」のように「着られない」を含意して使われる。「おれガニはここは寒い」も同様に「おれガニはここは[（寒くて居られない→）寒い]」を含意して使われる。紛らわしいけれども、微妙な区別があるので注意が要る。
○家族とその成員を家の所在地で指称する名詞、会社や役所などの組織名称の名詞（「集合名詞」）が複他動詞ditransitive verb（与格動詞）の間接目的語になるときは、生物名詞ではないが、生物を成員とすることから「ゲ」が用いられる。
　／ほーじ・の⌒こと˥　うらわ・げ˥・も　しらしとくべ˥ー↓／
　（法事のことを浦和の親戚にも報せておこう。）
※／げ˥・の／という、連体助詞との結合形がある。
　／おれ・げ˥・の　てがみ　とずい˥てっ・か↑／（俺宛の手紙が届いているか。）
※「ゲ」で示される「補足語」の名詞句は、「まともな受身文」の主語になることができるものを典型とする。「太郎ガ花子ゲ子供コト渡した」（太郎が花子に子供を渡した）は、「花子」を主語にして「花子ガ太郎ニ子供コト渡された」と言え、「太郎ガ花子ゲ絵本φ見せた」は「花子ガ太郎ニ絵本φ見せられた」と言える。対応する受身動詞に代わる補充的動詞があれば、それが代用される。「太郎ガ花子ゲ手紙φくれた」は、「花子ガ太郎ニ手紙φ[（呉れられた→）もらった]」になり、「太郎ガ花子ゲ英語φ教えた」が「花子ガ太郎ニ英語φ[（教えられた→）教わった]」となるのがそれである。なお、①の例文中の所動詞文など周辺的な例では「まともな受身文」ができるとは限らないものもある。
※周辺的・例外的に、育てている草花など身近な植物などを生物並みに扱って、／はな・げ˥　みず　くいて⌒やれ／（花に水をくれてやれ）ということがある。
　（普通は「方向助詞」を使って／はな˥・い　みず　くいて⌒やれ／と言う。）
※なお、共通語でいわゆる「カラに通うニ」には「ゲ」は使えない。
　例えば、／*ひと・げ　きーた　はなし=˥／（人ゲ聞いた話）や／*ひと・げ　おさった¯／（人ゲ教わった）などと言うことはない。この場合には助詞の「ニ」（や「カラ」）が使われる。
　ただし、「聞く」に関しては、同じ「聞く」でも、「尋ねる」意味の「聞く」には「ゲ」が現れる。だから、「人ゲ聞いた話」も「人カラ聞いた話」という意味では非文だが、「人ニ尋ねた話」という意味なら文法的である。／やつ˥・げ　きーて⌒みろ˥／には尋ネル意味しかない。
※「受身文の動作主」も同様で、「ゲ」は使われず、「ニ」（や「カラ」）が使われる。
　／*やつ˥・げ　なぐらい˥た／（やつゲ殴られた）ではなく／やつ˥・に　なぐらい˥た／と言う。
※「親ニ似ている」は、「親ニ似ている」であって、「親ゲ似ている」とは言わない。
※「子どもニもらったリンゴ」は、①「子どもからもらったリンゴ」の意味でも、②「（自分の）子どものためにもらったリンゴ」の意味でも使われ両義的であるが、②の意味では方言では「子どもゲもらったリンゴ」と言うために明確に表現し分けられる。
※念のため、与格の「ゲ」と能格の「ガニ」とは、文法的意味機能の点で厳密に区別される。例えば、「おまえゲはそれは呉れられない」は、「[（誰かが）おまえにそれを与えること]が（その誰かには）できない」（「誰か」は通常「話し手」）という意味で、「ゲ」で表示される「おまえ」は間接目的語としてしか解釈され得ない。他方、例えば、「おまえガニはそれは呉れられない」は、「[おまえが（誰かに）それを与えること]が（おまえには）できない」という意味で、「ガニ」で表示される「おまえ」は主語的にしか解釈され得ないことに注意。なお、日常語では、例文の「呉れられない」は／くいらいね（ー）¯ kuiraine(ʀ)／、「おまえ」は／おめ（ー）¯ 'ome(ʀ)／と発音される。
※生育環境等による偏差もあるが概略的に言えば、この助詞は、戦後世代ではほとんど使われず、「ニ」か「イ」に置き換わっている。高度経済成長期以前に言語形成期を終えた者にとっては使用語でなくても十分な理解語に属するが、高度経済成長期以後の世代にとっては耳遠い言葉となって

おり、この方言に特徴的な３つの格助詞「コト・ガニ・ゲ」のうち最初に消えそうな趨勢である。（「能格」から用法を縮小した）「能力格」の「ガニ」は高度経済成長期以前の世代では使用語であるが、それ以後の世代では使われなくなっている。「対格」の「コト」は、高度経済成長期以後の世代でもよく使われている。訛った形でないという語形的特徴と共通語の「～のこと」という対象化の表現形式への牽引が働くためか、「コト」は方言意識を全く持たない話者もあるほどで、意外にがんばって生き延びている。

※「太郎ニは友達がある」「太郎ニはお金が要る」「太郎ニは英語が分かる」のような文を「与格構文」とする学説があるが、方言による限り、与格助詞「ゲ」を使うと非文になる。

「*太郎ゲは友達がある」「*太郎ゲはお金が要る」「*太郎ゲは英語が分かる」。

文法的に許されるのは、「太郎{ニ／ガニ（戦前世代）}は友達がある」「太郎{ニ／ガニ（戦前世代）}はお金が要る」「太郎{ニ／ガニ（戦前世代）}は英語が分かる」という形である。つまり、「与格構文」ではなく、方言からは「位格構文」／「能格構文」（戦前世代）とするのが妥当ということになる。

※「生物名詞」にのみ付く助詞の「ガ」（連体格助詞・準体助詞）、「ガニ」（連用格助詞）、「ガノ」（連体格助詞・準体助詞）の語彙特性の[＋有生性]は、連体格助詞・準体助詞の「ガ」を基にする形態家族としての共通性で、「ガ」に由来する特性であることは明らかである。このうち、連用格助詞（筆者の「能格」）の「ガニ」は、準体助詞用法の「ガ」＋位格の格助詞「ニ」を起源（語源）とする「有生位格」から発達したものと推定される。同様に、十分発達しなかったが、連体助詞「ガノ」（「おらガノ嫁」）も、準体助詞用法の「ガ」＋連体助詞「ノ」で、「有生属格」を表していると考えられる。（しかし、準体助詞の「ガノ」（「おれガノ（の方がいい）」）は、連体助詞用法の「ガ」＋準体助詞「ノ」と考えられ、機能的・構造的に別のものとして扱われるべきである。）

こう考えると、「生物名詞」にのみ付く連用格助詞（与格）の「ゲ」も、準体助詞「ガ」＋方向格の格助詞「イ」（共通語の「へ」に対応）を起源として、「～が（所）へ→～がφへ」のように、「*ガイ→*ゲー→ゲ」と変化して成立したものと想定できるかもしれない。そう仮定すると、「ゲ」の意味を、基本的に「生物を目標とする一種の方向格（有生方向格）」と規定でき、如上の多くの用法を語源的にも無理なく説明できるように思われる。

けー˥（～かい˥）　／keʀ˥（～kai˥）／［貝］（名詞）

貝。／ほり・に˥・わ　しじみ・と˥・か　かた˥っけ・と・か　けー˥・が　いら˥⌒いた↓／（見沼用水にはシジミとかカラスガイとか貝がたくさんいた。）

けーがら˥～かいがら˥～けーがら¯～かいがら¯　／keʀŋara˥～kaiŋara˥～keʀŋara～kaiŋara／［貝殻］（名詞）

貝殻。堀や川の貝の貝殻の他に、高台の大宮台地縁辺の縄文遺跡の貝塚やその周辺の畑にも貝殻が広い範囲に散乱していた。

けーす˥　／keʀsu˥／（他動詞サ行五段）

①帰す。②返す。

※「お金を返す」ことは、／なす˥ nasu˥／（「済す」他動詞サ行五段）と言っていた。

けーず˥か（～かいず˥か）　／keʀzu˥ka（～kaizu˥ka）／［貝塚］（名詞）

貝殻が地表・地中に散在している場所を言い、固有名詞的にも使われる。例えば、川口市東貝塚（旧、北足立郡貝塚村）は近隣からはこう呼ばれていた。

※『新編武蔵風土記稿』巻之百三十八、足立郡之四、「貝塚村」の項を参照。

けーだす¯　／keʀdasu／（他動詞サ行五段）

（水を）汲み出す、掻き出す、掻い出す。

※「掻き出す」がイ音便形の「かいだす」を経て／けーだす¯／と変化したもの。同じ「掻き出す」の撥音便形の「かんだす」の／かんだす˥ kaɴdasu˥／と二重語 doublet になっている。

けーと¯　／keʀto／（名詞）

鶏頭（草花の名前）。後になってから［ケート¯］が「鶏頭」（「鶏/tori¯/の頭（/tosaka=˥/）」）と知った。

※語尾の長音は、普通の発話では十分に長くなく半長に発音される（例えば、上着の／おー˥ばー 'oʀ˥baʀ／[o̅ːba·]の語尾の長音は最初の長音に比して明らかに短い）が、さらにこの語のように全く短音化しているものも多い。

けーと¯　／keʀto／（名詞）

毛糸。日常の談話で聞く限り、「鶏頭」と「毛糸」は全く同音に［ k̅eːto ］と発音されていた。

※形態素間に現れる連母音/-e'i-/（戦前世代では/-e'ɪ-/）もふつうはいつも長母音化して/-eʀ-/[-eː-]と発音される。

けーど¯～かいど¯　／keʀdo～kaido／［垣外］（名詞）

家屋敷から公道／おーかん¯～おかん¯ 'oʀkaɴ ～'okaɴ／（往還）へ出るまでの私道。屋敷道。

※ふつうは／けーど¯／といっているが、／かいど¯／が訛ったのだという意識は持っている。しかし、この／かいど¯／は「街道」のことだと誤解している者がほとんどである。そのせいか、話者によっては、改まると／かいどー¯ kaidoʀ／と言う。

※語源は「垣（かき）」の「外（と）」の「垣外（かきと→かいと→かいど）」で、「垣根の外・屋敷の外」から「垣根の外の道・屋敷の外の道」となったものであろうか（『日葡辞書』の「Caito（垣外。外壁や塀の外）」を参照）。但し「垣根」は方言では「くね/kune=˥/」と言う。なお、前記「街道」説に関しては、古代からの「海道」の近世以後の書き換えが「街道」で、意味も「公道・主要道」で異なり、成り立ち

がたい(『日葡辞書』の「Caidŏ(海道。広い大道、または、陸上の街道estrada(英street))」参照)。
けーぼり¯ ／keʀbori／［掻い掘り］(動作名詞)
農閑期に、堀や池の水を掻い出して根こそぎ魚を捕ること。溜まったドロやごみを取り除くのが本来の姿のようである。
けーる¯ ／keʀru／［消える］(所動詞下一段)
消える。「連母音/i'e/の長母音化/eʀ/」形(/ki'eru¯/→/keʀru¯/)。他動詞は／けす¯ kesu／(消す)。
／ひー⏋ なかなか けーなかった¯↓／(火がなかなか消えなかった。)
※「え/'e/」と「い/'i/」が音韻的・音声的に対立していた時代でないと[キエル→ケール]という変化は起こりえないので、「連母音の長母音化」(/i'e/→/eʀ/)が、「喉頭音音素/'/の後の前舌母音/i,e/の中和化」(/'e：'i/→/'ɪ/) に先行していなければならないことに注意。/*ki'ɪru¯/だと/keʀru¯/ではなく/*kiʀru¯/となるのが自然と考えられる。
けーる¯ ／keʀru／［代える・替える・変える］(他動詞下一段)
あるものを別のものにする、代える。
※複合語後部要素では、／とっけ⏋る toQke⏋ru／(取り換える)のように短音化するものがある。
けーる⏋ ／keʀru⏋／［帰る・返る］(自動詞・所動詞ラ行五段)
元の位置、元の状態に戻る。
自動詞：
①帰る。／はー うちー けーる⏋・って・よ↓／(もう家へ帰ると言っているよ。)
／おそく⁀なっ⏋・から こそ⏋こそ けーんべ⏋・や↓／
(遅くなるからそろそろ帰ろうや。)
②返る。／あかんぼ・に けーっちゃ⏋った↓／(赤ちゃん返りしてしまった。)
／とし⏋⁀とって こども・に けーって⏋る↓／(年を取って子どもに返っている。)
所動詞：／かした⁀かね けーって⏋⁀きた↓／(貸した金が返ってきた。)
※東京語の頭高型の[か⏋える]にはアクセント的に対応しない。方言の尾高型に対応する祖形は中高型の[カエ⏋ル]でなければならないことに注意。
※複合語要素では、／そっくり⏋ける soQkuri⏋keru／(反り返る)のように短音化するものがある。
げーろ¯ ／geʀro／(名詞)
蛙。／おたまじゃく⏋し 'otamazjaku⏋si／は新語のようで、古くは／おたまげー⏋ろ 'otamaŋeʀ⏋ro／／おたまん⏋けろ 'otamaɴ⏋kero／、語義通りには「お玉(の)蛙」と言って、語としても「蛙」の一種だったようである。また、後者に含まれる／けろ kero／から／げーろ¯ geʀro／が古くは／けーろ¯ keʀro／と、語頭が無声音であったことが推定できる。
げーろっぱ⏋ ／geʀroQpa⏋／(名詞)
①草の名、オオバコ(車前草)。②草の名、ギボウシ(擬宝珠)。
〈「蛙/geʀro¯/」+「葉/ha¯(～haQpa¯)/」〉という語構成の複合語。
※①は／おんばこ¯ 'oɴbako／とも言う。従って、／げーろっぱ⏋ geʀroQpa⏋／はこの方言ではふつうは②を意味する。
※『物類称呼』の「車前(おほばこ)」の項の、「野州及奥州にて○<u>かへるば</u>といふ」に関連ある語。
けー⏋んけー⏋ん ／keʀ⏋ɴkeʀ⏋ɴ／(擬音語)
キジの鳴き声。なお、母音の短い／けん⏋けん keɴ⏋keɴ／は「片足跳び」を意味する。念のため。
けが⏋⁀しる ／keŋa⏋ siru／(連語動詞。サ変)
怪我する。2種類の文型(①他動詞型・②自動詞型)が可能。
①／おれφ あし⏋・φ けが⏋⁀した／(おれは足を怪我ヲした)。
②／おれφ あし・ニ⏋ けが⏋⁀した／(おれは足に怪我をした)
それぞれの使役形は次のとおり。
①′／あいつ・ガ おれ・コ⏋ト あし⏋・φ けが⏋⁀さした／
①″／あいつ・ガ おれ・{ニ／ゲ} あし⏋・φ けが⏋⁀さした／
②′／あいつ・ガ おれ・コ⏋ト あし・ニ⏋ けが⏋⁀さした／
②″／あいつ・ガ おれ・{ニ／ゲ} あし・ニ⏋ けが⏋⁀さした／
げす¯ ／gesu／［下衆］(動作名詞)
戸や障子をきちんと閉めないで、不注意に少し開け残すこと。
※「げすの一寸、のろまの三寸」という諺に由来する。／また げす⁀して↓／と子どもの頃、よく叱られた(/'okorai⏋ta/)」もの。
けち⏋けち ／keci⏋keci／(動作名詞)
物惜しみすること。
／けち⏋けち⁀やってる、けち⏋けち⁀してる／(前者は具体的、後者は一般的・抽象的物惜しみ)。
けち⏋⁀つける⏋ ／keci⏋ cukeru⏋／(連語動詞。カ行下一段)
あら探しして文句を言う。難癖をつける。「けちをつける相手」は位格「ニ」か与格「ゲ」で表される。
「(おまえは) 誰{に／げ}(向かって) けち⏋⁀つけてん・だ。」(誰に文句を言っているのだ。)
けち⏋んぼ ／keci⏋ɴbo／(名詞)

吝嗇家。けちんぼ。昔は／しやん˥ぼ si'jaɴ˥bo／と言ったという。

けつ¯ ／kecu／（名詞）

尻。／こし¯ kosi／の下、坐ったとき畳や床に接する部分。

／しり=˥ siri=˥／（尻）とも言うが、日常的には／けつ¯ kecu／がよく使われる。前者が美化語、後者が日常語というような文体価値の差がある。「けつ」は日常語としてあまり卑俗な語感はないが、上品な語（美化語）ではないと意識されているので、改まった丁寧な言葉遣いには現れない傾向がある。「坐る」ことを／けつ⌒おろす˥／とも／しり˥⌒おろす／とも、あるいは／こし⌒おろす˥／（腰を下ろす）とも言うが、多少とも気が置ける客に対して「坐る」よう求める場合などには、／けつ⌒おろして˥⌒くれ／とは言いにくく、／しり˥⌒おろして⌒くれ／とか／こし⌒おろして˥⌒くれ／とか言うのがふつうである。なお、／しり˥⌒おろす／より／こし⌒おろす˥／の方がより丁寧な言葉遣い（一種の「婉曲語法」）となる。反対の「立つ」ことは／けつ⌒あげる¯、しり˥⌒あげる、こし⌒あげる¯／となる。／あげる¯、おろす˥／で反対方向の動きが表現される。

※人体背面は上から／かた˥ kata˥／−／せなか¯ senaka／−／こし¯ kosi／−／けつ¯ kecu／となっている。

※「しり」は、単純語では「けつ」が一般的なため、複合語の成分として現れることが多い。

※「けつ」は、漢字語「穴（呉音ɦuetグェチ／漢音huetクェツ）」に由来するが、原義の「（くぼんだ）あな」から近接性に基づく意味拡張によって日本語に独自な意味変化（「穴」→「肛門」→「尻」）を遂げたものと考えられる。

けっきりげーり¯ ／keQkiriŋeʀri／（名詞）

カミキリムシ。次項に同じ。但し、次項より古いことばで戦後世代は言わない。

けっきり˥むし ／keQkiri˥musi／［毛っ切り虫］（名詞）

カミキリムシ。前項に同じ。戦後世代（高度成長期以前）も言っていた。

けつっぺた¯ ／kecuQpeta／（名詞）

尻の膨らみをいう。／しりっぺた¯ siriQpeta／や／しり˥ったぼ siri˥Qtabo／もほぼ同じ意味の語。／しりっぺた¯ siriQpeta／や／ほっぺ˥た hoQpe˥ta／にも同じ形態素が含まれる。この3語に含まれる形態素「ぺた」は、話者には（語源といわれる「辺端」の意の古語の「へた」とは無関係な）「膨らみ」と受け取られている。

げっぷ˥ ／geQpu˥／（名詞）

胃の中のガスが喉と口を通して不随意に口外に出ること。またその時に出る音も言う。

※動作表現は／げっぷ˥⌒でる／（げっぷが出る）、／げっぷ˥⌒しる／（げっぷをする）と言う。なお、／げっぷ˥⌒でる、げっぷ˥⌒でた／のようにふつう／でる˥、でた˥／のアクセントは抑圧される。／げっぷ˥⌒しる／の過去形は／げっぷ˥⌒した／のように共通語のサ変動詞に対応する上一段的な動詞「しる」であるが、／へー˥⌒しる／（放屁する）は過去形がふつうは／へー˥⌒しった／で、五段動詞「放（ひ）る」に対応する五段動詞／しる˥、しった˥／であることに注意。ただし、中には／へー˥⌒しる、へー˥⌒した／と、サ変動詞に対応する上一段的な動詞「しる」を使う話者も見出される。

※／げっぷ˥　しる／は「目的語＋他動詞」からなる自動詞相当連語であってサ変動詞ではない。（赤ちゃんの授乳後に）／げっぷ˥　ちゃんと　した˥↓／などのように副詞などの介入が可能である。

けっぽ˥る ／keQpo˥ru／（他動詞ラ行五段）　アクセント核は移動しない

①足の先で（力を入れて）強く突く。②足の先で（力を入れて）強く突いて遠くへ飛ばす。

／あいつ　おれ・こ˥と　あし˥　けっぽ˥りやがった↓／（あいつが俺（ヲ→）の脚を蹴りやがった。）

／まり˥　けっぽ˥って　あすんでる↓／（［子どもが］ボールを蹴って遊んでいる。）

※「ける（蹴る）」とは言わないが、／けっぽ˥る keQpo˥ru／や／けっと˥ばす keQto˥basu／（蹴飛ばす）、／けつ˥まずく kecu˥mazuku／（蹴躓く）に古い上一段の連用形「け」（の化石形）が現れる。

※語源は「け＋ほうる（蹴＋放る）」と思われる。「放る」に起源する／＝ぽる -por-u／という語基形態素は、／ほっぽ˥る hoQpo˥ru／（放り出す・放置する）、／おっぽ˥る 'oQpo˥ru／（［前に向かって力を込めて］放り投げる・放置する）、／ぼっぽ˥る boQpo˥ru／（［力を込めて勢いよく］放り投げる）などにも見出される。

けつまがり¯ ／kecumaŋari／［穴曲がり］（名詞・状態詞）

性質がねじけていて素直でない人。また、そういう言動や様子。

※／へそまがり¯ hɪsomaŋari／や／つむじまが˥り cumuzimaŋa˥ri／とほぼ同意の語である。

けつ˥まずく ／kecu˥mazuku／［蹴躓く］（自動詞カ行五段）　アクセント核は移動しない。

（何か小さな障害物などに）足のつまさきがぶつかってつまずく。

けつめど¯ ／kecumedo／（名詞）

けつの穴。肛門。／けつ¯ kecu／と違って指示対象（referent）との関係からか卑俗な語感がある。

け˥ど～け˥んど ／ke˥do ～ke˥ɴdo／（接続助詞）

逆接確定条件を表す。［＋有根拠性］の／no˥ni／に比して、論理構成上の主観性が強い。

※／け˥んど ke˥ɴdo／は戦前世代に比較的多く、戦後世代では／け˥ど ke˥do／が一般的である。

※接続助詞／け˥ど～け˥んど／の直前にラ行五段と一段の動詞語尾の「る」が来ると促音便化するのがふつうである。なお、音便は元の形（非音便形）と共存することを特徴とする。

／ある⌉・けど～あっ⌉・けど／(有るけど)、／あける・け⌉ど～あけっ・け⌉ど／(開けるけど)。

けば¯ ／keba／（名詞）

（密生した柔らかくて細い）毛。

けむ¯ ／kemu／（名詞）

煙り。ふだん「けむり/kemuri¯/」とは言わなかった。／かま・から　けむ　でて⌉る↓／(かまどから煙が出ている。)　／けむ・が　め・に⌉　しみる↓／（煙が目に染みる。)

けむだし¯ ／kemudasi／（名詞）

煙突。

けむる¯ ／kemuru／［煙る］(所動詞ラ行五段)

／けむ¯ kemu／が出る、煙る。

けむい¯ ／kemui／［煙い］(形容詞)

煙が顔にかかって息苦しい、煙い。ひどく煙いことは／けむったい¯～けむってー¯／と言う。

※「煙が目に染みて涙が出るほど痛い」ことは／いぶ⌉い 'ɪbu˥i／と言って、区別する。／いぶ⌉い／の方がいっそう「煙い」。

けやき¯～けやき=⌉ ／ke'jaki～ke'jaki=˥／［欅］(名詞)

ケヤキ(樹木名)。ふつう／けやき・の⌒き⌉／と言う。大きいのは／けやき・の⌒たいぼく¯／。

＝けりゃ(～＝きりゃ) ／-kerja(～-kirja)／（形容詞仮定形語尾）

形容詞仮定形語尾(統語接尾辞)／＝ければ -kereba／の異形態。⇒／＝ければ -kereba／を参照。

戦前・戦後世代を問わず広く一般的に使用される。語基となる終止＝連体形の末尾音がエ段長音形の場合に／＝きりゃ -kirja／という音韻的に条件づけられた(自由変異的な)異形態が現れる。例えば次のようになる。(「甘い」「渋い」「無い」「濃い」「良い」の仮定形を例とする。* は非文法的)

／あまい＝け⌉りゃ／～／*あまい＝き⌉りゃ／、／あめー＝け⌉りゃ／～／あめー＝き⌉りゃ／。

／しぶい⌉＝けりゃ／～／*しぶい⌉＝きりゃ／、／しびー⌉＝けりゃ／～／*しびー⌉＝きりゃ／。

／ない⌉＝けりゃ／～／*ない⌉＝きりゃ／、／ねー⌉＝けりゃ／～／ねー⌉＝きりゃ／。

／こい⌉＝けりゃ／～／*こい⌉＝きりゃ／。／いー⌉＝けりゃ／～／*いー⌉＝きりゃ／。

＝ければ ／-kereba／（形容詞仮定形語尾）

形容詞仮定形語尾(統語接尾辞)。共通語では(例えば「高＝ケレバ」のように)「語幹」に付くが、共通語と異なり、(「{たかい／たけー}＝ケレバ」のように)「終止＝連体形」に付く。

「＝ケレバ」のほかに異形態として、(「{たかい／たけー}＝ケンバ」のような)撥音化形の「＝ケンバ」、(「{たかい／たけー}＝ケリャ」のような)拗音化形の「＝ケリャ」(末尾音がエ段長音の場合のみ「たけー＝キリャ」ともなる)、(「{たかい／たけー}＝キャ」のような)［拗音化形の］縮約形「＝キャ」がある。

なお、／＝ければ -kereba／とその異形態は、唯一の例外となる「違うケレバ/ciŋa'u-ke˥reba～ciŋaʀ-ke˥reba/」とその異語形を除いて、形容詞と形容詞型の活用をする語類にしか付かないので、付属語ではなく単語未満の付属形式と認められる。従って、／＝ければ -kereba／とその異形態は、以上のように統語接尾辞(統語語尾)として、「仮定形」の一部として扱う。

げろ⌉ ／gero˥／（動作名詞・名詞）

飲み食いした胃の内容物を口から吐き戻すこと、また、吐き戻したもの。

※「吐き戻す」ことは／げろ⌉⌒しる／(ゲロする)か、／げろ⌉⌒はく⌉／(ゲロを吐く)と言う。

「げろ」は、方言では／はきだす¯ hakidasu／ことの一類で、／ほきだす¯ hokidasu／ことの範疇には属さない。⇒／はきだす¯ hakidasu／参照。⇒ ／ほきだす¯ hokidasu／参照。

けん⌉けん ／keɴ˥keɴ／（動作名詞）

片足跳び。／あしけん⌉けん 'asikeɴ˥keɴ／とも言った。⇒／あしけん⌉けん／を参照。

※国語辞書類に「けんけん」とあるキジ(雉)の鳴き声は、／けー⌉んけー⌉ん keʀ˥ɴkeʀ˥ɴ／と実際の鳴き声に近く聞きなされていて、同音にはならなかった。念のため。

げんこ¯～げんこつ¯ ／geɴko～geɴkocu／（名詞）

握り拳(こぶし)。

げんこ¯～げんこつ¯⌒くいる¯(～くれる¯) ／{geɴko/geɴkocu} {kuiru/(kureru)}／

（与格動詞相当連語。ア行上一段特殊(～ラ行下一段特殊))

握り拳で殴る。「誰か{ゲ／ニ}(与・位格)＋{げんこ／げんこつ}φ(対格)＋呉れる」という複他動詞構文(与格動詞構文)を取り、殴られる人は与格助詞「ゲ」か位格助詞「ニ」でマークされる。

／おれ・げ　げんこ　くいた／ (俺をげんこで殴った。字義通りには「俺にげんこをくれた」)。

⇒／くいる¯(～くれる¯) kuiru(～kureru)／(呉れる)の項を参照。

※同じ事態を／おれ・こ⌉と　げんこ　くいた／、すなわち「おれコト(対格)＋げんこφ(対格)＋くれた」と言うのも聞くが、これは連語「げんこφ＋くれる」を「殴る」に相当する他動詞と把え返して、／おれ・こ⌉と　なぐった⌉／(俺を殴った)の「殴る」の位置に代入してできた文ではないかと思われる。図式的に示せば次のようになろう。「おれコト＋[なぐった]」→「おれコト＋[げんこφ＋くれた]」。この構文での「げんこφ＋くれる」は他動詞相当連語ということになる。

なお、この構文と著者のいう二重化された目的語をとる他動詞構文の「おれコト＋あたまφ＋なぐった」(俺の頭を殴った)とは、「コト目的語とφ目的語」は不可譲渡的な所有者—所有物でなければならないなど構文に課せられる制約も意味も全く別物である。念のため。

け⌉んど～け⌉ど ／ke꜔ɴdo～ke꜔do／（接続助詞）

逆接確定条件を表す。［＋有根拠性］の／no꜔ni／に比して、論理構成上の主観性が強い。

⇒／け⌉ど～け⌉んど ke꜔do ～ke꜔ɴdo／を参照。

※／け⌉んど ke꜔ɴdo／は古い語感がある。戦前世代に比較的多く、戦後世代ではあまり聞かない。

けんのんしょー¯ ／keɴnoɴsjoʀ／［険難性］（名詞・状態詞）

心配性で臆病なこと。

※「険難(けんのん)」の「危険に感じられる様子」が「不安な」「心配な」を経て成立した語。単独の「険難(けんのん)」は聞かれなかった。

＝けんば ／-keɴba／（形容詞仮定形語尾）

形容詞仮定形語尾(統語接尾辞)／＝ければ -kereba／の異形態。⇒／＝ければ -kereba／を参照。

古い形式のようで、戦前世代の話者に観察されたが、戦後世代でも使用する話者があった。

／いー⌉けんば　もってけ⌉・な↓／(よければ持って行けな。)

けんむし⌉ ／keɴmusi꜔／（名詞）

毛虫。「蛾/ga=¯/」と「蝶々/cjoʀcjo꜔/」の子ども(幼虫)で、体表面が毛で覆われているもの。

／けんむし⌉・に　せなか　ささい⌉て　いた⌉くて　しゃーね⌉ー↓／

(毛虫に背中を刺されて痛くて仕様がない。)

※「蝶々」も「蛾」も、親(成虫)によって子ども(幼虫)を区別することはなく、親とは別に子どもは、体毛の有無［±毛］と体色［±青］の組み合わせによって、［＋毛］／けんむし⌉ keɴmusi꜔／(毛虫)、［－毛、＋青］／あおむ⌉し 'a'omu꜔si／(青虫)、［－毛、－青］／いもむ⌉し 'ɪmomu꜔si／(芋虫)となっているようである。

こ=¯～こー¯ ／ko～koʀ／［子］（名詞）

子、子ども。単独では／こども¯ kodomo／の方がよく使われる。／こども¯ kodomo／を参照。

指示連体詞との結合形は、／この⌒こ⌉、その⌒こ⌉、あの⌒こ⌉／となる。東京語のような［この⌉⌒こ、その⌉⌒こ、あの⌉⌒こ］という発音は伝統的方言では聞かれなかった。

／おじーちゃんこ⌉、おばーちゃんこ⌉／(祖父・祖母によく懐いた子)

／いー⌉⌒こ・に　してた⌉・か↑／((親の不在中に態度において)いい子にしていたか。)

≒／いー⌉⌒こ　してた⌉・か↑／((親の不在中ふるまいにおいて)いい子をしていたか。)

こい⌉ ／koi꜔／（形容詞）

濃い。／うすい¯ usui／の反対語。

※終止＝連体形以外では語幹は／こー＝ koʀ-／と長呼される。

／こー⌉く・なった、こー⌉かんべ、こー⌉かった、こーそ⌉ー・だ／。

※１音節語幹の形容詞は、活用形や接尾辞「そー」「すぎる」との結合の点で、大きく２つ、細かくは３つの類型に分かれる。→①②／③　(♯は音休止、▷は付属語の記号。厳密には音声的変異)

①「無い」：／な⌉い♯～ない⌉▷／→／なさそ⌉ー／／なさすぎる⌉／

②「良い」：／い⌉ー♯～いー⌉▷／→／よさそ⌉ー／／よすぎる⌉／

③「濃い」：／こ⌉い♯～こい⌉▷／→／こーそ⌉ー／／こーすぎる⌉～こすぎる⌉／

①と②は終止＝連体形が通常／ねー⌉ neʀ꜔／、／いー⌉ 'ɪʀ꜔／となって母音融合形が優勢で、③は／こい⌉ koi꜔／となって融合しない。さらに、終止＝連体形以外の活用形の語幹形式が①と②は短いままだが、③は長呼される。派生形式においても介入音節「さ」の有無に関して①と②と③でふるまいが異なっている。

※金田一春彦『四座講式の研究』(1964三省堂) によると、『観智院本・類聚名義抄』ではこれらはアクセント的に２類に分かれていて、①と②は第２類「平東［低降］」、③は第１類「上東［高降］」となっていて異なっている。それと関連したものの反映と考えるべきであろうか。

こい¯ ／koi／（連体詞）

こういう。近称の状態指示の連体詞。名詞に先立つが、代名助詞(準体助詞)「の」にも先立つ。

／こい⌒こと⌉⌒やってて　いー⌉・の・か・なー↓／(こういうことをしていていいのかなあ。)

※「こういう」の短縮形に基づく。／koʀ'juʀ→koʀ'ju→koʀ'ɪ→koi／と転訛したもの。

こいたご¯ ／koitaŋo／［肥え担桶］（名詞）

肥料としての人糞尿を入れて運ぶ担い桶。単に／たんご¯ taɴŋo／(担桶)とも言う。

こいだめ¯ ／koidame／［肥え溜］（名詞）

肥料/ko'jasi=꜕/としての人糞尿を(腐敗させるために)溜めておく所。単に／ため¯ tame／とも言った。⇒／ため¯ tame／参照。

こいつ¯ ／koicu／（代名詞）

話し手の近くにいる軽い待遇の個人や生物個体を指して言う。複数形に／こいつら⌉／がある。話し手の近くにある個物を指して言うこともあるが、個物は多くの場合／これつ¯ korecu／と指称される。なお、／これつ¯／には複数形／*これつら⌉／はない。

ごい⌉っつぁぎ ／goi꜔Qcaŋi／（名詞）

ゴイサギ(「五位鷺」。鳥の名)。

こいな¯ ／koina／（連体詞）「こういうふうな」の訛語。

／こいな⌒こと˥／こういうふうなこと、という意味。
こいに¯ ／koini／（副詞）「こういうふうに」の訛語。
／こいに　やん・と　いー˥・よ↓／（こういうふうにやるといいよ。）
こいびしゃ˥く ／koibisja˥ku／［肥柄杓］（名詞）
／こやし=˥ ko'jasi=˥／(肥料)としての人糞尿を汲み取るための柄杓(ひしゃく)。
※「柄杓」は／しゃく¯ sjaku／と言い、／*ひしゃく¯ *hɪsjaku／とは言わない。サ行音に先行し無声化する東京語の「ヒ」に対応する音節が落ちるのは／さしっこ sasiQko¯／(庇)にも類例がある。
※「肥柄杓/koi-bisja˥ku/」は、「こえ(肥)＋ひしゃく(柄杓)」―(連濁)→「こえびしゃく」という語構成の語だが、この複合語の成立以後に、「柄杓」に、「ひしゃく/hisjaku/」→／しゃく¯ sjaku／という語彙的音韻変化が起こったために、形態素／しゃく¯ sjaku／(柄杓)は、結合異形態として／＝びしゃく -bisjaku／という変則的な交替形をもつことになってしまったわけである。
こえん¯ ／ko'ɪɴ／［小縁］（名詞）
部屋から土間に張り出して作られた幅の狭い板敷きの部分(「小縁側」が語源)。家に上がり込む用途の他、坐り込んで話したりするのに使われた。／ko'ɪɴ¯／は戦後世代には殆ど[コイン]と聞かれる。
こ˥ー～こー˥ ／ko˥ʀ～koʀ˥／［来う］（自動詞／kuru˥／(来る)の活用形）
／こ˥ー～こー˥ ko˥ʀ～koʀ˥／アクセント核の位置は自由変異だが、音休止の前で／こ˥ー ko˥ʀ／が、付属語が続く位置で／こー˥ koʀ˥／が現れやすい。この違いは厳密には音声的変異である。
①「来る」の命令形。／はや˥く　こ˥ー↓／、／はや˥く　こー˥・よ↓／(早く来い。)
接尾辞の強意の「い」(類例：「早くしろ」→「早くしろい」)が付くと／こ˥い～こい˥ ko˥i～koi˥／と短呼される。「こい」は東京語と違って、「こー(命令形)＋い」と分析される。
※この命令形の／こ˥ー／は、古典語のカ変命令形「こ」の残存形である。
②「来る」の志向形(意志形)。／はや˥く　こー˥・ともった・けど　｜　きさいな˥かった↓／(早く来ようと思ったが来られなかった。)
一部の話者に／きよ˥ー～きよー˥／が現れる。また、この形は、／はや˥く　きべ˥ー（戦後世代は／くんべ˥ー／)・ともった・けど…／よりも文体価値が高く、改まった場面でも使われる。
※この志向形の／こ˥ー／は、古典語の「こむ(来む)」から発達した中世語の「こう」の残存形である。この変化は、[komu―(語尾母音脱落)→kom―(唇調音の弱化・鼻母音化)→koũ―(非鼻音化)→kou―(連母音の融合・長母音化)→koː]と推移して、現在の形まで発達したと推定される。また、この語形がなぜこの方言に存在するのかが問題となるが、伝播と定着の経路としては、近世上方語から近世江戸語に「来う[こー]」が借用され、そこから更に（近現代の東京語では「来よう」となっているので、）近代以前にこの方言に借用され、定着したと考えるのが妥当と思われる。
こー¯(～こー˥) ／koʀ(～koʀ˥)／（指示副詞）
近称の指示副詞。こう。繋合詞「だ/da/」、終助詞「か/ka/」、係助詞「は/'wa/」「も/mo/」、状態詞的準体助詞「みたい/mite(˥)ʀ/」との連語では、平板型の他に尾高型も聞かれ、語形の揺れが見られる。
こー˥がけ ／koʀ˥ŋake／［甲掛け］（名詞）
農作業時、(手の甲や)足の甲を保護するために覆う布片。ふつうは足の甲を覆う布片をいう。
※手の甲を保護するために覆う布片はふつう／てっこ˥ー teQko˥ʀ／（手甲）と言った。
こーこ˥ ／koʀko˥／［香香］（名詞）
野菜の漬け物をいう。／おしんこ¯ 'osiɴko／も使われる。／こーこ˥ koʀko˥／は耳遠くなった。
こーぜん¯ ／koʀzeɴ／［香典］（名詞）
香典(香奠)の訛語。
※母音間の/d/が/z/に変化したもの。他にも、／くまぜ¯ kumaze／(熊手)、／のぞ˥ nozo˥／(喉)、／なぜる˥ nazeru˥／(撫でる)などかなりある。
こー˥もり ／koʀ˥mori／［蝙蝠］（名詞）
コウモリ(動物名)。かつてはよく見られた。子どもたちが竿を持って追いかけ回していた。
※洋傘の方は、／こん˥もり～こんもり˥がさ koɴ˥mori～koɴmori˥ŋasa／と言って、違っていた。
こーや¯ ／koʀ'ja／［紺屋］（名詞）
染め物屋。軟水の得られる(古利根川・綾瀬川などの)河川や(葛西用水・見沼用水などの)用水堀沿いに多くの紺屋がかつては存在した。「こんや」とは言わない。
※母(1921年北足立郡新郷村[現川口市]生まれ)から聞いた手合わせ歌に次のように「紺屋」が現れるが、意味などよく分からない。参考に歌詞のみ挙げておく。「せっせっせ。神輿(みこし)どこ行く。上総(かずさ)の山へ。上総山(かずさやま) から谷底見れば、小さな子どもが小石をひろて(拾うて)、紙に包んで、紺屋へ投げた。紺屋の番頭(ばんと)さんは、金(かね)かとおもて(思うて)、開けて見たれば、小石でござる。くわい(慈姑)が芽(めー)出した。花咲きゃ開いた。[コノ後ハ記憶ニナイトイウ]」
こーり¯ ／koʀri／［氷］（名詞）
①氷。②かき氷などの氷製品も「氷」と言っていた。
こーる¯ ／koʀru／［凍る］（所動詞ラ行五段）
凍る。

こがし=˥ ／koŋasi=˥／［焦がし］（名詞）
麦こがし。煎った大麦を／いすす¯ 'ɪsusu／（石臼）でひいて粉にしたもの。砂糖を混ぜて食べた。
こがす˥ ／koŋasu˥／［焦がす］（他動詞サ行五段）
加熱して対象物を(広い意味で)黒く変色させる。／こげる˥ koŋeru˥／の他動詞形。
こが˥ね ／koŋa˥ne／（名詞）
光沢のある羽をした昆虫「こがねむし」。光沢のないのを／くそっこが˥ね／と言った。学名等不詳。
※「黄金」は／こがね˥／(尾高型A)で異なる。／はさ˥み／(クワガタムシ)と／はさみ=˥／(鋏)参照。
こき˥つかう～こき˥つかー ／koki˥cuka'u～koki˥cukaʀ／［こき使う］（他動詞ワ行五段）
ひどく働かせる。酷使する。接合部にアクセント核が現れる動詞複合語の一つ。
ごくらく=˥ ／gokuraku=˥／［極楽］（名詞）
極楽。アクセントは／ごくらく・に˥・も、ごくらく˥・みたい・な、ごくらく・の・よー˥・な／で、東京語の尾高型に対応する型で発音される。
※地域に行われていた念仏講(真言宗系)のテキスト(和讃など)等によると、「極楽」は阿弥陀仏の主宰する世界で、念仏を称えることで誰でも往き生まれることができ、そこで(修行を成し遂げて)仏に成ることができると説かれている。(成仏後は仏として(有縁の)衆生を済度するトイウコトノヨウデアル。)死後に極楽世界に往き生まれることを／ごくらくおー˥じょー gokuraku'oʀ˥zjoʀ／(極楽往生)、／おー˥じょー 'oʀ˥zjoʀ／(往生)という。極楽は、死後の至福の世界と観念され、対語は／じごく=˥ ziŋoku=˥／(地獄)。
※語彙史的には、「往生以前」を「生前(シャウゼン)」、「往生以後」を「生後(シャウゴ)」と言っていたのが、現代語の、死ぬ前の「生前(せいぜん)」の語源となっている。現代語で、死ぬ前なのに「死前」でなく「生前」というのは、それが「極楽に往き生まれる前」だったからである(一種の婉曲語法euphemism)。
※キリスト教の「天国tenkoku(βασιλεία τοῦ θεοῦ)」に起原する「天国tengoku」(『明治のことば辞典』東京堂出版1986参照)と、(キリスト教にはない)死後だれでも天国に生まれるという「死後昇天説」は、今日流布蔓延しているが、このような死生観は伝統に根ざさないもので、輪廻(生まれ変わり死に変わり)もせず「草葉の陰」にも居ず、死者が天国に居て地上の生者を見守るというイメージと言説は、以前は殆ど全く受け容れられていなかった。
こけ=˥ ／koke=˥／［鱗］（名詞）
魚の鱗。／こけら˥ kokera˥／とも言う。
こけ=˥ ／koke=˥／［苔］（名詞）
木や石、地面などに生える苔。
こけ¯ ／koke／（場所代名詞「ここ」と方向格助詞「イ」との融合形）
→／ここ¯ koko／(近称指示場所代名詞)
こげくさ˥い～こげくせ˥ー ／koŋekusa˥i～koŋekuse˥ʀ／［焦げ臭い］（形容詞）
一般的にものの焦げる匂いがする。加熱による変性・変色過程で生ずる匂いについて言う。
※布きれのそれは／きなくさ˥い／、金属のそれは／かなくさ˥い／と言う。
こけら˥ ／kokera˥／［鱗］（名詞）
魚の鱗。／こけ=˥ koke=˥／とも言う。
こけら¯ ／kokera／（場所代名詞）
［漠然と指示される］この辺、この辺り。戦前世代の語。戦後世代では／ここい˥ら kokoi˥ra／と言う。「辺り」であることを明示した形が／こけらへん¯ kokerahen／。戦後世代では／ここいらへん¯ kokoirahen／と言う。「辺り一面」は／こけらじゅー¯ kokerazjuʀ／。戦後世代では／ここいらじゅー¯ kokoirazjuʀ／と言う。戦前世代の／こけら¯ kokera／より戦後世代の／ここい˥ら kokoi˥ra／の方が古形(回帰形)である。
※(語構成要素として語基の「場所代名詞」と「不特定」化(朧化)の接尾辞「ら」を共にする)「ここら」と「ここいら」の違いは、「場所＋不特定(朧化)」と「場所＋イ＋不特定(朧化)」と図式的に表せ、両者の違いは「イ」のありなしに還元できる。「イ」のない「ここら」が単に場所「ここ」の「ら」を表すとしたら、「ここいら」は場所「ここ」に「イ」の加わったものの「ら」となる。この２語を持つ話者に聞くと、「ここいら(で少し休もう)」は、「ここら(で少し休もう)」に比べて場所とその範囲の限定性がより漠然としているように感じるということであった。従って、「イ」は「辺り」の意味の形態素と考えて差し支えないと思われる。すなわち、「ここいら」は、場所「ここ」の「辺り」の「ら」と考えられる。もしこの推定が正しいなら、形態素「イ」は、古語(上代語・古代語)の「へ(辺)」(上代仮名遣いの甲類)か、その母音交替形の「ひ」(甲類)にさかのぼると考えることができるかもしれない。なお、この「ひ」(甲類)に「よこっぴ」「よそっぴ」の「ぴ」も由来する可能性が考えられる。
こける˥ ／kokeru˥／（所動詞カ行下一段）
水が自然となくなること。水がはけること。／みず・が　こけ˥て　なくなった↓／
「水がこける」の反対の事態は、／みず・が　のる¯／(水が乗る)と言う。
※雨水などが流れ去ることは／はける˥ hakeru˥／（所動詞カ行下一段）と言う。
川水・溜まり水などがなくなることは／しける¯～ひける¯ sikeru～hikeru／(所動詞カ行下一段)と言う(／ひける¯／は戦後世代)。

水が地中に消え去ることは／しみる¯ simiru／（所動詞マ行下一段からラ行五段化）と言う。

こげる˥ ／koŋeru˥／［焦げる］（所動詞ガ行下一段）

加熱されて対象物が(広い意味で)黒く変色する。

※燃焼過程を問題にする／もいる¯ moiru、もす¯ mosu／(燃える、燃やす)（[＋火が付く]→[＋自発的に発熱する][＋炎が立つ])や、熱変性 heat denaturation を問題にする／やける¯ 'jakeru、やく¯ 'jaku／(焼く、焼ける)([＋火が付く]→[＋自発的に発熱する][－炎が立つ]→[＋(対象全体の)熱変化]〈火が通る＋熱変性する〉）と違い、／こげる˥ koŋeru˥、こがす˥ koŋasu˥／(焦げる、焦がす）は、外発的(他発的)な加熱によって対象物(の一部)が(広い意味で)黒く変色すること([－火が付く]→[－自発的に発熱する][－炎が立つ]→[＋(部分的)熱変化]〈外部から加熱する＋熱変性する〉)を問題にしていて、発火したら／こげる˥、こがす˥／とは言えない。

ここ¯ ／koko／（場所代名詞）

[はっきり指示される]ここ。

※方向の格助詞「イ」との結合は融合して／こけ¯ koke／と言う。この形は「方向」と「位置」とを表すが、存在の「ある」とは共起しない(「ニ＋ある」)。戦後世代では分析的に／ここ・い¯ koko 'i／という。／こけ　おいてきや˥がった↓／（ここに置いて行きやがった。)

※場所代名詞が連体語になるときは、連体助詞「ナ」か「ノ」を介して名詞を修飾する。「ナ」は場所性を明示する機能をもち「～にある」のような意味を、「ノ」は場所性に関して中立的・一般的な連体関係を表し共通語の「～の」に相当する。一般的に戦後世代では「の」専用になっている。

／ここ・な　ほ˥ん／(ここにある本)、／ここ・の　ほ˥ん／(ここの本)。

※場所性を取り立てる強調表現に／ここ・ん⁀とこん¯～ここ・ん⁀とこ˥ん／がある。

／ここ・ん⁀とこん¯　おせて⁀くれ˥↓／(ここの所を教えてくれ。)

／ここ・ん⁀とこ˥ん・に　おいとい˥た・ん・だ・けど　めー˥ねー↓／

(ここに置いておいたのだが、見えない。)

ここの˥つ ／kokono˥cu／［九つ］（数詞）

九つ。

こころ=˥ ／kokoro=˥／［心］（名詞）

心。アクセントは型としては共通語の尾高型に対応する。共通語アクセントの中高型[ココ˥ロ]に対応する形ではない。

／こころ・か˥ら／(心から)、／たにん・の　こころ・な˥んか　わかろ˥んか↓／(他人の心など分からない。)、／こころ・ん⁀なか˥・まで　みらい˥てる↓／(心の中まで見られている。)

※術語「体言・用言」の基となったいわゆる「体用(タイユウ・タイヨウ)」の論理(概略「体」は「本体・もの」、「用」はその「作用・働き」)を用いれば、「心/kokoro=˥/」は「体」で、(「気になる・気にする」の)「気/ki¯/」はその「用」と考えられる。「心」は「心的器官」、「気」は「心的作用」とも言える。

こ˥さ ／ko˥sa／（係助詞）

話題(主題や焦点)を１つに絞って取り立てる働きをする。「こそ/ko˥so/」＋「は/'wa/」という連語に起源するが、「こそは/ko˥so 'wa/」とは異なる意味と機能をもつ１つの単語「こさ/ko˥sa/」として、「こそ/ko˥so/」に比べると少し取り立ての意味が強いように感じられるが、「こそ/ko˥so/」と同じように使われている(⇒同項参照)。

例えば(決意の)「今度こそは負けない」は、「今度は負けない」と同じ文脈の同じ位置に置いても似た意味をもった表現として成り立つ(「こそは」は「は」の分布と意味に重なる)けれども、例えば（謝罪の)「おれこさ悪かった」は、「おれこそ悪かった」「おれが悪かった」とほぼ同意で、「おれこそは悪かった」「おれは悪かった」とは意味と機能が異なっていて、同じ文脈の同じ位置に置くことはできない。つまり、「こそは」≦「こさ」という関係になっていて、両者は別語と見るべきものになっている。念のため、文脈に矛盾しない表現として同じ位置に立てるかどうかを整理すると、次のようになる。

(「今度こそは負けない」≒「今度は負けない」)≒(「今度こさ負けない」≒「今度こそ負けない」)

(「おれこさ悪かった」≒「おれこそ悪かった」)≠(「おれこそは悪かった」≒「おれは悪かった」)

／こんだ˥・こさ　がんばる˥↓／(今度こそはがんばる。)

／おれ・こ˥さ　わる˥かった・な↓／(おれこそ悪かったな。)

／それ・こ˥さ　すげー˥⁀こと・ん　なって˥た↓／(それこそすごいことになっていた。)

こじき=˥ ／koziki=˥／［乞食］（名詞）

乞食。／こじき˥⁀してる／(乞食をしている)、／こじき˥・みてー・な⁀かっこ／、／こじき・の・よー˥・な⁀かっこ／(乞食のような格好)。

こしぎん˥ちゃく ／kosiŋiɴ˥cjaku／［腰巾着］（名詞）

いつも親にくっついている子ども。

こしげ˥ー ／kosiŋe˥ʀ／［越ヶ谷・越谷］（固有名詞・地名）

「越谷」の町を広くこう呼んでいた。

※「越ヶ谷・越谷」や「鳩ヶ谷・鳩谷」のような「～谷(～がや)」を語尾に持つ地名は、現在は改まると[コシガヤ koɕiŋa˥ja]や[ハトガヤ hatoŋa˥ja]と発音されるが、以前はふだん[コシゲ˥ー koɕiŋe˥ː]や[ハトゲ˥ー hatoŋe˥ː]と発音されていた。これは「がや→がえ→がい→げー」という音変化がか

つて存在したと仮定することで説明されうる。⇒／はとげ˥ー hatoŋeˈlʀ／［鳩ヶ谷］の注を参照。
※なお、地名語尾の「谷(や)」は、「低湿地」を表し、その点で(底部が低湿な土地である)台地の開析谷を表す「谷(やつ)」と一部共通の意味特徴を持っている。形態からも両者は同源語と思われる。しかし、「谷(やつ)」は台地に局在するのに対して、「谷(や)」は台地の低湿地だけでなく、(特に埼玉県東部地域では)大きな河川の自然堤防の後背湿地をも表していると思われる点で意味範囲に違いがあり、「谷(やつ)」と「谷(や)」は同列には扱えない。「越ヶ谷」は元荒川(中世には旧荒川と旧利根川(古隅田川)の合流した川)沿いのいわゆる中川低地に立地する土地で明らかに後背湿地の「谷(や)」に基づく地名と思われる。「鳩ヶ谷」は台地縁にあるが、旧荒川(旧入間川)の流路跡(太古には荒川を合わせた旧利根川の流路跡といわれる)の低地と後背湿地が台地沿いに戦後まで残っており、「谷(や)」に基づく地名であった可能性を示している。

こじっ˥け ／koziQˈlke／（名詞）
コジュケイ（「小綬鶏」。鳥の名）の訛語。
※／ちょっ˥とこい cjoQˈltokoi／とけたたましく鳴くので、鳥の名も／ちょっ˥とこい cjoQˈltokoi／と言う人がある。昔はいなかったと言う。

こしみず¯ ／kosimizu／［漉し水］（名詞・動作名詞）
漉した水。また、水を漉すことも言う。
※甕／かめ=˥ kame=ˈl／に、砂・棕櫚(／しろ¯ siro／と言った)の皮・炭などを何層かにして入れ、上から水を入れ、底部の水の出口から水を漉し取る装置によって、浄化した水。またはそのように水を浄化することを言う。

こじゅーと¯ ／kozjuʀto／［小舅・小姑］（名詞）
配偶者の「兄弟姉妹」／きょー˥だい kjoʀˈldai／。「こじゅうと(小舅)」と「こじゅうとめ(小姑)」をことばとしては区別しない。

こす¯ ／kosu／［漉す］（他動詞サ行五段）
水を漉す。⇒／こしみず¯ kosimizu／参照。

こすっくら˥い～こすっくれ˥ー ／kosuQkuraˈli～kosuQkureˈlʀ／（形容詞）
陰で利己的に立ち回ってずるい。／こす˥い kosuˈli／（形容詞）の派生語。
中核的な意味は「ずるい、ずる賢い」で、多くの国語辞典が「こす(っ)からい」を「けちでずるい」とするのとずれがあるようで、「けち」の意味はあるにしても周辺的なように感じられる。
※／*こすっから˥い *kosuQkaraˈli／とは言わない。／こすっくら˥い／は、／こす˥い／の一種(「こすい＋χ＝こすっくらい」と話者には感じられている)だが、「こす(狡)＋から(辛)＋い」という語構成要素の「から(辛)」はこの点で単語の意味との関係が自明な語構成要素ではなくなっている。そこに、「陰で利己的に立ち回って(ずるい)」ということから「暗い」への連想(動機づけ)が働いて、新たに「こす(狡)＋くら(暗)＋い」と改釈されてできた形かもしれない。この形は、周辺の八潮・三郷・吉川・越谷辺でも聞くことができた。
※／こす˥い kosuˈli／は「(陰で)こそこそ、こっそり」というニュアンスがあり、／ずる˥い zuruˈli／の露わなあくどさと比べて密やかな悪賢さを意味しているように感じられる。

こせる¯ ／koseru／（他動詞サ行下一段）
材料に手を加えて有用物を作り出すこと。こさえる。⇒／せんぜー˥こせ sᴇɴzᴇʀˈlkose／を参照。

こ˥そ ／koˈlso／（係助詞）
話題(主題や焦点)を１つに絞る働きをする。競合する形式に／こ˥さ koˈlsa／がある(⇒同項参照)。
(「これは/'wa/ 本物だ。」→)「これこそは/koˈlso 'wa/ 本物だ。」
(「これが/ŋa/ 真実だ。」→)「これこそが/koˈlso ŋa/ 真実だ。」～「これこそφ 真実だ。」※
上記のように、「こそ/koˈlso/」は、係助詞の「は/'wa/」だけでなく格助詞の「が/ŋa/」にも先行できる点で係助詞としてはふるまいが特異である。(例文は理解しやすくするために付属語以外は共通語的にしている。)なお、「こそ」と競合する「こさ/koˈlsa/」に関しては、(「こそは/koˈlso 'wa/」という連語に起源するという)起源の問題が絡むのか、上記の例文の「こそ」の位置には、「こそφ」の位置を除いて、立てないことに注意。「これこさは*/koˈlsa 'wa/…」「これこさが*/koˈlsa ŋa/…」は不可。
※「これが真実だ」の「(これ)が」を係助詞「こそ」で取り上げた場合、「これこそが真実だ」と、「が」が現れない「これこそ真実だ」の二様の表現がある。このうち「これこそ真実だ」は、共時的には、対応する「こそが」形式から判断して、「が」がゼロ(φ)化した「こそφ」と考えることができる。しかし、歴史的には、古くからある(格助詞を伴わない)「これこそ(真実だ)」(に相当する文)の「こそ」形式は、通時的に主文主語を表す主格助詞「が」の成立以前から存在することから考えると、「が」がゼロ(φ)化した形式とすることはできない。また、一般文法的に「格のない名詞句」は存在しないので、「が」とは別の(意味的・機能的には似た)「ゼロ形態の格助詞」を想定する必要がある。後にこの「ゼロ形態の格助詞」の位置を「が」が文法機能を拡大することで埋めていくことになる。なお、この先行する言語体系においては、格助詞「φ」の現れる位置は、上記の例外的承接順序(「係助詞」＋「格助詞」)で考えるよりは、「格助詞」＋「係助詞」の原則に従って、格表現が先行する「これ*φこそ…」と考える方が合理的ではないかと思われる。
／おめー・こ˥そ　まちがって˥る↓　おめー・こ˥そ　あやまれ˥↓／
古典語の「已然形＋ば＋こそ」の残存形と考えられる共通語の「あればこそ」「あったればこそ」に相当

する表現型として、／あれ˥ば・こそ／／あった˥ば・こそ／という形が存在する。
／おや・の　おん˥・が　あった˥ば・こそ　こんな・ん　なれ˥た・ん・だ↓／
（親の恩があったればこそこんなに[立派に]なれたのだ。）
⇒／＝た˥ば・こそ～＝だ˥ば・こそ -ta˥ba koso～-da˥ba koso／の注(※)を参照。

こそ˥こそ ／koso˥koso／（副詞）
①それをすべき時刻や時期になりつつあることを表す。共通語のコソコソと違い他方言の話し手からは誤解されやすい。
／はー　こそ˥こそ　けんべ˥・や↓／（もうそろそろ帰ろうや。）
②周囲に知られないように陰に隠れて何か事を行う様子。
／しと・の⌒ち・ん⌒なか˥　こそ˥こそ　いごきまーってや˥がった↓／
（他人の家の中をこそこそ動き回っていやがった。）

こそっぱ˥い～こそっぺ˥ー ／kosoQpa˥i～kosoQpe˥ʀ／（形容詞）
くすぐったい。くすぐられたときの身体的感覚のほか、褒められたときなどの心理的感覚にも使われる。戦後世代の話者は／くすぐったい˘ kusuŋuQtai／と言うようになっている。
※起源的には、「こそばゆい」が「こそばいい」を経て「こそばい」となり「こそっぱい」となったもの。「こそ」は、動詞「こそ＋くる(→こそぐる→くすぐる)」や擬態語「こそこそ(→こちょこちょ)」の「こそ」で、「手で擦り掻いてくすぐる様子」を表す。「はゆし(→はゆい)」は、「おもはゆい」や「まばゆい」の「はゆい」で、「(目など)感覚器官に強い刺激を感じる様子」の形容詞である。つまり、「こそ」＋「はゆい」という語構成の複合語に起源する形容詞である。
※「しょっぱい」の後半部の「ぱい」と語源的に同じ。⇒／しょっぱ˥い／を参照。

ごっこ˥っと ／goQko˥Qto／（副詞）
水の勢いよく流れる様子。／ごっこ˥っと／＋「水が流れる」。
※／ごー˥ごー(と) goʀ˥goʀ to／に比べて弾みのついた勢いが感じられる。
※語根は／goQ-／だが、促音の後に濁音が来られない音韻的制約のため後部成分が／-koQ-／という形態になっているものである。
類例に、／ぐっく˥っと guQku˥Qto／（追い上げる様子)、／ざっつぁ˥っと zaQca˥Qto／（雨が激しく降る様子)、／どっと˥っと doQto˥Qto／（水が勢いよく流れる様子）など。⇒各項参照。

ごっそー˘ ／goQsoʀ／［御馳走］(名詞、動作名詞)
飲食のもてなし。昔は客に風呂をふるまうのも「ご馳走」と考えられていた。
／ごっそー・ん⌒なる˥ goQsoʀ ɴ naru˥／（飲食のもてなしを受ける)、
／ごっそー⌒しる goQsoʀ siru／（飲食のもてなしをする）
※／ごっつぉー˘ goQcoʀ／[gottso:]という個人もあるが、大多数は［gosso:］と発音する。

ごっそーさま˘ ／goQsoʀsama／［御馳走様］(名詞、感動詞)
①前項の丁重な表現。
②飲食のもてなしを受けたときなどの後で言うことば。また、普通の食事の後に言うことば。昔は風呂をふるまわれた客が風呂上がりに言うことばとしても使われた。
※／ごっつぉーさま˘ goQcoʀsama／という個人もあるが、大多数は［gosso:sama］と言う。

こっ・た˥ ／koQ ta˥／（連語、形式名詞「こと」と繋合詞(断定の助動詞)「だ」との結合形)
ことだ。「こと」として把えられる命題的事態を事実として断定する。
伝統文法的に示すと次のような活用形がある。
終止形／こっ・た˥ koQ ta˥／：／なん˥・て　こっ・た˥↓／(何と言うことだ。)
仮定形／こっ・た˥ら koQ ta˥ra／：
／こんな　こっ・た˥ら　たのまいな˥かった↓／(こんなことなら頼まれなかった。)
推量形／こっ・た˥んべー koQ ta˥ɴbeʀ／：
／そら　なん˥・の　こっ・た˥んべー↓／(それは何のことだろうか。)
接続形／こっ・て˥ koQ te˥／：
／こい　こっ・て˥　よか˥った・か↑／(こういうことでよかったか。)
過去形／こっ・た˥った koQ ta˥Qta／：
／よく˥⌒きーたら　そい　こっ・た˥った↓／(よく聞いたらそういうことだった。)
（仮定形の「こったら/koQ ta˥ra/」は「ことなら」ではなく「ことだら/koto da˥ra/」の変化である。)
※「ことではない」に対応する形は、「～ではない」が／じゃ(˥)⌒ね˥ー～だ(˥)⌒ね˥ー／(/zja～da/自由変異)となるのと平行的に、／こっ・ちゃ(˥)⌒ね˥ー～こっ・た(˥)⌒ね˥ー／(/cja～ta/自由変異)となる。／しった⌒こっ・ちゃ(˥)⌒ね˥ー～しった⌒こっ・た(˥)⌒ね˥ー／(知ったことではない)。(˥)という表記は下がり目が現れることがあることを表す。現れると後の˥は消える。

こっ˥つぁむい～こっ˥つぁぶい～こっつぁむい˘～こっつぁぶい˘
／koQ˥camui～koQ˥cabui～koQcamui～koQcabui／（形容詞）
少し寒く感じる様子。

こっぱずかし˥ー ／koQpazukasi˥ʀ／（形容詞）
非常に恥ずかしく感じる様子。語構成は「こ(小)＋恥ずかしい」だが、語義どおりの意味ではなく、「非常に恥ずかしい」の意味で使われるのがふつう。戦後世代ではほとんど聞かれない。

こっぴど˥い〜こっぴで˥ー ／koQpido˥i〜koQpide˥ʀ／（形容詞）

非常にひどい様子。語構成は「こ（小）＋ひどい」と思われるが、意味は真逆で「非常にひどい」。

／せんせ˥・に　こっぴど˥く　おこらい˥た↓／（先生に非常にひどく叱られた。）

／やつ˥・に・わ　こっぴど˥い⁀め・に　あわさい˥た↓／（彼にはすごくひどい目に合わされた。）

こと=˥ ／koto=˥／［事］（名詞）

判断の対象として措定されるのが「コト」、指示の対象として措定されるのが「モノ」である。

※「［あるモノ］がある」の対象化が「［あるモノがある］コト」すなわち「あるコト」で、コトは典型的には命題態を含意する。

※「コト」が判断の対象であり「（命題に関わる）命題態（表現）」だとすると、「［AがBである］コト」が元基的表現で、これが「［AのBである］コト」を経て「Aの［Bであるコト］」と解釈し直されて（異分析）、さらに「Aの［（Bである）コト］」すなわち「Aのコト」が成立したのであろう。だから、「花子のコト」に即すれば、「［花子がXである］コト」→「［花子のXである］コト」→「花子の［（Xである）コト］」→「花子のコト」というのが成立の論理的道筋であろう。従って、「花子のコト（が好き）」が「花子」の「内包」（意味）に関わる表現とすれば、「花子（が好き）」は「外延」（指示対象）に関わる表現ということになろう。なお、方言では、「花子のモノ」「花子がモノ」と類比的に、「花子のコト」「花子がコト」が可能である。

※共時的には、形式名詞のコトは先行名詞に関して「その名詞が表す事物がいかなる内容をもつ事物かを規定する【内容規定】」の形式として機能している。「内容」は外的情報だったり内的属性だったりする。

※形式名詞の「こと」は、いわゆる「断定の助動詞」のダ行音を頭にもつ語形と結合すると、／こっ・た˥ koQ ta˥／となる。⇒／こっ・た˥ koQ ta˥／（連語）を参照。

こ˥と ／ko˥to／（格助詞「対格」）

生物名詞に付いて対格 accusative を表す。直接目的語を表示する格助詞。

／こども・が　ねこ˥・こと　だいてる↓／（子どもが猫を抱いている。）

／ねこ˥・が　いぬ・こ˥と　しっかい˥た↓／（猫が犬を引っ掻いた。）

／ばーさま˥・げ　こども・こ˥と　あずけ˥てった↓／（おばあさんに子どもを預けて出かけた。）

／おら　いぬ・こ˥と・より　ねこ˥・こと　すき・だ˥↓／（おれは犬より猫が好きだ。）

※①生物名詞にのみ付いて、無生物名詞には付かない。

②二項所動詞のいわゆる対象語は、／ガ〜φ／が無標、対象性を明示するときは／コ˥ト／で表示される（無生物目的語は常にφ表示）。構文としては、

a「［［＋有生］主語ガニ］—［［±有生］目的語ガ〜φ］—二項所動詞」（能格構文）

「おまえガニは向こうに立ってる子どもガ見えるか。」

b「［［＋有生］主語ガニ］—［［±有生］目的語コト〜φ］—二項所動詞」（能格対格混合構文）

「おまえガニは向こうに立ってるこどもコト見えるか。」

の２類型がある。（ガニは戦後世代ではニに移行している。）

③二項述語である情意形容詞・情意状態詞（形容動詞）のいわゆる対象語は、対格助詞／コ˥ト／でマークされることが多い。／ガ〜φ／でも表示される。②の場合ほど際立たないが、やはりコトには対象性を明示する働きが感じられる。構文としては、

a「［［＋有生］主語ガ］—［［±有生］目的語ガ〜φ］—情意形容詞」（二重主格構文）

「おれφは自分ガ恥ずかしい。」

b「［［＋有生］主語ガ］—［［±有生］目的語コト〜φ］—情意形容詞」（対格構文）

「おれφは自分コト恥ずかしい。」

c「［［＋有生］主語ガニ］—［［±有生］目的語ガ〜φ］—情意形容詞」（能格構文）

「おれガニは自分ガ恥ずかしい。」

の３類型が観察される。所動詞の②bに当たる類型dは落ち着きが悪い。

d「［［＋有生］主語ガニ］—［［±有生］目的語コト〜φ］—情意形容詞」（能格対格混合構文）

「おれガニは自分コト恥ずかしい。」

④共通語の「を」と異なり、係助詞「ワ」「モ」とも共起するが、共起しなくてもよい。

「あの人｛コト／φ｝ワ呼ばない」「あの人｛コト／φ｝モ呼ばない」

⑤対格「コト」は、共通語の「を」と違い「無生物名詞」には付かないので「無生物目的語」は「φ」で表現されるが、この「φ」は、有生性の制約から「生物目的語＋コト」と「無生物目的語＋φ」とに分裂しているだけで、例えば「子どもガ＋犬コト＋蹴っぽった」と「子どもガ＋石φ＋蹴っぽった」のように、同一の他動詞の目的語の位置という分布から「犬コト」＝「石φ」という同定が可能。この他に重要な点として、対格「コト」には、共通語の「を」のような場所名詞に付いて出発点や経由地を表す用法がない。その場合は、「家/'uci¯/φ＋出る」「橋φ＋渡る」のように「φ」（無助詞）で表される。〈動詞が必須とする補足語の「格助詞による（有形の）格表示」は、意味が文脈から明らかな場合には、「（無形の）格助詞「φ」（無助詞）」でも表示される〉と（共時的に）一般化できる文法現象（「子どもガ＋雀コト＋追っかけてる」→「子どもφ＋雀φ＋追っかけてる」）があるが、この移動動詞の出発点や経由地は、交替可能な有形の格助詞が存在せず、常に「φ」で表現される（「子どもガ＋道φ＋渡ってる」→「子どもφ＋道φ＋渡ってる」）。この点で、この「φ」は、

上記の一般の「格助詞」のゼロ化現象の「φ」とは違って特異である。共通語の「を」では未分化な対格の「対格」と移動の「場所格」が、方言では「対格」の「コト」(無生物は「φ」)と「場所格」の「φ」に、意味的、形態的に分化していることに注意(ここまでが共時的記述)。

なお、通時的には、方言の現在のこの「対象」の「コト」〜「φ」と「移動の場所」の「φ」の格表示は、元はいずれも「φ」表示だったところに、他動詞文の生物主体と生物客体を言語的に区別する社会的な必要が生じて、なぜなら他動詞文の主語は原則的に生物だから目的語が生物のときのみ両義性が生じるので、そのために、生物目的語を特別に格表示する対格助詞「コト」が生まれた(「花子φ＋太郎φ＋嫌ってる」→「花子φ＋太郎コト＋嫌ってる」、「花子φ＋太郎φ＋嫌いだ」→「花子φ＋太郎コト＋嫌いだ」)と推定されることにも注意。

※格助詞「コト」で示される名詞は、「まともな受身文」の主語になることができるものを典型とする(ただし、所動詞文や形容詞文の「有標のコト」には対応する受身文がない)。

「猫ガ犬コト噛んだ」は、「犬」を主語として「犬ガ猫ニ噛まれた」と言うことができる。

※他動詞を典型とする二項述語の構文は、日本語においては、

a「[生物主語]＋[生物目的語]＋[他動詞]」か、

b「[生物主語]＋[無生物目的語]＋[他動詞]」

に限られ、

c「[無生物主語]＋[生物目的語]＋[他動詞]」や、

d「[無生物主語]＋[無生物目的語]＋[他動詞]」

という構文は通常ないと考えられる。そこで、aとbという可能性の条件の中での構文について見てみることになる。この方言では格助詞なしの表現が最も表現上中立的な形である。この場合、生物名詞と無生物名詞が共起するbのような構文、たとえば、／こども　いし⌉　なげ⌉た／では、主客の認定に迷うことは考えられない。ここでは無生物名詞は目的語以外の解釈が最初から排除されている。しかし、生物名詞と生物名詞が共起するaのような構文、例えば、／うち・の⌒こ　よそ・の⌉⌒こ　はたい⌉た／(うちの子がよその子を叩いた〜うちの子をよその子が叩いた)や他動的状態詞／たろ⌉ー　はな⌉こ　すき・だ⌉／(太郎が花子が好きだ)では、いずれの生物名詞も主語ないし目的語の解釈を受け得る。(→現に後者の例文では共通語は両義的なままである。)このような両義性(曖昧性)を避けるためにこそ、対格表示の格助詞の存在理由があると考えられる。それぞれ、／うち・の⌒こ　よそ・の⌉⌒こ・こと　はたい⌉た／(うちの子がよその子を叩いた)↔／うち・の⌒こ・こ⌉と　よそ・の⌉⌒こ　はたい⌉た／(うちの子をよその子が叩いた)、／たろ⌉ー　はな⌉こ・こと　すき・だ⌉／(*太郎が花子を好きだ)↔／たろ⌉ー・こと　はな⌉こ　すき・だ⌉／(*太郎を花子が好きだ)のように表現し分けることが可能である。

※対象性をはっきりさせるために、無生物名詞目的語につくことがまれにある。(メタ言語的用法。例外的)。

／まきわり・こ⌉と・わ　なた・と⌉・わ　ゆわねー↓／

(「薪割り(道具の名)」(を)は「鉈」とは言わない。)

○指示代名詞「これ、それ、あれ」は指示対象referentが生物のとき、「コト」と共起できる。逆に、「コト」と共起する「これ、それ、あれ」の指示対象は生物であるということができる。

特に、「これコト連れて行く」(「これφ連れて行く」も可)と、「これφ持って行く」(「これコト持って行く」は不可)のように動詞の共起制限と格助詞の共起制限との相互作用的現象が注目される。このように、有生性を特徴とする格助詞「コト」との共起・不共起は、単語や句などの形式が決定するのではなく、形式の意味内容つまり指示対象が条件となっていることに注意。

○集合名詞に付く対格表示のコトについての補足：

家族とその成員を家の所在地で指称する名詞、会社や役所などの組織名称の名詞(「集合名詞」)が他動詞目的語の場合は、生物名詞ではないが、生物を成員とすることからコトが用いられる。

／こんだ⌉・わ　うらわ・こ⌉と・も　よぶべ⌉ー↓／(今度は浦和(の親戚)も呼ぼう。)

／よきん⌒しる⌉・んで　のーきょー・こ⌉と　よんだ↓／(預金をするので農協を呼んだ。)

補注１.「二重化された目的語」(二重対格構文)について：

本来目的語１つをとる他動詞(二項動詞)が、見た目に二重の対格目的語の［生物目的語コト＋無生物目的語φ］をとっている、以下のような他動詞文が存在する。

「太郎ガ＋[次郎コト＋頭φ]＋叩いた」

「花子ガ＋[次郎コト＋足φ]＋踏んだ」

「猫ガ＋[犬コト＋鼻φ]＋引っ掻いた」

この構文の特異なところは[次郎コト＋頭φ]を例に説明すると、この二重の対格目的語は、実質単一の対格目的語の「次郎の頭(を)」(方言では無生対格はφ表示)と同じものであって、２つの対象(目的語)が別個に存在するわけではない。意味的には［次郎コト頭φ］においては前項—後項に「有生所有者—無生所有物」の関係、それも「不可譲渡的」な所有関係が存在するようで、それが文法性の条件となっているようである。このようなものを、単一の目的語［次郎の頭(を)］に対して「二重化された目的語」(二重対格構文)と仮に呼んでおく。正確にいうと構文的関係は、[次郎コト[頭φ叩いた]]で、動詞句[頭φ叩いた]がさらに目的語[次郎コト]をとっているという二

重の動詞句構造をなしているものと思われる(詳しくは『埼玉県東南部方言の記述的研究』192頁以下参照)。なお、この「二重化された目的語」をとる他動詞文に対応する受動文は、生物目的語のみ主語化が可能で、以下に見るように、共通語の「所有の受身文」に相当する文になる。無生物目的語を主語とする受動文は非文となる。

「次郎ガ＋太郎ニ＋頭φ＋叩かれた」(次郎が太郎に頭を叩かれた)
「次郎ガ＋花子ニ＋足φ＋踏まれだ」(次郎が花子に足を踏まれた)
「犬ガ＋猫ニ＋鼻φ＋引っ掻かれた」(犬が猫に鼻を引っ掻かれた)

※「二重化された目的語」と、いわゆる「二重主語」の「大主語」—「小主語」関係にも類似点が見出せる。例えば、「象が鼻が長い(こと)」は「[象ガ[鼻ガ長い]](こと)」で、主述句(述語節)[鼻ガ長い]がさらに主語[象ガ]をとるという「二重の主述句構造」(二重主格構文)をなしているうえに、意味的にも、上位の名詞句と下位の名詞句には「次郎ノ頭」「象ノ鼻」という関係が存在することが共通する。

補注２.「直接引用文の被伝達節の主語」＝「間接引用文の伝達節の目的語」について：
直接引用文の被伝達節(補文)の主語を取り出して、伝達節(主文(主節))の目的語に置いたのが間接引用文という関係にある。直接引用文、例えば「おれは＋[[やつガ＋犯人だ]＋ト]＋思った」を間接引用文にすると、「おれは＋[やつコト]＋[犯人だ＋ト]＋思った」という文になる。それぞれの文構造は次のようになる。直接引用文の被伝達節の主語が、間接引用文の伝達節の目的語になって、構造的に対応する(下線で表示)。⇒詳しくは引用の格助詞／と to／の項を参照。

「Ａガ＋[[Ｂ{ガ／φ}(主格)＋Ｃ(ダ)]＋ト]＋{言う／思う}」
「Ａガ＋[Ｂ{コト／φ}(対格)]＋[Ｃ(ダ)＋ト]＋{言う／思う}」

参考：
方言の対格助詞「コト」について、あるとき戦後生まれの話者（この話者にとって「コト」は使用語ではなく理解語という）が概略次のような理路をもって、説明するのを聞いた。それは、例えば「おれコト嫌いか」の語源を、「おれのコトを嫌いか」とするもので、そこから「おれコトを嫌いか」を経て、「おれコト嫌いか」を導くような考えだったが、言語事実的には次のような難点がある。まず、①「おれコトを(嫌い)」などという語形(/koto'o/)は自然な談話で全く現れず一度も聞いたことがないこと、何より②共通語の「[おれのこと]を嫌いか」に対応する「[おれのこと]コト嫌いか」が説明困難であること、次に、「コト」を「のコトを」と言い換えられない文、例えば、③直接使役文の「花子が太郎コト(使いに)行かせる」(花子が太郎を(使いに)行かせる）は、「花子が太郎のことを(使いに)行かせる」とは意味的に同一とは言いがたいこと、また④二重化された目的語(「有生所有者コト＋無生所有物φ」目的語)をもつ文の「花子が[太郎コト足φ]踏んだ」(花子が太郎の足を踏んだ)は、*「花子が[太郎のことを足(を)]踏んだ」とは言い換えられないこと等である。

ごとく¯ ／gotoku／ ［五徳］(名詞)
／ひばち˥ hıbaci˥／(火鉢)や／いろり¯ 'ırori／(囲炉裏)の中に、／てつびん¯ tecubiɴ／(鉄瓶)や／やかん¯ 'jakaɴ／(薬罐)をかける、上が環状の３本脚でできた鉄製の道具。

こども¯ ／kodomo／ ［子ども］(名詞)
①(／おと˥な 'oto˥na／(大人)に対する)子ども。卑称は／がき=˥～がき¯ gaki=˥～gaki／。
「男の子ども」は／おとこ・の˥⁀こ˥／、「女の子ども」は／おんな・の˥⁀こ／と言う。
②(／おや=˥ 'o'ja=˥／(親)に対する)子ども。卑称はまれに／がき=˥～がき¯ gaki=˥～gaki／
「男の子ども」は／おとこ・の˥⁀こ˥／乃至／せがれ¯／か／むすこ¯／、「女の子ども」は／おんな・の˥⁀こ／乃至／むすめ=˥／と言う。
「子の子」は／まご=˥／(孫)、「孫の子」は／しこ¯、しこまご¯／(「ひこ、ひこ孫」曽孫)、「曽孫の子」は／やしゃご¯／(玄孫)、「玄孫の子」は／きしゃご¯／(来孫)と言った。
※指示連体詞との結合では、／この⁀こども¯、その⁀こども¯、あの⁀こども¯／よりも、単独ではあまり使われない／こ¯／(子)との結合の／この⁀こ˥、その⁀こ˥、あの⁀こ˥／がよく使われる。東京語のような[この˥⁀こ、その˥⁀こ、あの˥⁀こ]という発音は聞かれなかった。

こないだ˥～こねーだ˥ ／konaida˥～koneʀda˥／（名詞［時詞］)
今日より少し前の日。先日。

こないだ˥ち～こねーだ˥ち ／konaida˥ci～koneʀda˥ci／（名詞［時詞］)
今日より少し前の日あたり。先日ごろ。
※／こないだ˥うち～こねーだ˥うち konaida˥'uci～koneʀda˥'uci／という発音をする話者もある。
／この⁀あいだ˥うち kono 'aida˥'uci／([[このあいだ]うち]という語構成)の転。

こなゆ˥き ／kona'ju˥ki／［粉雪］(名詞)
雪粒が小さく細かく降る雪。粉雪は積もると言われた。／ぼたんゆ˥き／と対をなす語。

こねくり˥まわす～こねくり˥まーす ／konekuri˥ma'wasu～konekuri˥maʀsu／（他動詞サ行五段)
何度も何度も繰り返しこねる。次項の／こねくる˥ konekuru˥／の強意intensive の動詞。

こねくる˥ ／konekuru˥／［捏ねくる］(他動詞ラ行五段)
何度も繰り返しこねる。次項の／こねる˥ koneru˥／の多回相frequentative の動詞。

こねる˥ ／koneru˥／［捏ねる］(他動詞ナ行下一段)
粉状のものに水などの液体を加えてよくかき混ぜる。

この¯ ／kono／（指示連体詞）
個別的な指示（指定）の近称の指示連体詞。統語的異形態に、「時/to˥ki˥/」「所/toko˥ɴ¯/」「中/naka˥/」「畜生/cikisjo˥ʀ/」の前の／こん¯ koɴ／、「奴/'jacu˥/」「野郎/'jaro˥ʀ/」の前の／こね¯ kone／がある。
このよ¯ ／kono'jo／（名詞）
今ここにある生きている世界。今ここにない死んで行く世界を／あのよ¯ 'ano'jo／という。
こびき¯ ／kobiki／［木挽き］（名詞）
木挽き。木材を挽く職人。
こぶた˥ん（～こぶたん˥）～こぶたん¯ ／kobuta˥ɴ（～kobutaɴ˥）～kobutaɴ／（名詞）
大きな／こぶ=˥ kobu=˥／（瘤）の意の／たんこぶ˥～たんこぶ¯ taɴkobu˥～taɴkobu／の変種（逆語順）。ふつうには／たんこぶ˥～たんこぶ¯ taɴkobu˥～taɴkobu／と言う。
こまっか˥い～こまっけ˥ー ／komaQka˥i～komaQke˥ʀ／［細かい］（形容詞）
細かい。詳しい。
ごみだめ¯ ／gomidame／（名詞）
→／はきだめ¯ hakidame／
ごむけ˥し ／gomuke˥si／［ゴム消し］（名詞）
消しゴム。逆語順的語構成の語。今は／けしごむ¯ kesigomu／が普通に聞かれる。
こめ=˥ ／kome=˥／［米］（名詞）
稲の実。特に籾殻や糠を取り除いた実。麦などの他の栽培作物と違い植物名と果実名を異にする。
／ほり・って　こめ˥⌒くー　むし・だ˥・よ↓／（「ほり」というのは米を食う虫（＝穀象虫）だよ。）
※稲（稲穂）から抜き取っただけの殻が付いたままの米が／もみ¯ momi／（籾・籾米）。その籾米から殻の／すくも¯ sukumo¯／／もみがら¯ momiŋara／（籾殻）を取り除いた米が「玄米/geɴ˥mai/」。その玄米から／ぬか=˥ nuka=˥／（糠）を取り除いた米が「白米/haku˥mai/」である。
※炊いた米の呼称の一般語はかつては／まん˥ま maɴ˥ma／だったようである（成人男性も使っていたという言明を何度も耳にした）。／めし=˥ mesi=˥／は主に男性語でぞんざいな語感があり、かつては美化語だった／ごは˥ん goha˥ɴ／が現在では一般語化している［1995年頃］。
※炊いた米を表す語は、古代～中世前期「いひ（飯）」→中世後期～近世「めし（飯）」→近世末期～近現代「ごはん」と推移したことが知られるが、意味の卑俗化や敬度逓減（の法則）などによって語彙が置き換わる現象の一例である。「まま、まんま」は近世語では幼児語・女性語だったようだが、方言ではかつては成人男性も日常語として使用していたようで、その点で違いがあるようである。
※「稲↔米」については、上代語では「いね（ine）↔よね（yöne）」が対（つい）語でその後「いね（ine）↔こめ（kömë）」と推移したことが知られているが、複合語の語基形（被覆形）が「いな＝（ina-）」「よな＝（yöna-）」「こめ＝（kömë-）」となっていて、「こめ＝（kömë-）」だけが単独形（露出形）との語形交替を示さない。殊に乙類語尾（-ë）を持つ語のふるまいから見て、「kömë」が「köma-」と交替しないのは、「米（kömë）」自体の祖形は「*kömai」までで、「*köma-」に遡らないことを示している。この点で「米（kömë）」の語源を、下二段活用動詞の「籠む」の連用形（とアクセントを除き同形の）名詞「籠め（kömë）」に求める説は、語形の不交替や平安期のアクセントの「平平」も説明でき妥当と考えられる。
⇒／いね˥／、／もみ¯／、／すくも¯／、／ぬか=˥／、／まん˥ま／、／めし=˥／の各項を参照。
こめつき=˥ ／komecuki=˥／［米搗き］（動作名詞）
「玄米/geɴ˥mai/」から「糠/nuka=˥/」を取り除いて「白米/haku˥mai/」にすること。「精米/seʀmai¯/」とも言う。⇒／もみすり¯ momisuri／（籾摺り）の項を参照。
こめびつ¯ ／komebicu／［米櫃］（名詞）
米を入れておく、蓋のある大きな箱。戦前世代の一部に／こめぶつ¯ komebucu／が聞かれた。
こめぶつ¯ ／komebucu／［米櫃］（名詞）
→／こめびつ¯ komebicu／（米櫃）
ごめん¯⌒ください˥ ／gomeɴ kudasai˥／（挨拶語）
客側の訪問時の挨拶言葉。
ごめん¯⌒なさい˥ ／gomeɴ nasai˥／（挨拶語）
別れるとき・辞去するときの挨拶言葉で、謝罪のことばとしては以前はあまり耳にしなかった。
ごもく¯ ／gomoku／［五目］（名詞）
五目ご飯（混ぜご飯）を単に／ごもく¯ gomoku／と言った。
こや=˥ ／ko'ja=˥／［小屋］（名詞）
（「家/'uci¯/（住宅）」に比べて）簡単・粗末な造りの建物。
／こや˥・みてー・な⌒とこん・に　すん˥でる↓／（小屋みたいな所に住んでいる。）
／こや・ん⌒なか˥・わ　まっくら˥・だった↓／（小屋の中は（電灯がなく）真っ暗だった。）
こやし=˥ ／ko'jasi=˥／［肥やし］（名詞）
①肥料。②特に肥料としての人の糞尿（昭和40（1965）年頃（東京五輪の頃）までは使われたと言う）。
※②の肥料としての人の糞尿は、商品として流通していたもので、売り買いされていたものであることに注意。基本的に、自宅の便所から汲み取って肥料としていたというようなものではない。
⇒／おわんや¯ 'o'waɴ'ja／（汚穢屋）、／ため¯ tame／（溜）の各項を参照。
こる¯～こる˥ ／koru～koru˥／［凝る］（所動詞・自動詞ラ行五段）

①所動詞。体の一部の筋肉が張って固くなる。この意味ではアクセントは平板型がふつう。
／かた⌉ こってる¯ ～ かた⌉⌒こってる／。
②自動詞。何かに気持ちが集中し夢中になる。この意味ではアクセントは尾高型。
／きってあつ⌉め・に こって⌉る／(切手収集に凝っている)。

これ¯～こい¯ ／kore～koi／（指示代名詞）
話し手に近い事物や生物を指示する(近称)。これ。
※指示代名詞「これ、それ、あれ」は、指示対象referent が生物のとき、有生性を特徴とする格助詞「コト(対格)・ガニ(能格)・ゲ(与格)」と共起できる。逆に「コト・ガニ・ゲ」と共起する「これ、それ、あれ」の指示対象は生物であるということができる。
「これ(＝この子)コト連れて行く」、「それ(＝その猫)ガニ盗み食いなどできるわけない」、「あれ(＝あの犬)ゲ何か呉れてやれ」など。
特に、「これコト連れて行く」(「これφ連れて行く」も可)と、「これφ持って行く」(「これコト持って行く」は不可)のように動詞の共起制限と格助詞の共起制限との相互作用的現象が注目される。このように、有生性を特徴とする格助詞「コト・ガニ・ゲ」との共起・不共起は、単語や句などの形式が決定するのではなく、形式の意味内容つまり指示対象が条件となっていることに注意。
※／これ¯ kore／と／こい¯ koi／とは、自由変異（後者は一種の弱まり語形)。助詞「だけ」とは／こん・だけ¯ koɴ dake／となるのが普通だが、この場合も／こい・だけ¯ koi dake／という人がある。主題形(主題助詞「ワ」との融合形)は／こら¯ kora／と言う。

これさま¯ ／koresama／（名詞）
念仏講のおばあさん・おばさんたちへの嫁の披露の儀式である／めでたま⌉し medetama⌉si／で歌われる祝い歌。草加市小山の「これさま」は次の通り(原文は1913年のもの)。[]は脱字。()は補足。
1 こんにちの おきやくさまに(お客さまに) うたたんじやくお(歌短冊を) のぞまれて われわれわ いなかそだちで うたのようすお しらねども さてこのざわ(さてこの座は) うたわずになるまい おわらいなさるな おざのしゆう(お座の衆) さて[も]このざわ おめでたや
2 これさまの およめごさまの 上にめしたる おこそでわ(お小袖は) すそにはたけの(裾には竹の) から[み]まつ(絡み松) 五つのごもんで(五つのご紋で) つるとかめ さてもこのざわ おめでたや
3 これさまい(これさまへ) まいりもうして いろいろごちそうに なりまして やども[と]いかえり(宿許へ帰り) もうして 三日三やの(三日三夜(サンニチサンヤ)の) ものがたり さてもこのざわ おめでたや

これつ¯ ／korecu／（指示代名詞）
話し手に近い個物を指示する(近称)。この物。／これ¯ kore／と／こいつ¯ koicu／との混淆形。多くの場合、／こいつ¯ koicu／は話し手の近くにいる生物を指して言い、／これつ¯ korecu／は事物を指して言う。／あれつ・も これつ・も／(あれもこれも)。

これ・んべ⌉ー ／kore ɴbe⌉ʀ／（指示代名詞副助詞連語）
こればかり。これだけ。限定を意味する。「[これ＋べー]→[これ＋んべー]」という連語構成。
／*こい・んべ⌉ー／とは言わない。
※限定の副助詞／べ⌉ー be⌉ʀ／(←[*バイ]←「*ばり」←「ばかり」)は、指示代名詞／これ、それ、あれ／と結合するとき／んべ⌉ー ɴbe⌉ʀ／という形態(異形態)をとる。撥音の「ん」は、その分布から指示代名詞ではなく助詞の「べー」に属すると考えられるからである。なお、指示代名詞の方はこの場合、異形態の／こい、そい、あい／という形を決してとらない。他には／ちっと⌉んベー ciQto⌉ɴbeʀ／(少しばかり)があるが、こちらは機能的に一語化しているように感じられる。

ごろごろ=⌉ ／gorogoro=⌉／（名詞）
雷の幼児語。／ごろごろ⌉⌒くる／(雷が来る)、／ごろごろ・の⌒おと⌉⌒した／(雷の音がした)。
※雷鳴の擬音語は／ごろ⌉ごろ／で、／ごろ⌉ごろ なってる／となる。／ごろごろ⌉ なってる／なら幼児に向けて「雷が鳴っている」ということになる。

ごろごろさま=⌉～ごろごろさま¯ ／gorogorosama=⌉～gorogorosama／（名詞）
／らいさま=⌉～らいさま¯ raisama=⌉～raisama／の子供語。雷さま。

ころす¯ ／korosu／［殺す］(他動詞サ行五段)
殺す。強意形は／ぼっこ⌉ろす boQko⌉rosu／。

ころ⌉ぼし～ころぼ⌉し～ころぼし¯ ／koro⌉bosi～korobo⌉si～korobosi／（名詞）
くるぶし(踝)を言う戦前世代の老人語。内側のくるぶしを／うちっころ⌉ぼし 'uciQkoro⌉bosi／、外側のくるぶしを／そとっころ⌉ぼし sotoQkoro⌉bosi／と言う。

こわ⌉い ／ko'wa⌉i／（性状形容詞）
スルメやご飯が硬くて噛みにくいなど思うように扱いにくい硬さ、力を加えているうちに柔らかくなるような硬さを言う。一定の形を保って力を加えても変形しにくい硬さをいう／かたい¯ katai／とは区別があるが、使用を減じつつあり、／かたい¯ katai／しか使わない話者が増えてきている。
※厳密には、「容易に変形しない硬さ」一般を表す「かた(硬・固・堅)い/katai¯/」①が上位語としてあり、その下位語に、「かた(硬・固・堅)い/katai¯/」②と「強い/ko'wa⌉i/」があるという形になっている。その場合、「かた(硬・固・堅)い/katai¯/」②は、石や鉄などの力を加えてもなかなか変

形しない、力を加えすぎると壊れたり折れたりしてしまうような硬さを表し、「強い/ko'wa꜔i/」は、スルメやご飯、革などの変形しにくく噛み砕きにくい硬さ、力を加えているうちに柔らかくなるような硬さを表すという区別になっている。この体系がいま上位語に一元化されつつある。
※「怖い」は／おっかな꜔い～おっかね꜔ー 'oQkana꜔i～'oQkane꜔ʀ／で、「こわい」とは言わなかった。

こんがらかす{¯/꜔}～こんがらがす{¯/꜔} ／konŋarakasu(꜔)～konŋaraŋasu(꜔)／（他動詞サ行五段）
①もつれからませる。②物事を混乱させる。アクセントは平板型の他に尾高型Aが聞かれる。人により／こんごろかす{¯/꜔}～こんごろがす{¯/꜔}／と言う(言った)。いずれの語形も1700年代後半に用例が見える江戸語の「こぐらかす」からの転訛形と思われる。

こんがらかる{¯/꜔}～こんがらがる{¯/꜔} ／konŋarakaru(꜔)～konŋaraŋaru(꜔)／（所動詞ラ行五段）
①もつれてからまる。②物事が混乱する。アクセントは平板型の他に尾高型Aが聞かれる。人により／こんごろかる{¯/꜔}～こんごろがる{¯/꜔}／と言う(言った)。いずれの語形も1700年代後半に用例が見える江戸語の「こぐらかる」からの転訛形と思われる。

こんごろかす{¯/꜔}～こんごろがす{¯/꜔} ／konŋorokasu(꜔)～konŋoroŋasu(꜔)／（他動詞サ行五段）
→／こんがらかす{¯/꜔}～こんがらがす{¯/꜔}／（他動詞サ行五段）

こんごろかる{¯/꜔}～こんごろがる{¯/꜔} ／konŋorokaru(꜔)～konŋoroŋaru(꜔)／（所動詞ラ行五段）
→／こんがらかる{¯/꜔}～こんがらがる{¯/꜔}／（所動詞ラ行五段）

こんじょまが꜔り ／konzjomaŋa꜔ri／［根性曲がり］（状態詞・名詞）
性格がねじけていること。また、そのような人。

こんだ꜔ ／konda꜔／（名詞［時詞］）
この次。今度。
／こんだ꜔・の　せんせ꜔・わ　いー꜔　せんせ꜔・だ↓／(今度の先生はいい先生だ。)
※この語は、「今度」／kon꜔do／の転としても、「今度は」／kon꜔do'wa→kon꜔da／の転としても、アクセントが一致しない。

こんな¯ ／konna／（指示連体詞・指示副詞）
近称の状態指示の連体詞・副詞。こんな、こんなに。「こんな頼み方ない」「こんな頼んでるのに」のように連体詞・副詞の両様がある。「奴/'jacu꜔/」「野郎/'jaro꜔ʀ/」の前で／こんね¯ konne／となる。

こんにちわ꜔～こんちわ꜔～んちわ꜔ ／konnici'wa꜔～konci'wa꜔～'nci'wa꜔／［今日は］（挨拶語）
「昼」から「日没」に至る「昼」と「晩方」(夕方)の挨拶言葉。概略午前10：00～午後6：00頃。
※「晩方」(夕方)は日の暮れ方で「日没前」だから「今晩は」とは言わない。家庭内・家族の成員間では使われない。
※アクセントから考えて２単語の連結(連語)ではなく１単語化していると考えるべきである。

こんばんわ꜔ ／konban'wa꜔／［今晩は］（挨拶語）
「日没」から「夜中」に至る「宵」の挨拶言葉。概略午後6：00～10：00頃。
※日のあるうちは「今晩は」とは言わない。家庭内・家族の成員間では使われない。
※アクセントから考えて２単語の連結（連語）ではなく１単語化していると考えるべきである。

ごん꜔べー ／gon꜔beʀ／（名詞）
カマキリ(蟷螂)。他に／はらたちごん꜔べー haratacigon꜔beʀ／とも、／はらたち꜔むし harataci꜔musi／とも言う。／かまぎっちょ¯ kamaŋiQcjo／とも以前は言ったという。

こん꜔もり～こんもり꜔がさ ／kon꜔mori～konmori꜔ŋasa／（名詞）
こうもり傘。
※夕暮れに飛び回る「蝙蝠」は／こー꜔もり koʀ꜔mori／と言って、／こん꜔もり／と言うことはない。

さ ／sa／（終助詞）
文を終止する形式に付いて、第一人称者(話し手)の断言を表す。名詞や状態詞(形容動詞語幹)には、繋合詞(断定の助動詞)のゼロ形態(φ)を介する他、共通語と違い／da／形態を介しても付く。
／あれ・が　ゆー・の꜔・が　ほんと・だ꜔・さ↓／（彼が言うのが本当さ。）

ざーる=꜔～ざる=꜔ ／zaʀru=꜔～zaru=꜔／［笊］（名詞）
笊。語頭音長呼は、古語「いざる」の語頭音脱落の代償延長のためかも知れないがよく分からない。
※「籠」／かご¯ kaŋo／と形状・機能が似るが、形状が「籠」ほど深くないこと、機能は、洗浄のためなどふつう一時的利用に入れておくものと、意識されている。

ざーるや¯ ／zaʀru'ja／［笊屋］（名詞）
笊屋。(副業として)ザルを作って売る家(農家)の屋号として使われていた。

さいた꜔ま～さい꜔たま ／saita꜔ma～sai꜔tama／［埼玉］（固有名詞・地名）
埼玉。行田市南部の地名「埼玉(さきたま)」のイ音便形「埼玉(さいたま)」が郡名・県名を通して広域地名化したもの。筆者周辺では／さいた꜔ま saita꜔ma／という発音が以前はよく聞かれた。
「埼玉県」は／さいたま꜔けん saitama꜔ken／。「南埼玉郡」は／みなみさいたま꜔ぐん minamisaitama꜔ŋun／。

さいびら¯　／saibira／（名詞）
サーベル。昔、「サーベル」を／さいびら¯／と言ったと明治生まれの人たちが言っていた。
※「サーベル」はオランダ語「sabel」の借用語だが、「サイビラ」の語源は不明とするほかない。ただ、刀剣の「だびら／だんびら」の後部「びら」と一致するので、何らかの混淆語形かもしれない。
さいる¯（〜される¯）／sairu（〜sareru）／（「為る/siru¯/」の受身動詞。ア行上一段（〜ラ行下一段））
される。日常的には／さいる¯ sairu／、改まれば／される¯ sareru／が現れる［1970年代］。
／どー⌉⌒した・ん・だ↓　だい⌉・か・に　なに⌉・か　さいた⌉・の・か↓／（どうしたのだ。誰かに何かをされたのか。）のように、「誰かガ＋誰か{ニ／カラ}＋何かφ＋される」という形を取る。
＝さいる（〜＝される）／-sairu〜(-sareru)／（被役動詞形成接尾辞。ア行上一段（〜ラ行下一段））
五段活用動詞のいわゆる未然形に付いて、被役動詞（使役動詞の受動態動詞）を作る（厳密には子音語幹＋-as-ai-ru（〜-as-are-ru））。自然な談話では／＝さいる -sairu／がふつう。改まれば／＝される -sareru）／も現れる。
／わる⌉さ　して　｜　せんせー⌉・に　たたさい⌉た↓／（いたずらをして先生に立たせられた。）
※元の使役文「先生ガ生徒コト立たセル」の使役者「先生」は被役文「生徒ガ先生ニ立たサレル」では例文のように「先生ニ」か「先生カラ」で示される。与格「先生ゲ」で示されることは絶対にない。
※一段動詞のいわゆる未然形に付く／＝ささいる（〜さされる）-sasairu（〜-sasareru）／（厳密には母音語幹＋-sas-ai-ru（〜-sas-are-ru））の異形態である。
／さっき⌉・わ　や・な⌉　もん　みささい⌉た↓／（さっきはいやなものを見させられた。）
さか=⌉　／saka=⌉／［坂］（名詞）
（台地と低地の境の）高低差（勾配）のある道。／さかみ⌉ち sakami⌉ci／（坂道）も同意。
また、道の他に同様な傾斜のある土地などについても、／ここ・わ　さか・ん⌉⌒なってる／（坂になっている）のように言う。勾配の急な坂は、／きゅーざか¯ kjuʀzaka／（急坂）と言った。
視点により、下位置から／のぼりざか¯ noborizaka／、上位置から／くだりざか¯ kudarizaka／。
／ひらおかざか¯／（地名「平岡坂」）、／はんなざか¯／（地名「半縄坂」の訛。「半縄」は「墻」から？）。
／さか⌉⌒あがった　とこん／（坂を上がった所）、／さか⌉⌒おりた　とこん／（坂を下りた所）、
／さか・の⌒うえ・の⌒うち／（坂の上の家）、／さか・の⌒した・の⌒うち／（坂の下の家）。
さかな¯　／sakana／［魚］（名詞）
魚。／さかな・の　げん⌉き・な・の・が　みず・に　はね⌉てる↓／（元気な魚が水の上に跳ねている。）、／さかな・の　やいた⌉・の　さら・に　のってる↓／（焼いた魚が皿に載っている。）
※生きている「魚（うお）」と食材の「魚（さかな）」の区別はなく、どちらも／さかな¯ sakana／と言っていて「うお」は使われない。ただ、「魚釣り」は／よーつり⌉ 'joʀcuri⌉／（人により／いよつり⌉ 'ɪ'jocuri⌉／）ということから、古くは生きた魚を「いお[io→ijo→jo:]」と言ったことが考えられる。⇒／よーつり⌉ 'joʀcuri⌉／（魚釣り）の項を参照。
さかなや¯　／sakana'ja／［魚屋］（名詞）
魚屋。魚屋が扱うのは海魚で、町場の他は行商の形で売りに来るのを買うのがふつうだった。
さかや¯　／saka'ja／［酒屋］（名詞）
酒屋。
ざかん¯　／zakaɴ／［坐棺］（名詞）
死体を坐らせて入れる正立方体の棺桶。古くは、／ねがん¯ neŋaɴ／（寝棺）よりこの形が一般的だったと言う。
さき¯　／saki／［先］（名詞・位置詞・時詞）
①「もと/moto¯/」（基準）から見た「先端」を表す。
②現在に先立つ先端としての過去時を表す。それに続く時間は「あと/'ato⌉/」という語で言及される。
／さき・に　きた⌉　ひと・と　あと⌉・に　きた⌉　ひと／（先に来た人と後に来た人）。
※近接した過去時を表す／さっき⌉〜さっき¯ saQki⌉〜saQki／はこの②の派生語である。
③現在を基準としてこれから先（≒これから後）の未来時を表す。前項の②と時間が逆向きに把えられていることに注意。
※時間表現の「この先/kono saki¯/」と「この後/kono 'ato⌉/」はともに未来時を表す点で同意だが、前者は現在を「もと/moto¯/」としてそこから延びていく「先/saki¯/」としての未来時を表している。後者は過去を「前/meʀ¯/」（「この前/kono meʀ¯/」）とし、そこから現在の「今/'ɪma⌉/」を経て、未来を「後/'ato⌉/」とする把え方である。気づきにくいが、正面（前面）が過去、背面（後面）が未来となっている。
さきおとて⌉ー〜さきおとと⌉い　／saki'otote⌉ʀ〜saki'ototo⌉i／［一昨昨日］（名詞）
一昨日／おとて⌉ー〜おとと⌉い 'otote⌉ʀ〜'ototo⌉i／の前日。単独で副詞的に次の語に続くときはアクセント核は消える。／さきおとてー　きた⌉・っつってた↓／（一昨昨日来たと言っていた。）
さきおとと⌉し　／saki'ototo⌉si／［一昨昨年］（名詞）
一昨年／おとと⌉し 'ototo⌉si／の前年。
さきっちょ¯　／sakiQcjo／［先っちょ］（名詞）
小さく突き出た所。小さな先端。
※指小辞／っちょ／を含むところから、小さなものの小さな先端という意味が感じられる。

さきっぽ¯ ／sakiQpo／［先っぽ］(名詞)
突き出た所。先端。
※接尾辞／っぽ／は、「ほ(穂・秀)」と同源で、「突き出ていて人目に立つ物」の意味であろう。類語に／うらっぽ¯ 'uraQpo／(木などの先端)があり、ここにも同じ接尾辞が現れる。
さく=˥ ／saku=˥／ (名詞)
畑に種を蒔くために、鍬／くわ¯ ku'wa／で畑の表面を線状に浅く掘って作った溝を言い、その片側に低く土を寄せた畝／うね=˥ 'une=˥／が作られる。⇒／うね=˥ 'une=˥／参照。
さく˥い ／saku˥i／ (形容詞)
人当たりが良く、親しみやすい様子。気さくな。
さくきり˥ ／sakukiri˥／ (動作名詞)
畑の ／さく=˥ saku=˥／ (畝溝) を作ること(その作業)。
さく˥⌒きる˥ ／saku˥ kiru˥／ (連語動詞ラ行五段)
畑の ／さく=˥ saku=˥／ (畝溝) を作ること。／さくきり˥／はこれの名詞形。
さくなわ¯／sakuna'wa／ (名詞)
畑の ／さく=˥ saku=˥／ (畝溝) を切るときに使う計測用の縄。／しろなわ¯ sirona'wa／(棕櫚縄)が使われていた。
さげせん¯ ／saŋeseɴ／ (名詞)
その日の労賃をその日にもらってくること。
※「はしたがね」の意味の江戸語「下銭(さげぜに・さげぜん)」と関係があるか。
ささいる¯(〜さされる¯) ／sasairu(〜sasareru)／
(「為る/siru¯/」の派生使役動詞／させる¯ saseru／の受身動詞(被役動詞)。ア行上一段(〜ラ行下一段))
「する」ことを強いられる。させられる。日常的には／ささいる¯ sasairu／、改まれば／さされる¯ sasareru／が現れる[1970年代]。「誰かガ＋誰か{ニ／カラ}＋何かφ＋さされる」という構文を取る。
／じぶん・から˥・じゃ⌒なくて　ささいて　した　こと／(自分からでなくさせられてしたこと)。
／こども・が　ふろたき˥　ささいてる↓／(子どもが風呂焚きをさせられている。)
※サ変動詞／しる¯ siru／の派生形式である使役動詞／させる¯ saseru／の受身動詞には、他に／させらいる¯(〜させられる)／がある。／こども・が　ふろたき˥　させらいてる↓／。
⇒／させる¯ saseru／、／させらいる¯(〜させられる¯) serairu(〜saserareru)／の各項を参照。
＝ささいる(〜＝さされる) ／-sasairu(〜-sasareru)／(被役動詞形成接尾辞。ア行上一段(〜ラ行下一段))
一段活用動詞のいわゆる未然形に付いて、被役動詞(使役動詞の受動態動詞)を作る(厳密には母音語幹＋-sas-ai-ru(〜-sas-are-ru))。自然な談話では／＝ささいる -sasairu／がふつうであるが、改まれば／＝さされる -sasareru)／も現れる。
／さっき˥・わ　や・な˥　もん　みささい˥た↓／(さっきはいやなものを見させられた。)
※五段動詞のいわゆる未然形に付く／＝さいる(〜される) -sairu(〜-sareru)／(厳密には子音語幹＋-as-ai-ru(〜-as-are-ru))の異形態である。
ささくれ¯ ／sasakure／ (名詞)
爪の生え際の皮膚が細かく裂けて指先の反対方向に剥けたものを言う。
さささいる¯(〜ささされる¯) ／sasasairu(〜sasasareru)／
(「為る/siru¯/」の二重使役動詞／ささせる¯ sasaseru／の受身動詞。ア行上一段(〜ラ行下一段))
「させる」ことを強いられる。⇒／ささせる¯ sasaseru／、／ささせらいる¯ sasaserairu／の各項参照。
ささせらいる¯(〜ささせられる¯) ／sasaserairu(〜sasaserareru)／
(「為る/siru¯/」の二重使役動詞／ささせる¯ sasaseru／の受身動詞。ア行上一段(〜ラ行下一段))
「させる」ことを強いられる。⇒／ささせる¯ sasaseru／、／さささいる¯ sasasairu／の各項参照。
ささせる¯ ／sasaseru／
(「為る/siru¯/」の派生使役動詞／させる¯ saseru／の使役動詞(二重使役動詞)。サ行下一段[特殊])
「させる」ことを強いる。無理に共通語に直訳すれば「させさせる」になるが、共通語には不在。
基本的に下一段に活用するが、テ形が「ササセテ」でなく／ささして¯／、テワ形が「ササセテワ／ササセチャ」でなく／ささっしゃ˥／、テシマウ形が「ササセチャウ」ではなく／ささっしゃう¯／、タ形が「ササセタ」ではなく／ささした¯／となる点で特殊。⇒／させる saseru／を参照。
「子どもガ＋勉強する/siru¯/」に使役主(させ手)の「親」を付け加えた使役文が「親ガ＋子ども{ゲ／ニ／コト}＋勉強させる/saseru¯/」であるが、この使役文に更に上位の使役主(させ手)の「先生」を付け加えて、いわば二重使役文とすることが文法的に可能で、「先生ガ＋親{ゲ／ニ}＋子ども{(ゲ／ニ)／コト}＋勉強ささせる/sasaseru¯/」(この文では対格の「子どもコト」が坐りがよい。次の文も同様)のようになる。この二重使役動詞の受身動詞も可能で、「親ガ＋先生{ニ／カラ}＋子ども{(ゲ／ニ)／コト}＋勉強{ささせられた(sasaseraita¯)／ささされた(sasasaita¯)}」のようになる。
またもう一つ、上記の使役文「親ガ＋子ども{ゲ／ニ／コト}＋勉強させる/saseru¯/」を基に、新たな使役主(させ手)を導入せず、(例えば不勉強な)子どもを主語に据え直してその子どもがあたかも親に子ども自身への勉強を(わざと)強いさせるかのように把え返して、「子どもガ＋親{ゲ／ニ}＋勉強ささせる/sasaseru¯/」のように言う二重使役文がある。この二重使役文は、被役文(使役の受身文)の「子どもガ＋親{ニ／カラ}＋勉強{させられる(saserairu¯)／さされる(sasairu¯)}」と実際的にはよく似た事態の異なった把え方のようにもなっている。

このように二重使役動詞が作る使役文には２種類の二重使役文がある。詳しくは『埼玉県東南部方言の記述的研究』(2016くろしお出版p186以下参照)。

=ささせる　／-sasaseru／（二重使役動詞形成接尾辞。サ行下一段[特殊]）

一段活用動詞のいわゆる未然形に付いて、二重使役動詞を作る(厳密には母音語幹＋-sas-ase-ru)。五段動詞のいわゆる未然形に付く／=させる² -saseru／(厳密には子音語幹＋-as-ase-ru)の異形態である。二重使役文には二つのタイプがある。

①「子どもガ起きる」→「母親ガ子どもコト起きサセル(≒起こす)」→「(いつまでも)子どもガ母親ニ(自分コト)起きササセル(≒起こさせる)」のような新たな登場人物のいない二重使役文①。

②「子どもガ(朝ひとりで)起きる」→「母親ガ子どもコト(朝ひとりで)起きサセル」→「先生ガ母親ニ子どもコト(朝ひとりで)起きササセル(ように要望した)」のような使役者に新たな使役者が加わる二重使役文②。

なお、二重使役文の受動態/-sas-ase-rare-ru/も可能で、上記の例文は「母親ガ先生ニ子どもコト起きささせられた」と言うことができる。

さし¯　／sasi／（名詞）

庇。「ひさし(庇)」の語頭音「ひ」がサ行音の前で脱落した語形。⇒／さしっこ¯ sasiQko／を参照。

ざしき=˥　／zasiki=˥／（名詞）

畳／たたみ¯ tatami／が敷いてある部屋。座敷。

※／あがりっぱな¯ 'aŋariQpana／(入り口・端近)にある「座敷」をただ／ざしき=˥ zasiki=˥／と言い、その奥にある「座敷」を／でー¯ deʀ／あるいは／でー・の⌒ざしき=˥ deʀ no zasiki=˥／と言う。

※住宅の部屋は、①「板敷き」か否かで、[－板敷き]の「土間／どま=˥ doma=˥／」と、[＋板敷き]のその他の部屋とに分かれ、更に後者は、②「畳敷き」か否かで、[－畳敷き]の「板の間／いたのま¯ 'ɪtanoma／」と[＋畳敷き]の「座敷／ざしき=˥ zasiki=˥／」とに分節されている。

さしっこ¯　／sasiQko／（名詞）

庇。語源的には、「ひさし(庇)」の語頭音「ひ」がサ行音の前で(母音が無声化しその後に)脱落してできた語／さし¯ sasi／に、指小辞の／=っこ -Qko／の付いた語。

※方言の話し手にとってこのような語源意識はなく、／さし¯、さしっこ¯／と共通語「ひさし」の同定はけっこう（気が付かず）難しいことである。

※共通語のカ行・タ行音の前の「ひ」(/hi/＋/k,t,c/)と、促音を挟んでのカ行・タ行・パ行音の前の「ひ」(/hi/＋/Q/＋/k,t,c,p/)に対して、方言では「し」(/si/)が音韻法則的に対応するが、サ行音の前の共通語の「ひ」に対しては「し」(/si/)となる例はないようで、脱落するか、中和した/hɪ/が対応するのが通則と思われる。サ行音の前の「ひ」が落ちるのは、この／さしっこ sasiQko／(庇)と／しゃく¯ sjaku／(ひしゃく[柄杓])の２例が今のところ確認される。

させらいる¯(～させられる¯)　／saserairu(～saserareru)／

（「為る/siru¯/」の派生使役動詞／させる¯ saseru／の受身動詞(被役動詞)。ア行上一段(～ラ行下一段)）

「する」ことを強いられる。させられる。日常的には／させらいる¯ saserairu／、改まれば／させられる¯ saserareru／が現れる[1970年代]。「誰かガ＋誰か{ニ／カラ}＋何かφ＋させられる」という構文を取る。

／じぶん・から˥・じゃ⌒なくて　させらいて　した　こと／(自分からでなくさせられてしたこと)。

／こども・が　ふろたき˥　させらいてる↓／(子どもが風呂焚きをさせられている。)

※サ変動詞／しる¯ siru／の派生形式である使役動詞／させる¯ saseru／の受身動詞には、他に／さいる¯(～さされる)／が観察される。／こども・が　ふろたき˥　ささいてる↓／。

⇒／させる¯ saseru／、／ささいる¯(～さされる¯) sasairu(～sasareru)／の各項を参照。

させる¯　／saseru／（「為る/siru¯/」の使役動詞。サ行下一段[特殊]）

「する」ことを強いる。させる。基本的に下一段に活用するが、テ形が「サセテ」でなく／さして¯／、テワ形が「サセテワ／サセチャ」でなく／さっしゃ˥／、テシマウ形が「サセチャウ」ではなく／さっしゃう¯／、タ形が「サセタ」ではなく／さした¯／となる点で特殊。なお、殆どの話者は、連用形を語基とする丁寧と願望では／させま˥す／と／させたい¯／と下一段型を保持していることに注意。

／こども・{ゲ／ニ／コト}　ふろたき˥　さしてる↓／(子どもに風呂焚きをさせている。)のように、「誰かガ＋誰か{ゲ／ニ／コト}＋何かφ＋させる」(コト使役は強制使役に傾く)という形を取る。なお、対格助詞コトを使った使役文は、共通語に直訳すると「子どもを風呂焚きをさせる」となって非文だが、方言のコト使役文の「子どもコト風呂焚きφさせる」は文法的であることに注意。

=させる¹　／-saseru／（使役動詞形成接尾辞。サ行下一段[特殊]）

一段活用動詞のいわゆる未然形に付いて、使役動詞を作る(厳密には母音語幹＋-sase-ru)。五段動詞のいわゆる未然形に付く／=せる -seru／(厳密には子音語幹＋-ase-ru)の異形態である。

※使役(の使役者でなく動作自体)の動作主は、自動詞からの派生では、自発性が許容される動作主の場合は「ゲ」か「ニ」、自発性が許容されない動作主の場合は「コト」で示される。東京語で運動の経由地の「を」(方言では必ず無助詞「φ」)をとる移動動詞の場合も同様に示される。他動詞からの派生では動作主は「ゲ」か「ニ」で示されるのがふつうだが、元の目的語が「コト」で表示されることのない無生物目的語の場合は、動作主を「コト」でも示しうる(但し使わないという話者もいる)。

「子どもガ外に居る」
→「子ども{ゲ／ニ}外に居させる」〜「子どもコト外に居させる」
「子どもガ階段φ下りる」
→「子ども{ゲ／ニ}階段φ下りさせる」〜「子どもコト階段φ下りさせる」
「子どもガ晴れ着φ着る」
→「子ども{ゲ／ニ}晴れ着φ着させる」〜「子どもコト晴れ着φ着させる」
「子どもガ犬コト撫ぜる」
→「子ども{ゲ／ニ}犬コト撫ぜさせる」〜「×子どもコト犬コト撫ぜさせる」
※いわゆる連用形は、「マス、タイ」に続くときは／＝させ -sase／、「テ、テル、トク、タ」などに続くときは／＝さし -sasi／、「チャ（ては）、チャウ（てしまう）」に続くときは／＝さっ -saQ／となり「チャ、チャウ」は／＝シャ -sja、＝シャウ -sja'u／となる。
例：「着させる ki-sase-ru」
／きさせま˥す ki-sase-mas-u、きさせたい ki-sase-tai／
／きさして ki-sasi-te、きさした ki-sasi-ta／
／きさっしゃ ki-saQ-sja、きさっしゃう〜きさっしゃー ki-saQ-sja'-u〜ki-saQ-sjaʀ／。
＝させる² ／-saseru／（二重使役動詞形成接尾辞。サ行下一段［特殊］）
五段活用動詞のいわゆる未然形に付いて、二重使役動詞を作る（厳密には子音語幹＋-as-ase-ru）。一段動詞のいわゆる未然形に付く／＝ささせる -sasaseru／（厳密には母音語幹＋-sas-ase-ru）の異形態である。二重使役文には２つのタイプがある。
①「子どもガ立つ」→「母親ガ子どもコト立たセル」→「子どもガ母親ニ（自分コト）立たサセル」や「生徒ガ宿題φ出す」→「先生ガ生徒ニ宿題φ出さセル」→「生徒ガ先生ニ宿題φ出さサセル」のような新たな登場人物のいない二重使役文①。
②「子どもガ立つ」→「母親ガ子どもコト立たセル」→「医者ガ母親ニ子どもコト立たサセル」（［診察の時］医者が母親に子どもを立たせるように指示して母親にそのようにさせる）のような使役者に新たな使役者が加わる二重使役文②。
（二重使役文②は「家ガ建つ」→「子どもガ家φ建てる」→「父親ガ子どもニ家φ建てさせる」と平行的な文法現象とも理解できる。）
なお、二重使役文の受動態/-as-ase-rare-ru/も可能で、上記の例文は「母親ガ医者ニ子どもコト立たさせられた」とすることができる。
さっき˥〜さっき¯ ／saQki˥〜saQki／（名詞・時詞）
今より少し前の時間。近接した過去時。
／さっき˥・も ゆった／（さっきも言った）、／さっき¯ ゆった／（さっき言った）。
ざっき˥ ／zaQki˥／（名詞）
「竹で編んだカゴ」で、「田植えで苗を運ぶザル」のことだと言う。
※「ワラで編んだカゴ」は／てんご˥ teɴŋo˥／と言うという。
ざっこ˥ ／zaQko˥／［雑魚］（名詞）
小魚の総称。／ざっこ˥・べー・で しゃーね˥ー↓／（［捕れるのが］雑魚ばかりで仕様がない。）
ざっつぁ˥っと ／zaQca˥Qto／（副詞）
雨の勢いよく降る様子（擬音語）。／ざっつぁ˥っと／＋「雨が降る」
※／ざー˥ざー（と）zaʀ˥zaʀ to／に比べて、激しさに緩急があって勢いよく降る感じを表す。
※語根は／zaQ-／ だが、促音の後に濁音が来られない音韻的制約のため、重複形の後部成分が／-caQ-／ となったものである。この方言のザ行頭子音が破擦音で、音韻的にもツァ行と対立することの反映である。⇒／ぼっぽ˥っと boQpo˥Qto／参照。
さっぽ˥る ／saQpo˥ru／（他動詞ラ行五段） アクセント核は移動しない。
放り投げる。投げ捨てる。
※類義語に／すっぽ˥る suQpo˥ru／があり、こちらのほうがふつうに聞かれる。
さつま=˥ ／sacuma=˥／（名詞）
薩摩芋。／さつまいも¯ sacuma'ımo／とも言うが、／いも=˥ 'ımo=˥／とは言わなかった。
※アクセントは、旧国名「薩摩」の、東京語の古い尾高型アクセントに対応する形を示している。
※／いも=˥ 'ımo=˥／は芋類の総称でもあるが、ふつうは「里芋類」を指す。
さと¯ ／sato／［里］（名詞）
「台地」を表す／のーがた¯ noʀŋata／（野方）に対して、「水田」／たんなか¯ taɴnaka／（田）などの広がる沖積低地・沖積平野を言う。水田は、台地の開析谷の／やつ¯ 'jacu／（谷）にもあるが、こちらのは／やつだ¯ 'jacuda／と言った。／はたけ¯ hatake／（畑）は、／のーがた¯ noʀŋata／（野方）にも／さと¯ sato／にもあるが、／やつ¯ 'jacu／（谷）の畑は／やつっぱた˥け 'jacuQpata˥ke／と呼んだ。なお、「／のーがた¯ noʀŋata／（野方）↔／さと¯ sato／」という生活世界の分節を知らない人や、この意味の／さと¯ sato／ということば自体が理解できない人が現在ではいる。
※なお、同様の「台地：低地」の生活世界の分節は「野方（のがた）」と「圷（あくつ）」などという形で関東地方各地に広く分布している。
※「（そこを出た人にとっての）生まれ育った家」は／じっか¯ ziQka／（実家）と言うのがふつう。

さといも¯ ／sato'ımo／［里芋］（名詞）
普通は、／いも=⌉ 'ımo=⌉／という。
さとおぶ⌉ ／sato'obu⌉／（名詞）
（主に子どもに飲ませる）砂糖をとかした飲用のお湯。／おぶ⌉ 'obu⌉／は「お湯」（飲用）の幼児語。
さな⌉ごとく～さな⌉ごと ／sana⌉ŋotoku～sana⌉ŋoto／（副詞）
予想した通りの事態が実現することをいう。思った通り、案の定。
／（雨が降るのではないかと心配していたら）さな⌉ごとく　ふって⌉　きや⌉がった↓／
※古語の中称指示副詞「さ」＋繋合詞（断定の助動詞）「なり」の連体形「なる」＋比況の助動詞「如し」の連用形「如く」とその下略形か語幹形の「如（ごと）」という連語が、「然なる如く」→「然な如く」と転じて残存した語と思われる。
さなぶり¯ ／sanaburi／（名詞）
田植えの後の祝い。
※一般に「さのぼり」の転と言われる。「さ」は、「さなへ（早苗）」（稲の苗）、「さをとめ（早乙女）」（稲を植える乙女）に含まれる「さ」で、「さつき（五月）」や「さばへ（五月蝿）」も「稲の月」や「稲の蝿」が原義であろう。古典語のアクセントも「上［高］」で一致している。すると「さくら（桜）」も「さ＋くら」で、「稲・稲霊（いなだま）」の寄りつく「くら」（座）となる樹木ということかもしれない。従って、「さのぼり」は、「さ＋のぼり」で、「稲霊」が「（田から山に）のぼる」ことが原義と思われるが、対応する、田植え前の、「稲霊」が「（山から田へ）おりる」ことの「さおり」は（聞いた範囲では）ないと言うことだった。語形も「さなぶり」と共時的には分析できない形になっている。
※上記の語基「さ」を現代朝鮮語の「쌀ssal/σar/［sʔal］」（米。//は音韻表記、［］は音声表記）に結びつける説を目にしたが、この語の祖形は中世朝鮮語「bsʌl（ㅂ＋ㅅ＋・＋ㄹ）」で頭子音が複子音であり似ても似つかない語形をしているので、同源語や同系語とすることはできない（現代語の頭子音の濃音は複子音からの変化）。現代語形で比較するのではなくより古い語形にさかのぼって比較することは比較言語学の常識。むしろ中世・近世日本語で米を「菩薩」に見立てて「ぼさつ」と呼ぶ用例があり各地方言でそう言う俚言があるのと、また、「ぼさつ」と「bsʌl（ㅂ＋ㅅ＋・＋ㄹ）」が形態的に類似しているように見える（理由は後述）のとで、憶測ではあるが、朝鮮語においてもそのような意味的な転用がなされたとできるなら、あるいは「菩薩（現代朝鮮語音보살bosal）」に対応する中世朝鮮語音から、語頭音節の母音が脱落して複子音をもつ「bsʌl（ㅂ＋ㅅ＋・＋ㄹ）」ができたと考えられる可能性があるのでないかなどと想像する。なお、（中世）朝鮮漢字音において中古漢語の「菩薩/buʌ'-sɑt/［bo-sɑt］」の舌内入声音に対応する音節末子音（終声）が「ㄹ/-r/［-l］」であるのは、一種の「rhotacism（ｒ音化）」に起因すると考えられる。中古漢語の舌内入声音には、日本漢字音では呉音「チ（／ツ）」・漢音「ツ」が対応する。
さばく⌉ ／sabaku⌉／［捌く］（他動詞カ行五段）
包丁を使って魚を身と骨とに取り分ける。／さかな・こ⌉と　さばく⌉／（魚をさばく）。
※／しっつぁ⌉ばく～しっつぁばく⌉ siQca⌉baku～siQcabaku⌉／、戦後世代で／ひっつぁ⌉ばく～ひっつぁばく⌉ hiQca⌉baku～hiQcabaku⌉／（他動詞カ行五段）「手につかんで力を入れて引っ張るようにして［二部分以上に］破る」に含まれる／＝つぁばく -cabaku／は、この／さばく⌉ sabaku⌉／を語基とする派生語だが、両者は形態的・意味的に関連づけがしにくくなっているようで、むしろ、／やぶく⌉ 'jabuku⌉／（破く）との関係に言及する話者があるなど、関係は切れていると思われる。
さび⌉ー～さぶ⌉い ／sabi⌉ʀ～sabu⌉i／［寒い］（形容詞）
寒い。／さみ⌉ー～さむ⌉い sami⌉ʀ～samu⌉i／とも言う。後者がふつうになってきている。少し寒く感じることを／こっ⌉つぁぶい～こっ⌉つぁむい／などと言った。
⇒／さむ⌉い～さみ⌉ー samu⌉i～sami⌉ʀ／、／こっ⌉つぁぶい～こっ⌉つぁむい／の各項を参照。
※感動詞的な表現に／うー⌉⌒さびー～うー⌉⌒さぶい、うー⌉⌒さみー～うー⌉⌒さむい／がある。
さぶし⌉ー～さむし⌉ー ／sabusi⌉ʀ～samusi⌉ʀ／［寂しい］（形容詞）
寂しい。戦後世代は、／さびし⌉ー～さみし⌉ー sabisi⌉ʀ～samisi⌉ʀ／と言うようになっている。
＝さま（～＝つぁま） ／-sama（～-cama）／（敬称接尾辞）
仏名・神名や寺社名、人名や屋号、社会的な役割や地位名称、親族呼称などに付いて高い敬意を添える。「日月」や「雷」などの自然物や自然現象も敬意の対象となっている。短縮形で促音で終わる語基に付く場合に／＝つぁま -cama／が現れることがある。
仏神（ぶつじん）の名は、殆ど常に／＝さま -sama／（「仏さま」「神さま/kamisa⌉ma/」）で呼ばれる。／＝さん -saɴ／で呼ばれることはない。
／ほとけさま⌉～ほとけさま=⌉～ほとけさま¯／（仏様）、／かみさ⌉ま／（神様）、／のんの⌉さま／（仏神・日月）、／あみださま⌉～あみださま=⌉～あみださま¯／（阿弥陀様）、／はちま⌉んさま／（八幡様）、／おてんと⌉さま／（太陽）、／おつき⌉さま／（月）、／らいさま=⌉／（雷）、
／でーっ⌉さま～だいっ⌉さま／（大師様。弘法大師と西新井大師と「大師送り」、いずれも言う）
／なぬしさま⌉～なぬしさま=⌉～なぬしさま¯／（名主様）、／とっつぁま⌉／（父様）、
／じーさま⌉～じさま⌉／（爺様）、／ばーさま⌉～ばさま⌉／（婆様）等
※①起伏式の名詞由来の語基＋「さま」の場合、ⓐアクセント核の位置がそのまま保たれた語基に付くもの（例えば「／いな⌉り／→／いな⌉りさま／」（稲荷）、「／よそ=⌉／→／よそさ⌉ま／（余所）」

など大多数）と、ⓑ無核化した（平板型の）語基に付くもの（例えば「／ごろごろ=˥／→／ごろごろさま˥～ごろごろさま=˥～ごろごろさま¯」（雷）など極少数（アクセントに関しては次項②に同じ）とがある。

②無核の平板型の語基＋「さま」の場合、アクセント核が動かない尾高型、アクセント核が付属語との結合で１拍後退する尾高型、アクセント核のない平板型の三様の発音が観察される。例えば［お客／おきゃく¯／＋＝様／＝さま／］という語構成の「お客様」は、／おきゃくさま˥～おきゃくさま=˥～おきゃくさま¯／が聞かれる。個人的変異と（同一話者の）自由変異とがある。

／おきゃくさま˥⌒きた～おきゃくさま¯⌒きた˥／（～来た）、

／おきゃくさま˥・こと～おきゃくさま・こ˥と／（～を）、

／おきゃくさま˥・から～おきゃくさま・か˥ら～おきゃくさま・から¯／（～から）

／おきゃくさま˥・の・よー・だ～おきゃくさま・の・よー˥・だ／（～のようだ）、

／おきゃくさま˥・みたい・だ～おきゃくさま・みた˥い・だ／（～みたいだ）

従って、「アクセント核のない平板型の語基＋様」という語構成の諸単語のアクセントに関しては、辞書項目の表記のアクセントの他に、煩雑になるので多くは一々断っていないが、他の２類のアクセントでも発音されることがあること（＝アクセント上の「ゆれ」があること）に注意。

ざま=˥～ざまー˥ ／zama=˥～zamaʀ˥／［様］（名詞）

／ざまー˥ zamaʀ˥／は付属語を伴わずに単独で文節をなすときに自由変異的に現れる傾向がある。

①様子・状況。文脈的に好ましくない様子・状況の意味で使われるが、単語自体の意味ではない。

／ざま˥⌒ねー～ざまー˥⌒ねー／（格好が付かない様子。無様な様子）

②好ましくない様子・状況。上記①の文脈的意味が語義に取り込まれたもの。

／この⌒ざま˥　なん˥・だ↓／（この様［ざま］は何だ。この様［ざま］はどうなっているのだ。）

／ざま˥⌒みろ～ざまー˥⌒みろ／（他人の失敗を嘲る時に発することば。更に軽卑の気持ちが加わると「見ろ/miro˥/」は「見やがれ/mi'ja˥ŋare/」となる。この「見ろ（見やがれ）」は、経験する意の「見る（見やがる）」の、（相手への直接の命令ではない）「願望の命令法」に基づく形であろう。）

さみ˥ー～さむ˥い ／sami˥ʀ～samu˥i／［寒い］（形容詞）

寒い。／さび˥ー～さぶ˥い sabi˥ʀ～sabu˥i／とも言う。⇒同項を参照。

「寒い」は、「体全部の感覚」と記述されている（国広哲弥1967『構造的意味論』三省堂）が、「首が寒いから襟巻きしていく」「手が寒いから手袋していく」のように、身体の一部の感覚も「寒い」と言えることに注意。

寒暑の時候の挨拶語に、美化語「お寒い」の連用形「お寒く」のウ音便形に基づく／おさむー⌒ございま˥す／が現れるが、この形以外は使われない。

※少し寒く感じることを／こっ˥つぁむい～こっ˥つぁぶい／などと言った。⇒同項を参照。

※「中途半端に」の意味の接頭辞「なま」との結合形／なまさむ˥い／は存在しない。「過度に」の意味の接尾辞「すぎる」との結合形／さむすぎる˥／はサムイの極的性格からして当然存在する。

※寒いときに子供の歌う歌に次のようなものがあった。メロディーは写せないが、歌の中のアクセント的な音の高から低への下がり目を示しておく。（この下がり目の位置は通常のそれとは異なっている。）

／おー˥さむ　こさむ ｜ やま˥・から　こぞ˥ー・が　とんで˥　きた ｜

な˥ーん・てって　とんで˥　きた ｜ さーむ˥い・てって　とんで˥　きた／。

さむし˥ー～さぶし˥ー ／samusi˥ʀ～sabusi˥ʀ／［寂しい］（形容詞）

寂しい。戦後世代は、／さみし˥ー～さびし˥ー samisi˥ʀ～sabisi˥ʀ／と言うようになっている。

さやえんぎ˥ん ／sa'ja'eɴŋi˥ɴ／（名詞。）

サヤインゲン。⇒／えんぎ˥ん～えんぎん˥まめ 'eɴŋi˥ɴ～'eɴŋiɴ˥mame／［隠元豆］参照。

さら¯ ／sara／［皿］（名詞）

皿。浅く平たい容器。⇒／てしょー¯ tesjoʀ／（小皿）参照。

さらう¯～さらー¯ ／sara'u～saraʀ／［浚う］（他動詞ワ行五段）

（堀や井戸の）底に溜まった泥やゴミなどを取り除いてきれいにする。浚う。

／いどされ˥ー 'ɪdosare˥ʀ／（井戸浚い）、／どぶされ˥ー dobusare˥ʀ／（どぶ浚い）、

／ほりされ˥ー horisare˥ʀ／（堀浚い）など。

さるまた¯ ／sarumata／［猿股］（名詞）

トランクス形の男性の下着。下着のいわゆる「パンツ」は高度成長期の頃までずっと／さるまた¯／と呼ばれていたが、戦後世代ではその頃以後に／ぱん˥つ paɴ˥cu／に替わった。

されーねん¯～さらいねん¯ ／sareʀneɴ～saraineɴ／［再来年］（名詞）

来年の翌年。

さわる¯～さある¯～さーる¯ ／sa'waru～sa'aru～saʀru／（他動詞。自動詞（・所動詞）。ラ行五段）

接触動詞。改まると、／さわる¯ sa'waru／になる傾向がある。

／あの⌒いぬ・こ˥と　さわん・と　くっか˥かいん・ど↓／（あの犬を触ると噛まれるぞ。）

／あの⌒いぬ・に˥　さわん・と　くっか˥かいん・ど↓／（あの犬に触ると噛まれるぞ。）

／あの⌒いぬ・げ˥　さわん・と　くっか˥かいん・ど↓／（あの犬に触ると噛まれるぞ。）

／でんせん・が　き・の˥⌒えだ・に　さわってる↓／（電線が木の枝に触っている。）

／でんせん・が　き・の˥⌒えだ・い　さわってる↓／(電線が木の枝に触っている。)

※二項動詞だが、「誰かガ誰かコト触る」「誰かガ何かφ触る」(誰かガ{誰か／何か}ヲ触る)のような対格目的語をとる他動詞構文がふつうである。ほかに、生物補足語を位格「ニ」か与格「ゲ」で表示する「誰かガ誰か{ニ／ゲ}触る」や、無生物補足語を位格「ニ」か方向格「イ」で表示する「誰かガ何か{ニ／イ}触る」という二項自動詞構文が可能である。前者の対格目的語は「接触対象」を、後者の「位格／与格」と「位格／方向格」の補足語は「接触相手」ということができようか。さらに、「何かガ何か{ニ／イ}触る」という二項所動詞構文もあるが、二項自動詞構文と類同である。

なお、反省(内省)的に、「ゲ(与格)＋触る」・「イ(方向格)＋触る」に違和感と「ニ(位格)＋触る」を自然とする話者があったが(意味から見て尤もなのだが)、実際には「位格」だけでなく「与格」・「方向格」もともに使われていた。

※他動詞の目的語を主語化した受身文もよく使われる。

／あの⌒ねこ˥・わ　ひと・に　さわらいん・と　｜　のぞ˥　ならす↓／

(あの猫は人に触られると、喉を鳴らして喜ぶ。)

※「誰かガ[誰かの[身体部位]]φ触る」(太郎ガ花子の手φ触った) を、「誰かガ[[誰かコト][身体部位φ]]触る」(太郎ガ花子コト手φ触った)と言うことはできるが、「誰かガ[誰かの[身体部位]]ニ触る」(太郎ガ花子の手ニ触った)を「*誰かガ[[誰かニ][身体部位ニ]]触る」(*太郎ガ花子ニ手ニ触った)や「*誰かガ[[誰かニ][身体部位φ]]触る」(*太郎ガ花子ニ手φ触った) とは言えない。このように対格目的語だけが「目的語の二重化」ができ、非対格目的語はできないことに注意。

さん¯　／saɴ／［産］(名詞)

出産。お産。／さん・が　かるかった¯／(産が軽かった)。／さん・の　みめー／(出産見舞い)。

＝さん～＝つぁん　／-saɴ～-caɴ／ (敬称接尾辞)

人名や屋号、親族呼称に付いて軽い敬意を添える。人名は短縮されることが多く、末尾音が促音化する場合に多く「つぁん」が現れる。末尾音の「し」が促音化する場合は「さん」が現れる。

／やねやさん¯／(屋根屋さん)、／はこやさん¯／(箱屋さん)、／やまださん¯／(山田さん)、

／さと˥ーさん／(佐藤さん)、／きよ˥こさん／(清子さん)、／はるおさん¯／(春夫さん)、

／はっ˥つぁん／(八五郎さん)、／うっ˥さん／(牛山さん)、／せがれさん¯／(息子さん)、

／むすめさん¯／(娘さん)、／おとーとさん¯／弟さん)、／いもーとさん¯／(妹さん)等

さんかくのり¯　／saɴkakunori／［三角乗り］(名詞・動作名詞)

子どもが大人の自転車に乗る乗り方。戦後まもないころ子供用の自転車が殆どなくフレームの上管(上パイプ)のある自転車が普通だった時代に、子どもが大人用の自転車に乗るのに反対側のペダルを踏む必要から上管の下から足を入れて自転車を漕ぐ漕ぎ方を「三角乗り」と言った。

さんざ¯～さんざっぱら¯　／saɴza～ saɴzaQpara／ (副詞)　→類義語／はらさんざ¯ harasaɴza／

自分が満足するほど十分に (他人からははなはだしく感じられるほど)。飽き飽きするほど十分に。

／さんざ　あくて˥ー⌒ついて　けーった˥↓／ (散々に悪口を言って帰った。)

／さんざっぱら　さけ　のん˥で　けーった˥↓／ (あきれるほど十分に酒を飲んで帰った。)

※／さんざっぱら¯ saɴzaQpara／と／はらさんざ¯ harasaɴza／は構成要素を共通にしている。

／hara-～-Qpara／は「腹」。類義語の／はらさんど¯ harasaɴdo／も／hara-／を含む。

さんだわ˥ら～さんだあ˥ら～さんだー˥ら　／saɴda'wa˥ra～saɴda'a˥ra～saɴdaʀ˥ra／ (名詞)

わら製の、丸い俵/ta'wa˥ra/の蓋/huta¯/。

さんまくどー¯　／saɴmakudoʀ／［三悪道］(名詞)

死体焼き場。集落の外れの「伝右衛門川/deɴŋa˥'wa/」の川端にあったという(草加市小山で聞いた)。

※仏教語の「三悪道」から出た語であろう。［サンマクドー sammakudo:］と読むのは、「三」の字音「サム」(原音[sɑm])の韻尾が両唇鼻音であったための連声形。

さんみめ˥ー　／saɴmime˥ʀ／ (名詞)

お産の見舞い。「お産」は／さん¯ saɴ／という。

し　／si／ (接続助詞)

①「用言終止形＋シ＋用言終止形＋シ」の形で、併存する２つの事態を列挙する。

②「用言終止形＋シ」の形で後続する事態の理由を提示する。

／あした・も　ある˥・し　はー　けん˥べ・や↓／ (明日もあるし、もう帰ろうや。)

しあさって˥～しやさって˥　／si'asaQte˥～si'jasaQte˥／ (名詞)

明日を第１日として４日目の日。明日を入れて、明日から４日目の日。

※日の名前は、／きょー˥ kjoʀ˥ →あした˥ 'asita˥ →あさって˥ 'asaQte˥ →やのあさって˥～やなあさって˥ 'jano'asaQte˥～'jana'asaQte˥ →しあさって˥～しやさって˥ si'asaQte˥～si'jasaQte˥／のようになっていて、「やのあさって」と「しあさって」の順序が共通語とは異なっているが、高度経済成長期(1970年頃)より後の若い世代はこの二語の別や二語そのものを知らないなど使わなくなってきていて、「あさっての次の日、次の次の日」のように分析的、説明的に言うようになっている。

しー˥　／siʀ˥／ (名詞)

椎。樹木の名。樹木は／しー˥・の⌒き siʀ˥ no ki／、果実は／しー˥・の⌒み siʀ˥ no mi／と言い、単独で／siʀ˥／とは言わない。

じーさま˥～じさま˥ ／ziʀsama˥～zisama˥／ ［爺さま］（名詞）
おじいさん（敬称）。親族に限らず、老人一般を、敬って言う。卑称は／じじ˥ー zizi˥ʀ／。
し˥か～し˥きゃ ／si˥ka～si˥kja／ （係助詞）
→／し˥きゃ～し˥か si˥kja～si˥ka ／ （副助詞［係助詞］）
しかーさま˥～しかさま˥ ／sikaʀsama˥～sikasama˥／ ［氷川さま(氷川神社)］（固有名詞）
→／しかわさま˥～しかあさま˥～しかーさま˥～しかさま˥ sika'wasama˥～sikaʀsama˥～sikasama˥／
しかくい¯ ／sikakui／ ［四角い］（形容詞）
四角形の形状をしたものをいう。正方形や長方形など四隅が直角に近いものを典型とする。
しかさま˥～しかーさま˥ ／sikasama˥～sikaʀsama˥／ ［氷川さま(氷川神社)］（固有名詞）
→／しかわさま˥～しかあさま˥～しかーさま˥～しかさま˥ sika'wasama˥～sikaʀsama˥～sikasama˥／
じがﾟ˥ばち ／ziŋa˥baci／ （名詞）
ジガバチ(蜂の名)。
※『物類称呼』の「じかばち」の項に「東武にて○じがばちと云」とある語。
しかる˥ ／sikaru˥／ ［光る］（所動詞ラ行五段）
光る。戦後世代は／ひかる˥ hikaru˥／がふつう。
※「叱る」は／おこる˥ 'okoru˥／(怒る)と言う。改まって使うとすれば／しかる¯／で「平板型」。
しかわさま˥～しかあさま˥～しかーさま˥～しかさま˥／sika'wasama˥～sika'asama˥～sikaʀsama˥～sikasama˥／
［氷川さま］（固有名詞）
氷川神社。旧武蔵国足立郡を中心に、この地域では元荒川・綾瀬川の西側に分布する神社で、武蔵一宮である大宮氷川神社を本貫とする、数多くの(、村の鎮守としての)氷川神社の敬称（親称）。
⇒ふさ˥いじんさま ／husa˥iziɴsama／(久伊豆神社)の項を参照。
※共通語の無声母音音節「ひ」に、この方言では無声母音音節の「し/si/[ɕi̥]（簡略表記）」が規則的に対応する。なお、共通語の無声化しない有声母音音節「ひ」には（「ひ」と「へ」の対立が中和した）/hɪ/が対応する。共通語の[-awa-]に対しては、/-a'wa-～-a'a-～-aʀ-/[-awa-～-aa-～-aː-]が現れる。[-awa-]は改まった物言いに、[-aa-～-aː-](連母音～長母音)は自然な発話に現れる。この語に関してはさらに母音が短呼された語形の／しかさま˥ sikasama˥／がよく聞かれた。
しき˥び ／siki˥bi／ ［樒］（名詞）
シキミ（木の名）。枝葉を仏前に供える。
し˥きゃ～し˥か ／si˥kja～si˥ka ／ （係助詞）
常に否定語を伴い、明確にそれと限定し、他(に方法)がないことを表す。
／もー　やつ˥・げ　あやまる˥・しきゃ　ね˥ー↓／（もうやつに謝るしかない。）
※／しきゃ／は戦前世代に多く、戦後世代にとって古い語感がある。
しく¯ ／siku／ ［引く］（他動詞カ行五段）
手につかんで力を加えて手許へ近づける。この意味では／しっぱる˥ siQparu˥／がよく使われる。
※戦後世代は／ひく¯ hiku／／ひっぱる¯ hiQparu˥／と言うのがふつうである。
※「(布団を)敷く」は／すく¯／と言い、「引く」の／しく¯／(戦前世代)とは同音衝突しない。戦後世代は、前者は／すく¯／、後者は／ひく¯／となっている。
しく˥い～しこ˥い ／siku˥i～siko˥i／ ［低い］（形容詞）
低い。／しく˥い siku˥i／が一般的で、／しこ˥い siko˥i／は個人的変種かも知れない。共通語の無声母音音節の「ひ」に方言の無声母音音節の／si／が対応する。戦後世代では／ひく˥い hiku˥i／と言うようになっている。
しくば¯ ／sikuba／ ［宿場］（名詞）
宿場。宿場町(/sikuba˥maci/)とも言う。草加宿・越ケ谷宿・鳩ヶ谷宿のように歴史的地名としては「地名＋宿」の形で言及される。接尾形式の「宿」は戦前世代の話者は連濁形で「じく/-˥ziku/」と発音していた。戦後世代は共通語化して/sjukuba¯//sjukuba˥maci//-˥zjuku/(/-˥sjuku/も)となっている。
※「宿」の語誌に関して、榎原雅治『中世の東海道をゆく』(2008中公新書)の第六章に、関東の宿地名の分布が駿河から西の地域とは大きく異なっていること、「○○宿」という語の初出が将門記で原義が軍営であったこと、中世における国家的な重要交通路の整備の中で、東国において軍営を指す語として平安時代以来用いられていた「宿」という名称が交通拠点の呼称に選ばれて全国に広まっていったのではないか、と述べられている(取意)。関連して、琉球語の「ぐすく(城)」の「御宿(ごしゅく)」語源説について、間宮厚司『沖縄古語の深層』(2008森話社)は、民間語源説(源為朝の「御宿」に由来)として、「住みか・泊まる場所」を表す「宿」と、敵の攻撃を防ぐために「石垣をめぐらした建造物」とでは意味的隔たりが大きいとして批判しているが、上記の古代東国の軍営の「宿」と関係づけられるなら、音韻法則的にも、祖形「御宿(ゴシュク)/*gosjuku/」が、狭母音化/go/→/gu/と直音化/sjuku/→/suku/を経て、おもろ語「グスク/gusuku/」になったと、その歴史的過程を説明できるので、この説は意味的・形態的に仮説として十分成り立つように思われる。
しぐﾟむ˥ ／siŋumu˥／ （自動詞マ行五段）
(地面が)ぬかる、どろどろになる。／すこ˥し しぐん˥で⌒きた↓／(少し水が滲みこんできた。)
しげﾟ¯ ／siŋe／ （名詞）
ひげ(髭)。戦前世代に聞くことがあった。ふつうは／ひげﾟ¯ hɪŋe／。戦後世代では／ひげ¯ hiŋe／。

しけまけ¯ ／sikemake／（動作名詞）
長雨で作物が不出来になること。
／なす⌉・が　あめ⌉・で　しけまけ⌒した／（茄子が雨降りで不出来だ）
※次項の／しける¯ sike-ru／＋／まける¯ make-ru／（負ける）の複合語。
しける¯[1] ／sikeru／（所動詞カ行下一段）
雨が長く降り続くこと。アクセントは平板型で「湿り気を帯びる」の／しける⌉／とは異なっている。
しける¯[2] ／sikeru／（所動詞カ行下一段）
川水・溜まり水などがなくなることをいう。「(水が)引ける」の方言語形。共通語の無声母音音節の「ひ」に無声母音音節の／si／が対応する。前項の／しける¯ sikeru／とは音韻変化の結果生じた同音異義語。
しける¯～しける⌉ ／sikeru～sikeru˥／（所動詞ラ行五段）
湿り気を帯びる。次項の／しける⌉～しける¯ sikeru˥～sikeru／（下一段）の五段化形で、新しい。
しける⌉～しける¯～（しっける⌉～）しっける¯ ／sikeru˥～sikeru～（siQkeru˥～）siQkeru／（所動詞カ行下一段）
湿り気を帯びる。（「干し海苔」「煎餅」「衣類」などの）乾燥しているべき物などが湿り気を帯びて好ましくない状態になる。／この⌒せん⌉べ　しけ⌉てる／（この煎餅はしけている）。
※共通語では「ラ行五段活用」もあって「しけった煎餅」などとも言う。アクセントは戦前・戦後世代とも尾高型が多い。戦前世代は一段活用だが、戦後世代の話者では共通語の影響からかラ行五段化する者が多くなっている。戦後世代の筆者（昭22生）は昭和30年代に／（煎餅が）しけ⌉てる／の他に、／（煎餅が）しけってる¯／を使うようになったのを記憶している。アクセントが平板型になっているのは、テレビなどを通して共通語の（中高型でない方の）平板型の語形に接して借用したためかもしれない。
しける⌉ ／sikeru˥／（所動詞カ行下一段）
ふさぎ込んだ様子で生彩なく感じられる。／しけ⌉た　つら⌉⌒してる／（生彩ない顔をしている）。
しこ¯ ／siko／［曽孫］（名詞）
孫の子。曽孫。／しこまご¯ sikomaŋo／とも言う。戦後世代は／ひまご¯～ひーまご¯／と言う。
「孫：曽孫」名称は、歴史的に「{ひこ／うまご}：ひひこ」→「{ひこ／むまご}：ひこ」→「まご；ひこ」→「まご：ひまご」と推移してきたといわれるが、戦前世代は「まご：ひこ」の段階を反映している。
／しこ¯ siko／は、上代語の「ひひこ」（曾孫）に由来する古代語・中世語の「ひこ」（『日葡辞書』に「fico. bisneto（曽孫）」とある）に対応する語形である。「ひこ」が「しこ」になるのは、書き言葉（共通語）で（無声子音に先行して）母音が無声化する環境にある「ひ」が方言では音韻法則的に「シ」（母音は無声化している）に対応するためである。／しこ¯　やしゃご¯　きしゃご¯／（曽孫・玄孫・来孫）と教えられたことを今も覚えている。
しこ⌉い～しく⌉い ／siko˥i～siku˥i／［低い］（形容詞）
→／しく⌉い～しこ⌉い siku˥i～siko˥i／（低い）
しこく=⌉ ／sikoku=˥／［四国］（固有名詞・地名）
四国。アクセントは、ふつう／しこく⌉⌒いく（行く）、しこく・に⌉・でも、しこく⌉・みたい・な、しこく・の・よー⌉・な／と発音される。これは東京語の尾高型に対応する形だが、現今の東京語は中高型で対応していない。しかし、山田美妙1892『日本大辞書』には「第三上」とあり、これに対応している。
じごく=⌉ ／ziŋoku=˥／［地獄］（名詞）
地獄。アクセントは／じごく・に⌉⌒ほとけ、じごく⌉・みたい・な、じごく・の・よー⌉・な／で、東京語の尾高型に対応する型で発音される。
※死後の極苦の世界で／ごくらく=⌉ gokuraku=˥／（極楽）の対語。この世で悪いことをした人が死後に行かされる、地下遠くの世界で、様々な地獄があるということだった。詳しくは、死後四十九日間に、／めーど¯ meʀdo／（冥途）で／えん⌉まさま 'ɪɴ˥masama／（閻魔）の裁きを経て、悪人が行く世界ということであった。
※仏教学的には、輪廻内的「地獄」と輪廻外的「極楽」は反対関係を形成しない。「地獄naraka-loka」の対極に位置する世界は「天deva-loka」であって「極楽」ではないが、日常語では、例えば、「聞いて極楽、見て地獄」のように、「地獄naraka」と「極楽sukhāvatī」が対（つい）をなしている。
また、キリスト教の「天国tenkoku」に由来する「天国tengoku」（方言形/teɴ˥ŋoku/）は、生活語彙にはなかった。（「天国」については『明治のことば辞典』東京堂出版1986参照）
じごくぐ⌉さ ／ziŋokuŋu˥sa／［地獄草］（名詞）
スギナ。／つくしんぼ¯ cukusiɴbo／が枯れたあと出てくるもの。
しこまご¯ ／sikomaŋo／［曽孫］（名詞）
孫の子。曾孫。／しこ¯ siko／に同意。「ひこ」である「孫」の意か。／ひーまご¯／は新しい言い方。
じざい⌉かぎ ／zizai˥kaŋi／［自在鉤］（名詞）
囲炉裏の上に吊るされていた鍋や鉄瓶をかける鉤。
じさま⌉～じーさま⌉ ／zisama˥～ziʀsama˥／［爺さま］（名詞）
→じーさま⌉～じさま⌉ ／ziʀsama˥～zisama˥／（爺さま）
じじっぱしょ⌉り ／ziziQpasjo˥ri／（名詞）

着物の後ろをちょっとはしょったものを言う。全部からげたものを／しりっぱしょ˥り／と言う。
じじ˥はげ ／zizi˥haŋe／（名詞）
リュウノヒゲ（草の名）。［安行地域］
※『物類称呼』により「りゅうのひげ」を祖形と仮定し、近隣地域の諸語形も考慮した場合、次のような語彙的で個別的な語音変化の過程が考えられる。
「りゅうのひげ」→［*リーノヒゲ］（ウ段拗音の個別的イ段直音化）→［*ジーノヒゲ］（口蓋化した歯茎弱破裂音［リ］の破擦音［ジ］化）→［*ジーノヘゲ］（喉頭音音素の後での前舌母音の中和化）→［ジジハゲ（「ジー」を「爺」、［ヘゲ］を「禿げ」と改釈（再解釈））のような変化を経て成立した語形ではないかと考えられる。
※「ジジハゲ」に近縁な語形のものに、八潮地域に［ジジーゲ］があり、これは［*ジーノヒゲ］から吉川市域で聞かれるような［ジジヒゲ］を経て成立した語形と思われる。八潮市の東隣の三郷市域でも「ジジハゲ」「ジジヒゲ」が使われている。
※『物類称呼』には「麦門冬（ぜうがひげ）」に、「東国にて○りうのひげと云」とある。
上野勇1933『埼玉県幸手方言集』に「ジジゲ」とある。
しじみ¯ ／sizimi／［蜆］（名詞）
川に住む二枚貝で、昔は川や用水堀にたくさんいたので、よく捕って食べたという。
じしん¯⁀いる¯ ／zisiɴ 'ɪru／［地震揺る］（連語動詞ラ行五段）
地震で地面が揺れる。／ゆんべ　じしん⁀いった・な˥ー↓／（昨夜地震があったなあ。）
※／じしん・が　いる／とも言い、間に助詞が介在できるが、話者には／いる¯ 'ɪru／自体は意味が把えがたくなっていて常にこの連語形式で使われる。⇒／いる¯ 'ɪru／（揺る）の項を参照。
した¯ ／sita／［下］（名詞）
垂直方向の（非連続的な）上下の「下・下方」をいうのが典型的な「した」の意味である。
反対語は／うえ¯ 'u'e／（戦前世代／'u'ɪ ～ 'ui／）。
※アクセント核のない平板型の連体語に続くと／した˥～した=˥ sita˥～sita=˥／となる。
／はこ・の⁀した˥・に　おいた～ はこ・の⁀した・に˥　おいた／（箱の下に置いた）。
したべろ¯～したびる¯ ／sitabero～sitabiru／（名詞）
下唇。上唇は／うわべろ¯～うわびる¯ 'u'wabero～'u'wabiru／という。⇒／くちびる¯／を参照。
したべ˥んじょ ／sitabe˥ɴzjo／［下便所］（名詞）
屋外の便所。屋内の座敷続きの／かみおか¯ kami'oka／（「上後架」の訛語）に対する語。
じた˥んだ⁀ふむ¯ ／zita˥ɴda humu／（連語動詞マ行五段）
悔しがって左右の足を交互に踏み鳴らす。⇒／じんだら˥⁀ふむ¯ ziɴdara˥ humu／参照。
※古くは／じんだら˥⁀ふむ¯ ziɴdara˥ humu／と言った。
※前者は非連濁形の「じ（地）＋たたら（蹈鞴）」／*zi-tatara→zita˥ɴda／に、後者は連濁形の「じ（地）＋だたら（蹈鞴）」／*zi-datara→ziɴdara˥／に起源する語形であろう。
しつっこ˥い ／sicuQko˥i／（形容詞）
１つことに過度にとらわれてこだわり続ける（のを迷惑に思う）様子。
しっ＝～ひん＝ ／siQ-～hɪɴ-／（動詞接頭辞）
「（つかんで）力を加えて（手許へ近づけるようにして）～スル」→力を加えて勢いよく～スル。
※無声子音で始まる形態に／しっ＝ siQ-／、有声子音で始まる形態に／ひん＝ hɪɴ-／が接頭する。
※共通語の無声母音音節「ひ」に無声母音音節の／si／が対応する。（無声化しない「ひ」には／hɪ／が対応する）。→戦後世代は共通語化して／hi／ということが多くなってきている。
※「対象に力を加える」点では同じであるが、「引く」に起源する／しっ＝～ひん＝ siQ-～hɪɴ-／が本来的には内行的＝内向的（求心的）であるのに対して、「押す」に起源する／おっ＝～おん＝ 'oQ-～'oɴ-／は「力を加えて（手許から遠ざかるように） ～スル」（→力を加えて勢いよく～スル）という意味で、本来的には外行的＝外向的（離心的）という意味の差をもっていたと考えられるが、動詞接頭辞としては共に「勢いよく～スル」というような意味で使われ、意味の違いははっきりしなくなっている。
じっか¯ ／ziQka／［実家］（名詞）
夫婦のそれぞれが出た家を言うことが多い。「夫の実家」は本来は／ほん˥け hoɴ˥ke／と言ったと思われる。
※「里」とは言わない。／さと¯ sato／は、／のーがた¯ noRŋata／（「野方」高台［洪積台地］）に対する「低地［沖積低地］」の意味である。
しっかかる˥ ／siQkakeru˥／（所動詞、自動詞ラ行五段）
①支点に強く固定されることで、ものがぶら下がる。
②水など液体を浴びせかけられる。
※戦後世代は／ひっかかる˥ hiQkakaru˥／というのがふつう。
しっかく˥ ／siQkaku˥／（他動詞カ行五段）
指先の爪やとがったものの先で手前に引っ張るようにして表面に傷をつける。
※戦後世代は／ひっかく˥ hiQkaku˥／というのがふつう。
しっかける˥ ／siQkakeru˥／（他動詞カ行下一段）

①支点に強く固定することで、ものをぶら下げる。
②水など液体を浴びせかける。
※戦後世代は／ひっかける⌉ hiQkakeru˥／というのがふつう。

しっきる⌉／siQkiru˥／（他動詞ラ行五段）
手でつかんで手前に引っ張るようにしてちぎる。対応する所動詞は／しっきれる⌉ siQkireru˥／。
／ひぼ　ほどせね・ん⌉・だら　しっきっちゃ⌉い↓／（紐が解けないのなら引きちぎってしまえ。）
※戦後世代は／ひっきる⌉ hiQkiru˥／、所動詞は／ひっきれる⌉ hiQkireru˥／というのがふつう。

しっくりけし¯〜しっくりけーし¯／siQkurikesi〜siQkurikeʀsi／［引っ繰り返し］（名詞）
逆さま、裏返し。語形に次項との間に揺れがあり、人によりこの語形が使われる。

しっくりげし¯〜しっくりげーし¯／siQkuriŋesi〜siQkuriŋeʀsi／［引っ繰り返し］（名詞）
逆さま、裏返し。語形に前項との間に揺れがあり、人によりこの語形が使われる。
／しゃつ⌉　しっくりげし・に　きてる↓／（シャツを裏返しに着ている。）

しっくり⌉けす〜しっくり⌉けーす／siQkuri˥kesu〜siQkuri˥keʀsu／［引っ繰り返す］（他動詞サ行五段）
①勢いよく倒す。②上下・裏表などを反対にする。①の意味では殆ど次項の語が使われている。
アクセント核は移動しない。

しっくり⌉げす〜しっくる⌉げす／siQkuri˥ŋesu〜siQkuru˥ŋesu／（他動詞サ行五段）
勢いよく転がす、転ばす、倒す。アクセント核は移動しない。
／あし⌉⁀かけて　わざ⌉っと　おれ・こ⌉と　{しっくり⌉げした／しっくる⌉げした}↓／
（足を出してわざと俺を転倒させた。）
※高度成長期以前の戦後世代の方言形は／ひっくり⌉げす〜ひっくる⌉げす hiQkuri˥ŋesu〜hiQkuru˥ŋesu／。共通語化形は／ひっくり⌉がえす／と言う（cf. 実際の共通語形は「ひっくりかえす」）。
※「/siQkuri˥kes-u/ひっくりかえす」と「/siQkuru˥ŋas-u/ひっころがす」が、語形と意味が近似しているために相互に牽引しあって、「/siQkuri˥ŋes-u/ひっくりがえす」・「/siQkuru˥ŋes-u/*ひっころがえす」ができて、その後現在のように同一語の異語形のように両者区別なく自由変異的に使われるに至ったものと考えられる。

しっくり⌉ける〜しっくり⌉けーる／siQkuri˥keru〜siQkuri˥keʀru／［引っ繰り返る］（自・所動詞ラ行五段）
①勢いよく倒れる。②上下・裏表などが反対になる。①の意味では殆ど次項の語が使われている。
アクセント核は移動しない。
※回帰的・反復的動作や後戻りするような動きを表す造語成分に「*繰り返る」に遡ると考えられる形式があり、語形と意味から「繰り返す」の自動詞（所動詞）に相当する動詞と考えられる。具体的には「そっくりかえる（反り＋繰り返る）」・「にえくりかえる（煮え＋繰り返る）」・「ひっくりかえる（引き＋繰り返る）」などに現れる「＝くりかえる」が「*繰り返る」に遡る形式ではないかと考えられる。

しっくり⌉げる〜しっくる⌉げる／siQkuri˥ŋeru〜siQkuru˥ŋeru／（自動詞・所動詞ラ行五段）
勢いよく転げる、転ぶ、倒れる。アクセント核は移動しない。
多くの話者が直感的に「後方に転倒すること」だと言うが、実際には後方でなくても使われている。
／あし⌉⁀すべって　{しっくり⌉げった／しっくる⌉げった}↓／（足が滑って（後方に）転んだ。）
／はしって⌉て　けつ⌉まずいて　{しっくり⌉げっちゃった／しっくる⌉げっちゃった}↓／
（走っていて、つまずいて転んでしまった。）
※高度成長期以前の戦後世代の方言形は／ひっくり⌉げる〜ひっくる⌉げる hiQkuri˥ŋeru〜hiQkuru˥ŋeru／。共通語化形は／ひっくり⌉がえる／と言う（cf. 実際の共通語形は「ひっくりかえる」）。
※「/siQkuri˥ker-u/ひっくりかえる」と「/siQkuru˥ŋar-u/ひっころがる」が、語形と意味が近似しているために相互に牽引しあって、「/siQkuri˥ŋer-u/ひっくりがえる」・「/siQkuru˥ŋer-u/*ひっころがえる」が成立し、その後現在のように同一語の異語形のように両者区別なく自由変異的に使われるに至ったものと考えられる。

しっくる⌉がす／siQkuru˥ŋasu／［引っ転がす］（他動詞サ行五段）　アクセント核は移動しない。
勢いよく転がす、転ばす。語基「-kuruŋas-u」は、「転がす/koroŋasu¯/」「おっ転がす/'oQkoro˥ŋasu/」の語基「koroŋas-u」の母音交替形（異形態）。
／やかん　しっくる⌉がした↓／（ヤカンを転がした。）
／ぶっつい⌉て　こども・こ⌉と　しっくる⌉がした↓／（ぶつかって子どもを転ばした。）
※戦後世代は／ひっくる⌉がす hiQkuru˥ŋasu／というのがふつう。

しっくる⌉がる／siQkuru˥ŋaru／［引っ転がる］（自動詞・所動詞ラ行五段）　アクセント核は移動しない。
勢いよく転がる、転ぶ。語基「-kuruŋar-u」は、「転がる/koroŋaru¯/」「おっ転がる/'oQkoro˥ŋaru/」の語基「koroŋar-u」の母音交替形（異形態）。
／たって⌉た　ぼー・が　かぜ・で　しっくる⌉がった↓／（立っていた棒が風で倒れた。）
※戦後世代は／ひっくる⌉がる hiQkuru˥ŋaru／というのがふつう。

しっくる⌉げる／siQkuru˥ŋeru／［引っ転げる］（自動詞・所動詞ガ下一段）　アクセント核は移動しない。
勢いよく転げる、転ぶ。ラ行五段の／（しっくり⌉げる〜）しっくる⌉げるsiQkuru˥ŋer-u／に混じって、ガ行下一段の／しっくる⌉げる siQkuru˥ŋe-ru／が使用頻度は少ないが現れる。語基「-kuruŋe-ru」は、

「転げる/koroŋeru¯/」「おっ転げる/'oQkoro˥ŋeru/」の語基「koroŋe-ru」の母音交替形(異形態)。
／め・の⌒めー˥・で　しっくる˥げた↓／([人が]目の前で転んだ。)
※戦後世代は／ひっくる˥げる hiQkuru˥ŋeru／というのがふつう。

じっけつ¯ ／ziQkecu／（名詞）
痔。後部成分「＝けつ」は／けつ¯ kecu／(尻)と関連があると(反省的に)意識されている。同項参照。

しっこし¯ ／siQkosi／（動作名詞）
引っ越し。戦後世代では／ひっこし¯ hiQkosi／がふつう。

しっこむ˥ ／siQkomu˥／［引っ込む］(自動詞・所動詞マ行五段)
人や物が外部から中心をもつ内部に移動する。内に入って外から目立たなくなる。
※「引っ込む」は〈外部から中心をもつ内部に移動する〉のが基本的意味だが、「凹(へこ)む」の〈内部方向への変形〉と部分的に近接している。共通語の「へっこむ」という語形の成立にはこのように(語形的類似と)意味的近接から「ひっこむ」が干渉・牽引しているのではないかと思われる。
※戦前世代では「引っ込む」は／しっこむ˥ siQkomu˥／だが、「凹む」は／ひっこむ˥ hɪQkomu˥／で区別がある。高度成長期以前の戦後世代では、「引っ込む」は／ひっこむ˥ hiQkomu˥／が多くなっているが、一部の話者は「凹む」も／へっこむ˥ heQkomu˥／でなく／ひっこむ˥ hiQkomu˥／と言って、発音が同じになって両者の意味の区別が曖昧になっている話者がある。

しっこ˥ゆび～しっこ˥いび ／siQko˥'jubi～siQko˥'ɪbi／（名詞）
小指。戦前世代で使用された語形。(一部の戦前世代と)戦後世代は／こゆび¯～こいび¯／と言う。
※複合語前部要素の／しっこ＝ siQko-／は、「曽孫」の意味の／しこ¯ siko／の異形態と思われる。それは、他方言で、「小指」という意味の「ひこ指」という形式があることから推測される。命名は／おやゆび¯／の「親」に対して、「曽孫」の／しこ¯ siko／ということであろう。
※共時的にはこのような語源意識はなく、「しっこ」の意味は分からなくなっている。そこで、／ちっこ˥ゆび～ちっこ˥いび ciQko˥'jubi～ciQko˥'ɪbi／というように、「ちっこい(小さい)」＋「指」と再解釈(有契化)された形が一部の話者に現れている。この語形はまだ個人的変種かも知れない。

しったかぶり¯ ／siQtakaburi／（名詞・動作名詞）
知らないのに知っているかのようによそおいふるまうこと。反対語は／しら˥んぷり sira˥ɴpuri／。

しったくる˥ ／siQtakuru˥／（他動詞ラ行五段）
（無理やり力を入れて）強く引き寄せて奪い取る。
／しったくる˥・よー・に　もってきや˥がった／(引ったくるように持って行きやがった)。
※「タクル」は単独では使われないが、「引っタクル/siQtakuru˥/」「ぶっタクル/buQtakuru˥/」「ふんダクル/huɴdakuru˥/」の他、接尾辞的「塗りタクル/nuritakuru˥/」に見られる。基本的には、「手に力を入れて引き寄せる」というような意味を表すと考えられる。接尾辞としては「荒々しく～スル、さかんに～スル」というような意味を表している。形と意味の似た語に「手繰る/taŋuru(˥)/」があるが、こちらは「両手を交互に使って引き寄せる」というような意味を表す。
※戦後世代は／ひったくる˥ hiQtakuru˥／と言うのがふつうである。

しっちぎる˥ ／siQciŋiru˥／（他動詞、ラ行五段）
手につかんで力を入れて引っ張るようにしてねじ切る、もぎ取る。

しっちげ˥る ／siQciŋe˥ru／［引っ違える］(他動詞ガ行下一段)　アクセント核は移動しない。
足を強くひねったりして筋を違える。捻挫する。
／あし˥　しっちげ˥て　いた˥くて　しゃーね˥ー↓／（足の筋を違えて痛くて仕方ない。）

しっちゃく˥ ／siQcjaku˥／［七百］(数詞)
七百。戦前世代でこのように言うのを聞く。戦後世代は／なな˥ひゃく nana˥hjaku／と言う。
※「しちひゃく[ɕi̥tɕiçakɯ]」が「しっちゃく[ɕi̥ttɕakɯ]」となったもの。「しゃちほこ[ɕatɕihoko]」が「しゃっちょこ[ɕattɕoko]」となっている音声変化が似ていると言えば似ている。

しっちら˥かす ／siQcira˥kasu／（他動詞サ行五段）　アクセント核は移動しない。
あたり一面に物を散らかす。意味から考えて、語源は「引き＋散らかす」ではなく、「敷き＋散らかす」と思われる。戦後世代でも／*ひっちら˥かす／とは言わない。

しっつぁく˥ ／siQcaku˥／（他動詞カ行五段）
手につかんで力を入れて引っ張るようにして[二部分に]裂く。戦後世代は、ふつう／ひっつぁく˥ hiQcaku˥／と言う。所動詞は／しっつぁける˥／(カ行下一段)。戦後世代は／ひっつぁける˥／がふつう。／この⌒かみ˥　しっつぁい˥た・の　だい˥・だ↓／(この紙を破ったのは誰だ。)

しっつぁげる˥ ／siQcaŋeru˥／（他動詞ガ行下一段）
(大きな物を)手に提げて持つ。戦後世代は／ひっつぁげる˥ hiQcaŋeru˥／というのがふつう。

しっつぁ˥ばく～しっつぁばく˥ ／siQca˥baku～siQcabaku˥／（他動詞カ行五段）
手につかんで力を入れて引っ張るようにして［二部分以上に］破る。
※語源は、「引き」＋「さばく(捌く)」。／さばく˥ sabaku˥／は、／さかな・こ˥と　さばく˥／(包丁を使って魚を身と骨とに取り分ける) のように使うが、／しっつぁ˥ばく siQca˥baku／の語基の／＝つぁばく -cabaku／をこれに関連させて意識する人はなく関係が切れている。
※戦後世代では／ひっつぁ˥ばく～ひっつぁばく˥ hiQca˥baku～hiQcabaku˥／というのがふつう。

しっつぁ˥ぶく～しっつぁぶく˥ ／siQca˥buku～siQcabuku˥／（他動詞カ行五段）

手につかんで力を入れて引っ張るようにして［二部分以上に］破る。前項に同意。
※語構成意識としては「／ひっ＝／＋／やぶく⌉／」と考える者もあるが、語源的には、前項の動詞／しっつぁ⌉ばく siQca⌉baku／と／やぶく⌉ 'jabuku⌉／（破く）との混淆形（contamination）と考えるのが妥当であろう。なお、／やぶく⌉ 'jabuku⌉／自体も、「やぶる」と「裂く」との混淆形である。
※戦後世代では／ひっつぁ⌉ぶく〜ひっつぁぶく⌉ hiQca⌉buku〜hiQcabuku⌉／というのがふつう。

しっつぐ⌉ ／siQcuŋu⌉／［引っ注ぐ］（他動詞ガ行五段）
風呂に水を汲み入れる。戦後世代は／ひっつぐ⌉ hiQcuŋu⌉／というのがふつう。
／ふろ⌉・い　みず　しっつい⌉た・か↑／（風呂に水を入れたか。）
※ガ行五段動詞のいわゆるイ音便形＋「て」・「た」は連濁しない。

しっぱる⌉ ／siQparu⌉／（他動詞ラ行五段）
手につかんで力を入れて手許に引き寄せる。戦後世代は／ひっぱる⌉ hiQparu⌉／というのがふつう。

しっぱれ¯ ／siQpare／（名詞）
縁続き。親戚。分家筋。戦後世代はふつう／ひっぱれ¯ hiQpare／と言う。／わかれ⌉'wakare⌉／とも言う。高度成長期以後の世代では使用語でなくなりつつあり、理解語でもない話者がいる。

しっぺた¯ ／siQpeta／（名詞）
果実が枝や茎に付いている突き出た部分の名称。へた（蔕）。／へた¯ heta／（戦前世代は／hıta／）とも言う。「しっぺた」の語構成は意味から見て「しっ（尻）＋へた（蔕）」かもしれない。

しっぽ=⌉ ／siQpo=⌉／［尻尾］（名詞）
動物の尾。／しっぽ⌉⌒ふる／（尾を振る）、／しっぽ・の⌒さき／（尾の先）。
※「おっぽ」は、1957年に草加市内の小学校に転入して初めて耳にしたことばだった。同級生の多くは「しっぽ」と言っていた。筆者の生活語も「しっぽ」だった。「おっぽ」は、「しっぽ」と「尾」の混淆語と思われる（「しっぽ」×「尾」→「尾っぽ」）が、「しっぽ」の語源が「尻尾」だとすると、語構成的には「尾＋尾」となり奇妙な複合形式になる。【なお、「さき（先）っぽ」や（方言の）「うら（末）っぽ」（先端）などから「ほ（穂・秀）」を仮定して「しり（尻）＋ほ」から「しっぽ」を導く可能性も考えられる。】
※「尻＋尾」という複合語からの転だとすると、「尾」の音節頭音が/'/の現行の/'o/[o]ではなく両唇調音を持っていた[wo]の時代に[ɕiriwo→ɕippo]のように変化したと考えなければならない。[o]からは[po]への変化はふつうはあり得ないからである。⇒[w→p]については／＝っぽい／参照。

して ／site／（格助詞「協働格」）
人数詞（数量詞）に付いて、動作の協働者としての員数を表す。
「全員が協力して、全員が一体となって」という含意があり、「各人が協力して」というように各人の独立性が含意される具格の格助詞の／で de／とは異なる。従って、「嫌々、嫌々ながら」や「仕方なく」のような副詞語句は／して site／とは共起しにくい。
／さんに⌉ん・して　やった　しごと／↔／さんに⌉ん・で　やった　しごと／
／みんな⌉・して　やった　しごと／↔／みんな・で⌉　やった　しごと／
※アクセント核が動く尾高型Ｂ（=⌉）に付いた場合に、アクセントは、
／みんな=⌉／（皆）＋／して／→／みんな・し⌉て〜みんな⌉・して／、
／ふたーり=⌉／（二人）＋／して／→／ふたーり・し⌉て〜ふたーり⌉・して／、
／みんな=⌉／（皆）＋／で／→／みんな・で⌉／、
／ふたーり=⌉／（二人）＋／で／→／ふたん・で⌉／
となっている。「デ」の方は他の格助詞の場合と同じだが、「シテ」は、単語境界を越えて「シテ」の「シ」にアクセント核が移動する発音とアクセント核が移動しない発音が併存している。すなわち［○㋛⌉テ〜○⌉㋛テ］（○は任意の音節、㋛は母音が無声化している音節「シ」を表す）である。これは「シテ」の「シ」の母音が無声化しているために起こる音声的現象で、持続部が無声の「促音」にも、同様の音声的な揺れ［○⌉ッ〜○ッ⌉］が見られる。ここには、「高さ」≒声帯振動数（ささやき声でもアクセントが覚知できるので≒としておく）と、声帯振動のない無声の拍（モーラ）の「高さ」とアクセント核の問題がからんでいる。

してー¯〜したい¯ ／siteʀ〜sitai／［額］（名詞）
額。戦前世代で、訊くと出るが、ふつうには／おでこ⌉ 'odeko⌉／が聞かれる。
※戦後世代では、改まれば／ひたい¯ hitai／とも言うが、ふつうには／おでこ⌉ 'odeko⌉／と言う。

しと¯ ／sito／［人］（名詞）
戦後世代では／ひと¯ hito／がふつう。
①人、人間。／しと・わ　どー⌉⌒して　しぬ⌉・ん・だんべ↓／（人間はなぜ死ぬのだろう。）
②結婚して家族を持ち社会的に一人前と認められた人、人間。／やっと　しと・ん⌒なった⌉／。
③自分以外の人。他人。敬称は／しとさ⌉ま sitosa⌉ma／（戦後世代／ひとさ⌉ま hitosa⌉ma／）。
（「人」の「自他［自分／他人］」分節を自己を基準に適用したときの、（自分としての）自己にとって、他人である（他者としての）「人」。）
／しと・わ⌒しと¯ ｜ おれ・わ⌒おれ¯（≒じぶん・わ⌒じぶん¯）／（他人は他人、自分は自分）。
／しとさ⌉ま・の⌒もん　とった⌉ら　どろぼー・だ↓／（人（＝他人）の物を取ったら泥棒だ。）
④誰かの他人としての自分。他人にとって他人である自分。
（「人」の「自他［自分／他人］」分節を他者を基準に適用したときの、（自分としての）他者にとって、

他人である(自己としての)「人」。)
／しと・が　しん˥せつ・で　ゆって⌒やってん・の˥に　わかって˥ねー↓／
([あいつは、]人(＝おれ)が親切で言ってやっているのに、分かっていない。)
／しと・こ˥と　ばか・に⌒してや˥がる↓／([あいつは、]人(＝おれ)をばかにしていやがる。)
※人指示語として、物理的・心理的距離によって／この⌒しと˥、その⌒しと˥、あの⌒しと˥／となる。戦後世代は／この⌒ひと˥、その⌒ひと˥、あの⌒ひと˥／となる。東京語のような[この˥⌒ひと、その˥⌒ひと、あの˥⌒ひと]という発音は聞かれない。待遇的に最も中立で無色な扱いとなる。上位者についても言及できる。
※平板型の修飾語を受けると／しと˥ sito˥／となる。
／この・しと˥・こと　さがしてた↓／(この人を探していた。)
／あの・しと˥・げ　たのめ˥ば⌒よかった↓／(あの人に頼めばよかった。)
cf.／しと・こ˥と　さがしてる／(人を探している)、／しと・げ¯　たのん˥だ／(人に頼んだ)。

しといまぶ˥ち ／sitoimabu˥ci／(名詞)
一重まぶた。戦後世代は／ひといまぶ˥ち～ひとえまぶ˥ち hitoimabu˥ci～hito'emabu˥ci／と言う。
※「まぶた」はこの方言ではふつう／まぶ˥ち mabu˥ci／と言い、語源は「目ma-」の「ふち(縁)-buci」で、共通語とは異なる語構成である。「まぶた」は言うとしたら／まぶ˥た mabu˥ta／と言う。

しとさ˥ま ／sitosa˥ma／[人様](名詞)
／しと¯ sito／(他人)の敬称。戦後世代では／ひとさ˥ま hitosa˥ma／がふつう。

しと˥つ ／sito˥cu／[一つ](数詞)
一つ。戦後世代は／ひと˥つ hito˥cu／。
※本方言のアクセントは基本的に東京語のアクセント核が1拍後退した形を示すために、東京語が祖語であるかのように思われがちだが、この説は成り立ちがたいことがこの語のアクセントを考えると明らかになる。この語はアクセントの型が東京語と一見同じ「中高型」になっていて、1拍後退した形を示していない。この語は3拍名詞第7類の語で、「金田一語類」のアクセント対応からは3拍名詞第7類は一般的に東京式では「頭高型」が対応するので、この語についても東京語のアクセントの祖形として「*頭高型」が仮定できるものと考えられる。この祖形の「*頭高型」から音韻的条件(多分第1音節の母音の無声化)によってアクセント核が1拍後にずれてできたのが、現在の東京語の「中高型」と考えられる。一方、本方言の「中高型」は、比較方言(学)的に帰納される仮説〈本方言のアクセントは、東京式アクセントから「アクセント核の1拍後退」によって成立した〉から、その祖形は「*頭高型」であったと推定される。このようにそれぞれの理路から導かれる「祖形」の「*頭高型」を東京語と本方言のいずれもが共通にすることから分かるように、東京語が本方言の祖語ではないこと、両者の共通祖語があってそこからそれぞれが導かれることがこの例からも明らかになる。なお、3拍名詞第7類の東京式へのアクセント変化は理論的には次のように推定される。平安末期の京都語のアクセント「○●○」が京阪式・東京式の共通祖形。その●の位置が1拍ずれて「*○○●」となることで東京式の出発点となる祖形ができ、ついで、●の前の2拍続きの○○が最後の○を除いて高くなることで「*●○●」(中間形)となり、次に、離れて2カ所の●の後の方が削除されて「●○○」となったのが、3拍名詞第7類の東京式アクセントの「頭高型」である。「ひとつ」については類のアクセント対応から仮定された「頭高型」であるので、「*頭高型」ということになる。(「○」は「平声[低]」、「●」は「上声[高]」のアクセントを表す。)
　なお、「アクセント核の1拍後退」について付言すれば、核を1拍後退させる力(後退圧力)は、自立語の語頭で現在も強く働いていて、共通語的場面でも(改まった発音の)頭高型は気をつけて発音しないと1拍後ろにずれた発音になってしまうこと―頭高型が発音しづらい、人によっては頭高型が発音できない―に現れている。後退圧力は語尾に向かって弱くなっているようで、共通語的な(改まった発音の)中高型や尾高型に困難はない。このような強い発音傾向から考えて、通時的(歴史的)に、自立語の語頭のアクセント核を後退させる力が動因(引き金)となって「アクセント核の1拍後退」が引き起こされたのではないかということが推測される。付属語のアクセントについては、自立語と続けて発話される非自立形式であることから、別に考える必要がある。

しと・に⌒なる˥～しと・ん⌒なる˥ ／sito ni naru˥～sito ɴ naru˥／(連語自動詞ラ行五段)
結婚する。結婚して家族をもつこと。社会的に一人前と認められること。二十歳をだいぶ過ぎた男性の結婚が決まってその家族が「やっとうちの子も『人になる』。」と言うのを聞いたことがある。他動詞(使役動詞)形は／しと・に　しる／(サ変)。戦後世代は／ひと・に～／と発音する。
※「人」の非常に古い語義が残存していると考えられる。⇒／しと¯ sito／(人)を参照。

しとま˥るき～しとまる˥き ／sitoma˥ruki～sitomaru˥ki／(名詞)
束ねた一束を言う。
※数詞「一(ひと)」+名詞「／まるき¯／」という語構成。／まるき¯／は、／まるく¯／(他動詞カ行五段「束ねる」)の「連用形名詞」。

しとめ˥に ／sitome˥ni／(副詞)
一思いに。後のことを考えないで、一気に事を行う様子。
※中間祖語の段階で[ヒト˥オモイ→*ヒト˥モイ]となり、ここから、無声母音拍[ヒ]の無声母音拍[シ]への変化、連母音[oi](モイ)の長母音[eː](メー)化(更に個的に短母音[e](メ)化)、アクセン

ト核の１拍後退という音韻変化を経て成立した語形と考えられる。参考までに、「人目」は／しとめ¯ sitome／(戦後世代は／ひとめ¯ hitome／)、「一目」は／しとめ˥ sitome˥／(戦後世代は／ひとめ˥ hitome˥／)。後者は同音だが、戦後世代は／しとめ˥に sitome˥ni／という副詞は使わない。

しともじり¯ ／sitomoziri／（動作名詞）
人見知り。戦後世代は／ひともじり¯ hitomoziri／と言う。
※語構成は、「人」＋／もじる˥ moziru˥／(恥ずかしがる、人見知りする)の連用形名詞。

しと˥り ／sito˥ri／［一人］（数詞）
一人。戦後世代は／ひと˥り hito˥ri／。⇒アクセントについては／しと˥つ sito˥cu／の注を参照。
※「一人で」は／しと˥ん・で sito˥ɴ de／(戦後世代は／ひと˥ん・で hito˥ɴ de／)となる。

しとりっけ¯ ／sitoriQke／（名詞）
湿り気。／しとりっけ・が　ある˥／（湿り気がある）。

しとる˥ ／sitoru˥／（所動詞ラ行五段）
湿る。湿り気を帯びる。

しと˥ん・で ／sito˥ɴ de／（連語）
一人で。／しと˥ん・で⌒いった、しと˥ん・で⌒きた／(一人で行った、一人で来た)
戦後世代は／ひと˥ん・で hito˥ɴ de／と言う。⇒／ふたん・で˥ hutaɴ de˥／(二人で)の項参照。

しとんでに¯ ／sitoɴdeni／（副詞）
一人でに。自然に。戦後世代は／ひとんでに¯ hitoɴdeni／と言う。

しな¯ ／sina／（名詞）
不出来だが、いくらか実の入っている／もみ¯ momi／(籾)。
※実の不出来は次のような体系を成している。
［実のないもの←］／しなっぽ¯ sinaQpo／—／しな¯ sina／—／しなっつぶ¯ sinaQcubu／—／しなごめ¯ sinaŋome／［→実のあるもの］
※共通語の「しいな(粃)」に対応する語。(「(しひな→)しいな」は「廃ひsipi-」＋「稲-ina」が語源。)
※／しな¯ sina／(粃)は／とーみ¯ toʀmi／(唐箕)を使って／み¯ mi／(実)とえり分けられた。

しなごめ¯ ／sinaŋome／（名詞）
実の不出来な青い悪い米。「しな(粃)sina-」＋「米-ŋome」という語構成。

しなっつぶ¯ ／sinaQcubu／（名詞）
実の不出来な、小さくて／しなごめ¯ sinaŋome／より悪い米粒。
「しな(粃)sina-」＋「粒-Qcubu」という語構成。

しなっぽ¯ ／sinaQpo／（名詞）
全然実の入っていない／もみ¯ momi／(籾)。「しな(粃)sina-」＋「？穂-Qpo」という語構成か。

しなびる¯ ／sinabiru／［萎びる］（所動詞バ行上一段）
①生えている草木が夏の日など水分を失って枯れそうになること。しおれる。
②刈り取った野菜などが放置されて水分を失い、しわが寄ること。しなびる。
※他動詞は／しなびかす¯ sinabikasu／(サ行五段)。

しなる˥ ／sinaru˥／［撓る］（所動詞ラ行五段）
撓う。「しなう」(ワ行五段)がラ行化して「しなる」となったもの。「しなう」とは言わない。共通語のワ行五段活用にラ行五段活用が対応する例の一つ。なお、「しなう」の連用形名詞由来の剣道の竹刀の／しな˥い／と、「しなる」の名詞形の／しなり=˥／(撓り)とは言語意識的にも別語になっている。

しにいき¯ ／sini'ɪki／［死に生き］（名詞）
生死。生き死に。／しにいき・ん　とき˥・わ　べつ↓／（生き死にのときは別扱い。）

しにずけー¯～しにずかい¯ ／sinizukeʀ～sinizukai／［死に使い］（名詞・動作名詞）
不幸(人の死)を知らせる使い(の人)。必ず二人で行く。行き帰りは道を変える。現在はこのような習慣は廃れた。

しにめ¯ ／sinime／［死に目］（名詞）
死に際。子ども時分に、夜に爪を切ったり足袋や靴下を履いて寝たりすると「親の死に目に会えない」とよく言われた。「夜…」と「親の死に目…」の因果関係は今もって分からないが、「親の死に目に会う」ことの重視には、「親の最期を看取る」ことを孝行、「看取らないこと」を不孝とする考えがあるのかもしれないとずっと後年になって気が付いた。

しぬ¯ ／sinu／［死ぬ］（自動詞ナ行五段）
死ぬ。強意形は／おっちぬ˥ 'oQcinu˥／（おっ死ぬ）。
※ナ行に活用する五段動詞は「死ぬ」の１語だけである。老若を問わず個人的変種に／しむ¯ simu／(マ行五段)が観察される。⇒／しむ¯ simu／［死む・自動詞マ行五段］を参照。

じねんじょ¯ ／zineɴzjo／［自然薯］（名詞）
山芋(植物名)。「長芋」は／きねいも¯～きねーも¯ kine'ɪmo～kineʀmo／(「杵芋」)という。

しぶ˥い ／sibu˥i／［渋い］（形容詞）
①味が渋い。②寝不足で目がしょぼしょぼしている感じ。
※「渋い」は、語基を共通にする関連語の「渋る」や古語の「渋く(カ行四段)」「渋くる」が「滞る、つかえて進まない、なめらかでない」という意味で味と関連がないこと、特に語基を共通にする形容

詞・動詞間の「イ／ル対応」(「太い／太る」「細い／細る」「鈍い／鈍る」「臭い／腐る」等)から見ても「渋い／渋る」の意味対応がやはり異例と思われることを考えると、味覚の意味は、本来は、渋みが「口や喉につかえてなめらかに通りにくい」ことからの転義(比喩義)と思われる。藤堂明保1965『漢字語源辞典』(學燈社)記載の漢字形態素「渋(澁)/ṣïəp/」の意義素〈なめらかでない〉(同書では日本語の「しぶ(渋)」はこの漢字形態素の音訳借用語の可能性があるとしている)や、また、『日葡辞書』の'xibui'に「渋みのある(こと)、あるいは、喉に引っかかるような(こと)」(パリ本『日葡辞書』によると原文は cousa que trava, ou engasga)の訳語および原語をも参照。従って、味ではない②の意味も、次次項の／しぶった˥い sibuqta˥i／の意味も、ともに(原義である)動きの滞り感(なめらかでない感じ)に関係している意味と考えられる。

しぶっか˥き ／sibuQka˥ki／ ［渋っ柿］(名詞)

渋柿。／あまか゚き¯ 'amaŋaki／(甘柿)の反意語。

しぶった˥い～しぶって˥ー ／sibuqta˥i～sibuQte˥ʀ／ ［渋ったい］(形容詞)

寝不足で、ひどく目がしょぼしょぼしている感じをいう。

じぶん¯ ／zibuɴ／ ［自分］(再帰代名詞・一人称代名詞)

①再帰代名詞。第三人称主語以外の第一人称・第二人称主語を受ける場合は／じぶん¯ zibuɴ／の他に、後注(※)に記したように、当該の人称代名詞をくり返してもよいことに注意。

②主に、戦前世代で、改まった場合の第一人称代名詞(軍隊用語に起源する語か)。戦後世代の人でもやはり改まった場面で使う人が見かけられる。

※再帰代名詞は、第三人称主語以外は「自分」のほかに主語の人称代名詞を繰り返してもよい。
「おれは自分コト信じ過ぎてた。」＝「おれはおれコト信じ過ぎてた。」
「おまえが自分コト信じなくてどうする。」＝「おまえがおまえコト信じなくてどうする。」
「おれは自分コト分からなくなった。」＝「おれはおれコト分からなくなった。」(対格構文)
「おれカ゚ニは自分カ゚分からなくなった。」＝「おれカ゚ニはおれカ゚分からなくなった。」(能格構文)
(上の２例は他動詞の目的語、下の２例は二項所動詞の対格構文と能格構文の目的語(対象語))
当然ながら、第三人称主語の、例えば「あいつはあいつコト信じられなくなった。」のような文の場合、主語「あいつ」と目的語「あいつ(コト)」を同一指示的すなわち再帰的に使うことはできない(主語の「あいつ」と目的語の「あいつ(コト)」は別人となる)。

※いわゆる情意形容詞が共通語でも他動詞性をもつことは、再帰代名詞「自分」が他動詞文と同様に情意形容詞文の中に現れること、および「自分」の分布が他動詞の場合と平行性をもつことからも確認される。「私は自分を恥じる」≒「私は自分が恥ずかしい」。
この方言ではこの場合も明確に対格助詞「コト」が現れて、情意形容詞の他動詞性を明らかにしている。／おら　じぶん・こ˥と　はずかし˥ー↓／(おれは自分が恥ずかしい。) 下記参照。

※再帰代名詞「自分」の分布のあらましは以下のとおり(構文型は網羅的ではない)。
(主語・目的語とそれの格助詞による表示が、述語によっては複数ありうることに注意。)
①「主語カ゚＋目的語コト＋他動詞」(対格構文)の目的語
　おれカ゚＋自分コト＋信じる(こと)
②-1「主語カ゚ニ＋目的語カ゚＋二項所動詞」(能格構文)の目的語
　おれカ゚ニ＋自分(＝自分の顔ナド)カ゚＋見えない(こと)
②-2「主語カ゚ニ＋目的語コト＋二項所動詞」(能対格混合構文―有標目的語)の目的語
　おれカ゚ニ＋自分(＝自分の顔ナド)コト＋見えない(こと)
③-1「主語カ゚＋目的語コト＋二項形容詞」(対格構文)の目的語
　おれカ゚＋自分コト＋恥ずかしい(こと)
③-2「主語カ゚ニ＋目的語カ゚＋二項形容詞」(能格構文)の目的語
　おれカ゚ニ＋自分カ゚＋恥ずかしい(こと)
④-1「主語カ゚＋目的語コト＋可能動詞(他動詞派生)」(対格構文)の目的語
　おれカ゚＋自分コト＋信じられない(こと)
④-2「主語カ゚ニ＋目的語カ゚＋可能動詞(他動詞派生)」(能格構文)の目的語
　おれカ゚ニ＋自分カ゚＋信じられない(こと)
④-3「主語カ゚ニ＋目的語コト＋可能動詞(他動詞派生)」(能対格混合構文―有標目的語)の目的語
　おれカ゚ニ＋自分コト＋信じられない(こと)
④-4「主語カ゚＋目的語カ゚＋可能動詞(他動詞派生)」(二重主格構文)の目的語
　おれカ゚＋自分カ゚＋信じられない(こと)

※「信じられない」(他動詞派生の二項可能動詞)や「分からない」(二項所動詞)は、「自分」を主語として、それと再帰代名詞「自分」を用いた次のような文が作れる。単文の主語は主題化しないと分かりづらくなるので主題化形(～は)であげる。
　「自分(~~カ゚~~)は＋自分コト＋信じられなくなった」(対格構文④-1)
　「自分カ゚ニは＋自分カ゚＋信じられなくなった」(能格構文④-2)
　「自分カ゚ニは＋自分コト＋信じられなくなった」(能対格混合構文④-3)
　「自分(~~カ゚~~)は＋自分カ゚＋信じられなくなった」(二重主格構文④-4)
これらの文は、付加語的に具格句「自分デ」を挿入することができ、さらにこの文から主語を削除しても、具格句「自分デ」があたかも主語を代行するかのような自然な文が得られる。
「~~自分(ガ)は~~＋自分デ＋自分コト＋信じられなくなった」(対格構文④-1)
「~~自分ガニは~~＋自分デ＋自分ガ＋信じられなくなった」(能格構文④-2)
「~~自分ガニは~~＋自分デ＋自分コト＋信じられなくなった」(能対格混合構文④-3)
「~~自分(ガ)は~~＋自分デ＋自分ガ＋信じられなくなった」(二重主格構文④-4)
結果的には、目的語の「コト」表示という点で「対格構文④-1」と「能対格混合構文④-3」、目的語の「ガ」表示という点で「能格構文④-2」と「二重主格構文④-4」が同形になる。
「自分デ＋自分コト＋信じられなくなった」(対格構文④-1／能対格混合構文④-3)
「自分デ＋自分ガ＋信じられなくなった」(能格構文④-2／二重主格構文④-4)
ふつう反省的には、前者では「対格構文④-1」の主語「(ガ)は」が復元され、後者はなぜか「二重主格構文④-4」の主語「(ガ)は」が復元される。(「能格構文④-2」の主語「ガニは」が復元されない(されにくい)のは「ガニ」主語(能格主語)のある種の有標性(有生性と非能動的関与主体性[経験者性])が関係しているように感じられる。対して、「ガ」は多く「無標」的unmarkedであることに注意。)
また、目的語「コト」表示の前者は「目的語」が有標の文(目的語の有生性と対象性が強調される文)で、目的語「ガ」表示の後者は「目的語」がその点で無標の文、のように話者には感じられている。
【注：主語の「自分」は、文脈照応的ではない、つまり先行詞がない点で特異であるが、これは、この文を例えば「おれφは＋『自分ガ＋自分コト＋信じられなくなった』」のように敷衍できることから考えて、当該文の文外の主体者を先行詞にしていると考えられる。先行詞になる文外の主体者には、想定される上位文の主語のほかに、場面・状況から特定される主体者もなると考えられる。第一人称の「自分」もここから説明されうるように思われる。】

しまいっこ¯～しめーっこ¯～しめっこ¯ ／simaiQko～simeʀQko～simeQko／ (名詞)
→／しめっこ¯～しめーっこ¯～しまいっこ¯ simeQko～simeʀQko～simaiQko／

しまう¯～しまー¯ ／sima'u～simaʀ／ (他動詞ワ行五段)
①終わりにする。
※続いているものの終了を表すが、「店φしまう」などでは、「終業」も「廃業」も表せて曖昧(両義的)である。しかし時点・時限の格表示に違いがあるようで、終業は、「{×３時φ／◎３時ニ／○３時デ}～」(「３時ニ」を最も自然とする話者が多い)、廃業は、「{○明日φ／×明日ニ／◎明日デ}～」(「明日デ」を最も自然とする話者が多い)となっている。(「店φ閉める」でも同様であった。)
②終わりにして、(出ていたものを)元の場所に戻す、片づける。
③接続形(テ形)に付く、補助動詞用法の／しまう¯～しまー¯ sima'u～simaʀ／は、接続形(テ形)と融合して、「動作・作用を、終結の局面において、その全体を一括して把えて表す」終結相のアスペクト(「完成相」の一種)を表す拡張接尾辞(いわゆる助動詞)に転化(文法化grammaticalize)している。「＝テ＋シマウ」→「＝チマウ」→「＝チャウ」と融合変化しつつ拡張接尾辞化したもので、／＝ちまう～＝ちまー -cima'u～-cimaʀ／という形と、／＝ちゃう～＝ちゃー -cja'u～-cjaʀ／という形、およびその変異形が行われている。戦前世代では両者が聞かれる。戦後世代では後者がほぼ専用される。
⇒／＝ちまう～＝ちまー -cima'u～-cimaʀ／、／＝ちゃう～＝ちゃー -cja'u～-cjaʀ／の項を参照。

しまっか⌉ ／simaQka˥／ ［縞蚊］(名詞)
／やぶっか¯ 'jabuQka／(藪蚊)の一種で、白い縞のある黒い蚊。昼間から人を刺し、家に出るふつうの蚊に比べて刺されるとひどく痒い。

しまっぱた⌉け～しまっぱたけ¯ ／simaQpata˥ke～simaQpatake／ (名詞)
じめじめしていて乾かない畑。旧稿では「島(＝水に囲まれている所)＋畑」かもしれないが、不確認としてあったが、『改訂綜合日本民俗語彙』に、「埼玉県の丘陵地帯では谷地の行止まりにある畑地をシマといっている。つまりは水から取出した耕地だから島なのであろう。」とあるのに気づいて、／やつ¯ 'jacu／(谷・谷津)、／やつだ¯ 'jacuda／、／やつっぱた⌉け 'jacuQpata˥ke／と関連して聞き取った語であることを思い出したので付記しておく(2022年)。各項を参照。

じみ=⌉ ／zimi=˥／ ［地味］(状態詞)
控えめで目立たない様子。反対語は／はで=⌉ hade=˥／(派手)。
／おれ・が⌉に・わ　そら　おめー・に⌉・わ　じみ・に⌉⌒めーる↓／
(おれにはそれ(その服)はお前には地味に見える。)

しみず¯ ／simizu／ ［清水］(名詞)
湧き水。子どものころ(1950年代)は、「山/'jama=˥/」(大宮台地の安行支台)の裾のあちこちから澄んだ「清水/simizu¯/」が湧き出して、／めどっこ¯ medoQko／(小川)となって流れていた。

しみる¯ ／simiru／ ［染みる］(所動詞ラ行五段)
①内部に深く入り込んで取り除けなくなる。染みる。②水が地中に消え去る。
／きず・に　しみって　いた⌉くて　しゃーね⌉ー↓／ (傷に染みて痛くて仕様がない。)
※共通語はマ行上一段活用だが、ラ行五段化している。／しみらない¯、しみりそー¯(しみそー¯)、しみった¯、…／。他に、「見違える」をラ行五段化して言う個人を観察したことがある。

しむ¯ ／simu／ ［死む］（自動詞マ行五段）

「死ぬ」の個人的変種で、年齢層に関係なく観察される。

※１語しかないナ行五段の「死ぬ」が、「死んで、死んだ」のような形式を類推の軸として、例えば、〈「住んで、住んだ」:「住む」〉のようなよく似た多数派のマ行五段型に牽引されて「死む」になったものと考えられる。〈「死んで、死んだ」:「χ」〉→「χ」＝「死む」。

しめっこ¯〜しめーっこ¯〜しまいっこ¯ ／simeQko〜simeʀQko〜simaiQko／（名詞）

男女を問わず、一番末の子供。末っ子。／しめっこ¯ simeQko／が一番ふつうの言い方。他に、／すいっこ¯ suiQko／（末っ子）とも言う。／ばっち¯ baQci／（末子）も聞くことがあった。

※反意語の「長子」は、男女を問わず、／そーりょー¯〜そーりょっこ¯ soʀrjoʀ〜soʀrjoQko／と言う。

※「中の子」は、男女を問わず、／なかっつぇ¯ nakaQce／［nakattse］と言う。

しめる⌉ ／simeru⌉／（他動詞マ行下一段）

「隙間を無くす」。

①開いた「隙間を無くす」。閉める。／とー　しめる⌉／（戸を閉める）。

②弛んだ「隙間を無くす」。締める。／おび⌉　しめる⌉／（帯を締める）。

しめる¯ ／simeru／ ［湿る］（所動詞ラ行五段）

湿り気を帯びて濡れた状態になる。

※文章語の他動詞「湿す」には、／しめらせる¯ simeraseru／、／しめらかす¯ simerakasu／の２語が対応する。後者の方に、他動的で意図的な行為の意味合いが強く出る。

しも¯ ／simo／ ［下］（名詞）

（例えば「川」などの）斜め方向の（連続的な）上下の「下・下方」を「しも」という。／simo=⌉／は未確認。

反対語は／かみ⌉ kami⌉／。／しも・の⌒ち¯／（下の家）↔／かみ⌉・の⌒ち／（上の家）。

／かわしも¯ ka'wasimo／（川下）↔／かわかみ¯ ka'wakami／（川上）。

／かざしも¯ kazasimo／（風下）↔／かざかみ¯ kazakami／（風上）。

しも=⌉ ／simo=⌉／ ［霜］（名詞）

霜。／しも⌉⌒おりた／（霜が降りた）。／しも・が⌉⌒ふった／（霜が降った）。

／しも・な⌉んか　おり⌉たら／（霜など降りたら［困る］）。／しも⌉・みてー・だ／（霜のようだ）。

しもげる⌉ ／simoŋeru⌉／（所動詞ガ行下一段）

（霜のためや寒さのために）野菜などが凍って傷む（腐る）。霜にあてられる。霜にやられる。

／さむい⌉・から　そと⌉・い　だしと⌉く・と　しもげ⌉ちゃー・ぞ↓／

（寒いから［薩摩芋などを］外に出しておくと「しもげて」しまうぞ。）

※／しもげる⌉ simoŋeru⌉／一歩手前の状態を、／かぜ¯⌒ひく¯ kaze siku（hiku）／と言うという。

※同じ柔らかくなるのでも、サツマイモなどは、ふかしたときは／ぽこ⌉ぽこ poko⌉poko／しているのに、／しもげる⌉ simoŋeru⌉／と／びちゃ⌉びちゃ bicja⌉bicja／した状態になると言う。

しもごい¯ ／simoŋoi⌉／（名詞）

肥料としての人糞尿。農村での下肥の使用は東京オリンピックごろまではあったように記憶する。

※下肥は、東京から肥舟で河岸に運ばれ、そこから農家に供給された。下肥を溜めておく設備を、／ため¯ tame／（溜）、／こいだめ¯ koidame／（肥溜）と言う。

しも・の⌒ち¯〜しも・の⌒ち=⌉ ／simonoci〜simonoci=⌉／（名詞）

下にある家。／かみ⌉・の⌒ち kami⌉noci／（上の家）の反対。各集落内では固有名詞的に使用されることが多い。固有名詞的に言及される「下の家」は／しも・の⌒ち¯ simo no ci／の他に、／しも・な⌒うち¯／言い換えて／しも・に⌒ある⌉⌒うち／となっていて、共通語の平板型に対応するはずの形を示している。聞いた限りでは共通語の尾高型にアクセント型が対応していなかった。

しもやけ⌉〜しもやけ¯ ／simo'jake⌉〜simo'jake／ ［霜焼け］（動作名詞）

寒さで手足や耳が赤く膨れてかゆくなったりただれたりすること、またその部分。

しや¯ ／si'ja／ ［皺］（名詞）

ものの表面にできた細かい筋目。皺。語形は／*Ci'wa／（C≠'）→／Ci'ja／という法則的変化の一例。

／とし⌉⌒とんば　しや・も　よる↓／（年取れば皺も寄る。）

しゃーね⌉ー ／sjaʀne⌉ʀ／（形容詞）

仕様がない。仕方がない。自分たちの力を超えた出来事として諦めて受け容れるしかない。

※／しゃー sjaʀ／は、古語の「しやう（仕様）」に対応するが、「イ段音＋ヤ行音→拗音化」と「アウ連母音の長音化」いう二重の音韻変化を経ている（シヤウ［ɕijau］→シャウ［ɕau］→シャー［ɕaː］）。

古典仮名遣いで「ア段＋う」という連母音がオ段長音でなく、ア段長音が対応する例が少数ながらあるものの一つ。／みったね⌉ー miQtane⌉ʀ／（みっともない）なども、「みたくない」→「*みたうない」→「*みたーない」→／みったね⌉ー／という成立が考えられる。

※／しゃーね⌉ー sjaʀne⌉ʀ／（仕様がない）を強く言い放つときに／しゃーろ⌉んか sjaʀro⌉Nka／というが、この語は対応する共通語がないために戦後世代でも／*しょー⌒あろんか／とは言わなかった。また、／しゃーんめ⌉ー sjaʀNme⌉ʀ／（仕様があるまい）は、／*しょー⌒あんめ⌉ー／とはならないまま、戦後世代からはこの形式自体の使用が見られなくなってしまった。

これらの諸形式は「しゃー＋ねー」「しゃー＋あろんか」「しゃー＋あんめー」と形態的に分析できるが、間に助詞を介入させることができないので、「しゃー」を単語とすることには問題がある。

※戦後世代は、／しょー⌒ね˥ー sjoʀ ne˥ʀ、しょー・が⌒ね˥ー sjoʀ ŋa ne˥ʀ／と言う者が多くなっている。拗音化して／しょー‾ sjoʀ／と言うのがもっぱらで、拗音化せず／しよー‾ si'joʀ／という発音はふつうには聞かれない。なお、この「しょー」という形式は後続形式との間に助詞の「ガ」「モ」等を介入させることができるので、単語と認めることができる。
なお、「どうすることもできない」の意味の連語／どーしょー・も⌒ね˥ー doʀ-sjoʀ mo ne˥ʀ／は、／*どーしゃーもね˥ー *doʀ-sjaʀ mo ne˥ʀ／とは言わないことからも新しい言い方と考えられる。

しゃーる˥ ／sjaʀru˥／［退る］（自動詞ラ行五段）
後ろに下がる。退く。／もー⌒ちっ˥と　うしろ・い　しゃーれ˥↓／（もう少し後ろへ下がれ。）
※後ろに下がることを／あとっしゃー˥り 'atoQsjaʀ˥ri／ということから、「退く」意味の古典語の「しさる」が[*ししゃる]→[っしゃーる]→／しゃーる˥／と変化して成立した語であろう。
※共通語では「しさる」はほとんど耳にしないが、「後じさり」や「後ずさり」の後部成分として現れている。

しゃーる˥・か ／sjaʀru˥ ka／（連語動詞反語形）
「(ほかに)仕様がある(だろう)か、いやない」という第一人称者の強い反語的な否定を表す。
／んーな⌒こと˥　ゆわいても　しゃーる˥・か↓／（そんなことを言われても何とも仕様がない。）
※「仕様」の意の形態／しゃー sjaʀ／＋存在動詞／ある˥／＋終助詞(疑問・反語)／か／の縮約形。

しゃーろ˥んか ／sjaʀro˥ɴka／（連語動詞強否形）
仕様がない、仕方ない、という第一人称者の強い否定を表す。
※判断者が第一人称者なのは上昇音調をとっても判断要求の質問文(疑問文)を作れず、問返し文にしかならない点からも明らかである。
※「仕様ない」という意味の／しゃーね˥ー sjaʀne˥ʀ／の／ねー neʀ˥／(無い)の代わりに、存在動詞／ある˥ 'aru˥／の反語表現に起源する、強い否定を表す確否形／あろ˥んか 'aro˥ɴka／を使った形／*しゃー⌒あろ˥んか *sjaʀ 'aro˥ɴka／が／しゃーろ˥んか sjaʀro˥ɴka／と熟合した形である。

しゃーんめ˥ー ／sjaʀɴme˥ʀ／（連語動詞動詞否定推量形）
仕様がないだろう、仕方ないだろう、という第一人称者の否定推量を表す。
※判断者が第一人称者なのは上昇音調をとっても判断要求の質問文(疑問文)を作れず、問返し文や同意要求の念押し文にしかならない点からも明らかである。
※前項と同様に／*しゃー⌒あんめ˥ー *sjaʀ 'aɴme˥ʀ／が／しゃーんめ˥ー sjaʀɴme˥ʀ／と熟合した形である。

じゃがいも‾ ／zjaŋa'ɪmo／（名詞）
ジャガイモ。

しゃがむ‾ ／sjaŋamu／（自動詞マ行五段）
尻を床や地面などに付けずに腰を降ろす。／しゃごむ‾ sjaŋomu／と言う話者もある。
※尻を床や地面などに付ければ／すわる‾ su'waru／と言う。
腰を下ろさずに腰や膝を曲げて体を前屈するのが／かがむ‾ kaŋamu／である。

しゃかん‾ ／sjakaɴ／［左官］（名詞）
左官(壁職人)。

しゃかんや‾ ／sjakaɴ'ja／［左官屋］（名詞）
左官屋。

しゃく‾ ／sjaku／（名詞）
ひしゃく（柄杓）。
※「ひしゃく」の語頭音が脱落したものだが、複合語後部成分としては／こいびしゃ˥く koibisja˥ku／(肥え柄杓)のように「＝びしゃく -bisjaku」という形が現れる。「ひしゃく」は古典語「ひさこ」(瓢箪)が「ひさく」→「ひしゃく」と転じたもので半分に割って水汲み道具としたのが起源という。
※『物類称呼』に、「(「杓(ひしゃく)」を) 関西にて○しやくといふ　関東にて○ひしやくと云」とあるのを参照。
※共通語のカ行・タ行音の前の「ひ」(/hi/＋/k,t,c/)と、促音を挟んでのカ行・タ行・パ行音の前の「ひ」(/hi/＋/Q/＋/k,t,c,p/)に対して、方言では「し」(/si/)が音韻法則的に対応するが、サ行音の前の共通語の「ひ」に対しては「し」(/si/)となる例はないようで、脱落するか、中和した/hɪ/が対応するのが通則と思われる。サ行音の前の「ひ」が落ちるのは、この／しゃく‾ sjaku／(ひしゃく[柄杓])と／さしっこ sasiQko／(庇)の２例が今のところ確認される。

しゃくー‾～しゃくう‾ ／sjakuʀ～sjaku'u／（他動詞ワ行五段）
水や液体を手や柄杓などで掬う。／しゃくる‾ sjakuru／も耳にする。
※『日葡辞書』には／しゃくる‾ sjakuru／に対応する xacuri, u があり、*xacui, ŭ がないことから、／しゃくう‾ sjaku'u／の方が後出の語と考えられ、以前の、「しなう→しなる」「つくばう→つくばる」「よそう→よそる」に準じた「しゃくう→しゃくる」というワ行五段動詞のラ行五段化という考えは成り立たないようなので、類義の別語と訂正する。
※話者は「しゃく(杓)」(この方言では「柄杓(ひしゃく)」も「しゃく(杓)」と言っている)との関連を強く意識していて、「(「杓」→)杓う(杓＋う)」(cf.「(「歌」→)歌う(歌＋う)」)と感じている。
※／しゃくー‾～しゃくう‾ sjakuʀ～sjaku'u／は、／すくー‾～すくう‾ sukuʀ～suku'u／(『日葡辞

書』にも sucui, ŭ「掬う」とある）と意味的・用法的にも関連があるので、「杓で掬う」ことから、／しゃくー¯〜しゃくう¯ sjakuʀ〜sjaku'u／ができた可能性も考えられる。また他に、xacuri, u「しゃくる」と sucui, ŭ「掬う」の混淆 contamination に基づく二次的な語形かもしれないが、不明。

しゃくる¯ ／sjakuru／（他動詞ラ行五段）

水や液体を手や柄杓などで掬う。同じ事態を／しゃくー¯〜しゃくう¯ sjakuʀ〜sjaku'u／とも言う。

※／しゃくう¯ sjaku'u／のラ行五段化と考えていたが、／しゃくる¯ sjakuru／（杓る）は、『日葡辞書』に xacuri, u とあり、sacuri, u と言う方がまさるとあって「さくる（決る）」にさかのぼること、また、*xacui, ŭ がないことなどから、文献上／しゃくう¯／の方が後出の語と考えられ、この考えは成り立たないようなので、類義の別語と訂正する。

じゃく⏋ろ ／zjaku⏋ro／［石榴］（名詞）

ザクロ（石榴）。

しゃけ⏋ ／sjake⏋／［鮭］（名詞）

鮭。

しゃごむ¯ ／sjaŋomu／（自動詞マ行五段）

／しゃがむ¯ sjaŋamu／に同じ。尻を床や地面などに付けずに腰を降ろす。

※／しゃがむ¯ sjaŋamu／－／しゃごむ¯ sjaŋomu／、／かがむ¯ kaŋamu／－／こごむ¯ koŋomu／のように、母音/a/－/o/交替による同義関連語がある。

しゃじ⏋ ／sjazi⏋／［匙］（名詞）

さじ（匙）。

しゃっこ⏋い〜しゃっけ⏋ー ／sjaQko⏋i〜sjaQke⏋ʀ／［冷っこい］（形容詞）

手触りできるものに手や体が触れて冷たく感じる様子。ひゃっこい。／ひゃっこ⏋い hjaQko⏋i／と言うことはない。

※／つめたい¯ cumetai／と似ているが、／しゃっこ⏋い sjaQko⏋i／は「氷」や「水を張ったばかりの風呂」など触れて確かめられるような対象物に使い、「夏場のデパートなどのクーラーのきいた冷たい空気」のような触れてその存在を確かめられないものには使わない。／つめたい¯／にはその制限は無い。

※さらに「つめたい」は「（他人に）つめたい人」・「つめたい目／表情（をしている）」・「つめたい心」のように比喩的な意味で使うことができるが、「しゃっこい」は「（他人に）*しゃっこい人」・「*しゃっこい目／表情」・「*しゃっこい心」などと言うことはできない。「しゃっこい」は、具体物の具体的な冷感覚を表して、抽象的・比喩的な用法は成り立たない（ようである）。

※「中途半端に」の意味の接頭辞「なま」との結合形／なましゃっこ⏋い／はない。「過度に」の意味の接尾辞「すぎる」との結合形／しゃっこすぎる⏋／は自然に成立する。

※「しゃっこい」は、例えば「ねば（粘）い→ねばっこい/nebaQko⏋i/」・「まる（丸）い→まるっこい/maʀruQkoi¯/」・「ずる（狡）い→ずるっこい/zuruQko⏋i/」などに見られる〈「形容詞語幹」（語基）＋形容詞派生接尾辞「っこい」〉という造語法から考えて、「*ひや（冷）い」を元として、「*ひやい→ひやっこい→ひゃっこい→しゃっこい」のようにして成立した語形と考えられる。「ひやい」以外は近隣の諸方言で使用が確認される。

しゃっちょこだち¯ ／sjaQcjokodaci／［鯱立ち］（動作名詞）

逆立ち。城の天守閣上の「しゃちほこ（鯱）」のような格好をすることから出た語。

※［しゃちほこ］→／しゃっちょこ／のような音変化は他に［しちひゃく］→／しっちゃく⏋／（七百）のようなものがある。

しゃっちょこばる⏋ ／sjaQcjokobaru⏋／［鯱ばる］（自動詞ラ行五段）

緊張して堅くなる。緊張して動きがぎごちなくなる。

しゃっつら=⏋ ／sjaQcura=⏋／（名詞）

顔の卑語。／かお¯ ka'o／（顔）の卑語／つら=⏋ cura=⏋／（面）に更に軽卑接頭辞／しゃっ＝ sjaQ-／が付いた語。／しゃっつら⏋　みん⏋・だけ　はら⏋たつ↓／（奴の顔を見るだけでも腹が立つ。）

しゃて⏋ー〜しゃて⏋ ／sjate⏋ʀ〜sjate⏋／［舎弟］（名詞）

（日常語で）弟。言及用法のみで、呼びかけ用法はなく、その場合は名前を呼び捨てにする。

共通語では「意味の縮小」が起きている語だが、旧来の方言においては、本来の「舎（いえ）の弟」の意味を保っていた。特殊な意味合いでは無く、ふつうのかたぎの人間同士で使うことば。「舎兄」に当たる語はない。

※「舎弟」のアクセントは、山田美妙『日本大辞書』に「しやてい（第三上）」（つまり［シャテ⏋イ］中高型）とあるのに対応している。現今の東京語の平板型には対応していない。

じゃ⁀ねー⏋・か 〜じゃ⁀ね⏋・か 〜だ⁀ねー⏋・か 〜だ⁀ね⏋・か

／zja neʀ⏋ka 〜 zja ne⏋ka 〜 da neʀ⏋ka 〜 da ne⏋ka／（終助詞相当連語）

述語となる、動詞・形容詞の終止連体形や名詞・状態詞（形容動詞語幹）に付いて、話し手（第一人称者）の再認的断定を表す。否定疑問が肯定を導く一種の「修辞否定」とも言うべき表現法である。

／あいつ　あんな⁀こと⏋⁀して　｜　ばか⏋・だ⁀ね・か↓／

（あの人はあんなことをしてバカではないか。）

※／だ⁀ねー⏋・か 〜だ⁀ね⏋・か da neʀ⏋ka 〜 da ne⏋ka／は繋合詞（いわゆる断定の助動詞）の

終止形／だ da／に牽引された形と考えられ、／じゃ⌒ねー⌉・か 〜じゃ⌒ね⌉・か zja neʀ⌉ ka 〜 zja ne⌉ ka／と併存している。

※分布のうえからは助動詞／だろ⌉ー daro⌉ʀ／や／だんべ⌉ー daɴbe⌉ʀ／に近く、繋合詞（断定の助動詞）／だ da／の活用図列paradigmaから離れている。

しゃべくる⌉／sjabekuru⌉／（他動詞ラ行五段）

専らにしゃべる。

※次項／しゃべる⌉ sjaberu⌉／派生の反復frequentative動詞。[[[sjabe(r)]＋kur]-u]と言う語構成。

しゃべる⌉／sjaberu⌉／（他動詞ラ行五段）

一定の内容のある話を、(余計なことまで含めて)べらべらと他人に話す。

※下線部の意味特徴を欠き、非難・揶揄の意味合いがなく、「話す」とほとんど同じように使う話者もある。

しゃぼてん¯／sjabotеɴ／（名詞）

サボテン。「しょぼんて(しゃぼんsabão＋手)」の音位転倒metathesisに基づく形という。

しゃぼん¯／sjaboɴ／（名詞）

石鹸。外来語(ポルトガル語sabão)。戦前世代で常用語。戦後世代は／せっけん¯ seQkeɴ／と言う。

しゃぼんだま¯／sjaboɴdama／（名詞）

シャボン玉。

じゃま¯／zjama／［邪魔］（名詞）

妨げになること。妨げになるもの。

／じてんしゃ・が　おまえ・こ⌉と　じゃま・だ・か⌉ら、はや⌉く　どけろ↓／

([通りがかりの]自転車が[道の真ん中の]おまえを邪魔にしているから、速く[道の外に]どけ。)

※例文は偶々耳にした文だが、「自転車ガ＋おまえコト＋邪魔ダ(カラ…)」は、他動詞構文の「自転車ガ＋おまえコト＋邪魔にしてる」(自転車がお前を邪魔にしている) の一種の「端折り文」的表現と考えられる。「自転車ガ」は「自転車に乗っている人ガ」の意味で有生性を得ているので対格目的語をとることができたと考えられる。

じゃまっけ¯／zjamaQke／［邪魔っ気］（名詞）

妨げになる様子。

／じゃまっけ・だ⌉・から　あっち⌉ー　いってろ⌉↓／（邪魔になるからあっちへ行っていろ。）

／あんまり　じゃまっけ・に　しんな⌉・よ↓／（あまり邪魔にするなよ、邪険にするなよ。）

じゃら⌉んぼん／zjara⌉ɴboɴ／（名詞）

葬式。古いことばで、ふつうは／ともらい¯〜ともれー¯ tomorai〜tomoreʀ／(弔い)と言った。

葬列が角ごとに「鉦」／かね¯ kane／を鳴らした、その鉦の音にちなむと理解されていて、本来は、「葬送」の意味だったかもしれない。

じゃり¯／zjari／［砂利］（名詞）

(砕かれた)小さく細かい石。砂利。⇒／いしっころ⌉ 'ɪsiQkoro⌉／の注を参照。

しゃり⌉き／sjari⌉ki／（名詞）

きこりや木挽き職人をいう。

※「車力」なら大八車を引いて荷物を運搬することを職業とする人のことのはずだが、「木こりや木挽き職人」のことだと確かに言っていたのでそのまま記す。後に、周辺地域(八潮・三郷・吉川・松伏・越谷)でも「樹木を伐採する人、材木を鋸で挽く人」の意味で使われていたことを知った。

じゃりみち¯／zjarimici／［砂利道］（名詞）

「砂利/zjari¯/」が敷かれた道。舗装される前の公道は多く砂利道だった。

じゃれかす⌉／zjarekasu⌉／（他動詞サ行五段）

(子どもや犬猫などを)じゃれさせる。次項／じゃれる⌉ zjareru⌉／の連用形(語基形)に他動詞形成接尾辞／＝かす／が付いた語(cf.「馴れかす/narekasu⌉/」((動物などを)馴らす)。共通語「じゃらす」「じゃらかす」に相当するが、「じゃらす」は／ねこじゃら⌉し nekozjara⌉si／(「エノコログサ」植物名)に現れるぐらいで、「じゃらかす」も周囲では耳にすることがなかった。

／ねこ⌉・こと　じゃれかして⌉　あすんでる↓／((子どもが)猫をじゃれさせて遊んでいる。)

じゃれる⌉／zjareru⌉／（自動詞ラ行下一段）

(子どもや犬猫などが)まとわりついて戯れ遊ぶ。じゃれる。

／いぬっころ⌉・に　じゃれらい⌉て　えんが⌉みた↓／(犬にじゃれつかれて難儀した。)

しや⌉んぼ／si'ja⌉ɴbo／（名詞）

物惜しみする人。戦前世代のことば。／*Ci'wa(C≠')→Ci'ja／という音韻法則の1例である。

※祖形は／*しわんぼ／で形容詞「しわい」の派生語であるが、対応する形容詞は使われていない。「しわい様子」は／けち⌉ keci⌉／(状態詞)、「しわい人」は／けち⌉んぼ keci⌉ɴbo／と言うのが今はふつうである。

しゅーいろ¯／sjuʀ'ɪro／［朱色］（名詞）

朱色。

※埼玉東南部方言では、長い[シュー]はそのままで変化せず、短い[シュ]はすべて[シ]に音韻法則的に変化していることからすると、その変化の終了後[シュイロ]を耳で聞いて[シューイロ]と受

け容れたものと思われる。

しゅーと¯ ／sjuʀto／［舅・姑］（名詞）

配偶者の親。「しゅうと(舅)」と「しゅうとめ(姑)」を区別せず、どちらも／しゅーと¯ sjuʀto／とふつう呼んでいる。

※配偶者の「きょうだい(兄弟姉妹)」を指す「こじゅうと(小舅)」と「こじゅうとめ(小姑)」も全く同様で、どちらも／こじゅーと¯ kozjuʀto／とふつう呼ばれている。

じゅーにかちょー⌉そん ／zjuʀnikacjoʀ⌉soɴ／［十二か町村(地域名称)］（名詞）

近隣の十二の町村(北足立郡南部の町村。現在の「川口市」「草加市」と「旧浦和市」の一部)。

※「川口」／かわぐ⌉ち～かあぐ⌉ち／、「南平柳」／みなみへー⌉りゅー／、「鳩ヶ谷」／はとが⌉や～はとげ⌉ー／、「上根」／かみね¯／、「戸塚」／とず⌉か／、「野田」／のだ¯／、「大門」／だいも⌉ん～でーも⌉ん／、「安行」／あんぎょ⌉ー／、「新田」／しんでん¯／、「草加」／そーか¯／、「谷塚」／やつか¯／、「新郷」／しんご⌉ー／。

じゅーの⌉ー～じゅーの⌉ ／zjuʀno⌉ʀ～zjuʀno⌉／［十能］（名詞）

十能(炭や灰をすくって運ぶ金属製の道具)。

※『物類称呼』の「熜舁(じうのう)」の項に、「江戸大坂共に○じふのう」とある語である。

しよ=⌉ ／si'jo=⌉／［塩］（名詞）

塩。／なめくじ⌉ら・わ　しよ・で⌉　ころせる↓／（ナメクジは塩で殺せる。）

※イ段音/Ci-/の後の共通語のア行音/-'V/は、ふつう[-j-]が介入してヤ行音/-'jV/に発音される。

しょいかご¯ ／sjoikaŋo／［背負い籠］（名詞）

背負い籠。

しょう¯～しょー¯ ／sjo'u～sjoʀ／［背負う］（他動詞ワ行五段）

物を背中に乗せる。生き物を背中に乗せることは／ぶー⌉～ぶう⌉ buʀ⌉～bu'u⌉／（ワ行五段）という。

※『物類称呼』に「(負ふと云事を)東国にて○せうと云(背負ふのちぢみたることば也)」とある。

しょーい¯～しょーゆ¯ ／sjoʀ'i～sjoʀ'ju／［醤油］（名詞）

醤油。気をつけて聞いていると、(簡略表記で)[ɕo:i]と発音されていることが多い。ただ聞き直すと[ɕo:ju]だと言う。実際の言語音と言語者の意識にずれがある語である。

しょーき¯ ／sjoʀki／［仕置き］（動作名詞）

子どもを叱ってこらしめること。仕置き。

しょく⌉い ／sjoku⌉i／（形容詞）

食欲が旺盛なこと。漢語「食(しょく)」を形容詞化した語。

しょち⌉まね ／sjoci⌉mane／（動作名詞）

つまらないいたずら。(人まねとも)。戦前世代が昔聞いたことばという。今では使わない。

／しょち⌉まね　しんな⌉↓／(つまらぬいたずらをするな。)

しょっから⌉い～しょっかれ⌉ー ／sjoQkara⌉i～sjoQkare⌉ʀ／（形容詞）

塩味の辛さ（塩や塩辛の味）をいう。

※／しょっから⌉い sjoQkara⌉i／に「酸味」が加わったものが／しょっぱ⌉い sjoQpa⌉i／だと考えられている。

しよっけ¯ ／si'joQke／（名詞）

塩味の度合い。

しょっぱ⌉い～しょっぺ⌉ー ／sjoQpa⌉i～sjoQpe⌉ʀ／（形容詞）

梅干しの味をいう。

※話し手の意識では、単なる「塩味」は／しょっから⌉い sjoQkara⌉i／で、「塩味」に多少の「酸味」が加わったのが／しょっぱ⌉い sjoQpa⌉i／という感じがある。これは／すっぱ⌉い suQpa⌉i／との、語形と意味領域の近似が干渉しているもののようである。

※「しははゆし」が語源。「しは」(唇・舌・喉を広く指す語)＋「はゆし」((目など)感覚器官に強い刺激を感じる様子)の複合語。

「しわはゆいxiuafayui(『日葡』)」—(「塩」が干渉)→「しおはゆいxiuofayui(『日葡』)」→「*しょっぱゆい」→「*しょっぱいい」→「しょっぱい」となったものと思われる。⇒／こそっぱ⌉い／の項を参照。

しょっぱな¯ ／sjoQpana／（名詞）

一番初め。／はな⌉ hana⌉／は「初め、初めのうち、初めの頃」など限定的でない意味合いを持つ。

しょんべ⌉ん ／sjoɴbe⌉ɴ／［小便］（名詞）

小便。小便を意志的・随意的に体外へ排泄することは／たいる⌉ sjoɴbe⌉ɴ tairu⌉／（垂れる）と言い、無意志的・不随意的に体外に排泄することは／むらす⌉ sjoɴbe⌉ɴ murasu⌉／（漏らす）と言う。意志を離れた出来事としての排泄は／むる⌉ sjoɴbe⌉ɴ (ŋa) muru⌉／（漏る）という。⇒／くそ=⌉ kuso=⌉／

しょんべんくせ⌉ー～しょんべんくさ⌉い ／sjoɴbeɴkuse⌉ʀ～sjoɴbeɴkusa⌉i／［小便くさい］（形容詞）

小便の(強い)においがする。／この⁀ふとん　しょんべんくせ⌉ー↓／(この布団は小便くさい。)

しょんべん⌉たれ ／sjoɴbeɴ⌉tare／［小便垂れ］（名詞）

寝小便をする(ような)者(≒子ども)に対する軽卑語。／ねしょんべん⌉たれ nesjoɴbeɴ⌉tare／(寝小便垂れ)に同じ。⇒／たいる⌉ tairu⌉／(垂れる)の注(※)を参照。

しらが=⌉ ／siraŋa=⌉／［白髪］（名詞）

白くなった髪の毛。白髪の多い頭を／しらがあた˥ま siraŋa'ata˥ma／と言う。
／しらが・も˥⌒おーく⌒なった／、／しらが・の⌒あたま˥⌒してる／（頭髪が白い）。

しらくも¯ ／sirakumo／［白癬］（名詞）
頭にできる白くて円い乾燥した斑紋で髪の毛が抜ける皮膚病。
※額や頬にできるのは／はたけ¯ hatake／と言う。

しらみ¯ ／sirami／［虱］（名詞）
虱。敗戦後復員してきたとき／しらみだら˥け／だった話など聞くことがあった。

しら˥んぷり ／sira˥ɴpuri／（名詞・動作名詞）
知っているのに知らないかのようによそおいふるまうこと。反対語は／しったかぶり¯／と言う。

しり=˥ ／siri=˥／［尻］（名詞）
尻。ふつう／けつ¯ kecu／と言う。

しり˥⌒くるむ˥ ／siri˥ kurumu˥／（連語動詞）
赤ん坊がウンチをしても知らんふりをすること。

しり˥つ ／siri˥cu／［手術］（名詞）
手術。[シュジュツ]→［シジツ]→／しり˥つ／と転じたもの。
※共通語の[ジ]と[リ]が混乱するものがいくつかある。／そーりょー・の⌒りんろく¯／(惣領の甚六)と言う人がある。⇒／じじ˥はげ zizi˥haŋe／(「リュウノヒゲ」草の名)の注を参照。

しり˥ったぼ ／siri˥Qtabo／（名詞）
尻の丸みのある膨らみをいう。／けつっぺた¯ kecoQpeta／や／しりっぺた¯ siriQpeta／もほぼ同じ意味の語。／みみ˥ったぼ mimi˥Qtabo／(耳朶)にも同じ形態素／(＝っ)たぼ／が現れる。

しりっぱしょ˥り ／siriQpasjo˥ri／（名詞）
着物の後ろを全部からげたものをいう。
※後ろをちょっとはしょったものを／じじっぱしょ˥り ziziQpasjo˥ri／と言う。

しりっぺた¯ ／siriQpeta／（名詞）
尻の膨らみをいう。／けつっぺた¯ kecuQpeta／や／しり˥ったぼ siri˥Qtabo／もほぼ同じ意味の語。／けつっぺた¯ kecuQpeta／や／ほっぺ˥た hoQpe˥ta／にも同じ形態素が現れる。この３語に含まれる形態素「ぺた」は、話者には(語源といわれる「辺端」の意の古語の「へた」とは無関係な)「膨らみ」と受け取られている。

しる¯ ／siru／［為る］（サ変動詞[→サ行上一段]）
為る。類義の「やる/'jaru/」との違いなど、⇒／やる¯ 'jaru／の項を参照。
※活用は基本的にサ行上一段だが、使役・二重使役・受身・被役(使役の受身)・二重使役の受身・可能の派生動詞が通常の一段形式と異なるので、サ変とする。使役は／させる¯ saseru／、二重使役は／ささせる¯ sasaseru／、受身は／さいる¯(～される¯) sairu(～sareru)／、被役(使役の受身)は／させらいる¯(～させられる¯) saserairu(s～aserareru)／と／さいる¯(～さされる¯) sasairu(～sasareru)／、二重使役の受身は／さささいる¯(～ささされる¯) sasasairu(～sasasareru)／、可能は語基を異にする補充法で／できる˥ dekiru˥／という。これらを除けば、サ行上一段活用といって差し支えがなく、語幹は「し」に統一されている。
／だれ˥・も　んーな⌒ふ˥・に　ゆってや˥⌒しず↓／(誰もそんなふうには言っていない。)のように共通語の「せず」に対応する形も／しず¯ sizu／となっている。
※主語の[＋有生性]と動作の[＋具体性]を特徴とする／やる¯ 'jaru／に比べて、／しる¯ siru／は、主語の[±有生性]と動作の[±具体性]に関して中立(neutral)である点で異なっている。
※動作名詞に付いて動詞相当連語を構成する補助動詞には／しる¯ siru／と／やる¯ 'jaru／とがあるが、抽象的、心理的内容の語には／しる¯／が、具体的、身体的動作には／やる¯／が付く傾向がある。「仕事」や「勉強」は両者と共起するが、「心配」や「気の毒」は／やる¯／とは共起しない。／のんびり˥⌒やる¯／と／のんびり˥⌒しる¯／では前者に動作の具体性が明確にでる。
※共通語同様に、動詞を語幹の語彙的意味に該当する動詞実質と語尾の文法的機能に該当する形式動詞(代動詞)に分析的に表現し、間に副助詞・係助詞を挿入する表現型が存在する。動詞実質は「連用形」で、形式動詞(代動詞)は／しる¯ siru／(する)で表される。
／わらい・な˥んか　しろんか／(笑いなどしない)、／わらい・も˥　しねー／(笑いもしない)
【形容詞にも同様の分析的表現型が存在する。この場合は形式形容詞(代形容詞)が存在しないので状態動詞／ある˥ 'aru˥／が代用される。】
※共通語化の流れが強力で1972年当時でも、戦後世代では終止＝連体形は殆ど／する¯ suru／に置き変わっていた。戦前世代でも年齢がより若い人ほど、改まれば、終止連体形は／する¯ suru／とも言う人が多くなってきていた。
真っ先に共通語化するのが終止＝連体形で、他は遅れる傾向がある。個人差はあるが、他の活用形、特に共通語に対応するものがないか耳遠い活用形は、語幹が「す＝」にならず「し＝」を維持している話者が多い。例えば、禁止形／しんな˥／(するな)、志向形「しんべ˥ー」(しよう(戦後世代の語形で戦前世代は／しべ˥ー／))、仮定形／しれば˥／(すれば)、確否形／しろんか˥／(するものか、しない)、／しら˥ー／(すらあ)など。確否形の／*すろんか˥／は全く聞かれない。
※前項記事を筆者の経験と内省をふまえてもう少し詳しく言い直すと次のようである。

ほぼ規則活用（正格活用）するサ行上一段的な方言の動詞「しる」は、戦後世代においては次の順序で共通語化＝不規則活用（変格活用）化している。

①終止＝連体形が真っ先に「しる」から「する」になった（1957年昭和32年小５）。

②しかし、終止＝連体形の音便形の「しっ・か」（疑問形。するか）や終止＝連体形と同形部分をもつ「しんな」（禁止形。するな）、終止＝連体形＋終助詞の融合形に起源する「しらー」（主張形。するわ）や「しらい」（強主張形。するわい）などが、「すっ・か」や「すんな」、「すらー」や「すらい」になるのはそれより遅れた。（人によっては「しらー」「しらい」は維持されている。その理由は「すらー」「すらい」という形が教科書や共通語的場面に殆ど現れない（現れにくい）からと思われる。）

③仮定形の「しれば」「しんば」「しりゃー」が「すれば」「すんば」「すりゃー」になるのは、①②＝「シルのスル化」より後だった。「しんば」「しりゃー」が「すんば」「すりゃー」になるのは、「しれば」が「すれば」になるより遅かった。戦後世代では「しりゃー」「すりゃー」のような拗音化仮定形の使用が盛んで、全般的に「しんば」「すんば」のような撥音化仮定形は現代になるほど著しく減少している。あるいはすでに失われている。（なお、人によっては「しれば」「しりゃー」が維持されている。理由は不明だが、「しれば」「しりゃー」を、話者は「しる」ほどには方言臭く感じていないようである。）

④確否形「しろんか」（絶対にしない、するはずがない。「終止＝連体形＋終助詞モノカ」に語源的には対応）は、現在に至るまで「しろんか」を維持している（「すろんか」と言ったら通じない）。これは共通語に対応する語形が存在しないため、共通語化しようがなかったからである。

しる˥ ／siru˥／ ［放る］（他動詞ラ行五段）

体内にあるものを体外へ排泄すること。

／へー˥⁀しる／（屁をひる）、／くそ˥⁀しる／（糞をひる）。

※サ変の／しる¯ si-ru／ではなく、ラ行五段の／しる¯ sir-u／で共通語の「ひる（放る）」に対応する。従って、過去形は／へー˥⁀しった／、／くそ˥⁀しった／となる。複合語の構成要素としては／へっぴり˥ごし heQpiri˥ŋosi（戦前世代は hɪQpiri˥ŋosi）／（屁っ放り腰）のように「ひる」につながるパ行系の語形が現れる。共通語との音韻対応（戦前世代では共通語hir-：方言hɪr-が通則）から見て、語幹の形が異例な対応（共通語hir-：方言sir-）を示しているのは、母音が無声化する「接続形・実現形」における条件的音韻変化／*hi˥Qte, *hi˥Qta→siQte˥, siQta˥／（すなわち*hi[çi̥]→si[ɕi̥]）を転回軸として、他の活用形の語幹が／hir- → sir-／と転じた、類推による水平化levelingのためと考えられる。

しろ¯ ／siro／ ［棕櫚］（名詞）

シュロ（樹木名）。この方言では共通語の短い／sju／に／si／が対応する。

／しろ・の⁀き˥／（棕櫚の木）の幹を包む繊維から／しろなわ¯／（棕櫚縄）が作られた

しろ˥い～しれ˥ー ／siro˥i～sire˥ʀ／ ［白い］（形容詞）

白い。程度名詞は／しろ˥さ siro˥sa／。名詞は／しろ˥ siro˥／。強意形には、形容詞形の／まっしろ˥い～まっちろ˥い／の他、状態詞の／まっしろ˥～まっちろ˥／がある。その様子は／まっしろ˥け～まっちろ˥け／と言う。

しろかき˥ ／sirokaki˥／ ［代掻き］（動作名詞）

／たうな˥い～たうね˥ー ta'una˥i～ta'une˥ʀ／（田をうなう、田を返す＝耕すこと）をしたあと、田植えに向け、田に水を引き、田を平らにならすことをいう。

しろ˥め ／siro˥me／ ［白目］（名詞）

黒目の周りの目の白い部分。

しろさぎ¯ ／sirosaŋi／ ［白鷺］（名詞）

シラサギ（白鷺）。昔は竹林が真っ白になるぐらい沢山いたが、現在はあまり見られなくなってしまっている。／しらさぎ sirasaŋi／は新しい語形で以前は／しろさぎ¯ sirosaŋi／と言ったという。

しろなわ¯ ／sirona'wa／ ［棕櫚縄］（名詞）

棕櫚の幹を包む繊維で作った縄（腐らないで丈夫な縄）。

※／さくなわ¯ sakuna'wa／は／しろなわ¯ sirona'wa／が使われていたと言う。

しろ・の⁀き˥ ／siro no ki˥／ ［棕櫚の木］（名詞）

棕櫚の木。

しんきい¯ ／siɴki'ɪ／ ［新規家］（名詞）

分家。ふつうには／いもち˥／という。⇒／うち¯ 'uci／（家）の注（※）を参照。

※／siɴki'ɪ／は、ふつうは音節を割って［ɕiŋkiɪ～ɕiŋkie］のように発音される。音節を割らずに長母音で／siɴkiʀ／［ɕiŋki:］のようにも発音される。戦後世代には、前者は［シンキエ］と聞こえ、後者は［シンキー］と聞こえる。なお、「しんき＋い」と「い＋もち」の「い」は「家」の意の同一形態素/'ɪ/。

しんぎく¯ ／siɴŋiku／ ［春菊］（名詞）

シュンギク（春菊）。子ども心にずっと「新菊」と思っていた。

じんぐり˥ ／ziɴŋuri˥／ ［順繰り］（名詞）

順繰り。／じんぐり˥・に ziɴŋuri˥ ni／の形で副詞的に「順番に」の意味で使われることが多い。

※共通語の短い／zju／は／zi／が対応する。

じんぐりばん⌉ぐり ／zinŋuribanlŋuri／［順繰り番繰り］（名詞）
順繰り。前項の強調語形。／じんぐりばん⌉ぐり・に zinŋuribanlŋuri ni／の形で前項の副詞的意味の強調語形。「順番/じんばん zinban/」からの連想が働いている。
じんさ¯ ／zinsa／［巡査］（名詞）
巡査(言及用法)。他の言及用語に／おまー⌉り 'omarlri／。呼びかけ用語として／おまー⌉りさん 'omarlrisan／がある。他に、駐在所詰めの警察官を／ちゅーざいさん¯ cjurzaisan／と言った。
じん⌉じゃ ／zinlzja／［神社］（名詞）
神を祭った建物だけでなく境内地も含んで／じん⌉じゃ／と言った。
神社の神を祀った建物は／やし⌉ろ 'jasilro／と言った。
※この地域に固有の神社には「氷川神社」と「久伊豆神社」があり、「氷川神社」は武蔵国の綾瀬川以西の足立郡以西に分布する神社で、／(しかわさま¯〜)しかーさま¯〜しかさま¯ (sika'wasama〜) sikarsama〜sikasama／などと呼ばれていた。「久伊豆神社」は綾瀬川以東の埼玉郡の西南部に分布し、／ふさ⌉いじんさま〜ひさ⌉いじんさま husalizinsama〜hısalizinsama／などと呼ばれていた。
しん⌉しょ ／sinlsjo／［身上］（名詞）
財産、資産。
しんしょ⌉もち ／sinsjolmoci／［身上持ち］（名詞）
財産家、資産家。
しんじ⌉ん〜しん⌉じん ／sinziln〜sinlzin／［信心］（動作名詞）
神道や仏教、新宗教の神仏を信仰することをいう。
※宗教学的な意味での「超越者」としての「神仏」を対格目的語にとって／{かみさ⌉ま・こと〜ほとけさま⌉・こと} しんじ⌉ん⌒してる／とは言うが、「死者」や「先祖・祖霊」の意味の、／ほとけ¯ hotoke／(死霊)や、／かみ=⌉ kami=l／(祖霊)を目的語にしては言わない。／ほとけ¯ hotoke／や／かみ=⌉／が両義的であることに注意。
※信仰対象によって／かみしん⌉じん kamisinlzin／(神信心)、／ほとけしん⌉じん hotokesinlzin／(仏信心)と言う。「信仰」という語は日常耳にすることはなかった。
じんだら⌉⌒ふむ¯ ／zindaral humu／（連語動詞マ行五段）
悔しがって左右の足を交互に踏み鳴らす。戦後世代は／じた⌉んだ⌒ふむ¯ zitalnda humu／と言うのがふつう。⇒／じた⌉んだ⌒ふむ¯ zitalnda humu／参照。
じんちょ⌉ーぎ ／zincjolrŋi／［沈丁花］（名詞）
ジンチョウゲ（沈丁花、木の名）。
※「じんちょうげ」の語尾の「げ」を「木」と再解釈(改釈)して／じんちょ⌉ーぎ／という語形ができたものであろう。方言の話し手は「じんちょー木」という語構成意識をもっている。
しんでん¯ ／sinden／［新田］（名詞）
江戸時代に開発された土地を言い、以前は「開発者名＋新田」という地名が数多く存在していた。旧「北足立郡新田村」(現草加市)のことを地元や周辺では／しんでん¯／(平板型アクセント)と言っていた。東武伊勢崎線の「新田駅」の「新田」もこれに因んだもので同じく平板型に発音していた。高度成長期以後、新住民系の頭高型アクセント[シ⌉ンデン]が非常に耳立つようになり、現在は多数化している。
しんばりぼー¯ ／sinbaribor／［心張り棒］（名詞）
(開かないよう)戸を押えつけるつっかいの太くて頑丈な棒。／つっかいぼー¯ cuQkaibor／の一種。／げん⌉かん・の⌒と・に しんばりぼー かっと⌉け↓／(玄関の戸に心張り棒を支っておけ。)
じんばん¯ ／zinban／（名詞）
順番。⇒／じんぐりばん⌉ぐり zinŋuribanlŋuri／(順繰り番繰り)参照。
しんぼとけ¯ ／sinbotoke／［新仏］（名詞）
その年のお盆が最初のお盆である／ほとけさま=⌉ hotokesama=l／(死んだ人の[霊])。
しんぼん¯ ／sinbon／［新盆］（名詞）
死者が出た家で初めて迎える盆。
※８月１日に、／たかどーろー¯〜たかどろ¯ takadorror〜takadoro／を立て、供養のために／たなねんぶつ¯ tananenbucu／という念仏を行った。
じん⌉め ／zinlme／［神馬］（名詞）
寺や神社に奉納する絵馬をいう。
しんる⌉い ／sinruli／［親類］（名詞）
親類。血族と姻族を含む親族。アクセントは中二高型である。
※東京語の古い頭高型アクセントの［シ⌉ンルイ］（山田美妙『日本大辞書』(1892)に「第一上」とある）と関連があるとすれば、アクセント核が撥音を越えて２拍後退した形を示していて、不規則な対応になっている。
※／いもちほん⌉け 'ımocihonlke／は原則的に本家・分家関係にある親類(血族)で範囲が狭い。

す=⌉〜すー⌉ ／su=l〜surl／［巣］（名詞）
鳥や昆虫、動物の巣。東京語の頭高型に対応するアクセントを示している。

／すー⏋ つくって⏋る～すー⏋⌒つくってる／(巣を作っている)、
／す・も⏋ つくって⏋る～す・も⏋⌒つくってる／(巣も作っている)
／す・ん⏋⌒なか・に ひな⏋ いる／(巣の中に雛がいる)
／すー⏋・みてー・な⌒もん つくって⏋る／(巣のようなものを作っている)
※「巣」(１拍名詞第４類「去[昇]」) からの動詞形成接尾辞「＝む」による派生動詞が、「巣む→住む」(２拍動詞第２類「平東[低降]」)である。アクセント法則的にも矛盾しない。

す=⏋～すー⏋ ／su=˥～suʀ˥／ [酢] (名詞)
酢。形容詞／すっぱ⏋い suQpa˥i／は「酢」の派生形容詞で、後半部「＝っぱい -Qpai」は／しょっぱ⏋い sjoQpa˥i／と、形態と意味「強い刺激の感覚」の共通性から同一の形態素と考えられる。

す=¯～すー¯ ／su～suʀ／ [鬆] (名詞)
何に限らず、「ものの隙間」を「す(鬆)」と言う。
／{でーこん／ごぼー}・の⌒す¯／ (大根や牛蒡の内部にできる隙間)
／この⌒でーこん すー いってる↓／(この大根は(中に)「す」が入っている(＝できている)。)
／まー⏋だ すー あいてる↓／ ([戸をきちっと締めないので]まだすきまが開いてる。)
※細く割った竹や葦を並べて隙間を置いて編んだ「簀子/sunoko¯/」「簾/sudare¯/」や「葦簀/'josizu¯/」の「す(簀)」も語源的に関連あるものと考えられるが、話者にはその関連意識はないようである。

す＝～すっ＝ ／su-～suQ-／ [接頭辞]
①名詞に付いて「そのものだけ、そのまま」の意味を付け加える。「素顔」「素手」「素足」「素っ裸」など。
②形容詞・動詞に付いて「ふつうの程度を超えて～ダ、ふつうの程度を超えて(勢いよく)～スル」という意味を付け加える。「素早い」「すばしっこい」、「素っ転ぶ」「素っ飛ぶ」「すっとぼける」など。

すい⏋き ／sui˥ki／ (名詞)
酸味。すっぱ味。／すっぱけ¯ suQpake／とも言う。仮に「酸い気」だとすると、かつて形容詞の「酸い」が存在したか、他方言からの借入語の可能性も考えられる。
※越谷市東部(増森)で近似した語形の／すいけ¯／と言うのを聞いた。

ずいき¯ ／zuiki／ (名詞)
里芋の茎を乾燥させたもの。
※／いもがら¯ 'ɪmoŋara／は、芋の茎で、生えているものも干したものもいうが、／ずいき¯／は干した茎のみを言う。

すいくさ⏋い～すいくせ⏋ー～すいっくせ⏋ー ／suikusa˥i～suikuse˥ʀ～suiQkuse˥ʀ／ [饐え臭い] (形容詞)
ご飯などがくさって、酸っぱそうな匂いがする。饐(す)えくさい。

すいこ¯ ／suiko／ [吸子] (名詞)
用水から田んぼに水を汲み上げる手押しポンプ式の揚水機。足踏み式の揚水機は、／みずぐるま¯ mizuŋuruma／(水車)と言った。

すいっこ¯ ／suiQko／ [末っ子] (名詞)
末っ子。戦後世代の発音は／すえっこ¯ su'eQko／がふつう。「末子」は／しめっこ¯ simeQko／と言うのがふつう。改まれば／しまいっこ¯ simaiQko／も出る。
※長子は、男女で／そーりょーむす⏋こ／：／そーりょーむす⏋め／と下位範疇化されるのに、末子は、「末むすこ」：「末むすめ」と言うのを聞かなかった。言うとしたら／すい・の¯～／(末の～)と説明的に言うと思われる。／なかっつぇ¯／(中の子)も男女による下位範疇化がない。

すい⏋っちょ ／sui˥Qcjo／ (名詞)
馬追い虫。

すいる¯ ／suiru／ [据える] (他動詞ア行上一段)
／きゅー⌒すいる¯ kjuʀ suiru／という形で、「灸を据える (モグサを置いて灸をする)」。
※／すいる¯ suiru／は、共通語「据える」に対応するが、高度成長期以前の戦後世代でも／すいる¯ suiru／と言っていて、「据える」に対応する語だと気づかない話者も多い。
※「据える」ことはふつうは／おく¯ 'oku／という。
※共通語のア行下一段は、直前の母音と融合しない限り、すべてア行上一段化していた。

すいる⏋ ／suiru˥／ [饐える] (所動詞ア行上一段)
ご飯などがくさって、酸っぱい味や酸っぱそうな匂いがする。饐(す)える。
／この⌒ごは⏋ん すい⏋てる・みてー・だ↓／ (このご飯は饐えているようだ。)
※共通語のア行下一段は、直前の母音と融合しない限り、すべてア行上一段化している。
※名詞「す(酢・酸)」(１拍名詞第３類「平[低]」)→ヤ行下二段所動詞「すゆ(饐ゆ)」(２・３拍動詞*第２類「平東[低降]」)という派生型の語で、類例には、「ひ(氷)」(１拍名詞第３類「平[低]」)→ヤ行下二段所動詞「ひゆ(冷ゆ)」(２・３拍動詞*第２類「平東[低降]」)がある。

ずー⏋たい～ずー⏋てー ／zuʀ˥tai～zuʀ˥teʀ／ (名詞)
体。体つき。／ずー⏋たい・ばっかり でっか⏋く なって→／ (体ばかり大きくなって…)。
※類義語に／がかい¯ gakai／がある。

＝すか ／-suka／ (擬音語に付く接尾辞)
擬音語に付いて、音や声そのものではなくそのものに由来する様子を表す。
／ぐー⏋ぐー／↔／ぐー⏋すか／：寝息・いびきの／ぐー⏋ぐー(寝てる)／に対して、寝息・いびきを立てて寝ている様子を／ぐー⌉すか(寝てる)／という。

／ぎゃー⌉ぎゃー／↔／ぎゃー⌉すか／：(さかっている)猫や(むずかっている)赤ちゃんの発する／ぎゃー⌉ぎゃー({鳴/泣}いててうるさい)／は{鳴/泣}く声そのものに関心が向けられているのに対して、／ぎゃー⌉すか({鳴/泣}いててうるさい)／は声をあげて{鳴/泣}く様子に関心が向けられている。

／ぷー⌉ぷー／↔／ぷー⌉すか／：しきりに鳴らされる屁の音を／ぷー⌉ぷー／というのに対して、屁をしきりに鳴らしている様子を／ぷー⌉すか／という。

スカ形式は重複しても使われる。その場合は程度の大きいことや回数の多いことを表す。

すき¯ ／suki／ ［鋤］（名詞）

鋤。／えん⌉ぴ 'eɴ˥pi／ （円匙） ということのほうが多い。

すき=⌉ ／suki=˥／ ［好き］（状態詞）

好き。特定の対象に強く心が引かれている状態や様子。

二項状態詞で、文型は「主語＋目的語＋好き・ダ」のように主語と目的語の二項を必要とする。情意性の状態詞だが、情意形容詞と違って、述語形式(「好き＋ダ」)の現在時称における主語の第一人称制限はない。構文は対格構文を基本とするが、複数の格表示が可能。述語形式の「好き・ダ」と「好き(・ナ)・ミタイ・ダ」とでは、明治生まれの話者において、とれる構文と主語の人称とに関して違いが見られた。

反対語は／きれー¯～きらい¯／(嫌い)。程度強調語は／でー⌉すき～だい⌉すき／。その対語は／でーっ⌉きれー～だいっ⌉きらい／である。

アクセントは／すき・に⌉⌒しろ、すき・だ⌉・から、すき・な⌉⌒こと、すき⌉・みたい・だ／。

①述語が「好き＋ダ」という断定形式の場合は、(以下の「~~ガ~~ワ」は「[ガ＋ワ]→[φ＋ワ]」を表す)

ⓐ「おれ~~ガ~~ワ＋花子コト＋好き＋ダ」「太郎~~ガ~~ワ＋花子コト＋好き＋ダ」という「対格構文」と、

ⓑ(「おれ~~ガ~~ワ＋花子ガ＋好き＋ダ」)「太郎~~ガ~~ワ＋花子ガ＋好き＋ダ」という「二重主格構文」

をとる。第二人称主語は意味的に質問文(「～＋ダ」を「～＋カ」に変えた文)でのみ可能。第一人称が主語のとき、話者の殆どが(ⓑは非文ではないが)ⓐを最も自然な文であると判断する。特に文内容を、第一人称者(話し手)の直接的情意の表現として強く押し出す場合は、ⓑではなくⓐと言うという。第三人称が主語のときは、(ⓑも不自然ではないが)やはりⓐの方を自然な文であると判断する。使用の実際においてもⓐが卓越している。話者の内省もⓐを基本的構文としている。

(ⓐとⓑとでは事態の把え方に違いがあり、ⓐの構文は、事態を「主体→客体」の行為的連関において、より主体的に把えて言っているように感じられる。それに対して、ⓑの構文は、事態を行為的連関を離れて関係項(関係の当事者)を「主体／客体」と並列することで、より客観的に把えて言っているように感じられる。)

なお、ⓐの対格目的語(～コト)とⓑの主格目的語(～ガ)は、どちらも文脈や場面が許せば任意にφと交替できる(但し「ガ」が係助詞「ワ」「モ」と結合するときは義務的にφ化する)ので、結果的にはどちらも「太郎~~ガ~~ワ＋花子φ＋好き＋ダ」(「太郎~~ガ~~ワ＋花子φモ＋好き＋ダ」)となって、その場合にⓐⓑの違いが不分明になるが、使用の実際と話者の内省からやはり大方はⓐの対格コトのφ化形式と考えられる。

但し、主語を明示しないで(即ち主語と共起しないで)目的語を主題化した文の場合、例えば単独のⓐ「犬コトワ＋好き＋ダ」は変に感じられる(主語を欠くことで行為的連関が背景化するためかもしれない)ので、ⓐもⓑも、結果的に

ⓐ「犬φワ＋好き＋ダ」(←「犬~~コト~~ワ＋好き＋ダ」(任意の削除))

ⓑ「犬φワ＋好き＋ダ」(←「犬~~ガ~~ワ＋好き＋ダ」(義務的削除))

となる。このような行為的連関が背景化した表現の場合、ⓐなのかⓑなのかは、前記の場合ほどはっきりせず、むしろ(コト削除の)ⓐよりも(ガ削除の)ⓑと判断される可能性が高いように感じられる。

主語にガニを用いたⓒⓓ型の文(次項②参照)は非文と判断される。

②述語が「好き(＋ナ)＋ミタイ＋ダ」「好き＋ナ＋ヨー＋ダ」という(視覚的)推量形式の場合は、当然、意味的に第一人称主語の文

×「おれ~~ガ~~ワ＋花子コト＋好き＋ミタイ＋ダ」

×「おれ~~ガ~~ワ＋花子ガ＋好き＋ミタイ＋ダ」

は排除される(特別な表現効果を狙ってならありうる)が、

第二・第三人称が主語のときは、①と共通に、

ⓐ「太郎~~ガ~~ワ＋花子コト＋好き＋ミタイ＋ダ」という「対格構文」と、

ⓑ「太郎~~ガ~~ワ＋花子ガ＋好き＋ミタイ＋ダ」という「二重主格構文」

をとる(②の場合は①ほどⓐが選好されずⓐⓑいずれも自然な文と判断される)ほかに、

明治生まれの話者は、能格助詞のガニを用いた、

ⓒ「太郎ガニワ＋花子ガ＋好き・ミタイ・ダ」という「能格構文」と、

ⓓ「太郎ガニワ＋花子コト＋好き・ミタイ・ダ」という「能格対格混合構文」

も可能(文法的)であると判断していた。

なお、「ガニ」を使わない「ニ」専用の戦後世代では、②のⓒⓓの「ガニ」を「ニ」に置き換えた文を、殆どの話者が、変だ、言わない、と判断する。
※状態詞に「ミタイ・ダ」が接続する場合、「太郎ガワ花子コト好き・ミタイ・ダ」、「太郎ガワ花子コト好き・な・ミタイ・ダ」のように二様の形が観察される。

すく¯ ／suku／［敷く］（他動詞カ行五段）
布団や筵などを延べ広げる。／ふとん¯ すく¯／（布団を敷く）。
※方言意識がほとんどなく使われる。／ざしき˥ zasiki˥／（座敷）や、／ふるしき¯ hurusiki／（風呂敷）には「しく」系が現れている。
※／すきぶと˥ん sukibuto˥ɴ／（敷き布団）、／うわすき¯ 'u'wasuki／（敷き布団の上に敷くシーツ。敷き布）などには「すく」系が現れている。

すくね˥ー～すくな˥い ／sukune˥ʀ～sukuna˥i／［少ない］（形容詞）
少ない。⇒／すこ˥し suko˥si／（少し）の項を参照。
※「多い・少ない」は、数量と存在を含意した数量存在詞とも言うべき語類で、知的意味に限れば、「多くの石がある—（数量詞遊離）→石が多くある＝石が多い」、「少しの石がある—（数量詞遊離）→石が少しある＝石が少ない」というような意味関係にある（「少し」には多少問題がある）。
※戦前世代に／すけな˥い～すけね˥ー sukena˥i～sukene˥ʀ／が聞かれる。

すくも¯ ／sukumo／（名詞）
玄米を取るときに「籾/momi¯/」（籾米）から除かれる堅い殻。籾殻（籾糠）。／もみがら¯ momiŋara／（籾殻）とも言う。
※『新撰字鏡』（898-901）に「須久毛（米皮也）」、『日葡辞書』（1603）に「Sucumo（米arrozや小麦trigoなどの殻casca）」とある語。

すけっと¯ ／sukeQto／（名詞）
（人手のない家へ）（農作業の）手伝いに行く人、またそのこと。
※／てま=˥ tema=˥、ひやとい¯ hɪ'jatoi、ひよと˥り hɪ'joto˥ri／と異なり、労働に対する対価は支払われず、無償が原則。

すけな˥い～すけね˥ー ／sukena˥i～sukene˥ʀ／（形容詞）
／すくね˥ー～すくな˥い sukune˥ʀ～sukuna˥i／（少ない）の変種。⇒／すくね˥ー～／（少ない）参照。

すける¯ ／sukeru／［助ける］（他動詞カ行下一段）
手伝う。

すご˥い～すげ˥ー ／suŋo˥i～suŋe˥ʀ／（形容詞）
①ぞっとするくらいに恐ろしく気味が悪い様子。
／そと˥・で さっき˥・から すご˥い おと˥⌒してる↓／
（外で先ほどから（雷の）すごい音がしている。）
②（連用形と時に終止＝連体形は）強意の程度副詞としての用法を持つ。
「スゴクおもしろい」、「スゴイおもしろい」
→後者は昔は聞かなかった（言わなかった）が、近ごろはよく聞く（たまに言う）ようになっている。
※伝統的方言話者では、強調すると／すんご˥く／［suŋŋoku］、／すんご˥い／［suŋŋoi］とはなるが、［スッゴク suggoku］［スッゴイ suggoi］とはならない（発音記号は簡略表記）。但し、高度経済成長期（1970年頃）以後の共通語化した世代の話者では一般的に後者の発音が聞かれる。

すこ˥し ／suko˥si／［少し］（副詞）
被修飾語が表す事柄の内容（属性）の程度が小さいことを表すのが基本的で、数量が少ないことを表すのは派生的と考えられる。この点で、／うんと¯ 'ᴜnto／が、「被修飾語が表す事柄の内容（属性）の程度が大きいことを表すのが基本的で、数量が多いことを表すのは派生的」と考えられるのと平行的で、ある意味でよく似ている。例えば、「少しある」（「うんとある」）は、「少し多い」（「うんと少ない」）から考えて、「ある」ことの程度が小さい（大きい）ことを表していてそこから「少なく存在する」（「多く存在する」）の意味になっていると考えられる。「少し待つ」（「うんと待つ」）も「待つ」ことの程度が小さい（大きい）ことから「短い時間待つ」（「長い時間待つ」）になると考えられる。両者にはこの他に、「少しはある」≒「うんとはない」、「少しは待った」≒「うんとは待たなかった」のような肯否の対応が見られる。⇒／うんと¯ 'ᴜnto／（副詞）の項を参照。

すじ˥ ／suzi˥／［筋］（名詞）
①線状性を持ったもの。②筋、筋肉繊維。③血筋、血統。④踏むべき（通すべき）筋道、道理。
※③の血筋、血統の意味では悪い意味で使われることが多い。／すじ˥・が わり˥ー／（血筋がよくない）。さらには、／かってんぼ˥すじ kaQtenbo˥suzi／（時代的制約と偏見からハンセン病を血筋によるものと考えて患者の家族をこう呼んだ［差別語］）のような語もあった。

＝ずじ˥まい～＝ずじ˥めー ／-zuzi˥mai～-zuzi˥meʀ／（名詞形成接尾辞）
いわゆる動詞未然形に付いて「その動詞語幹が表す行為をしないままに終わったこと」を表す。厳密には「子音動詞語幹＋/-azuzi˥mai～-azuzi˥meʀ/、母音動詞語幹＋/-zuzi˥mai～-zuzi˥meʀ/」と分析される。「聞かずじまい/kik-azuzi˥mai～kik-azuzi˥meʀ/」、「着ずじまい/ki-zuzi˥mai～ki-zuzi˥meʀ/」は、それぞれ「聞かないでしまった/kikaneʀde˥ simaQta/」、「着ないでしまった/kineʀde˥ simaQta/」

という「否定終結相」の形式に意味内容的に近い。⇒／＝ねー～＝ない／(拡張接尾辞)の項を参照。
すす˥ ／susu˥／ ［煤］(名詞)
(黒くこびりつく)煤。
ずず¯ ／zuzu／ ［数珠］(名詞)
数珠。美化語は／おずず¯ 'ozuzu／と言う。
すすき¯ ／susuki／ ［薄］(名詞)
ススキ（植物名）。
すすける¯ ／susukeru／ ［煤ける］(所動詞カ行下一段)
煤が付いて黒くよごれる。／すすけた¯ かお¯／(～顔)。／すすけた¯ はしら=˥／(～柱)。
※／すすける¯～すすけた¯／(平板型)が多いが、／すすける˥～すすけ˥た／(起伏型)も聞く。
すずし˥ー ／suzusi˥ʀ／ ［涼しい］(形容詞)
涼しい。気温の温度形容詞は、／あっつ˥い 'aQcu˥i／←／あったか˥い 'aQtaka˥i／←「常温(中間点)」→／すずし˥ー suzusi˥ʀ／→／さむ˥い samu˥i／のような体系になっている。
※「寒暑」の体感温度形容詞は、「寒暑」の両極(サムイsamu˥i・アッツイ'aQcu˥i)の中間域の体感温度に関して、中間点より「冷」寄りの温度を「スズシイsuzusi˥ʀ」、中間点より「暖」寄りの温度を「アッタカイ'aQtaka˥i」といっている。中間域の「適度な」温度(好ましさ、期待値)は季節によって変動するせいか、スズシイとアッタカイのいずれもが該当しうる。概略、中間域の体感温度に関しては、夏(真夏)と秋の〈アッツイ―スズシイ〉、冬(真冬)と春の〈サムイ―アッタカイ〉という、基準としての典型的極的温度(前)と反対極への推移を表す温度(後)という(把え方の枠としての)対が存在し、同じ気温でも、秋は(暑から寒の方向へ)スズシイ、春は(寒から暑の方向へ)アッタカイと意識され、感じ取られている。
※「中途半端に」の意味の接頭辞「なま」との結合形「なま涼しい」は存在しない。「過度に」の意味の接尾辞「すぎる」との結合形／すずしすぎる˥(気温)／は／あったかすぎる˥(気温)／のような不自然さはない。(「アタタカ過ギル(気温)」も場面・文脈が保証すれば不自然ではないが、それがないと変に感じられる。)
ずずし˥ー ／zuzusi˥ʀ／ (形容詞)
遠慮のない様子。図々しい。／ずーずーし˥ー zuʀzuʀsi˥ʀ／は以前は耳にしなかった。
すずしけ˥⁀たつ˥ ／suzusike˥ tacu˥／ (連語動詞タ行五段(話者によってツァ行五段))
涼しくなる。寒さに向かう。語構成は「涼し＋け(気)」か。他に「酸っぱ＋け(気)」がある。
／すずしけ˥ たって˥⁀きた↓／ (涼しくなって来た。)
※反対表現は／はるめ˥ーて⁀きた／ (春めいて来た) と言うことである。
すずめ¯ ／suzume／ (名詞)
雀。
すずめっこ¯ ／suzumeQko／ (名詞)
①小さな雀。子雀。②子どもの雀。子雀。③雀。
※／すずめ¯ suzume／(雀)に指小辞／＝っこ -Qko／が付いた語。この語は、「こすずめ(小雀・子雀)」と意味的には近いが、指小辞／＝っこ -Qko／によって、雀の小ささと雀への心理的・感情的な近さが表されていて、「こすずめ(小雀・子雀)」だけでなく「雀」自体を指しても言うことができる点で「こすずめ」と違いがある。但し「こすずめ」は日常語としては使われない。
⇒／＝っこ -Qko／(指小辞)の項を参照。
ずずだま¯ ／zuzudama／ (名詞)
①ジュズダマ（イネ科の草の名)。②その草の球形の実。
すっこむ˥ ／suQkomu˥／ ［すっ込む］(自動詞マ行五段)
その場から退く。引っ込む。／すっこん˥でろ↓／(引っ込んでいろ。)
すっこ˥ろぶ ／suQko˥robu／ ［すっ転ぶ］(自動詞バ行五段)
勢いよく転ぶ。
ずっつ˥っと ／zuQcu˥Qto／ (副詞)
(後にかまわず) ずんずん先に進む様子。
／ずっつ˥っと さき いっちゃう・か˥ら つい˥てけねー↓／
(どんどん先に行ってしまうので、ついて行かれない。)
※語根は／zuQ-／だが、促音の後に濁音が来られない音韻的制約のため、重複形の後部成分が／-cuQ-／となったものである。この方言のザ行頭子音が破擦音で、音韻的にもツァ行と対立することの反映である。
すっと˥ばす～すっとばす˥ ／suQto˥basu～suQtobasu˥／ ［すっ飛ばす］(他動詞サ行五段)
①勢いよく瞬時に位置を移動させる。②勢いよく大急ぎで目的地へ移動させる。
／くるま⁀すっと˥ばして どこ˥⁀いった・ん・だ↓／(車を飛ばしてどこへ行ったのだ。)
すっと˥ぶ～すっとぶ˥ ／suQto˥bu～suQtobu˥／ ［すっ飛ぶ］(所動詞、自動詞バ行五段)
①勢いよく瞬時に位置を移動する。②勢いよく大急ぎで目的地へ移動する。
／なん˥・か あわてて すっとん˥でった↓／(何か慌てて大急ぎで出かけていった。)
すっと˥ぼける～すっとぼける˥ ／suQto˥bokeru～suQtobokeru˥／ (自動詞カ行下一段)

知っていて全然知らないふりをする。／しってる・くせ˥・して　すっとぼけや˥がった↓／
すっぱ˥い～すっぺ˥ー　／suQpa˥i～suQpe˥ʀ／（形容詞）
青いミカンなどの酸味をいう。
※形容詞「酸い（すい）」は使われないが、「酸味」の意味の／すい˥き／が「酸い気」の可能性があり、アクセント的にも問題はないが、孤立している。
すっぱけ¯　／suQpake／（名詞）
酸味。酸っぱ味。語構成は「酸っぱ＋け（気）」か、他に「涼し＋け（気）」がある。／すい˥き sui˥ki／（酸い気）とも言う。
すっぱだ˥か　／suQpada˥ka／（名詞）
全く衣服を身につけていないこと。／まっぱだ˥か maQpada˥ka／に同じ。⇒／はだか¯ hadaka／
すっぽ˥かす　／suQpo˥kasu／（他動詞ラ行五段）
（約束や仕事を）未処理のまま中途で放り出す、投げ出す、放置する。
※語性が、／すっぽ˥る suQpo˥ru／に他動詞形成接尾辞／＝かす -kasu／が接合した（強意の）派生動詞である／すっぽ˥らかす suQpo˥rakasu／の短縮形（／すっぽ˥~~ら~~かすsuQpo˥~~ra~~kasu／）なのか、それとも、接頭辞／すっ＝ suQ-／と動詞「ほかす」という語構成の語なのかがはっきりしない。本方言には「ほかす」が存在しないことと、『物類称呼』に「すてると云事を　東国にて○うつちやる［うっちゃる］と云　関西にて○ほかすといふ　東国にて○ほうる … と云は投（なげ）やる事なり」とあること（「ほかす」が関西、「ほうる」が東国のことばであるといっていること）とから考えて、前者である可能性が大きいと思われるが、ただ、意味的に類似し、形態的にも同一の／＝ぽらかす -porakasu／という形式を持つ（一種の単語家族の）「おっぽらかす/'oQpo˥rakasu/」「ほっぽらかす/hoQpo˥rakasu/」「ぼっぽらかす/boQpo˥rakasu/」が上記のような短縮を起こしていないことが難点で、前者なら孤立的な変化ということになるが、そうでないとしたら借用語の可能性も排除できない（その場合（借用先でなく）借用元での語源がまた問題になる）ので、判断は保留。
すっぽ˥らかす　／suQpo˥rakasu／（他動詞ラ行五段）
（約束や仕事を）未処理のまま中途で放り出す、投げ出す、放置する。
「派生名詞形/suQporakasi¯/＋格助詞/ni/＋サ変動詞/siru/」は、同意の他動詞相当連語として働く。
※学校文法的には、／すっぽ˥る suQpo˥r-u／の未然形に他動詞形成接尾辞の／＝かす -kasu／が接合した形式。厳密には/suQpo˥r-akas-u/（/-akas(-u)/は接尾辞/-kas(-u)/の異形態）と分析される。
すっぽ˥る　／suQpo˥ru／（他動詞ラ行五段）
放る、放り出す、放り投げる。／ぼーし　すっぽ˥る／（帽子を放り投げる）。
※／さっぽ˥る saQpo˥ru／も耳にするが古いことばのようで、戦前世代のかなりの年配者でもふつう／すっぽ˥る suQpo˥ru／と言っている。⇒／ほーる¯ hoʀru／（放る）の項を参照。
すな¯　／suna／［砂］（名詞）
砂。
すなち¯～すなじ¯　／sunaci～sunazi／［砂地］（名詞）
砂が多く混じった土地。砂ばかりの土地。自然堤防上の土地に多い。こういう土地に「須賀」の付く地名が分布している。地名の「須賀」は、この地域では殆ど「すか/suka¯/」と発音される。砂の意の「す」と（「在処（ありか）・住処（すみか）」等に現れる）場所の意味の「か」との複合語と考えられる。
すねげ¯　／suneŋe／（名詞）
膝から足首までの脚の前面に生える毛。
すねっかじ˥り　／suneQkazi˥ri／（名詞・動作名詞）
生活費を親に依存すること。またそういう暮らしをしている人。
すねっぽろ¯　／suneQporo／（名詞）
膝から足首までの脚の前面。臑。／すね=˥ sune=˥／とも言う。
※膝の後ろの凹みから足首までの脚の後面は／ふくらっぱぎ¯ hukuraQpaŋi／と言う。
すばしっこ˥い～すばしっけ˥ー　／subasiQko˥i～subasiQke˥ʀ／（形容詞）
体の動きが素速い。／はしっこ˥い／よりも具体的な動きに関わって使われている。
ずべたら¯　／zubetara／（状態詞［形容動詞語幹］）
生活態度にしまりがなくだらしない様子。次項より程度が悪い。
ずべら¯　／zubera／（状態詞［形容動詞語幹］）
生活態度にしまりがなくだらしない様子。／ずぼら¯ zubora／も聞くが、／ずべら¯／が本来語。
すま˥　／suma˥／（名詞）
／すみ˥ sumi˥／（隅）の個人的変種。
すま¯　／suma／（名詞）
小麦を挽いて残る殻。小麦の殻。「ふすま（麩）」の訛語。／すまっから¯ sumaQkara／とも言う。
※「ふすま」の語頭音「ふ」がサ行音の前で脱落した形［hɯ̥sɯma→sɯma］。この方言のハ行の「ふ」は、頭子音が、両唇摩擦音［ɸ］ではなく、軽微な軟口蓋摩擦音［x］か声門摩擦音［h］なので、母音［ɯ］が無声化すると、音節自体が聞き取りにくくなることが多い。そういう事情で脱落したものと思われる。
すまっから¯　／sumaQkara／（名詞）

小麦を挽いて残る殻。前項／すま¯ suma／を、「殻/kara=˥/」の付加で補強した複合語。
すまながる˥ ／sumanaŋaru˥／（他動詞ラ行五段）
済まないという思いを言動に表す。済まながる。人称制限があり、通常、主語に第一人称は立たないが、「俺がこんなに済まながってるんだから、許してくれたっていいだろう」のような文(作例)は可能と判断される。
※「誰かガ(主格)＋誰か{ゲ／ニ}(与・位格)＋何かφ(対格)＋済まながる」という構文を取る。例えば、／あいつ・ガ・わ＋おめー・ゲ＋あのこと・φ＋すまながって˥た↓／(あいつはおまえにあのことを済まないと感じていると言っていた。)。
すまね˥ー～すまな˥い ／sumane˥ʀ～sumana˥i／（形容詞）
謝罪や感謝の気持ちを感じる。済まない。人称制限があり、主語(感じ手)は第一人称である。
※済まなく感じる相手は「あの人{ゲ／ニ}＋済まない」のように与格「ゲ」か位格「ニ」で表される。
※本来は動詞／すむ˥ sumu˥／(済む)の否定形だが、「気持ちが済まない」→「相手に負い目を感じる」→「相手に謝罪や感謝の気持ちを感じる」のように意味が特定化(特殊化)していることと、派生動詞／すまながる˥ sumanaŋaru˥／(済まながる。相手は「ゲ／ニ」格表示）が存在するので、1語の形容詞とする。(否定拡張接尾辞(いわゆる助動詞)の「～ナイ」からの動詞「～ナガル」の派生は、語彙的に限定されていて一般的な派生型ではない。)
すまね˥ー～すまね˥ー・な˥ ／sumane˥ʀ～sumane˥ʀ na˥／（形容詞の感動詞的用法）
謝罪(や感謝)のことば。過去形は／すまな˥かった(・な˥) sumana˥kaQta(na˥)／。
※「気持ちが済まない」ということから、相手への心理的負い目を表現することで謝罪や感謝に使われたもの。類義の／わり˥ー(・な˥) 'wari˥ʀ(na˥)／にも同様な心理的構えが見られる。
すみ=˥ ／sumi=˥／［炭］(名詞)
(木から作った）炭。火のおきた炭や薪/maki¯/を途中で消してできた炭を／けしずみ¯ kesizumi／(消し炭)と言った。炭の他に、家庭では／れん˥たん／(練炭)や／まめたん¯／(豆炭)が、学校などでは／せきた˥ん／(石炭)が、高度経済成長期(1970年前後頃)以前には使われていた。
すみ˥ ／sumi˥／［隅］(名詞)
「内/'uci¯/」の周縁部。隅。
※／すみ˥ sumi˥／(隅)を／すま˥ suma˥／と言う人もあるが、／すみ˥ sumi˥／と言うのがふつう。
すみ˥っこ ／sumi˥Qko／［隅っこ］(名詞)
ものの内部の片端。隅。
※／すみ˥っこ／は、／すみ˥／よりも具体的空間把握の語感がある。(一般的に、指小辞「っこ」は、事物を具体的に指す傾向がある。)
すみ˥とんぼ ／sumi˥toɴbo／（名詞）
ハグロトンボ。川辺によく飛んでいた真っ黒い色をしたトンボ。語源は「墨(すみ)蜻蛉(とんぼ)」。
すりこ˥ぎ ／suriko˥ŋi／（名詞）
／すりばち¯ suribaci／で、ものをすりつぶす棒。
すりばち¯ ／suribaci／（名詞）
すり鉢。
する¯ ／suru／［為る］(サ変動詞)
固有形式／しる¯ siru／の共通語化形。⇒／しる¯ siru／(サ変動詞)を参照。
※共通語化の流れが強力で1972年当時でも、戦後世代では終止＝連体形は殆ど／する¯ suru／に置き変わっていた。戦前世代でも年齢がより若い人ほど、改まれば終止＝連体形は／する¯ suru／とも言う人が多くなってきていた。⇒／しる¯ siru／(サ変動詞)を参照。
ずる˥い ／zuru˥i／［狡い］(形容詞)
自分のために他人をだましたりごまかしたりすることが巧みな様子。ずるい。
ずるっこ˥ ／zuruQko˥／（動作名詞）
巧みに自分のために他人をだましたりごまかしたりすること。また、そうする人。
ずるっこ˥い ／zuruQko˥i／（形容詞）
巧みに自分のために他人をだましたりごまかしたりする様子。／ずるっこし˥ー zuruQkosi˥ʀ／よりも客観的な言明に感じられる。
ずるっこし˥ー ／zuruQkosi˥ʀ／（形容詞）
巧みに自分のために他人をだましたりごまかしたりする様子。／ずるっこ˥い zuruQko˥i／よりも主情的な言明に感じられる。
すわる¯ ／su'waru／［坐る］(自動詞ラ行五段)
腰を下ろして尻が床や地面などに付くようにする。坐る。
※「尻を床や地面などにつけずに腰を降ろす」ことを／しゃがむ¯ sjaŋamu／と言い、「腰を降ろさず体を前屈する」ことを／かがむ¯ kaŋamu／と言う。
※強意形に／ぶっつ˥わる～ぶっつぁ˥ーる～ぶっつぁ˥る buQcu˥'waru～buQca˥ʀru～buQca˥ru／(これらは、諸活用形を通してアクセント核は移動しない)。
ずんぐりむっ˥くり ／zuɴŋurimuQ˥kuri／（副詞）
背が低く小さくて太っている様子や体型を言う。

せ=˥〜せー˥ ／se=˥〜seʀ˥／［背］(名詞)
無助詞のときは長呼形、助詞が付くと短呼形となるのがふつう。但し、複合語の語基形にも／せーのび˥／(背伸び)や／うわぜー¯／(上背)など長呼形に基づく形が現れる。一方で、／せた˥け／(背丈)や／せなか¯／(背中)など短呼形も現れる。語基形は語彙的に選択されているようである。
①(広義に)立っているものの高さ。／せー˥⌒ある／（背がある）とは高さがあることを意味する。
人については、／うわぜー¯(⌒ある˥) 'u'wazeʀ(⌒'aru˥)／(上背)とも言う。その他、／たけ=˥ take=˥／(丈)、／せた˥け seta˥ke／(背丈)とも言う。
草木についても、／せ=˥〜せー˥ se=˥〜seʀ˥／(背)が使える。他に、／き=˥〜きー˥ ki=˥〜kiʀ˥／(木)、／たけ=˥ take=˥／(丈)、／せた˥け seta˥ke／(背丈)とも言う。「茄子も背が伸びた、茄子も背がでかくなった」、「茄子も木が伸びた、茄子も木がでかくなった」のように言う。
②(狭義に)人や動物の背面。特に、背中。⇒／せなか¯ senaka／の項参照。
／ひと・げ　せー˥　むけんな˥↓／（人に背中を向けるな。）
ぜ ／ze／（終助詞）
文を終止する形式に付いて、第一人称者(話し手)の、聞き手に対する多少ぞんざいな告知を表す。
※終止＝連体形の末尾音が／＝る -ru／の動詞（いわゆるラ行五段動詞と上下一段動詞）に付くと、／＝る・ぜ→＝ん・で -ru ze→-ɴ de／となることが多い。
／だれ˥・か　もこー・っから　くん˥・で↓／（誰かが向こうから来るぜ。）
せー˥ ／seʀ˥／［所為］(形式名詞)
「連体語・連体節＋／せー˥・で／」の形で使われ、他者が原因で、良くない結果がもたらされた、というふうに事態が把えられていることを表す。
／おめー・の⌒せー˥・で　ひでー˥⌒め・に　あった˥↓／(お前のせいでひどい目に遭った。)
※反対に、他者が原因で良い結果がもたらされたと事態が把えられる場合は、／おかげ¯ 'okaŋe／が使われる。
＝せ˥ー ／-se˥ʀ／（「尊敬命令形」語尾）
動詞の語基形(連用形)に付いて、〈第一人称者(話し手)の、文の主語(仕手)に対する、(軽い)敬意のこもった命令〉を表す「尊敬命令形」を形成する語尾(統語接尾辞)。
戦前世代でも明治生まれ以前の高い年齢層で使われていた。それより若い世代では殆ど聞かれなかった。／きせ˥ー kise˥ʀ／(来なさい)、／しせ˥ー sise˥ʀ／(しなさい)、／みせ˥ー mise˥ʀ／(見なさい)、／いきせ˥ー 'ɪkise˥ʀ／(行きなさい)、／おきせ˥ー 'okise˥ʀ／(起きなさい)、／くいせ˥ー〜くんせ˥ー kuise˥ʀ〜kuɴse˥ʀ／(下さい)などと使われていた。
なお、語例中の／くんせ˥ー kuɴse˥ʀ／は、／くいせ˥ー kuise˥ʀ／と違って、撥音「ん」を含む語形／くんせ˥ー kuɴse˥ʀ／を、「呉れ＋＝せー」からは導けない。この撥音を説明するためには／＝せー -seʀ／のひとつ前の形として鼻音をもった／＝*んせー -ɴseʀ／や／＝*なせー -naseʀ／のような形を仮定する必要がある（*kurenaseʀ→*kuɴnaseʀ(或いは*kureɴseʀ)→kuɴseʀ)。
もう一つ、「見る」には、通常の命令形／みろ˥ miro˥／の他に、〈優しく穏やかな命令〉を表す／みん˥ miɴ˥／という形式があって、どうにもこの語尾の撥音と〈優しく穏やかな命令〉という意味が共時的・通時的に説明できないでいたのだが、もしも、この／みん˥ miɴ˥／を、〈軽い敬意のこもった命令〉を表す／みせ˥ー mise˥ʀ／の推定される先行形の／*みんせ˥ー *miɴse˥ʀ／の下略形に由来すると考えることができるなら、／みん˥ miɴ˥／の語形と意味が(通時的に)あまり無理なく説明できるように思われる。
以上の点から考えて、／＝せー -seʀ／は、／＝*んせー -ɴseʀ／を経て、／*なせー -*naseʀ／(なさい)を祖形（厳密には「中間語源(cf.前田勇『上方語源辞典』(1965東京堂)」)とすると推定できるように思われる。
⇒／くんせ˥ー〜くいせ˥ー／を参照。⇒／みん˥ miɴ˥／(「見る」の命令形)を参照。
せー¯（〜さい¯） ／seʀ（〜sai）／［菜］(名詞)
おかず。／べんと・の⌒せー／（弁当のおかず）。
※改まって聞くと［サイ］ともいうが、ふだんはほとんど［サイ］と言うことはない。
※漢語「菜」から出た語だが、話し手はこの漢語と結び付けて意識してはいない。
せ˥ー〜さ˥い ／se˥ʀ 〜sa˥i／（係助詞）
基本的には対極的二項を前提として、いずれかを極的項として取り上げて、対極的項を類推させる。対比の相手項が不特定化すると、事柄の極的提示（ポジティヴな提示かネガティヴな提示かは文脈や場面に規定される）という性格を帯びた表現となる。
／これ・わ　おや・に˥・せー　ゆって⌒ね˥ー↓／
（このことは親にさえ言ってない。「親に言ってある」の否定表現「言ってない」である。念のため）
せー¯〜そい¯ ／seʀ〜soi／（指示動詞特殊活用）
そう言う、そのように言う。
／せー⌒こっ・た˥〜そい⌒こっ・た˥↓／（そういうことだ。）
／せー⌒こと・わ˥　あれ・げ˥・わ　ゆって⌒ね˥ー↓／（そういうことは彼には言ってない。）

※「そういう」の訛語で、／sorʼjur→sorʼju→sorʼɪ→soi→ser／と転訛したもの。一部似たような変化が「醤油」などにも／sjorʼju→sjorʼɪ(戦後世代はsjorʼi)／のように観察される(が、本人たちには気づかれていない。聞き返すと／sjorʼju／だと言う)。
もう亡くなった明治中期以前生まれの人たちは、普通の発話では、／そい￣／ではなく／せー￣／のように、母音融合形で言っていた。／せー￣／の系列は古い言い方で、現在[1980年頃]ではほとんど聞くことはできなくなっている。

※使用が連体用法の／そい￣／に偏る戦後世代では連体詞としても扱えるが、以下のように使用が活発な戦前世代では、活用が不規則で欠如的だが、指示動詞として一括処理することができる。学校文法的に記せば、未然形○・連用形○・終止形○・連体形／せー／・仮定形／せーば⌉／・命令形○・志向形○・音便形／せーっ(て・た)／となる。

※あまりに欠如的に過ぎることと、活用形式が特殊なので、それぞれを別項目として示す。基本形とすべき／せー￣／は終止できない。以下の該当する項目を参照。
⇒／せーば⌉／・／せーば⌉って／、／せーって￣／、／せーった￣／、／せーった⌉って／

ぜー⌉～ざい⌉ ／zeʀ⌉～zai⌉／ ［在］(名詞)
田舎。郊外の農村。反対語は／まち=⌉ maci=⌉／(町)。／ぜー⌉・の⌒で／ (田舎の出身)。

ぜーか⌉た ／zeʀka⌉ta／ ［在方］(名詞)
田舎。郊外の農村の方。反対語は／まちかた￣ macikata／(町方)。

せーか⌉ち～せーかち￣ ／seʀka⌉ci～seʀkaci／ (名詞)
カブトムシ。カブトムシを／かぶ⌉と kabu⌉to／というのは新しい言い方。

せーった￣ ／seʀQta／ (自動詞：指示動詞「せー」の過去時称)
「そう言った」の訛語。
／たし⌉か・に　せーった↓／ (確かにそう言った。[終止形])
／せーった　こと⌉　あろ⌉んか↓／ (そう言ったことは断じてない。[連体形])
／せーったら　よろこん⌉でたっけ↓／ (そう言ったら喜んでいた。[仮定形])
※過去時称系列は活用が揃っている。

せーった⌉って ／seʀQta⌉Qte／ (自動詞：指示動詞逆接形)
「そう言ったって」の訛語。
／せーった⌉って　ほんと・ん⌒とこん　どー⌉・な・ん・だ↑／
(そういっても本当のところはどうなのだ。)

せーっちゃ⌉ー ／seʀQcja⌉ʀ／ (自動詞：指示動詞条件形)
「そう言っては」の訛語。／せーっちゃ⌉ー　なん・だ⌉・けど→／(そう言っては何だけど…)

せーって￣ ／seʀQte／ (自動詞：指示動詞接続形)
「そう言って」の訛語。／せーって　けーって⌉った↓／(そう言って帰っていった。)

せーってる￣ ／seʀQteru／ (自動詞：指示動詞継続相)
「そう言っている」の訛語。／たし⌉か・に　せーってた↓／(確かにそう言っていた。[過去形])

せーば⌉ ／seʀba⌉／ (自動詞仮定形)
「そう言えば」の訛語。
／せーば⌉　あれ　どー⌉⌒なってる↓／ (そういえば、あのことはどうなっているか。)

せーば⌉って ／seʀba⌉Qte／ (自動詞逆接形)
「そう言えばとて」に起源する表現で、「そう言っても、そう言ったって」という意味。
／せーば⌉って　できね⌉ー　もん・わ　できろ⌉んか↓／
(そうは言ったって、できないものはどうしたってできない。)
※／=ばって -baQte／は、学校文法的にいえば接続助詞で、逆接の仮定条件を表す方言の助詞。

せーふる￣ ／seʀhuru／ ［据え風呂］(名詞)
木製の楕円形の風呂桶で、風呂桶に直接カマドを取り付けてあるもの。
※「据える」は／すいる￣ suiru／というので、／せー＝ seʀ-／という形への音変化は難しい。考えられるのは、①まだ音韻的に／ʼi／と／ʼe／とが区別されていた時代に／suʼe→seʀ／と変化した、②［スエ(フロ)］と発音される方言から／seʀ／という形で直接借用された、という二つの可能性である。
※「風呂」は／ふろ=⌉ huro=⌉／と言うが、「据え風呂」や「風呂敷」は、普通は／せーふる￣ seʀhuru／や／ふるしき￣ hurusiki／と言う。

せーまい￣ ／seʀmai／ ［精米］(動作名詞)
「玄米/geɴ⌉mai/」から「糠/nuka=⌉/」を取り除いて「白米/haku⌉mai/」にすること。精米。

せーろ￣ ／seʀro／ ［蒸篭］(名詞)
／かま￣ kama／(釜)の上にはめて、もち米などを／ふかす⌉ hukasu⌉／(蒸す)容器。セイロウ。
※「蒸」を[セイ]と読むのは唐音。『漢語方音字彙』(文字改革出版社1962)によれば、現代潮州音・温州音などに、[tseŋ](声調は省略)という語音がある(北京音はzheng[ʈʐ̥ɤŋ]で母音が前舌ではない)。

せがれ￣ ／seŋare／ ［倅］(名詞)
両親から生まれた子の男の方。息子。／むすこ￣ musuko／とも言うが、／せがれ￣／が多く聞かれる。他人の息子は／せがれさん¯ seŋaresaɴ／と言う。

※反対語は／むすめ=˥ musume=˥／と言う。他人の娘は／むすめさん¯ musumesaɴ／と言う。／むすめ=˥／には「結婚前の若い女性」という意味もある。

※卑称の「ばか」とは共起せず、「ばかせがれ」とは言わず、／ばかむす˥こ bakamusu˥ko／と言う。その反対語は／ばかむす˥め bakamusu˥me／である。

せき=˥ ／seki=˥／［咳］（動作名詞）

咳。⇒／からっつぇき¯ karaQceki／（空咳）、／そらっつぇき¯ soraQceki／（空咳）を参照。

せきやく¯ ／seki'jaku／［堰枠］（名詞）

用水取り入れのために、川や堀などの流れに仕掛けられた構造物で、取り外しできる板などで流れをせき止められるようにしたもの。

※「堰枠」から出た語。しかし、／せきやく¯ seki'jaku／の／＝やく -'jaku／を／わく=˥ 'waku=˥／（枠）と意識する人はいないようで、／やく=˥ -'jaku=˥／（役）と取る話者もある。

せきゅー¯ ／sekjuʀ／［石油］（名詞）

石油。

※「石油」seki'ju（セキユ）→ sekjuʀ（セキュー）、「手塩（皿）」tesi'o（テシオ）→ tesjoʀ（テショー）、「仕置き」si'oki（シオキ）→ sjoʀki（ショーキ）のように、「イ段音＋ヤ行（ア行）音」という音連接が拍数を維持しつつ「拗音化＋代償延長compensatory lengthening」する例が幾つか見つかる。なお、「不自由」huzi'ju˥ʀ（フジユー）→huzju˥ʀ（フジュー）は長音を伴うための特異例と考えられる。

ぜぜ˥ ／zeze˥／［銭］（名詞）

「銭/zene˥～zeni˥/」（おかね）の幼児語。美化語形は／おぜぜ¯ 'ozeze／。

せっか˥ち ／seQka˥ci／（状態詞）

先急ぎする性質、様子。

せっく˥ ／seQku˥／［節句］（名詞）

節句。節句の祝い。「初節句」は／はつぜっく˥ hacuzeQku˥／という。

※アクセント核が動かない「尾高型A」の語。従って、／せっく˥・の⁀ゆわい seQku˥ no 'ju'wai／という発音になる。

せっく˥・の⁀ゆわい=˥ ／seQku˥ no 'ju'wai=˥／［節句の祝い］（連語名詞）

節句の祝い。

せっくら˥べ～せーっくら˥べ ／seQkura˥be～seʀQkura˥be／［背比べ］（名詞・動作名詞）

背比べ。ごく丁寧に発音すると／せーっくら˥べ／となる。⇒／せ=˥～せー˥ se=˥～seʀ˥／（背）。

せっち˥ん ／seQci˥ɴ／［雪隠］（名詞）

便所。／ちょーつば¯ cjoʀcuba／とも言った。その項を参照。

※／せっち˥ん seQci˥ɴ／のアクセントは、山田美妙の『日本大辞書』（1892）に「第一上」とある東京語の頭高型に対応し、アクセント核が促音を越えて２拍後退しているのは、規則的である。

※禅語「西浄（セイチン）」が語源と言われている。法堂の西側の西序（禅門の職位の名称）が使用する（常に浄潔なるべき）厠という意味の「西浄」に起源するという。「セイチン」という読みは漢唐混音で、字音は「西」（サイ（呉）・セイ（漢）・スイ（唐））、「浄」（ジャウ（呉）・セイ（漢）・チン（唐））である。「雪隠」は通音による宛字という。

せっちんぐ˥ら ／seQciɴŋu˥ra／［雪隠「蔵」か］（名詞）

便所。明治生まれの今は亡くなった人たちが昔使ったことばと言っていた。

※後部は「蔵/kura=˥/」で、穀物などを収める倉庫・物置としての建物の意味を転用して「雪隠小屋」のような意味で使われたのではないかと思われる。なお、「蔵」は「土蔵/dozoʀ¯/」も意味する。

せっつく˥ ／seQcuku˥／（他動詞カ行五段）

自分の意志を通すためしつこくせかす、催促する。

／やつ˥・が　あいつ・こ˥と　せっつ˥いて　やらした˥・ん・だ↓／

（彼があいつを無理に責めてやらせたのだ。）

受身表現で使われることが多い。

／まーりに　せっつか˥いて（～せっつかれ˥て）　やくそく⁀させらいた↓／

（回りからしつこくせかされて［仕方なく］約束をさせられた。）

せつね˥ー～せつな˥い ／secune˥ʀ～secuna˥i／［切ない］（形容詞）

「（子どもに先立たれて心が）切ない」、「（疲れて体が）切ない」、「（支出が多く家計が）切ない」など、精神的、身体的に辛く苦しい状態だけでなく、経済的に辛く苦しい状態にも使われる。

戦後世代ほど、経済的な意味、身体的な意味の順で使われなくなっていて、精神的な意味に限られる傾向が著しく、共通語同様に意味の縮小が進んでいる。

せど˥～せーど˥ ／sedo˥～seʀdo˥／［背戸］（名詞）

家の裏の、出入り口としての門。裏木戸。単語としては第Ｉ音節長呼形がよく聞かれた。

せどぐ˥ち ／sedoŋu˥ci／［背戸口］（名詞）

①家の裏の、出入り口としての門。この意味では／せど˥～せーど˥ sedo˥～seʀdo˥／（背戸）に同じ。

②家の裏の出入り口。この意味では／うらぐち¯ 'uraŋuci／（裏口）に同じ。

せともの¯～せともん¯ ／setomono～setomoɴ／［瀬戸物］（名詞）

陶磁器。

せなか¯ ／senaka／［背中］（名詞）

人や動物の背面。特に、背中。／せ=˥～せー˥ se=˥～seʀ˥／（背）の②に同じ。／かた˥ kata˥／（肩）の下、／こし¯ kosi／（腰）の上の部分。背中。⇒／せ=˥～せー˥ se=˥～seʀ˥／（背）の項参照。

※広義の「背/se=˥～seʀ˥/」①から見て、人や動物の背面の、首肩と足腰の「中」（中間部位）だから「背中」か。「お腹/'onaka¯/」の反対側だが、こちらは、女房詞の（「腹の中」の「中」の美化語の）「御中」に基づくようなので、命名の由来が異なるようである。

ぜね˥～ぜに˥ ／zene˥～zeni˥／［銭］（名詞）

銭。おかね。

※「おかね」という意味の／かね¯ kane／と共起することが多いので、牽引されて／ぜに˥ zeni˥／→／ぜね˥ zene˥／と変化したもののようで、単なる先行母音による順行同化ではないようである。

／ぜね˥⁀かね・の　もんでー・じゃ　ね˥ー↓／（銭金の問題じゃない。）

／あれ・わ　ぜね˥・でも　かね・で˥も　いごかね˥ー↓／（あの人は、銭でも金でも動かない。）

ぜねっこ˥～ぜにっこ˥ ／zeneQko˥～zeniQko˥／［銭っこ］（名詞）

銭。おかね。／ぜね˥～ぜに˥ zene˥～zeni˥／に指小辞／＝っこ -Qko／が付いた語（指小語）。

せま˥い～せめ˥ー ／sema˥i～seme˥ʀ／［狭い］（形容詞）

狭い。

せまっくるし˥ー ／semaQkurusi˥ʀ／［狭っ苦しい］（形容詞）

狭くて窮屈な感じがすること。⇒／だだっぴろ˥い dadaQpiro˥i／の項参照。

せまっこ˥い～せまっけ˥ー ／semaQko˥i～semaQke˥ʀ／［狭っこい］（形容詞）

ひどく狭い感じがすること。

せみ¯ ／semi／［蝉］（名詞）

蝉。

※蝉捕りは、長い竹棒の先に針金で丸い輪を作り、朝早く蜘蛛の巣を幾つもその輪に絡ませて付けて、蜘蛛の糸の粘着力を利用して、蝉を背後から押し付けるようにして捕らえた（昭和20年代）。

※セミの種類：

／にーにー˥ぜみ niʀniʀ˥zemi／、／みんみん˥ぜみ miɴmiɴ˥zemi／、／くまぜ˥み kumaze˥mi／、／おやぜみ¯ 'o'jazemi／（戦後世代は／あぶらぜ˥み 'aburaze˥mi／がふつう）、

／おーしん˥つくつく 'oʀsiɴ˥cukucuku／（／つくつくぼー˥し cukucukuboʀ˥si／とも言う）、

／かなかな˥ kanakana˥／（／ひぐら˥し hiŋura˥si／とも言う）ナド。

※周辺の地域（草加・八潮・三郷・吉川・越谷）では／せんみ¯ seɴmi／と（も）言っていたという。あるいは安行地域でもそのように言っていた人（たち）がいたかもしれないが、記録と記憶に従って、／せみ¯／とする。

当方言に限って言えば、複合語の前項の「蝉」が例えば／せみとり˥ semitori˥／（蝉捕り）のように／せみ＝ semi-／であること、複合語の後項の「蝉」（の連濁形）が上例のように／＝ぜみ -zemi／であって／＝ぜんみ -zeɴmi／でないこと、とりわけ「油蝉」の俚言が／おやぜみ¯ 'o'jazemi／であることなどからして、仮に／せんみ¯／が存在していたとしても、／せみ¯／が本来の基本的な語形で／せんみ¯／はその変種 variant としてあると考えられる。／せんみ¯／は各地方言で／せみ¯／から個的（孤的）に変化した形と考えられる。

せや=˥ ／se'ja=˥／［世話］（名詞・動作名詞）

他者のためを気遣って面倒を見ること。⇒／せわ=˥ se'wa=˥／の項を参照。

せや˥⁀ね˥ー ／se'ja˥ ne˥ʀ／［世話ない］（連語形容詞）

あきれてどうしようもない。

／てめー・で　てめー・こ˥と　ほめ˥てちゃ　せや˥⁀ねー・や↓／

（自分で自分を褒めていてはどうにもならない。）

※／せわ=˥ se'wa=˥／が／せや=˥ se'ja=˥／に転じたもので、／せわ=˥ se'wa=˥／も使われている。

＝せる ／-seru／（使役動詞形成接尾辞。サ行下一段［特殊］）

五段活用動詞のいわゆる未然形に付いて、使役動詞を作る（厳密には子音語幹＋-ase-ru）。一段動詞のいわゆる未然形に付く／＝させる -saseru／（厳密には母音語幹＋-sase-ru）の異形態である。

※使役（の使役者でなく動作自体）の動作主は、自動詞からの派生では、自発性が許容される動作主の場合は「ゲ」か「ニ」、自発性が許容されない動作主の場合は「コト」で示される。東京語で運動の経由地の「を」（方言では必ず無助詞「φ」）をとる移動動詞の場合も同様に示される。他動詞からの派生では動作主は「ゲ」か「ニ」で示されるのがふつうだが、元の目的語が「コト」で表示されることのない無生物目的語の場合は「コト」でも示されうる（ただし使わないという話者もいる）。

「子どもガ行く」→「子ども{ゲ／ニ}行かせる」～「子どもコト行かせる」。

「子どもガ橋φ渡る」→「子ども{ゲ／ニ}橋φ渡らせる」～「子どもコト橋φ渡らせる」

「子どもガ手伝いφする」→「子ども{ゲ／ニ}手伝いφさせる」～「子どもコト手伝いφさせる」

「子どもガ帽子φかぶる」→「子ども{ゲ／ニ}帽子φかぶらせる」～「子どもコト帽子φかぶらせる」

「子どもガ猫コト抱く」→「子ども{ゲ／ニ}猫コト抱かせる」～「×子どもコト猫コト抱かせる」

※いわゆる連用形は、

①(子音動詞の連用形に相当する)「マス・タイ・ヤガル」などが続く形は／＝せ -se／が、
②(子音動詞の音便形に相当する)「テ・テル・トク・タ」などが続く形は／＝し -si／、
さらに、「チャ(ては)、チャウ(てしまう)」が続く形は／＝っ -Q／となり、「チャ、チャウ」自体は／＝シャ -sja、＝シャウ -sja'u／となる。
例:「歩かせる 'aruk-ase-ru」 (アクセント表示は省略)
／歩かせます 'aruk-ase-mas-u、歩かせたい 'aruk-ase-tai／
／歩かして 'aruk-asi-te、歩かした 'aruk-asi-ta／
／歩かっしゃ 'aruk-aQ-sja、歩かっしゃう～歩かっしゃー 'aruk-aQ-sja'-u～'aruk-aQ-sjaʀ／。

せわ=⌉ ／se'wa=⌉／［世話］(名詞・動作名詞)
他者のために気遣って面倒を見ること。／せや=⌉ se'ja=⌉／という発音もよく聞かれる。
①(共通語の「世話をする」に対応する)「世話φ＋しる(する)」の形で他動詞相当連語として、「(援助者)ガ＋(被援助者)コト＋［世話φ＋する］」という構造の他動詞文を構成する。
／あの⌒せがれ・わ おや・こ⌉と よく せわ⌉⌒してる↓／
(あの息子は親の面倒をよく見ている。)
②「世話に＋なる」の形で、前項「世話φ＋しる(する)」の受身動詞相当連語として、「(被援助者)ガ＋(援助者)ニ＋［世話ニ＋なる］」という構造の一種の受身文を構成する。
／あの⌒ひと⌉・に・わ むかし せわ・ん⌉⌒なった↓／(あの人にはむかし世話になった。)
※基本的構文は他動詞型の「Aガ＋Bコト＋［世話φ＋する］」となる。これを受動化すると、「Bガ＋Aニ＋［世話φ＋される］」となるが、この形は殆ど使われず、「Bガ＋Aニ＋［世話に＋なる］」というのがふつうである。「世話する」と「世話になる」が、意味的に能動態と受動態の関係を構成している。受動文の「行為者agent」は、方言では格助詞「ニ」(時に「カラ」)で表されて、与格助詞の「ゲ」で表されることがないのと同様に、「Bガ＋Aニ＋［世話に＋なる］」は、「Bガ＋*Aゲ＋［世話に＋なる］」ということはない。「Aゲ」はAに向けての行為「→A」を表し、Aから出る行為「A→」を表さないので、この文の場合は「ゲ」が使えないのである。
※「世話する」と「世話になる」に関して、「Aガ＋Bコト＋［世話φ＋する］」は、「Aガ＋［［Bノ＋世話］φ＋する］」と知的意味を変えずに交替可能であり、同様に、「Bガ＋Aニ＋［世話に＋なる］」は、「Bガ＋［［Aノ＋世話］に＋なる］」と交替可能なのも、「Bノ世話」と「Aノ世話」と連体語の意味役割を異にしながらも、両構文間にパラレルな現象として注目される。

せん⌉ ／seɴ⌉／［先］(名詞)
(今より)以前。／せん⌉・に・も ゆった こと・だ⌉・けど →／(以前にも言ったことだが、…)
※副詞／もーせ⌉ん morseɴ／は一語化しているが、この／せん⌉ seɴ⌉／を含む連語由来の複合語で、意味的には／せん⌉ seɴ⌉／の／せん⌉ seɴ⌉／が／もーせ⌉ん morseɴ／である。

ぜん⌉きん ／zeɴ⌉kiɴ／［銭金］(名詞)
おかねのこと。／ぜね⌉⌒かね／とも言う。／ぜん⌉きん・の もんでー／ (おかねの問題)。

ぜんこ⌉ ／zeɴko⌉／ (名詞)
おかね。／ぜにっこ⌉ zeniQko⌉／から変化した形であろう。卑俗な感じで／ジェンコ⌉ zjeɴko⌉／と発音されるのを何度か聞いたことがある。

せんせ⌉ー～せんせ⌉ ／seɴse⌉ʀ～seɴse⌉／［先生］(名詞)
先生。語尾長呼の形は改まった語形で、語尾短呼の形が日常的に使われる語形だった。
／せんせ⌉・こと・わ あだな・で よんでた↓／(先生(を)は渾名で呼んでいた。)

せんぜー¯～せんざい¯ ／seɴzeʀ～seɴzai／ (名詞)
野菜、特に白菜。古語の「前栽(せんざい)」が語源。「庭先の植え込み」→「庭先に植え込んだ草木」→「家の周りの畑の野菜」という意味変化の経路が考えられる。

せんぜー⌉こせ～せんざい⌉こせ ／seɴzeʀ⌉kose～seɴzai⌉kose／ (動作名詞)
野菜、特に白菜を市場／いち⌉ば 'ɪci⌉ba／(市場)に出荷するために泥を落としたり束にしたりする作業を言う。

せんぜーばた⌉け ／seɴzeʀbata⌉ke／ (名詞)
野菜、特に白菜を育てている畑。野菜畑。

せんぜーもの¯～せんぜーもん¯ ～ せんざいもの¯～せんざいもん¯
／seɴzeʀmono～seɴzeʀmoɴ～seɴzaimono～seɴzaimoɴ／［前栽物］(名詞)
(作物、商品作物、商品としての)野菜、特に白菜。

せん⌉ぞ ／seɴ⌉zo／［先祖］(名詞)
先祖。敬称は／せん⌉ぞさま seɴ⌉zosama／～／ごせん⌉ぞさま goseɴ⌉zosama／。
※個人として子孫の記憶に明らかなうちは／ほとけさま=⌉～ほとけさま¯ hotokesama(=⌉)／と言われるが、やがて／かみさ⌉ま kamisa⌉ma／ (神様) になると考えられている。

せんひき⌉～せんひき=⌉ ／seɴhiki⌉～seɴhiki=⌉／ (名詞)
線を引くときに当てて使う定規。戦前世代では／せんしき⌉～せんしき=⌉ seɴsiki⌉～seɴsiki=⌉／。

せん⌉べー～せん⌉べ ／seɴ⌉beʀ～seɴ⌉be／［煎餅］(名詞)
醤油煎餅、いわゆる「草加煎餅」を言う。草加煎餅自体は／そーかせん⌉べーsoʀkaseɴ⌉beʀ／と言う。
※「おせん(ばあ)さん」起源説話が広く流布しているが、語としての「煎餅」は指示対象が少し異なる

にしても、日光街道草加宿の成立(1630年)以前に存在している(例えば『日葡辞書』(1603-04)にxenbei(煎餅)が記載されている)ので、付会説(民間語原folk etymology)である。
せんろ˥みち ／senro˥mici／［線路道］(名詞)
電車(・汽車)の通る道。鉄道線路。

そ

ぞ ／zo／(終助詞)
文を終止する形式に付いて、第一人称者(話し手)の、聞き手に対する教示的な告知を表す。
※終止＝連体形の末尾音が／＝る／の動詞(いわゆるラ行五段動詞と上下一段動詞)に付くと、／＝る・ぞ→＝ん・ど -ru zo→-n do／となることが多い。
／だれ˥・か　もこー・っから　きた˥・ぞ↓／(誰かが向こうから来たぞ。)
そい¯ ／soi／(連体詞)
「そういう」の訛語。⇒／せー¯～そい¯／(指示動詞)を参照。
※コソアド系列は／こい¯ koi、そい¯ soi、あい¯ 'ai、どい˥ doi˥／という。他の／こい¯、あい¯、どい˥／と異なり、母音融合して／せー¯ ser／とも言う。／そい¯⌒こと=˥～せー¯⌒こと=˥／。
そいつ¯ ／soicu／(代名詞)
聞き手の近くにいる軽い待遇の個人や生物個体を指して言う。複数形に／そいつら˥／がある。聞き手の近くにある個物を指して言うこともあるが、個物は多くの場合／それつ¯ korecu／と指称される。なお、／それつ¯／には複数形／*それつら˥／はない。
そいな¯ ／soina／(連体詞)
「そういうふうな」の訛語。／そいな⌒こと˥　ゆってた↓／(そういう風なことを言っていた。)
※／そいふ˥な soi hu˥ na／(そういうふうな)のさらに崩れた形。
そいに¯ ／soini／(副詞)
「そういうふうに」の訛語。／おら　そいに　ゆわいた↓／(俺はそのように言われた。)
※／そいふ˥に soi hu˥ ni／(そういうふうに)のさらに崩れた形。
そー¯(～そー˥) ／sor(～sor˥)／(指示副詞)
中称の指示副詞。そう。繋合詞「だ/da/」、終助詞「か/ka/」、係助詞「は/'wa/」「も/mo/」、状態詞的準体助詞「みたい/mite(˥)r/」との連語では、平板型の他に尾高型も聞かれ、語形の揺れが見られる。
そー˥ ／sor˥／(名詞的準体助詞)
文を終止する形式に付いて、それを内容とする伝聞を表す。
／あした　あめ˥・だ・そー・だ↓／(明日は雨だそうだ。)、
／あした　あめ˥⌒ふる・そー・だ↓／、／あした　ふる˥・そー・だ↓／。
※他者の発言を引用する形での伝聞を表す／と˥・よ to˥ 'jo／という終助詞的に働く連語表現も以前よく聞かれた。なお、引用はふつう／って¯ Qte、っつー¯ Qcur(～っつう¯ Qcu'u)／で表し、引用の助詞／と¯ to／は単独ではほとんど使われない。
／あした　あめ˥・だ・と・よ↓／、
／あした　あめ˥⌒ふる・と・よ↓／、／あした　ふる˥・と・よ↓／。
＝そ˥ー～＝そ˥ ／-so˥r～-so˥／(拡張接尾辞)
動詞の語基形(連用形)と形容詞語幹・状態詞・名詞(属性特徴名詞)に付いて、それらが表す意味の本格的実現の「直前の状態(近接態)」にあることを表す。動作性の語詞については「事態の実現が予想される様態にあること」、状態性の語詞については「属性の相貌を帯びた様態にあること」を表す。
／あめ˥　ふりそ˥ー・な　てん˥き／(雨が降りそうな天気)
／あまそ˥ー・な　かき¯／(甘そうな柿)
／このごろ　ひまそ˥ー・に⌒してる↓／(このごろ暇そうにしている。)
／まんなかそ˥ー・だ・けど　みぎー　よってる↓／(真ん中のように見えるが右へ寄っている。)
／あれ・わ　まー˥だ　こどもそ˥ー・だ↓／(あれはまだ子どもみたいだ。)
※上記の「暇・真ん中・子ども」などは名詞的な実体ではなく、「暇・真ん中・子どもデアル様子」などその実体に特徴的な(外見的に把えられた)属性の方を問題としている表現である。このような名詞は、状態詞と同様に、属性的連体格助詞「な」を取って名詞を修飾することがある。
／あんな　がかい・が　でっか˥くて　こども・な　はず　ね˥ー↓／
(あんなに体が大きくて子どものはずない。)
※語幹が1音節の形容詞には、／なさそ˥ー nasaso˥r／(無さそう)、／よさそ˥ー 'josaso˥r／(良さそう)のように間に／さ -sa-／音を介入させるものと、／こーそ˥ー korso˥r／(濃そう)のように語幹が長呼されるものの2類があり、接合の点で異例となる。
※東京語と違い、語基のアクセントを無核型に変えて一律に／＝そ˥ー／という形になる。
※上述のように、動詞の「事態の実現が予想される様態にあること」と形容詞・状態詞の「属性の相貌を帯びた様態にあること」の意義はそれほど違ったものではない。／'ame˥ ŋa huriso˥r da／(雨が降りそうだ)と／kono kaki 'amaso˥r da／(この柿は甘そうだ)は、ともに／'ame˥ ŋa huridasu／(雨が降りだす)、／kono kaki 'ama'i／(この柿は甘い)が表す現実の事態・感覚に近接した、直前・直近の事態・感覚を表し、直接経験を表せない点で共通性をもっている。語幹が指示する現実の事態・感覚に近接した事態・感覚の印象を表すことがこの形式の意義と思われる。

そーか￣ ／soʀka／［草加］（固有名詞・地名）
草加。／きたあだち⌉ぐん⁀そーか⌉まち、そーか⌉し／（北足立郡草加町、草加市）。
※「草加/soʀka￣/」は、北草加」「南草加」では連濁して/kitazoʀka￣//minamizoʀ˥ka/となる。語源は不詳だが、自然史的に見て、草加は、古代から中世の旧利根川や旧荒川に関わる毛長川や綾瀬川の砂州や自然堤防上の微高地に立地しているので、その地質的条件と語形から「すか(須賀)」すなわち「す(砂)＋か(処)」(砂地)との関係が考えられそうで、「すか」の母音交替形「*そか」の母音長呼に基づく地名と考えることができるかもしれない（[すかsuka—(母音交替)→*そか*soka—(母音長呼)→そーかso:ka]）。なお、埼玉県東部地域に見られる「須賀」地名は殆どが/suka￣/(第２音節清音、アクセントは平板型)と発音されていることにも注意。
ぞーきん￣～ぞーき⌉ん ／zoʀkiɴ～zoʀki˥ɴ／［雑巾］（名詞）
床・壁・柱・廊下などの汚れを拭き取る布。洗った食器の水気や食台の汚れなどを拭き取る布は、／ふき⌉ん huki˥ɴ／(布巾)と言う。アクセントは平板型の他に、人によって／ぞーき⌉ん／という発音が観察されるが、「布巾」のアクセントの／ふき⌉ん／に牽引されたものかもしれない。
ぞーげ・の￣⁀はな=⌉ ／zoʀŋe no hana=˥／（名詞）
造花。
※中央語の用例や由来など明らかでないが、「造華・造花」の呉音読みの語であろうが、重言となっている。大正生まれの女性の口から発せられたのを聞いて語形と意味を確認したことばである。
ぞーさ￣ ／zoʀsa／［造作］（名詞）
手間暇のかかること。面倒なこと。／ぞーさ　かけ⌉た↓／(面倒をかけた。)
※戦前世代のアクセントは無核の平板型である。戦後世代ではこの語自体を殆ど聞かない。
ぞーさ￣⁀ね⌉ー ／zoʀsa ne˥ʀ／（連語形容詞）
面倒でない、たやすい様子。間に助詞が介在できる。／ぞーさ・も　ね⌉ー／(わけもない)。
ぞーに=⌉～ぞーに￣ ／zoʀni=˥～zoʀni／［雑煮］（名詞）
雑煮。／ぞーに⌉　くった／(雑煮を食った)、／ぞーに・に⌉　へー⌉ってた／(雑煮に入っていた)、／ぞーに・ん⁀なか⌉・に／(雑煮の中に)というアクセント(=⌉)の他に、平板型(￣)も聞かれる。
＝そーばい(～＝ぞーばい) ／-soʀbai(～-zoʀbai)／［層倍］（助数詞）
助数詞「倍/-bai/」と同意。戦後世代は「倍」専用。／いっそーばい￣、にそーばい￣、さんぞーばい￣、…／(一倍、二倍、三倍、…)。アクセントは、助数詞「倍/-bai/」と同じく、無核の平板型になる。
ぞーり⌉むし ／zoʀri˥musi／（名詞）
ワラジムシ。触っても丸くならない。
※よく似た虫に／わらじ⌉むし 'warazi˥musi／があり、こちらのほうは触ると丸くなる。この虫は、共通語では「ダンゴムシ」と言われる。つまり、方言の「ぞーりむし」を共通語で「ワラジムシ」と言い、方言の「わらじむし」を共通語で「ダンゴムシ」と言うことに注意。
そーりょー￣ ／soʀrjoʀ／（名詞）
長子。最初(一番上) の子どものことで、長男でも長女でもよい。／そーりょっこ￣ soʀrjoQko／とも言う。本来「家の跡を継ぐ長子」ということなのだろうが、その意味を前面に出すことなく、前記のように「男女を問わず最初の子」と説明された。しかし、以下のように、「家の跡を継ぐ長子」ということは含意されていたものと思われる。但し、現実の相続では「末子」が家督を継いでいることもあって「長子相続」が貫徹していたわけではない。
※長男は／そーりょーむす⌉こ soʀrjoʀmusu˥ko／、長女は／そーりょーむす⌉め soʀrjoʀmusu˥me／と男女によって下位範疇化される。「中の子」(／なかっつぇ￣ nakaQce／)や「末子」(／すいっこ￣ suiQko、しめっこ￣ simeQko、ばっし￣ baQsi／)は単語としては分化していないと思われる。
※長子の、語としての男女分化は社会制度としての「家/'uci￣/」の存続(相続)に深く関わるためその男女の違いが社会的に有意的だったからと考えられる。
そーりょー・の￣⁀じんろく￣(～りんろく￣) ／soʀrjoʀ no ziɴroku(～riɴroku)／（連語名詞）
総領の甚六(「長男・長女」は下のきょうだいに比べておっとりぼんやりしていること)。
※この語の指示対象をはっきり「長男・長女」と説明としていた。「甚六」を／りんろく￣ riɴroku／と発音する話者がある。「手術」を／しり⌉つ siri˥cu／と発音するのと同類の変化である。
そーりょーむす⌉こ ／soʀrjoʀmusu˥ko／（名詞）
一番上のむすこ。長男。また特に、跡取りむすこ。
そーりょーむす⌉め ／soʀrjoʀmusu˥me／（名詞）
一番上のむすめ。長女。また特に、跡取りむすめ。
そーりょっこ￣ ／soʀrjoQko／（名詞）
長子。最初(一番上)の子どものことで、長男でも長女でもよい。
※末子は／しめっこ￣～しめーっこ￣ simeQko～simeʀQko／／すいっこ￣ suiQko／／ばっし￣～ばっち￣ baQsi～baQci／と言う。中の子は／なかっつぇ￣ nakaQce／と言う。
そけ￣ ／soke／（場所代名詞「そこ」と方向格助詞「イ」との融合形）
→／そこ￣ soko／(中称指示場所代名詞)
そけら￣ ／sokera／（場所代名詞）
［漠然と指示される］その辺、その辺り。戦後世代は／そこい⌉ら sokoi˥ra／と言う。「辺り」である

ことを明示した形が／そけらへん¯ sokerahen／。戦後世代は／そこいらへん¯ sokoirahen／と言う。「辺り一面」は／そけらじゅー¯ sokerazjur／。戦後世代は／そこいらじゅー¯ sokoirazjur／と言う。戦前世代の／そけら¯ sokera／より戦後世代の／そこい˥ら sokoi˥ra／の方が古形(回帰形)である。⇒／こけら¯ kokera／(場所代名詞)の※を参照。

そこ¯[1] ／soko／ ［底］(名詞)

容器的に把えられた物や場所の一番深い部分。底。「鍋の/nabe˥ no/底」、「海の/'umi˥ no/底」など。例えば／そこ・い　おっこ˥ってた／(そこに落ちていた)や／そこ・に　あった˥／(そこにあった)は、ことばだけでは「底」なのか「其処」なのか、紛らわしいこと(同音衝突)が度々ある語である。

そこ¯[2] ／soko／ (場所代名詞)

［はっきり指示される］そこ。

※方向の格助詞「イ」との結合は融合して／そけ¯ soke／と言う。この形は「方向」と「位置」とを表すが、存在の「ある」とは共起しない(「ニ＋ある」)。戦後世代では分析的に／そこ・い¯ soko 'i／と言う。／さっき˥・まで　そけ　おいて⌒あった˥・ぞ↓／(さっきまでそこに置いてあったぞ。)

※場所代名詞が連体語になるときは、連体助詞「ナ」か「ノ」を介して名詞を修飾する。「ナ」は場所性を明示する機能をもち「〜にある」のような意味を、「ノ」は場所性に関して中立的・一般的な連体関係を表し共通語の「〜の」に相当する。一般的に戦後世代では「の」専用になっている。

／そこ・な　いし=˥／(そこにある石)、／そこ・の　いし=˥／(そこの石)。

※場所性を取り立てる強調表現に／そこ・ん⌒とこん¯〜そこ・ん⌒とこ˥ん／がある。

そだ˥ ／soda˥／ (名詞)

切り取った枝。

※『物類称呼』の「柴(しば)」の項に「東国にて○そだといふ」とある語。

そっ・か˥〜そっ・か˥ー ／soQ ka˥〜soQ ka˥r／ (連語)

そうか。相手の発言を受けて納得する場合や、自問自得する場合に間投詞のように使われる。

※／そー・か˥ー〜そー・か˥／と言わないわけではないが、殆どの場合、指示副詞／そー¯ sor／は終助詞／か ka／の前で、／そっ soQ／と発音されている。なお、2000年頃から耳にし目にする俗語(若者語)の、「行こうか[iko:ka]」を「行こっか[ikokka]」、「(まあ)いいか[i:ka]」を「(まあ)いっか[ikka]」という語形も、終助詞「か」との結合において直前の「長母音＋単子音[V:C(V)]」結合が「短母音＋重子音[VCC(V)]」になっているという点で共通する(通底する)変化と考えられる。関連して、ラテン語の、例えば、lītera(文字)がlĭttera、Jūpiter(天空神)がJŭppiterになる音韻変化規則、いわゆる「littera rule」とも、[V:C(V)]→[VCC(V)]という点で似ていることが注意される。

そっくり˥ける ／soQkuri˥keru／ ［反っ繰り返る］(自動詞ラ行五段)

体を反らせて尊大に構える。

／あいつぁ　そっくり˥けってやがらー↓／ (あいつは(尊大に)反っくり返っていやがる。)

※回帰的・反復的動作や後戻りするような動きを表す造語成分に「*繰り返る」に遡ると考えられる形式があり、語形と意味から「繰り返す」の自動詞(所動詞)に相当する動詞と考えられる。具体的には「そっくりかえる/soQkuri˥keru/(反り＋*繰り返る)」・「にえくりかえる/nirkuri˥kerru/(煮え＋*繰り返る)」・「ひっくりかえる/siQkuri˥keru/(引き＋*繰り返る)」などに現れる「くりかえる」がそれである。さらに、この「＋*繰り返る」については、語構成的にも意味的にも近似した「そっかえる/soQke˥ru/(反り返る)」・「煮え返る/―/」・「ひっかえる/―/(引き返る)」などの「＋返る」という語形が存在することが注意される(/―/は対応語が当方言にはないことを表す)。

そっけ˥る ／soQke˥ru／ ［反っ返る］(所動詞ラ行五段)

後ろの方に反って曲がる。語構成は「反り＋返る」である。

そっぽ˥ ／soQpo˥／ (名詞)

(正面でない)側方、よその方、横の方。

／そっぽ˥⌒むく／は、目をそらして向き合わず、無視して正対しないことをいう。

そと˥ ／soto˥／ ［外］(名詞)

生活世界の基礎的・基本的な分節で、自他を分節する円環的分割線の自己を中心とする閉じた自己領域部分を／うち¯／と言い、「うち」から排除される開いた他者領域を／そと˥ soto˥／(外)と言う。そこから、円環的に分節されたものの閉じている部分を「うち」、開いている部分を「そと」と言うようになっている。

そと˥っかし ／soto˥Qkasi／ (名詞)

外の方向。

そと˥っかた ／soto˥Qkata／ (名詞)

外の方向とその場所。

そとっくる˥ぶし ／sotoQkuru˥busi／ (名詞)

外側のくるぶし。／うちっくる˥ぶし／の反対語。次項の語より新しい。

そとっころ˥ぼし ／sotoQkoro˥bosi／ (名詞)

外側のくるぶし。／うちっころ˥ぼし／の反対語。前項の語より古い。

そとわ¯ ／soto'wa／ ［卒塔婆］(名詞)

卒塔婆。死者供養のために墓石の側に立てる経文や梵字真言などを書き込んだ板製のものを言う。

※[sotoba]の[ba]の両唇調音が母音間で緩んで接近音化(半母音化)したもの。ただし、／とーば¯ toʀba／(塔婆) とも言うが、この場合は変化しない。短母音ではなく長母音の後という音声的条件が、両唇調音の弱化を妨げたのかもしれない。

その¯ ／kono／ (指示連体詞)

個別的な指示(指定)の中称の指示連体詞。統語的異形態に、「時/to]ki]/」「所/toko]ɴ¯/」「中/naka]/」「畜生/cikisjo]ʀ/」の前の／そん¯ soɴ／、「奴/'jacu]/」「野郎/'jaro]ʀ/」の前の／そね¯ sone／がある。

そら⌉ ／sora]／ [空] (名詞)

①空。天空。／そら⌉⌒とんでる　とり　おっこ⌉とした↓／(空を飛んでいる鳥を落とした。)

②(書いたものなどを)見ないで言える。暗記している。暗記する。

／しん⌉ぎょー　そら⌉・で　ゆいる↓／(般若心経を見ないで言える。)

③「中身のない、実質を欠く、本当ではない」の意の造語成分(接頭辞)。

／そらっつぇき¯／(空咳)、／そらっつん⌉ぼ／(空聾)、／そらっとぼける⌉／(空惚ける)、／そらなき¯／(空泣き)、／そらに=⌉～そらに¯／(空似)、／そらね=⌉～そらね¯／(空寝)、／そらみみ¯／(空耳)など。

※／てん⌉ teɴ]／(天)と／そら⌉ sora]／(空)の区別は話者に聞いてもはっきりしなかった。ただ、上記②③の意味から判断して本来は(古典語同様に)「中空」の意味だったと考えられる。

⇒／てん⌉ teɴ]／(天)の項の注(※)を参照。

そらっつぇき¯ ／soraQceki／ [空っ咳] (名詞)

①痰のからまない咳。②わざとする咳。／からっつぇき¯ karaQceki／とも言う。

※音節/ce/[ʦe]は他に／なかっつぇ¯ nakaQce／(きょうだいの「中の子」) に現れるぐらいで非常に少ない。

そらっつん⌉ぼ ／soraQcuɴ]bo／ [空っ聾] (名詞)

聞こえていて聞こえないふりをすること。

そらっとぼける⌉ ／soraQtobokeru]／ [空っとぼける] (自動詞カ行下一段)

知っていて知らないふりをすること。／そらっとぼけ⌉てやがる／(そらっとぼけていやがる)。

そらなき¯ ／soranaki／ [空泣き] (動作名詞)

周囲に注目されるためにわざと泣く振りをすること(涙が出ていないからそれと分かるという)。／うそなき¯ 'usonaki／(嘘泣き)とも言う。

そらまめ¯ ／soramame／ (名詞)

そらまめ。

※アクセントは平板型で発音する。最近まで［ソラ⌉マメ］というアクセントで発音されるのを聞いたことがなかった[1990年頃]。

それ¯～そい¯ ／sore～soi／ (指示代名詞)

聞き手に近い事物や生物を指示する(中称)。それ。

※指示代名詞「これ、それ、あれ」は、指示対象referent が生物のとき、有生性を特徴とする格助詞「コト(対格)・ガニ(能格)・ゲ(与格)」と共起できる。逆に「コト・ガニ・ゲ」と共起する「これ、それ、あれ」の指示対象は生物であるということができる。

「これ(＝この子)コト連れて行く」、「それ(＝その猫)ガニ盗み食いなどできるわけない」、「あれ(＝あの犬)ゲ何か呉れてやれ」など。

特に、「それφ押さえててくれ」の指示対象は無標で事物、生物いずれも可で両義的ambiguous で曖昧だが、「それコト押さえててくれ」となると指示対象は人間か生物となって、有生の指示対象であることが明確になる。

このように、有生性を特徴とする格助詞「コト・ガニ・ゲ」との共起・不共起は、単語や句などの形式が決定するのではなく、形式の意味内容つまり指示対象が条件となっていることに注意。

※／それ¯ sore／と／そい¯ soi／とは、自由変異(後者は一種の弱まり語形)。助詞「だけ」との結合は／そん・だけ¯ soɴ dake／となるのが普通だが、この場合も／そい・だけ¯ soi dake／という人がある。主題形(主題助詞「ワ」との融合形)は／そら¯ sora／と言う。

それつ¯ ／sorecu／ (指示代名詞)

その物。／それ¯ sore／と／そいつ¯ soicu／の混淆形。多くの場合、／そいつ¯ soicu／は聞き手の近くにいる生物を指して言い、／それつ¯ sorecu／は事物を指して言う。

それ・んべ⌉ー ／sore ɴbe]ʀ／ (指示代名詞副助詞連語)

そればかり。それだけ。限定を意味する。「[それ＋べー]→[それ＋んべー]」という連語構成。

／*そい・んべ⌉ー *soi ɴbe]ʀ／とは言わない。⇒／これ・んべ⌉ー kore ɴbe]ʀ／の注(※)を参照。

そろいる⌉～それーる⌉ ／soroiru]～soreʀru]／ [揃える] (他動詞一段活用)

(人や物を)揃える。

／にんず⌉ー　そろいねー⌉・と　はじまんねー↓／(人数を揃えないと[綱引きが]始まらない。)

そろう⌉～そろー⌉ ／soro'u]～soroʀ]／ [揃う] (自動詞・所動詞ワ行五段)

(人や物が)揃う。

／にんず⌉ー　そろわね⌉・んで　はじめらいねー↓／(人数が揃わないので始められない。)

そんな¯ ／soɴna／ (指示連体詞・指示副詞)

中称の状態指示の連体詞・副詞。そんな、そんなに。「そんな怒り方ない」「そんな怒らなくても」のように連体詞・副詞の両様がある。「奴/'jacu˥/」「野郎/'jaro˥ʀ/」の前で／そんね¯ soɴne／となる。／そんな¯ soɴna／の弱まり語形からの派生語に／んーな¯ 'ɴʀna／がある。⇒／んーな¯ 'ɴʀna／

＝た～＝だ ／-ta ～ -da／（拡張接尾辞（「実現形」形成接尾辞）［学校文法では助動詞］）

【接続に関して強いて学校文法的に述べれば】動詞の実現語幹（いわゆる連用音便形）や形容詞・助動詞のそれに相当する形式に付いて、「事態（過程・属性）が以前に実現した（現実化した）」という不定人称者の判断を表す。

※タ～ダは形態音韻的に条件付けられた異形態。選択条件は共通語に似るが、ガ行五段のみダでなくタが選択される点で異なる。例えば、「（船や自転車を）漕いだ」は、/koi˥ta/と言って、/*koi˥da/と言うことはない。殆どの話者は、共通語形が「漕いだ」であることに気づいていない。

※「拡張接尾辞」の「タ」の接合した拡張形式（いわゆる「タ形」）の終止＝連体形のアクセントは、拡張接尾辞の付かない基本形式の終止＝連体形（「基本形」）のアクセントと、平板型の動詞（例えば「行く」）および形容詞（例えば「甘い」）において、以下のような違いを見せる。

・平板型の動詞のタ形の連体用法は、［イッタ¯⌒コト］のように平板型になる。
付属語との結合形は、［イッタ˥・カラ］［イッタ˥・カ・モ⌒シレネー］［イッタ˥・モン（理由表明）］［イッタ˥・ト⌒オモー］のように尾高型になるのがふつうである。
但し、［イッタ・カ˥ラ］［イッタ・カ˥・モ⌒シレネー］／［イッタ・ト¯⌒オモ˥ー］が観察されないわけではないが、［*イッタ・モ˥ン］は聞かれない。（直ぐ後の基本形のアクセント参照）

・平板型の基本形の連体用法は、［イク¯⌒コト］のように平板型になる。
付属語との結合形は、［イク・カ˥ラ］［イク・カ˥・モ⌒シレネー］［イク・モ˥ン（理由表明）］／［イク・ト¯⌒オモ˥ー］のように、アクセント核が単語境界を越えて（対応する共通語から見て1拍後退して）付属語の第1拍に現れるものと、アクセント核のない平板型のものの2類に分かれている。特に付属語（助詞）の「モン」と「ト」との結合形におけるアクセント核の位置、アクセント核の有無の点で、タ形のアクセントは基本形のアクセントと異なっていて特異である。

なお、（共通語の中高型に対応する）末尾にアクセント核のある尾高型の動詞（例えば「済む」、「建つ」）のタ形は、以下のようになっている。

・尾高型の動詞のタ形の連体形は、［スン˥ダ⌒コト］、［タッタ˥⌒コト］となる。
付属語との結合形は、［スン˥ダ・カラ］［スン˥ダ・カ・モ⌒シレネー］［スン˥ダ・モン（理由）］［スン˥ダ・ト⌒オモー］、［タッタ˥・カラ］［タッタ˥・カ・モ⌒シレネー］［タッタ˥・モン（理由）］［タッタ˥・ト⌒オモー］のようになっている。
【尾高型の動詞のタ形のアクセント核の位置は音韻的に条件づけられていて、タの前の拍が有声音の拍の場合はその拍に、タの前の拍が無声音の拍の場合はタにアクセント核が来る。】

・尾高型の基本形の連体用法は、［スム˥⌒コト］、［タツ˥⌒コト］のように尾高型になる（以下［タツ˥］は省略）。
付属語との結合形は、［スム˥・カラ］［スム˥・カ・モ⌒シレネー］［スム˥・モン（理由）］［スム˥・ト⌒オモー］のように尾高型になる。

上記の動詞の否定形式のアクセントは次のようになっている。

・平板型の否定形式（例えば「行かない」）のタ形の連体用法は、［イカナカッタ¯⌒コト］のように平板型になる。
付属語との結合形は、［イカナカッタ˥・カラ］［イカナカッタ˥・カ・モ⌒シレネー］［イカナカッタ˥・モン］［イカナカッタ˥・ト⌒オモー］のように尾高型になるのがふつうである。
但し、［イカナカッタ・カ˥ラ］［イカナカッタ・カ˥・モ⌒シレネー］／［イカナカッタ・ト¯⌒オモ˥ー］が観察されないわけではないが、［*イカナカッタ・モ˥ン］は聞かれない。

・平板型の否定形式の基本形の連体用法は、［イカネー¯⌒コト］のように平板型になる。
付属語との結合形は、［イカネー・カ˥ラ］［イカネー・カ˥・モ⌒シレネー］［イカネー・モ˥ン（理由）］／［イカネー・ト¯⌒オモ˥ー］のように、アクセント核が単語境界を越えて（対応する共通語から見て1拍後退して）付属語の第1拍に現れるものと、アクセント核のない平板型のものの2類に分かれている。特に、平板型の動詞と同様に、付属語（助詞）の「モン」と「ト」との結合形におけるアクセント核の位置、アクセント核の有無の点で、タ形のアクセントは基本形のアクセントと異なっていて特異である。

・尾高型の否定形式（例えば「済まない」）のタ形の連体形は、［スマナ˥カッタ⌒コト］となる。
付属語との結合形は、［スマナ˥カッタ・カラ］［スマナ˥カッタ・カ・モ⌒シレネー］［スマナ˥カッタ・モン（理由）］［スマナ˥カッタ・ト⌒オモー］となる。

・尾高型の否定形式の基本形の連体用法は、［スマネ˥ー⌒コト］となる。
付属語との結合形は、［スマネ˥ー・カラ］［スマネ˥ー・カ・モ⌒シレネー］［スマネ˥ー・モン（理由）］［スマネ˥ー・ト⌒オモー］となる（なお、［スマネ˥ー］は［スマネー˥］とも発音される）。

形容詞のタ形の終止＝連体形は、以下のようになっている。

・平板型(例えば「甘い」)のタ形は、[アマカッタ¯⌒コト]、[アマカッタ]・カラ][アマカッタ]・カ・モ⌒シレネー][アマカッタ]・モン][アマカッタ]・ト⌒オモー]となる。
但し、動詞のタ形と同様に、付属語との結合で[アマカッタ・カ]ラ][アマカッタ・カ]・モ⌒シレネー][アマカッタ・ト¯⌒オモ]ー]という発音が観察されないわけではないが、[アマカッタ・モ]ン]は聞かれない。

・平板型の基本形は、動詞と同様に、[アマイ¯⌒コト]、[アマイ・カ]ラ][アマイ・カ]・モ⌒シレネー][アマイ・モ]ン][アマイ・ト¯⌒オモ]ー]となる。

・中高型(例えば「辛い」)のタ形は、[カラ]カッタ⌒コト]、[カラ]カッタ・カラ][カラ]カッタ・カ・モ⌒シレネー][カラ]カッタ・モン][カラ]カッタ・ト⌒オモー]となる。

・中高型の基本形は、[カラ]イ⌒コト]、[カラ]イ・カラ][カラ]イ・カ・モ⌒シレネー][カラ]イ・モン][カラ]イ・ト⌒オモー]となる（なお、[カラ]イ]は[カライ]]とも発音される)。

※平板型形容詞のタ形の[アマカッタ¯〜アマカッタ]]の祖形は、[*アマカ]ッタ](中高型)と推定される。それがアクセント核の後退現象によって[*アマカッタ]](尾高型)を経て、(付属語との結合を除いて)基本形の[アマイ¯](平板型)に牽引されて[アマカッタ¯](平板型)に発達したものと思われる。中高型形容詞のタ形の[カラ]カッタ](中高型)の祖形は、[カ]ラカッタ](頭高型)が音韻法則的対応から再建される。

※起源的には古典語の結果相のアスペクト助動詞「たり」の連体形「たる」の語尾音節脱落形に由来するが、現代語という特定共時態においては、結果相というアスペクト的文法意味を連体節述語では残しつつも、主節述語においては「過去」というテンス(時制・時称)を表す形式に基本的には転化している。

→「た」の「過去化」は形容詞や繫合詞(断定の助動詞)のタ形の成立(〜カッタ、ダッタ)にも現れている。各地方言の形容詞や繫合詞の過去形に「(高)カッケ／(高)イッケ」や「ダッケ」が現れるのはこれらの方言でタの「過去化」が未完成なことを反映している。相関的にこれらの方言ではタが現在の事態に言及可能なこと（家を訪ねて「居たか」と声をかけたり「お早うございました」と挨拶したりすることなど)が多いのもタの完了的な性格の残存と見ることができる。

※埼玉県東北部方言では、「その人だらさっきそこに居たった。」(その人ならさっきそこに居た)や「そのことだらおれも聞いたった。」(そのことならおれも以前に聞いた)、「あの日は寒かったった。」(あの日は寒かった)のようなタの重複形(「大過去plusquamperfectum」完了相過去【厳密には前のタが完了aspect、後のタが過去tenseと考えられるが、話者は過去の過去と感じている】)を聞くが、このような表現法は筆者の周辺にはなかった。筆者周辺の「居たっけ」「聞いたっけ」「寒かったっけ」に近い言い方かもしれないようにも感じられる。初めて聞いたのは高校時代に春日部以北から来る県北の同級生の発言の中でだった。筆者の属する県南(県東南部)と県北(県東北部)ではことばが違って感じられたことの１つであった(例えば他に、「後ろ(の車両)」:「うら(の車両)」、「(ご飯を)よそる」:「(ご飯を)盛る」、「行く[iku]」:「行ぐ[igu]」など)[1960年代前半]。

⇒形容詞に関しては、／＝かった -kaQta／(拡張接尾辞)の項を参照。

だ ／da／（繫合詞[いわゆる断定の助動詞]）

体言（名詞・状態詞[いわゆる形容動詞語幹]）およびそれに準ずる語句に付いて、繫合詞として、「同定・記述」の述語を構成し、それについての第一人称者(話し手)の断言を表す。

【「体言述詞 predicative ＋繫合詞 copulative ＝体言述語 predicate」と考えておく。】

※旧稿では下記のように記述したが、／だ da／が「同定・記述」の文法機能（体言の「述詞化機能」）も持つと考え、上記のように改める。

〈「ＡはＢだ」の「ダ」は、主辞Ａと賓辞Ｂとの「《同定》という関係規定」と、「《断言》という心的態度の表出」の二重の機能を果たしているように見えるが、「《同定》という関係規定」は統合型（文型）の意味で、「ダ」の意味として固有のものは「《断言》という心的態度の表出」であると考えられる。〉

※平板型の指示副詞／こー¯、そー¯、あー¯／は、繫合詞／だ／との連語形で、平板型の／こー¯・だ]、そー¯・だ]、あー¯・だ]／の他に、尾高型の／こー]・だ、そー]・だ、あー]・だ／も聞かれる。終助詞「か/ka/」や係助詞「は/'wa/」「も/mo/」などとの連語形でも同様な揺れが見られる。

だいじ=](〜だいじ¯) ／daizi=˥(〜daizi)／ ［大事］（名詞・状態詞）

⇒／でーじ=](〜でーじ¯) deʀzi=˥(〜deʀzi)／(大事)の項を参照。

だいじゅ]ぶ〜でーじゅ]ぶ ／daizju˥bu〜deʀzju˥bu／ ［大丈夫］（状態詞［形容動詞語幹］）

何ら心配ない様子。大丈夫。

※共通語における短い／sju, zju, cju／は、音韻法則的に／si, zi, ci／が対応するが、この場合の、／zju／は、新たに／zjoʀ／が／zjo／を経て／zju／に変化したもので、このようなものは例外となる。

※音韻史的には「短音のウ段拗音/Cju/(C≠')の直音化/Ci/」の完了後の空き間の位置に新たに入る音節である。体系的には「ウ段拗長音/Cjuʀ/」の存在が支えとなっている。

中間段階の／だいじょ]ぶ〜でーじょ]ぶ daizjo˥bu〜deʀzjo˥bu／も聞かれる。

だいじょ]ぶ〜でーじょ]ぶ ／daizjo˥bu〜deʀzjo˥bu／ ［大丈夫］（状態詞［形容動詞語幹］）

何ら心配ない様子。大丈夫。日常語では［ダイジョーブ～デージョーブ］は聞かれない。
／だいじゅ˥ぶ～でーじゅ˥ぶ daizju˥bu～derzju˥bu／とも言う。

だいじ˥ん～でーじ˥ん ／daizi˥n～derzi˥n／［大尽］（名詞）
大金持ち、資産家。大地主。
※「大臣」と誤解している人がけっこう居るが、この語の語源説を整理すると、高位・高禄の「大身(↔小身)」に高位・高官の「大臣(↔小臣)」が加わって資産家の「だいじん」が生まれたようなので、あながち間違いとは言い切れないようである。「大尽」は当て字といわれる。
※農地解放以前は、「[在所名]＋／だいじ˥ん～でーじ˥ん daizi˥n～derzi˥n／」と指称される家が村には何軒かあり、これらの家の当主は「[個人名]＋接尾辞／＝さま -sama／」で指称されていた。(その多くは改革後没落した)。［一般の家の者は、接尾辞／＝さん～＝つぁん -san～-can／や、／＝どん～＝とん -don～-ton／で指称されるか、屋号で呼ばれ、「さま」づけされることはなかったと言う。］

だいどこˉ～でーどこˉ ／daidoko～derdoko／［台所］（名詞）
食物を調理し、煮炊きする場所。台所。⇒／かまやˉ kama'ja／、／どま=˥ doma=˥／の各項参照。

だいはちぐる˥ま～でーはちぐる˥ま ／daihaciŋuru˥ma～derhaciŋuru˥ma／［大八車］（名詞）
車輪に鉄のたが(箍/taŋa=˥/)をはめた、木製の二輪の大きな荷車。戦前まで使われていたと言う。

だいぶつ=˥～でーぶつ=˥～だいぶつˉ～でーぶつˉ ／daibucu=˥～derbucu=˥～／［大仏］（名詞）
(鎌倉・奈良の)大仏。また、土産物などのミニチュアの大仏。
※尊んで／だいぶつさ˥ま～だいぶつさま=˥ daibucusa˥ma～daibucusama=˥／と言う。
※アクセントは、／だいぶつ˥⌒みて⌒きた／([遠足で]大仏を見てきた)、／だいぶつ˥⌒かって⌒きた／([土産に]大仏像を買って来た)、／だいぶつ˥・みてー・だ、だいぶつ・の・よー˥・だ／(大仏のようだ)のように、東京語の尾高型に対応する型(／だいぶつ=˥ daibucu=˥／尾高型Ｂ)で発音される(高度経済成長期以前(1970年頃以前)に言語形成期を終えた世代の話者)。これは、山田美妙の『日本大辞書』(1892)に「第四上」とあるのに対応する形である。ただし、平板型の／だいぶつˉ daibucu／も聞かれる（特に戦後世代）。敬称の２つのアクセントは、前者が敬称の接尾辞が尾高型に対応する形に付いたもの、後者が平板型に対応する形に付いたものである。
⇒／ねんぶつ=˥～ねんぶつˉ nenbucu=˥～nenbucu／(念仏)のアクセント参照。

たいへー˥らく ／taiher˥raku／［太平楽］（状態詞［形容動詞語幹］）
呑気な様子。

たいる˥ ／tairu˥／（他動詞ア行上一段）
小便を意志的に体外へ排泄する。無意志的排泄は、／むらす˥ murasu˥／／むる˥ muru˥／と言う。
／はー　しょんべ˥ん　たい˥て　ねんべ˥・や↓／(もう小便をして(直訳「小便を垂れて」)寝よう。)
※この方言では、ラ行下一段動詞で語幹部に非前舌母音を含む［-are-/-ure-］という語幹末形式のものは［-ai-／-ui-］というア行上一段化する顕著な音韻変化傾向を持つことから、「垂れる」が／たいる˥／となったものである。
※接続形や過去形が／たい˥て、たい˥た／となることから、これを転回軸として、カ行五段に類推して／たく˥ taku˥／という形が生まれていて、このように言う個人が複数ある。
※／たれる˥ tareru˥／と発音する話者もいるが、大多数の方言話者は／たいる˥ tairu˥／と発音している。上記の意味の／たいる˥ tairu˥／を用いる話者においては、「液体が落下する」ことを意味する所動詞／たれる˥ tareru˥／と他動詞／たいる˥ tairu˥／とは語形と意味と機能が分化していて、別語と意識されている。また、／しょんべん˥たれ sjonben˥tare／([寝]小便垂れ)や／ねしょんべん˥たれ nesjonben˥tare／(寝小便垂れ)に、多くの方言話者にとっては使われなくなっている他動詞の／たれる˥ tareru˥／由来の形式が現れるが、この／＝たれ -tare／も、意味つまり無意識的排泄という点で意識的排泄の／たいる˥ tairu˥／とは意味的に異なっているうえに、なおかつ、形が／たいる˥ tairu˥／と離れてしまっているので、自然的意識においては／たいる˥ tairu˥／に同定されず別形式として意識されている。反省的には、／しょんべん˥たれ sjonben˥tare／は、意志的に「小便を／たいる˥　tairu˥／子」ではなく、「液体が垂れ落ちる」ように、意志しないのに「小便が垂れてしまうような子」と意識される。⇒／むらす˥ murasu˥／、／むる˥ muru˥／参照。

たうな˥い～たうね˥ー ／ta'una˥i～ta'une˥r／（動作名詞）
(稲を植え育てるために)田の土を掘り返して田の表土を柔らかくすること。
※「田」を「うなう」という語構成で、「田＋返す」(日葡辞書「tagayesu」)に由来する「耕す」と似ている。

たか˥い～たけ˥ー ／taka˥i～take˥r／［高い］（形容詞）
高い。反対語は／しく˥い～しこ˥い siku˥i～siko˥i／、戦後世代は／ひく˥い hiku˥i／。
※次元形容詞の意味構造に関しての注意(「見かけの二項性」)：
「高い」と「低い」などの次元形容詞の反対語は、「高い↔低い」というように直接対峙しているのではなく、まず①「高い↔高くない」が対立し、次いで「高くない」が②「低い↔低くない」というように対立しているようである。「高い」と「低い」が直接対立しているのなら、かかる次元一般を指称するのにいずれの語も使われ得ると思われるのに、事実はかかる次元一般を「高さ」といい、「低さ」はかかる次元一般を代表し得ない。従って、「高い」が上位概念で、このレベルでは「高い」

た

と「高くない」が対立し、「低い」は、「高くない」と認識されたものについて「低い」と「低くない」が対立しているというように、「高い」と「低い」には(把え方に)上下の階層関係があると思われる。つまり、このような(「矛盾」関係にない)「反対」関係にあるものについては階層性を持った「見かけの二項性」を呈するものがある。「富士山」と日本一低い山とされる徳島県方上町にある6.1㍍の「弁天山」を例にすれば、

①「富士山は高い」:「弁天山は高くない」→②「?／×富士山は低くない」:「弁天山は低い」

という関係になる。初めに「高い」と把えられたものをその次に「低くない」と言い直すと据わりの悪い表現になること(階層上で上位の肯定形「高い」と階層上で下位の否定形「低くない」が必ずしも等しくないこと)注意。「長い／短い」、「大きい／小さい」等々も同様な意味構造をもつ。

たかし˥〜たかし¯ ／takasi˥〜takasi／ (名詞)

竹馬（子供の遊び道具)。戦前世代の語。戦後世代では／たけんま¯ takeɴma／。

※「たかあし（高足)」の変化した形。

たかずっぽ¯ ／takazuQpo／ (名詞)

竹の節を抜いたもの、竹筒（魚を捕るのに使った)。／たけずっぽ¯ takezuQpo／に同じ。

たかどーろー¯〜たかどろ¯ ／takadoʀʀoʀ〜takadoro／ ［高灯篭］(名詞)

死んでから最初の盆(／しん˥ぼん siɴboɴ／[新盆])の月の、8月1日に高い竿につけて灯す灯籠。

※同じ日に、供養のために／たなねんぶつ¯ tananeɴbucu／(「棚念仏」)が行われた。

＝たがる ／-taŋaru／ (動詞形成接尾辞。ラ行五段)

「願望」の拡張接尾辞／＝てー〜＝たい／の語幹の／-ta-／に、感情・感覚などの心的内容が外形的に表情・そぶりに現れたり察せられたりすることを表す動詞形成接尾辞／＝がる -ŋaru／が付いた形式。／＝てー〜＝たい／の主語が、特に非過去(現在)の終止形において、当事者、とりわけ第一人称者(話し手)に傾くのに対して、／＝たがる -taŋaru／の主語は、第三者になる傾向が顕著に見られる。／＝てー〜＝たい／が内面的で心的な直接経験を表すのに対して ／＝たがる -taŋaru／が心的態度の外形的な発現を表すという違いが、文法的ふるまいに反映しているものと思われる。

「そこへは{おれが／×おまえが／×あれが}行きたい。」

「そこへは{×おれが／×おまえが／あれが}行きたがっている。」

「そこへは{×おれが／おまえが／?あれが}行きたいのか?」

「そこへは{×おれが／×おまえが／あれが}行きたがっているのか?」

※人称詞の体系は、「われわれ(we)」の「当事人称」と「かれら(they)」の「第三人称」とにまず分かれ、次に「当事主体(I)」の「第一人称」と「当事客体(you)」の「第二人称」に分かれていることに注意。

だかる¯ ／dakaru／ ［抱かる］(自動詞ラ行五段)

抱きついた状態を保つ。

※／だかいる¯(〜だかれる¯) dakairu(〜dakareru)／(「抱かれる」受身動詞)とは同一の事態を述べているようでも把え方が異なっている。

「子どもガ母親ニ抱かれる」のは子どもにとって受動的出来事に過ぎないが、「子どもガ母親ニ抱かる」のは、子どもにとって自発的能動的動作の所産である。従って、受身動詞「抱かれる」は、子どもに向かって*「落っこちないようにしっかり抱かれてろよ」と言うことはできないが、自動詞「抱かる」の方は、子どもに向かって「落っこちないようにしっかり抱かってろよ」と言える。

※同じことが、身体の背面に／ぶっつぁ˥る buQca˥ru／(「おぶさる」自動詞)と／ぶわいる˥(〜ぶわれる˥) bu'wairu˥(〜bu'wareru˥)／(「おぶわれる」受身動詞)にも当てはまる。

※他動詞「抱く」([母親ガ＋子どもコト＋抱く])と自動詞「抱かる」([子どもガ＋母親ニ＋抱かる])とでは、他動詞主語「母親ガ(主格)」が自動詞補足語「母親ニ(位格)」に、他動詞目的語「子どもコト(対格)」が自動詞主語「子どもガ(主格)」に替わるので、この点で一種の能動・受動の態の交替と似たところがあるが、自動詞主語「子どもガ」が一種の能動的主体(動作主)である点と、自動詞補足語「母親ニ」が一種の対象(被動者)で動作主でない点で、通常の受動態([子どもガ＋母親ニ＋抱かれる])の主語「子どもガ」や補足語「母親ニ」とは異なっていて、特異である。

なお、自動詞主語「子どもガ」が一種の能動的主体(動作主)であることは、自動詞から派生する可能動詞が作る文—例えば「[子どもガ＋母親ニ＋抱かる]ことができる」を意味する「まだ[子ども{ガニ／~~ガ~~}は＋母親ニ＋(うまく)抱かれない]みたいだ」—の主語になることができることにも見て取ることができる。(「~~ガ~~」は「ガ」が削除されること(「φ」化すること)を表す。)

たく¯ ／taku／ ［炊く］(他動詞カ行五段)

米を適量の水とともに加熱して柔らかくする。所動詞は／たける¯ takeru／。

／かま・で めし˥ たく／(釜でご飯を炊く)。／めしたき˥／(「飯炊き」動作名詞)。

／めし˥ たけた／(「ご飯が炊けた」所動詞)。

※一般に「炊く/taku¯/」のは「釜/kama¯/」、「煮る/niru¯/」のは「鍋/nabe˥/」という観念の連合がある。

※目的語は「米」も取るが、結果目的語の「ご飯」等を取ることが多い。(「湯を沸かす」の同類)

※／にる¯ niru／ (煮る) は「米以外の食材をだし汁とともにに加熱して柔らかくする」こと。

／うでる˥ 'uderu˥／ (茹でる) は「食材を多めの湯の中で十分に加熱する」こと。

／ふかす˥ hukasu˥／ (蒸す) は「食材を通らせた蒸気で加熱して柔らかくする」こと。

※「炊く」は、次項の「焚く」は、漢字形態によって半ば意味分化しているが、「火を使って加熱する

ことで目的語が表す事態を実現する」点で同一の形式と考えられる。

たく‾ ／taku／ ［焚く］（他動詞カ行五段）
燃料を燃やして加熱する。所動詞は／たける‾ takeru／。
／まき・で　ふろ⌉　たく／（薪で風呂を焚く）。／ふろたき⌉／（「風呂焚き」動作名詞）。
／ふろ⌉　たけた／（「風呂が焚けた」所動詞）。
※同じ事態を／まき・で　ふろ⌉　わかす～まき・で　ゆー⌉　わかす／（「風呂を沸かす～湯を沸かす」、／ふろ⌉　わいた～ゆー⌉　わいた／（「風呂が沸いた～湯が沸いた」）とも言うが、「焚く・焚ける」は、／*ゆー⌉　たく／、／*ゆー⌉　たけた／とは言わない（ようである）。

だく‾ ／daku／ ［抱く］（他動詞カ行五段）
おなか側に生き物を抱える。抱く。「あかんぼコト＋抱く」「猫コト＋抱く」。
※背中側に生き物を背負うことは／ぶー⌉～ぶう⌉ buʀ˥～bu'u˥／（負ぶう）と言う。

＝たくる ／-takuru／（造語成分・接尾辞。ラ行五段）
／＝たくる -takuru／は単独では使わないが、
①造語成分（語基）として、「引っタクル/siQtakuru˥/」、「ぶっタクル/buQtakuru˥/」、「ふんダクル/huɴdakuru⌉/」に現れる。基本的には、「手に力を入れて引き寄せる」というような意味を表すと考えられる。この他、
②接尾辞的なものとして、「塗りタクル/nuritakuru˥/」が見られる。接尾辞としては「荒々しく～スル、さかんに～スル」というような意味を表す。
なお、形と意味の似た語に、「手繰る/taŋuru(˥)/」があるが、こちらは「両手を交互に使って引き寄せる」というような意味を表す。

たぐる⌉～たぐる‾ ／taŋuru˥ ～ taŋuru／ ［手繰る］（他動詞ラ行五段）
両手を交互に使って引き寄せる。／なわ⌉⁀たぐる／（縄を手繰る）。⇒／＝たくる -takuru／参照。

たくわ⌉ん ／taku'wa˥ɴ／（名詞）
大根を一度干してから漬けたもの。沢庵漬け（大根漬け）。
※『物類称呼』に、「だいこんづけ…関東にて○たくあんづけといふ」とある。

たけ‾ ／take／ ［竹］（名詞）
竹。

たけ=⌉ ／take=˥／ ［丈］（名詞）
立ったものの高さ、背丈。／せた⌉け seta˥ke／とも言う。
※人・動物・植物の高さや人が身につけるものの高さを言う。箪笥・冷蔵庫などの家具、家などの建物、山などの人工物・自然物の高さは言わない。

だけ⌉ ／dake˥／（副助詞）
明確な限定を表す。
※指示事物代名詞との結合形は／こん・だけ⌉ koɴ dake˥、そん・だけ⌉ soɴ dake˥、あん・だけ⌉ 'aɴ dake˥、どん⌉・だけ doɴ˥ dake／となる。

たけずっぽ‾ ／takezuQpo／（名詞）
竹の節を抜いたもの。竹筒。魚を捕るのに使った。／たかずっぽ‾ takazuQpo／に同じ。
※「竹（たけ・たか）」＋「筒っぽ」、即ち／*takezucuQpo→takezuQpo、*takazucuQpo→takazuQpo／で、後部要素は、「筒」の意味の／つつっぽ‾ cucuQpo／の連濁形が短縮された形であろう。

たけのこ‾ ／takenoko／（名詞）
たけのこ（筍）。「（竹の子→）筍」や「（木の子→）茸/kinoko˥/」は単語化（一語化）が進んでいて、反省的にしか連語的な語構成は意識されない。

たける‾ ／takeru／ ［炊ける］（所動詞カ行下一段）
米が適量の水とともに加熱されて柔らかくなる。

たける‾ ／takeru／ ［焚ける］（所動詞カ行下一段）
風呂の水が、燃料を燃やすなど加熱した結果、入浴できる程度に暖かくなる。

たこ⌉ ／tako˥／ ［凧］（名詞）
凧。動詞表現は／たこ⌉　あげる／。その名詞化形は／たこあげ⌉／。その動詞化形は／たこあげ⌉⁀やる／がふつう。凧の上がって行く先は昔は／てんじく‾ teɴziku／（天竺）と言ったと明治生まれの人たちが言っていた。⇒／てんじく‾／（天竺）の項を参照。
※『物類称呼』の「紙鳶（いかのぼり）」に「関東にて○たこと云」とある。

だす⌉ ／dasu˥／ ［出す］（他動詞サ行五段）
物を内から外に移動させる。／でる⌉ deru˥／の他動詞。反対語は／いれる‾ 'ɪreru／（入れる）。
「出る」「出す」の場所の補足語には、共通語と同じ「カラ」（「家カラ{出る／出す}」）と、共通語の「を」に相当する「φ（無助詞）」（「家φ{出る／出す}」）がある。後者については以下の注（※）を参照。
※「（大学など学校を）卒業する」ことを／こども（・が）　だいがく　でる⌉／（子どもが大学を出る）というが、「卒業させる」ことは、他動詞「出す」を使って、方言では／こども・こ⌉と　だいがく　だす⌉／（子どもを大学を出す）という。共通語では対象の対格助詞「を」と場所（起点・経由地）の対格助詞「を」が共起できないので非文となるが、方言では対象は対格助詞「コト」で表され、場所（起点・経由地）は常に無助詞、言わば「φ格」（ゼロ格）で表される（共通語と違い場所は対格助詞

た

「コト」では表示されない)ので、上記のような「〜コト(対格)+〜φ(場所格)+他動詞」という構文が成り立つこと、共通語の2つの「を」が方言では意味的・形態的に分化していることに注意。
※複合語後部成分としては自他の対立を欠き、自動詞の場合も「出す」が現れる傾向がある。
「飛び出る、抜け出る、這い出る、噴き出る、湧き出る」など→/とびだす˥、ぬけだす˥、はいだす(˥)、ふきだす(˥)、わきだす˥/など。

たたき˥つける /tataki˥cukeru/(他動詞カ行下一段)
地面に強く打ちつける、投げつける。/びた˥つける bita˥cukeru/も類義の動詞。
※複合語の接合部にアクセント核が現れるタイプの複合語で、この方言にはよくあるタイプ。

だだっぴろ˥い〜だだっぴれ˥ー /dadaQpiro˥i〜dadaQpire˥ʀ/(形容詞)
むやみに広い。反対語辞典(中村一男編『反対語大辞典』/北原保雄・東郷吉男編『反対語対照語辞典』いずれも東京堂出版)には反対語は「狭苦しい」とあるが、/だだっぴろ˥い dadaQpiro˥i/と/せまっくるし˥ー semaQkurusi˥ʀ/には、次のように共起する語句(のcollocability)に違いがある。
「だだっぴろい{○家(/'uci¯/)/○部屋/○田んぼ(方言では/taɴnaka¯/)/○池/○原っぱ}」
↔「せまっくるしー{○家(/'uci¯/)/○部屋/×田んぼ(方言では/taɴnaka¯/)/×池/×原っぱ}」
どうも、「だだっぴろい」は単なる空間的広がりの広さだけについて言及しているのに対して、「せまっくるしー」は単なる空間的な広がりの狭さだけでなくそこで生活する窮屈さというような視点での狭さについて言及しているというような違いがあるようである。従って(方言に関する限り)完全な反対語とは言えないようである。

たちーた˥ /taciʀta˥/[裁ち板](名詞)
裁縫で、裁ち物/たちも˥の tacimo˥no/をするときの台として使う板。
※/taciʀta˥/[tatɕɪːta タチータ]と発音し、/taci'ɪta˥/[tatɕɪ|ɪta〜tatɕɪ|eta タチ・エタ]のような割った発音は聞かれなかった。(イ段の長音節/Ciʀ/を2音節/Ci'ɪ/に割ると、母音音節/'ɪ/の前舌の狭めが直前の母音よりもやや広くなるので[タチ・エタ]と聞こえるのが普通である。)

たちかま¯〜たちがま¯ /tacikama〜taciŋama/(名詞)
①腰を曲げないで草刈りができる、柄の長い鎌。
②物ぐさなこと、物ぐさな人、をいう。

たちくそ˥ /tacikuso˥/(名詞)
紐の結び方の一種。/たちむす˥び tacimusu˥bi/に同じ。

たち˥び〜たちび˥ /taci˥bi〜tacibi˥/(名詞)
命日(祥月命日)。

たちむす˥び /tacimusu˥bi/(名詞)
紐の結び方の一種で、結び目の両端が横になる普通の結び方でなく、紐の両端が上下に立つような結び方。/たちくそ˥ tacikuso˥/とも言う。共通語の「たてむすび(縦結び)」に当たる。

たちも˥の /tacimo˥no/[裁ち物](動作名詞)
布を裁断すること。

たつ˥ /tacu˥/[立つ(建つ)](自動詞・所動詞タ行五段(話者によってツァ行五段))
立つ。①「人が立ち上がる、立つ」と②「ものが立ち現れる、立つ(建つ)」の二類がある。
※派生語、/おったつ˥ 'oQtacu˥/(勢いよく立つ)、/つったつ˥ cuQtacu˥/(真っすぐに立つ)。

=たっけ〜=だっけ /-taQke 〜-daQke/(「実現」の拡張接尾辞(学校文法では助動詞)の「想起形」)
気づかずにいた「既実現の事態」に「今初めて気がついて確認した」という第一人称者の気持ちを表す。
疑問文では、気づくべき「既実現の事態」を思い出して確認しようとする第一人称者の気持ちを表す。
/こども・の⌒ころ˥・わ　よく　んまとび˥⌒して　あすんだ˥っけ・な˥ー↓/
(子どもの頃はよく馬跳びして遊んだっけなあ。)
/さっき　くすり　のん˥だっけ・か↓/(さっき薬を飲んだっけか。)

だっ˥け /daQ˥ke/[繋合詞/だ¯ da/(学校文法では、断定の助動詞)の「想起形」]
現在の事態で、気づかずにいたのを、たった今気づいて、その事態を確かに認識するに至った、というような、記憶を現在の場に持ち来たして再確認する気持ちを表す。
/そー　ゆいや˥ | きょー˥・わ　たなばたさま・だっ˥け・な˥ー↓/
(そういえば、今日は七夕さまだっけなあ。)
※「発見のタ」もよく似ているが、「タ」は(/きょー˥・わ　たなばたさま・だっ˥た・なー↓/のように)眼前の事実の発見的(見つけ出し的)確認で、「ケ」の思い起こしに基づく現状確認とは微妙に異なるように感じられる。

だっ˥こ /daQ˥ko/(動作名詞)
「抱くこと、抱かること」の幼児語。

たっ˥ち /taQ˥ci/(動作名詞)
「立つ、立ち上がる」の幼児語。

=たって〜=だって /-taQte 〜-daQte/(統語接尾辞[学校文法では接続助詞])
逆接仮定条件を表し、前件の成立が後件の成立を拘束しないことを表す。形容詞は/=くったって -kuQtaQte/という形をとる。繋合詞(断定の助動詞)は/だったって daQtaQte/。
※同じ機能の統語接尾辞に、/=ても〜=でも -temo〜-demo/・/=ばって -ebaQte〜rebaQte/

・／＝って -Qte／(形容詞と繫合詞にのみ)があるが、文体差(語体差)の他に意味が微妙に違う。
①／＝たって／は「事態の実現（アッタ・シタ)」を前提としての逆接、
「行ったたって」「高くったたって」「(ほんと)だったたって」
②／＝ばって／は「事態の仮定的存立（アレバ・スレバ)」を前提としての逆接、
「行けばって」「高いければって〜高いけんばって」
③／＝ても／は「事態の存立（アッテ・シテ)」を前提としての逆接、
「行っても」「高くても〜高くっても」「(ほんと)だっても」
④／＝って／は最も単純な「事態（アル・スル)」を前提とした逆接
「高いって」「(ほんと)だって」
と言えるように感じる。
※／＝ばって／は古い、／＝たって／／＝って／は日常語的(俚言的)、／＝ても／は文体中立的な語感を伴う。⇒／＝って -Qte／(統語接尾辞)の項を参照。

だ˥って ／da˥Qte／（係助詞）
対極的項を前提として、いずれかの項を極的項として取り上げ、他の対極的項を類推させる機能を持つ。対比の相手項が不特定化すると、事柄の極的提示という性格を帯びた表現となる。
／そんな⌒こった˥ら　こども・が˥に・だって　できら˥↓／(そんなことなら子供でもできる。)
※繫合詞(断定の助動詞)の／だ da／に、「とて」に起源する接続助詞的統語接尾辞「って」が付いた／だ˥＋って da˥＋Qte／が、繫合詞「だ」の分布を離れて副助詞化したものであるが、一部重複した分布を示す。⇒／＝って -Qte／(統語接尾辞)の項を参照。
／こども・が˥に・だって　わかる／(子どもにだって分かる)は分布から副助詞と見なせるが、「子どもだって分かる」は、／こども・だ˥って　わかる／(子どもデアッテモ)[繫合詞の逆接形]なのか、／こども・だ˥って　わかる／(子どもデモ)[副助詞]なのか分明ではない。

たっぺ˥ ／taQpe˥／（名詞）
霜柱。／たっぺ˥　たって˥る↓／（霜柱が立っている。)
※「たちひ（立ち氷)」が語源であろう。「たちひ」→「*たっぴ」→／たっぺ˥／のような変化が考えられる。戦後世代では／しもばし˥ら simobasi˥ra／がふつう。

たて˥ ／tate˥／［縦］(名詞)
直立した姿勢における上下・前後の方向。／よこ¯ 'joko／(横)は直立した姿勢における左右・水平の方向。⇒／よこ 'joko／(横)参照。
※「たて」は「よこ」に対して一次的・基準的である。「たて」が上下方向のとき、「よこ」は（前後左右を含む)水平方向であり、「たて」が前後方向であるとき、「よこ」は左右方向である。「たて」が確定しないと「よこ」が決まらない。その逆ではない。
※「前後」から奥行きを捨象すれば視覚的には「上下」になるので、「たて」は基本的には「上下」に還元できると思われる。「(球形の)丸い」と「(円形の)円い」も同様な関係にある。

たてば¯ ／tateba／［立て場］(名詞)
宿場と宿場(町場と町場)を結ぶ往還/'ᴏʀkaɴ¯/(街道・道路)の途中にあった休憩所。お茶などを出したと言う。

たてひざ˥ ／tatehɪza˥／（名詞・動作名詞）
片膝/katahɪza¯/(片方の膝/hɪza¯/)を立てて坐ること。／たてひざ˥⌒して　すわる¯／。

たてひざ˥⌒つく ／tatehɪza˥ cuku／［片膝突く］(連語。カ行五段)
片方の膝を立てて坐る。／たてひざ˥⌒ついて　すわる¯／(片膝を立てて坐る)。
※「膝/hɪza¯/」は、「膝頭(膝関節)」だけでなく、その上部の「股/momo˥/」の前面も(「子どもを膝に抱く」のように)「膝」ということに注意。「立て膝」はこのような意味の「立てた膝」と考えられ、「立て膝を突く」は、「頬杖を突く」「肘を突く」や「杖を突く」の「突く/cuku¯/」と同様に、「棒状のものを床や地面に上下の縦方向に押し当てる」というような意味に収まると考えられる。そうすると、「膝を突く」の「膝頭を床や地面に押し当てる」も、この「膝」は膝頭だけでなくその上部を含む膝と考えるべきものなので、上記の意味と乖離するものではないと考えられる。

たてまい¯〜たてめー¯ ／tatemai〜tatemeʀ／（名詞）
「棟上げ(式)」(と式後の「餅投げ」)。上から餅や金銭を撒いた。近所中で拾いに行ったものだった。
※投げる餅を／なげもち˥ naŋemoci˥／と言い、餅を投げることは／なげもち˥ naŋemoci˥／とも、また／もちなげ=˥ mocinaŋe=˥／とも言った。

たな¯ ／tana／［棚］(名詞)
①板を横に渡して造った、物を載せるための設備。棚。
②／おたな¯ 'otana／の形で、「店・商店」を言う。また、商店名に「〜だな」の形で残る。ふつうは／みせ=˥ mise=˥／(店)というようになっている。

たなぎ¯ ／tanaŋi／（名詞）
物を置く屋根裏。

たなぎね˥こ〜たなぎねこ˥ ／tanaŋine˥ko〜tanaŋineko˥／（名詞）
人に懐かない猫。野良猫。
※／たなぎ¯ tanaŋi／(屋根裏)で生まれた／ねこ˥ neko˥／(猫)ということであると説明された。

たなねんぶつ¯ ／tananeɴbucu／［棚念仏］(名詞)
／しんぼとけ¯ siɴbotoke／(初めてお盆を迎える死んだ人[の霊])の供養のために、／しんぼん¯ siɴboɴ／を迎える家で8月1日に行われる念仏。
※同じ日に、／たかどーろー¯～たかどろ¯ takadoʀʀoʀ～takadoro／が／しんぼん¯ siɴboɴ／(新盆)を迎える家に立てられたという。

たぬ⌉き ／tanu˥ki／［狸］(名詞)
狸。ふつうには／むじな=⌉／と言った。

たね⌉ ／tane˥／［種］(名詞)
種。

たね⌉し ／tane˥si／［田螺］(名詞)
タニシ（田螺）。戦後世代は／たに⌉し tani˥si／がふつう。

たのくさ⌉ ／tanokusa˥／［田の草］(名詞)
田の草。「田」は、／たんなか¯ taɴnaka／という。従って、／た＝／は自立語とは見なしがたく、／たのくさ⌉ tanokusa˥／の熟合度は高く連語とは見なしがたい（一語化している）。

たのくさ⌉とり ／tanokusa˥tori／(名詞)
田の草取り。語構成意識は「田の＋草取り」ではなく「田の草＋取り」である。前項を参照。

たのこ⌉ろ～たのころ⌉ ／tanoko˥ro～tanokoro˥／(名詞)
／あで⌉ 'ade˥／［畦］より広く、田んぼの中の道で恒常的に通行に使われる道。
※「田」は、／たんなか¯ taɴnaka／といい、／た＝／の単独用法はない。従って、自立語とは見なしがたい。また、／＝ころ -koro／は共通語の「くろ(畔)」に対応するが、これも単独の用法はない。従って、／たのこ⌉ろ／の熟合度は高く連語とは見なしがたい(一語化している)。

たのころ⌉まめ ／tanokoro˥mame／(名詞)
枝豆。／たのこ⌉ろ～たのころ⌉ tanoko˥ro～tanokoro˥／(の道の端)に植えられる豆の意味。

たのころ⌉みち ／tanokoro˥mici／(名詞)
／たのこ⌉ろ～たのころ⌉ tanoko˥ro～tanokoro˥／に同じだが、通路の意味が明示される。

＝た⌉ば・こそ～＝だ⌉ば・こそ ／-ta˥ba koso～-da˥ba koso／(用言活用語尾)
「～タカラコソ」という意味を表す。
／おや・の　おん⌉・が　あった⌉ば・こそ　こんな・ん　なれ⌉た・ん・だ↓／
(親の恩があったればこそこんなに[立派に]なれたのだ。)
※近世に、「已然形＋ば」が形が同じまま「仮定形(～ば)」に意味変化した(順接確定条件「～カラ、ノデ」と順接一般条件「～ト」を表すものから順接一般条件を転回軸にして順接仮定条件「～ナラ、タラ、バ」を表すものに変化した)のだが、「已然形＋ば＋こそ」は、順接確定条件の「こそ」による取り立て(強調)を表す形(「～カラコソ」)として、その変化に取り残されて現在に至っている。共通語では《非過去形「あれば＋こそ」：過去形「あったれば＋こそ」》となるが、方言では《非過去形「あれば＋こそ」：過去形「あったば＋こそ」》となっている。この形は個人的変種ではなく複数の話者で確認されている。

たばこや¯ ／tabako'ja／［煙草屋］(名詞)
煙草屋。屋号として各地に残っている。

たびや¯ ／tabi'ja／［足袋屋］(名詞)
足袋屋。
※屋号としての「～屋」は中高型アクセントではなく無核型(平板型)アクセントになる。「鳥屋(とりや)」、「灰屋(へーや)」、「箱屋(はこや)」、「屋根屋(やねや)」、「草鞋屋(わらじや)」、「煎餅屋(せんべや)」など平板型に発音される。

だぼはぜ¯ ／dabohaze／(名詞)
小型のハゼ（魚の名）。ハゼは、/haze˥/(尾高型A)と発音された。
※『物類称呼』に「江戸にて賞する鯊(はぜ) これ又品類多し…○<u>だばうはぜ</u> 是は下品也」とある。

たま=⌉ ／tama=˥／［玉］(名詞)
(玉、珠、球、弾など)球形をしたもの。／め・の⌉⁀たま／(目の玉)、／ひ・の⌉⁀たま／(火の玉)、／てっぽー・の⁀たま=⌉／(鉄砲の弾)、／たま⌉⁀ひろー／(ボール(球)を拾う)。

だま⌉ ／dama˥／(名詞)
粉を水で溶かしたときに出来る溶けない塊。／うどんこ・の　だま⌉／。

たまあと¯ ／tama'ato／(名詞)
(壁や体に残る)球や弾が当たった跡や痕。球跡、弾痕。

たまーに¯ ／tamaʀni／(副詞)
起こる頻度の少ないことをいう。／たまーに⌉・しか　きね⌉ー↓／(たまにしか来ない。)
※［タマーニ］というように、第2音節は長呼される。

たまーの¯ ／tamaʀno／(連体詞)
起こる頻度の少ないことを言う。前項を参照。／たまーの　やすみ=⌉／(たまの休日)

だまかす⌉ ／damakasu˥／(他動詞サ行五段)
ことさらに意図して／だます⌉ damasu˥／ことをいう。

だまくらかす⏋／damakurakasu⏋／（他動詞サ行五段）
／だまかす⏋ damakasu⏋／のさらなる強意動詞。
たま⏋げる ／tama⏋ŋeru／（自動詞ガ行下一段）
びっくりする、驚く。構文は、「誰か¹ガ＋{誰か²／何か}ニ＋たまげる」となる。対応する他動詞相当表現は、「{誰か²／何か}ガ＋誰か¹コト＋たまげさせる」となり、使役動詞／たま⏋げさせる tama⏋ŋesaseru／が他動詞の代用をなしている。また、他動詞の受動態に対応する表現は、「誰か¹ガ＋{誰か²／何か}ニ＋たまげさせられる」となり、被役動詞／たま⏋げさせらいる～たま⏋げささいる tama⏋ŋesaserairu～tama⏋ŋesasairu／が他動詞の受身動詞の代用をなしている。例えば、「幼児の何気ないひと言に周囲の大人は時として／たま⏋げさせらいる tama⏋ŋesaserairu／」など。
なお、他動詞代用の使役動詞／たま⏋げさせる tama⏋ŋesaseru／の他に、接尾辞「＝かす」による他動詞／たま⏋げかす tama⏋ŋekasu／があったかもしれない。「子どもガ＋猫コト＋たまげかして＋遊んでる」は、個人的には文法的なのだが、地域の現在の人は「たまげる」自体(あまり)言わないといい、まして「たまげかす」は言わないという。個人語idiolect なのかもしれないが、気づくのが遅れて今(2017年)となっては、戦前世代の確認が取れない。
強意形は／おったま⏋げる 'oQtama⏋ŋeru／、／うったま⏋げる 'uQtama⏋ŋeru／、／ぶったま⏋げる buQtama⏋ŋeru／など。
※アクセント核の位置が動詞としては特殊なものの一つ（一般的には平板型か尾高型Aの二種）。
※「たま(魂)」＋「消える」の複合語とされるが、後部成分は「消ゆ[古典語ヤ行下二段](→消える)」ではなく、「く(消)[上代語カ行下二段](→*ける)」が付いたものと考えるべきであろう。なお、周圏分布(ABA型分布)から、「たまげる」を語として古い成立と判断して上記のように考えたが、「自立語(魂)＋自立語(消＝)」の連語起原のため接合部にアクセント核が残った可能性を考えると、語としての成立年代が下るので、「自立語(魂)＋自立語(消える)」の音転と考えられる可能性がある。方言内で考えると／*たま⏋⌒きえる→*たま⏋⌒けーる→*たま⏋げーる→たま⏋げる／となる。(「魂」の尾高型[低高](＋自立語)](詳しくは「尾高型Ｂ類」で東京語の「尾高型」に対応する)は２拍名詞第３類(院政鎌倉時代京都語「平平[低低]」)に対応するのでアクセント的に問題はない。)
※平家物語などに見える「たまぎる(ラ行四段・下二段)」の音転とするのが通説のようだが、古典語：現代語の活用型の対応からも異例であり疑問がある。「たまぎる」は「魂＋切る」(「魂ヲ切る／魂ガ切れる」の意。「肝煎る／肝煎れる」など参照)という連語動詞起源の複合語と考えられるのではないかと思う。
※『物類称呼』に「(物に驚くことを)　東国にて○たまげると云」とある。
たまご⁻ ／tamaŋo／［卵］（名詞）
鳥・魚・虫などの卵。特に鶏の玉子。卵がかえることを／はやける⏋ ha'jakeru⏋／と言う。
「卵」の存在は「ある」と言って「いる」とは言わないことから、「卵」は生物名詞ではない。従って、動詞／はやける⏋ ha'jakeru⏋／は「自動詞」ではなく「所動詞」と考えられる。
たまし⏋ー ／tamasi⏋ʀ／（名詞）
魂。
※人には魂が二つあると言う人がいた。男女でその宿り場所が違い、男では睾丸に、女では乳首にそれが宿っているということであった（どの程度の広がりと深度をもつ伝承かは分からない)。魂は死ぬ７日前に体を抜け出て、縁のあった人(の家)を回って歩き、男は裏木戸、女は勝手口の戸をたたくという。死んでから７日間家の屋根の鬼瓦の所に留まり、それから、旅に出るという。死んだ人の行った世界は「あの世/'ano'jo⁻/」と考えられているが、死んだ人の魂の最終的な留まる所はあまりはっきりしない。墓だという人もあり、山だという人もあり、生まれ変わるのだという人もある。死後に関しての統一的世界像はないといってよく、断片化した小物語が矛盾をはらみながら共存しているというのが実情である。
※お盆に、寺の墓や道端に、(竹の脚と真菰で作った棚と)竹筒(これを／ぼんこ⏋ boɴko⏋／と言い、これを立てることを／ぼんこ⏋たて boɴko⏋tate／と言う）３本に花と線香を立てて、先祖の魂を送り迎えする習俗があるが、８月13日の「魂迎え・盆迎え・迎え盆・迎え火」などと各地で言うものを、ただ／むかえ⁻ mukai／と言い、８月15日の「魂送り・盆送り・送り盆・送り火」などと各地で言うものを、ただ／おくり⁻ 'okuri／と言うようである。何を送り迎えするのかと問うと「ほとけさま」だという答えが返ってくる。お盆に、死体を埋葬してある寺の墓には行かないで、家の前の道端で先祖の魂を送り迎えする家の方が以前は多かった。あるいは両墓制となにか関連するものであろうか。
※アクセントは共通語の頭高型には対応しておらず、中一高型に対応する型を示している。
だます⏋ ／damasu⏋／（他動詞サ行五段）
①巧みに嘘を本当と思い込ませること。
※だます度合い(強意性)は、／だます⏋／—／だまかす⏋／—／だまくらかす⏋／と大きくなる。
②巧みに子どもなどを言いくるめる(なだめすかす)こと。
※／こどもだま⏋し kodomodama⏋si／に含まれ、／めだま⏋し／(目覚まし)にもそれが感じ取れる。
たまっころ⏋ ／tamaQkoro⏋／（名詞）
小さくて丸い玉。「たま(玉)＋ころ」という語構成。「ころ」は「小さくて丸みのある物が回転する様子」を表す「ころころ」の語根√koroから導かれる「小さくて丸い物」という意味の形態素（造語成分）。この語の場合は同時に語根√koroを語基とする「転がる・転ばる」への連想も伴っていると思われる。

たまな˥ ／tamana˥／［玉菜］（名詞）
昔はキャベツ／きゃべ˥つ kjabe˥cu／をこう言っていた。

ため¯ ／tame／（名詞）
①池、水池。②肥料/ko'jasi=˥/として使う人糞尿を溜めておく所（設備）。肥溜め。
⇒／こいだめ¯ koidame／参照。

だ˥ら ／da˥ra／（繋合詞[いわゆる断定の助動詞]／だ da／の仮定形）
名詞・状態詞（いわゆる形容動詞語幹）およびそれに準ずる語句に付いて、「同定」「記述」の述語を構成しつつ従属節としての仮定の条件節を構成する。方言意識なく使い続けている人が多い。
※共通語の「なら」と違い、動詞・形容詞の終止＝連体形に直接しない。
（共通語の「なら」は助動詞「だ」の系列から外して副助詞か接続助詞とすべきである。）

共通語：	子どもナラ	静かナラ	行くナラ	高いナラ
	子どもなのナラ	静かなのナラ	行くのナラ	高いのナラ
方　言：	子どもダラ	静かダラ	×行くダラ	×高いダラ
	子どもなんダラ	静かなんダラ	行くんダラ	高いんダラ

たらい¯〜たれー¯ ／tarai〜tareʀ／（名詞）
水や湯を入れてものを洗うのに使う円くて平たい［木製の］容れ物。
金属製のものは／かなだら˥い〜かなだれ˥ー kanadara˥i〜kanadare˥ʀ／（金盥）と言う。

たらす˥ ／tarasu˥／［垂らす］（他動詞ラ行五段）
①液体をそれ自体の重みを利用して落下させる。
②ものを、その一端を上の支点としてそれ自体の重みを利用して下に向けてぶら下げる。

＝たり〜＝だり ／-tari〜-dari／（統語接尾辞（「例示形」形成接尾辞）［学校文法では接続助詞］）
【接続に関して強いて学校文法的に述べれば】動詞の実現語幹（いわゆる連用音便形）や形容詞・助動詞のそれに相当する形式に付いて、「例示的取り上げ」を示す。
／そこ・に　へっ˥ちゃ　いけねー↓／→／そこ・に　へっ˥たり⌒っしゃ　いけねー↓／（そこに入ってはいけない[「もと文」]。→そこに入ったりしてはいけない[「派生文」]。）
／あすこ・で　およい˥た↓／→／あすこ・で　およい˥たり⌒した↓／（泳いだ。→泳いだりした。）
／ないたり˥　わらったり˥　いそがしー˥⌒やつ・だ↓／（泣いたり笑ったりいそがしい人だ。）
※形式「タリ〜ダリ」の選択条件は共通語に似るが、ガ行五段のみ「タリ」が選択されて異なる。
※補助動詞／しる¯／（する）を伴って、いわゆるサ変動詞的構文機能を獲得することが多い。
⇒形容詞に関しては、／＝かったり〜＝くったり -kaQtari〜-kuQtari／（統語接尾辞）の項を参照。

たりる¯ ／tariru／［足りる］（所動詞ラ行上一段）
必要なだけの数量や時間などが十分にある。足りる。「未然形＋ない」については後述。
※古典語四段活用に東日本語諸方言で上一段活用が対応する動詞の１つだが、未然形の１つの否定形が／たらない¯〜たんない¯〜たんねー¯／のように「たら」で四段活用の面影を残している。但し、「愚か者・馬鹿」の意味の／のーたりん¯ noʀtariɴ／（「脳ガ足リヌ者」の意）には未然形「たり」が現れているが、こちらは語形から見て他方言からの借用語の可能性が高い。

だる˥い〜だり˥ー ／daru˥i〜dari˥ʀ／（形容詞）
疲れて体に力が入らない様子。疲労感の程度は／かったる˥い kaQtaru˥i／の方が高い。
※空腹感の／ひだる˥い〜ひだり˥ー hɪdaru˥i〜hɪdari˥ʀ／も空腹で体に力が入らない状態と考えれば、同じ形態素/daru(-i)/を含む語と考えられる。

だれ˥〜だい˥ ／dare˥〜dai˥／［誰］（代名詞）
特定の人物を志向しつつその人物を特定する情報が欠如しているときにその人物を「だれ」と指称する。／だれ˥〜だい˥ dare˥〜dai˥／は自由変異。（「人物」を「事物」にすると／なに˥ nani˥／ということになる）。
※／だれ˥・が　んーな⌒こと　しる˥い↓／（誰がそんなことをするものか。）というような形で、「疑問詞主語＋述語動詞＋終助詞的接尾辞イ」の強い反語表現がよく聞かれる。
※疑問語・不定語がいかなる名詞類の情報欠如なのかは、「誰かいいヒト」「何か欲しいモノ」「何かしたいコト」「いつか後悔するトキ」「どこか行きたいトコロ」のような表現型から帰納できる。

たれる˥ ／tareru˥／［垂れる］（所動詞ラ行下一段）
①液体がそれ自体の重みで落下する。／よだれ¯　たれ˥てる・よ↓／（涎が垂れている。）
②ものが、その一端が上の支点となってそれ自体の重みで下に向けてぶら下がる。
／かき・の⌒えだ・が¯　たれ˥てる↓／（柿の枝が垂れている。）
※「排泄」の／たいる˥ tairu˥／（垂れる）とは音韻的にも文法的にも意味的にも分化している。
⇒／たいる˥ tairu˥／（垂れる）の項を参照。

だろ˥ー〜だろ˥ ／daro˥ʀ〜daro˥／（助動詞）
名詞・状態詞、動詞・形容詞の終止形に付いて、第一人称者（話し手）の「推量」を表す。
※／だんべ˥(ー) daɴbe˥ʀ〜daɴbe˥／のような日常語的卑俗感はない。
※同定・記述の繋合詞（断定の助動詞）／だ da／とは分布に違いがあり、別語とすべきものである。

たわ˥し〜たあ˥し〜たー˥し ／ta'wa˥si〜ta'a˥si〜taʀ˥si／［束子］(名詞)
たわし(束子)。共通語の[-awa-]に対して、[-awa-〜-aa-〜-a:-]が現れる。
たわ˥ら〜たあ˥ら〜たー˥ら ／ta'wa˥ra〜ta'a˥ra〜taʀ˥ra／［俵］(名詞)
俵。共通語の[-awa-]に対して、[-awa-〜-aa-〜-a:-]が現れる。
※「俵」の藁製の円い蓋は／さんだわ˥ら〜さんだあ˥ら〜さんだー˥ら／saɴda'wa˥ra〜saɴda'a˥ra〜saɴdaʀ˥ra／と言う。／さんだー˥ら／がふつうに聞かれる語形である。
たんぐる˥〜たんぐろ˥ ／taɴŋuru˥〜taɴŋuro˥／(名詞)
とぐろ。／たんぐる˥　まく¯／([蛇が]とぐろを巻く)。⇒／あんぐる˥ 'aɴŋuru˥／(胡座)参照。
※「とぐろ」からの音変化としても類を見ない変化で、直感的に、音形の似た「あぐら」の意味の／あんぐる˥／と何かしらの連想的なつながりがあって、「とぐろ」が／あんぐる˥／に引きつけられて／たんぐる˥／となったのではないか、と考えていたが、後に、赤城毅彦『茨城方言民俗語辞典』(1991東京堂)に、「タグルマグ」(たぶん[タグルマグ])が「あぐらをかく。とぐろをまく(岩・稲・阿・河)」とあるのを見いだした。上記の直感的だった仮説の傍証にはなるように思われる。
歴史的には、「あぐら→*あぐろ→*あぐる(→あんぐる)」という変化と、「とぐろ→*たぐろ(→たんぐろ)→*たぐる(→たんぐる)」という変化が相互作用的に影響し合いながら現在の形に至ったのではないかと考えられる。もちろん、背景に、音形だけでなく「胡座をかく」と「とぐろを巻く」にはその形姿の印象の類似性があるであろうことは言うまでもないと思われる。
たんご¯ ／taɴŋo／［担桶］(名詞)
肥え桶、担い桶。「担桶を担ぐ」ことを／たんご¯　かっつぐ˥／と言う。
※複合語には／こいたご¯ koitaŋo／(肥え担桶)のように／＝たご -taŋo／という形が見られる。
たんこぶ˥〜たんこぶ¯ ／taɴkobu˥〜taɴkobu／(名詞)
大きな「こぶ(瘤)/kobu=˥/」。⇒／こぶた˥ん〜 kobuta˥ɴ〜／を参照。
／あたま˥・い　たんこぶ˥・なんか　こせて　どー˥⌒した・ん・だ↓／
(頭に大きな瘤など作ってどうしたのだ。)
だんな¯ ／daɴna／(名詞)
／だいじ˥ん〜でーじ˥ん daizi˥ɴ〜deʀzi˥ɴ／(大尽)と呼ばれる、いい家／'ɪʀ˥ 'uci／(資産家、地主)の当主を、他人が呼びかけたり言及したりするときの称。対語は／おかみさん¯ 'okamisaɴ／。
普通の家の当主(＝父親)は／ちゃん˥ cjaɴ˥／と呼ばれたと言う。
たんなか¯ ／taɴnaka／(名詞)
田んぼ。水田。「田んぼの中」ではない。「田んぼ」それ自体をいうことばである。「田んぼの中」は、／たんなか・ん⌒なか˥ taɴnaka ɴ naka˥／と言う。
※ふつう／た=˥ ta=˥／(田)と単独では言わない。「田」は造語要素としてのみ使われる。／たんぼ¯ taɴbo／は以前はあまり耳にしなかった。
※アクセントがアクセント核のない平板型であることからすると、語源は、連語「田の中」ではなく複合語「田中」(例えば『尋常小学唱歌』「朧月夜」(高野辰之作詞)の２番にある「田中の小路をたどる人も」の「田中」)に由来すると思われる(名字の「田中」が[タナカ¯](平板型)であることも参照)。
たんなか˥みち ／taɴnaka˥mici／(名詞)
田んぼの中を通る道路。田んぼ道。／たのころ˥みち tanokoro˥mici／も「田んぼの中の道」だが、こちらは「あぜ道」の仲間で狭く、いわゆる「道路/doʀ˥ro/」とは見られない点で異なる。
たんび¯ ／taɴbi／［度］(形式名詞)
〜するたび、〜するその都度。
だんべ˥ー〜だんべ˥ ／daɴbe˥ʀ〜daɴbe˥／(助動詞)
名詞・状態詞、動詞・形容詞の終止形に付いて、第一人称者(話し手)の「推量」を表す。
※同定・記述の繋合詞(断定の助動詞)／だ da／とは分布に違いがあり、別語とすべきものである。
※「{子ども／静か}か。」が、「{子ども／静か}＋φ＋か。」(φは繋合詞／だ da／のゼロ形態)と分析されるように、「{子ども／静か}だんべー。」は、「{子ども／静か}＋φ＋だんべー。」と分析されるべきものである。
たん˥ま ／taɴ˥ma／(感動詞)
「待った」という意味の掛け声。タイム。
※「待った」の逆さ言葉に基づく。[マッタ]→[*タッマ]＝[タンマ]。鼻子音の前では促音と撥音は対立せず(中和して)、撥音のみ立つ。文字によらず、ことば音に基づいた変化である。「タイム」という外来語の訛語ではない。

ち=¯〜ちー¯ ／ci〜ciʀ／［血］(名詞)
血。／ちー　どく˥どく　でた˥／(血がどくどくと出た)。／ち・の⌒うみ˥／(血の海)。
ち¯(〜ち=˥) ／ci(〜ci=˥)／［家］(名詞)
連体助詞の／の／(属格)と／な／(所在格)の後での、／うち¯(〜うち=˥)／(家)の「弱まり語形」。
⇒／うち¯ 'uci／(家)の項を参照。⇒／＝ら˥ち ra˥ci／の項を参照。
／もこー・の⌒ち¯、もこー・な⌒ち¯／(向こうの家、向こうな(向こうにある)家)
ちか˥い〜ちけ˥ー ／cika˥i〜cike˥ʀ／［近い］(形容詞)

①空間的・時間的な関係の(距離的な)近さを表す。
／うち・から　ちか˥い　とこん／(家から近い所)
②社会的な関係の(距離的な)近さを表す。
／とーい　しんる˥い　と　ちか˥い　しんる˥い／([血縁的に]遠い親戚と近い親戚)
※心理的距離の近さや親しさは／ちかし˥ー cikasi˥ʀ／という。
※／ちか˥く cika˥ku／は「近い場所」という意味の転成名詞。類義語に／ちか˥ば cika˥ba／がある。反対語は／とーく=˥ toʀku=˥／(遠く)。

ちがう¯～ちがー¯ ／ciŋa'u～ciŋaʀ／［違う］(所動詞特殊活用)
違う。違っている。
※「AガBト違う」という構文を潜在的・顕在的にとる(主語を主題化すると「AはBト違う」となる)が、主語Aと補足語Bを並列関係に置いて「AトBガ違う」としても、更に主語Aと補足語Bを入れ替えて「BガAト違う」としても、知的意味において同意である。
※意味的に「{(単に)異なる／正しいものごとと異なる}」という両義性を示す。この点で、／まちがう˥～まちがー˥ maciŋa'u˥～maciŋaʀ˥／は、「正しいものごとと異なる」に特化した意味を表し異なる。
※形容詞との混合活用をする。基本的に形容詞型は「別異の状態」、動詞型は「別異の事態」を表す。動詞型は、終止＝連体形／ciŋa'u～ciŋaʀ／とその丁寧形／ちがいま˥す ciŋaima˥su／のほかはあまり使われず、後述のような形容詞型の活用形が耳立って使われる。但し、動詞型の活用形、例えばテ形・タ形・テイル形／ciŋaQte, ciŋaQta, ciŋaQteru／などが使われないわけではない。形容詞型活用形の語幹は(後述の仮定形を除き)／ちが＝ ciŋa-／である。なお動詞型活用形の語幹は、厳密には／ciŋa'(w)-～ciŋaQ-／である(念のため)。
※活用形は、形容詞型の、例えば、連用形／ちがく¯⌒な˥い ciŋaku na˥i／、推量形／ちがかんべ˥ー ciŋakaɴbe˥ʀ／、接続形／ちがくて¯ ciŋakute／、過去形／ちがかった¯ ciŋakaQta／などが多く観察される。(形容詞型の語尾を持つ)仮定形は、ふつうの形容詞仮定形は共通語の「[語幹]＋[語尾ケレバ]」(例えば「近ければ」)と違って、「[終止連体形]＋[語尾ケリャ(古形はケンバ)]」(例えば「近いけりゃ(近いけんば)」)となるのだが、／ちがうけりゃ˥～ちがーけりゃ˥ ciŋa'ukerja˥～ciŋaʀkerja˥／(「違うけりゃ」)となる。これは一般の動詞(例えば「有る」)には全くないこと(「*有るけりゃ」は不可)で、この語の特異性をよく現している。近世語に起きた形容詞語尾「ケレド」の接続助詞化と同様に、形容詞語尾「ケレバ」が接続助詞化するとしたらその糸口になるような事象である。
※動詞型と形容詞型は、上記のように、同じ(名称の)活用形でも全く同意というわけではない。例えばタ形やテ形の次のような例文では、文法性や意味に違いが現れる。
「結果は、思ってたこととは{°違ッタ／°違カッタ}。
「あの男は、人(＝他人)と{°違ッタ／ˣ違カッタ}ことべえ(＝ばかり)したがる。」
「予想と結果が{違ッテ(単純接続≒「違イ」)／違クテ(理由接続≒「違ウノデ」)}、残念だ。」
(なお、「(寝られ)ナイデ」(単純接続)と「(寝られ)ナクテ」(理由接続)の対(つい)を参照。)
※／ちがう¯～ちがー¯ ciŋa'u～ciŋaʀ／の派生語の／まちがう˥～まちがー˥ maciŋa'u˥～maciŋaʀ˥／の活用形には形容詞型の活用形は全く現れず、動詞型の活用形のみが使われることに注意。
※最近、ネオ方言としてよく取り上げられるが、埼玉東南部方言に関しては、戦前世代でも観察され、最近になって現れた表現形式ではない。筆者は1970年の卒業論文『草加市小山町方言の記述的研究』ですでに取り上げている。**【ネオ方言としてよく耳にする終止形「(「*ちがい」→)ちげー」のような形は全く聞いたことがなく、この方言の終止形は常に／ちがう¯～ちがー¯／だった。】**

ちがかった¯ ／ciŋakaQta／［違かった］(所動詞／ちがう¯ ciŋa'u／の過去形)
この方言では、基本形が平板式アクセントの形容詞はその過去形も平板式に発音されるので／ちがかった¯／と下がり目なく平板に発音される。／ちがかった˥ら ciŋakaQta˥ra／(違ったら)、／ちがかった˥んべー ciŋakaQta˥ɴbeʀ／(違っただろう)など。但し、接続助詞との結合では、基本形が／ちがう・か˥ら／となるのと違って、／ちがかった˥・から／のようになることが多い。

ちがく¯ ／ciŋaku／［違く］(所動詞／ちがう¯ ciŋa'u／の連用形)
／ちがく⌒なる˥ ciŋaku naru˥／(違うようになる)、／ちがく⌒なか˥った ciŋaku naka˥Qta／(違っていなかった)、／ちがか⌒なか˥った ciŋaka naka˥Qta／(違ってはいなかった)など。

ちかし˥ー ／cikasi˥ʀ／［近しい］(形容詞)
人間関係の心理的距離の近さ・親しさを表す。近しい、親しい。

ちか˥ば ／cika˥ba／(名詞)
近所。類義の名詞に形容詞連用形からの派生名詞／ちか˥く cika˥ku／(近く)がある。

ちかまわ˥り～ちかまあ˥り～ちかまー˥り ／cikama'wa˥ri～cikama'a˥ri～cikamaʀ˥ri／(名詞・動作名詞)
近道。近道すること。／とーまわ˥り～とーまあ˥り～とーまー˥り／(遠回り)の反対語。

ちかみ˥ち ／cikami˥ci／(名詞・動作名詞)
近道。近道すること。「回り道」の意の／よこみち¯ 'jokomici／の反対語。

ちきしょ˥ー ／cikisjo˥ʀ／［畜生］(名詞)
①「動物」や「生き物」の卑称。

／ちきしょ˥ー・だって　ゆって　きかせんば　わかる˥↓／(動物でも言い聞かせれば分かる。)
②「人」の卑称。
／あん⁀ちきしょ˥ー・こと・わ　ゆるせね˥ー↓／(あの野郎は許せない。)
例文の「あん畜生ことは」の「ことは」は、対格助詞コト＋係助詞ワで、「あの畜生のことは」ではないことに注意。
※物理的・心理的距離によって／こん⁀ちきしょ˥ー、そん⁀ちきしょ˥ー、あん⁀ちきしょ˥ー／となる。待遇的には下位の扱いを表す語で、／やつ˥／(奴)の下の／やろ˥ー～やろー¯／(野郎)のさらに下の最下位・最悪の扱いを表す。人に対して面と向かって言えば大喧嘩にもなるような扱いを表す。
③悔しいときに口に出る間投詞(感動詞)。
※常に[チキショー]と発音する(チとキの母音は共に無声化母音)。[チクショー]とは言わない。

ちぎる¯　／ciŋiru／［千切る］(他動詞ラ行五段)
①細かくばらばらにする。②ものの一部をねじ切る、もぎ取る。

ちぎれる¯　／ciŋireru／［千切れる］(所動詞ラ行下一段)
①細かくばらばらになる。②ものの一部がねじ切れる、もぎ取られる。

ちじかむ¯　／cizikamu／［縮かむ］(所動詞マ行五段)
寒さなどから指先が萎縮して動きにくくなる。
／てー˥　ちじかんでて　んーま˥く　もてね˥ー↓／(手が縮かんでいて上手に持てない。)

ちじこまる¯　／cizikomaru／［縮こまる］(自動詞ラ行五段)
寒さや恐れなどから生き物が体を小さくする。
／ねこ˥・が　すみ˥っこ・で　ちじこまってる・よ↓／
([悪さをした]猫が部屋の隅で[怒られると思い]体を小さくしているよ。)

ちちっぱね¯～つちっぱね¯　／ciciQpane～cuciQpane／［土っ跳ね］(動作名詞・名詞)
泥を撥ね上げること。⇒／つちっぱね¯～ちちっぱね¯　cuciQpane～ciciQpane／の項を参照。

ちっこ˥い～ちっけ˥ー　／ciQko˥i～ciQke˥ʀ／(形容詞)
(典型的には五感的、具体的な対象について)小さい。
※／ちっちゃ˥い～ちっちぇ˥ー　ciQcja˥i～ciQcje˥ʀ／の方が基礎的と思われる。「ちっちゃい」の方は、「がかい(体)のチッチャイ人」「気持ちのチッチャイ人」のように有形物にも無形物にも使えるが、「ちっこい」は「体のチッコイ人」のように有形物・具体物はよいが、「?気持ちのチッコイ人」のような無形物や「?雨が降る可能性はチッコイ」のような抽象概念は自然さの点で比喩的にはともかくふつうの文としてはやや不自然に感じられる。「あの人は器がチッチャイ」はよい文だが、「あの人は器がチッコイ」は「器」が具体物と感じ取られやすくて、あまりよい文とは言えない。

ちっこ˥ゆび～ちっこ˥いび　／ciQko˥'jubi～ciQko˥'ıbi／(名詞)
小指。戦後世代は／こゆび¯～こいび¯／と言う。⇒／しっこ˥ゆび　siQko˥'jubi／を参照。
※／しっこ˥ゆび　siQko˥'jubi／の／しっこ＝　siQko-／(「孫の子(曽孫)」の／しこ¯　siko／の異形態)の意味が不明になった結果として、新たに「小さい」の／ちっこ˥い　ciQko˥i／と関連づけ直されてできた新形と思われる。個人的変種かもしれない。

＝ちった～＝じった～＝しった　／-ciQta ～-ziQta ～-siQta／(拡張接尾辞／＝ちゃう～／の過去形の変種)
終結相の拡張接尾辞／＝ちゃう～-cja'u～／の過去形の／＝ちゃった～＝じゃった～＝しゃった／の自由変異的変種。⇒／＝ちゃう～ -cja'u～／参照。

ちっちゃ˥い～ちっちぇ˥ー　／ciQcja˥i～ciQcje˥ʀ／(形容詞)
小さい。戦後世代以下に多く聞かれる形。

ちっつぁ˥い～ちっつぇ˥ー　／ciQca˥i～ciQce˥ʀ／(形容詞)
小さい。戦前生まれの比較的高い年齢層の人たちに聞かれる形。

ちっ˥と～ちっと˥　／ciQ˥to～ciQto˥／(副詞)
時間・数量・程度が少ない・軽いことを表す。少し。／ちっ˥と・わ　わかって˥⁀くれ↓／
※／もー⁀ちっ˥と／という形で使われることが多い。

ちっと˥んべー～ちっと˥んべ　／ciQto˥ɴbeʀ～ciQto˥ɴbe／(副詞)
少しだけ。ほんの少し。【旧稿は、／ちっと˥・んべー～ちっと˥・んべ　ciQto˥ ɴbeʀ～ciQto˥ ɴbe／(連語副詞。あるいは副詞)としていたが、以下の理由で、１語の副詞とする。】
※起源的・語構成的には、「少し」という意味の副詞の／ちっと˥　ciQto˥／に、限定の副助詞／べ˥ー　be˥ʀ／の異形態／んべ˥ー　ɴbe˥ʀ／が付いてできた形だが、この／んべ˥ー　ɴbe˥ʀ／という異形態は、他には指示代名詞との結合形／これ・んべ˥ー、それ・んべ˥ー、あれ・んべ˥ー／にしか現れない(但し「指示代名詞」との結合として類型化できる)。副助詞「べー」は副詞との結合ではふつう「少し＋べー、ちょっと＋べー(勉強ができるからって…)」「のんびり＋べー、ゆっくり＋べー(してられない)」となり、「んべー」との結合はこの／ちっと˥んべー　ciQto˥ɴbeʀ／がたぶん唯一的な孤例(例外)となるので、分布と機能から１語の副詞として(除外して)扱うのが文法的には適当と考えた。

ちび˥　／cibi˥／(名詞)
①小さい者、年齢の小さい者。背丈の小さい者。②小さいもの、すり減って小さくなったもの。

※語源を形容詞「ちひさし」の語幹「ちひさ」の語基「ちひ」から導く説もあるが、名詞「つぶ(粒)」の派生上二段動詞「つぶ(禿ぶ)」(角が取れて丸くなる)に由来する上一段動詞「つびる→ちびる」(すり減って小さくなる。「ちびた鉛筆」ナド)の連用形名詞に基づくものと考えられる。

ちびっ˥ちょ～ちびっちょ˥ ／cibiQ˥cjo～cibiQcjo˥／（名詞）

前項の①の意味の「小ささ」を強調した語。軽卑感を伴う。

＝ちまう(～ちまー)～＝じまう(～じまー)～＝しまう(～しまー)

／-cima'u(～-cimaʀ) ～-zima'u(～-zimaʀ) ～-sima'u(～-simaʀ)／(拡張接尾辞[助動詞]。ワ行五段活用型)

動作・作用を、終結の局面において、その全体を一括して把えて表すアスペクト(終結相)。

／やっちまった¯／(やってしまった)、／とっち˥まった／(取ってしまった)、

／しんじまった¯／(死んでしまった)、／すん˥じまった／(済んでしまった)、

／かっしまった¯／(貸してしまった)、／ほっし˥まった／(乾してしまった)など。

※図式的に言えば、「前—[初め—中—終り]—後」という動きの過程の「終り」において動作・作用を一括りに把えたもの。

※「＝テ＋シマウ→＝チマウ→＝チャウ」という融合変化の中間形態で、使用は主に戦前世代で、戦後世代はほぼ「＝チャウ」専用になっている。

※異形態の選択は、／＝ちゃう(～ちゃー)～＝じゃう(～じゃー)～＝しゃう(～しゃー) -cja'u(～-cjaʀ) ～-zja'u(～-zjaʀ) ～-sja'u(～-sjaʀ)／に準ずる。

ちまめ¯ ／cimame／（名詞）

打ったり何かに挟んだりして皮膚の下に血がたまってできる豆状の丸い膨らみをいう。

※皮膚の下に水状の液が溜まってできた豆状の丸い膨らみは／みずまめ¯ mizumame／という。

ちゃ＝¯～ちゃー¯ ／cja=～cjaʀ／［茶］(名詞)

茶。上品語(美化語)の／おちゃ¯ 'ocja／と言うことも多い。広義では、お茶の木も、摘んで精製したお茶の葉も、飲み物としてのお茶も、「茶」と言う。狭義では、飲み物としてのお茶を言う。

／ちゃ・に　しべ˥ー／、／おちゃ・に　しべ˥ー／(お茶にしよう)。

／ちゃー¯　のん˥だ／、／おちゃ¯　のん˥だ／(お茶を飲んだ)。

※家や畑の周囲、／けーど¯ keʀdo／(屋敷道)に沿って植えられているのが昔は処々に見られた。

＝ちゃ(ー)～＝じゃ(ー)～＝しゃ(ー)／-cja(ʀ) ～ -zja(ʀ) ～ -sja(ʀ)／（統語接尾辞[学校文法で接続助詞]）

従属節を構成し、後件成立の条件となる事態を提示する。

／そこ・ま˥で　ゆわいちゃ˥　だまって˥らいねー↓／（そこまで言われては黙っていられない。）

※形態音韻論的に条件付けられた異形態。出現の条件は以下のとおり。

ナ行・バ行・マ行五段は語幹末子音の撥音化異形態(撥音便形)＋ジャー

死んジャ˥ー、飛んジャ˥ー、読ん˥ジャー

サ行五段は語幹末子音の促音化異形態(促音便形)＋シャー

かっシャ˥ー(貸す¯)、なっシャ˥ー(済す˥(返済するノ意))

カ行とガ行の五段は語幹末子音のイ音化異形態(イ音便形)＋チャー

置いチャ˥ー、嗅い˥チャー、漕い˥チャー

タ行・ラ行・ワ行の五段は語幹末子音の促音化異形態(促音便形)＋チャー

立っチャ˥ー、取っチャ˥ー、買っチャ˥ー

カ行五段の「行く」「歩く」「まるく(束ネルの意)」の語幹末子音の促音化異形態(促音便形)＋チャー

いっチャ˥ー、ある˥っチャー、まるっチャ˥ー

カ行一段動詞を除く一段動詞は連用形と同形の語幹＋チャー

見チャ˥ー、寝チャ˥ー、過ぎ˥チャー、混ぜ˥チャー

カ行一段とカ変動詞は連用形と同形の語幹＋シャー

着シャ˥ー、飽きシャ˥ー、起きシャ˥ー、来シャ˥ー

サ変動詞は「シシャー～ッシャー～シャー」の３形が現れる。(語幹はシ～ッ～φと交替)

※平板型動詞の長呼形(チャー等)に現れるアクセント核は短呼形(チャ等)では現れなくなることが多い。起伏型動詞のアクセント核はふつうは消えることはない。

「着シャ˥ー⌒イケネー」→「着シャ˥⌒イケネー」→「着シャ¯⌒イケネー」

「来シャ˥ー⌒イケネー」→「来シャ˥⌒イケネー」

＝ちゃう(～ちゃー)～＝じゃう(～じゃー)～＝しゃう(～しゃー)

／-cja'u(～-cjaʀ) ～-zja'u(～-zjaʀ) ～-sja'u(～-sjaʀ)／（拡張接尾辞[いわゆる助動詞]。ワ行五段活用型)

動作・作用を、終結の局面において、その全体を一括して把えて表すアスペクト(終結相)。

／やっちゃう¯～やっちゃー¯、やっちゃった¯～やっちった¯／(やってしまう、やってしまった)

／とっちゃ˥う～とっちゃ˥ー、とっちゃ˥った～とっち˥った／(取ってしまう、取ってしまった)

／しんじゃう¯～しんじゃー¯、しんじゃった¯～しんじった¯／(死んでしまう、死んでしまった)

／すん˥じゃう～すん˥じゃー、すん˥じゃった～すん˥じった／(済んでしまう、済んでしまった)

／かっしゃう¯～かっしゃー¯、かっしゃった¯～かっしった¯／(貸してしまう、貸してしまった)

／ほっしゃ˥う～ほっしゃ˥ー、ほっしゃ˥った～ほっし˥った／(乾してしまう、乾してしまった)

※図式的に言えば、「前—[初め—中—終り]—後」という動きの過程の「終り」において動作・作用を一括りに把えたもの。

※異形態の選択条件は前項に同じ。アクセントは異なるところがある。
※過去形は「チャッタ～ジャッタ～シャッタ」の他に「チッタ～ジッタ～シッタ」が現れる(自由変異)。
＝ちゃった～＝じゃった～＝しゃった ／-cjaQta ～-zjaQta ～-sjaQta／（拡張接尾辞／＝ちゃう／の過去形）
終結相の拡張接尾辞／＝ちゃう～ -cja'u～／の過去形。変種に／＝ちった～＝じった～＝しった／があある。⇒／＝ちゃう～ -cja'u～／の項を参照。。
ちゃっちぶ￣ ／cjaQcibu／［茶渋］(名詞)
急須や茶碗に付いて残るお茶の湯垢。茶渋。
ちゃっぱ￣ ／cjaQpa／（名詞）
お茶の葉。ふつうは摘んで精製したお茶の葉をいう。美化語は／おちゃっぱ￣／。
ちゃのま￣ ／cjanoma／［茶の間］(名詞)
食事など飲み食いをする部屋。
ちゃぼだい￣～ちゃぼでー￣ ／cjabodai～cjaboderʀ／［卓袱台］(名詞)
折り畳みできる短い脚の付いた座卓。ちゃぶ台。(筆者の周辺では[チャブダイ]ではなかった。)
※昔は、ひとりひとり／おぜん￣ 'ozeɴ／(お膳)で、「卓袱台」はなかったと言うのを聞いた。
※小さいものの譬喩としての「ちゃぼ(矮鶏)」＋「台」だという語原意識をもつ話者がいた。
ちゃわんこ￣ ／cja'waɴko／［茶碗こ］(名詞)
茶碗。日常使用に供している具体的な身近な茶碗を言うことが多い。
※「茶碗」に指小辞／＝こ -ko／の付いたもの。「お椀」も／おわんこ￣ 'o'waɴko／と言った。
ちゃん˥ ／cjaɴ˥／（名詞）
父親。夫。
※当事者の言及・呼びかけはともに可能である。第三者が言及することは可能だが、呼びかけることは不可能である。
※対になる反対語は／おっか˥ー 'oQka˥ʀ／である。「ちちはは」の呼称は家ごとに固定している傾向が強く、／ちゃん˥ cjaɴ˥／—／おっか˥ー 'oQka˥ʀ／といえばどこの家の「父親－母親」を指しているかが分かったものである。また、／ちゃん˥／—／おっか˥ー／が「夫－妻」を指して言えるのは、親族呼称が(共通語と同様に)「末の子基準」で整序されるためである。
＝ちゃん～＝しゃん ／-cjaɴ～-sjaɴ／（親称接尾辞）
人名や親族呼称に付いて親愛の気持ちを添える。語基の名詞は短縮されることが多く、末尾音が促音化したり引音化したりすることが多い。但し末尾音の「し」が促音化する場合個別に「しゃん」が現れるものがある。
／もり˥ちゃん／(守男ちゃん)、／はな˥ちゃん／(花子ちゃん)、／こー˥ちゃん／(浩二ちゃん)、／はっ˥ちゃん／(八郎ちゃん)、／とっ˥しゃん／(俊雄ちゃん)、／よっ˥ちゃん／(佳子ちゃん)、／ねー˥ちゃん／(姉ちゃん)等
ちょーずば￣ ／cjoʀzuba／（名詞）
便所。／ちょーつば￣ cjoʀcuba／と言って、／ちょーずば￣ cjoʀzuba／とは言わないという個人もある。⇒／ちょーつば￣ cjoʀcuba／を参照。
ちょーちょ˥ ／cjoʀcjo˥／（名詞）
蝶。明治生まれの人が、昔は／ちょーちょば˥っこ cjoʀcjoba˥Qko／と言ったという。
※「蝶々」も「蛾/ga=￣/」も、親(成虫)によって子ども(幼虫)を区別することはなく、親とは別に、子どもは、体毛の有無[±毛]と体色[±青]の組み合わせによって、／けんむし˥ keɴmusi˥／(毛虫)、／あおむ˥し 'a'omu˥si／(青虫)、／いもむ˥し 'ımomu˥si／(芋虫)となっているようである。
※「蛾」と「蝶々」の違いは、止まったとき、「蛾」は羽を開いている(伏せている)、「蝶々」は羽を閉じている(合わせている)と、子どもの頃に聞いたことがある。
※『物類称呼』の「蝶(てふ)」の項に「江戸にては てふてふ といふ」とある。
ちょーちょば˥っこ ／cjoʀcjoba˥Qko／（名詞）
蝶の古称。明治生まれの人が昔は言ったというが、現在は聞かれないことばとなっている。
※『物類称呼』の「蝶(てふ)」の項に「野州にては所によりて蝶々ばこと云」とある。
※語構成は自明ではないが、「[[ちょーちょ(ー)][ばっこ]]」と「[[[ちょーちょ(ー)]ば]っこ]」という分析が考えられる。前者は「ちょーちょ(ー)」と「ばっこ」の複合語(合成語)とする分析である。この場合の「ばっこ」は、(後述の「ちょーちょ(ー)べっこ」の「べっこ」もこの分析では共に)何らかの語彙形態素(語基)と考えられるべきもので、すでに『物類称呼』で論じられているように、これについては古語「かはびらこ」の後部成分「ひらこ／びらこ(連濁形)」に由来する(中間語形「へらこ／べらこ」を経た)形態である可能性が考えられる(「新旧類義複合語」。但し蝶の意味の「*ばっこ」「*べっこ」という単語(自立形式)や「*ちょーちょ(ー)べらこ」などの明確な複合語形は方言辞書類に不見(「*」で標記)。これがこの分析の弱点)。後者は「ちょーちょ(ー)」に接尾辞「ば」が接尾した派生語にさらに接尾辞「＝(っ)こ」が(重層的に)接尾した派生語とする分析で、こちらは近隣の諸方言に分布する類似した諸語形に配慮した仮説となる。「ちょーちょ(ー)ばっこ」に語形が類似する「ちょーちょ(ー)べっこ」が、「ちょーちょ(ー)べ」に指小辞「＝(っ)こ」が付いて成立した語形と解釈でき、さらに「ちょーちょ(ー)べ」は「ちょーちょ(ー)め」に遡る可能性が考えられるので、「ちょーちょ(ー)ばっこ」も、同様に「*ちょーちょ(ー)ば」に指小辞「＝(っ)こ」が付いた語形と考

えられるのではないか、さらに「*ちょーちょ(一)ば」は「ちょーちょ(一)ま」に遡る可能性も考えられるのではないかとするものである。後者の分析は細部を端折って図式的に示せば、

「ちょーちょ(一)め」→「 ちょーちょ(一)べ」→「ちょーちょ(一)べっこ」

「ちょーちょ(一)ま」→「*ちょーちょ(一)ば」→「ちょーちょ(一)ばっこ」

という派生を想定するもので、蝶を表す諸語形を広く説明できる可能性があるように思われる。

ちょーつば¯ ／cjoʀcuba／ ［手水場］(名詞)

便所。

※［チョーズバ］ではない。「てみづば(手水場)」のウ音便形「てうづば」からの変化であるとすると、／ちょーつば¯／となるのは不可解である。何か事情があるのだろうが、現在のところ不明。

※便所を意味する一番ふつうのことばだったと言う。他に／せっち˥ん seQci˥ɴ／(雪隠)とも言ったという。／はばかり¯ habakari／は、ハイカラなことばだったと言う。なお、便所は母屋の外(屋外)に作られるのがふつうでそれを／したべ˥んじょ sitabe˥ɴzjo／(下便所)といい、家の中の便所は／かみおか¯ kami'oka／(「上後架」の訛語)と言って区別されたと言う。

ちょーつばち¯ ／cjoʀcubaci／ ［手水鉢］(名詞)

便所に置かれた手洗い用の水を入れた鉢。

※「てみづばち(手水鉢)」からの変化だが、前項／ちょーつば¯ cjoʀcuba／(手水場)同様、不規則・不可解な音変化である。

ちょーめ˥ん ／cjoʀme˥ɴ／ ［帳面］(名詞)

ノート・帳簿の類をいう。学校で使うnotebookは今では／のー˥と noʀ˥to／に置き換わっている。

ちょっく˥ら ／cjoQku˥ra／ (副詞)

ちょっと、少し。

ちょっ˥と ／cjoQ˥to／ (副詞)

①時間・数量・程度が少ない・軽いことを表す。少し。「ちょっと待つ」「ちょっと出かける」

②時間・数量・程度が少なくない・軽くないことを表す。かなり。「ちょっとひどい」

③否定表現を伴って、困難・不可能なことを表す。「ちょっと行けない」「ちょっと分からない」

※「ちっと」「ちっとんべ」「ちょっくら」などから考えて、本義は①で、②③は転義と思われる。

ちりがみ¯ ／ciriŋami／ (名詞)

鼻紙・便所紙に使う紙をいう。

※鼻紙は／はなっかみ¯ hanaQkami／、便所紙は／べんじょ・の⌒かみ=˥／。

ちんちくりん¯ ／ciɴcikuriɴ／ (名詞)

①衣服などが不自然に小さく体に合わない様子。②髪の毛や衣服に付いている小さいごみ。

ちん˥ば ／ciɴ˥ba／ (名詞)

①二つで一つの物の、一方がもう一方と揃っていないこと。／かた˥ちんば kata˥ciɴba／とも言う。

②片足の不自由な人。［差別的語気がある］

ついて¯ (＋移動動詞) ／cuite＋／ (「他動詞(＋移動動詞)」連語の前部要素)

／ついて¯／は共通語「連れる」の接続形「連れて」に相当する。必ず次に「行く・来る・歩く」など移動を意味する動詞(移動動詞)を伴う。目的語に生物名詞をとって、それを「一緒に伴って(＝連れて)＋移動スル」という意味を表す。／いく¯ 'ɪku／(行く)との連語はふつう／ついてく¯ cuiteku／(連れて行く)となる。

「生物目的語＋{コト／φ}＋／ついて¯ cuite／＋移動動詞」という構文で使われた。

／ばーさま˥・こと　ついて⌒きて˥⌒くいた↓／(おばあさんを(家まで)連れてきてくれた。)

／おめー・{こ˥と・なんか／φ・なん˥か}　ついてかねー¯↓／

～／おめー・{なん˥か・こと／なん˥か・φ}　ついてかねー¯↓／

(おまえ(を)など連れて行かない。～おまえなど(を)連れて行かない。)

／ばーさま˥・が　{この⌒こ˥・こと／この⌒こ˥・φ}　よく　ついて⌒ある˥った・なー↓／

(おばあさんが［昔］この子［を］よく連れて歩いたなあ。)

※この方言では、ラ行下一段動詞で語幹部に非前舌母音を含む［-are-／-ure-］という語幹末形式のものは［-ai-／-ui-］というア行上一段化する顕著な音韻変化傾向を持つ。／ついて¯／はそういう音変化の一つで、「連れて」の変化した形。

⇒次項の／つい˥て cui˥te(＋移動動詞)／を参照のこと。

つい˥て (＋移動動詞) ／cui˥te＋／ (「自動詞(＋移動動詞)」連語の前部要素)

／つい˥て／は共通語の「付いて」と同じ語。必ず次に「行く・来る・歩く」など移動を意味する動詞(移動動詞)を伴う。補足語に「ニ格」の生物名詞や(生物名詞に関係する)「ニ格」か「φ格」の無生物名詞をとって、その({誰か／何か}の)側を離れず、それに「密着して(＝付いて)＋移動スル」という意味を表す。前項／ついて¯ cuite／(連れて)と分節音が同じだが、アクセントが異なるのと、構文が基本的に「名詞＋ニ＋／つい˥て cui˥te／＋移動動詞」となるので、混乱はなかった。／いく¯ 'ɪku／(行く)との連語は、こちらもふつう／つい˥てく cui˥teku／(付いて行く)となる。

／この⌒こ˥・わ　どけ˥・でも　ばーさま˥・に　つい˥てってた↓／

(この子はどこへでもおばあさんに付いて行っていた。)

／この⌒こ˥・わ　いっつ˥・も　ばーさま˥・に　つい˥て⌒あるってた↓／
／この⌒こ˥・わ　いっつ˥・も　ばーさま˥・の⌒あと・{に／φ}　つい˥て⌒あるってた↓／
(この子はいつもおばあさん(の後)に付いて歩いていた。)
⇒前項の／ついて¯ cuite(＋移動動詞)／を参照のこと。

つえ˥んぼ ／cu'ɪ˥ɴbo／［杖んぼ］(名詞)
杖。戦後世代は本来／つい˥んぼ cu'i˥ɴbo／だが、／つえ˥んぼ cu'e˥ɴbo／がふつうになっている。

つかい¯～つけー¯ ／cukai～cukeʀ／［使い］(動作名詞)
ほかに出向いて頼まれた用事を果たすこと。
※子どもの「使い」では／だちん¯ daciɴ／(駄賃)を呉れることが多く、使い先でも呉れることが多かった。

つかう¯～つかー¯ ／cuka'u～cukaʀ／［使う］(他動詞ワ行五段)
使う。手段や道具として物や人を働かせることをいう。

＝っかし ／-Qka˥si／(接尾辞)
位置詞に付いて方位・方向を表す。
／もこっか˥し mokoQka˥si／(向こうの側の方)。／こっちっか˥し koQciQka˥si／(こっちの方)。／みぎっか˥し miŋiQka˥si／(右の方)。／ひだりっか˥し hidariQka˥si／(左の方)など。

つかまいる¯ ／cukamairu／(他動詞一段)
捕まえる。しっかりつかんで逃がさないようにする。
⇒／おさ˥いる～ 'osa˥iru～／(押さえる)、／おさ˥まいる 'osa˥mairu／(押さまえる)の各項を参照。

つかまる¯ ／cukamaru／(自動詞ラ行五段)
①手で強く握って離さないようにして体を支える。「子どもガ＋椅子ニ＋つかまって＋立った」。
②捕まえられる、捕まる。他動詞「捕まえる/cukamairu¯/」の受動動詞的自動詞。例えば、他動詞文の「警察ガ＋犯人コト＋捕まえた」の目的語を主語にして事態を把え返すと、受動的自動詞文「犯人ガ＋警察ニ＋捕まった」となる。
⇒／おさ˥る 'osa˥ru／(押さる)、／おさ˥まる 'osa˥maru／(押さまる)の各項を参照。

つかむ˥ ／cukamu˥／(他動詞マ行五段)
手で強く握って離さないように持つ。つかむ。

つがる¯ ／cuŋaru／(自動詞ラ行五段)
動物の雄雌が交尾する。もっぱら／つがってる¯、つがってた¯／(結果継続相・単純状態相)の形で使われる。構文は相互動詞的で「[雄と雌]が＋つがってる」と「[雄が]＋[雌と]＋つがってる」の両様があるが、雄雌の上位語の例えば「犬(猫)」を主語として「犬(猫)が＋つがってる」とも表現される。「番う(番ふ)」(ワ行五段(ハ行四段))の使用頻度の高い促音便形「つがっ(て・た)」を転回軸としてこの形では語彙的に多数派のラ行五段に牽引されてラ行に類推変化したもので「しなる(撓う)」「はいつくばる(這い蹲う)」「よそる((ご飯を)よそう)」なども同様の変化をしている。なお、この動詞の連用形由来の名詞形で、動物の雄雌一対を表す「番い」は、／つがい¯～つげー¯／と言い、ラ行化していない。

つき=˥ ／cuki=˥／［月］(名詞)
①天体の月。敬称(親称)は／おつき˥さま 'ocuki˥sama／。
②暦の月。月の呼び方は次のとおり。／いちがつ=˥、にがつ=˥、さん˥がつ～さんが˥つ、しがつ=˥、ごが˥つ、ろくがつ=˥、しちがつ=˥、はちがつ=˥、くが˥つ、じゅーがつ=˥、じゅーいちがつ=˥、じゅーにがつ=˥／。
※尾高型B／=˥／の語は、「ここは一月来た」(ここは一月に来た)のように無助詞で続くときは／いちがつ¯　きた˥／のように平板型になる。助詞が付くと、助詞によって、「二月までは待てない」／にがつ・ま˥で・わ／(アクセント核が1拍後退する)、「四月の月初めに」／しがつ・の¯⌒つきはな˥・に／(アクセント核が消える。「の」に特有)、「六月みたいな雨の月」／ろくがつ˥・みてー・な／(アクセント核の後退が阻止される。「みたい」に特有)のようになる。なお、共通語化が進んでいる話者では、「尾高型B」はアクセント核が後退しなくなって「尾高型化」してきている。このような話者では、アクセント核の後退を示さない「尾高型A」は「中高型化」やさらに「頭高型化」しているので両者が混線することはない。ついでに、共通語化している世代では、「二月」「四月」のアクセントが、「五月[ゴ˥ガツ gogatsu]」「九月[ク˥ガツ kugatsu]」に同型化して、尾高型から頭高型の[ニ˥ガツ nigatsu][シ˥ガツ ɕigatsu]になっている話者が多数になっている。

つぎっこはぎ˥っこ ／cuŋiQkohaŋi˥Qko／(名詞・動作名詞)
衣服に継ぎ当てすること。継ぎ接ぎ。

つきめー˥にち ／cukimeʀ˥nici／［月命日］(名詞)
月ごとの命日。

つきや˥い ／cuki'ja˥i／(名詞)
「人づきあい/sitozuki˥'jai/」、「友達づきあい/tomodacizuki˥'jai/」、「近所づきあい/kiɴzjozuki˥'jai/」、「村づきあい/murazuki˥'jai/」、「親戚(親類)づきあい/siɴseki(siɴrui)-zuki˥'jai/」など、集団や共同体の仲間や成員としての交わり。付き合い。
※アクセントは他の語句に続くときはふつう／つきやい˥⌒やめる cuki'jai˥ 'jameru／のようになる。

っきり ／Qkiri／（副助詞）

それを限度・最後とすることを表す。

／もー　これ・っきり・だ˥・かん・な↓／（もうこれきりだからな。）

／でて˥った・っきり　まー˥だ　けって˥⌒きねー↓／（出て行ったきりまだ帰って来ない。）

＝っきれ ／-Qkire／（接尾辞）

物の切れ端や切れ端のような小さい物を意味する名詞形成接尾辞。

／いたっきれ¯ 'ɪtaQkire／（板の切れ端、小さい板）、／かみっきれ¯ kamiQkire／（紙の切れ端、小さい紙）、／ぼーっきれ¯ boʀQkire／（棒の切れ端、小さい棒）、／ぼろっきれ¯ boroQkire／（ぼろの切れ端、小さいぼろ）などに現れる。

＝つく ／-cuku／（動詞形成接尾辞）

擬音的語根形態素に付いて動詞を作る接尾辞（例えば「ざわざわ/za'wa˥za'wa/」の「ざわ/za'wa/」＋「つく/cuku/」＝「ざわつく/za'wacuku¯/」）。現在も生産的な接尾辞である。アクセントはアクセント核のない平板型になる。

「うろつく/'urocuku¯/」「がたつく/gatacuku¯/」「ぐずつく/guzucuku¯/」「ざらつく/zaracuku¯/」「だぶつく/dabucuku¯/」「びくつく/bikucuku¯/」「ぶらつく/buracuku¯/」「まごつく/maŋocuku¯/など。

つくしんぼ¯ ／cukusiɴbo／（名詞）

ツクシ（土筆）。

※ツクシが枯れたあと出てくるスギナは、／じごくぐ˥さ ziŋokuŋu˥sa／（地獄草）と言った。

※『物類称呼』の「土筆（つくつくし）」の項に「東国にて○つくしともいふ」とあるのに関連する語。

＝っけ ／-Qke／（統語接尾辞。「想起形」形成接尾辞（語尾）［学校文法では終助詞］）

繋合詞（断定の助動詞）の／だ da／（→／だっけ daQke／）と、実現の拡張接尾辞の／＝た -ta／（→／＝たっけ～＝だっけ -taQke～-daQke／）に付くのを通則とする。

⇒／だっけ／、／＝たっけ／の各項を参照。

《第一人称者（話し手）の「想起」（記憶を現在の場に持ち来たして再確認すること）を表す。》

／あの⌒こ˥ろ・わ　いろいんな⌒こと　あった˥っけ・なー↓／

（あの頃はいろんなことがあったっけなあ。）

最近は次のような言い方が耳立ってきている。【「最近」以下1970年の卒業論文の記述内容である。】

／ちがう・っけ˥／、／ある˥・っけ／、／なが˥い・っけ／、

／そい⌒こと・ん　なる˥・っけ↑／（そういうことになるっけ。）

／やり・わ　もっ˥と　なが˥い・っけ↑／（槍というものはもっと長いト思ウガドウ思ウカ。）

のように動詞・形容詞の終止形に付いて、そういう事実［と思われる事柄］について想起を促すような形で聞き手に確認するような言い方をする話者が複数いる。

このような個人においては、機能と分布から／っけ Qke／は終助詞と考えられる（さらに一般化すれば体系的にも／＝っけ -Qke／は接尾辞から終助詞／っけ Qke／に移行することになる）。

このような個人にあっては「想起」は、aのように部分的なものでしかない共通語＝方言の体系に対して、bのようなより整合的な体系になっている。

a. 伝統的方言の想起の体系

／soʀ da˥／　↔ ／soʀ da˥Qke／　（現在の想起）

↕　↕

／soʀ da˥Qta／↔ ／soʀ da˥QtaQke／（過去の想起）

b. ある種の個人の想起の体系（将来の想起の体系？）

／'aru˥／　↔ ／'aru˥ Qke／　（現在の想起）

↕　↕

／'aQta˥／　↔ ／'aQta˥ Qke／　（過去の想起）

【現在（2020年）では、高度成長期（1970年頃）以後の戦後世代で、上記bの体系が（個人的ではなく）社会的言語習慣として共同化されて定着している。アクセントは/'a˥ru//'a˥Qta/となっている。】

つけもの¯～つけもん　／cukemono～cukemoɴ／［漬け物］（名詞）

漬け物。

※「漬け物」の種類（例）として挙げられたもの：

／あまずけ¯／（甘漬け）、／おしずけ¯／（押し漬け）、／からしずけ¯／（辛子漬け）、

／しおずけ¯／（塩漬け）、／そくせーずけ¯／（一夜漬け）、／ぬかみそずけ¯／（糠味噌漬け）、

／みそずけ¯／（味噌漬け）、／ふーみずけ¯／（紫蘇の実と唐辛子とニンニクとを入れて作る漬け物）等。

＝っこ[1]（＋否定表現）／-Qko／（動詞準体形式の「強消形」を形成する接尾辞）

後に必ず非存在の意味の用言を伴い、実現する可能性がないとする強い否定を表す。すべての動詞の語基形（連用形）に付くことができる。先行する語句に対する動詞的機能をもったまま後続する語句に対して名詞的にふるまい、後続する否定語は「ない/nai˥～neʀ˥/」か「あろんか/'aro˥ɴka/」がふつうである。否定表現の終止形式に関して、方言では、品詞を異にする「無い」と（「有る」の活用形の）「有ろんか（確否形）」とが、〈不定人称者による通常の（無色の）否定判断を表す「（そんなこと）ない」〉

と、〈第一人称者による確信的・断言的な(強い)否定判断を表す「(そんなこと)あろんか」〉として、使い分けられているので、「ありっこ＋ない」と「ありっこ＋あろんか」にも同じ使い分けが見られる。
／んーな⌒とこん・に　あり⌉っこ⌒ねー・よ(～あり⌉っこ⌒あろんか・よ)↓／
(そんな所にあるはずがないよ。)
／あんな⌒とこん　いきっこ⌒ね⌉ー・ぞ(～いきっこ⌒あろ⌉んか・ぞ)↓／
(あんな所へ行くはずがないぞ。)
／おれ・が　そんな⌒こと⌉　ゆいっこ⌒ね⌉ー(ゆいっこ⌒あろ⌉んか)↓／
(俺がそんなことを言うはずがない。)
アクセントは、①動詞のアクセント核が維持され後続する否定語のアクセント核が抑圧されるものと、②動詞のアクセント核が消去され後続する否定語のアクセント核が実現するものの二様の発音が聞かれる。起伏式の動詞は前者①に、平板式の動詞は後者②になることが多い。
①の例：／あり⌉っこ⌒ねー／(有りっこない)(cf.／あり⌉・や⌒しねー～あり・や⌉⌒しねー／)
／いきっこ⌉⌒ねー／(行きっこない)(cf.／いき・や⌉⌒しねー／)
②の例：／ありっこ⌒ね⌉ー／(有りっこない)
／いきっこ⌒ね⌉ー／(行きっこない)

=っこ[2] ／-Qko／ (動作名詞派生接尾辞)
動詞語基形(連用形)に接尾して、「交互的動作」を表す名詞を作る。
／とっけっこ¯ toQkeQko／(取り替えっこ)、／かけっこ⌉ kakeQko˥／(駆けっこ)、／にらめっこ⌉ nirameQko˥／(睨めっこ。方言にはない下一段の「睨める」に基づく形で「睨みっこ」でなく特異)等。
※アクセントは、核のないものはそのまま、核のあるものは接辞に核が移る。この点で前項の接尾辞とはアクセント的に異なる。

=っこ[3] ／-Qko／ (名詞派生接尾辞［指小辞］)
名詞に付いて、その指示対象referentを、(身近な)具体的事物として把えていることを表す。
／あいだっこ¯ 'aidaQko／(間)、／あなっこ⌉ 'anaQko˥／(穴)、／すみ⌉っこ sumi˥Qko／(隅)等。
※撥音で終わる形式には、／ちゃわんこ¯ cja'wᴀɴko／ (茶碗)、／おわんこ¯ 'o'wᴀɴko／ (お椀)のように促音が消える。

=っこい ／-Qkoi／ (形容詞形成接尾辞)
語基の表す属性を濃く強く帯びている意味の形容詞を作る。「形容詞語幹」・「状態副詞(擬態語)語根」・「名詞」などを語基として作られる。単語未満の「語幹」「語根」など付属的形態素を語基とする派生語が多く、派生語形成が語彙的で、生産的な接尾辞とは言いがたい。この点で、類義の／=っぽい -Qpoi／が(形容詞語幹を語基とするものが少数あるが多くは)名詞など単語相当の自立的形態素を語基として、生産的に新しい派生語を作り出しているのとは異なる。
形容詞語幹を語基とするものが最も多く、「軽っこい/kaʀruQkoi¯/」「ずるっこい」「狭っこい」「ぬるっこい」「粘っこい」「細っこい」「まだるっこい」「丸っこい/maʀruQkoi¯/」など多数見つかる。状態副詞(擬態語)の語根を語基とするものには、「すべっこい」「ねちっこい」などが、名詞を語基とするものには、「あぶらっこい」「やにっこい」などが見つかる。その他に、「小っこい/ciQko˥i/」・「懐っこい/nacuQko˥i/」・「しつっこい/sicuQko˥i/」のように、それぞれ形容詞「小っちゃい～小っつぁい/ciQcja˥i～ciQca˥i/」、動詞「懐く/nacuku˥/」、漢語形態素「執 sicu」と関係があるにしても個別的で (類型的でなく)、派生関係が十分明らかではないものがある。なお、「ずるっこしい」や「まだるっこしい」のように更に(いわゆる)「シク活用」化したものも見つかる。(以上、「(漢字)仮名」表記の語は音声的に共通語と大差ないもの。)
⇒／しゃっこ⌉い／、／やっこ⌉い／を参照。⇒／=っぽい -Qpoi／(形容詞形成接尾辞)の項を参照。

=っこ⌉ら ／-Qko˥ra／ (動作名詞派生接尾辞)
競い合う遊びを表す接尾辞。「比べ」の下略形の発達形の「っくら」が交互的動作を表す接尾辞の／=っこ[2]／に牽引された形。⇒／かけっこ⌉ら kakeQko˥ra／、／にらめっこ⌉ら nirameQko˥ra／参照。

=つず⌉ける ／cuzu˥keru／ ［続ける］ (派生動詞［持続動詞］形成接尾辞カ行下一段)
動詞の語基形(連用形)に付いて、語基の表す動きの「中(持続)」({動きが続く／動きを続ける})を表す語彙的派生接尾辞。本動詞では所動詞／つずく¯／(続く)と他動詞／つずける¯／(続ける)の区別があるが、語彙的アスペクト接尾辞としては、／ふりつず⌉く／([雨が]降り続く)などを除いて、殆ど／=つず⌉ける／専用で、従って／ふりつず⌉ける／([雨が]降り続ける)もふつうに聞かれる。
※アクセントは、表記のように語基の動詞の基本形が無核型(平板式)・有核型(起伏式)を問わず、／ねつず⌉ける／(寝続ける)・／みつず⌉ける／(見続ける)となるのがふつうであるが、有核型の語基との結合形には／みつずける¯／のような平板型も聞かれる。

つち=⌉ ／cuci=˥／ ［土］ (名詞)
日常語としては、「乾いた土」も「水分を含んだ泥」もともに／どろ=⌉ doro=˥／と言っていて、単独で／つち=⌉ cuci=˥／とは言わない。一般的に単語としての「つち(土)」は使わないが、共通語的場面では「乾いた土」を／つち=⌉ cuci=˥／と言うことはある。また、複合語の成分としては、①「乾いた土」の／あかつち¯／(赤土)、／くろつち¯／(黒土)、／つちぼこ⌉り／(土埃)、さらに②「水を含んだ泥」の／つちっぱね¯～ちちっぱね¯／(泥跳ね)、／へなつち¯～ひなつち¯～へなちち¯～ひなちち¯／(粘土)のように、／つち～ちち／(土)が見出される。なお、この方言では造語成分の「つち」も「どろ」と同じく「土＋泥」を意味していることに注意。
⇒次項および／どろ=˥ doro=˥／(泥)の項を参照。

つちっぱね¯～ちちっぱね¯ ／cuciQpane～ciciQpane／［土っ跳ね］(動作名詞・名詞)
泥を撥ね上げること。
※この方言では、乾いた「土」と水を含んだ「泥」を共通語のようには区別せず、水分の有無に関わらず、専ら／どろ=˥ doro=˥／といい、「つち」とは言わない。「つち」は複合語成分(cuci-/-cuci)に現れるに過ぎない。なお、この複合語「土っ跳ね」では、「土」が「泥」の意味で使われていることに注意。⇒前項／つち=˥ cuci=˥／を参照。

=っちょ ／-Qcjo／(名詞派生接尾辞［指小辞］)
意味を特定することは難しいが、次のようなものが見つかる。
①モノや場所については、「小さなモノ」や「少し～の方」のような意味を表す。
／かぎっ˥ちょ¯ kaŋiQ˥cjo／(鉤)、／さきっちょ¯ sakiQcjo／(先端)、
／よこっちょ¯ 'jokoQcjo／(横の方)、／わきっちょ˥ 'wakiQcjo˥／(脇の方)
②人については卑称が多い。
／あまっちょ˥ 'amaQcjo˥／(女の卑称)、／がきっちょ˥ gakiQcjo˥／(子どもの卑称)、
／でぶ˥っちょ debu˥Qcjo／(太った人の卑称)、／ばかっちょ˥ bakaQcjo˥／(小ばかな人)、
／ふと˥っちょ huto˥Qcjo／(太った人の卑称)
③虫の名
／かがめっちょ¯ kaŋameQcjo／(とかげ)、／かまぎっちょ¯ kamaŋiQcjo／(かまきり)

っつ˥～つ˥ ／Qcu˥～cu˥／(副助詞)
数量詞に付いて、配分数を表す。単語の数量詞だけでなく、数量的意味の句(連語)にも、／これ・んべ˥・っつ˥、こん・だけ˥・っつ˥、これ・ぐらい˥・っつ˥／のように付く(句内部の２カ所の/˥/は二様あるアクセントの合成表記。後注※参照)。撥音「ん」で終わる語には促音のない(異形態の)／つ˥ cu˥／が付く。共通語の「ずつ」に当たる付属語。
アクセントは、「(／すこ˥し＋っつ˥→)すこし・っつ˥／(少しずつ)」「(／ふたっつ˥＋っつ˥→)ふたっつ・っつ˥／(２つずつ)」「(／いちえん¯＋っつ˥→)いちえん・つ˥／(１円ずつ)」のように、通常、末尾に(動かない)アクセント核のある形(尾高型A)になる。
／ふたっつ・っつ˥・わ　やれねー・け˥ど　ひとつ・っつ˥　もって˥け↓／
(二つずつはやれないけど、１つずつ持っていけ。)
※／っつ˥／はその分布上のふるまいが次のようになっている。(②の意味の差はひとまず措く。)
①(／ふたーり・っつ˥／→)／ふたーり・ぐれ˥(ー)・っつ～ふたーり・ぐれ(ー)・っつ˥／(二人ぐらいずつ)のように、間に他の助詞が現れ得る。(アクセントは核(˥)の位置に揺れがある。)
②／ふたーり・ぐれ˥(ー)・っつ˥～ふたーり・っつ・ぐれ˥(ー)／(二人ぐらいずつ～二人ずつぐらい)のように、形式の相互の位置を替えて現れ得る。(前者の２つのアクセント核は合成表記)
このような点から、／っつ˥／は接辞(接尾辞)ではなく付属語(助詞)と考える。

っつー¯～っつう¯ ／Qcuʀ～Qcu'u／(助動詞。ワ行五段)
その言表内容をなす先行形式を受けて、そういった内容の発言がなされているという不定人称者の(断言的)引用判断を表す。
／くる˥・っつっといて　きや˥がんなかった↓／(来ると言っておいて来なかった。)
※撥音・促音に終わる形式に続くときは、語頭促音が消え／つー¯～つう¯ Qcuʀ～Qcu'u／となる。
／なん˥・つー　こと／(何ということ)。／あっ・つー　ま・に¯／(あっと言う間に)。

つっかいぼー¯ ／cuQkaiboʀ／(名詞)
(倒れないように)物を支えたり、(開かないように)戸を押さえつけたりするつっかい(突っ支い)の棒。⇒／しんばりぼー¯ siɴbariboʀ／(心張り棒)参照。

つっか˥う～つっか˥ー ／cuQka˥'u～cuQka˥ʀ／(他動詞ワ行五段)
①(倒れないように)棒などを当てて物を支える。
②(開かないように)棒などを当てて戸を押さえつける。

つっかかる˥ ／cuQkakaru˥／(自動詞・所動詞ラ行五段)
①何かに突き当たって引っかかる。⇒／つっこ˥ろぶ cuQko˥robu／参照。
／たたみ・の⌒へり˥⌒つっかかって　おっこ˥ろびそ・ん⌒なった↓／
(畳の縁に突っかかって転びそうになった。)
／き・の˥⌒さきっぽ　てぬげー¯　つっかかって˥る・みて↓／
(木の先に手拭いが突っかかってるようだ。)
「突っかかる」対象(無生物)はニ格かφ格で表示される。
②他者に対して攻撃的にふるまう。他者に対して難癖をつける。
／やろ˥　よっぱ˥らって　おれ・げ¯　つっかかって˥⌒きやがった↓／
(あいつは酔っておれに突っかかってきやがった。)
「突っかかる」対象(生物)はゲ格かニ格で表示される。

つっきる˥ ／cuQkiru˥／(自動詞ラ行五段)
迂回せず最短距離を行く。

／たんなか・ん⌒なか˥　つっきって˥った／（田んぼの中をつっきって行った）。
※共通語では移動動詞の運動の場所は格助詞「を」で表されるが、本方言は「を」助詞を欠くので、このような場合、格助詞は現れない。なお、／たんなか¯／は「田」の意味で「田の中」ではない。
つっけ˥る～つっかい˥る　／cuQke˥ru～cuQkai˥ru／（自動詞・所動詞一段）
障害物となるものに行き当たって先に進めなくなること。
／そんな⌒とこ˥ん・で　つっけ˥んな↓／（そんな所でつかえるな。）
つっける˥　／cuQkeru˥／（他動詞カ行下一段）
（人を）乗せる、（物を）載せる。
つっこ˥ろばす～つっころばす˥　／cuQko˥robasu～cuQkorobasu˥／（他動詞サ行五段）
突き飛ばして転ばせる、突き倒す。
つっこ˥ろぶ～つっころぶ˥　／cuQko˥robu～cuQkorobu˥／（自動詞バ行五段）
（人［の足先］などが）何か障害物に突き当たって転ぶ、倒れる。
つったつ˥　／cuQtacu˥／（自動詞タ行五段（話者によってツァ行五段））
①真っすぐに立つ。②何もしないで真っすぐにただ立つ。
つっつぁさる˥　／cuQcasaru˥／（所動詞ラ行五段）
突き刺さる。他動詞／つっつぁす˥／の所動詞。「刺す/sasu˥/」:「刺さる/sasaru˥/」の対に基づく。
／かべ・に　なん˥・か　つっつぁさって˥る／（壁に何かが突き刺さっている）
つっつぁす˥　／cuQcasu˥／（他動詞サ行五段）
真っすぐに勢いよく刺す。突き刺す。
つっつく˥～つつく˥　／cuQcuku˥～cucuku˥／（他動詞カ行五段）
棒や人差し指などで物（の表面）を真っすぐに勢いよく（強く）突く。
つつっぽ¯　／cucuQpo／（名詞）
①筒。②筒袖。
つっとばす˥　／cuQtobasu˥／（他動詞サ行五段）
突き飛ばす。
って　／Qte／（格助詞）
言表内容を表す。
って～て　／Qte～te／（終助詞）
文を終止する形式に付いて、第一人称者（話し手）の主張を表す。
／もー　よせ˥・って↓／（もう止せ［ト言ッテイルンダ］。）
／だれ˥・が　んーな⌒こと　ゆった˥・って↓／（誰がそんなことを言うものか。）
＝って　／-Qte／（統語接尾辞［学校文法では接続助詞］）
形容詞型活用形式と繋合詞（断定の助動詞「ダ」）のいわゆる終止形に付いて、逆接仮定条件を表す。
／いっくら˥　みかけ・が　いー˥って　あい・じゃ　しゃーろ˥んか↓／
（いくら見かけがよくても、あれでは仕方ない。）
※指示副詞「と」と接続助詞「て」の結合―「指示副詞＋て」には「かくて」「さて」「とて」「（いかにて→）いかで」があり、「形容詞連用形＋て」や「名詞・状態詞＋に＋て」から考えても異例ではない―に起源する逆接的な接続助詞相当連語の「とて」が「って」と変化して成立した（いわゆる）接続助詞。
※方言の「って」は、共通語の「って」と違って、繋合詞との結合形／だ˥って／（←「だ＋とて」）の他に、形容詞型に活用する形式類にも／（嫌ダラ）いかねーって（～いかねって）⌒い˥ー／（←「［行かない＋とて］＋いい」（嫌なら）行かなくてもいい）のように付くが、動詞型の活用をする形式類には付かない点で分布に制限があり、活用語一般に付くわけではないので、「服部原則」（服部四郎（1966）『言語学の方法』p 470～p 479）により付属語（助詞）ではなく接尾辞と考える。
⇒／＝たって -taQte／、／＝ばって baQte／、／だ˥って da˥Qte／、／からって karaQte／を参照。
って（ー）　／Qteʀ～Qte／（助動詞）
言表内容を受けて、断言的引用判断を表す。活用は非常に欠如的で、
接続形式
／（行く）ってって　QteQ-te／（（行く）と言って）
／（行く）ってっても　QteQ-temo／（（行く）と言っても）
／（行く）ってったって　QteQ-taQte／（（行く）と言ったって）
／（行く）ってーば　Qteʀba／（（行く）と言えば）
／（行く）ってーばって　QteʀbaQte／（（行く）と言えばとて）
拡張形式
／（行く）ってっとく　QteQ-tok-u／（（行く）と言っておく）
／（行く）ってってる　QteQ-te-ru／（（行く）と言っている）
／（行く）ってった　QteQ-ta／（（行く）と言った）
などが見られる程度である。⇒／っつー¯（～っつう¯）Qcuʀ～Qcu'u／を参照。
つと˥～つと¯　／cuto˥～cuto／［苞］（名詞）
ワラなどを束ねて食品（納豆など）を包んだもの。／わらずと¯　'warazuto／（藁苞）とも言う。
つとっこ˥～つとっこ¯　／cutoQko˥～cutoQko／［苞っこ］（名詞）

前項の／つと˥～つと¯ cuto˥～cuto／に指小辞／＝っこ -Qko／が付いた語形。
つと˥むし ／cuto˥musi／ ［苞虫］（名詞）
蓑虫。戦後世代は／みの˥むし～みのむ˥し mino˥musi～minomu˥si／がふつうになっている。
※語源は「苞/cuto˥～cuto¯/＋虫」で、共通語とは命名の仕方が違う。⇒／つと˥ cuto˥／（苞）参照。
つねくる˥ ／cunekuru˥／（他動詞ラ行五段）
つねる。指先で皮膚をつまんで強くひねる。／つねる˥／（ラ行五段）の強意動詞。ほぼ同意の動詞の／つまじくる˥ cumazikuru˥／に比べて、反省的に新しい語ではないかと感じられる。
※「いじる→いじくる」、「しゃべる→しゃべくる」、「ねじる→ねじくる」、「ひねる→ひねくる」、「ほじる→ほじくる」など類例がかなり見つかる。
補：従来接中辞「-ku-」による派生と考えて［［'ɪzi(-ku-)r］-u］と分析してきたが、一段動詞（母音動詞）「捏ねる」の派生動詞「捏ねくる」は［［kone-kur］-u］」と分析すべきだから、ラ行五段動詞（子音動詞）の派生動詞の場合も語幹末子音の［-r］を削除してそれに接尾辞「-kur-u」を接合させた形式とすべきだと考えるに至った。従って、「つねくる」は［［cune(r)-kur］-u］と分析する。
つねる˥ ／cuneru˥／（他動詞ラ行五段）
指先で皮膚をつまんでひねる。つねる。「つねくる」と同様に、新しい語ではないかと感じられる。
※「つねる」は「爪」を動詞化した「つめる」の訛音とも「つめる」と「ひねる」との混淆形ともいわれる。
つのっぺ¯ ／cunoQpe／（名詞）
笠のてっぺんのとがった箇所。
つばき=˥ ／cubaki=˥／ ［唾］（名詞）
唾。「つば」とは言わない。
／つばき˥⁀はく／（唾を吐く）。／つばき・の　せー˥ぶん／（唾の成分）。
つば˥き ／cuba˥ki／ ［椿］（名詞）
椿。連語表現の／つば˥き・の⁀き／（椿の木）では、単独の「木」と違ってふつう無助詞でも／きー˥ kiʀ˥／のように長呼されず、アクセント核も現れない。
つばくろ¯ ／cubakuro／（名詞）
燕。明治生まれの戦前世代の人たちが昔は言ったということば。
つばめ¯ ／cubame／ ［燕］（名詞）
燕。明治生まれの戦前世代の人たちは昔は／つばくろ¯ cubakuro／と言っていたと話してくれた。
※／つばくろ¯ cubakuro／、／つばめ¯ cubame／から語基「つば」が取り出せる。語基の「つば」を、／つばさ¯ cubasa／（翼）に含まれる「つば」と関係づけ、飛ぶ様子に特徴を見出しての命名だとしたくなるが、ただ、平安時代末期のアクセントが、「つばさ」は「上上平［高高低］」で、「つばくらめ」は「平上上上平［低高高高低］」、「つばめ」は後代の発音から「*低高低」のようだから、「つば」の部分のアクセントが、「高高」と「低高」で異なり、アクセント的には同定は難しいようである。語尾の「め」は、／すずめ¯ suzume／（雀）や「籠の中の鳥」の／かごめ¯ kaŋome／などとも共通で、鳥の意味である。
つべたい¯～つべてー¯ ／cubetai～cubeteʀ／（形容詞）
冷たい。／つめたい¯～つめてー¯ cumetai～cumeteʀ／とも言う。
※／しゃっこ˥い～しゃっけ˥ー sjaQko˥i～sjaQke˥ʀ／が固体・液体など可触的対象にかかわるのに対して、冷房などの冷えた空気などにも使えてその制限がない。
＝っぽい ／-Qpoi／（形容詞形成接尾辞）
語基の表す属性を多く強く帯びている意味の形容詞を作る。「子どもッポイ」「派手ッポイ」「荒ッポイ」「飽きッポイ」など。
※語源は「多い」であろう。「真同じ［mawonazi］」に由来する"mapponaji［mapponazi］"の例が『日葡辞書』にあり、中世語で「多い」が接尾辞化した場合、「語基＋"vouoi"［wowoi］」（『日葡辞書』）から「語基＋ppoi」への発達は十分可能な変化と考えられる。意味的にも矛盾はないと思われる。なお、「油ッコイ」などの接尾辞「っこい」が形容詞「濃い」に起原すると考えられていることなどを参照。
非常に特異な文法現象として、この形容詞型活用の「っぽい」が、あたかも動詞の「イ音便形」のように「タ」「テル」「チャッテル」と接合した「っぽいタ」・「っぽいテイル」・「っぽいチャッテル」が観察される（2019年にも実際の発話で現認）。「赤っぽいタ色してる」「やることが子どもっぽいテル」「色が黄色っぽいチャッテル」などという。「赤っぽい（色）」と「赤っぽいタ（色）」では以下のような微妙な意味の違いがあるように感じられる。「赤っぽい色」や「色が赤っぽい」は、主名詞や主語の示す事態を一般的・恒常的な性質（すなわち「属性」）として把えて表しているのに対して、「赤っぽいた色」や「色が赤っぽいてる」は主名詞や主語の示す事態を個別具体的・一時的な性質（すなわち「状態」）として把えて表しているというような違いがあるように感じられる。
注．1990年前後の頃に初めて「先頭走ってるの、先輩ッポイ」「先輩、先頭走ってるッポイ」を聞いて驚いたが、その後ますます耳にすることが多くなった。こうなると、もはや付属形式bound formの接尾辞ではなく、自由形式free formの付属語すなわち助動詞と認められるものになっている。伝統的方言の話者の発話には現れないものなので、記述の対象とはしていない。
なお、助動詞「っぽい」の付いたアクセントは、［だめ・っぽ˥い］［だめ・だった・っぽ˥い］となっている。これは助動詞「らしい」の付いたアクセント［だめ・らし˥ー］［だめ・だった・らし˥ー］と同じで、意味の近似する「みたい・だ」「よう・だ」の同じ世代でのアクセントの[だめ⌉・みたい・だ][だめ⌉・だった・みたい・だ]、[だめ⌉・な・よー・だ][だめ⌉・だった・よー・だ]とはアクセント上のふるまいが違っている。参考のため、後者の伝統的アクセントは[だめ⌉・みたい・だ～だめ・な⌉・みたい・だ][だめ・だっ⌉た・みたい・だ]、[だめ・な⌉・よー・だ][だめ・だっ⌉た・よー・だ]である。

＝っぽいた ／-Qpoita／（形容詞形成接尾辞／＝っぽい -Qpoi／の特異な「タ」拡張形式）
／あかっぽ⌉いた　そら⌉／(赤っぽい空。厳密には「赤っぽくなっている空」)、／こどもっぽ⌉いたやりかた／(子どもっぽいやり方)のように使われる。語形変化せず、常に連体的に使われ、この形で終止することはない。共通語の「赤みがかっタ空」の「タ」と意味・用法の点で類似する。／あかっぽ⌉い　そら⌉／との違いなどは、／＝っぽい -Qpoi／の項を参照。

＝っぽいてる ／-Qpoiteru／（形容詞形成接尾辞／＝っぽい -Qpoi／の特異な「テル」拡張形式）
／そら⌉・が　あかっぽ⌉いてる／(空が赤っぽくなっている)、／やりかた　こどもっぽ⌉いてる／(やり方が子どもっぽい)のように使われる。／＝っぽいた -Qpoita／と違い、／あかっぽ⌉いてて、あかっぽ⌉いてたら、…／のように他の活用形も使われる。共通語の「空が赤みがかっテイル」の「テイル」に意味的に似ている。／やりかた　こどもっぽ⌉い／との違いなどは、／＝っぽい -Qpoi／の項を参照。

つぼっかさ⌉ねる ／cuboQkasa⌉neru／（他動詞ナ行下一段）
積み重ねる。アクセント核は固定して動かない。

つまあか⌉ぎれ ／cuma'aka⌉ŋire／（名詞）
指先にできるあかぎれ。

つまかわˉ～つまがわˉ ／cumaka'wa～cumaŋa'wa／（名詞）
雨の日に下駄の前につけて雨や泥を防ぐもの。
※旧新郷村(川口市)の話者は／つまかわˉ／と言い、旧安行村(草加市)の話者は／つまがわˉ／と言っていた(個人差なのか地域差なのかは不明)。

つまじくる⌉ ／cumazikuru⌉／（他動詞ラ行五段）
指先で強くつねる。共通語の「あの人が[おれの手を]つねった」は、この形にそのまま対応する「あれガ＋[おれの手φ(対格)]＋つまじくった」の他に、「あれガ＋[おれコト(対格)＋手φ(対格)]＋つまじくった」の形でも言える。「[所有者＋の＋被所有物]＋φ(対格)」目的語が不可譲渡所有の場合、この方言(の文法規則)では、所有者と被所有物を分離して(二重化して)「[[所有者＋コト(対格)]＋[被所有物＋φ(対格)]]」と言うことができるからである(対格は生物はコト、無生物はφで表示)。
※「つねる」の意の固有語と思われる。ほぼ同意の動詞／つねくる⌉ cunekuru⌉／がある。同項参照。なお、当方言には存在しないが近隣の方言に見出される(「つねる」という意味の)「つまじる」の強意動詞(「つまじ(る)＋くる/[cumazi(r)-kur]-u/」)の可能性が大きい。⇒／＝くる -kur-u／を参照。

つみだˉ ／cumida／（名詞）
山あいの田(／やつだˉ 'jacuda／という)で、稲の種をつんで撒くからという。直播きする田で、水は清水／しみずˉ simizu／(湧き水)に依存する。
※大宮台地の「綾瀬川」側の地域だけでなく「荒川」側の地域でも言うようである。

つむじˉ ／cumuzi／［旋毛］（名詞）
頭のてっぺんの髪の毛が渦を巻いて生えている所。つむじ。／つもじˉ cumozi／という人もある。
※／つまじˉ cumazi／という人もあったが、個人的変種であろう。

つむじかぜˉ ／cumuzikaze／［旋風］（名詞）
渦を巻いて(ちりやほこりを)吹き上げる風。つむじ風。アクセントは核のない平板型だった。

つめˉ ／cume／［爪］（名詞）
手足の爪。
※造語成分としての「つめ」は「爪」ではなく「手の指先、足先」という意味を表していることが多い。／つまあか⌉ぎれ cuma'aka⌉ŋire／(指先の皹)、／つまじくる⌉ cumazikuru⌉／(指先でつねる)、／けつ⌉まずく kecu⌉mazuku／(足の指先が何かに突き当たって躓く)など。⇒各項を参照。

つめたいˉ～つめてーˉ ／cumetai～cumeteʀ／［冷たい］（形容詞）
冷たい。／つべたいˉ～つべてーˉ cubetai～cubeteʀ／とも言う。／おべたいˉ 'obetai／は幼児語。
※類語の／しゃっこ⌉い sjaQko⌉i／は固体・液体など(手触りできる)可触的対象に限って使われる。／つめたいˉ cumetai／は、固体・液体のほか広く冷房などの冷気にも使われる。また、比喩的用法は後者にしかない(例えば「(他人に)冷たい(人)」)。両者にはこのような違いが認められる。
※「中途半端に」の意味の接頭辞「なま」との結合形／なまつめたいˉ／は存在しない。「過度に」の意味の接尾辞「すぎる」との結合形／つめたすぎる⌉／は自然に成立する。「熱い/'aQcu⌉i/」とともに極性を持つためである。⇒／しゃっこ⌉い sjaQko⌉i／参照。

つもじˉ ／cumozi／（名詞）
／つむじˉ cumozi／に同じ。⇒／とりーつも⌉じ toriʀcumo⌉zi／の項を参照。

つや⌉ぶき ／cu'ja⌉buki／（名詞）
ツワブキ（石蕗）。毒を吸い出す薬草という。
※共通語では「ツワブキ」だが、／つや⌉ぶき cu'ja⌉buki／というのは葉に／ツヤˉ cu'ja／(光沢)

がある／フキ¯ huki／（蕗）［に似た草］ということで、有契的語構成となっている。
つゆ=˥ ／cu'ju=˥／［露］（名詞）
露。／つゆ˥⌒おりてる、つゆ・が˥⌒おりてる／、／つゆ˥・みてー・だ、つゆ・の・よー˥・だ／（［見た目に］～）。戦前世代・高度成長期以前の戦後世代の殆どの話者は、統語的条件でアクセント核が移動する尾高型Bに発音していた。これは東京語の尾高型に対応する型で、原則的に２拍名詞第５類は（東京語の頭高型に対応する）尾高型Aになるので、これは／おけ=˥ 'oke=˥／（桶）とともに例外的。現在、東京語化している高度成長期以後の戦後世代でも、この語は（頭高型でなく）尾高型に発音する話者が多いのが注意される。
※「梅雨（つゆ）」は戦前世代は／にゅーばい¯ njuʀbai／（「入梅」。「梅雨入り」ではないことに注意）と言っていた。戦後世代は共通語化して／つゆ¯ cu'ju／（アクセントは平板型）となっている。
つゆ˥ ／cu'ju˥／［汁］（名詞）
①物からしみ出る液状のもの。②汁物や付け汁。／しる˥ siru˥／（汁）と類義の語だが、「汁/siru˥/」の中核的意味は①にあり、この語の中核的意味は②にあって、①でも多くは果汁など口に入るものを言うように感じられる。／つゆ˥⌒うすい、つゆ˥・が⌒うすい／（汁物の味が薄い）。アクセントはアクセント核が固定的な尾高型Aで、尾高型Bの／つゆ=˥ cu'ju=˥／（露）とは異なる。
③／おつゆ˥ 'ocu'ju˥／（②の美化語）の形で、特に「すまし汁」を言う。「味噌汁」は／おし˥ 'osi˥／、／おつけ¯ 'ocuke、おみお˥つけ 'omi'o˥cuke／と言う。／おし˥ 'osi˥／は古い語で明治生まれの話者に聞かれた。
つよ˥い～つえ˥ー ／cu'jo˥i～cu'e˥ʀ／［強い］（形容詞）
強い。戦前世代では音韻体系の制約から／cu'ɪ˥ʀ／。
※終止＝連体形を／つお˥い cu'o˥i／（語幹／cu'o-／）と言う人が何人か観察される。
つら=˥ ／cura=˥／［面］（名詞）
顔の卑語。／てめー・の⌒つら・な˥んか　みた˥く　ね˥ー↓／（てめえのつらなど見たくない。）
※／かお¯ ka'o／の方が普通か上品な言い方で、／つら=˥／は、あまり品のある言い方とは考えられていないが、男性はよくこの語を使用していた。⇒／しゃっつら=˥ sjaQcura=˥／参照。
つらっぱじ⌒ね˥ー（～つらっぱじ⌒な˥い）　／curaQpazi ne˥ʀ（～curaQpazi na˥i）／（連語形容詞）
恥知らずな。厚かましい。厚顔無恥な。
※語構成は、［［／つら=˥ cura=˥／（面）＋／はじ=˥ hazi=˥／（恥じ）］＋／ね˥ー ne˥ʀ／（無い）］。
連語としたのは／つらっぱじ・の⌒ねー˥　やつ・だ／のような表現が見つかったためである。
つるー¯～つるう¯ ／curuʀ～curu'u／（他動詞ワ行五段）
吊る。吊るす。
／てんじょー・から　つるって　あん˥・の・わ　なん˥・だ↑／
（天井から吊るしてあるのは何だ。）
つるさがる¯～つるさがる˥ ／curusaŋaru～curusaŋaru˥／（所動詞ラ行五段）
吊り下がる。ぶら下がる。
つるさげる¯～つるさげる˥ ／curusaŋeru～curusaŋeru˥／（他動詞ガ行下一段）
吊り下げる。ぶら下げる。
つれっこ¯ ／cureQko／（名詞）
再婚するときに連れてきた先夫・先妻の子ども。連れ子。
つんつるてん¯ ／cuɴcurutẹɴ／（名詞）
①衣服の丈などが不自然に短く手足が出ている様子。②禿げて髪の毛がない様子。
つんぬく˥ ／cuɴnuku˥／（他動詞カ行五段）
真っすぐに勢いよく反対側まで突き通す。
つんぬける˥ ／cuɴnukeru˥／（所動詞カ行下一段）
真っすぐに勢いよく反対側まで突き通る。前項の所動詞形。
つんのめす˥ ／cuɴnomesu˥／（他動詞サ行五段）
勢いよく前へ倒す。
つんのめる˥ ／cuɴnomeru˥／（自動詞ラ行五段）
勢いよく前へ倒れる。
つんぼ˥ ／cuɴbo˥／（名詞）
耳の聞こえない人。［差別的語気がある］

て=˥～てー˥ ／te=˥～teʀ˥／［手］（名詞）
手。／てー˥　きる˥／（手を切る）。／て・に˥⌒しょく（つける）／（「手に職」は１単語のように使われ、「身につけた暮らしの立つ技術」をいう）。
※手首から先の部分handを指すのが基本的意味だが、狭くは「手の指」も、また広くは肩から手首までの「腕 arm」も「手」と指称されることが多い。足首から先の「足foot」も股（もも）の付け根から足首までの「脚 leg」も／あし=˥ 'asi=˥／と言うのと平行的現象でよく似ている。
で[1] ／de／（格助詞「具格」）
①「拠りどころ」となるものを示す。具格instructive／instrumentalを表す格助詞。

／くわ・で　さく˥⁀きる／（鍬でさくを切る）。
②集合名詞が主語に立つ場合、主語は具格の「デ」で表される。後述の補足を参照。
※助詞／わ 'wa／との結合形は／じゃ˥〜じゃ zja˥〜zja／となる。アクセント核は現れることも現れないこともあり自由変異free variantだが、現れない形のほうが多いようである。
補足：「集合名詞」主語のデ格表示について
家族とその成員を家の所在地で指称する名詞、会社や役所などの組織名称の名詞（「集合名詞」）が主語のときは、以下のように「ガ」ではなく「デ」が主語表示に用いられる。
ⓐ自動詞文の集合名詞主語は「デ」で表される。
／こやま・で　きた˥↓／〜／こやま・の・うち・で　きた˥↓／（小山（の家）の人が来た。）
他に、「今度、市デ何か祝いφくれるそうだ」、「郵便局デ何かφ言ってきてる」ナド。
※自動詞派生の可能動詞文の集合名詞主語は「デ」か「ガニ」で表される。（「きさいる」＝来ラレル）
／うらわ・で˥　きさい˥たら　いー˥・ん・だ・けど↓／（浦和で来られたらいいのだけど。）
／うらわ・が˥に　きさいん˥・だんべ・か↓／（浦和に来られるだろうか。）
ⓑ他動詞文の集合名詞主語は「デ」で表される。
／とねり・で˥　ねこ˥・こと　もらった˥・って・よ↓／（舎人の親戚が猫をもらったそうだ。）
／そーか・で　んーな⁀こと　ゆってた↓／（草加の親戚がそんなことを言っていた。）
※他動詞派生の可能動詞文の集合名詞主語は「デ」か「ガニ」で表される。
／そーか・で　んーな⁀こと・が　ゆいろんか˥・よ↓／
／そーか・が˥に　んーな⁀こと・が　ゆいろんか˥・よ↓／
（草加の親戚がそんなことを言えるはずがない。）
※ⓐⓑの動詞文は、ⓐ「[デ格主語]＋[自動詞]」、ⓑ「[デ格主語]＋[{コト格／φ格}目的語]＋[他動詞]」で、可能動詞文は、ⓐ「[{デ格／ガニ格}主語]＋[可能自動詞]」、ⓑ「[{デ格／ガニ格}主語]＋[ガ格目的語]＋[可能他動詞]」という文構造で、どれにも「ガ格」主語が存在しないことに注意。

で[2]　／de／（繋合詞[断定の助動詞]連用形）
繋合詞（断定の助動詞）／だ da／の連用形。
※助詞／わ 'wa／との結合形は／じゃ(˥)〜だ(˥) zja˥〜zja〜da˥〜da／となる。／だ(˥) da(˥)／は終止形／だ da／に牽引された形と考えられ併存している。アクセント核は現れることも現れないこともあり自由変異free variantだが、アクセント核がある後続語に先行する場合には核の現れない形のほうが多いようである。
／こども・じゃ(˥)⁀ね˥ー↓／〜／こども・だ(˥)⁀ね˥ー↓／（子どもではない。）
※連語／じゃ⁀ねー˥・か zja neʀ˥ ka〜じゃ⁀ね˥・か zja ne˥ ka〜だ⁀ねー˥・か da neʀ˥ ka〜だ⁀ね˥・か da ne˥ ka／は、第一人称者（話し手）の再認的断定を表すが、分布のうえからは助動詞／だろ˥ー daro˥ʀ、だんべ˥ー daɴbe˥ʀ／に近く、／だ da／の活用図列paradigmから離れている。

＝て〜＝で　／-te〜-de／（統語接尾辞（「接続形」形成接尾辞）［学校文法では接続助詞］）
【接続に関して強いて学校文法的に述べれば】動詞の実現語幹（いわゆる連用音便形）や形容詞・助動詞のそれに相当する形式に付いて、「後件に先行する事態」を表す。
※ガ行五段動詞の接続形（テ形）は共通語と違い、「（「漕ぐ/koŋu˥/」→）漕いテ/koi˥te/」、「（「注ぐ/cuŋu⁻/」→）注いテ/cuite⁻/」のように「＝テ/-te/」と言って、「＝デ/-de/」とは言わないことに注意。
⇒形容詞に関しては、／＝くて（〜＝くって）-kute（〜-kuQte）／（形容詞統語接尾辞）の項を参照。

＝てー〜＝たい　／-teʀ〜-tai／（拡張接尾辞［学校文法では助動詞］・形容詞型）
いわゆる動詞連用形に付いて、不定人称者の願望を表す。「願望」という内面的で心的な直接経験を表すため、主語は、特に非過去（現在）の終止形においては、当事者、とりわけ第一人称者（話し手）に限られる。
※他動詞の願望形がとる構文には次のⓐⓑⓒの３タイプがある。
○「おれは猫を飼いたい」のような、第一人称者（話し手）の直接的願望を表出する場合は、ふつうⓐ「対格・他動詞型」の「〜ガ＋〜コト＋〜タイ」という構文をとる。例えば、
「おれは猫コト抱きたかったのだけど、猫はおれコト嫌がって逃げてしまった」
「おれは親コトは大事にしたいと思っている」など。
○「太郎は猫を飼いたいようだ」のような、第一人称者（話し手）の直接的願望の表出ではない文に対応する表現では、
ⓐ「対格・他動詞型」の「〜ガ＋〜コト＋〜タイ」と、
ⓑ「能格・所動詞型」の「〜ガニ＋〜ガ＋〜タイ」と、
ⓒ「能格・対格・他＝所動詞型（混合型）」の「〜ガニ＋〜コト＋〜タイ」
という構文が一応可能である（最もふつうなのはⓐ）。例えば、
「太郎は猫コト飼いたいみたいだ」
「太郎ガニは猫ガ飼いたいみたいだ」
「太郎ガニは猫コト飼いたいみたいだ」など。
以上のように、生物名詞は明確にコト格（対格）の目的語を取ることが多く、このコト格（対格）の目的語に対応する構文の無生物名詞は無助詞でも対格目的語と考えられる。
「（猫ゲ掃除機φ近づけたら）猫は掃除機φ嫌がって逃げてしまった」

※／でる˥／（出る［所動詞］）の願望形／でて˥ー／は、人間の生理現象に関して本人の意志に反してそのことが起こりそうだという意味で使われる。なお、「外へ出たい」など能動詞（自動詞）の場合は通常の「願望文」になることに注意。
／くしゃ˥み　でた˥くて　えんが˥みた↓／（クシャミが出そうで難儀した。）

でー¯　／deʀ／［出居］（名詞）
奥の座敷（来客を迎えもてなす畳敷きの部屋）。／でー・の⌒ざしき=˥ deʀ no zasiki=˥／ともいう。『日葡辞書』の「Dei. Zaxiqi.」（出居. 座敷. ）—「客をもてなす部屋または建物」とある—を参照。
※「床の間」のある部屋が「出居/deʀ¯/」だというのを聞いたことがある。耕地名の／でーっぱた˥け deʀQpata˥ke／のことで、奥座敷の「出居/deʀ¯/」と高台の「台/deʀ˥/」とを混線しているように見える話者の説明を聞いたことがあるが、あるいは、一段高い「床の間」の存在が「出居」と「台」の混線に何か関係していたのかもしれない。⇒／でーっぱた˥け／（地名）の項を参照。

でー˥～だい˥　／deʀ˥～dai˥／［台］（名詞）
①人や物を載せる上面の平らな構造物。
②（地形名とその転成固有名詞）ほかより高く平らな広がりをもつ地表面を指す地形名詞。高台。

でーがー˥り　／deʀŋaʀ˥ri／［代替わり］（動作名詞）
代替わり。家の戸主の世代交替をいう。

でー˥く　／deʀ˥ku／［大工］（名詞）
大工。

でーくしご˥と　／deʀkusiŋo˥to／［大工仕事］（名詞）
大工の仕事。大工のやるような仕事。

てーこ¯　／teʀko／［太鼓］（名詞）
太鼓。

でーこ¯～でーこん¯　／deʀko～deʀkoɴ／［大根］（名詞）
大根。／でーこおろ˥し deʀko'oro˥si／（大根おろし）、／でーこっぱ¯ deʀkoQpa／（大根の葉）など。
※『物類称呼』に「東国には…　大根　をば、　大こ　といふこそをかしけれ」とある。

でーこおろ˥し　／deʀko'oro˥si／［大根おろし］（名詞）
大根をおろし器（卸し金）ですり下ろしたもの。

でーこっぱ¯　／deʀkoQpa／［大根葉］（名詞）
大根の葉。

でーじ=˥（～でーじ¯）　／deʀzi=˥（～deʀzi）／［大事］（名詞・状態詞）
大切に扱うこと。大事。戦後世代はふつう／だいじ=˥（～だいじ¯） daizi=˥（～daizi）／と言う。アクセントは基本的に尾高型Bだが、連体助詞の「の」と「な」（いわゆる形容動詞語尾）との結合では平板型が現れる。後者の「な」の前でアクセント核が消えるのは特例的である。
／でーじ˥⌒とって　がっこ　やすました˥↓／（［今日は］大事をとって学校を休ませた。）
／からだ　でーじ・に˥⌒しろ↓／（体を大切にしろ。）、
／でーじ・な⌒からだ・だ˥・かん・な˥↓／（大切な体だからな。）、
／やっぱ˥り　からだ・わ　でーじ˥・みてー・だ↓／（やはり体は大切なもののようだ。）

でーじぐ˥さま～だいじぐ˥さま　／deʀziŋu˥sama～daiziŋu˥sama／［大神宮様］（名詞）
天照皇太神を祭った神棚／かみだ˥な～かみだな¯ kamida˥na～kamidana／を言う。
※「大神宮様」の訛語。伊勢信仰は農業の神の信仰として近世には農村に広く受け容れられていた。「神棚」を「大神宮様」と呼び習わしている。「大神宮様」と言っても、意識的には神様を祀っているのであって、皇太神宮（天照大神）だけを排他的に祀っているわけではなく、神札もいろいろなものが上げられている。

てーしゃば¯　／teʀsjaba／［停車場］（名詞）
電車の駅。

でーじ˥ん～だいじ˥ん　／deʀzi˥ɴ～daizi˥ɴ／［大尽］（名詞）
→／だいじ˥ん～でーじ˥ん daizi˥ɴ～deʀzi˥ɴ／（大尽）

でー˥っさま～だい˥っさま　／deʀ˥Qsama～dai˥Qsama／［大師様］（名詞）
①弘法大師。
②弘法大師に関係した寺院、特に「西新井大師」（五智山遍照院総持寺）。
③春に西新井大師を中心として北足立郡・南足立郡・南埼玉郡の八十八箇寺を巡る「三郡送り大師」とその講。／おくりでー˥し 'okurideʀ˥si／（送り大師）とも言った。

でーっぱた˥け　／deʀQpata˥ke／（固有名詞・地名（耕地名））
川口市赤井の小字の「台」にあった畑の意味で固有名詞として使われていた。高台を意味する普通名詞「台/dai˥～deʀ˥/」に基づく小字名「台/dai˥～deʀ˥/」にある畑の意味である。
※初めてこの言葉を聞いたとき、話者は「出居」（奥の座敷）の「畑」だと言っていた。実際は高台の畑のことを言っているので、「でー＝/deʀ-/」は、「出居/deʀ¯/」ではなく「高台の平坦地」を意味する「台/deʀ˥/」かもしれないと思ったが、そのまま書き留めた。今思うと聞き取り方が悪かったのかもしれない。40年経って改めて聞いたところ、今度は／でー˥・の⌒はたけ deʀ˥ no hatake／で、「高い所の畑」だと答えたので、やはり「台＋畑」だったと納得がいった。（当該地の旧本郷村（現川

口市)の小字が「台」であることをその後確認した。)
でーどこ¯～だいどこ¯ ／deʀdoko～daidoko／［台所］(名詞)
→／だいどこ¯～でーどこ¯ daidoko～deʀdoko／(台所)
でー・の¯⌒ざしき=˥ ／deʀ no zasiki=˥／［出居の座敷］(連語名詞)
→／でー¯ deʀ／(出居)
てーら¯ ／teʀra／［平ら］(状態詞［いわゆる形容動詞語幹］)
①表面が凹凸なく平坦なこと。②表面が傾斜なく水平であること。
※完全に「平ら」なことは／まってー˥ら maQteʀ˥ra／と言う。
てーりゅーじょ=˥～てーりゅーじょ¯ ／teʀrjuʀzjo=˥～teʀrjuʀzjo／［停留所］(名詞)
バスの乗り場。／あすく・が　てーりゅーじょ・ん˥⌒なってた↓／(あそこが停留所だった。)
でーろくて˥ん～だいろくて˥ん ／deʀrokute˥ɴ～dairokute˥ɴ／(名詞)
第六天神社。
※岩槻市大戸の第六天神社がよく知られているが、第六天様／deʀrokute˥ɴsama～dairokute˥ɴsama／という祠は「谷古田道」(「埼玉県道34号線」の東本郷～草加の旧道)沿いの草加市花栗にもあった。
※欲界(＝六欲天)の最高位である六番目の天を他化自在天といい、その天の主宰者がシヴァの神＝大自在天であるとするのが神話本来の形と思われる。その第六天の主宰者を魔王とするのは、仏教の、主宰神を認めないという反バラモン教的な立場からの顛倒と思われる。これが本地垂迹説に基づき修験道において、(本地「(欲界第六天の神である)大自在天」→垂迹「(神代第六代の神すなわち第六天である)オモダルとカシコネ」の形で) 神代七代の第六代の神の「オモダルとカシコネ」と習合し、(第六天の神「大自在天」は) 魔王から守護神に性格を変えて、広く庶民にまで信仰されるに至ったものと思われる。現在第六天神社の祭神が「オモダルとカシコネ」なのは神仏分離によって「大自在天」が排除されたためと思われる。
でお˥くれる ／de'o˥kureru／［出遅れる］(自動詞ラ行下一段)
出遅れる。戦前世代の発音 (アクセント核の位置に注意。アクセント核は諸活用形を通して移動しない)。戦後世代は／でおくれる¯／がふつう。
できる˥ ／dekiru˥／［出来る］(所動詞カ行上一段)
①出て来る、出現する。
※「子どもができる」は古くは能格構文を取り、「能格主語＋主格目的語＋デキル」となっていた。
／はな˥こ・がに　こども・が　できた˥・そー・だ↓／(花子に子どもができたそうだ。)
この構文は、所有構文／はな˥こ・がに　こども・が　いる・そー˥・だ↓／に平行的である。
②できあがる、完成する。
③能力がある、できる。／この⌒こ˥・わ　べんきょー　できる˥↓／(この子は勉強ができる。)
※可能構文の能力の所有者は能格助詞「ガニ」でマークされるのが普通である。
／おれ・が˥に・わ　むずかしすぎ˥て　できね˥ー↓／ (おれには難しすぎて出来ない。)
④「為る/siru¯/」の可能動詞 (補充形式)。することができる。
／うるさ˥くて　べんきょー⌒できね˥ー↓／(うるさくて勉強できない。)
※「動作名詞＋スル」(いわゆるサ変動詞)のスルを補助動詞とすれば、この場合のデキルも補助動詞として扱われることになる。語根を異にするので「補充suppletion」の例となる。
※「出＋来る」という語構成だが、不規則に変化する複合語成分は、規則化(水平化)しやすい傾向があるようである(「来る」カ変→「出来る」上一段)。類例は英語の「input, output」「behave」→「inputted, outputted」「behaved」にも見られる。
＝てく～＝でく ／-teku～-deku／
(動詞接続形と補助動詞用法の移動動詞「行く/'iku/」の連語「～て⌒行く」の縮約形。カ行五段[特殊型])
行為が第一人称者(話し手)の勢力範囲からの空間的・時間的な離脱を伴ってなされることを表す。第一人称者(話し手)の勢力範囲への空間的・時間的な接近を伴ってなされる行為を表す連語形「～て⌒来る/-te kuru˥/」の反対表現。また、単に「～してソレカラ行く」という意味を表す場合もある。
／ある˥ってく・と　どん˥・だけ　かかん˥・だんべ↓／(歩いていくとどれぐらいかかるだろう。)
／もー⌒ちょっ˥と　やすん˥でったら　いー˥・よ↓／(もう少し休んでいったらいいよ。)
※平板型の動詞の接続形「～て」と補助動詞「行く」の連語形「～て⌒いく」の縮約形「～てく」のテ形・タ形には、「飛ぶ/tobu¯/」を例にすれば、連語形は／とんで⌒いって¯、とんで⌒いった¯／だが、縮約形では／とんでって¯、とんでった¯／(平板型)の他に、／とんでっ˥て、とんでっ˥た／(中高型)が観察される。⇒拡張接尾辞／＝てる～＝でる／の注も参照。
てご˥って ／teŋo˥Qte／(副詞)
自分から好き好んで。
／てご˥って　やって　けが˥⌒してちゃ　せや˥⌒ねー↓／
(好き好んでやって、怪我していては世話ない。)
※語源は不明だが、あるいは「てぐる(手繰る)」(手許に引き寄せる)の接続形「てぐって」に由来することばかもしれない。ただ「てぐる→てごる」という動詞は本方言では確認されていない。
てこまい¯～てこめー¯ ／tekomai～tekomeʀ／［梃子前］(名詞)
職人の手伝い。

※「木遣り」で重い木や石を運ぶとき、梃子を持ってそれらを円滑に運びやすくするように働く役の者をいう「梃子前」から出たことばである。

でしゃばる˥ ／desjabaru˥／（自動詞ラ行五段）

自分の分を越えて無関係なことに口出しする。

※そうする人を／でしゃばり¯ desjabari／とも／でしゃばりや¯ desjabari'ja／とも言う。

てしょー¯ ／tesjoʀ／（名詞）

小皿。「手塩皿」の後略形「手塩」の変化した語形。

でしょ˥ー ／desjo˥ʀ／（助動詞）

第二人称者（聞き手）への敬意を含んだ、第一人称者（話し手）の推量判断を表す助動詞。

／だろ˥ー～だろ˥ daro˥ʀ～daro˥／／だんべ˥ー～だんべ˥ daɴbe˥ʀ～daɴbe˥／の丁寧形。

※判断者が第一人称者なのは、上昇音調をとっても、聞き手の判断を要求する質問文を構成し得ず、話し手の判断への聞き手の同意・同調を求める文になってしまうところにある。

で˥す ／de˥su／（繋合詞丁寧形）

繋合詞（断定の助動詞）／だ da／の丁寧語形で、体言（名詞・状態詞［いわゆる形容動詞語幹］）およびそれに準ずる語句に付いて、「同定・記述」の述語を構成し、それについての第一人称者（話し手）の断言と、第二人称者（聞き手）に対する敬意とを同時に表出する。⇒／＝ま˥す -ma˥su／参照。

※繋合詞（いわゆる断定の助動詞）／だ da／と違って形容詞終止形に直接して、形容詞の対者敬語形（丁寧語形）を構成する。

でっか˥い～でっけ˥ー ／deQka˥i～deQke˥ʀ／（形容詞）

（典型的には五感的・具体的な対象物について）大きい。抽象的な概念については、例えば「（雨が降る）可能性がデッカイ」などは落ち着きが悪く、こういうものは共通語の「おおきい」や「おっきい」を借用して表現するのがふつうである。反対語は／ちっちゃ˥い、ちっつぁ˥い／。意味構造に関しては、／たか˥い／（高い）の注（「見かけの二項性」）を参照。

※語構成は、［接頭辞「ど」＋形容詞「いかい」（大きい）］であり、「いかい」はこの地域（北足立郡旧安行村地域と隣接する北足立郡の川口・草加地域や足立区の舎人地域）では聞いたかぎり言わないということだったが、南埼玉郡の八潮や北葛飾郡の三郷では言うということだった［1970年代］。なお、その後、草加市の川柳地区（旧南埼玉郡川柳村。綾瀬川左岸に位置する）の記録『川柳村誌』（1918年頃）にも「えっかい（大キイ）」とあるのを目にした。

※『物類称呼』に「大いなる事を五畿内近国共に○ゑらひといひ又○いかいと云　…陸奥にて○でつかいと云（いかいの転語か）」とある。

でっきりげーり¯ ／deQkiriŋeʀri／（名詞）

出戻り（の女性）。／でっけりげーり¯ deQkeriŋeʀri／の変種と思われる（deQkeriŋeʀri→deQkiriŋeʀri）。／でっくりげーり¯、でっけりげーり¯／とも言うという。／でっくりげーり¯／が一般的だったと言う。⇒／でっくりげーり¯ deQkuriŋeʀri／、／でっけりげーり¯ deQkeriŋeʀri／参照。

てっく˥び ／teQku˥bi／（名詞）

手首。反対語は／あしっく˥び 'asiQku˥bi／。

でっくりげーり¯ ／deQkuriŋeʀri／（名詞）

出戻り（の女性）。／でっきりげーり¯、でっけりげーり¯／とも言うという。／でっくりげーり¯／が一般的だったと言う。

※回帰的・反復的動作や後戻りするような動きを表す造語成分に「*繰り返る」に遡ると考えられる形式があり、語形と意味から「繰り返す」の自動詞（所動詞）に相当する動詞と考えられる。具体的には「そっくりかえる（反り＋繰り返る）」「にえくりかえる（煮え＋繰り返る）」「ひっくりかえる（引き＋繰り返る）」などに現れる「＝くりかえる」が「*繰り返る」に遡る形式ではないかと考えられる。／でっくりげーり¯／も、自動詞「*でっくりかえる（出＋繰り返る）」（出戻る）を想定し、その連用形名詞「*でっくりかえり」（出戻り）に起源する形式と考えることができるかもしれない。なお、「でっくりがえり」に相当する現在の形に至るには、類形同意の「*でがえり（出＋返（帰）り）」（出戻り）のような語形が影響している可能性が考えられるかもしれない。

でっけりげーり¯ ／deQkeriŋeʀri／（名詞）

出戻り（の女性）。／でっきりげーり¯、でっくりげーり¯／とも言うという。／でっくりげーり¯／が一般的だったという。

※この語の前半の／でっけり／は「でっかえり（出っ返（帰）り）」（出戻り）に相当する形式と考えられる。後半の／げーり／は語形から「かえり（返（帰）り）」だとすると、この語の語構成は「でっかえり＋がえり」となって不可解なものになってしまう。この語は、形が似ていて意味が同じ、「でっかえり」と前項の「でっくりがえり」との混淆によって成立した語形（/*deQkeʀri/×/deQkuriŋeʀri/＝(→)/deQkeriŋeʀri/）と考えると比較的に無理なく説明できるように思われる。

てっこ˥ー ／teQko˥ʀ／（名詞）

手の甲を（保護するために）覆う布片。

※足の甲を（保護するために）覆う布片は、／こー˥がけ koʀ˥ŋake／と言い、足のすねを（保護するために）覆う布片は、／きゃはん¯ kjahaɴ／と言った。

てっぺ˥ん ／teQpe˥ɴ／（名詞）

そのものの一番高い所。
てっぽ˥ー〜てっぽー¯ ／teQpo˥ʀ〜teQpoʀ／［鉄砲］（名詞）
鉄砲。人によっては、単独では／てっぽ˥ー／、連語では／てっぽー˥⌒うつ／（鉄砲を撃つ）、／てっぽー・の⌒たま=˥／（鉄砲の弾）のようなアクセント交替が見られる（見られた）。すべてを／てっぽー¯／と平板型で言う話者もある。
※戦後もしばらくは農家に害鳥（害獣）駆除のために鉄砲（猟銃/rjoʀzjuʀ¯/・空気銃/kuʀkizjuʀ¯/）があった。子どもたちは耳で覚えたせいか「猟銃」を/roʀzjuʀ¯/と言っていた［昭和20年代］。
てっぽーだま¯ ／teQpoʀdama／［鉄砲玉］（名詞）
①鉄砲の弾。②行ったっきりなかなか帰って来ない人。③丸い飴粒。
て・に˥⌒しょく ／te-ni˥-sjoku／［手に職］（連語名詞）
身につけた暮らしの立つ（それで生活していける）技術。
／て・に˥⌒しょく　つける˥／（手に職を付ける）。／て・に˥⌒しょく　ある／（手に職がある）。
※連語だが、一語化が進み、意味も特殊化している。「天職」の訛語かと思っていたこともある。
てぬげー¯ ／tenuŋeʀ／（名詞）
手ぬぐい。主に戦前世代の語形。この世代の話者が改まると／てぬぐい¯ tenuŋui／と言うのは共通語形の使用（借用）と考えられる。戦後世代は／てぬぐい¯ tenuŋui／と言う。
※／てぬげー¯ tenuŋeʀ／という語形は、音韻（対応）的には共通語の「てぬぐい」に対応していない。「共通語/-ui/：方言/(-ui〜)-iʀ/」という音韻対応からは、／*てぬぎー／でなければおかしい。なお、「共通語/-oi/」なら「方言/(-oi〜)-eʀ/」が対応する。「手拭い」は、語誌的には「たのごひ」→「てのごい（『日葡辞書』Tenogoi）」→「てぬぐい」と推移してきたことが知られるが、／てぬげー¯／は、「てぬぐい」ではなく、その一つ前の「てのごい」に対応している形と考えられる。なお、「の」：／ぬ／の対応には、「縁の下」：／えんぬ˥した／、「榛の木」：／はんぬ˥き／などがある。
て・の¯⌒こ˥ー ／te no ko˥ʀ／［手の甲］（連語名詞）
手の甲。裏側部分の名称は／て・の¯⌒ひ˥ら te no hɪ˥ra／。
※／て・の˥⌒こー te no˥ koʀ／もあるかもしれないが、身近では上のように発音されていた。足の対応部分は／あし・の¯⌒こ˥ー 'asi no ko˥ʀ／と言う。
て・の¯⌒ひ˥ら ／te no hɪ˥ra／（連語名詞）
手のひら。反対側部分の名称は／て・の¯⌒こ˥ー tenoko˥ʀ／。
※／て・の¯⌒ひ˥ら te no hɪ˥ra／のアクセントは共通語の［テノ˥ヒラ］（中一高型）に対応する。足の対応部分は／あし・の¯⌒うら=˥ 'asi no 'ura=˥／と言う。
てばた˥き ／tebata˥ki／［手ばたき］（動作名詞・名詞）
両手を続けて打ち合わせて音を立てること。いわゆる「拍手/haku˥sju/」を「手ばたき」と言っていた。
てば˥な ／tebana˥／［手鼻］（名詞）
一方の「鼻の穴/hanamedo¯/」を鼻をつまむようにして指先で押さえて強い鼻息でもう一方の鼻の「鼻汁/hana¯/」（洟）を放出すること。／てば˥な　かむ／。
てま=˥ ／tema=˥／［手間］（名詞）
①仕事にかかる労力。／てま˥　くー／（手間を食う）。
②労働に対する報酬。／ひよ˥とり〜ひよと˥り hɪ'jo˥tori〜hɪ'joto˥ri／［日傭取り］（日雇いで雇われること。また、日雇いで雇われた不定期の被雇用者）の賃金。／ひよ˥ちん hɪ'jo˥ciɴ／［日傭賃］や／てま˥ちん tema˥ciɴ／［手間賃］とも言った。
③前項②を支払ってする農繁期における臨時的雇用。
てめー¯〜てまい¯ ／temeʀ〜temai／［手前］（名詞）
①基準となる物の（すぐ）前（の所）。
／おやじ・の　てめーに　いん・の˥・わ　だい˥・だ↑／（親父の手前に居るのは誰だ。）
②基準となる物（境界線や基準点）によって二分割される空間（場所）のうち、自分のいる側の空間（場所）を指して言う。
／ほり・の　てめー・に　あった˥　はたけ¯／（堀の手前にあった畑）
↔／ほり・の　もこー・に　あった˥　たんなか¯／（堀の向こうにあった田）
※いずれも「（自分の）手の前（の所）」が原義。②の対語は／もこー¯ mokoʀ／。
てめー¯〜てめ¯ ／temeʀ〜teme／［てめえ］（代名詞）
①卑称の第二人称代名詞。ふつうの場面・文脈では、相手への侮蔑や敵意が露わに出るため使えばけんかになる。／てめー・こ˥と・だけ・わ　ゆるせね˥ー↓／（おまえヲだけは許せない。）
②再帰代名詞。二人称の／てめー¯ temeʀ／のような露わな卑意・敵意は感じられないが、待遇的に被言及者への扱いが軽く、卑俗な語感をともなっていて、品のない言い方と見なされている。ふつうには価値中立的な再帰代名詞の／じぶん¯ zibuɴ／（自分）が使われている。
※下記例文のように他動詞文の主語に立つところなど通常の再帰代名詞とは異なっている。なお、この文の主語（Nガ）の／てめー¯／は、目的語（Nコト）や付加語（Nデ）の／てめー¯／が文脈照応的指示なのとは違って、場面照応的指示で機能的に異なるが、話者には同一語と感じられている。
／てめー・が　てめー・で　てめー・こ˥と　ほめ˥てちゃ　せや˥⌒ねー・や↓／
（自分が自分で自分をほめているようではどうにもしようがない。）

「あの男φは＋てめえデ＋てめえコト＋ほめている」の「てめえ」は、先行詞の主語「あの男」を文脈照応的に指示しているが、例文の「てめえガ＋てめえデ＋てめえコト＋ほめている」の「てめえ」には当然文脈照応的先行詞がなく、場面や話題の人物を場面照応的に指示しているところが通常の再帰代名詞とは違っていることに注意。

＝ても～＝でも ／-temo ～-demo／（統語接尾辞［学校文法では接続助詞］）

逆接仮定条件を表し、前件の成立が後件の成立を拘束しないことを表す。

／あれ・わ　ゆって˥も　きかねー↓／（あの人は言っても聞かない。）

※同機能の統語接尾辞に、／＝たって -taQte／・／＝ばって -baQte／・／＝って -Qte／（形容詞と繋合詞にのみ）があるが、文体差（語体差）の他に、意味が微妙に違う。

／＝たって／は「事態の実現（アッタ・シタ）」を前提としての逆接。

／＝ばって／は「事態の仮定的存立（アレバ・スレバ）」を前提としての逆接。

／＝ても／は「事態の存立（アッテ・シテ）」を前提としての逆接。

／＝って／は最も単純な「事態（アル・スル）」を前提とした逆接。

と言えるように感じる。

／＝ばって／は古い、／＝たって／・／＝って／は日常語的（俚言的）、／＝ても／は文体中立的な語感を伴う。⇒　／＝たって -taQte／、／＝ばって -baQte／、／＝って -Qte／の各項参照。

で˥も ／de˥mo／（係助詞）

対極的項を前提として、いずれかの項を極的項として取り上げ、他の対極的項を類推させる機能を持つ。対比の相手項が不特定化すると、事柄の極的提示という性格を帯びた表現となる。

／おちゃ・に˥・でも　しべ˥ー↓／（お茶にでもしよう。）

※不定語（疑問語）とデモとの結合は肯定的判断と共起して、その範疇の全成員を包括的に妥当するものとして取り立てる。

「何デモ欲しいモノφ持っていけ」、「何デモ好きなコトφやっていい」、「どこデモ行きたいトコロに行け」、「どれデモ欲しいモノφ取れ」ナド。

てら=˥ ／tera=˥／［寺］（名詞）

本尊である／ほとけさま=˥～ほとけさま¯／（仏像）を祀った本堂と、死者である／ほとけさま=˥～ほとけさま¯／（死霊・祖霊）を埋葬した／おはか¯／（墓地）や境内を含めて、／てら=˥／（寺）と言った。／おてら¯ 'otera／と言うことが多い。

てらす¯ ／terasu／（他動詞サ行四段）

光を当てて明るくする。照らす。アクセントは東京語と違い平板型である。

てら・に˥⌒きる ／tera ni˥ kiru／（他動詞相当連語ラ行五段）

別扱いする。

※意味は、「相手にしない」「仲間外れにする」ではなく「別扱いする」ことだと言う。

※アクセントからすると、／てら=˥／（続く語が自立語には尾高型の［てら˥］、付属語には助詞の第一拍まで高い［てら・に˥］となる）は、「寺」であろうか。すると、「寺に切る」から出た語句であろうか。語構成・意味構成が不明になっている。

てる¯ ／teru／（所動詞タ行下一段）

光が当たって明るくなる。照る。アクセントは東京語と違いアクセント核のない平板型である。

「決まり悪い様子を示す」意味の派生語／てれる˥／が尾高型（共通語の中高型に対応する）であるのは、意味的連関が薄くなっているのと新たな借用語（新語）のためと思われる。

＝てる～＝でる ／-teru ～-deru／（拡張接尾辞。タ行下一段）

動作・作用が実現して存続することを表す。

※「動作動詞」はその動作の開始後をもって実現と見なし、「変化動詞」はその変化の終了後をもって実現と見なすのが方言話者（共通語話者も同様）の把え方である。従って、動作動詞では「動作継続」（→「継続相」）を表し、変化動詞では「結果継続」（→「結果相」）を表すことになる。それを一括してここでは「存続」としてある。

例：「働いテル」「歩っテル」「（火が）燃えテル」などの動作動詞のテル形は継続相を表し、「死んデル」「倒れテル」「（火が）消えテル」などの変化動詞のテル形は結果相を表す。

【「動作動詞」「変化動詞」については、奥田靖雄（1977）「アスペクトの研究をめぐって」参照。】

※図式的に言えば、「前―［初め（開始）―中―終り（終了）］―後」という動きの過程の「中」と「後」において動作・作用を把えたものである。

注：継続相の「＝テル」の否定形の「＝テナイ」と、否定の「＝ナイ」の継続形の「＝ナイデル」の違い

①「マダ泣いて（い）ない／モウ泣いて（い）ない」

②「マダ泣かないで（い）る／モウ泣かないで（い）る」

①は「泣いている」コトのその時点での不存在（不成立）を表し、

②は「泣かない」コトのその時点での存在（持続）を表している。

※「＝ないでいる」は実際には／＝ナイデル～＝ネーデル～＝ネデル／となる。

／おきない˥でる～おきねー˥でる～おきね˥でる／（起きないでいる）

／ねない（˥）でる～ねねー（˥）でる～ねね（˥）でる／（寝ないでいる）

補：「＝テイル」と「＝テイナイ」「＝ナイデイル」の違い［以下、共通語形に還元して表記する］

①動作動詞の「＝テイル」と「＝テイナイ」・「＝ナイデイル」の違い
(みんなが笑っテイルのに一人だけ)｛笑っテイナイ／笑わナイデイル｝男
・「笑っテイル」は動作継続相(「中」)で、動作開始限界以後(「中」)が言及域。
・「笑っテイナイ」は動作継続相(「中」)ではなく、動作開始限界以前(「前」)が言及域。
・「笑わナイデイル」はアスペクトではない。「笑わナイデイル」は、「笑わナイ」ことのその時点での存在(持続)を表し、いわゆる第4種動詞(帯状態動詞)の「(前に山が)そびえテイル」に近似している。
②変化動詞の「＝テイル」と「＝テイナイ」・「＝ナイデイル」の違い
(みんな消えテイルのに一本だけ)｛消えテイナイ／消えナイデイル｝ろうそく
・「消えテイル」は結果継続相(「後」)で、変化終了限界以後(「後」)が言及域。
・「消えテイナイ」は結果継続相(「後」)ではなく、変化終了限界以前(「前」)が言及域。
・「消えナイデイル」はアスペクトではない。前項①参照。
※「＝テイナイ」は、肯定の「＝テイル」が「事態成立＝事態既成立」の運動分節的な広がりとしての動作継続・結果継続(「中」や「後」)であるのと異なって、運動を非分節的なひとまとまりとして把らえてのそれの「事態未成立」(「前」)を述べている。こういう点で、肯否は対応していない。
※平板型の動詞(例えば「泣く/naku¯/」)からのテ形・タ形(「泣いてて」・「泣いてた」)のアクセントには、／ないてて¯、ないてた¯／(平板型)の他に、／ないて˥て、ないて˥た／(中高型)という形が観察される。平板型の方が有力だが、戦後世代では後者の中高型もよく聞かれる。なお、連語形の「〜て⁀いる」のテ形・タ形に関しては、平板型の／ないて⁀いて¯、ないて⁀いた¯／しか観察されない。
※平板型の動詞(例えば「泣く/naku¯/」)からの否定形(「泣いてない」)のアクセントには、／ないてねー¯／(平板型)の他に、／ないてね˥ー／(中高型)という形が観察される。連語形の「〜て⁀いない」に関しては、平板型の／ないて⁀いねー¯／しか観察されない。なお、／ないてね˥ー／(中高型)という語形は、「泣いていない」に基づく「泣いてない」を「泣いて無い」と改釈(異分析)した「(誤った)語構成意識」による改新形と思われる。「泣いて(い)る：泣いて(い)ない」という対表現はあるが、継続相の意味で「泣いてある：泣いてない」という対表現はないことにも注意。更に一部では、この改釈が助詞が介在する形式にも及んで、／ないて・なん˥か⁀いねー／(泣いてなんか＋いない)という伝統的形式に対して、／ないて˥・なんか⁀な(˥)い／(泣いてなんか＋ない)という話者が最近では現れている。この形式が新しいことは、方言に固有な(強い否定を表す)確否形に、「泣いて(い)る」に基づく／ないてろんか¯／や／ないて・なん˥か⁀いろんか／はあるが、継続相の意味では「泣いてある(ない)」に基づく／*ないて⁀あろ˥んか／や／*ないて・なん˥か⁀あろんか／がないことからも明らかである(／*ないて⁀ね˥ー／については既述)。なお、〈他動的動作が意図する結果状態が既に存在する(未だ存在しない)〉ことを表す「〜て⁀ある、〜て⁀ない」(例えば「買ってある、買ってない」)については、／かって⁀ね˥ー、かって⁀あろ˥んか／となるが、こちらは別のアスペクト形式である。

でる˥ ／deru˥／［出る］(自動詞・所動詞ダ行下一段)
人や物が内から外に移動する。他動詞は／だす˥ dasu˥／。反対語は／へー˥る(〜はい˥る) heʀ˥ru (〜hai˥ru)／。⇒／だす˥ dasu˥／参照。
※自動詞＋タイの／おら　そと˥・い　でた˥かった／(おれは外へ出たかった)は通常の「願望文」を作るが、所動詞＋タイ、例えば／おら　しょんべ˥ん　でた˥かった／(直訳：おれは小便が出たかった。意訳：おれは小便が出そうだった)という文の所動詞節「小便が出たかった」は、能動詞文「おれは(外へ)出たかった」とは違って「願望文」にはならず、「出来事の非意志的な実現が直近に迫っている」という切迫した事態を表す文を構成することに注意。

てん˥ ／teɴ˥／［天］(名詞)
天。⇒／てんじく¯／(天竺)の項を参照。
※本来は古典語の《「あめ(天)＝天上の神々の世界」―「そら(空)＝中空」―「つち(土)＝大地・地上の世界」》のように、／てん˥ teɴ˥／と／そら˥ sora˥／は、「天上」と「中空」として、(異なる二つの単語「天/teɴ˥/」と「空/sora˥/」があるのだから) 区別されていたと思われるが、両語の違いは聞いてもはっきりしない。

てんがけ¯ ／teɴŋake／(副詞)
真っ先に。一番始めに。／てんさき¯ teɴsaki／に同じ。

でんが˥わ ／deɴŋa˥'wa／［伝右川(伝右衛門川)］(固有名詞・河川名)
利根川水系綾瀬川の支流河川「伝右川(伝右衛門川)」の周辺地域での呼称。
⇒／＝いむ -'ɪmu／［衛門］(人名接尾辞)の項を参照。

てん˥き ／teɴ˥ki／［天気］(名詞)
①天気。気象状態。／きょー˥・の　てん˥き／(今日の天気)。
②良い天気。晴天。／きょー˥・わ　てん˥き・だ／(今日は天気だ)。

でん˥き ／deɴ˥ki／［電気］(名詞)
①電気。／でん˥き　きて˥る／(「電気が来ている」通電している)。
②電灯。／でん˥き　つい˥てる／(「電気が点いている」電灯が点いている)。

てんきあめ˥ ／teɴki'ame˥／［天気雨］（名詞）
日が差しているのに降る雨。／てん˥き teɴki／（天気）②に関連する複合語（天気なのに降る雨）。
てんきや¯ ／teɴki'ja／［天気屋］（名詞）
気分の変わりやすい人。／てん˥き teɴki／（天気）①に関連する派生語（天気のように気が変わる人）。
てん˥き・わ にしぞら・に きけ˥。 ／teɴ˥ki 'wa nisizora ni kike˥↓／（連語・ことわざ）
「天気は西空に聞け」。明日の天気は西の空の様子から知られることをいう。
でんぐり˥げる ／deɴŋuri˥ŋeru／（自動詞ラ行五段）
ひっくり返る。転倒する。／しっくり˥ける／～／しっくり˥げる／（引っ繰り返る）との連想からか後半部は「返る」と意識されている。共通語「でんぐり返る」の訛語。
でんぐる˥がる ／deɴŋuru˥ŋaru／（自動詞ラ行五段）
前にひっくり返る。前に転倒する。反義語は／どんげる˥ doɴŋeru˥／（後ろにひっくり返る）と言うという。／しっくる˥がる／（引っ転がる）との連想からか後半部は「転がる」と意識されている。
てんげ¯ ／teɴŋe／（名詞）
魚を取る網で、四角い網の四隅を、十の字に交差させた竹の骨を撓わせたものに、結んだもの。
てんご¯ ／teɴŋo／（名詞）
ワラ製の、野菜や堆肥を入れて担ぐ「もっこ/moQko¯/」（畚）の一種。
てんこもり¯ ／teɴkomori／（名詞）
ご飯の山盛りを言う。
てんさき¯ ／teɴsaki／（副詞）
真っ先に。一番始めに。
／かけだしたら てんさき ひっくり˥げった↓／（走りだしたら真っ先に転んだ。）
てんじく¯ ／teɴziku／［天竺］（名詞）
空の上、天。明治生まれの戦前世代のことば。「天竺」に由来する。アクセントは東京語の頭高型と違い平板型に発音されていた。戦前世代の話者も普段は／てん˥ teɴ˥／（天）と言っていた。
※明治生まれの話者が、「昔は、凧の上がっていく先は／てんじく¯／と言った」と教えてくれた。
※「天竺」は「震旦」「本朝」とあわせて「三国」とされる「インド」のことであるが、「天竺」が「天」の意味で使われることは、文献的にもまた諸方言資料においても確認できる。
でん˥しゃ～でんしゃ¯ ／deɴ˥sja～deɴsja／［電車］（名詞）
電車。二様の（旧新の違いといわれる）アクセントが観察される。同じ個人でも揺れが見られる。
でんしゃだい¯ ／deɴsjadai／［電車代］（名詞）
電車の乗車代金。
※「電車代」と「電車賃」：「電車代φもらっていく」も「電車代φ払う」も成り立つが、事前の「もらっていく」では、「電車代」が選好されるかもしれない。同様に「電車代はいくらかかる？」も「電車代はいくらかかった？」も成り立つが、事前の「いくらかかる？」では、「電車代」が選好されるかもしれない（筆者の内省）。違いがないとする話者もある。次項を参照。
でんしゃち˥ん～でんしゃ˥ちん ／deɴsjaci˥ɴ～deɴsja˥ciɴ／［電車賃］（名詞）
電車の乗車料金。
※「電車賃」と「電車代」：「電車賃φもらっていく」も「電車賃φ払う」も成り立つが、現場の「払う」では、「電車賃」が選好されるかもしれない。同様に「電車賃はいくらかかる？」も「電車賃はいくらかかった？」も成り立つが、事後の「いくらかかった？」では、「電車賃」が選好されるかもしれない（筆者の内省）。違いがないとする話者もある。
※筆者の内省は、先に「電車賃」や「バス賃」が生活語として獲得され定着しているところに、その後で、「電車代」や「バス代」がさらに共通語的語彙として獲得され定着していった生活体験の反映かもしれない。生活語（方言）的語彙は具体的、共通語的語彙は抽象的という一般的傾向とも合致するのでそう思われる。「～賃」はどちらかというと限られた身近な古くからの語（／kisjaci˥ɴ／（汽車賃）参照）に現れ、「～代」が一般的で多数の語彙に現れること、特に「定期代」「タクシー代」「飛行機代」など、より後に獲得された多数の語彙にはこの形しかないことが筆者の内省と推測を裏づけているように思われる。
でんしんばし˥ら ／deɴsiɴbasi˥ra／［電信柱］（名詞）
（送電用、通信用の）電柱。なお、これを「電柱/deɴcjuʀ¯/」と言うのは、日常語としては新しい。
てん˥てん ／teɴ˥teɴ／（名詞）
「あたまの上の部分」を言う幼児語。
てんでん˥こ ／teɴdeɴ˥ko／（副詞）
（助詞の「ニ」「デ」を伴って、）めいめいそれぞれに。
／てんでん˥こ・に にげ˥てった↓／（（一緒にではなく）ばらばらに逃げていった。）
でんで˥んむし ／deɴde˥ɴmusi／（名詞）
カタツムリ。
※元々は、／めめっつぶ˥ろ～めめっちゃぶ˥ろ memeQcubu˥ro～memeQcjabu˥ro／と言って、「まいまい」と「つぶり」の類義並立複合語「まいまいつぶり」に基づく語を使用していたようである。
今は亡くなった明治中頃生まれの人たちが昔はそのように言っていたという話をしてくれた。

（越谷吾山の『物類称呼』に「（蝸牛を）江戸にて○まいまいつぶり」とあるのを参照。）
※「でんでん虫」は小学唱歌の影響で定着していったものと考えられる。何よりもこの虫の名を／でんで⌉んむしむし deɴde˥ɴmusimusi／という個人があることが証拠であろう。（歌詞にそうある。）

でん⌉ぱた ／deɴ˥pata／（名詞）
田畑。田（/taɴnaka¯/）と畑（/hatake=˥ ～hatake¯/）の並列複合語。
／のーちかい⌉かく・で でん⌉ぱた みんな なくなした↓／（農地改革で田畑をみな失った。）

と=¯～とー¯ ／to～toʀ／［戸］（名詞）
戸。／とー あけたり⌉ しめ⌉たり してた↓／（戸を開けたり閉めたりしていた。）

と[1] ／to／（格助詞「共同格・随伴格」）
①行為の「共同者」を表す。
相互的行為を内容とする述語の、主語項である当事主体に対するもう一方の補足語項の当事客体「共同者」を表す。主語項目と補足語項目を交換しても同じ事態・事実の異なった見方を表すに過ぎない。
※「～と」で表される「共同者」は、「とイッショニ」と敷衍できない点、「共同者」を欠くと非文となることから文法上必須の項（補足語）である点で、②の「随伴者」とは異なる。
また、主語項目と補足語項目とを並立助詞／と to／でまとめて主語に立てても知的意味のうえでは同一の事実・事態の異なった表現となるに過ぎない。
／あすこ・の よめ・わ しゅーと・と おりやい・が わり⌉ー・って・よ↓／
（あそこの嫁は姑/sjuʀto¯/と折り合いが悪いということだ。）
／あすこ・の しゅーと・わ よめ・と おりやい・が わり⌉ー・って・よ↓／
／あすこ・の よめ・と しゅーと・わ おりやい・が わり⌉ー・って・よ↓／
／あすこ・の しゅーと・と よめ・わ おりやい・が わり⌉ー・って・よ↓／
※相互動詞の「共同者」と他動詞の「対象・対象者」は動詞のとる項数（次の例文では「太郎」と「次郎」）が同じでもその役割が次の例文のように異なることに注意。いずれも補足語の「次郎ト／次郎コト」を文脈・場面から復元できないので省略すると、非文となる。
「太郎φは 次郎ト 殴り合った」（「太郎ガ 次郎ト 殴り合った」こと）
↔「太郎φは 次郎コト 殴った」（「太郎ガ 次郎コト 殴った」こと）
②行為の「随伴者」を表す。
助詞句の「～と」を欠いても非文とならない点で文法上任意の項（修飾語［付加語］）であることと、「～とイッショニ」と敷衍できる点で前項の「共同者」とは文法上の機能に違いがある。
／さっき だれ⌉・か・と でかけた・みて⌉ー・だ・けど↓／
（さっき誰かと出掛けたみたいだけど。）

と[2] ／to／（並立助詞）
／AとBと A to B to／、／AとB A to B／の形で、同じ資格の限定的列挙を表す。

と[3] ／to／（格助詞「引用格」）
種々の形式に付いて、「言表・思考・判断の内容」を示す。
（下記の「A（ガ）は」は「Aガ」と「Aは」の合成表記。「A（~~ガ~~）は」は「ガ」を削除する表記（「Aは」）。）
①直接引用文：「Aガ＋［［B｛ガ／φ｝（主格）＋C（ダ）］＋ト］＋｛言う／思う｝」
例えば「やつ（ガ）は＋［［おれ（＝自分）ガ＋犯人だ］＋ト］＋言った」や、「おれ（~~ガ~~）は＋［［やつガ＋犯人だ］＋ト］＋思った」というような構文で、直接引用的な言表や思考の内容を表す。
なお、「太郎（ガ）は花子コト好きだト言った」は、ⓐ「太郎（ガ）は＋［~~太郎ガ~~＋花子コト＋好きだ］＋ト＋言った」（文主語＝補文主語）と、ⓑ「（誰かガ＋）［太郎（ガ）は＋花子コト＋好きだ］＋ト＋言った」（文主語≠補文主語）の両様の解釈が可能。同様に、「太郎（ガ）は花子ガ好きだト言った」も、ⓒ「太郎（ガ）は＋［~~太郎ガ~~＋花子ガ＋好きだ］（文主語＝補文主語）＋ト＋言った」と、ⓓ「（誰かガ＋）［太郎（ガ）は＋花子ガ＋好きだ］＋ト＋言った」（文主語≠補文主語）の両様の解釈が可能。
②間接引用文：「Aガ＋［B｛コト／φ｝（対格）］＋［C（ダ）＋ト］＋｛言う／思う｝」
例えば「太郎（ガ）は＋［この猫コト］＋［泥棒猫だ＋ト］＋言った」や、「おれ（~~ガ~~）は＋［やつコト］＋［犯人だ＋ト］＋思った」というような構文で、間接引用的な言表や思考の内容を表す。
※直接引用文①の被伝達節（補文）の主語を取り出して、伝達節（主文（主節））の目的語に置いたのが間接引用文②という関係にある。
①「Aガ＋［［B｛ガ／φ｝（主格）＋C（ダ）］＋ト］＋｛言う／思う｝」
②「Aガ＋［B｛コト／φ｝（対格）］＋［C（ダ）＋ト］＋｛言う／思う｝」
①の例：「おれ（~~ガ~~）は＋［［やつガ＋犯人だ］＋ト］＋思った」
②の例：「おれ（~~ガ~~）は＋［やつコト］＋［犯人だ＋ト］＋思った」
補：生物名詞主語の「名詞文」「状態詞文」「形容詞文」「自動詞文」などは殆ど間接引用文②の構文に入れるが、主語の他に（１つ以上の）補足語をもつ構造が複雑な文―例えば「二項自動文（～ガ＋～ニ＋（会う）」・「他動詞文（～ガ＋～コト＋他動詞）」・「二項所動詞文（～ガニ＋～ガ＋二項所動詞）」など―は、（個人的には「コト目的語をもつ他動詞文」を除き可能だと思うが、人によって）自然さに問題があるようである（下記の文頭の「○」は言える、「×」は言えない、「？」は変）。

無生物主語の文は主文(主節)の目的語になっても対格助詞「コト」がとれないので、形のうえからは①と区別が付かない。「おれは富士山をきれいだと思う」と言おうとしても「おれは＋富士山φ＋きれいだ＋ト＋思う」としか言えないので、「おれは富士山がきれいだと思う」の主格助詞のゼロ形態の「おれは＋富士山φ＋きれいだ＋ト＋思う」と同じになってしまう。

○「太郎は＋花子コト＋きれいだ＋ト＋思った」
○「花子は＋この猫コト＋かわいい＋ト＋言った」
○「おれは＋あの子コト＋気立てガ＋いい＋ト＋思ってた」
○「誰かガ＋あの人コト＋うらおもてガ＋ある＋ト＋言っていた」
○「おれは＋隣の猫コト＋(今も)生きてる＋ト＋思ってた」 ココマデハ問題ガナイ。
○／?／×「母親は＋子どもコト＋(まだ学校から)帰って来ない＋ト＋言っていた」
○／?／×「花子ガ＋太郎コト＋次郎ニ＋会ってた＋ト＋言った」←「太郎ガ＋次郎ニ＋会ってた」
?／×「誰かガ＋花子コト＋猫コト＋抱いてた＋ト＋言った」←「花子ガ＋猫コト＋抱いてた」
○／?／×「誰かガ＋太郎コト＋何かφ＋探してた＋ト＋言った」←「太郎ガ＋何かφ＋探してた」
○／?／×「おれは＋雀コト＋猫ガ＋見えてない＋ト＋思った」←「雀ガニ＋猫ガ＋見えてない」

関連して、「誰かガ[太郎ガ花子コト好きだ]ト言った」を「誰かガ＋[太郎コト]＋[[花子コト＋好きだ]＋ト]＋言った」とすると殆ど非文と判断されるが、「誰かガ[太郎ガ花子ガ好きだ]ト言った」を「誰かガ＋[太郎コト]＋[[花子ガ＋好きだ]＋ト]＋言った」とすると後半の例文同様に認容可能とする話者がある。なお、「誰かガ[花子ガ太郎コト好きだ]ト言った」の補文成分のかき混ぜscramblingによる(同形で主客が逆の)「誰かガ[太郎コト花子ガ好きだ]ト言った」は問題がない。

③「(A(ガ)は＋)[B{ガ／φ}主格＋C(ダ)]＋ト＋しる(する)」(上記①に相当する形)
「(A(ガ)は＋)[B{コト／φ}対格＋C(ダ)]＋ト＋しる(する)」(上記②に相当する形)
例えば「あの男(B){ガ／φ}＋犯人(C)＋ト＋したら…」や、「あの男(B){コト／φ}＋犯人(C)＋ト＋したら…」)の形で、「(「BがCである」〜「BをCである」) と考える、〜と決める、〜とする」という判断内容を表す。

文末部に用いられて、他人の言表を驚きや非難の語気を込めて、引用するときに用いられることが非常に多い。

／あすこ・の　せがれ・わ　おや・こ˥と　つかまいて　ばか˥・だ・と・よー↓／
(あそこの息子は親のことを「馬鹿」だと言ったそうだよ。「あそこの息子(ガ)は＋[親コト]＋[馬鹿だ＋ト]＋言った」という間接引用の文構造。「親コト捕まえて」≒「親のことを」)

※言表内容の引用は、引用の格助詞「って/Qte¯/」を用いた／って(⌒ゆー¯) Qte ('juʀ)／や引用の助動詞／っつー¯ Qcuʀ／、／ってー¯ Qteʀ／で表現されることが多く、格助詞「と/to¯/」の使用は多くはない。⇒／って Qte／(格助詞)、／っつー¯ Qcuʀ／・／ってー¯ Qteʀ／(助動詞)参照。同様に、思考内容の／と(⌒おもー˥) to ('omoʀ˥)／も、／ともー˥ tomoʀ˥)と縮約され、格助詞単独の「と/to¯/」はあまり現れない。⇒／ともー˥ tomoʀ˥／(助動詞)参照。

※アクセント核のない平板型の動詞・形容詞の終止形に付く場合に下がらないで発音されるのがふつうだが、下がって付く発音も聞かれ、現実には二様の発音が併存している。

※平安時代末の『類聚名義抄』(四種声点付和訓集成1974笠間書院)のアクセントが共同格・随伴格の「と」は「上[高]」で引用格の「と」は「平[低]」であることから、語源を異にすることが知られる。金田一春彦『四座講式の研究』(1964三省堂)p440ではアクセントから、引用の「と」は指示副詞の「と」から転来したものと推定している。なお、そこでは、「…となる」の「と」は「…といふ」の「と」と語源が同じであると考えられる、との指摘もなされている。

※通説に従って「格助詞(引用格)」としているが、接続や機能などから考えて「副助詞(引用)」とすべきではないかと考えるが、とりあえず保留。

と[4] ／to／ (接続助詞)

前件が後件に対して何らか前提となるような接続を表す。

／なん˥・か　あん˥・と　こまっ˥・から　ゆっとく・け˥ど→／
(何かあると困るから言っておくけど…)

→「(何か)ある＋と」が「(何か)あっ＋と」ではなく「(何か)あん＋と」となっていることに注意。

※動詞語尾が「＝る/-ru/」で終わる形式(ラ行五段・上下一段・カ変・サ変)が接続助詞「と」と結合するときは、撥音化して「＝ん/ɴ/」となるのがふつうであるが、改まると「＝る/-ru/」に回帰するので、古典語に見られる二形共存のいわゆる「音便」と同種のものと見なせる変化である。

※「＝る/-ru/」が接続助詞「と/to/」との結合で撥音化して「＝ん/ɴ/」となることに関しては、(他地域では促音化して「＝っ/-Q/」となっているように)音声学的には促音化が合理的で、また実際に接続助詞「から/kara/」「け(ん)ど/ke(ɴ)do/」の前ではそうなっているのに、「と/to/」の前で撥音化する (つまり鼻音化する)音声学的理由が通時的にも共時的にもない。動詞語尾「＝る/-ru/」の音便現象としては、(前記の)カ行音で始まる諸形式と一部の音便化しない諸形式の前を除き、例えば「やる・とる・…」が付属語「ぞ・のに・だんべー・…」や付属形式「べー・めー・…」の前で「やん・とん・…」となるように、撥音化して「＝ん/ɴ/」となるのが一般的で多数派なので、個的に多数派へ類推変化したと考えるしかないと思われる。

どい˥ ／doi˥／ (連体詞)

どういう。不定称の状態指示の連体詞。名詞に先立つが、代名助詞(準体助詞)「の」にも先立つ。
／どい⌉⌒こと　ゆわいたって　しゃーろ⌉んか↓／(どういうことを言われても仕方がない。)
※「どういう」の短縮形に基づく。／doʀ'juʀ→doʀ'ju→doʀ'ɪ→doi／と転訛したもの。

どい⌉つ ／doi⌉cu／ (代名詞)
不定人称代名詞／だれ⌉ dare⌉／や不定指示代名詞／どれ⌉ dore⌉／の卑称に相当する形式。多くの場合、人物(時に生物)を指しては／どい⌉つ／(≒「だれ」)が、事物を指しては／どれ⌉つ／(≒「どれ」)が使われる。従って、／どい⌉つ・も　こいつ・も／は前者、／どれ⌉つ・も　これつ・も／は後者の意味になるのがふつう。／わる⌉さ⌒した・の　どい⌉つ・だ↓／(悪戯したのは誰だ。)

どい⌉な ／doi⌉na／ (連体詞)
「どういうふうな」の訛語。
／どい⌉な⌒こと　ゆったって　わかんね⌉⌒やろ・だ↓／
(どんなことを言っても分からない男だ。)

どい⌉に ／doi⌉ni／ (副詞)
「どういうふうに」の訛語。
／どい⌉に　やったら　いー⌉・ん・だ↓／ (どういうふうにやったらいいのだ。)

とー⌉ ／toʀ⌉／ ［十］(数詞)
十。助詞を伴わず副詞的に続くときは／とー¯ toʀ／となる。
／とー⌉・まで、とー⌉・も　ある、とー⌉・の⌒うち、とー⌒ある⌉⌒うち／。

どー⌉ ／doʀ⌉／ (指示副詞)
不定称の指示副詞。どう。／あれ　どー⌉⌒した↓／、／あれ　どー⌉⌒なった↓／(あれは…)。

とーい¯～とい¯ ／toʀ'ɪ～toi／ ［遠い］(形容詞)
遠い。基準点は位格の／に¯ ni／が中立的で、起点の／から¯ kara／や着点の／まで⌉ made⌉／を使うと基準点と(離心的／求心的)方向性の意味が加わる。
／えき⌉・に　とーい　うち／(駅に遠い家)、／えき⌉・{から／まで}　とーい　うち／。
※終止＝連体形には語幹を短呼した／とい¯ toi／という形がしばしば観察される。

とーか⌉まち ／toʀka⌉maci／ ［十日待ち］(名詞)
旧暦の10月10日に行われた、農家の祝い事。次項に同じ。／とーか⌉んや toʀka⌉ɴ'ja／とも言った。
※この方言では、「祭り」を「まち」ということはないが、「お日待ち」やこの「十日待ち」などの「待ち」は「祭り」に通じるものであろうか。

とーか⌉んや ／toʀka⌉ɴ'ja／ ［十日夜］(名詞)
旧暦の10月10日に行われた、農家の祝い事。前項に同じ。／とーか⌉まち toʀka⌉maci／とも言った。

とーく=⌉ ／toʀku=⌉／ ［遠く］(名詞)
遠い場所。／とーい¯ toʀ'ɪ／の連用形／とーく¯ toʀku／からの派生名詞。
／とーく・の・ひと⌉／(遠くの人)、／とーく・ま⌉で　とずく⌉／(遠くまで届く)、
／とーく⌉　いった／(遠くへ行った［移動動詞の前で格助詞はφがふつう］)。

どーしょー・も⌒ね⌉ー ／doʀsjoʀ mo ne⌉ʀ／ (連語形容詞)
どうしようもない。他に対処の方法もなくもう手に負えない。
※改まれば／どーしょー・も⌒な⌉い doʀ-sjoʀ mo na⌉i／となる。確否形は／どーしょー・も⌒あろ⌉んか／、否定推量形は／どーしょー・も⌒あんめ⌉ー／と補充形式を用いるのは否定形容詞の「ない」一般と同じである。
※第２音節は拗長音に発音し、２音節に割って／どーしよー・も⌒ね⌉ー doʀ-si'joʀ mo ne⌉ʀ／と発音することは日常語としてはない。⇒／しゃー⌒ね⌉ー sjaʀ ne⌉ʀ／参照。
※疑問副詞「どう」＋サ変動詞志向形「しよう」は、／どー⌉⌒しよー doʀ⌉ si'joʀ／と発音される。
※「どうしようもない」には、「どうし」すなわち「どうする」という関係と、「しようもない」という二様の関係が共通の「し」を介して掛詞的に重複して存在している。つまり意味的には、副詞「どう」は複合語「しよう(仕様)」を修飾し(あるいは「しよう(仕様)」の「し」を修飾し)、「しよう(仕様)」自体は名詞的に後続する語句にかかっているという関係になっている。しかし、副詞「どう」が、名詞「しよう(仕様)」を修飾したり、複合語の一部をなす造語成分の「し」を修飾したりすること(＝名詞や名詞の造語成分(「しよう(仕様)」の「し」)が副詞を受けること)は、異例に属する。なお、「どう」はアクセントから見て共時的には複合語の一部になっていることに注意。
(一種の「兼語式」で、論語「有朋自遠方来」の「有朋」×「朋自遠方来」→「(有［朋］自遠方来]」参照。)

どー・って⌒こと⌒ね⌉ー ／doʀ Qte koto ne⌉ʀ／ (連語形容詞)
特定の対象について、特に問題にするほどのことではない、という判断を表す。
「あんな{もん／やつ／こと／の}＋／どー・って⌒こと⌒ね⌉ー／」というのが基本的な表現型。
この場合、不定称の指示語／どー⌉ doʀ⌉／は／どー・って doʀ Qte／と平板型に発音されるのがふつう。類意の表現に／なん・て⌒こと⌒ね⌉ー／がある。
※アクセントは／どー・って⌒こと⌉⌒ねー／も聞かれる。

とーなす⌉ ／toʀnasu⌉／ (名詞)
カボチャ。「唐」(外来のもの)＋「なす/nasu⌉/(茄子)」という語構成。
※／とーなす⌉ toʀnasu⌉／(尾高型A)のアクセントに対応する東京語のアクセント法則的対応形は、

「中二高型」の[*トーナ⌉ス]だが、実際の東京語は「頭高型」の[ト⌉ーナス]で対応していない。

とーなすっかぶ⌉り ／toʀnasu⌉Qkabu⌉ri／（名詞）

ほおかぶり。てぬぐいを頭から被り、あごの所で結ぶ被り方。後ろに寄せて前が出るかぶり方。

とーば¯ ／toʀba／［塔婆］（名詞）

卒塔婆。死者供養のために墓石の側に立てる経文や梵字真言などを書き込んだ板製のものを言う。「卒塔婆[sotoba]」は[ba]の両唇調音が母音間で緩んで接近音化（半母音化）して／そとわ¯ soto'wa／[sotowa]と変化したが、「塔婆[to:ba]」の[ba]が変化していないのは、短母音ではなく長母音の後という音声的条件が、両唇調音の弱化を妨げたのかもしれない。⇒／そとわ¯ soto'wa／参照

※一般に、「卒塔婆」は古代インドの雅語であるサンスクリットの「stūpa[stu:pʌ]」、「塔婆」はその俗語、例えばパーリ語の「thūpa [tʻu:pʌ]」の音写語（借用語）と考えられているが、「塔」自体がそれら釈尊の墳墓に起源する記念施設の音写字として作られたと言われている。なお、「塔/tʻɑp/」は、字音の音節頭音（声母）が中古漢語で無声有気音（次清音）であるから、サンスクリットの語形ではなく、語頭に無声有気音をもつ（例えば「thūpa [tʻu:pʌ]」（や「thūp [tʻu:p]」）のような）俗語形を借用元とすると考えなければならない。また、「stūpa[stu:pʌ]」や「thūpa [tʻu:pʌ]」と音写字「塔」の字音/tʻɑp/とでは、音声的に原語音「tūp(thūp)」と借用音「tʻɑp」とで、音節主音（主母音）の音価に[u:]と[ɑ]のように、違いがありすぎることが、（一般には問題にされていなかったように思われるが、私的には）長いこと疑問であった。なお、「塔」の字音は、音符の「荅」が/tʌp/で、同じ単語家族の「答」が/tʌp/であることからすると、古くは/tʻɑp/でなく/*tʻʌp/であった（cf.「一等重韻」）と推定できそうなので、「*tʻʌp」と「tūp(thūp)」との相違として考えることにする。この疑問は、音節末音（韻尾）が唇内入声音/-p/であることに注目すると、解決できるようである。それは、中古漢語では、奥舌円唇母音である[u][o][ɔ]は音節末音（韻尾）が喉音（軟口蓋音）の[-k, -ŋ]の前にしか現れないこと、すなわち、[-uk][-ok][-ɔk]（音韻論的には/-ʌuk(-ʌq)//-ɑuk(-ɑq)//-auk(-aq)/）の音結合のみが許されていて、[-up][-op][-ɔp]（や[-ut][-ot][-ɔt]）が存在しなかったから、[tʻup]の形は音韻的にあり得ないので、奥舌円唇母音[u]を音節主音とする[tʻup]に近似する音として（中古漢語の話者には把えられたと思われる）奥舌平唇母音[ʌ]を音節主音とする[*tʻʌp]（→[tʻɑp]）の形でしか、借用されるほかなかったからと考えれば説明がつくと思われる。なお、/-ʌuk(-ʌq)/[-uk]と/ʌp/[ʌp]は音韻論的に主母音が同一と仮定されることに注意（/-ʌuk(-ʌq)/は主母音/-ʌ-/と音節末音（韻尾）/-uk(-q)/とに分析される）。「塔」へ至る過程は次のように推定される（途中に西域諸語の語形を介している可能性が指摘されている）。

stūpa[stu:pʌ]（雅語）→ thūpa[tʻu:pʌ]（俗語）→ thūp[tʻu:p]（西域諸語）→ 塔[*tʻʌp→tʻɑp]

他に、同様の音韻的制約から説明できるものとして、最澄の「阿耨多羅三藐三菩提[アノクタラサンミャクサンボダイ]の仏たち我が立つ杣に冥加があらせたまへ（新古1920）」の和歌でも知られる「阿耨多羅三藐三菩提（無上正等正覚）」の「阿耨多羅（アノクタラ）」がある。この語は、サンスクリットの「anuttara[ʌnuttʌrʌ]」を「阿耨多羅」/ʔɑ-nɑuk(nɑq)-tɑ-lɑ/[ʔɑ-nok-tɑ-lɑ]と音写したものであるが、これも（「奥舌円唇母音＋舌内入声」の[ut]を韻母とする）音節「nut」が中古漢語に欠けているために、「耨/nɑuk(nɑq)/[nok]」のような（「奥舌円唇母音＋喉内入声」の/ɑuk/[ok]を韻母とする）音節「nok」で代用しているものと考えられる。ここにも中古漢語における音韻としての奥舌円唇母音の欠如の問題が影を落としていると考えられる。この項の中古漢語の音韻に関しては、平山久雄「中古漢語の音韻」（『中国文化叢書１言語』1967大修館）や藤堂明保『中国語音韻論』（1957江南書院）など参照。

とーみ¯ ／toʀmi／［唐箕］（名詞）

「穀物の実/mi¯/」の「籾（籾米）/momi¯/」と、そのほかの、実の不出来な／しな¯ sina／（粃（しいな））や、「殻/kara=⌉/」の／すくも¯ sukumo／（＝「籾殻（籾糠）/momiŋara¯/」）などを、手回しの風車で選び分ける農具。玄米と籾殻などを選別する道具。唐箕。

とか ／to⌉ka／（並立助詞）

／AとかBとか A toka B toka／の形で、非限定的列挙を表す。

※「これナンカ　どう？」の意味で、「これトカ　どう？」と言うのは、新しい言い方。

どかす¯ ／dokasu／［退かす］（他動詞サ行五段）

（人や物が）占有している場所からそれを移動させてその場所を空ける。

とき=⌉ ／toki=⌉／［時］（名詞）

①物事や出来事の展開（「生起（初め）—中—消滅（終わり）」）において感じ取られる有界的な一つながりの流れ（の感覚）を、空間的・線状的布置に置き換えて、捉え返したもの。時間。

／とき⌉⌒たつ・の　はや⌉く⌒なってる↓／（（年を取って）時が経つのが速くなっている。）

②時間的な展開の局面としての時刻や時点などを表す。

／いった⌒と⌉き・わ　げん⌉き・だった↓／（（あの人は）訪ねたときは元気だった。）

③時間的な展開の局面としての状況や場合などを表す。

／あめ⌉・も　とき・に⌉　よら⌉ー↓／（雨も時によって恵みにも災いにもなる。）

※連体詞「この、その、あの」との結合形は／こん⌒と⌉き（～とき⌉）、そん⌒と⌉き（～とき⌉）、あん⌒と⌉き（～とき⌉）／となり、分節音やアクセントに結合的な変異が生じる。

※高度成長期以後の世代の話者の一部に「～したことがある」（経験）を「～したときがある」というの

を聞くが、かつては耳にしたことのない言い方である。なお、この背景には「こと」と「とき」の何らかの近さ—出来事と時間の把え方の近さ—があるように思われる。なお、「もの」と「ところ」とにも別の意味で近さがあるようである。

ときこー¯ ／tokikoʀ／（斎講）［名詞］
念仏講の別名。法事の時の食事(「とき(斎)」)に因む命名。⇒／ねんぶつこー¯ neɴbucukoʀ／参照。

＝とく～＝どく ／-toku ～-doku／（拡張接尾辞。カ行五段）
能動詞(主として他動詞)に付いて、「行為の結果の残存を目的として予めその行為を行う」ことを表す。／あした⌉・まで　よん⌉どけ↓／（あしたまでに読んでおけ。）
※対応する所動詞(変化動詞)をもつ他動詞、例えば／mise⌉ 'aketoku／(店を開けておく)などでは、「(いついつ)made ni ～」(期限—処置)と、「(いついつ)made ～」(期間—設置)が分化しているが、一般の単なる対象目的語をとる他動詞、例えば／hoɴ 'joɴ⌉doku／(本を読んでおく)や／sikudai 'jaQtoku／(宿題をやっておく)などでは、／'asita⌉ made 'joɴ⌉doke↓／は「明日 made ni 読んでおけ。」(期限)の意味で十分文法的で、／'asita⌉ made ni 'joɴ⌉doke↓／と併行して使われている。これはこれらの動詞では「(いついつ)madeずっと～」(期間)の読みが／-tok-u／の意味と矛盾して排除されるためと思われる。なお、／made／は／made ni／も表せるが、その逆は成り立たないことに注意。
※時間のマデ・マデニのマデは時間の線分的な把握(開始限界—[延長～持続]—終了限界)の終了限界を表すが、マデは終了限界に至る[延長～持続]に、マデニは[延長～持続]の終了限界に、共通語同様意味の重点が置かれる表現であるが、方言ではマデがマデニの意味範囲も場合によって表現できる点が共通語と違っている。
※平板型の動詞(例えば「置く/'oku¯/」)からのテ形・タ形のアクセントには、／おいといて¯、おいといた¯／(平板型)の他に、／おいとい⌉て、おいとい⌉た／(中高型)という形が観察される。特に戦後世代では後者の中高型の形がふつうになっている。なお、連語形の「～て⁀おく」のテ形・タ形においても、平板型の／おいて⁀おいて¯、おいて⁀おいた¯／の他に、／おいて⁀おい⌉て、おいて⁀おい⌉た／のような中高型の祖形となる形が観察される。(念のため、単独の「置く」(本動詞)のテ形・タ形には／おいて¯、おいた¯／(平板型)しか現れないことにも注意。)

とぐ⌉ ／toŋu⌉／［研ぐ］(他動詞ガ行五段)
①金属を磨いて余分なものを取り去って、先端を鋭くしたり、表面の凹凸を取ったりする。
／といし・で　ながた⌉な　とい⌉といた toi⌉toita↓／（砥石で包丁を研いでおいた。）
②米を水で洗って余分なものを取り去る。
／こめ⌉　とい⌉ちゃった toi⌉cjaQta・よ↓／(米はもう研いでしまったよ。)

どく¯ ／doku／［退く］(自動詞カ行五段)
(人が)占有している場所から移動してその場所を空ける。

どくだめ¯ ／dokudame／（名詞）
ドクダミ。戦前生まれの人は／どくだみ¯ dokudami／でなくこちらの形を使っていた。

とくほん¯ ／tokuhoɴ／（名詞）
消炎鎮痛の貼り薬一般を、草加とその周辺地域ではこう呼ぶ人が多い。⇒／あんまこー¯／参照。
※昭和初年に草加に鈴木日本堂(現「トクホン」)の工場が作られて以後、この地域では消炎鎮痛の貼り薬一般をただ／とくほん¯ tokuhoɴ／と言う人が多かった。製品名が普通名詞化したもの。

どけ⌉ ／doke⌉／（場所代名詞「どこ」と方向格助詞「イ」との融合形）
→／どこ⌉ doko⌉／(不定称指示場所代名詞)

どけ⌉ら ／doke⌉ra／（場所代名詞）
[指示されるべき漠然としたχなる場所]どの辺、どの辺り。戦後世代は／どこ⌉いら doko⌉ira／と言う。「辺り」を明示した形が／どけらへん¯ dokeraheɴ／(平板型アクセント)。戦後世代は／どこいらへん¯ dokoiraheɴ／(平板型アクセント)と言う。戦前世代の／どけ⌉ら doke⌉ra／より戦後世代の／どこ⌉いら¯ doko⌉ira／の方が古形(回帰形)である。
※「{どこいら／どこいらへん}に財布を落としたの？」と「{どこら／どこらへん}に財布を落としたの？」の違いを、この２語を持つ話者(複数)に聞いたところ、共通して、前者は後者に比べて場所とその範囲の限定性がより漠然としているように感じるということであった。
⇒／こけら¯ kokera／(場所代名詞)の注(※)を参照。

どける¯ ／dokeru／［退ける］(自動詞・他動詞カ行下一段)
①自動詞：(人が)占有している場所から移動してその場所を空ける。
／じゃま・ん・なっ⌉・から　そこ　どけろ⌉↓／(邪魔だから他に移ってそこを空けろ。)
②他動詞：(人や物が)占有している場所からそれを移動させてその場所を空ける。
／じゃま・ん・なっ⌉・から　それ　どけとけ⌉↓／(邪魔だからそれを他に移しておけ。)
※／どける¯ dokeru／は本来は②の他動詞で、自動詞／どく¯ doku／の他動詞形と思われる。他動詞主語が自分を目的語とするような心理的構えにおいて、自動詞用法①が成立したのではないかと思われる。①と②の曖昧性(両義性)を回避するために新たに他動詞／どかす¯ dokasu／が作られたものと思われる。
※いわゆる自他の有対動詞はふつう所動詞inactive verbと能動activeの他動詞の対をなしているが、

この例では所動詞ではなく、能動の自動詞と能動の他動詞の絡み合った対をなしている。
／どく¯ doku／(自動詞)　　　　　：／どける¯ dokeru／(他動詞②)
／どける¯ dokeru／(自動詞①)　　：／どかす¯ dokasu／(他動詞)

どこ⏋／doko˥／(場所代名詞)
[指示されるべきはっきりしたχなる場所]どこ。
※方向の格助詞「イ」との結合は融合して／どけ⏋doke˥／と言う。この形は「方向」と「位置」とを表すが、存在の「ある」とは共起しない(「ニ＋ある」)。戦後世代は分析的に／どこ⏋・い doko˥'i／という。／どけ⏋　わすいて⌒きた⏋・ん・だ↓／(どこに忘れて来たのだ。)
※場所代名詞が連体語になるときは、連体助詞「ナ」か「ノ」を介して名詞を修飾する。「ナ」は場所性を明示する機能をもち「〜にある」のような意味を、「ノ」は場所性に関して中立的・一般的な連体関係を表し共通語の「〜の」に相当する。一般的に戦後世代では「の」専用になっている。
／どこ⏋・な　うち／(どこにある家)、／どこ⏋・の　うち／(どこの家)。

とこのま¯／tokonoma／[床の間](名詞)
床の間。(客をもてなしたりする奥座敷の)「出居/deʀ¯/(の座敷)」にあるのがふつうだったと言う。逆に、「床の間」がある座敷が「出居(の座敷)」だとも言っていた。

とこや¯／toko'ja／[床屋](名詞)
理髪店。

とこやせん¯／toko'jasen／[床屋銭](名詞)
理髪料金(の昔からの言い方)。／とこやだい¯ toko'jadai／(床屋代)は新しい言い方。

とこん¯／tokon／[所](名詞・形式名詞)
①空間における有界的な広がりとしての場所を表す。
／いきたい　とこ⏋ん(・に)　いったら⏋⌒いー↓／(行きたい所に行けばいい。)
／せんせ⏋・ん⌒とこん(・に)　あすび⏋⌒いった↓／(先生の所(≒先生の家)に遊びに行った。)
②出来事の時間的な展開の有界的な局面としての状況や場合などを表す。
／いま⏋　やる　とこ⏋ん・だ↓／(今やるところだ。直前局面[将然相])
／いま⏋　やった　とこ⏋ん・だ↓／(今やったところだ。直後局面[既然相])
／いま⏋　やってる　とこ⏋ん・だ↓／(今やっているところだ。最中局面[進行相])
③全体の中の限定された部分・箇所・事柄を表す。
／そこ・ん⌒とこ⏋ん　よく⏋　わかんね⏋ー↓／(そこのところがよく分からない。)
※「有界的bounded・有界性boundedness」とは、空間的・時間的に「どこからどこまでがそれ」と境界が引かれている状態、はっきりした境目を持って他と分節されているあり方をいう。
※平板型アクセントの連体語を受けるときは／とこ⏋ん toko˥n／ともなるが、／とこん¯／のままで変化しない発音も聞く。
※連体詞「この、その、あの」との結合形は、／こん⌒とこ⏋ん(〜とこん¯)、そん⌒とこ⏋ん(〜とこん¯)、あん⌒とこ⏋ん(〜とこん¯)／となり、分節音やアクセントに結合的な変異が生じる。
／そん⌒とこん　どー⏋・に・か　なんね⏋ー・か↓／(そこをどうにかならないか。)
※場所代名詞と結合して場所性を強調した表現を作る。
／ここ・ん⌒とこ⏋ん(〜とこん¯)、そこ・ん⌒とこ⏋ん(〜とこん¯)、あすく・ん⌒とこ⏋ん(〜とこん¯)〜あすこ・ん⌒とこ⏋ん(〜とこん¯)／

どこ⏋ん／doko˥n／(副助詞)
動詞・形容詞の終止＝連体形、名詞・状態詞を承けて準体助詞的に、直後の否定を明示する繋合詞(断定の助動詞)の否定形と結合して、言外の対極的事柄・事態に対比して、ある事柄・事態を否定的に取り上げて述べる。
／いそがし⏋くて　いま⏋・わ　おちゃ・どこ⏋ん・じゃ　ねー⏋・よ↓／
(忙しくて今はお茶どころではない。)

どこ⏋ん・か／doko˥n ka／(副助詞連語)
後件の対極的な事柄・事態に対比して、前件の事柄・事態を否定的に取り上げて述べる。
①前件・後件が事態で後件が肯定形の場合は、「逆接」を表す。
／おこらいる・どこ⏋ん・か　ほめらい⏋た↓／(怒られるどころかほめられた。)
／あやまる・どこ⏋ん・か　おこりだしや⏋がった↓／(謝るどころか怒り出した。)
この①のケースでは「怒られないで」「謝らないで」で、次項のような「だけでなく」の意ではない。
／どこ⏋ん／の先行語は明示的に否定されてはいないが、意味的・実質的には否定されている。
②前件・後件が事柄の場合は後件の肯否に関わらず「だけでなくそのうえに」のような「加上」を表す。
／どいつご・どこ⏋ん・か　ろしやご・も(ろしやご・ま⏋で)　はなす⏋／
(ドイツ語どころかロシア語も(まで)話す)
／わりざん・どこ⏋ん・か　かけざ⏋ん・も　まん⏋ぞく・に　できね⏋ー／
(割り算どころか掛け算も満足にできない)
この②のケースでは「だけでなく」の意味になる。

どこ⏋ん・の／doko˥nno／(副助詞＋格助詞連語)
言外の対極的事態に対比して、否定的に取り上げられる事態を内容とする名詞に連体的に続ける。

［ドコン・ノ（＝連体語）＋名詞］の後に、否定を明示する繋合詞（断定の助動詞）の否定形を伴う。
／ゆんべ˥・わ　ねてらいる　どこ˥んの　いた˥さ・じゃ　なか˥った↓／
（昨夜は寝ていられるどころの［歯の］痛さではなかった。）

とさか=˥　／tosaka=˥／（名詞）
（鶏の）とさか（鶏冠）。／とさか=˥／は、山田美妙『日本大辞書』（1892）の「第三上」に対応する形。
※語源的には「と（鳥）＋さか（鶏冠）」という語構成（⇒／とや¯／の項参照）。「さか」自体に「とさか」の意味があった（『二十巻本和名類聚抄』「羽族體」「冠」訓「佐加」）。

とし=˥　／tosi=˥／［年］（名詞）
①年。「元日/gaɴzicu¯/」から「大晦日/'ᴏʀmiso˥ka/」までの一年。
②年齢。誕生年を１歳とし年明けごとに歳を加える「数えで幾つ/kazoi˥ de 'ɪkucu˥/」と、誕生年を０歳とし誕生日ごとに歳を加える「満で幾つ/maɴ˥ de 'ɪkucu˥/」があったが、後者に統一される傾向が年を追って顕著になっている。前者を／かぞい˥どし kazoi˥dosi／（数え年）というが、後者の「丸年（まるどし）」は方言での名称があるかないか、どう言うかなど不明。
／とし˥⌒とる／（年を取る）、／とし・の⌒せー˥・で／（年の所為で）、／はー　とし・な˥・ん・だ・から→／（もう年なのだから…）、／はー　とし˥・みてー・だ↓／（もう年のようだ。）

どじょー¯　／dozjoʀ／（名詞）
どじょう（泥鰌）。親しんで／どじょっこ¯ dozjoQko／とも言う。

どじょっこ¯　／dozjoQko／（名詞）
どじょう（泥鰌）。「どじょう」に指小辞が付いた語形。／どじょー¯ dozjoʀ／とも言う。

とず˥か　／tozu˥ka／［戸塚］（固有名詞・地名）
旧戸塚村（現さいたま市・川口市）の地域名称。
※東京や横浜の「戸塚（とつか）」と第２音節の清濁を異にしている。
※名字の「戸塚」も／とず˥か tozu˥ka／と発音されるが、「戸塚（とつか）」という新住民の名字のアクセントは平板型になっている。

とずく˥　／tozuku˥／［届く］（所動詞カ行五段）
届く。／おめー・げ　てがみ　とずい˥てる↓／（おまえに手紙が届いている。）
※「届く」の中世前期頃までの古形「とづく」の残存形。他動詞は／どずける˥ tozukeru˥／（届ける）。

とずける˥　／tozukeru˥／［届ける］（他動詞カ行下一段）
届ける。／こども・げ　みやげ　とずけ˥⌒いった↓／（子どもに土産を届けに行った。）
※移動動詞が目的とする行為は、（「届けニ行く」ではなく）「届けφ行く」のように助詞を使わない。

とっかる¯〜とっか˥る　／toQkaru〜toQka˥ru／（所動詞ラ行五段）
（ほかのものと）替わる、入れ替わる。取り替わる。

とっけす¯〜とっけ˥す　／toQkesu〜toQke˥su／（他動詞サ行五段）
一度贈与や売買によって他人の手に渡ったものを再度自分の手許に取り戻す。取り返す。

とっけっこ¯〜とっけっこ˥　／toQkeQko〜toQkeQko˥／（動作名詞）
互いに持ち物を交換し合う。取り替えっこ。
／それつ・と　これつ　｜　とっけっこ　しんべ˥・よ↓／（それとこれを取り替えっこしよう。）

とっける¯〜とっけ˥る　／toQkeru〜toQke˥ru／（他動詞カ行下一段）
（ほかのものと）替える、交換する。取り替える。

どっ˥ち〜どっち˥　／doQ˥ci〜doQci˥／（疑問指示代名詞）
二つの候補の中から一つのものを選択する「二者択一」の疑問指示代名詞。どっち、どちら。

とっちめる˥　／toQcimeru˥／（他動詞マ行下一段）
懲らしめる。ひどい目にあわせる。／こんだ˥　あった˥ら　とっちめ˥て⌒やんべー↓／（今度会ったらとっちめてやろう。）語構成は、「取り＋締める（/simeru˥/）」→「取っ締める（/toQ-cimeru˥/）」。

とっ˥ちゃん　／toQ˥cjaɴ／（名詞）
父親の親称。対になる語は／かー˥ちゃん kaʀ˥cjaɴ／。
※当事者（家族）では言及・呼びかけが可能。第三者（他人）では言及のみ可能。

どっ˥ちん　ばっ˥ちん、どっ˥ち・が　よーか˥んべ。いしゃさま¯　たの˥んで　みて˥　もらえ。
／doQ˥ciɴ baQ˥ciɴ doQ˥ci ŋa 'joʀka˥ɴbe. 'ɪsjasama tano˥ɴde mite˥ mora'ɪ ↓／（唱え歌）
※どちらかを選択するときに口にする唱え歌。「どっちにしようかな。神様の言うとおり」の類。大正生まれの女性から聞いた。

とっつぁま˥〜とっつぁん¯　／toQcama˥〜toQcaɴ／（名詞）
父親の敬称。他人の父親について言うことが多い。
／あすく・の　とっつぁま˥・わ　がん˥こ・だ↓／（あそこの家の父親は頑固だ。）

とっ˥と　／toQ˥to／（名詞）
「鳥。特に、鶏」の幼児語。

どっと˥っと　／doQto˥Qto／（副詞）
水の勢いよく流れる様子。／どっと˥っと／＋「水が流れる」
※／どー˥どーと doʀ˥doʀ to／に比べて勢いよく弾みのついた水の流れ方を表す。
※語根は／doQ／だが、促音の後に濁音が立てないという音韻制約のために重複語形の第二成分が

／toQ／となったものである。／*doQ˥doQ to／→／doQto˥Q to／。

とっぱずす¯ ／toQpazusu／（他動詞サ行五段）
固定されているものをそこから引き離す。取り外す。

どてら¯ ／dotera／（名詞）
綿入れの着物。

どてらわ˥た ／dotera'wa˥ta／（名詞）
前項の／どてら¯ dotera／の／わた=˥ 'wata=˥／（綿）。

どどもいろ¯ ／dodomo'ɪro／（名詞）
冷たい水に長くつかっていたときの唇の色が／どどもいろ¯／である。
※「どども」＋「色」という語構成だが、「どども」の意味を一部の方言話者は分からないと答える。方言話者によっては「どども」とは「桑の実」のことだと答える。近隣の処々に「桑の実」という意味の「どどめ」とその派生語「どどめいろ」があるので、原義が「（熟した）桑の実色」というのは動かない。

どなりっこ˥ ／donariQko˥／（名詞・動作名詞）
どなり合い、口げんか。

どなる˥ ／donaru˥／（自動詞・他動詞ラ行五段）
①（自動詞）大声を出す。／なん˥か　どなって˥やがる↓／
②（他動詞）大声で怒る（大声で叱る）。／なん˥で・だ・か　おれ・こ˥と　どなりや˥がった↓／
※派生動詞に、／どなり˥ちらす／（辺りかまわずどなる）や、／どなり˥つける／（激しく一方的にどなる）などがある。いずれも複合語の接合部にアクセント核がある。

となん¯（～となり¯） ／tonaɴ（～tonari）／［隣］（名詞）
①横（左右）に隣接する場所。②横（左右）に隣接する家とそこに住む家族。
※縦（前後）に隣接する家は「隣の家/tonaɴ no ci¯/」ではなく、「表の家/'omote no ci¯/」「裏の家/'ura no ci¯/」、「前の家/meʀ˥ no ci/」「後ろの家/'usiro no ci¯/」と呼ばれた。
／となん・の⌒ち¯／（隣家）。／となん・に　とずけ˥た／（隣家に届けた）。
／さっき　となん・で　きた˥・よ↓／（さっき隣の家の人が来た。）
※地名や位置関係を表す名詞がそこに住む人や家族を指称する（いわば）集合名詞として用いられ、その名詞句が主語に立つときは格助詞／で de／で表示される。
※／となん・の⌒{ち¯／ち˥}／（隣の家）、のような／となん・の～／という音便形からできたもの。単独でも使われるのは例のとおり。／となり¯ tonari／はないわけではないが影が薄い。

とねり=˥～とねり¯ ／toneri=˥～toneri／［舎人］（固有名詞・地名）
隣接する東京都足立区の地名。戦後まもなくの世代までは、／とねり˥⌒いく、とねり・で˥⌒きてる、とねり・の⌒しんる˥い／（舎人に行く、舎人で来ている（＝舎人の親戚の人が来ている）、舎人の親類）のように東京語の尾高型に対応する「尾高型Ｂ」で発音されるのがふつうだった。３拍体言第４類の語によく見られるアクセントで、現在の東京語の「頭高型」や「平板型」にはアクセント的には対応していない。江戸時代には用排水管理の地縁的共同体の川口・草加の一部を含む「舎人領」の本村と位置づけられ、また、日光街道から足立区竹の塚で分かれて川口市赤山の赤山陣屋に達する赤山街道の唯一の宿駅であったこと、明治８年に東京府編入までは埼玉県であったことなど、人的に物流的に川口・草加地域とは結びつきのある土地であった。

どの˥ ／dono˥／（指示連体詞）
個別的な指示（指定）の不定称の指示連体詞。統語的異形態に、「時/toki/」「所/tokoɴ/」「中/naka/」や「畜生/cikisjoʀ/」の前の／どん˥ koɴ˥／、「奴/'jacu/」「野郎/'jaroʀ/」の前の／どね˥ done˥／がある。

とば¯ ／toba／（名詞）
調理用の刃物。菜切り包丁。菜刀。包丁。
※／なきりぼー˥ちょー nakiriboʀ˥cjoʀ／（菜切り包丁）とも言う。
／ながた˥な～ながた˥ん～ながた˥ naŋata˥na～naŋata˥ɴ～naŋata˥／とも言う。

どばし¯～どば˥し ／dobasi～doba˥si／［土橋］（名詞）
木橋の上の部分に土をかけてならして覆った橋。土橋。⇒／いしばし¯ 'ɪsibasɪ／（石橋）を参照。

とばっくち¯ ／tobaQkuci／（名詞）
①入り口。上がり口。端近。反対語は／おく˥ 'oku˥／（奥）。②土間の入り口。上がり口。
※／あがりっぱな¯ 'aŋariQpana／と同じだと言う話者があるが、／あがりっぱな¯ 'aŋariQpana／は、土間に入ってすぐの「小縁」（やそれに続く「座敷」の部屋）のこともいうようで、入り口、特に土間の入り口をいう／とばっくち¯ tobaQkuci／とは語義を異にするようである。
※「とば=」と、『物類称呼』の「○外のことを…常陸及奥州にて○とはと云…とは　とは外端（とは）にて　そとのはしといふ意歟」の「とは」との関連は、意味や音形に（微妙な）相違があり、不明。なお、前田勇編『江戸語大辞典』（1974講談社）などには「家の戸口・出入り口」の意の「とばくち」「とぼくち」が出典・用例をもって示されており、さらに、秋永一枝編『東京弁辞典』（東京堂出版2004）にも「入り口。はじめ」の「とばくち」が立項されており、語誌的に江戸語の「とばくち」「とぼくち」および東京語の「とばくち」に連なることは明らかである。

とぶ¯ ／tobu／［飛ぶ・跳ぶ］（自動詞・所動詞バ行五段）
①（速い速度で）空中を移動する。飛ぶ。

自動詞：／とり・が　とんで⌒{った／きた⌉}↓／(鳥が飛んで{行った／来た}。)
所動詞：／ばけつ・が　とんで⌒{った／きた⌉}↓／([大風で]バケツが飛んで{行った／来た}。)
②足で地面を蹴って地上を水平や上下の方向に速い速度で移動する。飛ぶ。跳ぶ。
自動詞：／こども・が　とんで⌒{った／きた⌉}↓／
([元気に]子どもが飛んで(≒走って){行った／来た}。)
／こども・が　{ほり⌉／とびばこ}　とんでる↓／
(子どもが{用水堀／跳び箱}を跳び越えている。移動の経由格は無助詞表示)。
※②の「飛ぶ・跳ぶ/tobu¯/」は、その動作が、後ろ足(利き足)が地面を蹴って、前足だけでなく後ろ足も瞬間的に地面を離れて空中を移動することになるところを、①「飛ぶ/obu¯/」と見立てたものであろうと考えられる。なお、(②とした)人間や犬猫など生得的に飛行能力を持たない生物を主語とする、移動動詞との連語形の「とんで行く」「とんで来る」や「とんで帰る」などは、①の「飛ぶ」の隠喩的表現とも考えられる余地があり、②と①には微妙なところがある。

どぶ¯ ／dobu／（名詞）
雨水や汚れた水がよどんで流れる溝をいう。

とぶくろ¯ ／tobukuro／［戸袋］(名詞)
戸袋。

どぶった¯ ／dobuQta／（名詞）
雨水や汚れた水が溜まった水はけが悪く水が抜けない田。

どま=⌉ ／doma=⌉／［土間］(名詞)
板敷きされていない、土を叩き固めただけの部屋で、外部から履き物のまま直接出入りされた。農家では、仕事場としての機能と台所としての機能を兼ね持っていた。

ともー⌉ ～ ともう⌉ ／tomoʀ⌉ ～ tomu'u⌉／（助動詞。ワ行五段）
思惟内容をなす先行形式を受けて、そういう内容を思考するという、不定人称者の(断定的)思惟判断を表す。と思う。
／やつ⌉・の⌒こった↓｜　きっと　きね⌉ー・ともー↓／(奴のことだ。きっと来ないと思う。)

ともらい¯～ともれー¯ ／tomorai～tomoreʀ／（名詞）
葬式。
※「とむらい(弔い)」の第１音節の奥舌母音に後続の中舌寄りの奥舌母音が順行的に母音同化した形。第１音節の奥舌(非前舌)母音に後続する奥舌(非前舌)母音が順行的に母音同化することはこの方言ではよく見られる変化である。
「ふろしき（風呂敷)」→／ふるしき¯ hurusiki／、「うそ（嘘)」→／うす⌉ 'usu⌉／など。
※逆に、第１音節が両唇子音をもつ奥舌(非前舌)母音は、後続する奥舌(非前舌)母音に逆行同化するのが普通で、次のような例がある。
「むろ(室)」→／もろ=⌉ moro=⌉／、「ぶち込む」(→「ぶっこむ」)→／ぼっこむ⌉ boQkomu⌉／など。

ども⌉り ／domo⌉ri／（名詞）
ことばがつかえて滑らかに言えない人。
※「どもり」の真似をして「どもる」と「どもり」になるという俗信があった。

どもる⌉ ／domoru⌉／（自動詞ラ行五段）
ことばが滑らかに言えないで語音をつかえたりくり返したりすること。

とや¯ ／to'ja／（名詞）
鳥(特に、鶏)の毛の抜け替わり。
※「とや」は本来「と(鳥)＋や(屋)」で「鳥のねぐら」の意味で、羽が生え替わる時にここにこもるところから上記の意味になったと考えられる。

とり¯ ／tori／［鳥］(名詞)
①鳥。②特に、鶏。／とり⌒かって⌉る／(鳥を飼っている)と言えば「鶏」のことである。
※「鶏」は／にわっとり¯～にやっとり¯ ni'waQtori～ni'jaQtori／と言うのがふつう。
※雀など小さい鳥を呼び寄せるときにも、犬・猫のときと同じ「吸着音click」いわゆる「舌打ち音」が[ɿ][ɿɿ][ɿɿɿ]のように使われる。⇒詳しくは／いぬ=⌉／、／ねこ⌉／の項を参照。
※鶏を呼び寄せるときは／ととと¯、とととと¯／などと呼ぶ。

とりー¯ ／toriʀ／［鳥居］(名詞)
鳥居。

とりーつも⌉じ ／toriʀcumo⌉zi／［鳥居旋毛］(名詞)
つむじ(旋毛)が二つ(並んで)あるのを言う。旋毛は/cumuzi¯/とも言うので／とりーつむ⌉じ／もあると思われる。

とり⌉こ⌒とりよ⌉め ／tori⌉ko tori'jo⌉me／（名詞［連語］)
夫婦養子。夫婦が共に養親/'jasinai'o'ja¯/の養子/'joʀsi¯/になること。

とりずかい¯ ／torizukai／［取り使い］(名詞・動作名詞)
稼いだ金を貯めずに残さず使い切ること。収入のままに使い切ること。またそういう生活をいう。

とりっこ⌉ ／toriQko⌉／（名詞・動作名詞）
競走して(争って)取り合うこと。

とる˥ ／toru˥／［取る］（他動詞ラ行五段）
手に取る。
※語源は「手te」の被覆形「ta-」の母音交替形「tö-」を語基とする派生動詞「töru」と思われる。
類例に「目më」の被覆形「ma-」の母音交替形「*mö-」を語基とする派生動詞「moru」（守る）がある。

どれ˥～どい˥ ／dore˥～doi˥／（指示代名詞）
三つ以上の候補の中から一つのものを選択する「多者択一」の不定指示代名詞。どれ。
※二者択一の時は／どっ˥ち doQ˥ci／を使う。
※候補が決められない（不定・未定）ときは「どれ」は使えない。そのときは／なに˥ nani˥／を使う。

どれ˥つ ／dore˥cu／（指示代名詞）
どの物。どれ。／どれ˥ dore˥／と／どい˥つ doi˥cu／の混淆形。／どれ˥つ／は事物を、／どい˥つ／は人物（時に生物）を指して使われることが多い。／どれ˥つ・も　これつ・も／（どれもこれも）。

どろ=˥ ／doro=˥／（名詞）
①（総称としての）土。「泥・土」未分で、湿っていても乾いていてもよい。意味的には共通語の「泥」と「土」を併せたものに対応し、共通語の「泥」とは意味範囲が異なる。
②（特に水分を含んだ湿った）泥。
／どろ˥⌒こねる／（泥をこねる）、／どろあそ˥び～どろあす˥び／（泥んこ遊び）。
③泥になってぬかるんでいること。
／どろみ˥ち doromi˥ci／（泥道）、／どろった¯ doroQta／（泥の田）。
※ふつう単語としての「つち（土）」は使わないが、共通語的場面では「乾いた土」を／つち=˥ cuci=˥／と言うことはある。また、複合語の成分としては、①「乾いた土」の／あかつち¯／（赤土）、／くろつち¯／（黒土）、／つちぼこ˥り／（土埃）、さらに②「水を含んだ泥」の／つちっぱね¯～ちちっぱね¯／（泥跳ね）、／へなつち¯～ひなつち¯～へなちち¯～ひなちち¯／（粘土）のように、／つち～ちち／（土）が見出される。なお、この方言では造語成分の「つち」も「どろ」と同じく「土＋泥」を意味していることに注意。
※／つちっぱね¯／（泥跳ね）や／へなつち¯／（粘土）の用例から、方言に即すれば、通時的に、「土」が「泥」をも意味した未分の体系（A）から、その下位範疇として「泥土（どろつち）」があるような体系（B）、さらに「土」と「泥」が対立する（東京語のような）体系（C）を経て、方言の「泥」専用の体系（D）に至ったというような語彙体系の変遷の可能性が考えられる。「どろつち」は用例が『日本国語大辞典』（小学館）に「四河入海（17Ｃ前）」とあり語としての存在が確認される。語構成から見て「どろつち」は、溶けて粘り気のある様子の「（とろとろ―語頭音有声化→）どろどろ」の語根「どろ」と「土」の複合語だから、「泥」の語源もその辺と考えられる。

どろあす˥び～どろあそ˥び ／doro'asu˥bi～doro'aso˥bi／（動作名詞）
泥んこ遊び。泥遊び。／どろ=˥／の②の意味。

どろった¯ ／doroQta／［泥っ田］（名詞）
泥深い田。泥田。／どろ=˥／の③の意味。

どろぼー¯ ／doroboʀ／［泥棒］（名詞・動作名詞）
泥棒。戦前世代では／ぬすっと˥ nusuQto˥／とも言う。⇒／のら˥ぼ nora˥bo／を参照。
※「のら」《野原・田畑》（／のらいぬ¯、のらねこ¯／（のら犬、のら猫））をもととして、近世語の「のらもの～のら＝」《定職なく遊び暮らす者》（俚語／のら˥ぼ／に残る）ができ、更に［nora］の語頭鼻音が非鼻音化して［dora］となって、「どらもの～どら＝」《怠け者で放蕩する者》（／どらむす˥こ、どらむす˥め／（どら息子、どら娘））ができ、更に［dora］が［doro］と音転し、意味も《放蕩・無頼の者》から《盗人》の意味に転じた語ではないかと思われる。［n-→d-］という語頭鼻音の非鼻音化は、「のく→どく」（退く）にも例がある。なお、『物類称呼』に「方外なる物を関東にて○だうらくと云　大坂にて○どろばうと云…又どろばうとは東国にては盗賊を云」とあり、また、前田勇『上方語源辞典』（1965東京堂）の「どろぼー」の項に「のらくら者。怠け者。東京語「どろぼう」（盗人）の西漸と共に廃語となる。」とあり、また、前田勇『江戸語大辞典』（1974講談社）の「どろぼう」の項に「①いかさま師。ぺてん師。②盗人。盗賊」とあるので、「どろぼう」は必ずしも「物盗り・盗人」が原義ではなく、上記のように、《盗人》の「どろぼう」は、先行する《放蕩・無頼の者》の「どろぼう」からの転義ではないかと（十分確かではないが）思われる。

どろぼー˥ぐさ ／doroboʀ˥ŋusa／（名詞）
実が衣服に付く草を言う。植物図鑑によると「イノコズチ」を言うようである。

どろぼっけ˥～どろぼっけ¯ ／doroboQke˥～doroboQke／（名詞）
泥だらけ（土だらけ）。泥まみれ（土まみれ）。／どろ=˥／の①の「泥・土」未分の意味。
／どろぼっけ˥・ん⌒なって　あすんでる↓／（［子どもが］泥だらけになって遊んでいる。）

どろみ˥ち ／doromi˥ci／［泥道］（名詞）
（雨の後などの）ぬかるんだ道。泥道。／どろ=˥／の③の意味。

＝どん～＝とん ／-doɴ～-toɴ／（敬称・親称接尾辞）
屋号や屋号化した人名に付いて軽度の敬意や親しみの気持ちを添える。固定的で生産的ではない。
／へーやどん¯／（灰屋どん）、／へー˥べーどん／（平兵衛どん）、／とーきっとん¯／（藤吉どん）

とんがらかす˥ ／toɴŋarakasu˥／（他動詞サ行五段）

（ことさらに）先を細く鋭くする［＋有意性］。次々項よりも有意性が際立つ他動的動作を表す。
とんがら˥し ／tonŋara˥si／（名詞）
①唐辛子。②「内弁慶の子ども」※をいうか。由来や理由は不明。
※内弁慶の子を、／うち・の　めー˥・の　はだかりぼー　よそ˥　いっちゃ　とんがら˥し／（家の前のはだかり坊（＝通せん坊をする子）、他所へ行っては唐辛子）、と言って囃したという。
とんがらせる˥ ／tonŋaraseru˥／（／とんがる˥ tonŋaru˥／の他動詞に相当する使役動詞・サ行下一段［特殊］）
先を細く鋭くする。テ形・タ形が／とんがらして˥、とんがらした˥／、チャ（ー）形・チャウ形が／とんがらっしゃ˥（ー）、とんがらっしゃ˥う／の他は下一段に働く（この活用型は使役動詞のもの）。／ぼー・わ　さきっぽ　｛とんがらした˥ら／とんがらせん˥・と｝　あぶねー↓／（棒は先を｛尖らせたら／尖らせると｝危ない。）次項・前々項参照。
とんがる˥ ／tonŋaru˥／［尖る］（所動詞ラ行五段）
①先が細く鋭くなる。尖る。②（口をとがらせて）不機嫌な様子をする、怒る。前項など参照。
どんげる˥ ／donŋeru˥／（自動詞ラ行五段）
後ろにひっくり返ること。戦前世代のことば。／どんげった˥／（後ろにひっくり返った）。反対の動作、前にひっくり返ることを／でんぐる˥がる denŋuru˥ŋaru／と言うという。
※『全国方言辞典』（東京堂1967）に「どんがえる（動）倒れる。愛知」「どんげる（動）転ぶ。愛知県碧海郡」、『日本方言大辞典』（小学館1989）に「どーがえる［胴返］（動）①あおむけに寝そべる。新潟県佐渡…③転ぶ。倒れる。《どんがえる》愛知県海部郡《どんげる》愛知県愛知郡…」とある語彙項目が、形態と意味からこの／どんげる˥ donŋeru˥／に関連があると思われる。
どん˥な ／don˥na／（指示連体詞・指示副詞）
不定称の状態指示の連体詞・副詞。どんな、どんなに。「どんな慰めも」「どんな慰めたって」のように連体詞・副詞の両様がある。「奴/'jacu/」「野郎/'jaror/」の前で／どん˥ね don˥ne／となる。
とんぼ¯ ／tonbo／［蜻蛉］（名詞）
トンボ。トンボの幼虫は／やご˥ 'jaŋo˥／と言う。
※／あか˥とんぼ 'aka˥tonbo／や／すみ˥とんぼ sumi˥tonbo／などアクセント核が複合語の接合部にあるのが戦前世代の発音で、／あかと˥んぼ 'akato˥nbo／や／すみと˥んぼ sumito˥nbo／と複合語の後部成分の初頭音節に核が移動しているのが戦後世代の発音である。
※「とんぼ」は、「飛ぶ」の継続相動詞（いわゆるハ行延言）の「飛ばふ」の連用形名詞「飛ばひ」のウ音便形「とばう」の古い時代の濁音の前の鼻的入りわたり（バ行鼻濁音）が発達して、「とんばう（『日葡辞書』にtonbǒ）」→「とんぼー」→「とんぼ」と変化してできたものと推定される。アクセント法則的にも問題がない。
とんもろ˥こし ／tonmoro˥kosi／（名詞）
トウモロコシ。
※幼児期には／とんもこ˥ろし tonmoko˥rosi／のような音位転換metathesis 形がよく聞かれる。

な[1] ／na／（連体格助詞・準体助詞）
①場所性の無生物類名詞に付いて、位置・所在を表す（「所在格」）。連用格（「位格」）の／に ni／に対応する。
／ここ・な　いし˥　じゃま・だ˥・よ・な˥↓／（ここの石は邪魔だよな。）
／ここ・な˥・の・より　もこー・な˥・の・が　いー↓／（ここのより向こうのがいい。）
②場所性の無生物類名詞に付いて、位置・所在を表す準体助詞。
／ここ・な˥・より　もこー・な˥・が　いー↓／（ここのより向こうのがいい。）
※戦後世代では、例えば／もこー・な˥⌒ち／（母屋の向かいにある建物）のような固有名詞的なものを除きほとんど聞かれない。
な[2] ／na／（連体格助詞［属性表示］）
①状態詞に付いて、連体修飾機能を付与する。連用修飾機能を付与する／に ni／に対応する。
／きれ˥ー・な　はな=˥／（きれいな花）
②連体節の述語的・叙述的な状態詞・属性特徴名詞に付いて、連体修飾機能を付与する。
／き・の˥⌒さき・に　はね　きれ˥ー・な　とり　とまってる↓／
（木の先に羽がきれいな鳥が止まっている。）
／おれ・が　まー˥だ　こども・な　ころ˥・の　こった˥・けど→／
（俺がまだ子どもの頃のことだけど…）
な[3] ／na／（繋合詞［いわゆる断定の助動詞］）
繋合詞（断定の助動詞）／だ da／の補充連体形。
準体助詞／の no／や接続助詞／の˥に no˥ni／／˥んで ˥nde／の前に現れる。
／びょーき・な˥・のに　いごい˥て　いー˥・の・かい↑／
（病気なのに動いていいのかい。）

※名詞・状態詞に付く点で前項／な[2] na／の②に近いが、②は名詞については、その実体に特徴的な属性に注目できる名詞(属性特徴名詞)だけに付くいわば特殊な用法で分布も限られているのに反し、この補充 suppletive 連体形は状態詞だけでなくすべての名詞と共起可能な点で異なる。

な[4] ／na／（終助詞）
文を終止する形式に付いて、
①第一人称者(話し手)の感動を表す。
②第一人称者(話し手)の、第二人称者(聞き手)に対する念押しを表す。
※「念押し」は、情報の共有を前提に念押しがなされること、「告知」は、情報の不共有を前提として告知がなされること、に注意。従って、例えば「行く＋よ＋な」という、「告知」＋「念押し」の形は、告知された情報の共有を前提にして念押しがなされていることに注意。
※男性の物言いでも助動詞／だ da／抜きが普通に聞かれる。
／あいつ　まー˥だ　こども・φ・な˥ー↓／（あいつはまだ子どもだなあ。）
※アクセント核がある先行語句に付いた場合、通常はアクセント核が抑圧されるが、しばしばアクセント核がある形が現れる。その場合には長呼形／な˥ー／となることも多い。
※呼びかけ・念押しの感動詞(間投詞)の／な˥ー～なー˥ na˥ʀ～naʀ˥／と意味的・機能的に近い。

＝な[1] ／-na／（統語接尾辞［学校文法では終助詞］）
能動詞連用形に付いて、第一人称者(話し手)の、動作主(為手)としての待遇上自己より上位にない第二人称者(聞き手)に対する親しみのある命令を表す。
／もー　すこ˥し　まちな˥・よ↓／（もう少し待ちなよ。）

＝な[2] ／-na／（統語接尾辞［学校文法では終助詞］）
能動詞終止形に付いて、第一人称者(話し手)の、動作主(為手)としての待遇上自己より上位にない第二人称者(聞き手)に対する敬意を含まない禁止(否定命令)を表す。
／みったね˥ー・から　なくな˥・よ↓／（みっともないから泣くなよ。）

ない˥～ねー˥ ／nai˥～neʀ˥／［無い］（形容詞）
→／ねー˥～ない˥ neʀ˥～nai˥／（形容詞）

＝ない～＝ねー(～＝ね) ／-nai ～-neʀ（～-ne）／（否定の拡張接尾辞［学校文法的に助動詞］・形容詞型）
→／＝ねー(～＝ね)～＝ない -neʀ（～-ne） ～-nai／（否定の拡張接尾辞・形容詞型）

なう˥～なー˥ ／na'u˥～naʀ˥／［綯う］（他動詞ワ行五段）
わらをより合わせて一本の縄にする。／なわ˥⁀なう／（縄をなう)。
※「わらを綯って縄を作る」のに、素材の「わら」を目的語にした「わらφ綯う」とは殆ど言わず、製品の「縄」を目的語にした「縄φ綯う」と専ら言うのは、「綯う」が製作他動詞として結果目的語をとったもので、それはこの製作行為が製品自体に意味・目的があるからであろう。

な⁀うち¯～な⁀ち¯ ／na 'uci～na ci／（［所在格「な」＋名詞「うち(家)」］の連語）
／もこー・な⁀うち¯～もこー・な⁀ち¯／(向こうにある家)など。
⇒／うち¯ 'uci／(家)の項を参照。

なか˥ ／naka˥／（名詞）
相反する両極間の、いずれにも属さない部分。中。
※「［＋極］←［中］→［－極］」という関係態をなしている。「中」は、論理的には、(「男」と「女」のような)「矛盾」関係においては存在しない。(「上」と「下」、「前」と「後ろ」のような)「反対」関係において、いずれでもない(「上」でも「下」でもない)のが「中」である。「中心」を／まんなか¯ maɴnaka／と言うが、「真ん中」は両端が確定しないと決まらない。こういう関係構造をもったのが「なか」である。「中」を反対関係にあるものの中間者・媒介者と把え直し、関係規定的な「中心」を物象化し自存視して、「うち—そと」(当事項—第三項)(cf.「we—they」)という分節に基づく「うち(内)」に近づけて、意味的に混用(混乱)したりもしている。
※連体詞「この、その、あの」との結合形は、／こん⁀なか˥、そん⁀なか˥、あん⁀なか˥／となる。
／こん⁀なか˥・に　なん˥・か　いる↓／(この中に何か居る。)

なが˥い～なげ˥ー ／naŋa˥i～naŋe˥ʀ／（形容詞）
線的延長を持つものの一方の端点からもう一方の端点までの距離が大きい。長い。反対語は／みじか˥い～みじけ˥ー mizika˥i～mizike˥ʀ／。⇒／たか˥い／(高い)の注(「見かけの二項性」)を参照。

なが˥し ／naŋa˥si／（名詞）
魚の釣り方の一種。流れに沿って釣り針を移動させる釣り方。

ながし=˥ ／naŋasi=˥／（名詞）
台所の洗い場。／ながし・ん⁀とこ˥ん・に　おいて⁀あった˥↓／(流しの所に置いてあった。)

ながしか˥く ／naŋasika˥ku／［長四角］（名詞・状態詞）
長方形。正方形は／ましか˥く masika˥ku／。

ながす˥ ／naŋasu˥／（他動詞サ行五段）
線状的にものを移動させる。流す。

ながた˥～ながた˥な～ながた˥ん ／naŋata˥～naŋata˥na～naŋata˥ɴ／［菜刀］（名詞）
調理用の刃物。菜切り包丁。菜刀。包丁。調理用の刃物の最も一般的な用語だった。
※３形併用する。語源は「菜刀」だから／ながた˥な／が本来の形、それが／ながた˥ん／を経て、

／ながた˥／に変化したもの。／ながた˥／がよく使われていた。

ながっちり˥ ／naŋaQciri˥／（動作名詞）

人の家を訪ねて長く帰らないでいること。長尻。／ながい˥／（長居）とも言う。

なかっつぇ¯ ／nakaQce／［nakattse］（名詞）

兄弟のうちの、中の子ども。／そーりょー¯ sorrjor／（長子）と／しまいっこ¯ simaiQko／（末子）を除いた中の子。男も女も指して言う。⇒／なか˥ naka˥／（中）の項を参照。

※語源は、以前、「なか（中）」＋男きょうだいを意味する古語「せ（背）」（「いもせ」の「せ」）から転じたものと考えたが、この「せ」には女きょうだいの「いも」から見た語（「いも」を基準とした語）であるという大きな難点があり、むしろ『物類称呼』などに「（兄を）東国にて○せなといふ」とあるような「兄」を意味する「せな」との関連を認めて、親族呼称の「末の子基準」による「中の兄（せ）」が語源と考えた方が前の考えよりも難点が少なくてよいと、今は考えている。

※音節/ce/［ʦe］は他に／からっつぇき¯ karaQceki、そらっつぇき¯ soraQceki／しか見つからない。

ながっぽそ˥い～ながっぽせ˥ー ／naŋaQposo˥i～naŋaQpose˥r／（形容詞）

細長い。

※共通語と構成要素の順序が逆。「細長い」とは言わなかった。／にがっぽろ˥い niŋaQporo˥i／（ほろ苦い）も同類。

ながの˥ーじ～ながの˥じ ／naŋano˥rzi～naŋano˥zi／（名詞、時詞）

長い時間、長い期間。⇒／のじ˥ながい nozi˥naŋai／を参照。

／ながの˥ーじ　ある˥った・んで　くたびれ˥た↓／（長く歩いて疲れた。）

／きゅーり˥・わ　ながの˥ーじ　とれ˥っ・から　い˥ー↓／（胡瓜は長い期間取れるからいい。）

※／のじ˥ながく nozi˥naŋaku／とも言う。

／のじ˥ながく　ある˥って　くたびれ˥た↓／（長く歩いて疲れた。）

※「ながノージ」や「ノジながい」の「のーじ～のじ」の語源は、「能持」で、「長く持つこと、長持ちすること」である。『日葡辞書』にnôgiとあり、これを『岩波邦訳日葡辞書』では「能治」とするが、『小学館日本国語大辞典』のように「能持」であろう。「長い期間にわたって作物が枯れないで実る」ことを／ながの˥ーじ　なる˥／ということからも「能持」と考えられる。

なかまいり¯ ／nakama'ıri／（名詞・動作名詞）

①（成人や転入に伴い）新たに集落の一員として集落の集まりなどに参加する資格を認められるための加入手続きをいう。

②集団に新たに加わること一般をいう。

なかまっぱず˥れ ／nakamaQpazu˥re／（名詞）

仲間から外された（外れた）状態。仲間から外すことは、「誰かコト＋／なかまっぱず˥れ／ニ＋しる（する）」といい、仲間から外されることは、「（誰かガ＋）／なかまっぱず˥れ／ニ＋される」、「（誰かガ＋）／なかまっぱず˥れ／ニ＋なる」という。（「する」「される」は/siru¯//sairu¯/が方言本来の形）

なかゆ˥び～なかい˥び ／naka'ju˥bi～naka'ı˥bi／（名詞）

中指。⇒／いび=˥ 'ıbi=˥／（指）を参照。

ながら ／naŋara／（接続助詞）

①動詞連用形、名詞に付いて、接続語（接続節）を構成する。

動作性の形式との結合形は「同時」を、状態性の形式との結合形は「逆接」を表す。

／なき・ながら　けって˥⌒きた↓／（泣きながら帰って来た。）

／しってながら　だまって˥やがった↓／（知っていながら黙っていた。）

／こども・なが˥ら　いっしょけん˥めー・だった・ん・だんべ↓／

（子どもながら一生懸命だったのだろう。）

／ひとごと・なが˥ら　かわいそ˥ー・だった・な˥ー↓／（他人事だけど可哀想だったなあ。）

名詞を受けるなど接続助詞としては異例である。形容詞についた例は見つからない。

②名詞に付いて、「～ノママニ」「～トトモニ」という意味の連用語（副詞的修飾語）を作る。

／なみだ・なが˥ら　はなした˥　こと・が　こー˥・な・ん・だ↓／

（涙ながらに話したことがこうなんだ。）

※職能を異にする動詞不定形（いわゆる連用形）と名詞に付くので付属語と考えるが、共通語に見られる、例えば「この子は小さいながらよくがんばった」や「あの人は真面目ながらもさばけている」という形容詞の終止＝連体形や状態詞（いわゆる形容動詞語幹）に付く用法は実際に聞いたり観察したりしたことがなく、ふつうそうは言わないという話者もあるので、いちおう形容詞や状態詞には付かないとした。

ながれる˥ ／naŋareru˥／（所動詞ラ行下一段）

線状的にものが移動する。流れる。

なきべそ¯ ／nakibeso／（名詞）

今にも泣き出しそうに唇をへの字に曲げた格好をしていること。／べそ˥ beso˥／とも言う。

※動詞表現は／なきべそ¯　かく˥／（泣きべそをかく）と言う。これも／べそ˥　かく˥／とも言う。

なきみそ¯ ／nakimiso／（名詞）

ちょっとしたことですぐに泣く人。泣き虫。

なきりぼー˥ちょー ／nakiriboʀ˥cjoʀ／（名詞）

調理用の刃物。菜切り包丁。

※／とば¯ toba／とも／ながた˥な naŋata˥na／とも言うという。相互の異同の有無は不明。

なく¯ ／naku／（自動詞カ行五段）

①人が「泣く」。②人以外の生物(動物・鳥・虫)が「鳴く」。

※人の「泣く」には「泣き声」を典型とし、それに「(悲しみ・喜びの) 涙を流す」が寓せられるが、時に後者の意味が前面に出る。

なく⁀しる¯(する¯) ／naku siru(suru)／ (「なく(補助形容詞連用形)＋サ変動詞」の他動詞相当連語)

補助形容詞連用形「ナク」と(変化動詞「ナル」の他動詞に相当する)「しる(する)」(サ変動詞)との連語形式で、所動詞(いわゆる自動詞)相当連語「なく＋なる」に対する他動詞相当連語である。例えば、本動詞(他動詞)の「痛みをなくす/nakusu/(方法)」に対する、補助形容詞の変化他動詞に相当する連語形式が「痛くなくする/naku suru/(方法)」である。このそれぞれの構文の「なくす」と「なくする」を、*「痛みをなくする/naku suru/(方法)」や?「痛くなくす/nakusu/(方法)」のように交換すると (反省的に)自然な文ではなくなることで両者の違いは明らかである (「痛くなくす/nakusu/(方法)」 については内省と実際が異なる可能性があるが、不自然とする話者(多数)の判断を基に記述する)。さらに、「痛くなくす/nakusu/(方法)」を反省的に変とする話者に関しては、「痛い」→「痛くない」→「[痛くなく]する」という派生関係にあっては、統語関係は「[痛くなく]する」であって「痛く[なくする]」という関係にないことが他動詞「なくす」を使った「痛くなくす」を排除する理由と思われる。また、形態的・意味的に類似する、次項の拡張接尾辞(いわゆる助動詞)の 「＝ない」の派生形式「＝なく⁀しる¯(する¯)」(例えば「道が分からない」→「[道が分からなく]なる」→「[道 φ 分からなく]する」) への類推・牽引などが働いているかもしれない。逆に言えば、この形式は、他動詞の「なくす」と拡張接尾辞の派生形式「＝なく⁀しる(する)」の両者から牽引されているとも言える。

「甘い/'amai¯/」:「甘くする/'amaku¯⁀siru¯(suru¯)/」

＝「甘くない/'amaku¯⁀na˥i/」:「甘くなくする/'amaku¯⁀naku(˥)¯⁀siru¯(suru¯)/」

「辛い/kara˥i/」:「辛くする/kara˥ku⁀siru(suru)/」

＝「辛くない/kara˥ku⁀nai/」:「辛くなくする/kara˥ku⁀naku⁀siru(suru)/」

※「なくする」のアクセントは、「甘くなくする」を例にすれば、／あまく¯⁀な˥い／(「甘く＋ナイ」)から導かれる／あまく¯⁀なく˥⁀しる(する)／(起伏型)と、／あまく¯⁀なく¯⁀しる¯(する¯)／(平板型)の２形がある。前者は前述の統語構造「[甘くなく]する」をより強く反映するアクセントと思われるが、後者については、統語的(文法的)には「[甘くなく]なる」が音声的には「甘く[なくなる]」(平板型)として実現されているのと並行的に、(統語構造とは別に)音声的には「甘く[なくする]」(平板型)として実現されていると言えるかもしれないが、はっきりしない。なお、「する」の可能動詞補充形の「できる」を入れてみると、／あまく¯⁀なく˥⁀できる／としかならない。

＝なく⁀しる¯(する¯) ／-naku siru(suru)／ (「＝なく(否定拡張接尾辞連用形)＋サ変動詞」の連語)

否定的事態への自然的・推移的な変化を表す／＝なく⁀なる˥／(例えば 「漏れナクナル」「分からナクナル」「会わナクナル」)に対応する他動的変化(例えば「漏れナクスル」「分からナクスル」「会わナクスル」)を表す。「ナクナル文」では元の否定文と統語関係の変更は起こらないが、「ナクスル文」では以下のようになり複雑である。

①統語関係に変動をもたらすもの。「ナクナル文」の「ガ格」名詞句が「ナクスル文」では「(生物)コト／(無生物) φ)」名詞句に変わる。一項動詞(所動詞・自動詞)からの派生がふつうで自然度が高く、能格構文をとる二項所動詞文も可能だが、他動詞や複他動詞からは「ナクスル文」を作ることが困難で作っても自然な文にはならず文法的と判断されない。

「水ガ漏れナクナッタ」、「犬ガ鳴かナクナッタ」

:「水 φ 漏れナクシタ」(水を漏れなくした)、「犬コト鳴かナクシタ」((躾けて)犬を鳴かなくした)

「子どもガ学校ニ行かナクナッタ」:「親ガ子どもコト学校ニ行かナクシタ」

([町村合併に反対の同盟罷業で]子どもに学校を休ませた)

「おれガニは道ガ分からナクナッタ」(俺には(行くべき)道が分からなくなった)

:「あいつガおれガニ道 φ 分からナクシタ」(彼(の発言)が俺に(行くべき)道を分からナクシタ)

②統語関係に変動がなく、変化の意味も直接的ではなく「否定節(〜ナイように／〜ナク)＋主節(そのように)スル」というような意味を表すもの。この場合の否定節の主語と主節の主語は同一である。文によっては理解可能だが不自然と判断する話者もある。

「娘 φ は男ニ会わナイようにシタ」→「娘 φ は男ニ会わナクシタ」

「親 φ は娘コト男ニ会わせナイようにシタ」→「親 φ は娘コト男ニ会わせナクシタ」

「飼い主が犬コト鳴かせナイようにシタ」→「飼い主が犬コト鳴かせナクシタ」

「親ガ子どもコト学校ニ行かせナイようにシテル」→「親ガ子どもコト学校ニ行かせナクシテル」

「野良猫ゲ餌 φ 呉れナイようにシテル」→「野良猫ゲ餌 φ 呉れナクシテル」(野良猫に餌を…)

※①も②と同じような、構文的な対応関係があるが、①では否定節(〜ナイように／〜ナク)の主語と主節(〜スル)の主語が異なっている。

「だれかガ[時計ガ鳴らナイように]シタ」→「だれかガ[時計 φ 鳴らナク]シタ」

なくす¯ ／nakusu／(他動詞サ行五段)

なくす。次項／なくなす¯ nakunasu／の共通語化形。
①広い意味で所有している存在物(所有物)を失う。②存在している存在者を存在しなくする。
①／かね¯⌒なくした¯／(金をなくした)、／じしん¯⌒なくした／(自信をなくした)。
②／はたけ・っから¯　くさ˥⌒なくした／((草むしりして)畑から雑草をなくした)。
⇒／なくなす¯ nakunasu／、／なくなる¯ nakunaru／の各項を参照。
※戦前から戦後まもなくの世代では次項の／なくなす¯ nakunasu／(固有形)が使われていたが、主に戦後世代を中心に／なくす¯ nakusu／(共通語化形)が広く使われるようになっている。サ変形式の／なくする¯ nakusuru／の使用はないと思われる(聞いても「変だ、不自然だ」と言う)。
※形容詞の変化他動詞に相当する迂言的形式(＝「形容詞連用形＋しる(する)」)に関して、例えば、「甘い」を例とすれば、「甘い→甘くする」に極的に対応する否定表現は「甘くない→甘くなくする」のように反省的には「甘くなくする」である。「甘くなくす」は可否について不可とする話者(多数)の他に疑問(？)とする話者(少数)があって無いとは言い切れない。

なくなす¯ ／nakunasu／ (他動詞サ行五段)
なくす。前項／なくす¯ nakusu／に対して固有の方言形。
①広い意味で所有している存在物(所有物)を失う。②存在している存在者を存在しなくする。
①／かね¯⌒なくなした¯／ (金をなくした)、／しん˥しょー⌒なくなした¯／(財産をなくした)。
②／はたけ・っから¯　くさ˥⌒なくなした／((草むしりして)畑から雑草をなくした)。
⇒／なくす¯ nakusu／、／なくなる¯ nakunaru／の各項を参照。
※／なくなす¯ nakunasu／と／なくす¯ nakusu／が共存する話者では、／なくす¯ nakusu／が目的語の具体性・抽象性に関してニュートラルであるのに比べて、／なくなす¯ nakunasu／は、目的語に関して、「お金/'okane¯/」や「財布/saihu¯/」などの具体的なものや、「財産/zai˥saɴ/」や「身上/siɴ˥sjoʀ/」などの抽象的なものでも土地や家屋などの具体的な裏付けとなるものを持つものが目的語の場合には坐りがよく感じられ、一方「やる気」や「自信」などの具体的な裏付けとなるものを欠く抽象的なものが目的語の場合には坐りがよくなく感じられる。このように、方言形の／なくなす¯ nakunasu／と共通語化形の／なくす¯ nakusu／には、目的語に関して[＋具体的]と[±具体的]という微妙な意味的・用法的な違いが感じられる。これは、「(壁に)ぶっつく」と「(壁に)ぶつかる」、「(頭が)やっこい」と「(頭が)やわらかい」などに見られる、方言形式の [＋具体的]と共通語化形式の[±具体的](つまり共通語化形は抽象的意味でも使いうる)という一般的傾向に通じる意味差と考えられる。
※(語基-r-u：語基-s-u＝自動詞(所動詞)：他動詞という)形態的に整合する／なくなる¯ nakunaru／の他動詞である。「なくなす」は、通時的(語源的)には「無く＋為(な)す」だが、共時的には自動詞「なくなる」の他動詞であって、共時的には「無く＋為(な)す」という語構成意識は存在しない。このことは形容詞から他動詞的連語を形成する「*良くなす」や「*濃くなす」が型として存在しないことからも明らかである。
※形容詞の変化他動詞に相当する迂言的形式(＝「形容詞連用形＋しる(する)」)に、例えば、「甘い」を例とすれば、「甘い→甘くする」に極的に対応する否定の「甘くない→甘くなくする」の「甘くなくする」を「甘くなくなす」と言うことはない。

なくなる¯ ／nakunaru／ (所動詞ラ行五段)
なくなる。他動詞／なくなす¯ nakunasu／に対する所動詞(一般的にはいわゆる自動詞)。
①広い意味で所有していた存在物(所有物)が失われる。②存在した存在者が存在しなくなる。
①／かね¯⌒なくなった¯／ (金がなくなった)、／じしん¯⌒なくなった¯／(自信がなくなった)。
②／はたけ・に¯　くさ˥⌒なくなった／((草むしりした結果)畑に雑草がなくなった)。
①と②を別立てにするのは、①が所有文(能格構文)の「主語{ガニ／ニ}＋目的語ガ＋{ある／ない}」(例えば「おれガニ金ガ{ある／ない}」)に、②が存在文(存在構文)の「場所補足語ニ＋主語ガ＋{ある／ない}」(例えば「畑ニ草ガ{ある／ない}」)に関連する派生形式という違いがあるからである。
⇒／なくなす¯ nakunasu／、／なくす¯ nakusu／の各項を参照。
※語源的には「無く＋なる」だが、(例えば「財布から金φなくなった」≠「財布から金φなくワなった(けど)」のように、上記の意味では)間に助詞が介入できないこと、また全体が一語の無核型の平板型アクセントを示していることから明らかなように形態的・意味的に一語化している。他動詞形／なくなす¯ nakunasu／も一語化を反映する派生形式である。

なく⌒なる˥ ／-naku naru˥／ (「なく(補助形容詞連用形)＋なる(自・所動詞ラ行五段)」の所動詞相当連語)
補助形容詞連用形「ナク」と変化動詞「ナル」の連語形式で、自動詞・所動詞相当連語である。補助形容詞「ない」の他動詞相当形式の「なく・しる(する)」の、「甘い」:「甘くする」＝「甘くない」:「[甘くなく]する」の対応関係から考えて、補助形容詞「ない」の自動詞(所動詞)相当形式の「なく・なる」の相互関係も、「甘い」:「甘くなる」＝「甘くない」:「[甘くなく]なる」であって、「甘くなくなる」は、「甘く[なくなる]」ではなくて「[甘くなく]なる」であると考えられるので、連語とする。
「甘い/'amai¯/」:「甘くなる/'amaku¯⌒naru˥/」
＝「甘くない/'amaku¯⌒na˥i/」:「甘くなくなる/'amaku¯⌒naku¯⌒naru˥/」
「辛い/kara˥i/」:「辛くなる/kara˥ku⌒naru/」
＝「辛くない/kara˥ku⌒nai/」:「辛くなくなる/kara˥ku⌒naku⌒naru/」

※「甘い」を例にすると、「なくする」が／あまく¯⌒なく⏋⌒する¯／(起伏型)と／あまく¯⌒なく¯⌒する¯／(平板型)の２形が併存する（cf.「する」の可能動詞補充形の「できる」は／あまく¯⌒なく⏋⌒できる／としかならない)のと違って、「なくなる」のアクセントは／あまく¯⌒なく¯⌒なる¯／(平板型)の１形しかない。／あまく¯⌒な⏋い／から予測される*／あまく¯⌒なく⏋⌒なる／(起伏型)は観察されない。これについては、前述のように統語的(文法的)には「[あまく＋なく]＋なる」だが、音声的実現においては「あまく＋[なく＋なる]」となっているのかもしれない。

＝なく⌒なる⏋／-naku naru˥／(「＝なく(否定拡張接尾辞連用形)＋なる(自動詞・所動詞ラ行五段)」の連語)
否定的事態への自然的・推移的変化を表す。元となる殆どすべての肯定文の統語関係を変えずに派生することができる。存在動詞「ある」は、不存在形容詞「ない」＋「なる」＝「なく⌒なる」が補充形式となっている。
「雨φ降る/huru˥/」→「雨φ降らない/huɴne˥ʀ/」→「雨φ降らなくなる/huɴna˥ku⌒naru/」
「俺のことコト分かる/'wakaru˥/」(おれはおれ(＝自分)のことを分かる(対格助詞ko˥toの特異用法))
→「俺のことコト分からない/'wakaɴne˥ʀ/」→「俺のことコト分からなくなる/'wakaɴna˥ku⌒naru/」
「太郎φは車ニ乗る/noru¯/」
→「太郎φは車ニ乗らない/noraneʀ¯/」→「太郎φは車ニ乗らなくなる/noranaku⌒naru˥/」
「犬ガ猫コト追っかける/'oQkakeru˥/」(犬が猫を追いかける)
→「犬ガ猫コト追っかけない/'oQkakena˥i/」→「犬ガ猫コト追っかけなくなる/'oQkakena˥ku⌒naru/」

なぐら¯／naŋura／（名詞）
接骨医院。／なぐら・い¯　いってる¯／([けがをして]接骨医に通っている)。
※江戸時代広く知られた千住の接骨医「名倉医院」に起源するが、そこから暖簾分けした医師を含めて接骨医一般を指す普通名詞として使われる。千住の名倉家は、越谷大泊の那倉家に起源するという話を聞いた。

なげもち⏋／naŋemoci˥／［投げ餅］(名詞・動作名詞)
上棟式／たてめー¯～たてまい¯ tatemeʀ～tatemai／の時に撒く餅。またその餅を撒くことも言う。餅を投げることは／もちなげ=⏋ mocinaŋe=˥／とも言った。
／むかし・わ　たてめー・ん⌒と⏋き　なげもち⏋⌒した↓／(昔は上棟式のとき餅投げをした。)

なげる⏋／naŋeru˥／（他動詞ガ行下一段）
投げる。派生動詞に／ぶんなげる⏋ buɴnaŋeru˥／（力を入れて強く投げる)。
※埼玉県東北部で「投げることができる」の意味の「ながる」というのを聞いたことがあるが、この地域では聞かない。「だれが一番遠くまでボールφながるか？」

なこー⏋ど／nakoʀ˥do／［仲人］(名詞)
結婚の仲立ちをする人。

なこーど⏋おや／nakoʀdo˥'o'ja／［仲人親］(名詞)
結婚の仲立ちをした人。

なこーど⏋ぐち／nakoʀdo˥ŋuci／［仲人口］(名詞)
仲人が縁談をまとめるために実際以上に良く言うことから、当てにならないことの喩えとされる。

なす⏋／nasu˥／［茄子］(名詞)
茄子(なす)。／なす⏋　はい⏋た／(茄子が生えた)、／なす⏋　なった⏋／(茄子がなった)。

なす⏋／nasu˥／［済す］(他動詞サ行五段)
(借りたものを)返す。／かした　かね　なして⏋⌒くれ↓／（貸したお金を返してくれ。)
※共通語では「なし崩し」(借金を少しずつ返済する→物事を少しずつ済ませていく・徐々に行う)に残っている。

なする¯／nasuru／［擦る］(他動詞ラ行五段)
他のものの表面に押しつけて付着させる。／なすりつける⏋ nasuricukeru˥／は付着を強示した語形。
※／なする¯ nasuru／のアクセントは無核型(平板型)で東京語とは異なる。

なぜくる⏋／nazekuru˥／（他動詞ラ行五段）
くり返し撫でる。／なぜくり⏋まわす～なぜくり⏋まーす／は、全体にくり返し撫でること。
／ねこ⏋・こと　さっき⏋・っから　なぜくり⏋まーしてる↓／(先ほどから猫を撫で回している。)

なぜる⏋／nazeru˥／（他動詞ザ行下一段）
撫でる。最近は／なでる⏋ naderu˥／も多くなってきている。
／ねこ⏋・こと　あたま⏋　なぜ⏋て　やった↓／(猫を頭を(≒猫の頭を)撫でてやった。)
／あたま⏋　なぜらい⏋て　ごろ⏋ごろ　ゆってる↓／（[猫が]頭を撫でられて喉を鳴らしている。)

なた¯／nata／（名詞）
木の枝や竹を切断する、刃が厚く幅の広い刃物。／なたぼちょ¯ natabocjo／とも言う。
※木材を切ったり薪を割ったりする、柄が長く刃の大きな刃物は、／まきわり¯ maki'wari／と言って、／なた¯ nata／とは区別される。⇒／まきわり¯ maki'wari／参照。

なたね⏋／natane˥／［菜種］(名詞)
アブラナの種子。アクセントは(東京方言の中高型に対応する)核の固定した尾高型Aに発音する。

なたぼーちょ¯～なたぼちょ¯／nataboʀcjo～ natabocjo／（名詞）
木の枝や竹を切断する刃が厚く幅の広い刃物。「なた(鉈)」＋「包丁」から。／なた¯ nata／とも言う。

なつ=˥ ／nacu=˥／［夏］(名詞)
夏。暑い季節として夏は把えられている。真夏は／まなつ¯ manacu／。
なっこ˥ ／naQko˥／(名詞)
お手玉。
※『物類称呼』の「石投(いしなご)」に、「江戸にて○手玉といふ　東国にて○石なんご又なつこともいふ」とある語。
なつっこ˥い ／nacuQko˥i／(形容詞)
人に懐きやすい、なれやすい様子。／なつっこ˥い　ねこ˥／((警戒心なく)懐(なつ)いてくる猫)。
なっぱ˥ ／naQpa˥／［菜っ葉］(名詞)
葉を食用とする野菜。葉物野菜。アクセントは、核の固定した尾高型A／○ッ○˥／に発音する。これは、東京語の(促音が後続する)頭高型／○˥ッ○／の(音韻的に条件づけられた)対応形である。
なな=˥ ／nana=˥／(数詞)
七(なな)。／なな˥⌒たす　なな・よ˥り　なな˥⌒かける　なな・の˥⌒ほー・ぱ　おーき˥ー／、
※「七」は、「尾高型B」(／なな=˥ nana=˥／)で発音される。東京語の「頭高型」に対応せず「尾高型」に対応する形になっている。従って、改まっても頭高型の［な˥な na˥na］という発音は全くと言って良いほど聞かれない。アクセント上の振るまいは、格助詞の「の」が続くときに1拍後退して「の」にアクセント核が移るが核が消えないで残る点で、通常の名詞類の尾高型Bと異なり、単独で用言に続くときに語尾にアクセント核が残る点で、尾高型Bの数詞の「二つ、三つ、四つ、六つ、八つ」と違っている。これらの点で、漢語数詞の「一、六、七、八」と同類をなしている。
ななつ˥ ／nanacu˥／(数詞)
七つ。／ななつ˥　ある／(七つある)、／ななつ˥・も　ある／(七つもある)。
ななめ˥ ／naname˥／(名詞)
斜め。／はす¯ hasu／とも言う。両者の違いははっきりせず未考。
※「ななつ(七つ)」と「ななめ(斜め)」は同語源。「七つ」は「割り切れない数」、「斜め」は「(縦・横に)割り切れない向き」。アクセント史的にも『類聚名義抄』で「なな」の部分がともに「平平[低低]」でアクセント法則的に同源性に問題がない。
なに˥～なん˥ ／nani˥～naɴ˥／［何］(①疑問名詞・②疑問副詞)
①何。
※自立語としての／なん˥ naɴ˥／は、ⓐ「歯茎音」(主としてタ行・ダ行・ナ行)で始まる形式の前位置に現れる音韻的に条件づけられた異形態であるが、そのほかにもⓑ形態的に条件づけられて現れる。ⓐは／なん˥・で、なん˥・だ、なん˥・だんべー、なん˥・に、なん˥・の、なん˥・と／など。ⓑは／なん˥・か、なん・かしら¯／など。この他は／なに˥／がふつうである。なお、ⓐの「何になる」には／なん˥・に⌒なる／のほか／なん˥⌒なる／という「ニ」のない形も現れる。東京で聞く「なん・も」という言い方にはひどい違和感があった。
※派生語基として「不定の数量」を表すときは／なん˥= naɴ˥-／という形が後続形態の頭子音に関係なくどの場合も現れる。使用者層など使用状況から、古くは「不定の数量」は／いく˥ 'ɪku˥-／で、「不定の事物」を表す／なに˥ nani˥／と区別があったと思われるが、／なに˥ nani˥／の意味範囲が広がって「不定の数量」をも表すようになったものと思われる。ただし、現在では語基としての／なに=／と／なん=／には、「不定の事物」は／なに=／、「不定の数量」は／なん=／という新たな区別が生じている。例えば「何語」は、「what language」のときは／なにご¯ naniŋo／で、「how many words」のときは／なん˥ご naɴ˥ŋo／となっている。
※「不定の数量」は／いく˥= 'ɪku˥-／とも言うが、現在では／なん˥= naɴ˥-／が多く観察される。例えば降りる駅まで、／あと˥　いく˥えき・だ↑／とも／あと˥　なん˥えき・だ↑／とも聞いたことがある。類例に、／いく˥じ／(幾時)：／なん˥じ／(何時)、／いく˥にん／(幾人)：／なん˥にん／(何人)、／いく˥まい／(幾枚)：／なん˥まい／(何枚)など。後者がふつうになっている。なおついでながら、1970年代のこと東武伊勢崎線の車内で、小学生らしい男の子が降りるまでの駅の数を、「あと幾つ？」ではなく、「あと何個(なんこ)？」と聞いているのに驚いた記憶がある。
※「何」は必ず「名詞」と照応しなければならない。名詞項目情報の欠如を表していて、その情報の充足を求める形になっている。「代名詞」で答えられるときもあるが、その場合は場面から具体物が特定できなければならない。
※いかなる種類の名詞項目に関する情報欠如かは、「なにか食べたいモノ(はないか)」や「なにか知りたいコト(はあるか)」のような相関表現から知られる。他の疑問語・不定語にも、「どこか行きたいトコロ(はないか)」や「いつか帰るトキ(が来る)」、「だれか知らないヒト(だった)」のように、疑問語・不定語と名詞類との相関的表現型が存在している。
②原因・理由（時に、動機・意図）など事態成立の根拠を問う。なぜ、どうして、何で。
／さっき˥・から　なに˥　せき˥⌒してん・だ・よ↓／（先程から何で咳をしているのか。）
※説明体能動詞文に現れる。自他両用動詞などでは目的語か副詞か曖昧になる。
「なに寝てるんだ」や「なに猫コト(＝を)怒ってんの」などでは一義的だが、「今頃なに喜んでるんだ」や「なに怒ってんの」は「何ヲ」か「何デ」か曖昧。
なに¯ ／nani／［何］(不定名詞)

状況(場面と文脈)から類推可能な名詞項目を明示せずに暗示的に(ぼかして[朧化して])示す。
「例の物・例の事・例の人」や、「あの物・あの事・あの人、あれ」などのような意味を表す。
／なに・の⌒こっ・た˥・けど ｜ いー˥・か・な˥ー↓／(例のことだけど、了解か。)
／なに・わ いま˥ どー˥⌒してる↑／(あの男は今どうしている？)
※疑問名詞の「何」は尾高型／なに˥／、不定名詞の「何」はアクセント核のない平板型／なに¯／。

なに˥⌒しー ／nani˥ siʀ／ (連語)
「何をしに」と行為の目的を問うことば。ときに、「なんで、どうして」と行為の理由を問うと考えられる用法のものも見られる。
／ここ・い˥・わ なに˥⌒しー きた˥・ん・だんべ↓／(ここへは何をしに来たのだろう。)
／いしゃ・わ なに˥⌒しー いった・ん˥・だんべ↓／(病院へはどうして行ったのだろう。)

なに˥よ〜なによ˥ ／nani˥'jo〜nani'jo˥／ (感動詞)
／なに˥よ／は軽い問い返し程度、／なによっ˥／は詰問の調子になる。
※語尾の「よ」は、格助詞「を」に由来するものかもしれないが、本方言では一般に日常語的場面では格助詞「を」の使用は見られない。

なの˥はな ／nano˥hana／ [菜の花] (名詞)
アブラナの花。菜の花。

なびる¯ ／nabiru／ (他動詞ラ行五段)
薄く伸びる(粘着性をもった)物を何かの表面になすりつける。／なびった¯、なびんなかった¯／

なべ˥ ／nabe˥／ [鍋] (名詞)
食材を入れて「煮る/niru¯/」ことを典型とする調理器具。米(ご飯)を入れて「炊く/taku¯/」ことを典型とする調理器具は／かま¯ kama／(釜)という。／なべ˥かま nabe˥kama／(鍋釜)という並列複合語の存在や、同じものが視点の違いで「圧力鍋」「圧力釜」と呼ばれている現象などにも注意。
※「鍋で炊いたご飯」を初めて耳にしたときに殊に耳立って響いたのだが、それは、「鍋でご飯を炊くこと」自体が事象として新しいからだけでなく、この表現が「煮る―鍋」「炊く―釜」という調理法と調理器具との単語同士の(社会習慣化している)典型的な結合関係(共起関係)を破っているからでもあると、内省して感じたことがある。周囲に確認しても同様だった。

なみだ˥ ／namida˥／ (名詞)
涙。東京語の頭高型に対応しない。３拍名詞第５類のアクセントはこの型になるものが多い。

なみだっぽろ˥い ／namidaQporo˥i／ (形容詞)
涙を流しやすい。涙もろい。
※「涙もろい」の音転と考えられているが、話者は「涙ぽろぽろ」を連想していて「涙＋ぽろ＋い」のように意識している。「涙もろい」の「涙ぽろぽろ」への牽引形か両語の混淆形かの可能性も考えられるかもしれない。

なめくじ˥ら ／namekuzi˥ra／ (名詞)
なめくじ(蛞蝓)。戦前世代のことば。
※子どものころ、「なめくじら」の後半部を(魚？の)「鯨」と取って随分不思議な感じをもったものだが、方言分布から考えて、「なめくじり」(←なめテくじるモノ※)の変化であると考えられる。
「なめくじり」→「なめくじら」への変化は、類例が「ぼうふり」(「棒振り」が語源)→「ぼうふら」にも見られるものである。
※「なめテくじるモノ」という意味解釈自体は、歴史的には(仮名違いの)「なめくぢり」が先行することから、語源俗解folk etymologyの一種なのかもしれない。『日葡辞書』が「*namecugiri」ではなく、「namecujiri」であることからすると早くからそのように解釈されえたものと推定される。

なめる˥ ／nameru˥／ (他動詞マ行下一段)
①舌(の先)で触れる。
／ねこ˥ おれ・の⌒はし˥ なめ˥た↓／(猫が俺の箸をなめた。)
／ねこ˥ おれ・の⌒て˥ なめ˥た↓／(猫が俺の手をなめた。)
参考までに「俺の箸」と「俺の手」という目的語を二重化した文に言い換えると、以下のようになる。
×／ねこ˥ おれ・こ˥と はし˥ なめ˥た↓／(猫が俺を箸ヲなめた[直訳]。意味は上文に同じ)
○／ねこ˥ おれ・こ˥と てー˥ なめ˥た↓／(猫が俺を手ヲなめた[直訳]。意味は上文に同じ)
後者のみ文法的な文になり、前者は非文になる。これは「俺の箸」と「俺の手」の所有関係の可譲渡か不可譲渡かの違いが「二重化された目的語」構文の成否を文法的に規定するためである。
②舌で触れて味わう。／あめ なめる˥／(飴をなめる)。
③甘く見る。軽く見て馬鹿にする。／おれ・こ˥と なめ˥てる／(俺をなめている)。
※「(何かを)目で見る/miru˥/」「(何かを)耳で聞く/kiku¯/」のような感覚器官と感覚動詞の対応を考えると、東京語の「(何かを)舌で味わう」は、日常語的(方言的)には／べろ˥・で なめる˥／と言うのがふつうの言い方である。少なくとも自然な談話で「味わう/'azi'wa'u˥/」と言うことはない。

なや˥ ／na'ja˥／ [納屋] (名詞)
農機具や収穫物などを納める(内側が土間の)小屋。

なり=˥ ／nari=˥／ (名詞)
身なり。／そんな⌒なり˥⌒して どこ˥⌒いく・ん・だ↓／(そんななりをしてどこへ行くのだ。)

なり⌉たさん ／nari⌉tasaɴ／［成田山］（固有名詞・寺院名）
千葉県成田市にある成田山新勝寺（真言宗智山派大本山）。
※共通語的場面では話者によっては／な⌉りたさん／と発音する。／なり⌉たさん／という発音を、共通語化した若い人たちは人名のようで変だと言うが、古いアクセントが残存したもので、共通語でも古くは［ナ⌉リタサン］と言っていて、このアクセントは今でも「富士山」を共通語で［フ⌉ジサン］（頭高型）と言っているのと同類である。因みに、方言では「富士山」は／ふじ⌉さん／とも／ふじさ⌉ん／とも言っている。
なりてん¯ ／naritɛɴ／（名詞）
ナンテンの木。
なりど⌉し ／narido⌉si／（名詞）
（交互に巡ってくる）果物のよく実る年。
※特定の農作物や果物の収穫の多い年の一般語（上位語）は／あたりどし¯ 'ataridosi／（当たり年）。
なる⌉ ／naru⌉／（自動詞・所動詞ラ行五段）
①変化の結果として成立する。／みー¯⌒なる⌉／（実がなる）、／かき¯⌒なる⌉／（柿が実のる）。
②「名詞・状態詞（・準体助詞）＋格助詞ニ」（補足語）や「形容詞連用形（＝ク）」（修飾語）に付いて、そのものやその状態への変化を表す（「状態詞＋ニ」「準体助詞（ヨー）＋ニ」は学校文法ではそれぞれ「形容動詞」「助動詞」の連用形）。格助詞「ニ」は間に助詞を介さない場合は撥音化して「ン」になる。なお、このような「AがBニナル」は、結果的に「AがBデアル」になる（cf.「（今）その人は医者ニナッテイル」≒「（今）その人は医者デアル」）ので、意味的には「Aが[[B（デアル）]ニナル]」という関係になっていることに注意。⇒／に[1] ni／（格助詞）の③の項を参照。
／おと⌉な・ん⌒なる／（大人になる）、／しず⌉か・ん⌒なる／（静かになる）、
／じき¯　あるく⌉・よ・ん⌒なる／（（直に）歩くようになる）、／あかく¯⌒なる⌉／（赤くなる）。
※東京語では最近、同定（指定）（「AはBダ」）を避けてか「名詞・状態詞（・準体助詞）＋ダ」の代わりに「ニ・ナル」（「AはBニ・ナル」）が、「ご注文の品はこちらになります」のように頻用されるが、このような言い方は母語の方言の表現としては全くなかったので、最初は強い違和を感じた。
※慣用表現「〜てはならない」や「〜なければならない」の「ならない」は、「ならない/naɴɴe⌉ʀ /」より「いけない/'ɪkeneʀ¯/」や「だめ/dame=⌉/」と言うのがふつう。
なわ=⌉〜なあ=⌉〜なー=⌉ ／na'wa=⌉〜na'a=⌉〜naʀ=⌉／［縄］（名詞）
縄。丁寧な一続きの発音では／なわ⌉⌒なう／（縄を綯う）となるが、ぞんざいな発音では／なー⌉⌒なー／となる。「縄にする」の「縄に」のように助詞が続くと／なわ・に⌉〜なあ・に⌉〜なー・に⌉／のようにアクセント核が1拍後退するが、「縄みたいに見える」のように準体助詞（学校文法では助動詞語幹）「みたい」が続くと、／なわ⌉・みてー〜なあ⌉・みてー〜なー⌉・みてー／のように後退が阻止され、「縄の結び目」のように連体助詞「の」が付くと／なわ・の¯〜なあ・の¯〜なー・の¯／のようにアクセント核が消えて平板型になる。
⇒／なう⌉〜なー⌉ na'u⌉〜naʀ⌉／（綯う）の項を参照。
なん⌉〜なに⌉ ／naɴ⌉〜nani⌉／［何］（①疑問名詞・②疑問副詞）
→／なに⌉〜なん⌉ nani⌉〜naɴ⌉／（何）
なん⌉・か ／naɴ⌉ ka／［何か］（連語）
①不定の事物を指す。／なん⌉・か　してる／（何かしている）、／なん⌉・か　ある⌉／（何かある）。／なん⌉・か　やる⌒こと　ねー⌉・か↓／（何かすることはないか。）、／なん⌉・か　くー⌉⌒もん・わ　ねー⌉・か↑／（何か食うものはないか。）
②／A・か⌒なん⌉・か／の形で、「A」の同類の不特定な事物を指し、「A」に特定化するのを避ける朧化の表現形式。全体で名詞句相当の働きをし、後に格助詞や繋合詞（断定の助動詞）を伴う。「（格助詞の）φ形式」や「（繋合詞の）φ形式＋終助詞（例えば「か」）」も当然可能。起源的には「Aか（それとも）何か（（似た）ほかのもの）」のような意味を表すのが本義であろうが、実際の使用では「Aのようなもの」（例えば報道における「ピストルのようなもの」）というような意味を表していることも多い。／あら　にじ・か⌒なん⌉・か・か↑／（（空の）あれは虹か何かか。）、／にし・いひの⌉たま・か⌒なん⌉・か（・が）　とんでった↓／（西へ火の玉か何かが飛んでいった。）
③副詞的に、（そう判断する）根拠や理由が明確でない（判断である）ことを表す。
／あれ　ゆってる⌒こと　なん⌉・か　おかし⌉ー↓／（あの人の言ってることは何か変だ。）
な⌉んか ／na⌉ɴka／（副助詞）
例示的取り上げを表す。
なん⌉・だ　かん⌉・だ ／naɴ⌉ da kaɴ⌉ da／（連語）
「なんだ、かだ」が、前半の「なんだ」に引きつけられて後半が「かんだ」と変じた語形。前半のアクセント核が消えて／なん・だ　かん⌉・だ／と発音されることもある。繋合詞の「ダ」による断言を助詞の「カ」によって疑問化・不定化すると、／なん⌉・だ・か　かん⌉・だ・か　わかんな⌉く　なって⌉⌒きた↓／となる。
※／なん（⌉）・でも　かん⌉・でも／、／なん（⌉）・の　かん⌉・の／、／なん（⌉）・や　かん⌉・や／も「なん」に牽引された同類の変化。当然／なに（⌉）・も　か⌉・も／は元のままで変化しない。
なん⌉・つー〜なん⌉・つう ／naɴ⌉ cuʀ〜naɴ⌉ cu'u／（連語。ワ行五段）

何という。
／なん˥・つー　こと　ねー˥・けんど→／（何ということはないが、…）
／なん˥・ついたい・の↑／（何と言いたいのか。）
／なん˥・つえば　いー˥・の・か↓／（何と言えばいいのか。）
／なん˥・つったって→／（何と言っても、）
／なん˥・つってた・の↑／（何と言っていたのか。）
※／つー¯～つう¯ cuʀ～cu'u／は、撥音「ん/ɴ/」で終わる語の後に現れる、引用の助動詞の／っつー¯～っつう¯ Qcuʀ～Qcu'u／の音韻的に条件づけられた異語形である。

な˥んて ／na˥ɴte／（副助詞）
軽い扱いの取り上げを表す。

なん・て⁀こと⁀ね˥ー ／naɴ te koto ne˥ʀ／（連語形容詞）
特定の対象について、特に問題にするほどのことではない、という判断を表す。
「あんな{もん／やつ／こと／の}＋／なん・て⁀こと⁀ね˥ー／」というのが基本的な表現型。
この場合、不定称の指示語／なに˥ nani˥／の異語形／なん˥ naɴ˥／は／なん・て naɴ te／と平板型に発音されるのがふつう。類意の表現に／どー・って⁀こと⁀ね˥ー／がある。
※アクセントは／なん・て⁀こと˥⁀ねー／も聞かれる。

なんに・も¯ ／naɴni mo／（連語）
／なに・も¯／の強意的表現。／なんに・も¯　な˥い／、／なんに・も¯　しらねー¯／など。
※／なん・に・でも¯～なん˥・に・でも(口を出す)／の「なん・に」は「なに・に」の撥音便形で別。

なんばん¯ ／naɴbaɴ／（名詞）
剪定用の植木ばさみ。いわゆる「植木屋ばさみ」。⇒／きばさ˥み／参照。語源は「南蛮ばさみ」の下略形といわれる。なお、関東が「トウガラシ」の「なんばん」の分布空白域であることが注意される。

なんまいだ¯～なんまいだぶ¯ ／naɴmaida～naɴmaidabu／（名詞）
「南無阿弥陀仏/namu'amida˥bucu/」(六字の名号)の転訛形。
※梵語(サンスクリット語)の namo 'mitābhāya buddhāya 、すなわち、名詞 namas（「南無」帰依・帰命)の連声形の namo に、連語名詞の amitābha(「阿弥陀」無限なる智慧の光明)＋buddha(「仏」)の与格形の amitābhāya buddhāya（阿弥陀仏に)が後続した句の漢語音写に基づく語句である(「無限なる智慧の光明であるブッダに帰依したてまつる」)。
※念仏講は真言宗系の念仏(真言念仏)が主流だが、(本願念仏の)浄土系諸宗同様にこの六字の名号が称えられる。ただ、念仏講で称えられる『村のお念仏』のテキストに、「極楽浄土の二の門は銭でも金でも開かぬ門。お念仏一つでさらと開く」(原本の手写本は全文ひらがな表記)とあるように、念仏が真言的・呪文的に理解されていて、阿弥陀仏の本願による他力的な救済の本願念仏(専修念仏)とは受け止め方に違いがある。

なんまんだ¯～なんまんだぶ¯ ／naɴmaɴda～naɴmaɴdabu／（名詞）
「南無阿弥陀仏/namu'amida˥bucu/」(六字の名号)の転訛形。前項を参照。

に[1] ／ni／（格助詞「位格」）
①名詞に付いて、範囲の明確な時空間的位置指定を表す。「事柄がそこにおいて成立する場所（として把握された事物・人物)」。文脈的意味として、そこ(・それ)への「接近(到達)」およびそれからのからの「離脱」も意味し得る。つまり、「接近」と「離脱」は文脈的意味で、格助詞／に ni／自体の意義素は方向性を捨象した「位置」を表すと考えられる。
※共通語の格助詞「に」と違って、与格dativeは／げ ŋe／で、二項所動詞文主語(能格)は／が˥に ŋa˥ni／で表されるので、その分、／に ni／の使用が狭くなるはずであるが、しかし、実際には、／げ ŋe／および／が˥に ŋa˥ni／の現れる位置にも現れ得て、文法的に適格な文が作れる。(しかし、その逆は常に成り立つわけではない)。
／げ ŋe／と／に ni／に関しては、本来は「有生の方向格＝与格」と単なる「位置格」の違いによる使い分けがあったと話者の内省からも僅かに知られるが、現在の実際の用例ではあまりはっきりしなくなっている。同様に／が˥に ŋa˥ni／と／に ni／にも「有生の位置格」と単なる「位置格」の違いがあったと見られるが、はっきりしなくなっている。
※通時的(歴史的)には、明らかに「ニ」が「ガニ」(や「ゲ」)に先行すると思われる。(有生連用格助詞の「ガニ」や「ゲ」は、(「有生性と分布」のうえで重なる)準体用法の有生連体格助詞「ガ」と、格助詞の「ニ」や「イ」(へ)の連語形式(複合形式)から二次的に再編された助詞と推定されるからである。)
構文的に取り上げるべき用法
ⓐ補足語に／に ni／をとる他動詞的「二項動詞」：
「会う」「別れる」／「勝つ」「負ける」など、二項動詞の「相手格」を表す用法がある。
なお、「会う」「別れる」の補足語は／と to／とも言える。この動詞文の主語と補足語とは交換可能で対称的関係にあり、「甲ガ乙{ニ／ト}会う」と「乙ガ甲{ニ／ト}会う」とは視点の違いを除いて知的意味としては同一の出来事を表している。このような動詞はまともな受身文が作れないことに注意。
ⓑ補足語に／に ni／をとる自動詞的「二項動詞」：

「似る」(比較の基準点)／「化ける」(扮技の目標点)など。
なお、「似る」の補足語は／と to／とも言える。この動詞文の主語と補足語とは交換可能で対称的関係にあり、「甲カ゚乙{ニ／ト}似ている」と「乙カ゚甲{ニ／ト}似ている」とが同一の事態を表していることは前項と同様である。

ⓒ「行き来(移動動詞)」・「遣り貰い(授受動詞)」の付加語(修飾語)として「資格」(～として)を表す／に ni／：
「嫁ニ行く、嫁ニ来る」、「嫁ニくれる≒嫁ニやる(嫁ニ出す)、嫁ニもらう」
　これらはいずれも、「に(なる)」を含意する「として」の意味で使われている。「嫁ニ行く」を例にとると、「花子カ゚＋(太郎(の所)ニ＋)嫁ニ＋行った」は、「花子カ゚＋(太郎の所ニ＋)嫁トシテ＋行った」、(すなわち)「花子カ゚＋(太郎の所ニ＋)行って＋嫁ニ＋なった」と、出来事としては同一の事象の異なった表現(把え方)と考えられる。
　自動詞の移動動詞構文「移動先{ニ／イ}＋{行く／来る}」に、資格を表す名詞句の加わった構文「移動先{ニ／イ}＋資格ニ＋{行く／来る}」では、資格者は「ニ」以外の格助詞で表すことができない。例えば、「花子カ゚＋太郎(の所){ニ／イ}＋嫁ニ＋{行く／来る}」の「嫁ニ＋{行く／来る}」を、方向格を用いて「*嫁イ＋{行く／来る}」(嫁へ～)と言うことはできない。「移動先」は、位置(密着)の「ニ」が意味的に最も坐りがよく、方向の「イ」では単なる行き先の意味が出、与格の「ケ゚」を用いると行き先を受益者(時に被害者)として把えた表現になる。なお、移動動詞の行き先は、一般的には「ニ」「イ」で表されるが、「手紙カ゚太郎ケ゚来てる」、「嫁カ゚太郎ケ゚来た」、「花子カ゚太郎ケ゚嫁ニ来た」など、生物名詞が移動先の場合に与格「ケ゚」も使われる(与格「ケ゚」は間接目的語だけの格ではないことに注意)。なお「～の所」を用いた場合は、「太郎の所{ニ／イ}」のように言い、「太郎の所ケ゚」は、「所」が一般的に単なる場所と把えられ、生物を構成員とする場所名詞(「草加(の親戚)ケ゚報せる」の「草加」など)とは受け取られないので、ふつう不自然と判断される。
　また、主語起点型の授受動詞の「対象者{コト／φ}＋受け手(＝移動先)(の所){ニ／ケ゚／イ}＋くれる(≒やる)」構文や主語着点型の授受動詞の「対象者{コト／φ}＋与え手(＝移動元)(の所){カラ／×ニ}＋もらう」構文に、資格を表す名詞句の加わった「対象者{コト／φ}＋受け手(＝移動先)(の所){ニ／ケ゚／イ}＋資格ニ＋くれる(≒やる)」構文や「対象者{コト／φ}＋与え手(＝移動元)(の所){カラ／×ニ}＋資格ニ＋もらう」構文の以下のような文、
　ⓘ「花子{コト／φ}＋太郎{ニ／ケ゚／イ}＋嫁ニ＋くれる(≒やる)」
　ⓘ′「花子{コト／φ}＋太郎の所{ニ／×ケ゚／イ}＋嫁ニ＋くれる(≒やる)」
　ⓘⓘ「花子{コト／φ}＋太郎{カラ／×ニ}＋嫁ニ＋もらう」
　ⓘⓘ′「花子{コト／φ}＋太郎の所{カラ／×ニ}＋嫁ニ＋もらう」
についても、資格の「ニ」に関しては同様である。主語起点型の授受動詞文ⓘⓘ′の「受け手(＝移動先)」は、位格の「ニ」でも与格の「ケ゚」でも方向格の「イ」でも表せるのは、この種の授受動詞構文に固有の特徴であって特別なものではない(但し「イ」は使えるという程度で使用は少ない)。ただ、「太郎の所」に「ケ゚」が付かないのは「ケ゚」の持つ有生性制約のためである。もう一つの主語着点型の授受動詞文ⓘⓘⓘⓘ′の「与え手(＝移動元)」はこの種の文では奪格の「カラ」しか使えない。ふつうなら「この本は先生カラもらった」と「この本は先生ニもらった」は特別な文脈や場面がなければ同じ事態を表し、後者のみは時に「受け手(＝受益者)」をも表しうる。方言では「受け手」専用の「ケ゚」があるので、共通語では不可能な、「この本は先生{(カラ／)ニ}うちの子ケ゚もらった」と言えるが、それはそれとして、この種の文では「ニ」を使うと、それは「受け手(＝受益者＝移動先)」と解釈されるので、「与え手(＝移動元)」を表すために「ニ」は使えない。

※「遣り貰い」の格配置に関しては、東京語と対比した場合、次のような違いが見られる。
　東京語「甲ガ＋(~~甲の~~)娘ヲ＋乙ニ＋嫁ニ＋やった」
　：方言「甲カ゚＋(~~甲の~~)娘コト＋乙{ニ／ケ゚／イ}＋嫁ニ＋{くれた／やった}」
　東京語「乙ガ＋(甲の)娘ヲ＋甲{カラ／×ニ}＋嫁ニ＋もらった」
　：方言「乙カ゚＋(甲の)娘コト＋甲{カラ／×ニ}＋嫁ニ＋もらった」
「やる」(方言では「くれる」と言うのがふつう)に関しては、東京語は二重ニ格表現となり、方言は二重ニ格の「(受け手)ニ＋嫁ニ」と「(受け手)ケ゚＋嫁ニ」と「(受け手)イ＋嫁ニ」の三様の表現が可能である。但し、「(受け手)イ＋嫁ニ」は言えるという程度で使用は少ない。また、「もらう」に関しては、東京語、方言のいずれも「与え手」をニ格で表示する二重ニ格は不可で、「(与え手)カラ＋嫁ニ」となる。
なお、上記の「遣り貰い」の可能動詞文は次のようになる(便宜的に否定形を使う)。
　「甲{カ゚ニ／~~カ゚~~}は＋娘コト＋乙{ニ／ケ゚／イ}＋嫁ニ＋{くれられなかった／やれなかった}」
この方言文に対応する共通語文は、「甲{に／~~が~~}は＋娘を＋乙に＋嫁に＋やれなかった」となって二重、場合によって三重の「ニ格」名詞句を含む文となることが注意される。

②状態詞に付いて、連用修飾語を作る。／しず⌉か・に(歩く)、きれ⌉ー・に(洗う)／
③名詞・状態詞に付いて、後続の変化動詞／なる⌉ naru⌉／の変化の帰着点(結果)を表す。
／なる⌉ naru⌉／の他動詞は／しる¯ siru／(する)が補充している。直接／なる⌉ naru⌉／に先行するときは／ん N／となる(改まれば／に ni／も現れる)。この／に ni／は時に「φ」形態でも現れる。

／ごは˥ん（・が）　やまもり・{ん（～φ）}　なって˥る↓／（ご飯が山盛りになっている。）
／ごは˥ん　やまもり・{に（～φ）}　してる↓／（ご飯を山盛りにしている。）
cf.／ごは˥ん（・が）　やまもり・だ↓／（ご飯が山盛りだ。）

※ナル動詞文（「ＡはＢニナル」「ＡガＢニナル」こと）は、繋合詞文（「ＡはＢダ」「ＡガＢデアル」こと）に近似した構文で、あたかも繋合詞文を元にした派生文と考えられるような意味的・構文的な対応関係を示す。従って、変化動詞文の格助詞／に ni／は、繋合詞（断定の助動詞）／だ da／の替変形のようにも見える働きをしている。⇒／なる˥ naru˥／（自動詞・所動詞）の②の項を参照。

※繋合詞文のいわゆる端折文（「ボクハ　ウナギダ」）に相当するものが、ナル動詞文（スル動詞文も同様）にも現れることは両者の関係の深さを示すものと思われる。
（鬼ごっこで）「君が鬼ダ」、「君が鬼ニなれ」
（店の注文で）「僕はうなぎダ」、「僕もうなぎニする」

④名詞・状態詞に付いて、知覚動詞の知覚内容を表す次のような一対の構文が存在する。
／おや・わ˥　こども・こ˥と　いつ˥・まで　たって˥も　こども・に　みて˥る↓／
（親は子どもをいつまでたってもの子どもに見ている。）
／おや・が˥に・わ　こども・が　いつ˥・まで　たって˥も　こども・に　めー˥る↓／
（親には子どもがいつまでたっても子どもに見える。）

※／こども・わ　いつ˥・まで　たって˥も　こども・だ／という文を知覚動詞の補文にした表現で、補文述語の名詞句・状態詞句が／に ni／をとる。繋合詞（断定の助動詞）／だ da／の替変形のような働きをする格助詞である。

※共通語の「あれは牛に見えない」の「牛に」は主語／補語いずれにも取れ両義的であるが、方言では「あれは牛ガニ見えねえ」（主語）／「あれは牛ニ見えねえ」（補語）のように言い分けられる。さらに、「に格」の主語と補語の両方をもつ「あの絵は牛に牛に見えないだろうな」という二重ニ格文も、方言では「あの絵は牛ガニ牛ニ見えねえだんべえな」となり、曖昧さを避けることができる。

に[2]　／ni／（接続助詞）

①終止形、志向形、推量形に付いて逆接確定条件を表す。
／ゆいてー　こと・も　あった˥んべー・に　だまって˥たっけ↓／
（［あの人は］言いたいこともあっただろうに、黙っていたっけ。）

②〈理由節ni＋帰結節〉の帰結部分を場面や文脈に委ねて言いさす省略語法、一種の終助詞的用法で使われる。この場合には終止＝連体形に接続する用例が見られる。
／んーな⁀こと　｜　したら　だめ・だ˥・に↓／（そんなこと、したらだめなのに。）
／んーな⁀こと　｜　しねって　いー˥・に↓／（そんなこと、しなくていいのに。）
／ゆわねって　わかって˥ん・だんべ・に↓／（言わなくても分かっているだろうに。）

にーくり˥けーる～にーくりけーる˥　／niʀkuri˥keʀru～niʀkurikeʀru˥／［煮え繰り返る］（所動詞ラ行五段）

①（湯などが）ぐらぐらに沸き返る。②（／はらばた˥　にーくり˥けーる／の形で）怒りに沸き返る。
「煮える」は／ねーる⁻／と言っていたが、この語は／にーくり˥けーる／と言っていた。

※回帰的・反復的動作や後戻りするような動きを表す造語成分に「*繰り返る」に遡ると考えられる形式があり、語形と意味から「繰り返す」の自動詞（所動詞）に相当する動詞と考えられる。具体的には「そっくりかえる（反り＋繰り返る）」・「にえくりかえる（煮え＋繰り返る）」・「ひっくりかえる（引き＋繰り返る）」などに現れる「＝くりかえる」が「*繰り返る」に遡る形式ではないかと考えられる。

にー˥さん　／niʀ˥saɴ／（名詞）

①兄の敬称。②若い男性の敬称（①からの転用）。
※／あにさ˥ん～あに˥さん　'anisa˥ɴ～'ani˥saɴ／の方が一般的。

にーにー˥ぜみ　／niʀniʀ˥zemi／（名詞）

ジージーと鳴く小型のセミの名。

にがっぽ˥い　／niŋaQpo˥i／（形容詞）

苦みが強い。

にがっぽろ˥い　／niŋaQporo˥i／（形容詞）

ほろ苦い（クワイなどの味）。共通語と構成要素の順序が逆。⇒／ながっぽそ˥い　naŋaQposo˥i／

にく=˥　／niku=˥／［肉］（名詞）

動物の皮下組織と筋肉をいう。食用の／にく=˥ niku=˥／と言ったら、ふつう「豚肉」を言う。
※「魚」のそれは／み⁻ mi／（身）という。この語は「果実」の／み⁻ mi／（実）と十分分化していない。

にく˥い　／niku˥i／［憎い］（形容詞）

にくらし˥ー　／nikurasi˥ʀ／［憎らしい］（形容詞）

にくったらし˥ー　／nikuQtarasi˥ʀ／［憎ったらしい］（形容詞）

「憎い/niku˥i/」と「憎らしい/nikurasi˥ʀ/」の違いは、語構成と（内省される）意味の点から、「かわいい/ka'wa'i˥ʀ/」と「かわいらしい/ka'wairasi˥ʀ/」や「汚い/kitana˥i/」と「汚らしい/kitanarasi˥ʀ/」の違いと平行的と考えられる。してみると、「憎い」「かわいい」「汚い」は、感じ手（感情主体）の対象に対する憎悪、親愛、不快の感情の直接的表現、「憎らしい」「かわいらしい」「汚らしい」は、感じ手（感情主体）にとって対象が憎悪、親愛、不快の感情を起こさせるようなものとして感じられる様子、と把えることができそうである。なお、「憎い」「憎らしい」は、(こちらが「憎く」「憎らしく」感じるほどに対象の有りようが)すばらしいという賞賛の意味を表すことがある。

「憎ったらしい/nikuQtarasi˥ʀ/」は、「憎らしい/nikurasi˥ʀ/」に似るが、形容詞派生接尾辞「=ったらしい/-Qtarasi˥ʀ/」の「好ましくない有りよう」という意味特性から、「憎らしい」という感じをさらにいっそう強く感じさせる様子ということになろう。

以下の例文では、どの語も文法的に誤りとは言えないが、下線を引いた語がその文ではすわりが良さそうに感じられる。

「(おまえは+)だれ{ガ/コト}+{憎い/憎らしい/憎ったらしい}のか」。(コトは対格助詞)

「(おまえは+)なに{ガ/φ}+{憎い/憎らしい/憎ったらしい}のか」。(φはここでは対格)

「(おまえは+)あの人の{なに/どこ}{ガ/φ}+{憎い/憎らしい/憎ったらしい}のか」。(〃)

※「憎い/niku˥i/」に関連して、「憎い/niku˥i/」いうことから「(〜し)にくい/-niku˥i/」という「心理的(主観的)困難」の補助形容詞(接尾辞)が成立したものと思われる。似たようなものとして、「辛い/curai¯/」から派生した補助形容詞(接尾辞)の「(〜し)づらい/-zura(˥)i/」がある。また、「かたい/katai¯/」という物理的堅固の意味から「(〜し)がたい/-ŋata˥i/」という「物理的(客観的)困難」の補助形容詞(接尾辞)ができていると考えられる。いずれも現在では(全く区別がないとは言い切れないが)あまり区別なく「困難」一般を表すに至っていると思われる。なおこの方言では、「(〜し)がたい/-ŋata˥i/」は慣用的な単語に限られて生産的ではなく、「(〜し)にくい/-niku˥i/」や「(〜し)づらい/-zura(˥)i/」が使われるが、特に「(〜し)づらい/-zura(˥)i/」が「(〜し)にくい/-niku˥i/」よりもよく使われていて、こちらが方言の固有形かもしれない。/-zura(˥)i/というアクセント表記は、多くは「見づらい(恥ズカシイの意)」/mi-zura˥i koto/、「着づらい」/ki-zura˥i koto/のようになるのだが、「居づらい」はふつう平板型の/'i-zurai koto˥/(戦後世代)となるのを、併せて表記したもの。

にし¯ /nisi/ [西] (名詞)

西。真西は/まにし¯ manisi/。

にじ¯ /nizi/ [虹] (名詞)

虹。虹が現れることは/にじ⌒たつ˥、にじ⌒でる˥/(虹が立つ、虹が出る)と言う。

にじ˥き /nizi˥ki/ [二食] (名詞)

一日の食事を二回にすること。/きょー˥・わ　にじ˥き・だった↓/(今日は一日二食だった。)

にしゃどっ˥ち /nisjadoQ˥ci/ (名詞)

蝉の幼虫。尻尾を持って、/にし・わ　どっ˥ち/(西はどっち)と言いながら、頭を振らせて遊んだことがある。そんな子どもの遊びから命名されたものと思われる。

にっ˥き /niQ˥ki/ (名詞)

ニッケイ(肉桂)の木の根(の皮)。

※しゃぶって独特の香りと甘辛い刺激のある味とを楽しんだ。「ニッケイ」という発音は聞いたことがなく、「ニッケイ」と言う発音では全く通じない。

にどっぺー˥り /nidoQpeʀ˥ri/ (動作名詞)

風呂に(夕方と寝る前の)二回入ること。

になわ¯〜になー¯ /nina'wa〜ninaʀ/ [荷縄] (名詞)

荷物を荷台などに固定するための縄。

にゅーばい¯ /njuʀbai/ [入梅] (名詞)

梅雨。「梅雨」そのものを言う。「梅雨に入る」は、/にゅーばい・ん⌒なる˥ njuʀbai ɴ naru˥/(入梅になる)、「梅雨が明ける」は、/にゅーばい⌒あける¯ njuʀbai 'akeru/(入梅が明ける)と言う。

ヘボン1886『和英語林集成』に、「Nyūbai」が「The rainy season in the 6th month」とあることに注意。

によい=˥ /ni'joi=˥/ [匂い] (名詞)

匂い。日常語に「香り」がないため、共通語のような「匂い」と「香り」の使い分けはなく、価値中立的で、悪臭にも芳香にも使われる。/いー˥⌒によい、やー˥・な⌒によい/(良い匂い、嫌な匂い)。

によう˥〜によー˥ /ni'jo'u˥〜ni'joʀ˥/ [匂う] (所動詞ワ行五段)

匂いがする、匂う。

※イ段音/Ci-/の後の共通語のア行音/-'V/は、ふつう[-j-]が介入してヤ行音/-'jV/に発音される。

にらめっこ˥ /nirameQko˥/ (動作名詞)

睨めっこ。下一段活用の「睨める」に基づく語形と考えられるが、五段の/にらむ˥ niramu˥/しか当方言では使われない。なお、斎藤秀一編『東京方言集』(国書刊行会1978)の「旧市域の語彙」に、「「ニラメル」(少)普通"ニラム"という」とあり、漱石にも用例があり、「睨める」自体に問題はない。

※/にらめっこ˥/は、「にらめ事(→にらめっこと)」の下略形に基づく。

にらめっこ˥ら /nirameQko˥ra/ (動作名詞)

睨めっこ。⇒前項の/にらめっこ˥ nirameQko˥/参照。

※/にらめっこ˥ら/は、「にらめ競べ(→にらめっくらべ)」の下略形の「にらめっくら」が類義語の「にらめっこ」に引き付けられて変化した形。現在ではほとんど同じ意味の語と理解されている。

にる¯ /niru/ [似る] (所動詞ナ行上一段)

主語と補足語の二者間に類似の関係が存在することを表す。

/この⌒こ˥・わ　ははおや・よ˥り　ちちおや・に　にてる↓/

(この子は母親よりも父親に似ている。)
[比較の基準の「母親より」は「母親ニ似テイルより」であることに注意。]
※補足語は「ニ格」がふつうで「ト格」も可能だが、「ゲ格」(与格)で表されることは絶対にない。
※「AガB{ニ／ト}似てる」という構文をとるが、「BガA{ニ／ト}似てる」のように主語Aと補足語Bを交換しても(場合によって不自然になることがあるが多くは)知的意味において同意である。主語Aと補足語Bを並列関係に置いて「AトBガ似てる」としても知的意味において同意である。また、「[AのC]ガ[BのC]{ニ／ト}似てる」、「[[AのC]ト[BのC]]ガ似てる」から(所有者の持つ類似点・共通点のCは元位置に残して)所有者(A、AとB)を取り出して、
「Aは[~~Aの~~C]ガ[B~~のC~~]{ニ／ト}似てる」(結果形式は「AはCガB{ニ／ト}似てる」)
「AトBは[[~~Aの~~C]~~ト~~[~~BのC~~]]ガ似てる」(結果形式は「AトBはCガ似てる」)
(「═」は取り出し(繰り上げ)による削除、「┅」は重複(同一性)による削除を表す)。
という構文にすることができる。この構文の上位主語(大主語)の「A、AとB」と下位主語(小主語)の「C」との関係は「象は鼻が長い」などにも見られる事象であることに注意。
⇒／こ˥と ko˥to／(格助詞[対格])の補注を参照。
※生物主語の場合も含めて、受動形や命令形、意志形がないので、所動詞と扱う。
覚書:「似る(にる)・真似る(まねる)」の共通語源(仮説)について
①上一段活用動詞の「似る」が古くは上二段活用動詞だったと仮定した場合、連用形の「に」は古くは *nï だったと考えられる。すると、その祖形は *nöi で、語根は *nö- が想定できる。この語根からの派生動詞が「*nöru のる(似る)」(ラ行四段)と考えられる。
②下二段活用動詞の「真似(まぬ)」の連用形「まね」は、古くは *manë で、祖形は *manai、語基は *mana- と想定できる。語基はさらに ma+na- と分析できる可能性がある。ma- は「真」の意味の接頭的要素と考えられるから、語根は *na- が想定できる。
※「まなぶ(上二段→四段)」は語基 mana+動詞形成接尾辞 -bï に基づく形である。「まねぶ(上二段→四段)」は「まぬ」の連用形名詞「まね mane」+動詞形成接尾辞 -bï に基づく形式である。
③「似(に)」「真似(まね)」の語根 *nö と *na は、意味的に「類似」を表す点で共通しているので、母音交替(逓音)の関係にある形態家族(形態族)と考えられる。(後者は先行する ma- に母音調和の点で調和的形式である。)
④連用・連体形式形成の接尾辞「=なす -nasu」「=のす -nösu」(後者は上代東国方言)も関連する派生形式と考えられる。節を受けられるのでもとは単語(付属語)だった可能性が考えられる。
⑤下二段動詞「なそふ」(連用形なそへ)は、単語としての前項の「なす nasu」に、「あふ(下二段動詞)」(連用形あへ)が融合(縮約)した形式と考えられる。nasu+apë → nasopë 。(cf. kazu(数)+apë → kazopë(数ふ下二段))。

にる¯ ／niru／ [煮る] (他動詞ナ行上一段)
米以外の食材をだし汁とともに加熱して柔らかくする。所動詞は／ねーる¯ neʀru／。
※「炊く/taku¯/」は、「米を適量の水とともに加熱して柔らかくする」こと。なおまた、一般に「煮る/niru¯/」のは「鍋/nabe˥/」、「炊く/taku¯/」のは「釜/kama¯/」という観念の連合がある。
⇒／うでる˥ 'uderu˥／、／ふかす˥ hukasu˥／も該当項目を参照。

にわ¯〜にや¯ ／ni'wa〜ni'ja／ [庭] (名詞)
／くねうち¯ kune'uci／(家を囲う垣根/kune=˥/の内側)の(収穫物を干すなどの作業を行う場としての)広い空間。庭園の意味も含むが前記の意味が基本的と考えられる。庭。／にわ¯ ni'wa／は新しく、固有語は／にや¯ ni'ja／のようである。
※／にや¯ ni'ja／は、／*Ci'wa／(C≠')→／Ci'ja／という法則的な変化の一例。

にわっつぁき¯〜にやっつぁき¯ ／ni'waQcaki〜ni'jaQcaki／ (名詞)
庭の、軒や縁側に近い所。庭先。
※「庭」は、一方に／にや¯ ni'ja／という発音があり、従って／にやっつぁき¯ ni'jaQcaki／と言う人もある。

にわっとり¯〜にやっとり¯ ／ni'waQtori〜ni'jaQtori／ (名詞)
鶏。鶏を呼ぶときは／ととと¯／や／とととと¯／と、「と」を三・四度繰り返して言う。
※／にやっとり¯ ni'jaQtori／と言う人もある。前々項を参照。

にんぎょ˥ぼ ／niɴŋjo˥bo／ (名詞)
人形。古いことばで現在では忘れられた感じのことば。戦前世代の話者がむかし言ったという。
※「人形」+接尾辞／=ぼ -bo／という語構成か、あるいは次項の語尾省略形か、不明。

にんぎょぼ˥っこ〜にんぎょぼっこ¯ ／niɴŋjobo˥Qko〜niɴŋjoboQko／ (名詞)
人形。古いことばで現在では忘れられた感じのことば。戦前世代の話者がむかし言ったという。
※前項の語にさらに指小辞／=っこ -Qko／が付いたものか、或いはひょっとして、「人形」+「這ふ子」(はいはい人形)という同義(類義)並列複合語が起源?か、不明。

ぬか=˥〜ぬか¯ ／nuka=˥〜nuka／ (名詞)
玄米を精米するときに出る粉。米糠。

ぬく¯ ／nuku／ [抜く] (他動詞カ行五段)

一定の位置にあるものをその位置から除く。「大根を〜」、「昼飯を〜」、「先頭の人を〜」

ぬく˥ ／nuku꜔／［脱く］（他動詞カ行五段）

(身につけているものを)取り去る。脱ぐ。／ぬく˥ nuku꜔／と語尾が清音であることに注意。

※戦後世代では、「脱く/nuku꜔/」から「脱ぐ/nuŋu꜔/」へと共通語化が進んでいる。特に高度経済成長期(1970年頃)以後の世代では「脱ぐ/nu꜔ŋu/」専用になっている。

※「身につける」ことを表す動詞には、その反対動作が「脱く/nuku꜔/」であるものとそうでないものがある。反対動作が「脱く/nuku꜔/」である動詞は、身に付ける身体部位によって、「着る/kiru¯/」「穿く(履く)/haku¯/」「かぶる/kaburu˥/」「はおる/ha'oru꜔/」等となるが、これらは身体部位を広く覆い広く接触するにいたることが特徴のようである。反対動作が「脱く/nuku꜔/」ではない動詞も、身体部位によって、「{眼鏡／たすき}をかける/kakeru˥/」や「手袋をはめる/hameru¯/」等に分かれるが、こちらは、身に付ける位置が部分的であるとか、身に付けるというより部位全体を包み込むなど、前者とは異なる特徴を持っているようである。但し、「手袋」は「外す/hazusu¯/」の他に「脱く/nuku꜔/(脱ぐ/nuŋu꜔/)」も可能とする話者がある。

※語尾音は清音に発音する。学校文法的に言うと、接続助詞「て」や過去の助動詞「た」が、共通語と違い、ガ行五段動詞のいわゆる連用形音便形に付いても連濁しないで「て」や「た」のままであることから、同類となるカ行五段活用に引き付けられたと考えることも可能のようだが、他のガ行五段動詞は語尾音が清音化していないのであるから、この仮説は成り立たない。従って、／ぬく˥ nuku꜔／は上代語・古典語の「脱く(カ行四段)」の残存形と考えるのが妥当と思われる。

ぬく˥い ／nuku꜔i／（形容詞）

暖かい。普通は／ぬくと˥い〜のくと˥い nukuto꜔i〜nokuto꜔i／と言う。

ぬくと˥い〜ぬくて˥ー〜のくと˥い〜のくて˥ー ／nukuto꜔i〜nukute꜔ʀ〜nokuto꜔i〜nokute꜔ʀ／(形容詞)

暖かさ一般を言う／あったか˥い〜あったけ˥ー 'aQtaka꜔i 〜'aQtake꜔ʀ／と違って、ひなたぼっこや干した布団などの、ほんわかとした優しい暖かさを言う。第１音節の発音については人により揺れがある。

※／あったか˥い 'aQtaka꜔i ／と違って、「ご飯」「水」「湯」「風呂」と共起しない。「ぬくい布団」「ぬくとい布団」と言い、「ひなたぼっこしていてヌクイ、ヌクトイ」と言う。戦後世代にはこの単語を知らないというものがいる。

ぬくとばっ˥こ〜のくとばっ˥こ ／nukutobaQ꜔ko〜nokutobaQ꜔ko／（名詞・動作名詞）

ひなたぼっこ。戦後世代は／ひなたぼっ˥こ hinataboQ꜔ko／と言う。

ぬし˥ ／nusi꜔／［主］（名詞）

アニミズム的思考において、人間的支配・領有とは異なる次元において想定される、山川池沼さらには住居・宅地の支配者。それを犯し失うことは災厄をもたらすと思念されていた。

※山の中の池などにはその存在が強く確信されていた。その池の周囲を息をしないで７回まわると白蛇／しろへび¯ sirohɪbi／が姿を現すなどと言われ、その蛇が池の主(ぬし)と考えられていた。晴れた暖かい日、家の庭の大木に２匹の大きい蛇がいた。普通の蛇なら追い払われるのに、それをその家の人は、この家の主(ぬし)だとして大切に扱っていた。

ぬす˥っくれー ／nusu꜔Qkureʀ／（動作名詞）

盗み食いすること。／ぬすみぐい¯ nusumiŋui／に対して否定的非難的意味合いを帯びている。

「盗み」の語基「ぬす」＋「食らい」という語構成。

ぬすっと˥ ／nusuQto꜔／（名詞）

泥棒。／どろぼー¯ doroboʀ／とも言う。「盗み」の語基「ぬす」＋「人」の意味の語基／＝っと -Qto／という語構成。

ぬする¯ ／nusuru／（他動詞ラ行五段）

何かを物の表面に塗る、塗り付ける。／なびる¯ nabiru／(他動詞ラ行五段)と同義と言う人が多い。／ぬる¯ nuru／（塗る）と／なする¯ nasuru／の混淆形であろうか。

ぬま=˥ ／numa=꜕／［沼］（名詞）

自然にできた広くて深い水を湛えた場所。沼。人工的なのは／いけ=˥ 'ɪke=꜕／(池)という。

一般的に「沼」の方が「池」より大きいことから違いを大小と理解して、自然物でも小さいのは「池」だとする把え方がある。

※この地域の各地に江戸時代以後に新田開発で干拓された「〜沼」という地名が存在していた。そういう場所は高度成長期以前は田んぼで住宅地ではなかったが、急速に住宅地化してしまった。地元の人たちが「あすこは／ぬまあと¯ numa'ato／(沼跡)だから(地盤が悪い)」と話しているのを一再ならず耳にした。

ぬる˥い ／nuru꜔i／（形容詞）

(液体の温度の皮膚感覚に関して使われる)温度形容詞。

※風呂の体感温度形容詞を例にとって言えば、「冷暖」の両極(ツメタイcumetai・アツイ'aQcu꜔i)の中間域の体感温度に関して、(風呂では)中間点より上の「暖」寄りの温度が期待値を満たす温度と考えられ、その体感温度を「アタタカイ'aQtaka꜔i」といい、中間点より「冷」寄りの期待値未満の温度を「ヌルイnuru꜔i」といっている。「この風呂はヌルクナイ」は、ヌルイ以外の温度であってもツメタイを指示することはできず中間点以上のアタタカイかアツイを指示するようである。

※「中途半端に」の意味の接頭辞「なま」との結合形／なまぬる˥い(風呂)／は自然に成立する。「過度に」の意味の接尾辞「すぎる」との結合形／ぬるすぎる˥(風呂)／は、／あったかすぎる˥(風呂)／と違って不自然ではないようで、しかもこの場合はツメタイを指示している。

ね ／ne／ (終助詞・間投助詞)

①文を終止する形式に付いて、

a) 第一人称者(話し手)の、第二人称者(聞き手)を配慮した感動を表す。

b) 第一人称者(話し手)の、第二人称者(聞き手)を配慮した丁寧な念押しを表す。

②文末以外の連用的な「文節(「句phrase」)」に付いて、

第一人称者(話し手)の、第二人称者(聞き手)を配慮した丁寧な念押しを表す。

※連体的な「文節(「句phrase」)」に付くことはふつうではない。

※「念押し」は、情報の共有を前提に念押しがなされること、「告知」は、情報の不共有を前提として告知がなされること、に注意。従って、例えば「行く＋よ＋ね」という、「告知」＋「念押し」の形は、告知された情報の共有を前提にして念押しがなされていることに注意。

ねー˥～ない˥ ／neʀ˥～nai˥／ (形容詞)

無い。反対語は／ある˥ 'aru˥／。意味・構文的特徴も／ある˥ 'aru˥／に並行的。⇒／ある˥／参照。

①不所有の意味を表す。否定の「所有文」(「主語{ガニ／ニ}＋目的語ガ＋ない」所有構文)に現れる。

／おれ・が˥に・わ　かね・な˥んか　ね˥ー↓／(おれには金などない。)

②不存在の意味を表す。否定の「存在文」(「場所補足語ニ＋主語ガ＋ない」存在構文)に現れる。

／おら˥ち・に・わ　かね・な˥んか　ね˥ー↓／ (我が家には金などない。)

③いわゆる補助形容詞として、形容詞連用形(＝ク)や繋合詞(断定の助動詞)の連用形「で」に付いて、形容詞の否定形式や繋合詞「だ」の否定形式を作る。否定は肯定を前提としその対極として存立するため、通常、対比の助詞のワを介在させる。但し、形容詞はワの介入しない「連用形(＝ク)＋ない」が併存するが、繋合詞(ダ)はワの介入しない「連用形「で」＋ない」は自然談話には現れない。助詞ワは、対比を強調するとき以外は直前の形式と融合するのがふつうである。「で＋ワ＋ない」は「じゃ＋ない」の他に「だ＋ない」とも発音される。平板型の名詞・状態詞に付いた「じゃ＋ない」や「だ＋ない」の「じゃ」や「だ」にはアクセント核が現れたり現れなかったり (zja˥ neʀ～zja ne˥ʀ／da˥ neʀ～da ne˥ʀ)して両形は自由変異をなす。

「高い」: 高く・ワ taka˥ku 'wa＋ない(→高か taka˥ka＋ねー)

「派手・だ」: 派手・で・ワ de 'wa＋ない(→派手・じゃ zja＋ねー～派手・だ da＋ねー)

「親子・だ」: 親子・で・ワ de 'wa＋ない(→親子・じゃ zja＋ねー～親子・だ da＋ねー)

※ふつう音休止(#)の前では／ね˥ー# ne˥ʀ#／、助詞が続くときは／ねー˥・よ neʀ˥ 'jo／のように発音される。この違いは厳密には音声的変異である。

※「連用形＋{変化所動詞(自動詞)／変化他動詞}」、すなわち「なく＋{なる／*しる(*する)}」では、連語全体がアクセント核のない「平板型」アクセント (/naku naru¯//*naku siru¯(*naku suru¯)/)で発音される。(但し、「なく＋*しる(*する)」は言えばこう言うが、不自然と判断されている。)このようなアクセント平板化は、他の2音節形容詞の「良くなる/'joku˥ naru/」や「濃くなる/koʀ˥ku naru/」(/koku˥ naru/は新しい形)には見られない現象である。

なお、形容詞の否定活用を形成する補助形容詞「ない」と変化動詞「なる・しる(する)」の結合形式の「[(甘く)なく]＋なる/naku naru¯/」や「[(甘く)なく]＋しる(する)/naku siru¯(naku suru¯)/」はまだ(補助)動詞相当連語と考えられる(なお、この型は「甘く＋なる」や「甘く＋しる(する)」のように形容詞一般の迂言的変化動詞の派生型でもあることに注意)が、形容詞「ない」と動詞「なる・しる(する)」の結合形式に由来する「なくなる/nakunaru¯/」等の変化を表す諸形式には、補助形容詞の場合にはある「なくしる(なくする))」がなく、また、補助形容詞の場合にはない「なくなす/nakunasu¯/」「なくす/nakusu¯/」があり、これらの形態的特徴およびこれらとの形態的・意味的対応から考えて「なくなる」を含めて、これら形容詞を基とする諸形式は動詞相当連語ではなく一語化した(複合)動詞と考えられる。

⇒／なくなる¯ nakunaru／、／なくなす¯ nakunasu／、／なくす¯ nakusu／の各項を参照。

※拡張・派生形式で、「無さそう/nasaso˥ʀ/」「無さすぎる/nasasuŋiru˥/」のように「サ」音が介入する。他の2音節形容詞は、「良い/'ɪʀ˥/」は「良さそう/'josaso˥ʀ/」「良すぎる/'josuŋiru˥/」、「濃い/koi˥/」は「濃そう/koʀso˥ʀ/」「濃すぎる/koʀsuŋiru˥～kosuŋiru˥/」となって、それぞれふるまいを異にする。

※補助形容詞「ない」、例えば「行きたく・ない」に関しては、肯定系列に見られるような「行きたい→行きたがる」に対応する「行きたく・ながる」のような派生は存在しない。聞くと「変だ、言わない」ということで非文と判断された。この点で、次項の否定の拡張接尾辞(いわゆる助動詞)には、何例か「＝ながる」という派生形式が存在するのと異なる。次項の注(※)を参照。

＝ねー(～＝ね)～＝ない ／-neʀ (～-ne) ～-nai／ (拡張接尾辞［学校文法的に助動詞］・形容詞型)

動詞のいわゆる未然形に接尾して、不定人称者の否定的判断を表す。／＝ない -nai／は改まった発話に現れ、日常の発話においてはふつう現れない。／＝ねー～＝ね -neʀ ～-ne／は自由変異。

※拡張・派生形式において種々の点で、形容詞の／ない˥～ねー˥ nai˥～neʀ˥／と形態法的に異なり、例えば接続形は、形容詞は／なくて／であるのに対して、単純接続は／＝ねーで(～＝ねで)

～＝ないで／、理由接続／＝なくて／と分化している。推想形は／(知ら)なそ˥ー (sir)anaso˥ʀ／、過剰形は／(知ら)なすぎる˥ (sir)anasuŋiru˥／となり、「サ」音の介入は無い。
※①(終止＝連体形でアクセント核のない)無核型動詞の否定の単純接続形(「＝ないで」)は、例えば、／いかねー˥で～いかねーで˥～いかねーで¯／(行かないで)の３様の発音が観察される。さらに長母音が短縮されて／いかね˥で～いかねで˥～いかねで¯／となる発音も観察される。このうち無核型の平板型が多く聞かれる(補)ように感じる(筆者は平板型に発音していることが多い)。例えば下記のようである。

／いかねーで　わる˥かった↓／(行かないで悪かった。)、／いかねーで⁀い˥ー↓／(行かないでもいい。／いかねって⁀い˥ー↓／と同意)、／いかねーで⁀くれ˥↓／(行かないでくれ。この場合は／いかねーで˥⁀くれ↓／とも発音する)。

②終止＝連体形でアクセント核が末尾にある尾高型動詞の否定の単純接続形は／かかね˥ーで／(書かないで)で核の位置は一定している。さらに長母音が短縮されて／かかね˥で／となる発音も観察される。

【補：このことは動詞・形容詞がアクセントの無核・有核の型を諸活用形を通して維持しようとする傾向として説明できるかもしれない。例えば最も顕著なのは過去形のアクセントで、無核型は／いく¯→いかねー¯→いかなかった¯／(行く)のように過去形もふつう平板型に発音され、有核型(尾高型)の／かく˥→かかね˥ー→かかな˥かった／(書く)はやはりアクセント核を維持している点が注目される。このような傾向が否定の単純接続形にその平板型化傾向として現れているのではないかと思われる。】

※否定意志は、明治生まれの話者の使用実態から分かるように、本来は共通語「～まい」に対応する／～めー／(例えば「行くめー」「しめー」)だったと思われるが、戦前世代も含めて「否定の／＝ねー(～＝ね)～＝ない／＋意志の／べー／」という分析的表現がふつうになっている。さらには戦中世代以後の話者では、共通語の影響を受けた（しかし共通語には存在しない）「／＝ねー(～＝ね)～＝ない／＋意志の／よー／」という言い方が広く行われている。つまり、次のような否定意志表現の推移が観察される。

／いくめ˥ー／(行くまい)→／いかねーべ˥ー／(行かないべー)→／いかないよ˥ー／
／しめ˥ー／(しまい)　　→／しねーべ˥ー／(しないべー)　　→／しないよ˥ー／

上記の「～ねーべー」「～ないよー」という否定意志の改新形に見られる「べー」「よー」の接続は他に類例のない特異な形であることが注意される。「べー」は本方言では形容詞に直接して例えば「高いべー」と言うことはない(「高かんべー」と言う)。また、共通語で「しよう(と思う)」の否定を「しないよう(と思う)」とは言わない。この点に関しては、共通語における当為の「すべき(だ)」の否定表現「すべきでない」に、「しないべき(だ)」という非標準的改新形が現れていることが平行的事例として注目される。

※様子・そぶりを示す派生動詞形、例えば／しらながる˥／(知らながる)、／すまながる˥／(済まながる)、／つまらながる˥～つまんながる˥／(詰まらながる)、…は否定拡張接尾辞(いわゆる否定の助動詞)にしかない。否定の補助形容詞、例えば「やりたく・ない→×やりたく・ながる」などの派生は用例がなく、作例しても不可と判断された。

※単純接続の／＝ねーで(～＝ねで)～＝ないで／を基に、否定の継続形／＝ねーでる(～＝ねでる)～＝ないでる／が作られている。例えば／ねねーでる(～ねねでる)～ねないでる／(「寝ないでいる」。アクセント記号を省略。アクセントは上記の「否定接続」の形についての注記を参照)。詳しくは、継続の拡張接尾辞(いわゆる助動詞)の項を参照。⇒／＝てる～＝でる／(拡張接尾辞)
なお、この地域では「＝ナイデシマウ」(「否定終結相」)の縮約形「*＝ナイジャウ」は使われない。例えば、「行かないでしまった」を「*行かないじゃった」と言うことはない。なお、「行かないでしまった」は言うとすれば／いかね(ー)で˥⁀しまった／のように言う。この表現(「否定終結相」)については名詞化形に相当する「行かずじまい/'ɪkazuzi˥mai～'ɪkazuzi˥meʀ/」のような/-zuzi˥mai～-zuzi˥meʀ/という(化石的ではなく生産的な)形式が存在することにも注意。

補：「ない」の語源と、関連する否定表現形式に関して
「ない」は上代東国方言の否定の拡張接尾辞(いわゆる助動詞)の「なふ」の連体形「なへ」に由来すると考えられている。ただ、「なふ」は否定の「ぬ」の継続相(ハ行延言)に由来する(従って活用型はハ行四段)と考えられるので、上代東国方言の活用形の祖形としては、「なは・*なひ甲・なふ・*なほ・*なへ乙・○」が推定される(上代東国方言の四段型活用の連体形語尾はオ段甲類音/-o/である)。それが文献上は「なは・○・なふ・なへ甲・なへ甲・○」となって現れていると考えられる(上代東国方言における甲・乙類音pe/pë やオ・エ段音po/pe の混乱が背景にある)。
推定される祖形連体形の「*なほ -*napo」が「なへ -*nape」となって、それが「-*napo→-*nape→-*nafe→-*nawe→-*naye→-*nae→-nai」と転じて「ない」となったと考えられているわけである。

○上代東国方言の否定表現は「なふ」専用ではなく「ぬ」と共存しており、従って両者には意味の相違が存在したと考えられることに注意。形態的・意味的特徴から「なふ」は「ぬ」の継続相と考える。なお、「ず」は「ぬ」と活用形が相補的だから「ぬ」に含めて考える。
否定の「(せ)ぬ」とその継続相「(せ)なふ」の違いは、例えば「語る」と「語らふ」の違いと平行的で、

概略「(シ)ナイ」と「(シ)ナイデイル」の違いに置き換えると理解しやすいと思われる。

○なお、いわゆる助動詞の「ぬ」の「情態言」(阪倉篤義『語構成の研究』1966角川書店p306) 形が「な」で、それに格助詞(いわゆる形容動詞語尾)の「に」「な」が付いたのが、例えば、「来(こ)ナニ」(万葉集14・3461)、「せナナ」(万葉集14・3436)などの「なに」「なな」と考えられる。つまり、動詞と動詞派生の情態言には「足掻く→あがか・に」のような派生関係が認められるが、それと同様に、「せぬ→せな・に」にも同種の派生関係が認められる。(「に」と「な」については「朝に夕に」と「朝な夕な」等を参照。)

○ついでに述べれば、上記の「なに」に助詞「て」が付いて、「なにて→なで(なンで)」(例えば竹取物語の「脱きかへなで」)が成立し、後にさらに中世後期には、接続形「て」と過去形「た」の活用形形成における語形(形態)上の対関係(例えば「見て:見た」)を類推軸として、つまり接続形と改釈された「なんで」を基にして過去形「なんだ」が成立した(例えば「見なんで→見なんだ」)と考えられる。(「なんだ」は「ない」の使用地域にも分布している(いた)ことに注意。)

補:否定拡張形式(いわゆる否定の助動詞)の接続(特に八丈方言の連用形接続)に関して

東日本諸方言では「書か・ナイ/書か・ナカッタ」、西日本諸方言では「書か・ン/書か・ナンダ(書か・ンカッタ)」「書か・ン/書か・ザッタ(書か・ンヂャッタ)」、琉球方言では「書か・ン/書か・ンタン」、およびその改新形が行われるが、いずれもいわゆる未然形に否定の助動詞が接続している。この点で八丈方言のみ「書き・ンナカ/書き・ンジャララ」となっていて特異である。これは、本来は「*書か・ンナカ/*書か・ンジャララ」だったものが、一・二段系の例えば「起き・ンナカ/起き・ンジャララ」に引きつけられて(牽引されて)変化した特殊八丈方言的な改新形(類推形)ではないかと考えられる。

こう考えて、さらに伊豆諸島地域が「ン(ぬ)」と「ナイ」の(東西対立の)境界地帯であることに注目すると、類推の軸となった一・二段系の、例えば「起きンナカ/起きンジャララ」を例にとれば、これらは「起きン」と「*起きナカ」「*起きジャララ」のコンタミネーション(混淆形)に起原する形ではないかと考えうる可能性があるのではないかと思われる。なお、「*起きナカ」「*起きジャララ」に相当する形は、金田章宏2002『八丈方言のいきたことば』(笠間書院)に、「neraenaka」(寝られないp108)、「neraezjaro:ga」(寝られなかったけどp102)という、「ɴ」を介さない形が現れており、誤植でなければ実証される。過去形の「*起きジャララ」は起源的語構成は「*起きズ+アララ」で、「アララ」は「アル」の過去形だから「起きズ+アッタ」即ち西日本方言に見られる「起きザッタ」に対応する語構成の形式と考えられる。非過去(現在)形の「起きンナカ」は、連体形「起きンナコ」+終助詞「ワ」という語構成に基づくと思われるが、「起きンナコ」のありうる祖形等についてはここでは省略に従う。

○「未然形」(特に四段動詞の「未然形」)は付属(拘束)形式で単独での使用がなく「連用形」に対して形態としての自立性・表意性が弱いことに注意。上記仮説は、「書か(+ない)」等 (四段動詞未然形) が、自由形式としても現れて自立性・表意性の高い「連用形」と(分節音的に)同じ形をした、従って相対的に自立性・表意性も高い「起き(+ない)」等(一・二段動詞未然形)に引きつけられて「書き(+ない)」等に類推変化したとするものである (つまり、「起き(+は+しない)」:「起き(+ない)」=「書き(+は+しない)」:「書か(+ない)」という図式の後半が、新たに「書き(+は+しない)」:「書き(+ない)」のように、いわゆる比例的類推(proportional analogy)によって組み換えられたと推定するものである)。以前、幼児が「(お風呂に)はいりない」「(この絵本)読みられない」と言ってから「はいらない」「読めない」と言い直したのを観察したことがある(それぞれ別の幼児。前者は1歳、後者は3歳)が、参考になろう。

○「書きンナカ」「起きンナカ」の語源を「書き+の+なか」「起き+の+なか」とする説は、過去形の「書きンジャララ」「起きンジャララ」を同じ原理で同時に説明できないことからad hocで適切ではない。述語動詞「書く」の否定表現を連語形式の[名詞「書き」+格助詞「の」+「なか」]とすることには統語的・構文的に無理があるだけでなく、そもそも「なか」は形容詞「なっきゃ」とは活用形式の点でも別形式で、同定すべき自立語が存在しない。否定の助動詞としたら格助詞「の」をとることは異例であり付属語であることと(厳密には「否定の助動詞」は「付属形式」なので)矛盾する。上記の仮説—「起きン×*起きナカ=起きンナカ」—は、この形態「起きンナカ」に現れる「ン」を起源的には否定の「ぬ」に同定するものである。

○「アララ」は起源的には「連体形*アラロ+終助詞ワ」で、「*アラロ*araro→*arao→アローaroʀ」と発達したと推定される連体形の祖形の「*アラロ」は、上代・古代中央語の「*あれる」に対応するはずであるが、中央語においてラ変動詞に完了の助動詞「リ」が接続することがなかったことからも、この語形が八丈方言における改新であることは明らかである。

ねー˥〜ない˥ /neʀ˥〜nai˥/ (名詞)

苗。芽を出して間のない草木。特に草の苗を言う。木の苗は/ねーぎ=˥〜ないぎ=˥/(苗木)。戦後世代は/なえ˥ na'e˥/と言うようになっている。

ねー˥さん /neʀ˥saɴ/ (名詞)

①姉の敬称。/あねさん¯ 'anesaɴ/に同じ。親称は/ねー˥ちゃん neʀ˥cjaɴ/。

②若い女性の敬称(①からの転用)。

ねー˥ちゃん /neʀ˥cjaɴ/ (名詞)

姉の親称。
ねーま=⌉〜ないま=⌉ ／neʀma=⌉〜naima=⌉／［苗間］（名詞）
苗代。稲の種を蒔いて苗を育てる所。戦後世代は／なわしろ‾／と言うのがふつう。
ねーゆ‾ ／neʀ'ju／［煮え湯］（名詞）
熱湯。「煮え湯」の訛語。普通は／ねらいゆ‾ nerai'ju／と言う。
ねーる‾ ／neʀru／（所動詞下一段）
「煮える」の訛語。「連母音の長母音化」の結果形式(/*ni'eru/→/neʀru/)。
ねかせる‾ ／nekaseru／［寝かせる］（他動詞サ行下一段）
①横にする、寝させる。②眠らせる。
※目的語が生物名詞、特に人の場合、例えば／こども・こ⌉と　ねかせる／(子どもを寝かせる)は、「横にする・寝させる」よりは「眠らせる」のことが多い。無生物名詞、例えば／にんぎょー　ねかせる(人形を寝かせる)は、当然「横にする・寝させる」以外の読みはない。
※使役動詞形／ねさせる‾ nesaseru／(寝させる)は「眠らせる」の意味では殆ど使われない。「子どもガ寝る(＝眠る)」を使役形にしてみると、可能な形式としては「子ども{ニ／ヲ／コト}寝させる(＝眠らせる)」が考えられるが、特に「ニ」「ヲ」は坐りが悪い。これは「眠る」ことが、意図して自由意志で「眠る」ことができず、譬えて言えば、本人の意志を超えた、気がついたら寝ていたとでも言うべき出来事であるため任意使役はなじまないからと思われる。また、強制使役はすでにして使役的であるよりも他動的であるから、競合する端的に他動詞の／ねかせる‾／の方が使われやすく現れやすいのだと思われる。これらが／ねさせる‾／が殆ど使われない理由かと思われる。
ねがん‾ ／neŋaɴ／［寝棺］（名詞）
死体を寝かせて入れる縦長の棺桶。古くは正立方体の「坐棺/zakaɴ‾/」が一般的だったという。語源については、一種の連濁の「寝＋棺/ne＋kaɴ/→/neŋaɴ‾/」(cf.「寝相」/ne＋soʀ/→/nezoʀ‾/)の他に、「寝＋龕(死体を収める箱)/ne＋gaɴ/→/neŋaɴ‾/」の可能性がある。⇒／がんばこ‾ gaɴbako／参照。
ねぎきっ⌉かけ ／neŋikiQ⌉kake／（動作名詞）
ネギ/neŋi⌉/の根に鍬で土をかけて寄せていくこと。その作業。⇒／きっかける‾ kiQkakeru／
ねぎ⌉ぼーず ／neŋi⌉boʀzu／（名詞）
ネギ/neŋi⌉/の花。形が坊主頭に似ているところからの命名。
※アクセントは／かげ⌉ぼーし／(影法師)と同類で、型の対応では東京語の頭高型に対応する形であるが、東京語は頭高型ではないようである。
ねくじる⌉ ／nekuziru⌉／（他動詞ラ行五段）
寝違える。「主語(所有主体)＋目的語(身体部位)＋ねくじる」という構文を取り、寝違える身体部位を目的語にする。
／おれ　ゆんべ　くび　ねくじった⌉・みてー・だ↓／（おれ昨夜頚を寝違えたようだ。）
ねこ⌉ ／neko⌉／（名詞）
猫。幼児語は／にゃー⌉にゃー njaʀ⌉njaʀ／。⇒／ねこっこ⌉ nekoQko⌉／参照。
／おすねこ‾／(雄猫)↔／めすねこ‾／(雌猫)、／ねこっこ⌉／(親猫の子。子どもの猫。小猫)。
鳴き声(擬音語)は、／にゃー⌉、にゃー⌉にゃー／、／にゃー⌉お／、／にゃー⌉ご njaʀ⌉ŋo／などがふつう。
うるさく鳴く声はふつうは／ぎゃー⌉ぎゃー gjaʀ⌉gjaʀ／だが、微妙に軽度の、うるさく鳴く声は、／ぎゃー⌉ぎゃー ŋjaʀ⌉ŋjaʀ／(ガ行鼻音、いわゆる鼻濁音で始まることに注意)と言い分ける話者が存在した（本人に直接確認)。また、うるさく鳴く様子は／ぎゃー⌉すか gjaʀ⌉suka／や／ぎゃー⌉すか ŋjaʀ⌉suka／などといっていた。
畳語形式の／ぎゃー⌉ぎゃー／と「すか」語尾形式の／ぎゃー⌉すか／との間には、例えば、／ゆんべ⌉・わ　ねこ⌉・が　ぎゃー⌉ぎゃー　うるさ⌉かった↓／はうるさい鳴き声そのものに関心が向けられ、／ゆんべ⌉・わ　ねこ⌉・が　ぎゃー⌉すか　うるさ⌉かった↓／はうるさく鳴く様子に関心が向けられているといった微妙な違いがある。
※猫や犬を呼ぶときに「吸着音click」いわゆる「舌打ち音」が[ɿ][ɯ][ɿɯ]のように使われる。歯茎音だが、厳密には舌の形は舌尖的apicalではなく舌背的dorsalで、舌の形からは舌尖的な歯音／歯茎音の[t]ではなく舌背音な歯茎硬口蓋音の[ȶ]に同じである。(最近の表記法では[t*][ȶ*]となろうが、旧来の[ɿ]を用いている。)人によっては調音時に唇のまるめを伴う発音を観察した。
ねこじゃら⌉し ／nekozjara⌉si／（名詞）
エノコログサ（の穂)。穂を使って猫をじゃれさせてよく遊んだ。
※猫をじゃれさせることは、ふつう／じゃれかす⌉ zjarekasu⌉／と言って、／じゃらす⌉ zjarasu⌉／とはあまり言わないようである。この例では(所動詞に付くことが多い)接尾辞／＝かす -kasu／が自動詞に付いている。
／ねこ⌉・こと　じゃれかして⌉　あすんでる↓／（猫をじゃれさせて遊んでいる。）
ねこっこ⌉ ／nekoQko⌉／［猫っ子］（名詞）
①小さい猫。小猫。②子どもの猫。子猫。③親猫の子。子猫。④猫。
※／ねこ⌉ neko⌉／(猫)に指小辞／＝っこ -Qko／が付いた語。この語は、／こねこ⌉ koneko⌉／(小猫・子猫）と意味的には近いが、指小辞／＝っこ -Qko／によって、猫の小ささと猫への心理的

・感情的な近さが表されていて、「小猫」や「子猫」だけでなく「猫」自体を指しても言うことができる点で／こねこ˥ koneko˥／と違いがある。⇒／＝っこ -Qko／(指小辞)の項を参照。

ねじくる˥ ／nezikuru˥／ (他動詞ラ行五段)

繰り返し(細長い)物の端を無理に力を入れて回す。語義については／ねじる˥ neziru˥／を参照。

ねじくれる˥ ／nezikureru˥／ (所動詞・自動詞ラ行下一段)

①繰り返し無理に力を入れて回すことで(細長い)物が変形する。②心が全く素直でなくなる。②の意味で使われることが多い。

ねしょんべ˥ん ／nesjoɴbe˥ɴ／ (名詞・動作名詞)

寝小便。

ねしょんべん˥たれ ／nesjoɴbeɴ˥tare／ ［寝小便垂れ］ (名詞)

寝小便をする(ような)者(≒子ども)に対する軽卑語。／しょんべん˥たれ sjoɴbeɴ˥tare／(小便垂れ)に同じ。⇒／たいる˥ tairu˥／(垂れる)の注(※)を参照。

ねじる˥ ／neziru˥／ (他動詞ラ行五段)

(細長い)物の端を無理に力を入れて回す。／ひねる˥ hineru˥／より力を強く加える感じがある。

※複合動詞の語基(前部造語成分)には連用形の／ねじり＝ neziri-／ではなく、例えば「ねじ開ける/nezi-'akeru(˥)/」「ねじ切る/nezi-kiru(˥)/」「ねじ曲げる/nezi-maŋeru(˥)/」 など、／ねじ＝ nezi-／が使われることが多い。これは古い上一段の「ねじる/nezi-ru˥/」の連用形／ねじ＝ nezi-／が化石的に残存しているためである(共時的には/nezi-/は/nezir-/の「語根」として扱うのが適当)。

※／ねじる˥ neziru˥／と／ねじくる˥ nezikuru˥／の違いについては、反復動詞形成接尾辞／＝くる -kuru／の項を参照。なお、／ねじくる˥ nezikuru˥／は、当該接尾辞が五段に付いた形(/nezi(r)-kur-u/)に由来すると考えるが、厳密には、前記の古い上一段に付いた形(/nezi-kur-u/) の可能性を排除できない。

ねじれる˥ ／nezireru˥／ (所動詞・自動詞ラ行下一段)

①無理に力を入れて回すことで(細長い)物が変形する。②心が素直でなくなる。①のことが多い。

ねずみもー˥ち ／nezumimoʀ˥ci／ (名詞)

ネズミモチ［樹種の名前］。

※「モチノキ (黐の木)」は／もー˥ち・の⁀き moʀ˥ci no ki／と、第１音節は長呼される。

ねっきり˥むし ／neQkiri˥musi／ (名詞)

「根切り虫」の意で、植物の苗の根を食いちぎる(とされる)虫。

ねっこ=˥ ／neQko=˥／ (名詞)

根っこ。／ねっこ˥　ぬく(抜く)、ねっこ・ま˥で　ぬく、ねっこ・ん⁀なか˥・に／。

ねっころ˥がる ／neQkoro˥ŋaru／ (自動詞ラ行五段)

(人や生き物が)ごろりと体を横にする。ごろりと横になる。

ねどこ=˥ ／nedoko=˥／ (名詞)

寝るために敷いた布団。

ねな˥し ／nena˥si／ (名詞)

マツバボタン［草の名前］。

ねに˥はに ／neni˥hani／ (副詞)

事細かに。／ねに˥はに　きく¯／ (事細かに聞く)。

※語源は「根に葉に」であろう。共通語の「根掘り葉掘り」が参考になる。アクセントの点でも問題がない。

ねねこば˥んてん ／nenekoba˥ɴteɴ／ (名詞)

赤ん坊を背負うとき、上からかぶせて着る綿入れの「半纏/haɴte˥ɴ/」。

※／ねねこ＝／は「赤ん坊」の意味だというが、単独では使わないようで、ふつう／あかんぼ¯／と言っている。

※『物類称呼』の「小児(をちご)」の項に、「関東にて○ねんねといふ(ややとよぶは諸国の通語也)」とある「ねんね」に関連ある語で、「ねんね＋子→ねねこ」のような脈絡が考えられる。

ねま˥ ／nema˥／ ［寝間］ (名詞)

寝室。

ねまき¯ ／nemaki／ (名詞)

寝るときに着る衣服。

※聞いた限りでの話者は、「寝間/nema˥/＋着」ではなく「寝＋巻き」という語構成意識をもっていた。

ねらいゆ¯ ／nerai'ju／ (名詞)

熱湯。／ねーゆ¯ neʀ'ju／も聞くが、／ねらいゆ¯ nerai'ju／が多い。

※語構成を明らかにできない。／＝ゆ／は「湯」であろうが、／ねらい＝／が／にる¯／(煮る)や／ねーる¯／ (煮える) と関連するであろうが、よく分からない。

上野勇1933『埼玉県幸手方言集』や、県内各地にもある「にらゆ」(熱湯)との関連を重視すれば、「にらゆ」×「ねーゆ」の干渉(牽引)→「*ねらゆ」→「ねらいゆ」という音変化も考えられるが、そもそも「にらゆ」の語構成からして不可解である。

ねる¯ ／neru／ (自動詞ナ行下一段)

①横になる、寝る。②眠る。他動詞は／ねかせる¯ nekaseru／(サ行下一段)。
※①と②は意味的にはかなり異なるが近接する出来事であるため融合しているものと考えられる。
※反対語の／おきる˥ 'okiru˥／も、①「起き上がる」と②「目が覚める」が融合している。

ねん˥じゅー ／neɴ˥zjuʀ／ (副詞)
いつも、常に。／ねん˥じゅー　ひとつ˥こと　ゆってる↓／(いつも同じことを言っている。)

ねんじん¯ ／neɴziɴ／ (名詞)
ニンジン(野菜の名)の訛語。／にんじん¯ niɴziɴ／とも言う。

ねん˥ね ／neɴ˥ne／ (動作名詞)
「寝る、眠る」の幼児語。／ねん˥ねん neɴ˥neɴ／とも言う。

ねん˥ねん ／neɴ˥neɴ／ (動作名詞)
「寝る、眠る」の幼児語。／ねん˥ね neɴ˥ne／とも言う。

ねんぶつ=˥～ねんぶつ¯ ／neɴbucu=˥～neɴbucu／ ［念仏］(動作名詞・名詞)
①／なんまいだぶ¯～なんまんだぶ¯ naɴmaidabu～naɴmaɴdabu／と称えること。称名念仏。
②念仏講。／あした　ねんぶつ˥・みてー・だ↓／(明日、念仏講が行われるようだ。)
③広く、仏式で行われる葬送儀礼や年忌法要などの行事や儀式、また勤行などを言う人がある。
※葬送儀礼は／ともらい¯ tomorai／、年忌法要は／ほーじ¯ hoʀzi／(法事)と言うのがふつう。
※アクセントは、多くの話者が／ねんぶつ・で˥も⌒して、ねんぶつ˥⌒して、ねんぶつ˥・みてー・な、ねんぶつ・の・よー˥・な／と発音している。この型(尾高型B)は東京語の尾高型が対応するはずだが、現在の東京語は平板型なので対応していない。しかし、山田美妙『日本大辞書』1892に「第四上」とあり、この古い「尾高型」に対応している。改まると／ねんぶ˥つ／と発音する話者があるが、「直しすぎ語形hypercorrect form」かもしれない。
⇒／だいぶつ=˥～だいぶつ¯ daibucu=˥～daibucu／(大仏)のアクセント参照。

ねんぶつこー¯ ／neɴbucukoʀ／ ［念仏講］(名詞)
念仏講。初老に達した老人たちが加入して構成される講(ほとんどが女性)。講は大字(江戸期の村)を単位としていた。念仏講は儀式・勤行の部分とその後の会食の部分から成っていた。一部(草加市小山など)で、／ときこー¯ tokikoʀ／ともいうのは、(この語は「斎(とき)講」のことであると思われるから)会食の部分に注目しての名称かもしれない。(話者に「斎(とき)講」という語構成意識や語源意識はなく、「とき」の意味を聞いても分からないトイウコトダッタ。)
※大正２年(1913)に書写された念仏講の手写本(テキスト)の内容は、次のようになっている(全文かな書きを漢字かな交じりに直す)。
①「真言宗在家勤行式」(これには見出しがないが内容から「真言宗在家勤行式」としておく)
「勤行式」の前に、「拝し奉る　所のご本尊　並びに大師　大神宮　鎮守総じて　日本大小の神祇天子皇后　文武百官　父母師長　六親眷属　乃至法界　平等利益」
「勤行式」の後に、家の時は「南無当家　先祖代々　一切精霊」が付け加わっている。
②「家のお念仏」 ③「舎利礼文」 ④「善光寺和讃」 ⑤「般若心経」 ⑥「大金剛輪」 ⑦「棚念仏」
⑧「彼岸念仏」 ⑨「忌み念仏」 ⑩「六阿弥陀」 ⑪「葬い念仏」 ⑫「お祝い念仏」 ⑬「これさま」
⑭「十三仏」 ⑮「地蔵和讃」 ⑯「庚申様」
念仏講においては、これらの中からその時々の念仏講で決まっているものが詠まれるという。

の[1] ／no／ (連体格助詞「属格」)
名詞に付いて、連体語を作る連体格助詞。連体語性の付与を文法機能とし、具体的意味は前後関係で決定される。厳密には、名詞および名詞扱いの語句に付いて、とすべきであるが、名詞を典型とするという意味で上記のように記す。この中には「引用の実詞quotation substantive」も含まれる。
格助詞との結合に関しては「格」の意味からすると特異な現象となるが次の二種の結合が存在する。
・連体格助詞「ガ」に付いて「有生連体格」の「ガノ」を構成するが、これは共時的には（能格「ガニ」・与格「ゲ」とともに）連語ではなく単語とすべきものと考えられる。「ガノ」「ガニ」「ゲ」の項参照。
・連用格助詞に付いて、その格での連体語を構成する。方向格「イ」(へ)・与格「ゲ」・奪格「カラ」・共同格「ト」・具格「デ」には、例えば「親カラノ子どもイノお年玉」、「親カラノ子どもゲノお年玉」、「親トノ電話デノやりとり」などのような結合例「イ・ノ」「ゲ・ノ」「カラ・ノ」「ト・ノ」「デ・ノ」が存在する。主格「ガ」・能格「ガニ」・対格「コト」・位格「ニ」・比較格「ヨリ」には結合例がない。このうち、主格「ガ」・能格「ガニ」・対格「コト」は、ゼロ形態化して「φ・ノ」となると考えられる。
※文に相当する名詞句の内部の、「主格＋対格」(「～ガ～(コト)」)での「ノ・ノ」連体構造は、例えば「[子どもノ自転車ノ運転](が危なっかしい)」などのように、共通語と同様である。「能格＋主格」(「ガニ～ガ」)(戦後世代は「位格＋主格」(「～ニ～ガ」))での連体構造も「主格＋主格」(「～ガ～ガ」)での連体構造も、例えば「[おれノ数学ノ不出来](は誰に似たのか)」(≒「おれガニ数学ガできないの(…)」≒「おれガ数学ガできないの(は…)」)のように、ともに「ノ・ノ」連体構造になる。これら三者の「ノ・ノ」連体構造には、対格型／能格型を含む広義の「主語({主格／能格})＋目的語({対格／主格})」の関係が成立していて、名詞句内の語順を入れ替えると、[子どもノ自転車ノ運転]→(?)×[自転車ノ子どもノ運転]、[おれノ数学ノ不出来]→(?)×[数学ノおれノ不出来]のように、不自然と判断される。基本語順を「SOV」とする語順型との関連が考えられる。主名詞が広い意味

で用言性を持つ語類(「運転」≒「運転すること」、「不出来」≒「できないこと」)であることに注意。
・その他、位格「ニ」に対応する連体語は、例えば「盆暮れノ医者{イノ／ゲノ}届け物」(←「盆暮れニ医者{ニ／イ／ゲ}届け物する」)や「(横断歩道デノ人ノ)車トノ接触(事故)」(←「(横断歩道デ人ガ)車{ニ(／ト)}接触した」)のように、「φ・ノ」／競合する方向格「イ・ノ」・与格「ゲ・ノ」／意味の近い共同格「ト・ノ」になるなど複雑な対応を示している。この他、場合によって「(今年の)医者ノ届け物(どうする)」のように「φ・ノ」にもなる。比較格の適切な連体構造は見つからない。
語頭に歯裏・歯茎音を持つ名詞の「時、所、中」／toki, tokoɴ, naka／(アクセント記号省略)の前で、／ん ɴ／となる。／の no／に回帰可能なので、／の no／の「弱まり語形」として扱う。
アクセント上のふるまいに関して注意すべき点は次のとおり。次項の／の no／もこれに準ずる。
①東京語の尾高型に対応する２音節以上の／○○=˥／(尾高型Ｂ)のアクセント核を消去する接続をする点で、東京語同様に特異なふるまいをする。
例／はな・の⌒たね˥(花の種)、はな˥⌒さく(花が咲く)、はな・よ˥り⌒だんご／。
※語的に例外をなすのは、／つぎ・の˥⌒こと／(次のこと)や／よそ・の˥⌒うち／(余所の家)などがある。
次の数詞類は類的に①の例外をなしているだけでなく、ほかにも類的に特異なふるまいをなす。
②数詞の「二人、二つ・三つ・四つ・六つ・八つ」「みんな」など(東京語の尾高型に対応する)尾高型Ｂ／○○=˥／の和語数詞は、
ⓐ無助詞のとき(＝単独で)平板型。例／ふたっつ⌒ある˥、みんな⌒いる／。
ⓑ助詞が付くと通則どおりアクセント核が後退して助詞の第１音節に置かれる。
例／みっつ・ま˥で(数える)、みんな・に˥・まで(迷惑φかける)／)。
ⓒ「みたい＋だ」は核の移動をブロックする発音と核を消去して付く二様の発音が観察される。
例／よっつ˥・みたい・だ、みんな˥・みたい・に／
／よっつ・みた˥い・だ、みんな・みた˥い・だ／。
しかし上記①のアクセント規則(/○○=˥/＋/no/→/○○＋no/)に反して、
ⓓ「ノ」が付いても、アクセント核は消えないで、単語境界を越えて助詞の「ノ」に置かれる。
例／よっつ・の˥⌒こと、みんな・の˥⌒こと／)
などの点で特異な類を形成している。
③「入声」起源の語尾「チ・ク」を持つ２音節の漢語数詞「一・七・八、六」と和語の「なな(七)」も(東京語の尾高型に対応する)尾高型Ｂ／○○=˥／で、「ノ」が付いてもアクセント核が消えない点は和語数詞と同じだが、無助詞のときにもアクセント核が消えないで残り、「みたい＋だ」もアクセント核が消えず核をブロックするタイプしかない点で、上記の和語数詞とはふるまいが異なる。
例／いち˥⌒ぬけた、(答えは)いち˥・みたい・だ、(答えは)いち・の˥・よー・だ／。

の[2] ／no／(名詞的準体助詞)
／の no／は、／d-〜zj-／で始まる付属語の前で／ん ɴ／となる。／の no／に回帰可能な形態なので、／の no／の「弱まり語形」として扱う。
①名詞に付いて、関係物を表す：
名詞一般に付いて、広くそれに関係あるモノ・コトの意味を表す。
／うり˥・わ　うらなり・の˥・より　もとな˥り・の・が　んーま˥い・って・よ↓／
(瓜はうらなりのより本生りのが旨いということだ。)
②代名助詞　：
動詞・形容詞の連体形、「名詞＋／の no／」、「状態詞＋／な na／」および機能上これに等しいものに付いて、モノ(コト)の意味を表す(意味的にはモノ的特徴を示す)。場面・文脈から指示対象が明らかな場合に、この／の no／が使われるようである。形式名詞／やつ˥ 'jacu˥／と交替可能。
／おと˥な・の・の・と　こども・の˥・の・と　ふたっつ　かって　きて˥　くれ↓／
(大人のと子どものと二つ買って来てくれ。)
／おと˥な・の・の／の前の「の」は連体格の格助詞、後の「の」が代名助詞(準体助詞②)。
なお、所有(「所有者―所有物」)関係の意味が強く出るが、ほぼ同じ事態を／おと˥な・が・の・と　こども・が˥・の・と　ふたっつ　かって　きて˥　くれ↓／とも言える。この場合も、「が」は連体格助詞、「の」が代名助詞(準体助詞②)である。⇒／が˥・の ŋa˥ no／(連語)の注参照。
※２つの「の・の」結合について
上記のＡ「の(連体格助詞)＋の(代名助詞(準体助詞②))」のほかに、Ｂ「の(準体助詞①)＋の(連体格助詞)」と考えるべき助詞連語「の・の」が存在する。
見た目には似ているが、同じ「の・の」結合でも、／おれ・の˥・の⌒ほー・が　おめー・の˥・の⌒ほー・より・か　でっか˥い／(おれのの方がおまえのの方よりも大きい)などの場合は、名詞「ほー」(方)との接続と意味から考えて、前の「の」が準体助詞①、後の(名詞に直接する)「の」が連体格の格助詞と考えられる。所有関係の意味が強く出る／おれ・が˥・の⌒ほー・が　おめー・が˥・の⌒ほー・より・か　でっか˥い／も、同様に「が(準体助詞)＋の(連体格助詞)」と解釈される。ほかに、「あれはおれが持っていた物のように見えた」の意味の／あら　おれ・の˥・の・よー・に　めー˥た／の「の・の」結合も、状態詞的準体助詞(いわゆる助動詞「ようだ」の語幹)の「よ

ー」の接続から考えて、B「の(準体助詞①)＋の(連体格助詞)」と考えられる。柳田國男『遠野物語』57話にも「(河童の)指先のあとは人のゝやうに明かには見えずと云ふ」という例が見られる。

③名詞化：

動詞・形容詞の連体形、「名詞・状態詞＋／な na／」および機能上これに等しいものに付いて、全体として名詞的性質を付与する。意味的にはコト的特徴を示す。

この形式は、それが結合する動詞・形容詞の主格補語（いわゆる主語）を表すのに、／φ／や／が ŋa／の他に、／の no／が現れる点で、次項の説明的／の no／とは異なる。この形式は直後に格助詞／の no／を取り得ないが、その他の格助詞とは制約はあるけれども、比較的自由に結合し得る点でも多分に名詞的性格を有するものである。

／おい・の　いく・の˥・が　おそく　なって˥　わる˥かった↓／
（俺の行くのが遅くなって悪かった。）

注．名詞節を作る２つの／の no／について

ア）／こども・{が／の／φ}　けって˥　くん・の　おそくて　しんぱい⁀した↓／
（子ども｛が／の／φ｝帰ってくるの［が］遅くて心配した。）

イ）／おちゃ・{×が／の／?φ}　こい˥・{の／やつ}　のみた˥かった／
（お茶｛×が／の／?φ｝濃い｛の／やつ｝［を］飲みたかった。）

ア）の下線／の／が名詞化の／の／、イ）の下線／の／は、前項の代名助詞の／の／である。同じように名詞節を構成しているが、

ａ．ア）は主格補語に／が／／の／／φ／いずれも可能であるが、
イ）は（見かけの）主格補語（厳密には同格補語）に／の／しか取れないこと、

ｂ．ア）の／の／は形式名詞／やつ˥／と交替できないが、
イ）の／の／は形式名詞／やつ˥／と交替可能であること等、

名詞節構成の／の／には明らかに職能的に異なる２類の／の／がある。

※イ)の「お茶の濃い{の／やつ}」は、名詞句の[濃いお茶]の「お茶」が取り立てられて(一種の主題化topicalizationをこうむって)、[お茶の[濃い~~お茶~~]]→[お茶iの[濃い{のi／やつi}]]となっているように考えられる。名詞句と文にはある種の平行性があるので、文における「は」による取り立て(主題化)と類比的に「名詞句内成分の取り立て(一種の主題化)」表現と考えられることもできるのではないかと思われる。一種の「主題化」とするのは、「[お茶no[濃い{no／'jacu}]]が飲みたい」と近似した意味の「お茶は[濃い{no／'jacu}]が飲みたい」があることから分かるように、「お茶」は既知・旧情報であると思われるからである。

※なお、「濃いお茶が飲みたい」と「お茶の濃いのが飲みたい」では、前者では「飲みたい」のが「濃いお茶」で相対的にその「濃い」ということに、後者では「飲みたい」のがまず「お茶」というものであること(付加的にそれが「濃い」ものであること)に、話し手の関心が向いていると、多くの話者は内省している。同様に、「落っことした財布(が)めっかった」と「財布の落っことしたの(が)めっかった」についても、前者では「見つかった」のが「落とした財布」で相対的にその「落とした」ということに、後者では「見つかった」のがまず「財布」というものであること(付加的にそれが「落とした」ものであること)に、話し手の関心があるという内省が聞かれる。

④説明体文形成助詞：

常に繋合詞(断定の助動詞)と結合して現れ、根拠のある断定を表す。前項の名詞化の／の／と異なり、説明の／の／はそれに先行する統合がそれ自体で文たり得る点が特徴である。(但し名詞文・状態詞文では繋合詞(断定の助動詞)は／だ da／→／な na／のように交替する。)

⇒『埼玉県東南部方言の記述的研究』(くろしお出版2016)256頁以下参照。

例：

／ひと・{が／の／φ}　みて˥ん・の・が　き・ん⁀なる˥・よ・な˥ー↓／（名詞化）
（人｛が／の／φ｝見ているのが気になるよなあ。）

／あすこ・っから　ひと・{が／×の／φ}　みて˥ん・だ・よ↓／（説明）
（あそこから人｛が／×の／φ｝見ているんだよ。）

※終止＝連体形語尾が／＝る -ru／で終わるラ行五段・上下一段・カ変動詞では、／＝る＋の＋だ -ru no da／等は／＝る・ん・だ -ru ɴ da／を経て／＝ん・だ -ɴ da／となる。

補説：準体助詞{の／が}の成立に関する仮説

(古典語)用言の(共時的に把えられる)「準体形式」を「[連体形式＋φ主名詞]」（に通時的に由来する)と考えると、現代語の(共時的に把えられる)「準体助詞{の／が}」も、平行的に「[連体助詞{の／が}＋φ主名詞]」(に通時的に由来する)と把え直すことができる。その場合、通時的視点から、準体助詞のあり方に３種類のものを区別できる。

ⓐ連体形式{の／が}＋φ(≒モノ)
俺のφ：　俺のφ(ヨリいい)
俺がφ：　俺がφ(ヨリいい)　　(方言戦前世代)

ⓑ連体形式{の／が}＋ノ(≒モノ)
俺のノ：　俺のノ(ヨリいい)　→「のノ」は方言では可能と判断される。
俺がノ：　俺がノ(ヨリいい)　　(方言戦前世代)

この「ノ」(準体助詞)自体は@の「の＋φ」に由来するが、もはや準体助詞「ノ(≒モノ)」となっていて、「の＋モノ」の主名詞ゼロ形態(＝連体助詞「の＋φ」)には還元できない。現代語の用言連体形に付く準体助詞「ノ」も直接的にはこの「ノ」に由来する形式で、ⓐの「の」ではない。

ⓒ連体形式{の／が}＋ガ(≒モノ)

俺のガ：　俺のガ(ヨリいい)　→殆ど観察されないが、言えると判断された(方言戦前世代)。

俺~~がガ~~：　俺~~がガ~~(ヨリいい)　→「がガ」は不可能と判断された(方言戦前世代)。

この「ガ」(準体助詞)自体はⓐの「が＋φ」に由来するが、もはや準体助詞「ガ(≒モノ)」となっていて、「が＋モノ」の主名詞ゼロ形態(＝連体助詞「が＋φ」)には還元できない。

このように、ⓑⓒはⓐからの発達形と考えられるが、ⓑ(の→ノ)の方は上記①～④のような諸用法を発達させているのに対して、ⓒ(が→ガ)の方は十分な発達を見ないままとなっている。これには、連体助詞「の」が名詞一般に付いて一般的な所有・所属の関係を表すのに対して、連体助詞「が」が生物名詞（厳密には生物を指示対象referentとする形式）と結合して排他的な所有の関係を表す(ように[本方言で]発達している)ことが関係しているのではないかと考えられる。

の[3] ／no／（並立助詞）

「ＡノＢノ」という形で、並列・列挙を表す。

※Ａ・Ｂの位置には「動詞・形容詞終止形および名詞・状態詞＋だ」が入る。)

の⁀うち¯～ の⁀ち¯～ ん⁀ち¯ ／no 'uci～no ci～ɴ ci／（[属格助詞「の」＋名詞「うち(家)」]の連語)

／ひと・の⁀うち¯～ひと・の⁀ち¯～ひと・ん⁀ち¯／(他人の家。戦前世代は／しと¯／)など。

※「/(⁀)ち/」や「/ん(⁀)/」は「/うち/」や「/の/」の弱まり語形。⇒／うち¯ 'uci／(家)の項を参照。

のーがた¯ ／noʀŋata／（名詞）

洪積台地(高台の地域)を言う。沖積平野(低地の地域)の／さと¯ sato／の対語。

／たんなか¯ taɴnaka／(田)などの「水田」が広がる沖積低地・沖積平野に対して、高台の「台地」地域を／のーがた¯ noʀŋata／(野方)と言う。なお、台地の開析谷を／やつ¯ 'jacu／と言う。

※同様の「台地：低地」の生活世界の分節は「野方(のがた)」と「圷(あくつ)」などという形で関東地方各地に広く分布している。なお、中世下総国葛飾郡に存在した広大な「下河辺荘」の領域が「野方」と「川辺」(と「新方」)に分かれていたことが文献に見える。

※「のがた(野方)」の第１音節長呼であると思われるが、(人によるかもしれないが)話者に「のー」＝「野」の意識はなかった。台地は平野との境に高度差があり、坂や場所によって崖・崖線が存在する点で、古語の「野」の意味が「山裾の傾斜地」(『岩波古語辞典』)であるのとよく対応している。

のーたりん¯ ／noʀtariɴ／（名詞）

愚か者、馬鹿。「脳ノ足リヌ(者)」の意。否定の「ぬ」から見て他方言からの借用語の可能性が高い。

のーて˥ん ／noʀte˥ɴ／（名詞）

頭のいちばん上の部分、頭のてっぺん。

のーて˥んき ／noʀte˥ɴki／（状態詞）

無考えでのんきな様子。／のーて˥んき・な　やつ˥・だ↓／（のんきな奴だ。）

のがっぽ˥い ／noŋaQpo˥i／（形容詞）

チクチクと刺すように痛がゆい。「麦の穂のとげ」の／のげ¯ noŋe／(芒)の母音交替形(被覆形)／のが＝ noŋa-／に形容詞形成接尾辞／＝っぽい／が付いてできた形容詞。⇒／のげ¯／(芒)参照。

のくと˥い～のくて˥ー～ ／nokuto˥i～nokute˥ʀ／(形容詞)

→／ぬくと˥い～ぬくて˥ー～ nukuto˥i～nukute˥ʀ～／

のくとばっ˥こ～ぬくとばっ˥こ ／nokutobaQ˥ko～nukutobaQ˥ko／（名詞・動作名詞）

→／ぬくとばっ˥こ～のくとばっ˥こ nukutobaQ˥ko～nokutobaQ˥ko／

のげ¯ ／noŋe／［芒］(名詞)

麦の穂のとげ。芒。「のげ(芒)＋っぽい」から形容詞「のがっぽい」ができている。同項参照。

※古典語の名詞「はしか(芒)」と形容詞「はしかし」(「痛がゆい」ク活用形容詞)の(派生)関係参照。

のじ˥ながい ／nozi˥naŋai／（形容詞）

期間が長い。長期間であること。長時間であること。⇒／ながの˥ーじ naŋano˥ʀzi／を参照。

／のじ˥ながく　ある˥って　くたびれ˥ちゃった↓／（長く歩いて疲れた。）

／なす˥・わ　のじ˥ながい・から　い˥ー↓／（茄子は長い期間に亙って収穫できるからいい。）

※「ノジながい」や「ながノージ」の「のじ～のーじ」の語源は、「能持」で、「長く持つこと、長持ちすること」である。『日葡辞書』にnôgiとあり、これを『岩波邦訳日葡辞書』では「能治」とするが、『小学館日本国語大辞典』のように「能持」であろう。「長い期間にわたって作物が枯れないで実る」ことを／ながの˥ーじ　なる˥／ということからも「能持」と考えられる。

のしも˥ち ／nosimo˥ci／［のし餅］(名詞)

搗いた餅を長四角に平たくのばした餅。これを小さく長四角に切ったのが／きりも˥ち kirimo˥ci／。

のす˥ ／nosu˥／（自動詞・他動詞サ行五段）

①自動詞：常に継続相の形／のして˥る／（タ行下一段）で使われ、「他を圧する勢いを示す」。

／やろ˥ー　ちかご˥ろ　のして˥ん・な˥↓／（あいつは近ごろ「のしている」な。）

②他動詞：餅や捏ねたうどん粉・そば粉などを平らにのばす。

③他動詞：「人を殴り倒す」。完了相／のっしゃ˥う／(のしてしまう)の形で使われることが多い。

／やろー˥・こと　あ・ってー⌒ま・に　のっしゃ˥いやがった↓／
（あいつをあっという間にのしてしまった。）
※連語／のして˥⌒あるく／は「他を威圧するように歩く」。情態副詞の／のし˥のし nosi˥nosi／や自動詞の／のさばる˥ nosabaru˥／も関連語と考えられる。
のぞ˥ ／nozo˥／（名詞）
喉。①口の奥の「咽喉」と、②くび（頚）の前面の「喉頚（のどくび）」と、内外いずれを指しても言う。
／かぜ・で　のぞ˥⌒はれて　いた˥かった／（風邪で喉が腫れて痛かった）。
／のぞ˥・に　ぶっつい˥て　あぶなかった¯／（［ボールが］喉に当たって危なかった）。
※母音間の／d／が摩擦音化して／z／になる例のひとつ。他に、「香典」→／こーぜん¯ koːzeɴ／、「撫でる」→／なぜる˥ nazeru˥／、「熊手」→／くまぜ¯ kumaze／ナド。
のぞく¯ ／nozoku／（他動詞カ行五段）
（外部・上部、隙間から内部を）窺（うかが）い見る。覗（のぞ）く。
のぞっこく¯ ／nozoQkoku／（他動詞カ行五段）
／のぞく¯ nozoku／の強意動詞。覗く。覗き込む。
のぞっこむ˥ ／nozoQkomu˥／（他動詞マ行五段）
（外部から内部への方向性を明示・強示した）覗き見る。覗き込む。
のたくる˥ ／notakuru˥／（自動詞ラ行五段）
（ミミズや蛇などが）（身体的苦痛から）細長い体を繰り返しくねらせる動きをする。
／めめず・が　のたくって˥た↓／
（［日照りで土が乾き］ミミズが［地面に這い出てきて］体を何度もくねらせる動きをしていた。）
のっかる¯～のっか˥る ／noQkaru～noQka˥ru／（自動詞・所動詞ラ行五段）
（人が）乗る。（物が）載る。同一事態を／のる¯ noru／（乗る・載る）とも言うが、強調された把え方になっている。アクセント核が固定的な／のっか˥る／も観察される。
／やね˥・に　ねこ˥・か⌒なに・か　のっかってる↓／（屋根に猫か何かが乗っている。）
のっける¯～のっけ˥る ／noQkeru～noQke˥ru／（他動詞カ行下一段）
（人を）乗せる。（物を）載せる。同一事態を／のせる¯ noseru／（乗せる・載せる）とも言うが、強調された把え方になっている。アクセント核が固定的な／のっけ˥る／も観察される。
／やね˥・に　ねこ˥・か⌒なに・か・こと　のっけてる↓／（屋根に猫か何かを乗せている。）
のっぱ˥ら～のっぱら¯ ／noQpa˥ra～noQpara／（名詞）
野原。人の手の加わる耕作地の／でん˥ぱた／（田畑）に対して、人の手の（あまり）加わらない「荒れ地」（荒蕪地）というイメージがあるようである。
／あすく・も　うち　たって˥た・けど ｜ いま˥・じゃ　のっぱら・だ↓／
（あそこも［以前は］家が建っていたけれど、今では野っ原になっている。）
のっ˥ぽ ／noQ˥po／（名詞・状態詞）
体が細くて背丈が高い人、様子。／せーたかのっ˥ぽ seːtakanoQ˥po／とも言う。
の˥に ／no˥ni／（接続助詞）
「＋有根拠性」の逆接確定条件を表し、／け˥ど～け˥んど／に比して論理構成上の客観性の度合いが高い。／いそがし˥ー・のに　きて˥⌒くいた↓／（忙しいのに来てくれた。）
の˥・の ／no˥ no／（連語）
名詞一般に付いて、それが生物なら所有者とその所有物を、無生物なら物や場（「所属者」）とそれに関係（帰属）する物（「所属物」）を表す。「連体助詞／の／＋準体助詞／の／」の連語形である。［［名詞＋の］＋の］という句は全体として名詞的に働く。共通語では、このような「の（連体助詞）＋の（準体助詞）」は、規範的には連体助詞「の」を削除し準体助詞「の」１つとなるようであり、方言でもそのようにも言うが、準体助詞「の」１つの／おれ・の˥（よりいいもの持ってる）／と、「の（連体助詞）＋の（準体助詞）」という「の・の」連語の／おれ・の˥・の（よりいいもの持ってる）／とでは意味的な違いがある（と感じられている）。／おれ・の˥・の／の方が／おれ・の˥／より所有的（所属的）な関係性が強く感じられるのに対して、／おれ・の˥／の方は、その関係性が所有に限らず文脈や場面に依存して多様で、（特に所有に関しては）ニュートラル（中立的）であると感じられている。なお但し、／おれ・の˥・の／の表す所有関係は、／おれ・が˥・の（よりいいもの持ってる）／が表す（特殊な）排他的所有に比べて弱く、その点では一般的な所有関係を表しているということができる。
⇒／が˥・の ŋa˥ no／（連語）の項を参照。
／［おれ・の˥・の］・が　［おめー・の˥・の］・より・か　い˥ー↓／
／［おれ・の˥・の］・の⌒ほー・が　［おめー・の˥・の］・より・か　い˥ー↓／
（｛おれのの／おれのの方｝が［直訳］おまえのよりいい。）
／あら　［した・の˥・の］・が　おれ・と⌒っしゃ　よか˥った↓／
（あれは下にある物の方がおれとしてはよかった。戦前世代では／した・な˥・の／と共存。）
なお、／おれ・の˥・の⌒ほー・が　でっか˥い／（おれの持っている物の方が大きい）や、／あら　おれ・の˥・の・よー・に　めー˥る／（あれはおれの持っていた物のように見える）の「の・の」連語は、接続と意味から見て、「準体助詞／の／＋連体助詞／の／」と考えられるべきものである。
のびろ¯～のびる¯ ／nobiro～nobiru／（名詞）

の

野蒜。野蒜の球根を／ひるったま¯ hɪruQtama／と言った。

のべ˥つ ／nobe˥cu／（副詞）

繰り返しいつも。

／のべ˥つ おんなし⌒こと˥ ゆってる↓／（繰り返しいつも同じことを言っている。）

のぼる¯ ／noboru／［上る］（自動詞・所動詞ラ行五段）

斜め上下の上方向に連続的に移動することで、垂直上下の上方向に非連続的に移動することを表す／あがる¯ 'aŋaru／（上がる）とは区別がある。⇒／あがる¯ 'aŋaru／（上がる）の項を参照。

のみ=˥ ／nomi=˥／［蚤］（名詞）

（血を吸う）蚤。／のみ・に˥⌒くわいた／（蚤に食われた）。／のみ˥ いや˥がる／（蚤がいる）。

のむ˥ ／nomu˥／（他動詞マ行五段）

液体を（口で噛み砕かずに）喉を通して腹に入れる。飲む。

※「固体を口で噛み砕かずに喉を通して腹に入れる」ことは／くんのむ˥ kuɴnomu˥／と言う。
「固体を口で噛み砕いて喉を通して腹に入れる」ことは／くー˥～くう˥ kuʀ˥～ku'u˥／と言う。

のめす˥ ／nomesu˥／（他動詞サ行五段活用）

前へ倒す。突き飛ばす。

※／おんのめす˥ 'oɴnomesu˥／は力を込めて勢いよく前へ突き倒すこと。
／つんのめす˥ cuɴnomesu˥／は真っすぐに手を出して勢いよく突き飛ばし倒すこと。

のめる˥ ／nomeru˥／（自動詞ラ行五段）

前へ倒れる。前へ倒される。前へ突き飛ばされる。

のら=˥ ／nora=˥／（名詞）

仕事の場としての、田畑。アクセントが／のら˥⌒いってた、のら・ま˥で いってた、のら・の⌒ほ˥ー いってた／（のらへ行っていた、のらまで～、のらの方へ～）となるので、／のら˥ nora˥／（尾高型A）としていたアクセントを／のら=˥ nora=˥／（尾高型B）と訂正する。

※／のら=˥ nora=˥／とは／たんなか¯ taɴnaka／（田んぼ）のことだ、と説明されたことがある。

※「野ら」は古代語で「野、野原」の意味だったが中世語では「田畑」の意味になっていて、その子孫。

のらぎ¯ ／noraŋi／（名詞）

田畑で仕事をするときに着る衣服。仕事着。

※衣服は、まず［＋外出着］の／よそいき¯ 'joso'ɪki／と［－外出着］に分けられ、次に、［－外出着］が、［＋仕事着］の／のらぎ¯ noraŋi／と［－仕事着］の／ふだんぎ˥ hudaɴŋi˥／とに分けられているようである。

※女性の穿く／もんぺ˥ moɴpe˥／は戦時中からのもので、以前は男性と同様に／ももしき¯ momosiki／（股引）を穿いていたと言う。

のら˥ぼ ／nora˥bo／（名詞）

働かない無能な者。定職なく遊び暮らす者。

※語基「のら」＋接尾辞「ぼ」（「ぼー」の短呼形）という語構成。語基「のら」は／のらむす˥こ／（のら息子）や／のらねこ¯／（野良猫）、／のらいぬ¯／（野良犬）にも含まれている。
語頭音の非鼻音化した形（n-→d-）が「どら」で、「怠け者で放蕩する者」（／どらむす˥こ／や／どらむす˥め／）と意味が転じたのであろう。／どろぼー¯／も「放蕩無頼の者」が原義でそれが「盗人」に転じたものともいわれる。

のろし˥ ／norosi˥／（名詞）

田のあぜ道の端に、はんの木（榛の木/haɴnu˥ki/）などの立ち木や立てた棒に竹や木の横木を渡して縄で縛って、刈り取った稲を掛けて、乾かし干せるようにした設備。稲架け。

※『日葡辞書』にも見える「かけ竿」の意味の「ナラシ（naraxi）」と関係があると思われる。その母音交替形に当たるのだろうが跡づけられない。「のろし（狼煙）」との関係に言及する話者があったが、そもそも「のろし」という語自体の原義がはっきりしないうえに、狼煙と稲架けの意味的関連がたどれない。

※／やらい¯ 'jarai ／と言う明治生まれの老人がいたことを記憶するが、今となってはもう確認できない。【その後、隣接する川口市と鳩ヶ谷市（現川口市）の『川口市史・民俗編』（1980）に「刈った稲は…ヤライ・ノロシと呼ぶ道具に１週間ほどかけて乾燥し…」、『鳩ヶ谷市史・民俗編』（1988）に「稲架けはヤライとかノロシと呼ばれ…」とあることに気がついた。但し、草加市の『草加市史・民俗編』（1987）には「刈った稲はノロシまで運ぶ。…ノロシには１週間から10日かけて天日乾燥する…」とあって、ヤライへの言及がない。】
なお、「やらい」は「矢来」と漢字書きされるが、語源的には動詞「やらふ（遣らふ）」即ち「（敵を）追い払う、防ぐ」の連用形名詞「やらひ」（「鬼やらひ」参照）で、木や竹を支柱とし竹を縦横に組み合わせて作った防御設備と形が似ていることから転用されたものと考えられる。

のろし˥かけ ／norosi˥kake／（動作名詞）

前項の／のろし˥ norosi˥／に（天日で乾燥させるために）稲束を架けること。その作業。

のん˥の ／noɴ˥no／（動作名詞）

「乗る」の幼児語。

のんの˥さま ／noɴno˥sama／（名詞）

幼児向けのことば(幼児語)で、主として、「仏神」に関わり、
①「仏さま/hotokesamaꜜ/」(ⓐ仏教の仏。ⓑ先祖の霊)と「お寺/'otera/」(寺院)、
②「神さま/kamisaꜜma/」(ⓐ神。ⓑ霊威ある何か)と「神社/ziɴꜜzja/」や「社/'jasiꜜro/」(神社の建物)などを指して言う。その他に、
③「お天道さま/'oteꜜɴtosama～'oteɴtoꜜsama/」(太陽)や「お月さま/'ocukiꜜsama/」、特に「月」を指して言うこともあった(という)。

は=ꜜ～はーꜜ ／ha=ꜜ～haʀꜜ／［歯］(名詞)
歯。／はーꜜ⁀いてー～はーꜜ　いてꜜー／、／は・がꜜ⁀いてー～は・がꜜ　いてꜜー／(歯が痛い)。／まいꜜば～めーꜜば maiꜜba～meʀꜜba／(前歯)、／おくꜜば 'okuꜜba／(奥歯)、／いときりꜜば 'ɪtokiriꜜba／(犬歯)、／やいꜜば 'jaiꜜba／(八重歯)、／でっꜜぱ deQꜜpa／(出っ歯)など。

＝ば ／-ba／(統語接尾辞［学校文法では接続助詞］)
仮定形を構成する語尾で、順接仮定条件を表す。厳密には動詞語尾としては/-eba～-reba/である。次のような音変化形(変異形variant(s))があるが、いずれも回帰可能な変化(＝音便変化)である。
※語尾が／＝れば -reba／となるもの(ラ行五段・上下一段動詞)は古くは／＝んば -ɴba／となるのがふつうだった。現在は共通語の影響で／＝れば -reba／は／＝りゃ -rja／となることが多くなっている(他の／-Ceba／(C≠/r,'/)も同様に／-Cja／となるが、／-'ɪba／は／-'ɪ'ja／となる)。
「取れば→取んば／取りゃ」「起きれば→起きんば／起きりゃ」「受ければ→受けんば／受けりゃ」
「くれば→くんば／くりゃ(来る)」「しれば→しんば／しりゃ(為る)」等。
「行けば→行きゃ」「買えば→買いや(「かや」は聞いた限りではなかった)」等。
※形容詞は語尾の／＝ければ -kereba／が、語幹ではなく終止形に付くようになっている。古くは、／＝けんば -keɴba／と言っていたが、現在[1996年]は／＝けりゃ -kerja／が普通になっている。但し、終止形語尾がエ段長音/-eʀ/[-eː]になるものには異形態の／＝きりゃ -kirja／が付くことが多い。
「いーければ→いーけんば／いーけりゃ」(良ければ)、
「悪いければ→悪いけんば／悪いけりゃ」(悪ければ)等。
／さむꜜいけりゃ　もっと　きろꜜ↓／(寒ければもっと着ろ。)
／ねーꜜきりゃ　かって　こꜜー↓／(なければ買って来い。)

はー¯ ／haʀ／(副詞)
現実の時間・数量が基準の時間・数量に達していることを表す。もう。
戦後世代では／もーꜜ～もー¯ moʀꜜ～moʀ／がふつうになっている。
／はー　さんꜜじ・だ・から　けんべꜜ・や↓／(もう3時だから帰ろうよ。)
※現実の数量が基準の数量に達していないことを表すのが、／まーꜜだ maʀꜜda／(未だ)である。
※『物類称呼』に「はあとは　はや也　すべて東国にていふ詞也」とある。引用の下野の方言を詠みたる歌が「ちゃがれ、はあ。かしゃしや、庭の　きりぎりす。同じ所に　ねまりてぞ鳴く。」と読むとして、「はあ下がれ。庭のキリギリスよ、かしましい。同じ所に集まって鳴いている。」の意味だとすると用法的に一致する。

ばーさまꜜ～ばさまꜜ ／baʀsamaꜜ～basamaꜜ／［婆さま］(名詞)
おばあさん(敬称)。親族に限らず、老女一般を、敬って言う。卑称は／ばばꜜー babaꜜʀ／。
※対語は／じーさまꜜ～じさまꜜ ziʀsamaꜜ～zisamaꜜ／。卑称は／じじꜜー ziziꜜʀ／。

ばーさまぶるꜜめー ／baʀsamaburuꜜmeʀ／(名詞)
嫁をもらったときに、近所のおばあさんを呼んで御馳走し、嫁を披露すること。
※／おばさんぶるꜜめー 'obasaɴburumeꜜʀ／とも／めでたまꜜし medetamaꜜsi／とも言う。近所のおばあさんは同時に念仏講の成員であるということである。

はいかすꜜ～へーかすꜜ ／haikasuꜜ～hɪʀkasuꜜ／［生えかす］(他動詞サ行五段)
生えさせる。生えるに任せる。「生やす」は、「ひげを生やしている」や「庭に草花を生やしている」など必ずしも意志的な行為だけがもたらすとは言えない出来事として事態を把えているのに対して、「生えかす」は事態を意志的な行為による出来事として把えて表しているというような違いがある。
／はたけ・に　くさ・なꜜんか　はいかしてꜜ　どーꜜ⁀した・ん・だ↓／
(畑に雑草などを生えさせてどうしたのだ。)

はいちゅー¯～へーちゅー¯ ／haicjuʀ～heʀcjuʀ／［蠅帳］(名詞)
蠅避けに周りに網を張った戸棚。蝿張(はえちょう／はいちょう)。
※後半部が／＝ちゅー -cjuʀ／となっている理由は分からない。子供時分、前半の／はい＝ hai-／を「蝿」と同定していなかった。

はいつくばるꜜ ／haicukubaruꜜ／(自動詞ラ行五段)
四つん這いになる。
※ワ行五段「はいつくばう(這い蹲う)」のラ行化したもの。ワ行五段のラ行五段化は類例がいくつ

かある。／しなる⌉ sinaru⌉／（撓う）、~~／しゃくる¯ sjakuru／（杓う）~~、／にかよる⌉ nika'joru⌉／（似通う）、／よそる¯ 'josoru／（ご飯をよそう）など。

【／しゃくる¯ sjakuru／（杓う）は、日葡辞書に xacuri, u があり、xacui, ŭ がないこと、sacuri, u と言う方がまさるの語注から「さくる（決る）」にさかのぼること、従って／しゃくー¯～しゃくう¯／の方が後出の語と考えられるので、ワ行五段のラ行五段化の例にはならないようであり、削除。】

はいる⌉～へーる⌉ ／hairu⌉～hɪʀru⌉／（所動詞一段）

生える。[±意志性]の他動詞は／はやす⌉ ha'jasu⌉／（生やす）。[＋意志性]の他動詞は／はいかす⌉～へーかす⌉ haikasu⌉～hɪʀkasu⌉／（生えかす）が使われる。なお、戦前世代の「生える/hɪʀru⌉/」「生えかす/hɪʀkasu⌉/」の/hɪʀ/は音声的には[he:ɾɯ][he:kasɯ]（簡略表記）であるのがふつうである。戦後世代は音韻的にも/heʀru⌉//heʀkasu⌉/、更には/ha'eru⌉//ha'ekasu⌉/となっている。

／こんな⌒とこ⌉ん・に　こす⌉もす　はい⌉てる↓／（こんな所にコスモスが生えている。）

はか⌉ ／haka⌉／（名詞）

単語としては、連語形式の／はか⌉⌒いく haka⌉ 'ɪku／以外は見つからない。⇒同項を参照。

語基形態素としては、／はかうい⌉ haka'ui⌉／に現れる。⇒同項を参照。

はか=⌉ ／haka=⌉／［墓］（名詞）

墓。美化語／おはか¯ 'ohaka／もよく使われる。／はか⌉⌒つくる／（墓を作る）、／はか・に⌉・まで　もってく／（墓にまで持って行く）、／はか・ん⌒なか⌉・から／（墓の中から）。

※「墓」を前部要素とする複合語の「墓石/haka⌉'ɪsi/」「墓場/haka⌉ba/」「墓参り/haka⌉mairi/」は、アクセント核が複合語の前部要素の末尾に置かれ、アクセントが東京語と著しく異なる。

ばか⌉ ／baka⌉／（名詞・状態詞［形容動詞語幹］）

①人、事柄、性質などについて、話し手の当然かくあるべきとする規範［標準・期待など］からの、負の逸脱（時に正の逸脱）を言う。人については、さげすむ語感はあまり強くない。

／あの⌒ばか⌉・が　また　ばか⌉・な　こと　やっている↓／

（あの馬鹿がまた馬鹿なことをやっている。）

※多数形はない。卑称は／ばか⌉め baka⌉me／、その多数形は／ばか⌉めら baka⌉mera／で、／ばかやつ⌉ baka'jacu⌉／の／ばかやつ⌉ら baka'jacu⌉ra、ばかやつ⌉らめ baka'jacu⌉rame／と構成素の順序が違う。

②／baka⌉ ni naru／の形で、仕掛けや機械が壊れている。

／この⌒かぎ⌉　ばか⌉・ん⌒なってる↓／（鍵が壊れている。）

ばか¯ ／baka／（名詞・状態詞［いわゆる形容動詞語幹］）

／baka ni siru／で他動詞的に、軽く見る、軽視する。／baka ni naru⌉／はその可能動詞的に、軽く見ることができる、軽視できる。

／おれ・こ⌉と　ばか・に　した　やりかた・だ↓／（おれを馬鹿にしたやりかただ。）

／でんしゃだい・も　ばか・ん　なんね⌉ー↓／（電車代も馬鹿にならない。）

※「軽く見る、軽視する」の意味では、アクセントは無核の平板型で発音される。

はがい⌉ー ／haŋa'ɪ⌉ʀ／（形容詞）

期待した相手が期待したように行動できないでいることに強く不満を感じている様子。

はか⌉いし ／haka⌉'ɪsi／［墓石］（名詞）

墓石。／はか⌉ば haka⌉ba／と同様、アクセント核が複合語の前部要素の末尾に置かれる。

はか⌉⌒いく ／haka⌉ 'ɪku／（連語所動詞カ行五段［特殊型］）

仕事が順調に進む。はかどる。「はか＋が＋いく」のような助詞を入れた形は聞かれなかった。

／しごと　はか⌉⌒いかねー↓／（仕事がはかどらない。）

※アクセントは上記のように尾高型だが、この連語形のアクセントからはアクセント核が固定的な尾高型Aなのか統語的条件で動く尾高型Bなのかは分からない。山田美妙『日本大辞書』(1892)に「はか」(「{計}稲ナドヌル時其地ヲ分ケル称」)の項があり、そのアクセントが「第二上」すなわち尾高型とあるので、アクセントの対応関係から、この尾高型は、「尾高型B」の／はか=⌉ haka=⌉／が自立語が後続するという統語的位置で／はか⌉ haka⌉／として現れているものと考えられる。

はかうい⌉ ／haka'ui⌉／（動作名詞）

田植えの共同作業で、自分の分担箇所（手の届く三尺程度の幅を／あとっしゃー⌉り 'atoQsjaʀ⌉ri／（後ずさり）で植えていく分担場所）に稲の苗を植えていくことだという。

※／はか＝ haka-／は、方言語彙（俚言）や古典語彙（古語）から判断して、共同作業において分担する場所をいうと思われるが、現在この方言では連語／はか⌉⌒いく haka⌉ 'ɪku／以外に単語の「はか」が使われることがなく、話者に意味を聞いても分からないということだった。／＝うい -'ui／は、「植え」であるということだった。⇒前項／はか⌉⌒いく haka⌉ 'ɪku／を参照。

補：／いうい¯ 'ɪ'ui／という語があり、「農繁期に近所や親類などで相互に労働を提供し合うこと」、いわゆる「ユイ（結い）」を意味する。この／いうい¯ 'ɪ'ui／（労働交換）の後部成分／＝うい -'ui／と／はかうい⌉ haka'ui⌉／の／＝うい -'ui／とは同一の形態（「植え/'ui/」）と考えられる。なお、／いうい¯ 'ɪ'ui／の前半部の／い＝ 'ɪ-／は、「ユイ（結い）」に対応する形態と考えられる（[ユイ]→[イー]→[イ]）。⇒／いうい¯ 'ɪ'ui／の項を参照。

はがす⌉ ／haŋasu⌉／「剥がす」（他動詞サ行五段）

ある人から「剥がす/haŋasu˥/」と「剥く/muku¯/」の違いを聞かれて答えた内容は次のとおり。「葉書の切手をはがす」と「葉書から切手をはがす」はともに文法的である。しかし、「リンゴの皮をむく」は文法的で、「リンゴから皮をむく」は非文法的である。「葉書」と「切手」は接着しているが本来別々の実体でそれを力を加えて分離して取り出すに過ぎない。「リンゴ」と「皮」は本来的に同じ１つの実体の内部と表面だから離脱のカラ格では不都合なのだと思われる（不可分者の分割)。「剥く」は、１つの実体の表面の無用な部分を取り去ることで内部の有用な部分を取り出すことに意味があると思われる。

ばかす˥ ／bakasu˥／［化かす］(他動詞サ行五段)
(キツネやタヌキなどが)人の心を迷わせてだまし欺く。
※同じことを／ばやかす˥ ba'jakasu˥／とも言う。

ばかっちょ˥ ／bakaQcjo˥／（名詞)
軽度の／ばか˥ baka˥／の傾向・属性をもつ人を言う。怒りや排除の気持ちは強くない。

ばかっちょー˥じき ／bakaQcjoʀ˥ziki／（名詞)
「馬鹿正直」の訛語。愚直な様子。

ばかっつら¯ ／bakaQcura／（名詞)
間の抜けた顔つき。馬鹿面。／ばかっつら¯⁀して　たって˥る／(馬鹿な顔をして立っている)。

はか˥ば ／haka˥ba／［墓場］(名詞)
墓場。／はか˥まいり haka˥mairi／と同様、アクセント核が複合語の前部要素の末尾に置かれる。

はか˥まいり〜はか˥めーり ／haka˥mairi〜haka˥meʀri／［墓参り］(動作名詞)
墓参り。
※アクセント核が複合語の前部要素の末尾に置かれる。このタイプのアクセントは戦前世代に多く聞かれる。戦後世代以後では複合語の後部要素にアクセント核を移し、共通語と似た形のものに変化していっている。類例に／あか˥とんぼ／(赤とんぼ)、／すみ˥とんぼ／(おはぐろとんぼ)、／かげ˥ぼーし／(影法師)、／かた˥ぐるま／(肩車)、／ねぎ˥ぼーず／(葱坊主)などがある。

はがみ˥ ／haŋami˥／（動作名詞)
歯軋り。

はがむ˥ ／haŋamu˥／（自動詞マ行五段)
はにかむ。／この⁀こ˥　なん˥・か　はがん˥でる・よ˥↓／(この子は何かはにかんでいる。)
※『物類称呼』に「(しぐむ［はずかしがる］を）東国にて○…はがむと云」とある語である。

ばかやつ˥ ／baka'jacu˥／（名詞)
／ばか˥ baka˥／の傾向・属性をもつ人を言う。／やつ˥ 'jacu˥／は／やろ˥ー 'jaro˥ʀ／より人物の待遇は上。
※多数形は／ばかやつ˥ら baka'jacu˥ra／。卑称は／ばかやつ˥め baka'jacu˥me／で、その多数形は／ばかやつ˥らめ baka'jacu˥rame／である。次項に比して名詞的用法が卓越し、間投詞的にはほとんど使われない。

ばかやろ˥ー〜ばかやろ˥ ／baka'jaro˥ʀ〜baka'jaro˥／（名詞)
／ばか˥ baka˥／の傾向・属性をもつ人を言う。／やろ˥ー 'jaro˥ʀ／は／やつ˥ 'jacu˥／より人物の待遇は下。怒りや排除の気持ちが強い。
※前項に比して間投詞的用法が卓越する。反省的には多数形は／ばかやろ˥ら baka'jaro˥ra／、卑称は／ばかやろ˥め baka'jaro˥me／で、その多数形は／ばかやろ˥らめ baka'jaro˥rame／となるが、ほとんどその使用は見られない。
※強調語に／おーばかやろ˥ 'oʀbaka'jaro˥／がある。程度の軽いものに／うすばかやろ˥ 'usubaka'jaro˥／がある。

はきだす¯ ／hakidasu／（他動詞サ行五段)
腹の中の物を吐き出す。⇒／ほきだす¯ hokidasu／参照。
※口の中の物を「吐き出す」ことは／ほきだす¯ hokidasu／と言って区別する。

はきだめ¯ ／hakidame／（名詞)
生ゴミなどを捨てておく場所。／ごみだめ¯ gomidame／とも言った。
※ゴミ収集がなされるようになる以前は、生ゴミなどはそこで十分腐敗させてから畑の肥料として使われた。なお、燃えるゴミなどは燃やして灰にしてこれも肥料として畑などに撒かれた。

はく˥ ／haku˥／［吐く］(他動詞カ行五段)
口から外に物を出す。

はく˥ ／haku˥／［掃く］(他動詞カ行五段)
箒などで、表面のちりやごみなどを払い除き、きれいにする。

はく¯ ／haku／（他動詞カ行五段)
下半身に衣類を典型とする物を「身につける」。「ズボンや靴下」「靴や下駄」などを／はく¯ haku／と言う。⇒／ぬく˥ nuku˥／(脱ぐ)を参照。なお、「足にはく物」に関しては、「足袋/tabi˥/や靴下/kucusita˥/を履いて寝ると親の死に目に会えない」という俗信があった。
※上半身に衣類を典型とする物を「身につける」ことは一般的に／きる¯ kiru／(着る)と言うが、部分的に「身につける」ものについては、「帽子」は／かぶる˥ kaburu˥／、「眼鏡・マスク・たすき」

は

は／かける˥ kakeru˥／、「手袋」は／はめる¯ hameru／などと言う。

ばくち=˥ ／bakuci=˥／ ［博打］（名詞）

博打。

／ばくち˥・みてー・な⌒もん／（博打のようなもの）、／ばくち・の⌒よー˥・な⌒もん／（博打のようなもの）、／ばくち・に˥・まで　てー˥⌒だす／（博打にまで手を出す）。

※アクセントは東京語の尾高型に対応する型であるが、東京語は平板型で不対応。理由は不明。

はぐら˥ ／haŋura˥／ （名詞）

①歯が抜けていること。歯抜け。②比喩的に、所々抜けていて揃わない、不揃いなことを言う。

はぐらかす˥ ／haŋurakasu˥／ （他動詞サ行五段）

話をそらしてごまかす。⇒／はぐれる˥ haŋureru˥／

＝は˥ぐる ／-ha˥ŋuru／ （接尾辞ラ行五段［語基は能動詞連用形。語基となった動詞の格関係を変えない］）

意図した行為を実行できないで終わることを表す。アクセント核は固定的で動かない。

（出すべき手紙を）／だしは˥ぐった／、（乗るべき電車に）／のりは˥ぐった／、（待ち合わせて会うはずの人に）／あいは˥ぐった／、（見ようと思っていた番組を）／みは˥ぐった／等。

／（飯を）くいは˥ぐった／を／くいっぱ˥ぐった／と強調した発音も聞かれるが多くはない。

※活用はラ行五段で、共通語のラ行下一段「＝はぐれる」（例えば「（昼食を）食いはぐれる」）のようには言わない。

はぐれる˥ ／haŋureru˥／ （自動詞ラ行下一段）

他者に紛れて同行の人を見失う。

自動詞だが相手項を必要とし、「誰か^{1}ガ＋誰か^{2}｛ニ／ト｝＋はぐれる」という構文を取る。

※「話をそらしてごまかす」意味の／はぐらかす˥／は、語源的には／はぐれる˥／の他動詞形で、「はぐれさせる」から前記の意味に転じたもので同源語である。

はけた¯ ／haketa／ （名詞）

（山あいの、）山と田の間の、境となっている道をいう。

※武蔵野に広く分布する「はけ」—平地と山の斜面の接する場所で、片方が切り立った崖（片岸）になっている地形をいう名詞—につながることばと思われる。

※こういう所の田が／つみだ¯ cumida／（直播きの田）だと教えられた。

はける˥ ／hakeru˥／ （所動詞カ行下一段）

雨水などが流れ去ることをいう。

ばける˥ ／bakeru˥／ （自動詞カ行下一段）

（キツネやタヌキなどが）人をだまし欺くために姿を変える。

はこぼこ¯ ／hakoboko／ ［白墨］（名詞）

白墨、チョーク。／はくぼく¯ hakuboku／とも言った。黒板に書く柔らかい白墨と、道路などに書く少し堅い石の白墨があった。

ばさま˥〜ばーさま˥ ／basama˥〜baʀsama˥／ ［婆さま］（名詞）

→ばーさま˥〜ばさま˥ ／baʀsama˥〜basama˥／（婆さま）

はさみ=˥ ／hasami=˥／ ［鋏］（名詞）

はさみ（鋏）。アクセントは、／はさみ˥・みてー・な⌒やつ／（鋏のようなもの）、／はさみ・のきれる˥⌒やつ／（鋏の切れるやつ）、／はさみ・で˥⌒きる／（鋏で切る）など東京語の尾高型に対応する、核の移動する尾高型Bで発音される。

はさ˥み ／hasa˥mi／ （名詞）

クワガタムシ。アクセントは、／はさ˥み・みてー・な⌒やつ／（クワガタのようなもの）、／あの⌒き・ん˥⌒とこん・に　はさ˥み　いる↓／（あの木の所にクワガタがいる。）のように、東京語の頭高型に対応する中高型で発音された（1950年代）。

※クワガタやクワガタムシとは言わなかった。「鋏」は／はさみ=˥／と言う。

はし¯ ／hasi／ ［端］（名詞）

端。／はし⌒あるく˥／（端を歩く）、／はし・も⌒ある˥った／（端も歩いた）。

はし˥ ／hasi˥／ ［箸］（名詞）

箸。／はし˥⌒とる／（箸を取る）、／はし˥・も⌒とった／（箸も取った）、／はし˥・みてー・な　もの／（箸みたいなもの）、／はし˥・の⌒さき／（箸の先）。

はし=˥ ／hasi=˥／ ［橋］（名詞）

橋。／はし˥⌒かける／（橋を架ける/kakeru˥/）、／はし・わ˥⌒かかってた／（橋は架かっていた）、／はし˥・みてー・な　もの／（橋みたいなもの）、／はし・の⌒さき／（橋の先）。

※／き・の˥⌒はし／→／きば˥し／（木の橋）、／いし・の⌒はし=˥／→／いしばし¯／（石の橋）、／いた˥・の⌒はし／（板の橋）、／こんくり・の⌒はし=˥／（コンクリートの橋）ナド。

⇒／どばし¯〜どば˥し／（土橋）参照。

はした・じゃ˥⌒ね˥ー〜はした˥・じゃ⌒ね˥ー ／hasita zja˥ ne˥ʀ〜hasita˥ zja ne˥ʀ／ （連語形容詞）

程度が中途半端ではないこと。程度がはなはだしいことを言う。普通ではないこと。

はしっこ¯ ／hasiQko／ （名詞）

線的・面的な広がりの、中心部に対する周辺部を言う。端（の方）。

／そこ・な　はしっこ・に　おいとけ˥↓／（そこの端の所に置いておけ。）
※／はし¯ hasi／（端）＋指小辞／＝っこ -Qko／で、／はし¯ hasi／に比べて具体的な空間把握の傾向がある。
はじっこ¯ ／haziQko／（名詞）
端。ふつうは／はしっこ¯ hasiQko／と言う。
はしっこ˥い～はしっけ˥ー ／hasiQko˥i～hasiQke˥ʀ／（形容詞）
①体の動きが素速い。②頭の働きが素速い。→頭の回転が速く巧みに立ち回る、変わり身が速い。
※派生語の／すばしっこ˥い subasiQko˥i／と違い、抽象的な意味②でも使われている。
はじめる¯ ／hazimeru／（他動詞マ行下一段）
始める。接続形のアクセントは／はじめて¯／だが、「お初に」の意の副詞は／はじめ˥て／となる。
＝はじ˥める ／hazi˥meru／（派生動詞[開始動詞]形成接尾辞マ行下一段）
動詞の語基形(連用形)に付いて、語基の表す動きの「初め(開始)」({動きが始まる／動きを始める})を表す語彙的派生接尾辞。
※アクセントは、表記のように語基の動詞の基本形が無核型(平板式)・有核型(起伏式)を問わず、／やみはじ˥める／([雨が]止み始める)・／ふりはじ˥める／([雨が]降り始める)となるのがふつうであるが、有核型の語基との結合形には／ふりはじめる¯／のような平板型も聞かれる。
はしゃぐ¯1 ／hasjaŋu／（所動詞ガ行五段）
木材などが乾く、乾燥する。
／ふゆ・わ˥　きー˥　はしゃいてっ・か˥ら　ひー˥　きよつけろ˥↓／
（冬は木が乾燥しているから火を(に)気をつけろ。）
※上例の「火」は対格目的語である。「気をつける」は、／きおつける˥～きよつける˥～きょーつける˥ ki'ocukeru˥～ki'jocukeru˥～kjoʀcukeru˥／と言っていて、連語ではなく一語化している。
※戦後世代ではこの単語／はしゃぐ¯ hasjaŋu／をこの意味で理解できない話者もいる。
はしゃぐ¯2 ／hasjaŋu／（自動詞ガ行五段）
気持ちの高ぶりがそのまま浮かれ騒ぐなどの行動となること。
／そんな⁀はしゃいて　どー˥⁀した・ん・だ・よ↓／(そんなにはしゃいでどうしたのだ。)
はしら=˥ ／hasira=˥／［柱］（名詞）
柱。／だいこくばし˥ら～でーこくばし˥ら daikokubasi˥ra～deʀkokubasi˥ra／(大黒柱)、／とこばし˥ら tokobasi˥ra／(床柱。／とこのま¯ tokonoma／(床の間)の脇の化粧柱)など。
はす¯ ／hasu／（名詞）
水平／垂直の「たて・よこ」(縦横)から外れた方向・位置をいう。はす、斜め。
※「はす」は京阪語と東京語のアクセント対応から祖形は「上上[高高]」というアクセントを持っていたと考えられ、そこから平安時代末期に同じ「上上」型を持っていた「はし(端)」との関連が考えられる。「はした」(端)は「平平上[低低高]」だから語源上の同源性に問題がある。
ばすだい¯ ／basudai／［バス代］（名詞）
バスの乗車代金。
※「バス代φもらっていく」も「バス代φ払う」も成り立つが、事前の「もらっていく」では、「バス代」が選好されるかもしれない。同様に「バス代はいくらかかる？」も「バス代はいくらかかった？」も成り立つが、事前の「いくらかかる？」では、「バス代」が選好されるかもしれない(筆者の内省)。違いがないとする話者もある。次項を参照。
ばすち˥ん ／basuci˥ɴ／［バス賃］（名詞）
バスの乗車料金。
※「バス賃φもらっていく」も「バス賃φ払う」も成り立つが、現場の「払う」では、「バス賃」が選好されるかもしれない。同様に「バス賃はいくらかかる？」も「バス賃はいくらかかった？」も成り立つが、事後の「いくらかかった？」では、「バス賃」が選好されるかもしれない(筆者の内省)。違いがないとする話者もある。
※筆者の内省は、先に「バス賃」や「電車賃」が生活語として獲得され定着しているところに、その後で、「バス代」や「電車代」がさらに共通語的語彙として獲得され定着していった生活体験の反映かもしれない。【「～賃」は身近な古くからの語(「手間賃/tema˥ciɴ/」「日傭賃/hi'jo˥ciɴ/」など)に現れ、「～代」は一般的で多数の語彙に現れる。特に「定期代」「タクシー代」など、より後に獲得された多数の語彙には「～代」の形しかない。】生活語(方言)的な語彙は［＋具体的］で、共通語的な語彙は［±具体的］という一般的傾向とも合致するのでそう思われる。なお、［±具体的］は、［＋具体的］に対しては(［－具体的］＝)［＋抽象的］ということになるのでこの意味で共通語的語彙の意味特徴を「抽象的」と言うことがあるが、当然ながら［＋具体的］に付け加わる特徴であることに注意。
ばせ˥んざん ／base˥ɴzaɴ／（名詞）
(寝乱れて)髪がぼさぼさに逆立っている様子(格好)を言う。
※「バセンザンの山賊」のぼさぼさ頭から出たと言う。この語を使っていた人(大正生まれ)は、「バセンザン」を山の名前と理解していた。由来などを聞いてもよく分からなかった。
補：(満州事変の頃)満洲で日本軍を手こずらせていた(当時の言い方で)馬賊の頭目の「馬占山(1885～1950)」をやっつける話が、昭和の初め頃に紙芝居になって広く流通していたことを、後日知っ

た。あるいはその辺の記憶につながるものかもしれない。
はた¯ ／hata／［端］（名詞）
→／はたっこ¯ hataQko／（端っこ）
はだか¯ ／hadaka／［裸］（名詞）
通常衣服を身につけている部分に衣服を身につけていないないことを言う。だから、「上半身は裸」のように言える。
※全く衣服を身につけていないのは／すっぱだ⅂か suQpada⅂ka／や／まっぱだ⅂か maQpada⅂ka／と言う。はだかの子どもは／はだかんぼ¯ hadakaɴbo／と言う。
はだかりぼー¯ ／hadakariboʀ／［はだかり坊］（名詞）
両手を広げて行く手をふさぐ／とーせん⅂ぼ toʀseɴ⅂bo／をする子ども、を言ったという。
※内弁慶の子を、／うち・の　めー⅂・の　はだかりぼー　よそ⅂　いっちゃ　とんがら⅂し／（家の前のはだかり坊（＝通せん坊をする子）、他所へ行っては唐辛子）、と言って囃したという。
はだかんぼ¯ ／hadakaɴbo／［裸ん坊］（名詞）
主に、はだかの子どもを言う。
はたけ=⅂～はたけ¯ ／hatake=Ⅰ～hatake／［畑］（名詞）
畑。／はたけ⅂・みてー・な／／はたけ・みて⅂ー・な／（畑のような）、両様の発音が観察された。
はたけ¯ ／hatake／［疥］（名詞）
額や頬にできる白く乾燥した円い斑紋をした皮膚病。頭にできるのは／しらくも¯ sirakumo／。
はだし¯ ／hadasi／［裸足］（名詞）
履物を履かない（で地面を歩く）足。はだし。
※「足袋・靴下」を履かない足は、／すあ⅂し su'a⅂si／と言い区別する人と、この場合も／はだし¯ hadasi／と言って区別しない人がいる。
はた⅂ち ／hata⅂ci／（名詞）
二十歳。
はたっこ¯ ／hataQko／（名詞）
道路や川のような、幅のある線的広がりを持ったものの、中心（線）に対して、他物に接する境界部を言う。人を基準としたとき、道路のように人が内部に居られるもののときは主として境界内の部位（とそれに接した外部空間）を、川のように人が内部にいられないもののときはそれに接した外部空間を言う。（／いけ・の　はた¯／（池の端）というのも何らか幅のある線的広がりにおいて境界域が把握されていると考えられる。）
／おかんぱ⅂た 'okaɴpa⅂ta、みちっぱた¯ miciQpata／（道路内の端の部分）。
／かわっぱ⅂た ka'waQpa⅂ta、ほりっぱ⅂た horiQpa⅂ta／（川や堀に接した場所）。
はた⅂び ／hata⅂bi／（名詞）
国民の祝日。昔は旗日には旗を揚げる家が多かった。
はたらきっと¯ ／hatarakiQto／（名詞）
農閑期や農作業の合間に、（職業としてではなくアルバイト的に）「薪割り/maki'wariⅠ/」・「枝切り/'ɪdakiriⅠ/」・「木切り/kiʀkiriⅠ/」などの仕事をする人。
はたらく¯ ／hataraku／（自動詞カ行五段）
仕事をする、働く。
ばたんきゅー¯ ／bataɴkjuʀ／（名詞）
スモモの一種。「ハタンキョウ（巴旦杏）」の訛語。
はち¯ ／haci／［蜂］（名詞）
蜂。／はち・の⁀す⅂　つっつい⅂たら　はち・に　ささい⅂た↓／（蜂の巣を突いて蜂に刺された。）
ばち=⅂ ／baci=Ⅰ／［罰］（名詞）
①宗教的規範に違反した人間に対して、神仏などの超越者が下す制裁。
②禁忌を犯すことで蒙ると信じられた災いも／ばち=⅂ baci=Ⅰ／と言っていた。例えば、（ミミズに小便を掛ける）子どもに対して、「そんなことをすると／ばち=⅂ baci=Ⅰ／が当たる」と注意するのを何度も耳にしている。ミミズに小便をかけることが禁忌と考えられていたのは確かだが、あるいは、本来は生きている虫や生き物に小便をかけることが禁忌だったのかもしれない。
ばちあた⅂り ／baci'ata⅂ri／［罰当たり］（名詞・状態詞）
前項の神仏の制裁や禁忌侵犯の災いを受けると信じられている行為をなすことを指していう。
はち・の⁀す=⅂ ／haci no su=Ⅰ／［蜂の巣］（連語名詞）
蜂の巣。／はち・の⁀す⅂　ある／、／はち・の⁀す・ん⅂⁀なか・に／（蜂の巣の中に）。
はち⅂ぶ ／haci⅂bu／［八分］（動作名詞）
集落の付き合いから仲間外れにすること。村八分。／はち⅂ぶ　しる／（仲間はずれにする）。
※／そーしき¯ soʀsiki／（葬式）と／かじ⅂ kaziⅠ／（火事）の二分を除くからと言っていた。
はちま⅂んさま～はちまん⅂さま ／hacima⅂ɴsama～hacimaɴⅠsama／［八幡さま］（名詞）
八幡宮、八幡神社。／みね・の⁀はちま⅂んさま～みね・の⁀はちまん⅂さま／は、川口市峯にある峯ヶ岡八幡神社（旧谷古田領総鎮守の谷古田八幡）のこと。
※アクセントは両様が観察されるが、この方言では、撥音・促音・引音においてはアクセント核の

位置が前か後かが音韻的に対立しないことに注意。
ぱちんこ￣ ／pacinko／（名詞）
二股になった木の枝や針金にゴム紐を張り、小石などを挟んで、引っ張って飛ばす遊具。
※擬音語「ぱちん」＋指小辞「こ」という語構成。遊具のパチンコも同じ造語法によると思われる。
ばっか˥し ／baQka˥si／（副助詞）
副助詞／ばっか˥り baQka˥ri／の変異形(訛語)で併用される。次項参照。
ばっか˥り ／baQka˥ri／（副助詞）
(程度の)限定を表す。／ばっか˥し baQka˥si／と言う人もある。格助詞との承接では微妙な意味差があるが、「格助詞＋副助詞」の／おれ・こ˥と・ばっかり　おこりや˥がる／(おれをだけ怒りやがる)と、「副助詞＋格助詞」の／おれ・ばっか˥り・こと　おこりや˥がる／(おれだけを怒りやがる)の二様が可能(方言では「怒る」と「叱る」は未分化で共に/'okoru˥/と言う)。
※／べ˥ー beʀ˥／に比べて限定の意味合いが弱く感じられる。
ばっし￣～ばっち￣ ／baQsi～baQci／［末子］（名詞）
末っ子。／しまいっこ￣～しめーっこ￣～しめっこ￣ simaiQko～simeʀQko～simeQko／に同じ。
※／ばっち￣／とは言わないという人もある。／ばっち￣／は個人的変種かもしれない。
※促音の後の／s／(サ行音)は／c／(ツァ行音)になりやすい。⇒／まっつぐ˥ maQcuŋu˥／を参照。
「真っ青」→／まっつぁお˥ maQca'o˥／、「おっ死ぬ」→／おっちぬ˥ 'oQcinu˥／、
「真っ直ぐ」→／まっつぐ˥ maQcuŋu˥／、「空っ咳」→／からっつぇき￣ karaQceki／など。
はつぜっく˥ ／hacuzeQku˥／［初節句］（名詞）
生まれて初めて迎える節句。初節句。
ばった￣ ／baQta／（名詞）
バッタ(昆虫の名)。「ばった」は飛ぶ羽音の「はたはた／ばたばた」という擬音語の語基「はた／ばた」の促音介入の異形態に起源する語と考えられている。
※高度経済成長期以後の世代で／いなご￣／(蝗)と区別がつかない人たちが見つかる。
※『物類称呼』の「蜈蚸(はたはた)」の項に「江戸にて…○ばった…」とある語。
はったおす˥ ／haQta'osu˥／（他動詞サ行五段）
平手で殴り倒す。／かって・べ˥ー　ゆいや˥がん・で　はったおして˥⌒やった↓／(勝手ばかり言いやがるので殴り倒してやった。)
＝ばって ／-baQte／（統語接尾辞［学校文法的にいうなら接続助詞］）
動詞・形容詞の《「バ仮定形」＋って》という形をしている。
事態の仮定的存立を前提としての逆接仮定条件を表す。
／(あの犬は)　どけ˥ー　いけば˥って　つい˥て　くる↓／（どこへ行っても付いて来る。）
※仮定条件を表す統語接尾辞(学校文法で接続助詞)の「ば」に、逆接的な（指示副詞「と」と接続助詞「て」に起源する助詞相当連語の）「とて」が結合した「ばとて」が「ばって」となって成立した形式である。九州方言(肥筑方言)の逆接の接続助詞・接続詞の「ばってん」も「ば＋とて＋も」に起源する同源語である。⇒／＝って -Qte／(統語接尾辞)の項を参照。
はって˥んか ／haQte˥nka／（名詞）
自己中心的に行動する身勝手な人、エゴイスト。
※「発展家」が語源かもしれないが、意味が特殊化していて、「～家」のアクセントとしても異例。
はっぱ￣ ／haQpa／（名詞）
草木の「葉」。
はで=˥ ／hade=˥／［派手］（状態詞）
華やかで目立つ様子。反対語は／じみ=˥ zimi=˥／(地味)。
／すこ˥し　はで˥・みてー・だ／～／すこ˥し　はで・な˥・みてーだ／(少し派手なようだ)。
／おれ・が˥に・わ　そら　おめー・に˥・わ　はで・に˥⌒めーる↓／
(おれにはそれ(その服)はお前には派手に見える。「おめー・に」は「おめー・げ」とも言える。)
はとげ˥ー ／hatoŋe˥ʀ／［鳩ヶ谷・鳩谷］（固有名詞・地名）
「鳩ヶ谷」の町を広くこう呼んでいた。
※「鳩ヶ谷・鳩谷」や「越ヶ谷・越谷」のような「～谷(～がや)」を語尾に持つ地名は、現在は改まると［ハトガ˥ヤ hatoŋa˥ja］や［コシガ˥ヤ koɕiŋa˥ja］と発音されるが、以前は［ハトゲ˥ー hatoŋe˥ː］や［コシゲ˥ー koɕiŋe˥ː］と発音されていた。これは「がや→がえ→がい→げー」という音変化がかつて存在したと仮定することで説明されうる。
※なお、地名語尾の「谷(や)」は、「低湿地」を表し、その点で(底部が低湿な土地である)台地の開析谷を表す「谷(やつ)」と一部共通の意味特徴を持っている。形態からも両者は同源語と思われる。しかし、「谷(やつ)」は台地に局在するのに対して、「谷(や)」は台地の低湿地だけでなく、(特に埼玉県東部地域では)大きな河川の自然堤防の後背湿地をも表していると思われる点で意味範囲に違いがあり、「谷(やつ)」と「谷(や)」は同列には扱えない。「鳩ヶ谷」は台地縁にあるが、旧荒川(旧入間川)の流路跡(太古には荒川を合わせた旧利根川の流路跡といわれる)の低地と後背湿地が台地沿いに戦後まで残っており、「谷(や)」に基づく地名であった可能性を示している。「越ヶ谷」は元荒川(中世には旧荒川と旧利根川(古隅田川)の合流した川)沿いのいわゆる中川低地に立地す

る土地で明らかに後背湿地の「谷(や)」に基づく地名と思われる。

※中世語のある時期に、[広母音a¹＋半母音{w/j}＋広母音a²]という音声的条件下で、後続する広母音a²の弱化・消失と半母音{w/j}の母音化{u/i}という、条件的で平行的な音韻変化（不完成的な音韻変化)が生じた可能性が考えられる。即ち、[-awa(→-*awo)→-au(その後→-ɔ:→-o:)]（「ア段音＋ワ(→ア段音＋*ヲ)→ア段音＋ウ」)、および[-aja(→-*aje)→-ai(その後→-*ɛ:→-e:)]（「ア段音＋ヤ(→ア段音＋*エ)→ア段音＋イ」)という変化が想定される。前者の変化は「ははき→はわき→はうき(cf.『日葡辞書』「fŏqi」。箒・ほうき)」、「いまは→いまわ→まわ(「恵信尼消息」の「まは(さてあらん)」がその例)→まう(cf.『日葡辞書』「mǒ(faya)」。副詞・もう)」などや、各地の地名語尾「川」の[ko:～go:]に名残をとどめている。

※『吾妻鏡』に「鳩谷」(仁治四1243年)に続いて「鳩井」(建長八・康元元1256年)が現れていることからよほど早くにこの変化は生じていたように思われる。『新編武蔵風土記稿』には「或は鳩ヶ谷と記し、又は鳩井と書せしことは…文書に見えたり。されば今も鳩ヶ谷と書せどママ土人ははとが井と唱へ来たれり」とある(「土人」は「土地の人」、明治以後「野蛮人」の意味が加わった[念のため])。なお、「熊谷」も熊谷辺りでは[クマガヤ kumagaja]の他に[クマゲー kumage:](アクセントは共に平板型)と発音されるが、歴史的に、法力房蓮生(れんせい)こと鎌倉御家人の「熊谷直実」の名字の地としての「熊谷」は、「蓮生自筆誓願状」(1204-1206？)には「くまかやのにうたう」、『法然上人行状絵図』(1306-1308頃)第27には「熊谷の入道」「熊江の入道」とあることも参照。

はとこ˥ ／hatoko˥／（名詞）

／いとこ˥ 'ɪtoko˥／(従兄弟・従兄弟)の子。アクセントは東京語の中高型に対応する。

はと˥ぽっぽ ／hato˥poQpo／（名詞）

「鳩/hato˥/」の幼児語。

はな˥ ／hana˥／（名詞）

初め。／はな˥・っから　わかって˥た↓／（初めから分かっていた。）

※／しょっぱな¯ sjoQpana／は「一番初め」で、／はな˥ hana˥／は「初め、初めのうち、初めの頃」など、限定的でない意味合いを持つ。

はな=˥ ／hana=˥／［花］（名詞）

①花。②つぼみ。／この⁀き˥　はな˥⁀きてる↓／([直訳]この木は花が来ている。）は、「この木はつぼみができている。」という意味で、花が咲いていなくても、つぼみがついている段階でも言える。／はな˥⁀さいてる↓／は明らかに「花が咲いている。」である。

はな¯ ／hana／［鼻］（名詞）

①鼻。②鼻から出る粘っこい分泌物。洟。水状のものは／はなみず¯ hanamizu／(鼻水)とも言うが、／みずっぱな¯ mizuQpana／(水洟)が本来語のようである。

※高度経済成長期以前は、／あおっぱな¯ 'a'oQpana ／(青洟)や／にほ˥んばな niho˥ɴbana／(二本洟)を垂らしている子が多かった。

はなす˥ ／hanasu˥／［話す］（他動詞サ行五段）

一定の内容のある「話」を他人に話す。

※／しゃべる˥ sjaberu˥／は、一定の内容のある話を「見境なくべらべらと」他人に話すことで、非難・揶揄の意味合いを帯びて使われることが多い。但し、そういう意味でなく「話す」とほとんど変わらない意味で使う話者もある。その場合、「しゃべる」は「口に出して言う(外形的)」、「話す」は「打ち明けて言う(内容的)」ような「外形」と「内容」にかかわる違いが多少ともあるように感じられると言う。

はなっかぜ¯ ／hanaQkaze／（名詞）

鼻風邪(急性鼻炎)。

はなっかみ¯ ／hanaQkami／（名詞）

鼻をかむ紙。ちり紙。ティッシューペーパーもこういう。

※後半部を「紙」と意識せずに、動詞「(鼻を) かむ」と関連させて意識している話者が多い。

はなったらし¯ ／hanaQtarasi／（名詞）

いつもはな(洟＝鼻汁)を垂らしていること。また、そのような子ども。

はなったれ¯ ／hanaQtare／（名詞）

いつもはな(洟＝鼻汁)が垂れていること。また、そのような子ども。

はなっつぁき¯ ／hanaQcaki／（名詞）

鼻先。すぐ目の前。

はなっつら¯ ／hanaQcura／（名詞）

鼻先。目の前。

はなっぺろ¯ ／hanaQpero／（名詞）

食いしんぼ。語構成は「鼻」＋／ぺろ˥ぺろ pero˥pero／(なめずる様子)の語根「ぺろ」からであろう。類義語に／はらっぺらし¯ haraQperasi／がある。

はなぺちゃ¯ ／hanapecja／（名詞）

鼻が極端に低いこと(人)。語構成は「鼻」＋／ぺちゃ˥んこ pecja˥ɴko／(突き出たものが押し潰された様子)の語根「ぺちゃ」から。

はなめど¯ ／hanamedo／（名詞）

鼻の穴。／＝めど -medo／は「穴」の意味の造語要素（形態素）。／あなめど˥ 'anamedo˥／（穴）は類義並立複合語。他に、／はりめど˥ harimedo˥／（針の穴）、／けつめど¯ kecumedo／（肛門）など。

はね¯ ／hane／（名詞）

①羽。②翼。／とり・の⁀はね¯／は、「鳥の羽」のことも「鳥の翼」のこともある。

はねーる¯～はねる¯ ／haneʀru～haneru／（他動詞下一段）

始める。／あきね˥ー　はねる¯／（商売を始める）。

※各地俚言に見られる「はなえる」の方言語形。「はなえる」は「はな」（「端（はな）」＝最初）からの派生動詞と考えられる。同じような派生関係が、「はじ」（端）と「はじめる」（始める）にも見られる。

※／はねーる¯／（先行形／*はなえる¯／（無核型・平板型））のアクセントから推定される祖形は、「*はなふ（下二段）」、アクセントは（ひとまず）「*上上平」で、従って、いわゆる金田一の法則からすれば、語基の「はな」のアクセントは「上上」（２拍名詞第１類）か「上平」（２拍名詞第２類）でなければならない。その点で、方言の／はな˥／（最初）はアクセント対応からして、個的・孤的変化を経ていなければ２拍名詞第４類か第５類となるので、アクセント的に合わない。『新明解日本語アクセント辞典』『日本国語大辞典』には「最初」の［ハ˥ナ］（頭高型）の他に「端（＝はし）」として（［ハ˥ナ］（頭高型）の他に）［ハナ¯］（平板型）が載っている。これなら、個・孤的変化を経ていないとして２拍名詞第１類でアクセント的に問題がない。従って、「端（＝はし）」の意味の「はな」が「はなえる」の語基で語源と推定される。この点では「はじ（端）」と「はじめる」の派生関係とも符合する。

※『物類称呼』の「〇外のことを…」に、「はし　は　はな　ともいふ也」とある。参照。

※「跳ねる」を語源とする「仕事をはねる」「店をはねる」という言い方は方言には存在しなかった。

はねかす˥ ／hanekasu˥／［撥ねかす］（他動詞サ行五段）

「（泥が）撥ねる/haneru˥/」（所動詞ナ行下一段）に、有意的動作を表す他動詞形成接尾辞／＝かす／が付いてできた他動詞。同じ所動詞からの二つの派生他動詞でも、ゼロ派生zero derivationによる／どろ˥　はねる˥／（泥を撥ねる）の／はねる˥ haneru˥／（他動詞ナ行下一段）は「雨垂れが泥を撥ねてる」のように人の意志が関与しない事態の表現にも使える（有意性に関して無標［±有意的］）が、／どろ˥　はねかす˥／（泥を撥ねかす）の／はねかす˥ hanekasu˥／は「車が泥を撥ねかした」のように人間（の意志）が関与した動作（有意性に関して有標［＋有意的］）を表していて意味に違いがある。

はねがね˥むし～はりがね˥むし ／haneŋane˥musi～hariŋane˥musi／（名詞）

→／はりがね˥むし～はねがね˥むし hariŋane˥musi～haneŋane˥musi／（名詞）

ばば˥ ／baba˥／（名詞）

「汚い」の幼児語。糞を意味する「ばば」（ネコババのババ）と同源か、あるいはそれの転用であろう。

はばかり¯ ／habakari／（名詞）

便所。少しハイカラな感じの語だったようである。明治中頃生まれの女性がそう言っていた。

はばた¯ ／habata／（名詞）

木の切り株を掘り起こす、幅の広い鍬。

ばばっち˥ー～ばっち˥ー ／babaQci˥ʀ～baQci˥ʀ／（形容詞）

汚い。／ばば˥ baba˥／の派生形容詞で、幼児語の語感がある。⇒／ばば˥ baba˥／参照。

はま=˥ ／hama=˥／（名詞）

車輪。／じてんしゃ　はま˥　まーってる↓／（自転車、車輪が回転している。）

※「自転車＋はま（車輪）＋回ってる」という文の意味関係は、「[[自転車＋の＋はま（車輪）]＋回ってる]」だが、文法的には「[[自転車]＋[はま（車輪）＋回ってる]]」で、[はま（車輪）＋回ってる]という節が述語節となって主語[自転車]を取ったような重層的な節構造（文構造）をなしている。

※「破魔矢」の的の「破魔」の形に類似することから起こった語であろう。方言（俚言）意識なく、高度成長期以後の若い世代でも使われている。その場合のアクセントは共通語型の尾高型である。

はやある˥き ／ha'ja'aru˥ki／［早歩き］（動作名詞）

（走るように）速く歩くこと。早足。⇒／かける˥ kakeru˥／を参照。

はや˥い～はえ˥ー ／ha'ja˥i～ha'ɪ˥ʀ／（形容詞）

①時間が「早い」。②速度が「速い」。

※朝の挨拶語に美化語「お早い」の連用形「お早く」のウ音便形に基づく／おはよー⁀ございま˥す／が現れるが、美化語「お早い」はこの形以外は殆ど聞かれない。使えば共通語的使用と思われる。

※戦前世代の/ha'ɪ˥ʀ/の/'ɪʀ/は舌の緊張が緩んだ少し中舌寄りの狭から半狭の前舌母音でやや精密な表記で[hɑɪː～hɑeː]のような発音である（⇒/'ɪʀ˥/（良い）の項を参照）。戦後世代の／はえ˥ー／（省いた音韻表記で/ha'e˥ʀ/）の「えー/'eʀ/」は少し狭い半広の前舌母音でやや精密な表記で[hɑɛː]のような発音である。なお、これの強調的・感嘆的発音の「はっえー/haQ'e˥ʀ/」は、促音「っ」該当部分で喉頭が緊張し、舌の位置が少し中舌寄りに狭まる（無理に音声表記すると）[hɑ̰ɛ̆ɛː]のような発音になる。戦前世代の強調形/haQ'ɪ˥ʀ/の発音は観察できなかった。「はっやい」は[hajjai]と発音される。なお、戦後世代で、[hajeː]（簡略表記）という発音も時々聞かれ、その強調的発音の[hajjeː]も間々聞かれたが、「たかい[takai]→たけー[takeː]」（高い）のような〈連母音[ai]→長母音[eː]〉という型から類比的に臨時的に導かれた発音のようで、当の話者もふつうには[haeː]（簡

略表記)と言っていて、安定しているとは言い難かった。

ばやい¯～ばわい¯　/ba'jai～ba'wai/　[場合]（名詞・形式名詞）
「場合(ばあい)」の訛語。/ばやい¯　ba'jai/は戦前世代の話者に多く聞かれた。
⇒/ばわい¯～ばやい¯　ba'wai～ba'jai/の項を参照。

はやかす⅂　/ha'jakasu˥/　(他動詞サ行五段)
卵をかえす(孵す)。/はやける⅂　ha'jakeru˥/の他動詞。

ばやかす⅂　/ba'jakasu˥/　(他動詞サ行五段)
人を化かす。(キツネやタヌキなどが)人の心を迷わせてだまし欺く。
※語形と意味から考えて、近世語の「まやかす」(ごまかす、だます)との関連が想定される。「まやかす」の語頭子音の非鼻音化したもの([majakasu]→[bajakasu])か、あるいは「まやかす」が類義語「ばかす」に引きつけられて「ばやかす」と変じたもの(majakasu×bakasu→bajakasu)かと思われる。
※人を化かす動物には/きつね¯　kicune/(狐)や/むじな=⅂　muzina=˥/(狸)がある。子どものころはそういった動物にだまされた人の話がまだ聞かれた(1950年代)。

はやける⅂　/ha'jakeru˥/　(所動詞カ行下一段)
卵がかえる(孵る)。他動詞は/はやかす⅂　ha'jakasu˥/。
/たまご¯　まー⅂だ　はやけね⅂ー↓/([鶏が抱いている]卵がまだ孵らない。)
※「卵」の存在は「ある」と言って「いる」とは言わないことから、卵は生物名詞ではない。従って、動詞/はやける⅂　ha'jakeru˥/は「自動詞」ではなく「所動詞」と考えられる。但し、その/はやけ⅂た　ha'jake˥ta/結果、誕生するものが鳥や虫など生物である点は特異である。生物の誕生に関わる自動詞の「生まれる/'ɴmareru¯/」にも所動詞的なところが見られるが、何か通底するものが感じられる。⇒/んまれる¯　'ɴmareru/の項を参照。
※「(卵が)はやける」「(卵を)はやかす」から取り出せる形態の「はや＝」は、「(草木が)生える」「(草木を)生やす」の語基の「はや＝」と、アクセントを含む音形と意味の点（音形がともに「はや＝」で、アクセントも「起伏式」で「式保存の法則」に矛盾せず、意味も広義の「誕生」で類似）から、同源の形式ではないかと思われる。さらに、動詞の相関項(の主題物theme)の「卵」と「植物」が、ともに言語的に生物名詞(有生名詞)でないことも考え合わせて、両者は起原を同じくする可能性が大きいと考える。

はやす⅂　/ha'jasu˥/　[生やす]（他動詞サ行五段)
「生える/hairu˥～hɪʀru˥/」の他動詞。「生えかす/haikasu˥～hɪʀkasu˥/」との異同などについては以下の各項を参照。⇒/はいる⅂～へーる⅂/(生える)、⇒/はいかす⅂～へーかす⅂/(生えかす)。

はやす⅂　/ha'jasu˥/　(他動詞サ行五段)
子どもをあやす。/あやす⅂　'a'jasu˥、あやかす⅂　'a'jakasu˥/とも言う。
/こども・こ⅂と　はやして⅂て⁀くれ↓/　(子どもをあやしていてくれ。)
※「あやす→/ha'jasu˥/」、「惜しい→/hosi˥ʀ/」など、語頭ア行音のハ行音化と言うべき現象が２例見つかる。本方言の語頭の/'/は共通語と違って柔らかい声立てであることが多く、そこから、入りわたりに無声の声門摩擦音が発達した可能性が考えられる。しかし、例えば「はやす」は「栄やす・囃す」からの、「ほしい」は「欲しい」からの転義の可能性も考えられなくはない。

はら=⅂　/hara=˥/　[腹]（名詞）
腹。へそから下の腹を/したっぱら¯　sitaQpara/(下腹)というが、へそから上の腹を特に/*うわっぱら¯/(上腹)ということはないようで単に/はら=⅂/(腹)といっている。左右の腹を/わきばら¯～わきっぱら¯　'wakibara～'wakiQpara/という。女性語的上品語(美化語)に/おなか¯　'onaka/が聞かれる。

はら⅂　/hara˥/　[原]（固有名詞・地名)
旧安行村(川口市・草加市)の大字(おおあざ)の「原」。/はら⅂・の⁀ち/(「原」の親戚の家)。
※普通名詞としては「原」はふつう/はら⅂っぱ/という。
※「原」の飛び地に/はら⅂ぶん/(「原分」)、/めーはら⅂ぶん/(「前原分」)、/うしろはら⅂ぶん/(「後原分」)があった。古くは/はらむら¯/(原村)と言ったという。
※名字の「原」は/はら¯/と平板型に発音される。/はらさん¯/(原さん)。

はらう⅂～はらー⅂　/hara'u˥～haraʀ˥/　[払う]（他動詞ワ行五段)
①手足などを動かして不要なもの・邪魔なものをその場所から取り除く。振り払う、追い払う。
/あたま⅂　ほこり　はらった⅂ら⁀どー・だ↓/(頭φ(≒頭カラ)、埃りを払ったらどうだ。)
②代価としてお金などを渡す。支払う。/かね　はらって⅂⁀かった↓/(金を払って買った。)
※身近(内の領域)にある物を遠く(外の領域)へ移すという点で、①も②も意味的に共通している。派生語も次のものは意味的に共通する。/うっぱ⅂らう　'uQpa˥ra'u/(売り払う)、/おっぱ⅂らう　'oQpa˥ra'u/(追い払う)、/とっぱ⅂らう　toQpa˥ra'u/(取り払う)。但し、次の語は内から外への離心的(遠心的)移動という点での関係が薄くなっている。/かっぱ⅂らう　kaQpa˥ra'u/(盗む)、/よっぱ⅂らう　'joQpa˥ra'u/(酔う。これのみ他の諸単語と異なり自動詞であることに注意)。

はら⅂⁀くちー¯　/hara˥ kuciʀ/　[腹くちい]（連語形容詞)
腹がいっぱいでもう食べられない感覚をいう。満腹感。名詞「腹」と形容詞「くちい」の連語。
/くいすぎ⅂て　はら⅂⁀くちくて　しゃーね⅂ー↓/(食い過ぎて腹がくちくてしようがない。)

はらさんざ¯ ／harasaɴza／（副詞）　→類義語／さんざ¯ saɴza、さんざっぱら¯ saɴzaQpara／
自分が満足するほど十分に（他人からははなはだしく感じられるほど）。飽き飽きするほど十分に。／はらさんざ　あくて⌉ー⌒ついて　けーって⌉った↓／（散々に悪口を言って帰って行った。）
※／はらさんど¯ harasaɴdo／とも言う。
はらさんど¯ ／harasaɴdo／（副詞）
→／はらさんざ¯ harasaɴza／
はらたちご⌉んべー ／haratacigo⌉ɴbeʀ／（名詞）
カマキリ。／ごん⌉べー goɴ⌉beʀ／とも言い、擬人的命名。他に／はらたち⌉むし harataci⌉musi／や／かまぎっちょ¯ kamaŋiQcjo／とも言ったという。
はらたち⌉むし ／harataci⌉musi／（名詞）
カマキリ。鎌を振り上げる様子から、このように命名したものであろう。前項を参照。
はら⌉っぱ ／hara⌉Qpa／（名詞）
田畑/taha⌉ta〜deɴ⌉pata/と違って手入れをしない、草の生えた比較的広い平地。原っぱ。
はらっぺらし¯ ／haraQperasi／（名詞）
食べてもすぐに空腹を感じて何か食べる物を欲しがる人。
はらばた=⌉〜はらばた¯〜はらわた=⌉〜はらわた¯ ／harabata=⌉〜harabata〜hara'wata=⌉〜hara'wata／（名詞）
生き物の内臓。／はらばた⌉　にーくり⌉けーる／(腸が煮え繰り返る)は、怒りを抑えかねる様子。
※「わ」と「ば」の音の混乱は他に／そとわ¯ soto'wa／(卒塔婆)がある。
※魚などの内臓を取り出すことを／わた⌉⌒ぬく 'wata⌉ nuku／と言う。
はらまき=⌉ ／haramaki=⌉／［腹巻き］(名詞)
腹巻き。／はらまき⌉⌒して　ねる／(腹巻きをして寝る)。／はらまき・ん⌒なか⌉・に／(腹巻きの中に)。／そら　はらまき・だ⌉・よ↓／(それは腹巻きだよ。)。
※アクセントは共通語の尾高型に対応するが、共通語は中一高型で尾高型はないようである。
はり⌉ ／hari⌉／［針］(名詞)
針。針が体に刺さって、折れて血管に入ったら死ぬと、きつく戒められていた。
はりーた¯ ／hariʀta／［張り板］(名詞)
洗い張り／'arai⌉hari／で布を張って乾かすための板。
※張り物／はりもの¯ harimono／をするための板だから／はりいた¯ hariʀta／だと言う。
※／hari'ıta／と長音でない割った発音は聞くことがなかった。こういう音声条件で割ると[ハリエタ]と聞こえるはずだが聞かれなかった。
はりがね¯ ／hariŋane／［針金］(名詞)
電線など細長い線条の金属をいう。
はりがね⌉むし〜はねがね⌉むし ／hariŋane⌉musi〜haneŋane⌉musi／（名詞）
昆虫の内臓を言う。方言話者からは／むし・の　はらばた¯ musi no harabata／(虫のはらわた)のことだという説明を聞いたことがある。虫の名ではない(念のため)。戦前世代では「はねがね虫」が聞かれた。ここに現れる「はねがね」については、埼玉・群馬の各地で「はりがね(針金)」の音位転換に基づくらしい「はねがり(針金)」が見つかるので、それのさらなる転訛形(「はねがり」→「はねがね」)か、新たな改新形(「はねがり」—(金属の「〜がね」への音的・意味的類推)→「はね＋がね」)と思われる。このことは「はねがね」(やその祖形の「はねがり」)がこの地域でかつて行われていた可能性を示唆するけれども、筆者は筆者の周辺で「針金」を「はねがね」(や「はねがり」)と言うのを聞いたことはない(念のため)。戦後世代の「はりがね虫」は、もとから併存していた語なのか、それとも他方言からの新たな借入語なのかは、掘り下げて聞き取っていなかったこと、周辺に「はりがね虫」の存在が確認されないこともあって、よく分からない。
※「はりがね虫」は「針金虫」と受け取られている。子どものころ、このことばに干渉されたためか、素朴に昆虫の内臓を「虫」と思っていた。
はりばこ¯ ／haribako／［針箱］(名詞)
裁縫用具入れの箱。裁縫箱。
はりめど⌉ ／harimedo⌉／（名詞）
針の穴。／＝めど -medo／は「穴」の意味の形態素。他に、／あなめど⌉ 'anamedo⌉／(穴)、／けつめど¯ kecumedo／(肛門)、／はなめど¯ hanamedo／(鼻の穴)などに見られる。
はる⌉ ／haru⌉／［春］(名詞)
春。暖かくなっていく季節として春は把えられている。〈寒い冬→暖かい春〉というふうに、基準が冬にあるのか、秋と同じ気温でも、涼しい(季節)とは把えられていない。「真冬」に対する「真春」の不在にも注意。
はれぼったい¯〜はれぼってー¯ ／hareboQtai〜hareboQteʀ／（形容詞）
腫れて少しふくらんだ様子。／はれぼったい　めー⌉　してる↓／(少し腫れた目をしている。)
※後半部の／＝ぼったい -boQtai／は、／あつぼったい¯ 'acuboQtai／(厚くてふくらんだ様子)にも見られる。
ばわい¯〜ばやい¯ ／ba'wai〜ba'jai／［場合］(名詞・形式名詞)

「場合(ばあい)」の訛語。／ばやい¯ ba'jai／は戦前世代の話者に多く聞かれた。

※/ba'ai/[baai]という(長母音でなく間に音節の切れ目(強さの谷)のある)連母音の/-a'a-/[-aa-]の、音節を異にする後続の初頭位の/'a-/[a-]に、半母音[w]や[j]が介入して音節として割れていることを明確にした語形と思われる。([w]に関しては直前の両唇音[b]の調音が、[j]に関しては直後の前舌母音[-i]の調音が影響しているかもしれない—後者はいわゆるanticipation—。)

ばん¯ ／baɴ／［晩］(名詞)

①広義には「日没」から「日の出」までの時間。／よる⌉ 'joru⌉／(夜)に同じ。「一晩中」の「晩」。

②狭義には「日没」から「夜中」までの時間。／よい¯ 'joi／(宵)に同じ。「朝晩」の「晩」。

ばんがた¯ ／baɴŋata／(名詞)

日が傾いて薄暗くなってから日が沈んで暗くなるまでの時間。夕方。

※「晩方」は「日没」以前の時間を指示し、「晩」は「日没」以後の時間を指示する点で異なる。

ばんつき⌉ ／baɴcuki⌉／(動作名詞)

(何かの) 番をすること。／ばんつき⌉⌒しる／(番をする)。

はんぬ⌉き ／haɴnu⌉ki／(名詞)

榛(はん)の木。

※「/あでみ⌉ち 'ademi⌉ci／(畦道)」や「/たのころ⌉みち tanokoro⌉mici／(田の畔道)」と呼ばれた「畦道」や「/たんなか⌉みち taɴnaka⌉mici／(田ん中道)」と呼ばれた「田んぼ道」の端に一列に植えられて、それに竹や木の横木を架けて稲架けとされることが多かった。

※『物類称呼』の「榿(はりのき)」の項に「東国にて○はんのきと云」とある語の訛語。

はんぶん⌉(名詞)～はんぶん¯(副詞) ／haɴbuɴ⌉～haɴbuɴ／(名詞・副詞)

半分。／はんぶん⌉／は／はんぶ⌉ん／とも発音し自由変異。

／はんぶん⌉・に　わけ⌉た／(半分に分けた)。／はんぶん¯　うたぐってた／(半分疑っていた)。

但し助詞が介在すると副詞でも／はんぶん⌉・わ　うたぐってた／のようになる。

はんぶん⌉こ ／haɴbuɴ⌉ko／(動作名詞)

半分ずつ分け合うこと、折半すること。／なか⌉よく　はんぶん⌉こ　しな↓／

はんぶん・つ⌉ ／haɴbuɴ cu⌉／(連語)

半分ずつ。

※名詞／はんぶん⌉ haɴbuɴ⌉／(半分)と副助詞／っつ⌉ Qcu⌉／(ずつ)の撥音の後にのみ現れる音韻的に条件づけられた異形態／つ⌉ cu⌉／との連語。

／っつ⌉ Qcu⌉／(ずつ)は、／ふたっつ・っつ⌉、ふたーり・っつ⌉／(二つずつ、二人ずつ)のように使われる。「一本ずつ」のように撥音の後では／いっぽん・つ⌉／となる。

ひ～／hɪ～／：

○「ひ」で始まる「平仮名表記の見出し語」のあとの／音韻表記／の／hɪ／は、「戦前世代」(だいたい第二次世界大戦以前に学校を出た人たちが典型)では、「喉頭音音素」／h／の後で、「前舌の狭(narrow/close)母音」／i／と、「前舌の中(mid)母音」／e／の対立がなく、「中和neutralize」しているのを表したものである。(注意：ここで、中(mid)母音というのは、半狭(half-close)母音と半広(half-open)母音にわたる母音を総称したものであり、具体的音価は両者の中間から半広寄りである。)

○「見出し語」の平仮名表記の「ひ」は、それより若い年齢層(だいたい「戦中・戦後生まれで高度経済成長期(1970年頃)以前に学校を出た人たち」—本書で扱う「戦後世代」というのはこの年齢層の人たち—と、「それ以降のより若い人たち」—共通語化が著しく本書では扱わなかった年齢層の人たち—との二つの年齢層から成る) では、／hi／と／he／の対立があるので、その音韻的区別に基づいて立てた形である。特に断りがないものは音韻表記の／hɪ／が若い層では／hi／で現れる。

※共通語の(、無声の閉鎖音/-p-, -t-, -k-/と破擦音/-c-/に直接にあるいは促音/-Q-/を介して先行する、)母音が無声化する音節の「ひ/hi-/[çi̥-]」に、この方言では規則的に無声母音音節の「し/si-/[ɕi̥-](簡略表記。精密には成節的な無声歯茎硬口蓋摩擦音[ɕ̩-])」が対応する。従って、共通語の無声化しない有声母音の音節「ひ/hi-/[çi-]」と「へ/he-/[he-]」に、(/i：e/の対立が中和した)前舌母音音素/ɪ/を音節核音とする上記の／ひ～ hɪ～／が対応していることになる。

ひ=⌉～ひー⌉ ／hɪ=⌉～hɪʀ⌉／［火］(名詞)

火。／ひー⌉⌒つく～ひ・が⌉⌒つく／(火が付く)。／ひー⌉⌒つける／(火を付ける)。

／ひ・ん⌉⌒なか／(火の中)。／ひ・の⌉・よー・に／～／ひー⌉・みてー・に／(火のように)。

※単独では長呼形が、付属語との結合では短呼形が現れるのふつうだが、状態詞的準体助詞「みてー」は長呼形に付くのがふつうである。

ひー⌉るん～ひー⌉るんべ ／hɪʀ⌉ruɴ～hɪʀ⌉ruɴbe／(名詞)

蛭。語形については、〈「ひーる(蛭)」＋指小辞「め」〉の「ひーるめ」から「ひーるんべ」→「ひーるん」となったものか。「鼻子音音節」→「撥音＋濁音音節」としては「あかめ(赤目)」→「あかんべ」がある。

※第１音節長呼の例。第１音節にアクセント核があることが条件になっているかどうかは不明。他に、／へー⌉び hɪʀ⌉bi(戦後世代はheʀ⌉bi)／(蛇)、／もー⌉ち～もー⌉ち・の⌒き moʀ⌉ci～moʀ⌉ci no ki／(黐[の木])、／まー⌉だ maʀ⌉da／(未だ)ナド。

ひがし¯ ／hıŋasi／ ［東］（名詞）
東。真東は／まひが˥し mahıŋa˥si／。
※普通名詞としては平板型アクセントで発音されるが、固有名詞として、集落の東外れにあった家は、／ひがし˥ hıŋasi˥、ひがし˥・の⌒ち hıŋasi˥ no ci／（東、東の家）と発音されていた。
ひがん˥ ／hıŋaɴ˥／ ［彼岸］（名詞）
夏・冬の中間に位置する、春分の日・秋分の日を中日とする七日間をいう。
／もー⌒すぐ˥ ひがん˥ なっ・けど ｜ はか˥めーり どー˥ しっ・か↓／
（もうすぐ彼岸になるが、墓参りはどうするか。）
びく˥ ／biku˥／（名詞）
取った魚を入れる小さな籠。
ひぐら˥し～ひぐらし¯ ／hıŋura˥si～hıŋurasi／（名詞）
ヒグラシ（蜩）。ふつうは鳴き声にちなんで／かなかな˥ kanakana˥／と言っていた。
ひげ¯ ／hıŋe／（名詞）
顔に生える毛。ひげ。戦前世代に／しげ¯ siŋe／と言うのも聞かれた。
ひざ¯ ／hıza／ ［膝］（名詞）
基本的には①下肢のうちの膝関節の前面を言うが、②それより上の部分の前部も／ひざ¯／と言う。「子どもを膝に乗せて抱く」や「走った後、膝の筋肉が痛い」というのは、後者の意味である。後者は／もも˥ momo˥／（股）とも指称される部位でもある。
ひざっかぶ¯ ／hızaQkabu／（名詞）
ひざ小僧。戦前世代の語でもう聞かれることはない。／ひざっこぶ¯ hızaQkobu／とも言う。
※この語は身体部位の名前で、中の押さえると動く骨は／おさら¯ 'osara／と言う。
※語構成は／ひざ¯ hıza／（膝）＋／かぶ¯ kabu／（株＝切り株）。
※『物類称呼』の「膝（ひざ）」の項に「奥州南部にて〇ひざかぶと云」とある。
ひざっこぶ¯ ／hızaQkobu／（名詞）
ひざ小僧。／ひざっかぶ¯ hızaQkabu／とも言う。
※この語は身体部位の名前で、中の押さえると動く骨は／おさら¯ 'osara／と言う。
※語構成は／ひざ¯ hıza／（膝））＋／こぶ=˥ kobu=˥／（瘤）。
びた˥いちもん ／bita˥'ıcimoɴ／（名詞）
否定極性を持つ語（即ち「びた一文ある。」とは言えない）で、わずかなカネも無い、出さない、払わないなどの文脈で使われる。語源は粗悪な銭貨である「びたせん（鐚銭）」の「一文」ということから。
びた˥つける ／bita˥cukeru／（他動詞カ行下一段）
地面や床などに、思いっ切り勢いをつけて叩きつける。
／こども げーろ・こ˥と びた˥つけて あすんでた↓／（子どもが蛙をびたつけて遊んでいた。）
※「びた」の語性は不明だが、直（じか）に接することを表す語根「ひた（直）」例えば（直に接する土→地べた）の古語「ひたつち（直土）」や現代語の副詞「ぴたり、ぴったり」の語基「ぴた」などと関係するものかもしれない。とすれば、地面や床に直に（ぴったりと）接するように「付ける」（くっつける、密着させる）ことが原義かもしれない。また、「思いっきり勢いをつけて」の意味は、語頭濁音という音形に由来すると説明できるかもしれないが、少しad hocで、はっきりしない。
ひだり¯ ／hıdari／ ［左］（名詞）
左。⇒／みぎ¯ miŋi／参照。
ひだりぎっ˥ちょ～ひだりぎっ˥ちょ ／hıdariŋiQ˥cjo～hıdarigiQ˥cjo／ ［左ぎっちょ］（名詞）
左利き。⇒／ぎっ˥ちょ giQ˥cjo／参照。
※現在の音形だけからなら、「左/hidari-/」と（「不器用/bu-kiQcjo/」に含まれる）「器用/kiQcjo/」の連濁形の/-giQcjo/との複合語と推定することができ、また同意の「ぎっちょ/giQ˥cjo/」は、この語の上略形と考えることができそうだが、文献的には、『日葡辞書』に fidariguicchǒ（ひだりぎっちゃう）が出、しかも、「器用」「不器用」は qiyô（きよう）、 buqiyô（ぶきよう）であって、オ段長音の開合も合わず音形も違いすぎるので、この仮説は成り立ちがたいようである。
ひだる˥い～ひだり˥ー ／hıdaru˥i～hıdari˥ʀ／（形容詞）
ひどく空腹であること。空腹でだるいこと。戦前世代の語。「文字詞」の「ひ文字」に起原する／ひもじ˥ー hımozi˥ʀ／も聞かれる。戦後世代ではほぼ／ひもじ˥ー／専用になっている。
※意味的・形態的に考えて、「空腹で体に力が入らない状態」の／ひだる˥い hıdaru˥i／は、「疲れて体に力が入らない状態」の／だる˥い daru˥i／の派生語と考えられる。つまり、「ひだるい」は、「ひ＝」によって「だるい」の意味を内臓感覚に特定化した派生語と考えられる。その点から考えて、前田勇1965『上方語源辞典』（東京堂出版）に指摘されているように、「ひ」は（漢方医学の五臓の１つで一切の食物をこなす器官とされた「脾臓」の）「脾」「脾の臓」の「脾」である可能性が高いと思われる。
ひっかく˥ ／hiQkaku˥／（他動詞カ行五段）
→／しっかく˥ siQkaku˥／
ひっきる˥ ／hiQkiru˥／（他動詞ラ行五段）
→／しっきる˥ siQkiru˥／

ひっくりけし¯〜ひっくりけーし¯ ／hiQkurikesi〜hiQkurikeʀsi／［引っ繰り返し］（名詞）
　→しっくりけし¯〜しっくりけーし¯ ／siQkurikesi〜siQkurikeʀsi／
ひっくりげし¯〜ひっくりげーし¯ ／hiQkuriŋesi〜hiQkuriŋeʀsi／［引っ繰り返し］（名詞）
　→しっくりげし¯〜しっくりげーし¯ ／siQkuriŋesi〜siQkuriŋeʀsi／
ひっくり⌉けす〜ひっくり⌉けーす ／hiQkuri⌉kesu〜hiQkuri⌉keʀsu／［引っ繰り返す］（他動詞サ行五段）
　→しっくり⌉けす〜しっくり⌉けーす ／siQkuri⌉kesu〜siQkuri⌉keʀsu／
ひっくり⌉げす〜ひっくる⌉げす ／hiQkuri⌉ŋesu〜hiQkuru⌉ŋesu／（他動詞サ行五段）
　→／しっくり⌉げす〜しっくる⌉げす siQkuri⌉ŋesu〜siQkuru⌉ŋesu／
ひっくり⌉ける〜ひっくり⌉けーる ／hiQkuri⌉keru〜hiQkuri⌉keʀru／［引っ繰り返る］（自・所動詞ラ行五段）
　→しっくり⌉ける〜しっくり⌉けーる ／siQkuri⌉keru〜siQkuri⌉keʀru／
ひっくり⌉げる〜ひっくる⌉げる ／hiQkuri⌉ŋeru〜hiQkuru⌉ŋeru／（自動詞・所動詞ラ行五段）
　→／しっくり⌉げる〜しっくる⌉げる siQkuri⌉ŋeru〜siQkuru⌉ŋeru／
ひっくる⌉がす ／hiQkuru⌉ŋasu／（他動詞サ行五段）
　→／しっくる⌉がす siQkuru⌉ŋasu／
ひっくる⌉がる ／hiQkuru⌉ŋaru／（自動詞・所動詞ラ行五段）
　→／しっくる⌉がる siQkuru⌉ŋaru／
ひっくる⌉げる ／hiQkuru⌉ŋeru／（自動詞・所動詞ガ行下一段）
　→／しっくる⌉げる siQkuru⌉ŋeru／
ひつけ=⌉ ／hɪcuke=⌉／（名詞・動作名詞）
　放火。厳密には［xɪ̥ʦ̥ke］というような初めの２音節の母音が無声化し脱落した発音になっている。戦後世代では耳にしないことばになっていて、この語を日常語としては知らないという話者がふつうになっている。
　　／ゆんべ　ひつけ⌉　あった⌉・と・よ↓／（昨夜［近所で］放火があったそうだよ。）
　　／ひつけ・の⌒こと⌉　はなした⌉・の↑／（放火事件のことを話したのか。）
　※音韻法則的には無声母音音節「ひ」は/シ/［ɕɪ̥］になるので、／*しつけ⌉ *sicuke⌉／が期待されるが、そうなっていないのは、語構成が明らか（有契的）で、／ひ=⌉〜ひー⌉ hɪ=⌉〜hɪʀ⌉／（火）への連想と、類意の動詞表現／ひー⌉⌒つける／（火を付ける）が支えになっているためと考えられる。
びっ⌉け ／biQ⌉ke／（名詞）
　最下位、びり。（「びり＋けつ（尻）」という語構成の）「びりっけつ/biriQkecu¯/」が崩れて「*びりっけ」「びっけ」となったのかもしれない。⇒／びり⌉ biri⌉／参照。
　※同一形式を含む単語に／びっち⌉ biQci⌉／がある。同義語に／びりっくそ¯ biriQkuso、びりっけつ¯ biriQkecu／がある。
ひっこ⌉ゆび〜ひっこ⌉いび ／hiQko⌉'jubi〜hiQko⌉'ibi／（名詞）
　→／しっこ⌉ゆび〜しっこ⌉いび siQko⌉'jubi〜siQko⌉'ɪbi／
びっこ⌉ ／biQko⌉／（名詞）
　足の不自由なこと。また、その人。（差別的語気がある）
　※片足の不自由な者は／ちん⌉ば ciɴ⌉ba／と言う。（これも差別的語気がある）
ひったくる⌉ ／hiQtakuru⌉／（他動詞ラ行五段）
　→／しったくる⌉ siQtakuru⌉／
びっち⌉ ／biQci⌉／（名詞）
　最下位、びり。「びっけ/biQ⌉ke/」を「びりっけつ/biriQkecu¯/」から導くことができるとしたら、「びり＋けつ（尻）」同様な語構成の複合語「びり＋しり（尻）」を想定して、「*びりっちり」が崩れて「*びりっち」「びっち」となったと説明できるかもしれないが、跡づけることはできそうにない。
　※同一形式を含む単語に／びっ⌉け biQ⌉ke／がある。同義語に／びりっくそ¯ biriQkuso、びりっけつ¯ biriQkecu／がある。
ひっつぁく⌉ ／hiQcaku⌉／（他動詞カ行五段）
　→／しっつぁく⌉ siQcaku⌉／
ひっつぁげる⌉ ／hiQcaŋeru⌉（他動詞ガ行下一段）
　→／しっつぁげる⌉ siQcaŋeru⌉／
ひっつぁ⌉ばく ／hiQca⌉baku／（他動詞カ行五段）
　→／しっつぁ⌉ばく siQca⌉baku／
ひっつぁ⌉ぶく ／hiQca⌉buku／（他動詞カ行五段）
　→／しっつぁ⌉ぶく siQca⌉buku／
ひっつぐ⌉ ／hiQcuŋu⌉／（他動詞ガ行五段）
　→／しっつぐ⌉ siQcuŋu⌉／
ひっぱる⌉ ／hiQparu⌉／（他動詞ラ行五段）
　→／しっぱる⌉ siQparu⌉／
ひっぱれ¯ ／hiQpare／（名詞）
　→／しっぱれ¯ siQpare／

ひと¯ ／hito／（名詞）
→／しと¯ sito／
ひど˥い～ひで˥ー ／hɪdo˥i～hɪde˥ʀ／（形容詞）
①冷酷非情な様子。人間としての思いやりがない様子。／ひで˥ー⌒こと　しや˥がる／。
②連用形は、強意の程度副詞としての用法を持つ。「ヒドクおもしろかった」。
※漢語「非道」を形容詞化した語。類例に方言語彙ではないが「心労」から派生の「しんどい」がある。
ひといまぶ˥ち～ひとえまぶ˥ち ／hitoimabu˥ci～hito'emabu˥ci／（名詞）
→／しといまぶ˥ち sitoimabu˥ci／
ひとさ˥ま ／hitosa˥ma／（名詞）
→／しとさ˥ま sitosa˥ma／
ひと˥つ ／hito˥cu／
→／しと˥つ sito˥cu／
ひと・に⌒なる˥～ひと・ん⌒なる˥ ／hito ni naru˥～hito ɴ naru˥／（連語動詞）
→／しと・に・なる˥～しと・ん・なる˥ sito ni naru˥～sito ɴ naru˥／
ひともじり¯ ／hitomoziri／（動作名詞）
→／しともじり¯ sitomoziri／
ひと˥り ／hito˥ri／（数詞）
→／しと˥り sito˥ri／
ひと˥ん・で ／hito˥ɴ de／（連語）
→／しと˥ん・で sito˥ɴ de／
ひとんでに¯ ／hitoɴdeni／（副詞）
→／しとんでに¯ sitoɴdeni／
ひなつち¯～へなつち¯（～ひなちち¯～へなちち¯）／hɪnacuci～hɪnacici／（名詞）
→／へなつち¯～ひなつち¯（～へなちち¯～ひなちち¯）hɪnacuci～hɪnacici／
ひね˥ ／hɪne˥／（名詞）
否定的な評価語。①古くなったもの。②年をとったもの。
ひねくる˥ ／hɪnekuru˥／（他動詞ラ行四段）
指先でくり返しねじるようにして回す。指先でひねり回す、いじり回す。
※／ひねる˥[2] hɪneru˥／に接尾辞／＋kur-u／が付いた反復frequentative動詞。／[hine(r)＋kur]-u／。
ひねくれる˥ ／hɪnekureru˥／（自動詞ラ行下一段）
心が素直でなくなる。
ひねる˥[1] ／hɪneru˥／（所動詞・自動詞ナ行下一段）
否定的な評価語。①古くなる。「／ひね˥た／大根・生姜」。②年を経る。「／ひね˥た／にわとり」。
③子どもが年の割に大人びる。「／ひね˥た／餓鬼(子ども)」。
ひねる˥[2] ／hɪneru˥／（他動詞ラ行五段）
①指でつまんでねじるようにして回す。②体の一部をねじるようにして回す。
ひばし˥ ／hɪbasi˥／［火箸］（名詞）
炭火を挟むための金属製の箸。アクセントが3拍名詞第5類の語。共通語の頭高型に対応しない。
ひばち˥ ／hɪbaci˥／［火鉢］　（名詞）
灰を入れ、中に炭火をいけておく暖房具としての鉢。アクセントが共通語の頭高型に対応しない。
※／ごとく¯ gotoku／(五徳)を据えて／やかん¯ 'jakaɴ／などを掛けておくことが多かった。
ひび=˥ ／hɪbi=˥／（名詞）
①物の表面の細かな割れ目。亀裂。②あかぎれ(皹)。
ひび˥⌒きれる˥ ／hɪbi˥ kireru˥／（連語動詞ラ行下一段）
あかぎれ(皹)ができることをいう。
ひび˥⌒いる¯ ／hɪbi˥ 'ɪru／（連語動詞ラ行五段）
亀裂が入る。ひびが入る。
※他動詞「入れる」に対応する本来の所動詞(いわゆる自動詞)の「入る(いる)」の残存形。「はいる」は本来は「這ひ＋入る(いる)→はひる(→はいる)」で「這って中に入る→中に入る」。
ひぶくれ¯ ／hɪbukure／（名詞・動作名詞）
やけどで皮膚の一部が膨れあがること。その膨れた部分。
ひぼ¯ ／hɪbo／（名詞）
紐。／ひも¯ hɪmo／とも言う。
ひもじ˥ー ／hɪmozi˥ʀ／（形容詞）
ひどく空腹であること。「ひだるい」の「文字詞」の「ひ文字」が形容詞化した語(「ひ文字」＋い)。
※戦前世代では／ひだる˥い hɪdaru˥i／と共存し、戦後世代ではほぼこの形式が専用されている。
びや˥ ／bi'ja˥／［枇杷］（名詞）
枇杷の木、枇杷の実。／びや˥　いら˥⌒なった↓／(枇杷がたくさん実った。)
※「指輪/'jubi'ja/」などにも見られる／*Ci'wa／(C≠')→／Ci'ja／という法則的な変化の一つ。
ひゃー˥る ／hjaʀ˥ru／（自動詞ラ行五段）

入る。ふつうは／へー˥る hɪʀ˥ru／(戦後世代は／heʀ˥ru／)と言う。／ひゃー˥る hjaʀ˥ru／と言うのはだいぶ古い世代(明治20年代生まれ)の人に聞かれた言い方で現在は聞くことができない。
／ふろ˥・い　ひゃー˥る／（風呂に入る)。
※連母音／-ai／は／-eʀ／となるのが通則で、／-jaʀ／となるのは異例で特異である。

ひやかす˥[1] ／hɪ'jakasu˥／（他動詞サ行五段）
水に浸けて柔らかくする。ふやかす。
※『物類称呼』に「(水に物を浸す事を）東国にて○ひやかすと云」とある。

ひやかす˥[2] ／hɪ'jakasu˥／［冷やかす］(他動詞サ行五段）
冷やす。／すいか　ひやかして˥⌒ある↓／(西瓜を冷やしてある。)
※／ひやす˥ hɪ'jasu˥／(冷やす)に比べて人為性・意図性が際立つ表現である。例えば、「(夜中に腹を出して寝ていて)腹を冷やし(て腹を壊し)た」のは「冷やす」であって、わざとしたのでなければ「冷やかす」とは言えない。

ひゃくしょ˥ー ／hjakusjo˥ʀ／［百姓］(名詞）
百姓、農家。差別語的だと言われることばだが、農村では逆に農家でない家を／ひの˥ーか hɪno˥ʀka／(非農家)と言って、差別する傾向もあった。

ひゃくまんべん¯ ／hjakumanbeɴ／［百万遍］(名詞）
百万遍念仏。七月二日に念仏を称えながら大数珠の環を村中の家々に運び歩いたという行事［廃絶］(草加市小山)。婿や新入りの人は泥田/doroQta¯/に投げ込まれるなどしたという話を聞いた。

ひやける˥[1] ／hɪ'jakeru˥／（所動詞カ行下一段）
水に浸かって柔らかくなる。ふやける。／ひやかす˥[1] hɪ'jakasu˥／の所動詞形。

ひやける˥[2] ／hɪ'jakeru˥／（所動詞カ行下一段）
冷える。／ひやかす˥[2] hɪ'jakasu˥／の所動詞形。
／すいか　ひやけ˥てる↓／（西瓜が冷えている。)

ひやす˥ ／hɪ'jasu˥／［冷やす］(他動詞サ行五段）
冷やす。⇒／ひやかす˥ hɪ'jakasu˥／(冷やかす)を参照。

ひやとい¯ ／hɪ'jatoi／［日雇い］(名詞）
①農繁期の農作業等に一日幾らという賃金で人を雇うこと。②また、そのように雇われること。
※／ひよと˥り hɪ'joto˥ri／は、雇われる側について言うのがふつうという。⇒／てま=˥／を参照。

ひよ˥ ／hɪ'jo˥／（名詞）
ひょう（雹)。／でっか˥い　ひよ˥　ふった˥↓／（大きい雹が降った。)
※１音節２拍の［ço:］が割れて２音節２拍の［çijo］となったもの。２拍の長さは保持される。

びよ˥ ／bi'jo˥／（名詞）
画鋲。／びよ˥　おっこ˥ってっ・から　きょーつけろ˥↓／（鋲が落ちているから気をつけろ。)
※１音節２拍の[bjo:]が割れて２音節２拍の[bijo]となったもの。２拍の長さは保持されている。類例に、「雹」／ひよ˥ hɪ'jo˥／、「茗荷」／みよが¯ mi'joŋa／、「名字」／みよ˥じ mi'jo˥zi／など。

びょーき¯ ／bjoʀki／［病気］(名詞・動作名詞・状態詞）
病気。同じ単語が文法的な機能の点から複数の品詞にわたっていることに注意。
①名詞：／びょーき・わ　なん˥・だった↓／(病気は何という病気だったか。)
②動作名詞：／びょーき⌒して　ねこん˥でる・と・よ↓／(病気で寝込んでいるということだ。)
③状態詞：／びょーき・な　とき˥・わ　やすめ˥・や↓／(病気の時は休めよ。)
※「あの人は目の病気に罹っている」ということを「あの人は目が病気だ」というが、これは「あの人の目は病気だ」と知的意味は同じで、(いわば二重化された主語の小主語(部分主語)の)「目」は病人の病気に罹っている身体部位を表しているに過ぎない。また書き言葉では「彼は目を病んでいる」ともいうが、この目的語のヲ格名詞の「目」も病気の部位を表していて「対象」らしくないことが注意される。

ひよ˥ちん ／hɪ'jo˥ciɴ／［日傭賃］(名詞）
農作業等に雇われて一日幾らという形で支払われる賃金。＝／ひよと˥り・の　ちん˥ぎん／。

ひよっこ¯ ／hɪ'joQko／（名詞）
／にわっとり¯～にやっとり¯ ni'waQtori～ni'jaQtori／（鶏）のひな。

ひよと˥り ／hɪ'joto˥ri／［日傭取り］(名詞）
農作業等に一日幾らという賃金で雇われること。また、そうする人。

ひょろ˥ ／hjoro˥／（名詞）
①細長くて弱々しい様子(をしたもの)。
②間引きすべき悪い作物。類義語に／へー¯ hɪʀ／(稗の訛語)がある。

ひょろなが˥い ／hjoronaŋa˥i／［ひょろ長い］(形容詞）
細くて長い様子。

ひら¯ ／hɪra／(戦後世代で／ひら¯ hira／も）(名詞）
竹や木の板などの篦。戦後世代でも／ひら¯ hira／と言う話者が多い。但し、複合語要素としては／くつっぺら¯ kucuQpera／（靴べら）のように、／＝ぺら -pera／という形が現れる。

ひらったい¯～ひらってー¯ ／hɪraQtai～hɪraQteʀ／（形容詞）

薄くて平らな様子。
ひらべったい¯〜ひらべってー¯ ／hırabeQtai〜hırabeQteʀ／（形容詞）
際だって、薄くて平らな様子。
ひらむす˥び ／hıramusu˥bi／（名詞）
紐などの結び方の一つ。結び目の両端が横になるふつうの結び方。／たちむす˥び tacimusu˥bi／（縦結び）の対語。⇒／たちむす˥び tacimusu˥bi／を参照。
びり˥ ／biri˥／（名詞）
序列・順位における最下位、最後尾。形態素「びり/biri/」とその異形態「びっ/biQ/」を語基とする派生語に以下の諸形式がある。
ⓐ／びり＝ biri-／を語基とする派生語：／びりっくそ¯ biriQkuso／／びりっけつ¯ biriQkecu／
ⓑ／びっ＝ biQ-／を語基とする派生語：／びっ˥け biQ˥ke／／びっち˥ biQci˥／
ⓑの２形式のうち、前者は「びり＋けつ(尻)」すなわち「びりっけつ」が崩れて「*びりっけ」「びっけ」となった可能性が考えられる。後者は前者を参考にして１つの仮説として「びり＋しり(尻)」を想定して「*びりっちり」が崩れて「*びりっち」「びっち」となった可能性が考えられるかもしれない。
びりっくそ¯ ／biriQkuso／（名詞）
最下位、びり。⇒／びり˥ biri˥／参照。
※語構成は「びり」＋／くそ=˥ kuso=˥／(糞)で軽卑の語気を表すものであろう。
※同一形態素を含む同義語に／びっ˥け biQ˥ke、びっち˥ biQci˥、びりっけつ¯ biriQkecu／がある。
びりっけつ¯ ／biriQkecu／（名詞）
最下位、びり。⇒／びり˥ biri˥／参照。
※語構成は「びり」＋／けつ¯ kecu／([穴(尻)]→最後尾)である。軽卑感は前項ほどではない。
※同一形態素を含む同義語に／びっ˥け biQ˥ke、びっち˥ biQci˥、びりっくそ¯ biriQkuso／がある。
ひる=˥ ／hıru=˥／［昼］（名詞）
①日が出ている間。昼間。②正午。③昼飯。
※①は／ひるま˥〜ひるま¯ hıruma˥〜hıruma／と言うのがふつう。②と③は／おひる˥ 'ohıru˥／と言うのがふつう。
ひるったま¯ ／hıruQtama／（名詞）
／のびろ¯〜のびる¯ nobiro〜nobiru／(野蒜)の球根。
ひるま˥〜ひるま¯ ／hıruma˥〜hıruma／［昼間］（名詞）
日が出ている間。昼間。強意形は／まっぴる˥ま maQpiru˥ma／(真っ昼間)。
「昼間」の反対語(日没後の時間帯)は、／よる˥ 'joru˥／(夜)。
※「昼間」の時間帯は順に／あさ˥ 'asa˥ 〜 あさ・の⌒(う)ち¯ 'asa no ('u)ci／→／ひる=˥ hıru=˥ 〜 おひる˥ 'ohıru˥／→／ばんがた¯ baɴŋata／と推移するが、これは、「夜」の時間帯が順に／よい¯ 'joi 〜 よい・の⌒(う)ち¯ 'joi no ('u)ci／→／よなか=˥ 'jonaka=˥／→／あけがた¯ 'akeŋata／と推移するのと平行的である。
ひろ˥い〜ひれ˥ー ／hıroi〜hıre˥ʀ／［広い］（形容詞）
面的延長(広がり)を持つものの面積が大きい。広い。反対語は／せま˥い sema˥i／。派生語に／だだっぴろ˥い dadaQpiro˥i／(むやみに広い)。⇒／たか˥い／(高い)の注(「見かけの二項性」)を参照。
ひろ˥っぱ ／hıro˥Qpa／（名詞）
広い場所。広場。
びん˥たん〜びん˥た ／bıɴ˥taɴ〜bıɴ˥ta／（名詞）
平手で人の頬を打つこと。平手打ち。昭和20、30年代には／びん˥たん bıɴ˥taɴ／という形がよく聞かれた。動作は、「／びん˥たん〜びん˥た／＋／くいる¯(〜くれる¯)／」(びんたを呉れる)という形で使われる。
びん˥たん〜びん˥た⌒くいる¯(〜くれる¯) ／{bıɴ˥taɴ/bıɴ˥ta} {kuiru/(kureru)}／
（与格動詞相当連語。ア行上一段特殊(ラ行下一段特殊)）
平手で人の頬を打つ。「誰か{ゲ／ニ}(与・位格)＋{びんたん／びんた}φ(対格)＋呉れる」という複他動詞構文(与格動詞構文)を取り、殴られる人は与格助詞「ゲ」か位格助詞「ニ」でマークされる。
／おれ・げ　びん˥たん　くいた／（俺を平手で殴った。字義通りには「俺にびんたをくれた」）。
⇒／くいる¯(〜くれる¯) kuiru(〜kureru)／(呉れる)の項を参照。
※同じ事態を／おれ・こ˥と　びん˥たん　くいた／ すなわち「おれコト(対格)＋びんたんφ(対格)＋くれた」と言うのも聞くが、これは連語「びんたんφ＋くれる」を「殴る」に相当する他動詞と把え返して、／おれ・こ˥と　なぐった˥／(俺を殴った)の「殴る」の位置に代入してできた文ではないかと思われる。図式的に示せば次のようになろう。「おれコト＋[なぐった]」→「おれコト＋[びんたんφ＋くれた]」。この構文での「びんたんφ＋くれる」は他動詞相当連語ということになる。なお、この構文と著者のいう二重化された目的語をとる他動詞構文の「おれコト＋あたまφ＋なぐった」(俺の頭を殴った)とは、「コト目的語とφ目的語」は不可譲渡的な所有者—所有物でなければならないなど構文に課せられる制約も意味も全く別物である。念のため。
ひんぬく˥ ／hıɴnuku˥／（他動詞カ行五段）
草木の根や打ち付けてある棒などを、手につかんで力を入れて勢いよく手許に引き寄せるようにして抜き取る。
ひんま˥がる ／hɪɴma˥ŋaru／（所動詞ラ行五段）
外力によって勢いよく曲げられることで曲がる。アクセント核は移動しない。
ひんま˥げる ／hɪɴma˥ŋeru／（他動詞ガ行下一段）
力を入れて勢いよく曲げる。アクセント核は移動しない。
ひんむく˥ ／hɪɴmuku˥／（他動詞カ行五段）
皮などを、力を入れて勢いよく剥く。

ふ˥ ／hu˥／［風］(状態詞的準体助詞)
指示性の連体語を受けて、物の在り方や行動の仕方などの具体的な様態を指示する。
／こんな、そんな、あんな／＋／ふ˥／＋／{に／な}／、／どん˥な／＋／ふ／＋／{に／な}／
／こい、そい、あい／＋／ふ˥／＋／{に／な}／、／どい˥／＋／ふ／＋／{に／な}／
／どい˥・ふ・に　やん・の˥・か　わかんね˥ー↓／(どういうふうにやるのか分からない。)
ぶー˥～ぶう˥ ／buʀ˥～bu'u˥／（他動詞ワ行五段）
赤ちゃんなど生き物を背中に背負う。「あかんぼコト＋ぶう」「年寄りコト＋ぶう」。
／あかんぼ・こ˥と　ぶって˥る↓／（赤ちゃんをおぶっている。）
対応する自動詞は／ぶっつぁ˥る buQca˥ru／である。⇒／ぶっつぁ˥る buQca˥ru／参照。
／あかんぼ　ぶっつぁ˥ってる↓／（赤ちゃんがおぶさっている。）
※ものを背中に背負うことは／しょー¯～しょう¯ sjoʀ～sjo'u／。
生き物をおなかに抱えることは／だく¯ daku／。対応する自動詞は／だかる¯ dakaru／。
※埼玉東南部地域の「新方言」では／おぶ˥る 'obu˥ru／が聞かれるが、旧来の方言ではない。
ふかす˥ ／hukasu˥／［蒸かす］(他動詞サ行五段)
もち米やさつま芋などの食材を、通らせた蒸気で加熱して柔らかくする。所動詞は／ふける˥／。
※アクセントと意味から、語源は、他動詞「吹く」の逆使役anticausative 化（＝他動詞の主語(使役主causer)の削除と、他動詞の目的語(対象theme)を使役主に同定して主語化する(例えば「折る→折れる」「割る→割れる」のような)他動詞からの所動詞の派生)による所動詞「吹ける＝蒸ける」(一次的派生)を基とした、(さらなる)他動詞派生による(例えば「溶ける→溶かす」「枯れる→枯らす」のような)他動詞が「吹かす＝蒸かす」(二次的派生)と考えられる。派生の順序とは逆に、現在では、他動詞の／ふかす˥ hukasu˥／の所動詞形が／ふける˥ hukeru˥／という対立をなしている。
ふかんぼ¯ ／hukaɴbo／（名詞）
泥の深い田。深田。／あさった¯ 'asaQta／（浅い田）の対語。
※／はす¯ hasu／(蓮)や／くわい¯ ku'wai／(慈姑)が作物として植えられていた。
ぶきっ˥ちょ ／bukiQ˥cjo／（状態詞）
不器用。「ぶきよう(不＋器用)→ぶきっちょ(不＋きっちょ)」だとすると、ここから器用の意の「きっちょ」という形式を取り出すことができ、それに伴って、「左ぎっちょ(左＋ぎっちょ)」は、「左器用」と解釈できる可能性が生まれるが、実際は文献上『日葡辞書』の fidariguicchǒ(ひだりぎっちゃう)が先行し、「ぶきっちょう」は江戸後期まで下るようなので、実際と仮説の順序とに齟齬が生じ、この考えは成り立ちがたいようである。
ふきっつぁらし¯ ／hukiQcarasi／（名詞）
風をさえぎる囲いなどがなくて直に風にさらされること。
ふく¯ ／huku／［拭く］(他動詞カ行五段)
こすって汚れを取る、拭く。
ふく˥ ／huku／［吹く］(所動詞・他動詞カ行五段)
①風が「吹く」。②（唇をすぼめて）息を勢いよく口の外に出す。吹く。
ふく¯ ／huku／［葺く］(他動詞カ行五段)
屋根を、瓦・板・藁・茅などで覆うこと。
ふく=˥ ／huku=˥／［服］（名詞）
身につける衣服。／きる・もの=˥～きる・もん=˥ kiru mono=˥～kiru moɴ=˥／とも言う。次項参照。
ぶく˥ ／buku˥／［服］（名詞）
身内の人が死んだ後の物忌み。
※「身に着ける衣服」を本義とする漢語の「服(中古漢語/biʌuk/[bɪuk])」はこの意味では漢音「フク」で借用され、派生義の「喪服、喪服を身に着ける」の意味では語的に呉音読みの「ブク」で借用された。(「服」の中古漢語音/biʌuk/[bɪuk]は、音声的には軽唇音化[bɪuk→βuk]と無声化[β̥uk→ɸuk(→fuk)]が進行していて、呉音「ブク」は[bɪuk→βuk]を、漢音「フク」は[β̥uk→ɸuk]の段階を反映している。)
※死人が出ると／ぶく˥⌒かかる˥／と言い、お宮など神様の所へ49日間は行ってはいけないとされる（お寺はかまわない）。／かみまい˥り kamimai˥ri／や／ゆわいごと¯ 'ju'waiŋoto／はやってはいけないとされる。人によって、百箇日を過ぎると、死人の／たまし˥ー tamasi˥ʀ／(魂)は家(の周り)から離れていき、／ぶく˥⌒とれる˥／ことになるという。別の人は、／しじゅーく˥んち

sizjurku˥ɴci／(四十九日)を過ぎると／ぶく˥⌒ぬける／と言う。死者の魂が家から離れて、「死出の旅」に旅立つのは死後七日とするのが一般的だが、以上のようにも聞いた。

※／ぼく˥ boku˥／という人もある。

ぶく˥⌒かかる˥ ／buku˥ kakaru˥／（連語）

→／ぶく˥ buku˥／[服]

ぶく˥⌒とれる˥ ／buku˥ toreru˥／（連語）

→／ぶく˥ buku˥／[服]

ぶく˥⌒ぬける¯ ／buku˥ nukeru／（連語）

→／ぶく˥ buku˥／[服]

ふくらっぱぎ¯ ／hukuraQpaŋi／（名詞）

膝の後ろ側(＝「ひかがみ(膕)」)から足首までの部分。前面を／すねっぽろ¯ suneQporo／と言う。

※『物類称呼』の「腨(こむら)」に、「東国にて○ふくらぱぎといふ」(「ぱ」は影印本でも半濁点)。

ふくらむ¯ ／hukuramu／［膨らむ］(所動詞マ行五段)

内部の膨張によって表面が外側に向かって丸く大きくなる。他動詞は／ふくらます¯ hukuramasu／。／ふーせん　ふくらんだ／(風船が膨らんだ)、／ふーせん　ふくらました／（風船を膨らました）。

ふくれっつら¯ ／hukureQcura／［膨れっ面］(名詞・動作名詞)

不平不満で両頬をふくらした顔つきをいうが、唇を尖らせる仕草や単に不満そうな表情を指しても使われる。こういう表情・態度をしていることを／ぶすっくれ˥てる busuQkure˥teru／と言う。

ふくれる¯ ／hukureru／［膨れる］(所動詞ラ行下一段)

①内部の膨張によって外側に向かって表面が大きくなる。②不平顔・不満顔をする。

／ほっぺ˥た　ふくれてる／は、虫歯などで頬が膨れている、不満でふくれ面しているナドの意。

他動詞は／ふくらす¯ hukurasu／。／ふくらしこ¯ hukurasiko／は重曹の粉。

ふくろ=˥ ／hukuro=˥／［袋］（名詞）

袋。「何かを袋に入れる」(例えば「虫を袋に入れる」)ことを、「虫コト＋袋ニ(着点)＋入れる」の他に、「虫コト＋袋φ＋入れる」や「虫φ＋袋φ＋入れる」というように、無助詞で「袋φ＋入れる」と言うことが多い。「出す」に関しても、「猫コト＋袋φ＋出して＋やれ。」のように、「袋φ＋出す」と言うことができる。同じ事態を「猫コト＋袋カラ＋出して＋やれ。」とも言えるので、この場合、「袋カラ＋出す」のゼロ形態なのか、共通語の「袋(を)＋出す」(「を」は「起点の「を」)【後述】に相当する方言の無助詞名詞句の「袋φ＋出す」なのか、はっきりしないところがあるが、格助詞の「カラ」は通常は「ニ」と違って落とされないので、「袋(を)」に相当する「袋φ」と考えられる。

注．共通語は「猫が袋を出る」の他動詞表現「猫を袋を出す」が「二重ヲ格禁止」制約によって非文になるが、方言では対格「コト」と(起点)経由格「φ」が区別されるので「猫コト袋φ出す」は文法的である。問題の文がこれに該当することに注意(念のため、方言の自動詞文は「猫ガ＋袋φ＋出る」)。ついでに、方言に徴しても共通語の「二重ヲ格禁止」を「二重対格禁止」とするのは誤りである。

ふく・わ˥⌒うち ／huku 'wa˥ 'uci／［福は内］(連語)

節分の豆まきのときの唱えことば。／おに・わ˥⌒そと 'oni 'wa˥ soto／［鬼は外］と前後して唱えられる。アクセントは「福/huku=˥/」「鬼/'oni=˥/」で尾高型Ｂ(付属語との結合で核が１拍後退する型)なので方言としては異常なアクセントではない。実際の発話では、／ふく・わー˥⌒うち｜おに・わー˥⌒そと／や／ふく・わー˥⌒うちー｜おに・わー˥⌒そとー／と唱えられるのがふつう。

ふける˥ ／hukeru˥／［蒸ける］(所動詞カ行下一段)

食材が通らせた蒸気で加熱されて柔らかくなる。

ふさ˥いじんさま ／husa˥izinsama／（名詞）

(埼玉県の埼玉郡西部(＝埼西郡→騎西郡)に分布する)「久伊豆神社」の敬称（親称）。

※「久伊豆神社」は旧利根川支流の「日川(にっかわ)」と旧荒川の「綾瀬川」に境される埼玉郡西半の埼西郡(→騎西郡)に固有の神社で、一説では「国津神社(くにつかみ・の・やしろ)」の「くにつ(神)」のイ音便形の「くいづ(神)」→「久伊豆(神)」に基づき、本来は「くいづ神社」と呼ばれたなどともいわれているが、現在は「ひさいず神社」と一般に言われている。それがなぜ「ふさいじんさま」と言われるのか今のところよく分からない。人によっては「ひさいじんさま」とも呼んでいるので、その訛語かとも思われる。あるいはサ行音に先行する語頭の「ひ」が／ひさし→さし(っこ)、ひしゃく→しゃく／のように弱化・脱落する現象と何か関係があるのかもしれない。なお、越谷市越ヶ谷の久伊豆神社のすぐ隣の「天嶽寺」には方言学の祖、『物類称呼』の著者の「越谷(会田)吾山」の墓がある。

ふじ˥さん～ふじさ˥ん ／huzi˥saɴ～huzisa˥ɴ／［富士山］(固有名詞)

富士山。二様のアクセントが観察される。このうち、／ふじ˥さん huzi˥saɴ／のアクセントは東京語の「高低低低」(頭高型)に対応するものだが、後者のアクセント／ふじさ˥ん huzisa˥ɴ／は型の対応からすると東京語の「低高低低」(中一高型)に対応するはずのものである。

これは「富士」の平安期のアクセント「平平[低低]」(２音節名詞第３類)からの歴史的な変化(＝京阪式アクセントで「上平[高低]」へと変化)と、方言間の対応(＝(平安期の「平平[低低]」と京阪式の「上平[高低]」に)東京式アクセントは「平上[低高]」(尾高型)が対応が原則で、東京語の「高低」(頭高型)は例外的(個的変化))とから考えると、２形は、／ふじさ˥ん huzisa˥ɴ／の形の方が古く、これが想定される東京式の「平上[低高]」(尾高型)を基とした複合語(「富士/*huziꜜ/＋山/saɴ/」→/*huziꜜsaɴ/)に対応する方言本来の形で、これに対して、／ふじ⌉さん huziꜜsaɴ／の形は、東京語の「高低(頭高型)」を基とした複合語(「富士/huꜜzi/＋山/saɴ/」→/huꜜzisaɴ/)からの借用形かそれに対応する形で、前者に比して新しい語形であると、推定することができるかもしれない(借用語の場合、方言では語頭にアクセント核が置けないので１拍後退する形で借用される)。なお、この項については、例えば東京語の「成田山(新勝寺)」の/naꜜritasaɴ/に対応する方言形の／なり⌉たさん nariꜜtasaɴ／のアクセントなども参照のこと。

ぶすっくれる⌉〜ぶすっ⌉くれる ／busuQkureruꜜ〜busuQꜜkureru／（自動詞）

不平不満などを表情・態度に表すこと。／ふくれっつら‾ hukureQcura／（膨れっ面）をすること。

／おめー　なに⌉　ぶすっ⌉くれてん・だ↓／(おまえは{何を／どうして}ぶすっくれているのだ。)

※語源は、副詞「ぶすっと」(の語基/busuQ-/)＋動詞「ふくれる/hukureru‾/」と考える人が複数いた。

ふた‾ ／huta／［蓋］(名詞)

(「瓶/biɴꜜ/、鍋/nabeꜜ/、釜/kama‾/、風呂/huro=ꜜ/」などの)容器の開口部分をかぶせてふさぐもの。

ふたーり=⌉ ／hutaʀri=ꜜ／［二人］(数詞)

二人。尾高型Ｂの数詞。単独で文節をなすと平板型、「の」が付いても核が残り、「みたい・だ」には二様の形が見られる。／ふたーり‾　きた⌉／(二人来た)、／ふたーり・も⌉　きた／(二人も来た)、／ふたーり・の⌉⌒うち／(二人のうち)、／(来たのは) ふたーり⌉・みてー・だ〜ふたーり・みて⌉ー・だ／(二人のようだ)。

※「二人で」は、／ふたん・で⌉　やった　しごと／のように／ふたん・で⌉ hutaɴ deꜜ／となる。
「二人ずつ」は、／ふたーり・っつ⌉ hutaʀri Qcuꜜ／となる。

ふたいまぶ⌉ち ／hutaimabuꜜci／（名詞）

二重瞼。「まぶた(目ma-＋蓋-buta)」を／まぶ⌉ち mabuꜜci／(目ma-＋縁-buci)と言い、語構成が共通語とは異なる。

ふたっつ=⌉ ／hutaQcu=ꜜ／［二つ］(数詞)

二つ。尾高型Ｂの数詞。単独で文節をなすと平板型、「の」が付いても核が残り、「みたい・だ」には二様の形が見られる。／ふたっつ‾　ある⌉／(二つある)、／ふたっつ・も⌉　ある／(二つもある)、／ふたっつ・の⌉⌒うち／(二つのうち)、／ふたっつ⌉・みてー・だ〜ふたっつ・みて⌉ー・だ／(二つのようだ)。

※「ふたつずつ」は／ふたっつ・っつ⌉ hutaQcu Qcuꜜ／となる。

ふだんぎ⌉ ／hudaɴŋiꜜ／［普段着］(名詞)

ふだん着。

※衣服は、まず[＋外出着]の／よそいき‾ 'joso'ɪki／と[－外出着]に分けられ、次に、[－外出着]が、[＋仕事着]の／のらぎ‾ noraŋi／と[－仕事着]の／ふだんぎ⌉ hudaɴŋiꜜ／とに分けられているようである。

ふたん・で⌉ ／hutaɴ deꜜ／［二人で］(連語)

二人で。／ふたん・で⌉⌒いった、ふたん・で⌉⌒きた／(二人で行った、二人で来た)

※／ふたーり・で⌉ hutaʀri deꜜ／の変化形(撥音化と短呼)。⇒／ふたーり=⌉ hutaʀri=ꜜ／の項を参照。

ぶつ⌉ ／bucuꜜ／（他動詞タ行五段(話者によってツァ行五段)）

手や棒を相手の体に勢いをつけて打ち付ける。

／あいつ・が　おれ・こ⌉と　あたま⌉⌒ぶった↓／（あいつがおれの頭をぶった。）

※目的語(対象)は身体が問題になるような生物名詞に限られる。無生物名詞を目的語とする同種の行為は／うつ⌉ 'ucuꜜ／(打つ)という。⇒／うつ⌉ 'ucuꜜ／(打つ)参照。

ぶっ＝〜ぶん＝ ／buQ-〜buɴ-／（接頭辞）

「力を込めて〜スル」という副詞的意味機能の接頭辞。前項動詞連用形「ぶち」が接辞化したもの。

ふっかく⌉ ／huQkakuꜜ／（他動詞カ行五段）

犬などが、噛み付く。／いぬ・に⌉　ふっかかい⌉た↓／（犬に噛み付かれた。）

※／くっかく⌉ kuQkakuꜜ／という個人もあり、これが古い形である。「食いついてかみ切る」という意味の、「食ひ欠く」―(促音便)→／くっかく⌉／［k'ɯ̥kkakɯ］―(母音が無声化した第１音節の無声軟口蓋破裂音の、出わたりの気音が軟口蓋の摩擦音に発達し、次いで破裂音自体が弱化して)→／ふっかく⌉／［xɯ̥kkakɯ］。

※「折る＋割る」を意味する／おっかく⌉ 'oQkakuꜜ／の／＝かく -kaku／も同じ形式と考えられる。

ぶっかく⌉ ／buQkakuꜜ／（他動詞カ行五段）

力を入れて勢いよくものを折ったり割ったりする。／ちゃわん‾　ぶっかい⌉た／。

ぶっかける⌉ ／buQkakeruꜜ／（所動詞カ行下一段）

ものが勢いよく折れたり割れたりする。／ちゃわん‾　ぶっかけ⌉た／(茶碗が勢いよく割れた)。

ぶっかける⌉ ／buQkakeruꜜ／（他動詞カ行下一段）

勢いをつけて水などを浴びせる。

／みず　ぶっかけ⌉て　いぬ・こ⌉と　おっぱらった⌉↓／(水をぶっかけて犬を追い払った。)

ぶつかる‾／bucukaru／（自動詞ラ行五段）

人や物などに勢いよく突き当たる。主語の具体性に関して中立的で、衝突近似の接近・遭遇・接触をも意味し、比喩的意味でも使われる。具体的な／かべ・に　ぶつかって　けが⌉⌒した／も、比喩的な／かべ・に　ぶつかって　くるしん⌉でる）／も可能。⇒／ぶっつく⌉ buQcuku⌉／の項参照。

ぶっく⌉す ／buQku⌉su／（他動詞サ行五段）
力を入れて勢いよくものを壊す。アクセント核は移動しない。
※後部成分の／＝くす -kusu／(付属形式)は、「壊す」の音変化した形で、／かっく⌉す kaQku⌉su／(土塊を細かく砕いて平らす)にも現れる。「ぶっこわす[bɯkkowasɯ]」→「ぶっこす[bɯkkosɯ]」(県東北部でこの形が使われる)→／ぶっく⌉す／[bɯkkɯsɯ]と個的に音変化したものである。

ぶっく⌉らす ／buQku⌉rasu／（他動詞サ行五段）
力を入れて勢いよく殴りつける。アクセント核は移動しない。
※接頭辞／ぶっ＝／＋「懲らす」の訛語/-kurasu/(付属形式)という語構成。懲らしめとして殴るが原義であろう。

ぶっくれえび⌉す ／buQkure'ɪbisu／（名詞）
締まりなくにこにこと笑うことを言う。［比喩用法］
／ぶっくれえび⌉す・みてー・に　してん⌉・じゃ　ね⌉ー↓／
（壊れた恵比須様みたいに笑っているんじゃない。）

ぶっくれちくお⌉んき ／buQkureciku'o⌉ɴki／（名詞）
同じことを何度も繰り返して言うこと。［比喩用法］

ぶっく⌉れる ／buQku⌉reru／（所動詞ラ行下一段）
勢いよく壊れる。アクセント核は移動しない。
※／ぶっく⌉す／の所動詞。接頭辞／ぶっ＝／＋「壊れる」の訛語/-kureru/(付属形式)という語構成。

ぶつける￣／bucukeru／（他動詞カ行下一段）
何かを人や物などに勢いよく突き当たらせる。意図中立的だが、「わざと」のような副詞を欠く場合は非意図的解釈に傾く。「ぶっつける」と違って「不安」や「悩み」のような抽象概念も目的語になる。
／(鴨居ニ　頭φ)　ぶつけた／、／(車ニ　人コト)　ぶつけた／（車に人をぶつけた）。
※「ぶつかる」の他動詞形で、アクセントはともに平板型である。
／ぶっつく⌉ buQcuku⌉／の他動詞形の／ぶっつける⌉ buQcukeru⌉／とはアクセントと分節音および意味の点でも、／ぶっつける⌉／は具体物を目的語とし意図的解釈に傾くなど違いがある。

ふっこむ⌉ ／huQkomu⌉／（所動詞マ行五段）
(雨や風などが)家の中に吹き込む。

ふった⌉かる ／huQta⌉karu／（所動詞ラ行五段）
家が良くなる、家が栄える。
／あすく・わ　うち・で　かね　かして　やって　ふった⌉かった↓／
（あそこの家は、我が家がカネを貸してやってから、良くなった。）

ぶったくる⌉ ／buiQtakuru⌉／（他動詞ラ行五段）
力を入れて無理やり奪い取る。

ぶっつぁく⌉ ／buQcaku⌉／（他動詞カ行五段）
勢いよく二つの部分に分ける。勢いよく裂く。

ぶっつぁす⌉ ／buQcasu⌉／（他動詞サ行五段）
力を入れて勢いよく突きさす。
／そこ・ん⌒とこん　くい⌉んぼ　ぶっつぁしと⌉け↓／(そこに杭を突きさしておけ。)

ぶっつぁ⌉る ／buQca⌉ru／（自動詞ラ行五段）
赤ちゃんや子どもなどが背中にしっかりと抱きついた状態を保つ。おぶさる。
対応する他動詞は、／ぶー⌉～ぶう⌉ buʀ⌉～bu'u⌉／(おぶう)。
※事実的には「おぶわれている」のだが、「落っこちないようにちゃんとぶっつぁってろ。」のように、自己の意志で抱きついているものと思念されていて、そのような観点から表現されている。従って、*「落っこちないようにちゃんとぶわれてろ。」とは言えない受身表現とは明確に異なる。
※他動詞「ぶう」([母親ガ＋子どもコト＋ぶう])と自動詞「ぶっつぁる」([子どもガ＋母親ニ＋ぶっつぁる])とでは、他動詞主語「母親ガ(主格)」が自動詞補足語「母親ニ(位格)」に、他動詞目的語「子どもコト(対格)」が自動詞主語「子どもガ(主格)」に替わるので、この点で一種の能動・受動の態の交替と似たところがあるが、自動詞主語「子どもガ」が一種の能動的主体(動作主)である点と、自動詞補足語「母親ニ」が一種の対象(被動者)で動作主でない点で、通常の受動態([子どもガ＋母親ニ＋ぶわれる(おぶわれる)])の主語「子どもガ」や補足語「母親ニ」とは異なって、特異である。
　なお、自動詞主語「子どもガ」が一種の能動的主体(動作主)であることは、自動詞から派生する可能動詞が作る文―例えば「[子どもガ＋母親ニ＋ぶっつぁる(おぶさる)]ことができる」を意味する「まだ[子ども{ガニ／~~ガ~~}は＋母親ニ＋(うまく)ぶっつぁれない]みたいだ」―の主語になることができることにも見て取ることができる。

ぶっつぁ⌉る～ぶっつぁ⌉ーる～ぶっつ⌉わる ／buQca⌉ru～buQca⌉ʀru～buQcu⌉'waru／（自動詞ラ行五段）
どっしりと坐る。⇒／ぶっつ⌉わる buQcu⌉'waru／を参照。

ぶっつく⌉ ／buQcuku⌉／（自動詞カ行五段）
人や物などに勢いよく突き当たる。具体的対象物への実際の衝突・接触(遭遇)の運動を表す。主語の意図性に関しては中立的である。(有生主語は動作主でも経験者でもよく、解釈は文脈場面依存的である。無生主語の場合は「行き当たる」のような意味で、「勢いよく」の意味は背景化する。)
／(男ガ　おれ{ゲ／ニ})　ぶっつい˥て⌒きた／、／(頭ガ　鴨居ニ)　ぶっつい˥た／、
／(人ガ　車ニ)　ぶっつい˥て　おーけが˥⌒した／。
／(真っ直ぐ行くと)　この・みち・φ・わ　かわ・ニ˥　ぶっつく˥／(このφはガのゼロ化記号)。
この点で、／ぶつかる¯／(アクセントは平板型)が対象物の具体性に関して中立的で、衝突近似の接近・接触(遭遇)をも意味し、比喩的意味でも使われるのとは異なる。例えば、
／かべ・に　ぶつかって　けが˥⌒した／は／かべ・に　ぶっつい˥て　けが˥⌒した／と同意だが、
／かべ・に　ぶつかって　くるしん˥でる)／は実際に衝突して怪我をして苦しんでいる場合なら、
／ぶっつく˥／と交替可能だが、比喩的意味の壁の場合は／ぶっつく˥／は使えず交替不能とする話者が多い。

ぶっつけ˥て⌒ゆー¯　／buQcuke˥te 'juʀ／（連語動詞ワ行五段）
直接に相手に当てつけて言う。

ぶっつける˥　／buQcukeru˥／（他動詞カ行下一段）
物などを人や物などに勢いよく突き当たらせる。意図中立的だが、文脈がなければ、主語の意図的動作と解釈されることが多い。目的語には具体物を取り、抽象概念は不可とする話者が多い。
／やろ˥ー　おれ{ゲ／ニ}　いし˥・φ　ぶっつけや˥がった／(やつは俺に石をぶつけやがった)。
／くるま・φ　ひと・{ゲ／ニ／イ}　ぶっつけ˥て　けが˥⌒さした／(車を人にぶつけて怪我させた)。
≒／ひと・コト　くるま・{ニ／イ}　ぶっつけ˥て　けが˥⌒さした／(人を車にぶつけて怪我させた)。
※前々項／ぶっつく˥／の他動詞形。／ぶつかる¯／の他動詞形の／ぶつける¯／とは別語だが、混線してそれの強意形のように感じている話者も多い。前項の「ぶっつけて言う」は如上の意義差を踏まえて、「ことさらに当てつけて言う」という意味を生み出しているのであろう。

ぶっつ˥ぶす　／buQcu˥busu／（他動詞サ行五段）
力を入れて勢いよく潰して壊す。対応する所動詞は／ぶっつ˥ぶれる　buQcu˥bureru／。

ぶっつ˥ぶれる　／buQcu˥bureru／（所動詞ラ行下一段）
勢いよく潰れて壊れる。他動詞は／ぶっつ˥ぶす　buQcu˥busu／。共にアクセント核は移動しない。

ぶっつ˥わる〜ぶっつぁ˥ーる〜ぶっつぁ˥る　／buQcu˥'waru〜buQca˥ʀru〜buQca˥ru／（自動詞ラ行五段）
どっしりと坐る。強意の接頭辞「ぶっ＝/buQ-/」＋自動詞「坐る/su'waru¯/」という語構成。「ぶっつわる/buQcu˥'waru/」が原形で他はその崩れた形。但し「坐る」の方は「さーる〜さる」とはならない。
／ねこ˥・が　あんな　とこん・に　ぶっつ˥わってる↓／
(猫があんな所にどっしりと坐っている。)

ぶっと˥い〜ぶって˥ー　／buQto˥i〜buQte˥ʀ／（形容詞）
標準的・典型的サイズに比べて極度に太く感じられる様子。
／ぶっと˥い　きゅー˥り／(きわめて太い胡瓜)。反対語は／ほそっこ˥い〜ほそっけ˥ー／。

ぶっと˥ばす　／buQto˥basu／（他動詞サ行五段）
①勢いよく殴る。勢いよく殴り飛ばす。②自転車・バイク・車などを勢いよく走らせる。

ぶっぽ˥ける　／buQpo˥keru／（自動詞カ行下一段）
何かにうつつを抜かしている。何かに夢中になっていて注意散漫になっている。

ぶっぽ˥る　／buQpo˥ru／（他動詞ラ行五段）
放る、放り投げる。放置する。／そんな⌒こと　ぶっぽ˥っとけ↓／（そんなこと放っておけ。）
※母音が逆行同化した／ぼっぽ˥る　boQpo˥ru／という言い方もある。

ふと˥い〜ふて˥ー　／huto˥i〜hute˥ʀ／［太い］（形容詞）
太い。棒状のものの、中心と外周との距離の大きいことをいう。

ふな˥っこ　／huna˥Qko／（名詞）
鮒。身近な事物や動物に指小辞／＝っこ -Qko／が付く傾向がある。

ふみでー¯〜ふみだい¯　／humideʀ〜humidai／［踏み台］（名詞）
踏み台。

ふゆ=˥　／hu'ju=˥／［冬］（名詞）
冬。寒い季節として冬は把えられている。真冬は／まふ˥ゆ　mahu˥'ju／が伝統的アクセント。

ぶゆ˥　／bu'ju˥／（名詞）
ブユ(蚋)。蚊に似た虫の名。

ぶらさがる¯　／burasaŋaru／（所動詞・自動詞ラ行五段）
上端を支点として下に垂れ下がる。／ぶるさがる¯　burusaŋaru／(他動詞ガ行下一段)とも言う。

ぶらさげる¯　／burasaŋeru／（他動詞ガ行下一段）
上端を支点として下に垂らす。／ぶるさげる¯　burusaŋeru／(他動詞ガ行下一段)とも言う。

ぶり¯　／buri／（名詞）
分け前、取り分、分。／おれ・の⌒ぶり　くって˥も　いー˥・ぞ↓／(俺の分も食ってもいいぞ。)
※漢語「分(biuʌn→ブン)」の和語化した「ブニ」(「名語記」(1275)・各地方言)が「ブリ」と転訛したものと推定される。本方言のナ行子音は歯茎音なのでラ行子音と調音点が近いことも関係するか。

ふる˥い〜ふり˥ー　／huru˥i〜huri˥ʀ／［古い］（形容詞）

古い。反対語は／あたらし˥ー 'atarasi˥ʀ／。
ふるい¯ ／hurui／［篩］(名詞)
底に網が張ってある浅い円筒状の容器で、粉や粒状のものを入れて振るうことで、大きさによる選別を行う道具。ふるい(篩)。
ふるー¯〜ふるう¯ ／huruʀ〜huru'u／［篩う］(他動詞ワ行五段)
①大きく振るように動かす。②「ふるい(篩)」にかけて選り分ける。
ぶるさがる¯ ／burusaŋaru／（所動詞・自動詞ラ行五段)
上端を支点として下に垂れ下がる。
※／ぶらさがる¯ burasaŋaru／(他動詞ガ行下一段)とも言い、その変種。
ぶるさげる¯ ／burusaŋeru／（他動詞ガ行下一段)
上端を支点として下に垂らす。
※／ぶらさげる¯ burasaŋeru／(他動詞ガ行下一段)とも言い、その変種。
ふるしき¯ ／hurusiki／（名詞)
風呂敷。第1音節の母音に順行同化した形(/hurosiki/→/hurusiki/)。
ふるちん¯ ／hurucin／（名詞)
素っ裸でパンツやふんどしをはかないでいること。
※県内には「ふりちん」という地域もあるが、この地域では／ふるちん¯ hurucin／と言う。
ふるまい¯〜ふるめー¯ ／hurumai〜hurumeʀ／（名詞)
人を呼んで酒や食事をふるまうこと、ご馳走すること
ふれる¯ ／hureru／（所動詞ラ行下一段)
気が狂う。気がおかしくなる。
ふろ=˥ ／huro=˥／［風呂］(名詞)
風呂。アクセントは語尾の核の位置が動く尾高型B類である。／ふろ˥⁀たく／(風呂を焚く)、／ふろ・に˥⁀いく／(風呂に行く)、／ふろ・ん⁀なか˥・に／(風呂の中に)ナド。
⇒／もらいゆ¯ morai'ju／(貰い湯)、／ゆーや˥ 'juʀ'ja˥／(湯屋)の項目も参照のこと。
補：「風呂φ入る/huro˥ hai˥ru〜hɪʀ˥ru/」、「風呂φ入れる/huro˥ 'ɪreru/」について
上記2文は、ふつう「ニ格助詞のφ表現」と受け取られて、例えば、「さっき子どもφ風呂φ入った」、「さっき子どもコト風呂φ入れた」のように、①「誰か(子ども)ガ風呂ニ入る」、「誰か(子ども)ヲ風呂ニ入れる」の意味に解釈されるのがふつうである。しかし、場合によって、②「(風呂に湯が入る→)風呂φ入る」、「(風呂に湯を入れる→)風呂φ入れる」のような意味でも使われる。例えば、「風呂φ入った(から)[早く(風呂φ)入れよ]」、「風呂φ入れた(から)[早く(風呂φ)入れろよ]」のような文は、文の前半は②の意味で、文の後半[括弧内]は①の意味で使われている。この②は一種の省略語法で、「風呂ガ沸く」「風呂φ沸かす」、即ち「風呂(の湯)が沸く」「風呂(の湯)を沸かす」と同類のものと思われ、風呂と湯の不可分な近接性に基づくものであろう。湯船のあるのを典型とする風呂では用在 Zuhandenheit 的連関(「〜の為の…」トイウ関連性)において風呂と湯は不可分である。(戦後世代の音韻表記は/huro˥ hai˥ru〜heʀ˥ru/、/huro˥ 'ireru/となる。)
ふん= ／hun-／（①造語成分・②接頭辞)
この接頭的形態素は、「踏む/humu¯/」の連用形「踏み/humi-/」の語尾撥音化形「踏ん=/hun-/」に起源すると思われるが、「踏む」の「足を強く物の上に下ろす」という具体的・実質的な意味があると思われるものと、「強く物に働きかける、荒々しく事を行う」というような形式化した意味しかないと思われるものの2種類がある。ここでは、前者を①「造語成分」、後者を②「接頭辞」とした。
①「足で踏み付けるように(力を入れて)〜スル」などの意味を表し、「踏む」の意味をとどめるもの。
「踏んごむ/hunŋomu˥/」、「踏んづける/hunzukeru˥/」、「踏んづびる/hunzu˥biru/」、「踏んづぶす/hunzu˥busu/」、「踏んばる/hunbaru˥/」など。
②「荒々しく〜スル」のような意味を表し、「踏む」の意味がたどれないもの。
「ふん縛る/hunzibaru˥/」、「ふんだくる/hundakuru˥/」、「ふん捕まえる/hunzuka˥mairu/」、「ふん捕まる/hunzuka˥maru/」、「ふん捻る/hunne˥ziru/」など。
ふんぎり¯ ／hunŋiri／（名詞)
踏み出す決断。／ふんぎり　つかね˥ー↓／（踏み出す決断が付かない。)
ふんごむ˥ ／hunŋomu˥／（他動詞マ行五段)
踏み入れる。／あし˥　どろ・に˥　ふんごん˥だ↓／(足を泥の中に踏み入れた。)
ふんずか˥まいる ／hunzuka˥mairu／（他動詞ア行上一段)
「捕まえる/cukamairu¯/」／の強意動詞。／どろぼー・こ˥と　ふんずか˥まいた↓／(泥棒を〜。)
ふんずか˥まる ／hunzuka˥maru／（受動動詞的自動詞ラ行五段)
「捕まる/cukamaru¯/」／の強意動詞。／どろぼー・が　ふんずか˥まった↓／(泥棒が捕まった。)
ふんず˥びる〜ふんずびる˥ ／hunzu˥biru〜hunzubiru˥／（他動詞バ行上一段)
足でものを強く踏む、踏み付ける。単に足で踏むことにも言い、／ふんず˥ぶす hunzu˥busu／のように、物を踏み潰して壊してしまうことは意味しない。⇒／おっつ˥びる 'oQcu˥biru／の項参照。
共通語の「[猫の尻尾を]踏んだ」は、この形にそのまま対応する「[猫の尻尾φ(対格)]＋ふんずびた」の他に、「[猫コト(対格)＋尻尾φ(対格)]＋ふんずびた」の形でも言う。「[所有者＋の＋被所有物]

＋φ(対格)」目的語が不可譲渡所有の場合、この方言(の文法規則)では、所有者と被所有物を分離して(二重化して)「[[所有者＋コト(対格)]＋[被所有物＋φ(対格)]]」と言うことができるからである(対格は、生物はコト、無生物はφで表示される)。

※語源は「踏み」＋「つびる(上一段)」。「つびる/cubi-ru/」は次項の「つぶす/cubus-u/」と同源である。

ふんず˥ぶす～ふんずぶす˥ ／huɴzu˥busu～huɴzubusu˥／（他動詞サ行五段）

踏み付けてそのものの形と機能を壊す。踏み潰す。

ふんぞり˥けーる ／huɴzori˥keʀru／（自動詞一段）

①足を前に踏み出して体を後ろにそらせる。②偉ぶった、威張った態度を示す。

ふんだくる˥ ／huɴdakuru˥／（他動詞ラ行五段）

無理やりに奪い取る。／かばん　ふんだくらい˥た／（カバンを奪われた)。

ふんと¯ ／huɴto／（副詞）

「本当に」の意味で使われる。／ふんと・に　huɴto ni／の形でも使われるが、無助詞形が多い。

／ふんと　わる˥かった↓／(ほんとに悪かった。[謝りのことば])

／ふんと　どー˥⌒なってん・だ・よ↓／(ほんとにどうなっているのだよ。)

※副詞「ふんと/huɴto/[hɯnto]」には、異語形として、「ふんと/hɴto/[n̥nto]」のような弱まり語形や、「んと/'ɴto/[n̩to]」のようなさらなる弱まり語形も観察される。

※ときどき[hɯntɯ(～n̥ntɯ)]と聞こえる発音をする話者が複数いたが、確かめた限りでは[hɯnto]としか言わないということだった。

ぶんな˥ぐる ／buɴna˥ŋuru／（他動詞ラ行五段）

力を入れて勢いよく殴る。アクセント核は移動しない。

ぶんな˥げる ／buɴna˥ŋeru／（他動詞ガ行下一段）

力を入れて勢いよく投げる。アクセント核は移動しない。

ふんね˥じる～ふんねじる˥ ／huɴne˥ziru～huɴneziru˥／（他動詞ラ行五段）

力を入れて強くねじる。(／ふんね˥じる　huɴne˥ziru／は今は耳にしなくなっている。)

ふんばぐ˥ ／huɴbaŋu˥／（他動詞ガ行五段）

①掛け布団などを寝ながら足を動かすなどして自分で体から剥ぎ取る。

／この⌒こ˥・わ　なん˥ど　かけ˥て⌒やっても　ふとん　ふんばい˥ちゃー↓／

(この子は何度掛けてやってもふとんを剥いでしまう。)

②掛け布団その他ものの表面を覆っているものを無理やり剥ぎ取る。⇒／かっぱぐ˥ kaQpaŋu˥／

／ふとん　ふんばがい˥ても　ねてや˥がら↓／（布団を引きはがされても寝ていやがる。)

ぶんま˥ける ／buɴma˥keru／（他動詞カ行下一段）

力を入れて勢いよく撒き散らす。打ち撒ける。アクセント核は移動しない。

類義語の／んーま˥ける　'ɴʀma˥keru／より、有意性・故意性が強い。なお、類意の／んーま˥かす　'ɴʀma˥kasu／に対応する／*ぶんま˥かす　*buɴma˥kasu／は聞かれない。

※「ぶち撒ける」が語源であるが、「撒き散らす」意味の単独の「撒ける」や「撒かす」は当地方言にはなく、接頭辞と結合してのみ現れる形態(造語成分)である。造語成分としての「撒ける」や「撒かす」は「撒く」の派生語と考えられる。なお、「ぶちまける」と発音した場合のアクセントは無核の平板型になる。

ぶんま˥す(～ぶんま˥ーす～ぶんま˥わす) ／buɴma˥su(～buɴma˥ʀsu～buɴma˥'wasu)／（他動詞サ行五段）

力を入れて勢いよく振りまわす。アクセント核は移動しない。

／うち・ん　なか˥・で　ぼー　ぶんま˥してる／(家の中で棒を振りまわしている)。

※聞き直すと、／buɴma˥su／のほかに／buɴma˥'wasu～buɴma˥'asu～buɴma˥ʀsu／も現れた。

へ～ ／he～ ／

「へ」で始まる見出し語は、音韻的に／hi／と／he／の対立のある主として戦後世代で／he／で現れる語形を表すものである。戦前世代では／hi／と／he／の対立がなく中和して　共に／hɪ／となっているので、以下の見出し語もみな音韻的には／hɪ／で始まる語ということになる。

へ=˥～へー˥ ／he=˥～heʀ˥／(戦前世代／hɪ=˥～hɪʀ˥／) [屁] (名詞)

屁。腸の中のガスが肛門を通して不随意に体外に出るもの。その時に出る音は/pu˥～puQ˥～puʀ˥/やその重複形/puQ˥puQ～puʀ˥puʀ/などその態様によって表現し分けられる。

／へー˥⌒くせー／(屁が臭い)。／へー˥⌒しる、へー˥⌒しった／(屁をひる、ひった。ラ行五段に活用、「放る(ひる)」の対応語)。ふつうこのようにひと息で発音され、／くせ˥ー／や／しる˥／のアクセントは抑圧される。なお、／しる˥ siru˥／[放る](他動詞ラ行五段))の項を参照。

※「屁が出そうになる」ことを／へー˥　でた˥く⌒なる／(直訳：屁が出たくなる)と言う。

／[おら　[へー˥⌒でたくて]　えんが˥みた]／(おれは屁が出そうで(我慢するのに)難儀した)。この場合の「出たい」は、有意志的な生物名詞「おれ」を主語とした能動詞文である／おら　そと˥・い　でて˥ー／(おれは外へ出たい) とは異なって、非有意志的な無生物名詞「屁」を主語とした出来事「屁が出る」(所動詞文[従節])が、主節の主語「おれ」の意志にかかわらず即ち非意志的に起こりそうな切迫した(直近・直前の)事態を表している。(能動詞の自動詞＋タイには見られない)このような所動詞＋タイの用法は、肛門などから出る屁や排泄物/'uɴ˥ci, 'uɴ˥ko, kuso=˥, sjoɴbe˥ɴ/のほかに、鼻や口から出る/kusja˥mi, geQpu˥/を主語とする文にも見られる。なお、能動詞の他動詞＋タイを用いた／[おら　へー˥　しりた˥かった]・けど　がまん˥⌒した／([おれは屁をひりたかった]が我慢した)には「願望文」の読みしかない。念のため。

※前舌母音の/i/と/e/の対立が中和した戦前世代の/hɪ/が、[ヒー˥⌒クセー]、[ヒー˥⌒シル] のように若い世代から聞き取られておかしがられる出来事に遭遇したことがある。同様に、派生語の／へっぴり˥ごし heQpiri˥ŋosi／(屁放り腰)に対応する戦前世代の語形／hɪQpiri˥ŋosi／も[ヒッピリ˥ゴシ]のように聞こえることが多い。但し、「すかし屁」／すかしっぺ¯ sukasiQpe／のように、喉頭音以外の子音音素の後では前舌母音の/i/と/e/の対立が維持されていることに注意。

へー¯～はい¯ ／heʀ～hai／(戦前世代／hɪʀ～hai／) [灰] (名詞)

灰。灰は肥料として売買されていたことに注意。⇒／へーや¯ heʀ'ja／(灰屋)参照。

へー¯～はい¯ ／heʀ～hai／(戦前世代／hɪʀ～hai／) [蝿] (名詞)

蝿。昔は／はい¯／というのはほとんど聞かなかった。高度成長期以後の世代は／はえ¯ ha'e／。

へー¯ ／heʀ／(戦前世代／hɪʀ／) [稗] (名詞)

稗。間引きすべき悪い作物。「ひえ（稗）」の訛語。

へー¯ ／heʀ／(戦前世代／hɪʀ／) [塀] (名詞)

屋敷周りを囲む囲いのうち、木や竹などの自然物で作られた／くね=˥ kune=˥／(垣根)に対して、人為的・人工的な加工物で作られた「板塀」や「土塀」を言う。

べ˥ー～べ˥ ／be˥ʀ～be˥／ (副助詞)

(程度の)限定を表す。／べ˥ー～べ˥ be˥ʀ～be˥／は、／べ˥ー be˥ʀ／が基本形で、自由変異である。／あら　じぶん・べ˥ー　えれ˥ー　つもり・ん⌒なって˥る↓／ (彼は自分ばかりが偉いつもりになっている。)。格助詞との承接では微妙な意味差があるが、「格助詞＋副助詞」の／おれ・こ˥と・べー　おこりや˥がる／(おれをだけ叱りやがる)と、「副助詞＋格助詞」の／おれ・べ˥ー・こと　おこりや˥がる／(おれだけを叱りやがる)の二様が可能(方言では「怒る/'okoru˥/」は「叱る」と未分化)。

※指示事物代名詞に付くときには撥音が介入する。

／これ・んべ˥ー kore ɴbe˥ʀ、それ・んべ˥ー sore ɴbe˥ʀ、あれ・んべ˥ー 'are ɴbe˥ʀ／、

厳密には、例えば[korembe:]/koreɴbeʀ/は、音節は[ko-rem-be:]/ko-reɴ-beʀ/と分節されるが、分布から見て、形態的には[kore-mbe:]/kore-ɴbeʀ/と分節される。鼻音の/ɴ/を、/kore/に属するとするよりも/beʀ/に属するとする方が記述がシンプルになるためで、/ɴbeʀ/は形態素/beʀ/の異形態と見なされる。**【旧稿まではここに「／ちっと˥・んべー ciQto˥ ɴbeʀ／」も入れたが、１語の副詞として別扱いにすることにした。⇒／ちっと˥んべー ciQto˥ɴbeʀ／(副詞)の項を参照。】**

※「指示代名詞＋ベー」と「指示代名詞＋だけ」(／こん・だけ、そん・だけ、あん・だけ／)は、句全体が意味的・機能的に指示性の数量副詞としても見られるもので、ともに形態的に単なる連語からの逸脱を示しているのも無関係ではないかもしれない。

※比較方言学的知見から、「ばかり」→「ばり」→「ばい」→「ベー」と変化して成立した語形である。

＝べ˥ー～＝べ˥ ／-be˥ʀ～-be˥／ (統語接尾辞 [学校文法では助動詞])

学校文法的に説明すると、五段動詞の終止形、一段動詞の連用形(戦後世代では終止形)、形容詞は(カリ活用系の)連体形の撥音便形、断定の助動詞の／だ／と完了の助動詞の／た／は、それぞれ／だん＝／／たん＝／(それぞれ連体形「である」「たる」の撥音便形に起源する形)という形に付く。

※／だんべ˥ー daɴbe˥ʀ／は、接続や機能の点で繋合詞(断定の助動詞)／だ¯ da／とは別語(別の形式)と見なすべきものになっている。

例：

／いくべ˥ー(行く)／、／かくべ˥ー(書く)／(戦後世代は／かく˥べー／がふつう)
／うんべ˥ー(売る)／、／とんべ˥ー(取る)／(戦後世代は／とん˥べー／がふつう)
／あけべ˥ー(開ける)／(戦後世代は／あけんべ˥ー／がふつう)、
／おきべ˥ー(起きる)／(戦後世代は／おきん˥べー／がふつう)
／きべ˥ー(来る)／(戦後世代は／くん˥べー／がふつう)、
／しべ˥ー(為る)／(戦後世代は／しんべ˥ー／がふつう)
／いった˥んべー(行く)／(戦後世代は／いった˥・だんべー／がふつう)
／かい˥たんべー(書く)／(戦後世代は／かい˥た・だんべー／がふつう)
／よか˥んべー(良い)／(戦後世代は／いー˥・だんべー／がふつう)
／よか˥ったんべー／(戦後世代は／よか˥った・だんべー／がふつう)

①一般的に、能動詞(自動詞と他動詞)に付くときは第一人称者(話し手)の「意志(・勧誘)」を表す。

※古くは所動詞に付いて第一人称者(話し手)の「推量」を表したと推定されるが、推量表現が助動詞／だんべ˥ー daɴbe˥ʀ／(戦後世代はさらに／だろ˥ー daro˥ʀ／に置き換えが進んでいる)の付加による迂言的・分析的表現に分化した結果、現在は所動詞には付かない。

②形容詞に付くときは、第一人称者(話し手)の「推量」を表す。

※「形容詞語幹＋／かんべ˥ー／」形式の推量表現は戦前世代に残り、現在では助動詞の／だんべ˥ー daɴbe˥ʀ／(戦後世代はさらに／だろ˥ー daro˥ʀ／に置き換えが進んでいる)の付加による分析的表現がふつうになっている。

補足：いわゆる助動詞「べい(べー)」の接続について(厳密には統語接尾辞、便宜的に助動詞とする)

いわゆる助動詞「べい(べー)」は、古典語の助動詞「べし」の連体形「べき」のイ音便形の「べい」に起原するが、古典語の終止形接続の形式から方言の形式への変化について考えを述べておく。なお、連体形「べい」の終止形化については後述の「連体形の終止連体形化」参照。

四段系の動詞はアクセントを除いて終止形と連体形は同形なので、分節音的には変化が見られない。一段系は古典語の段階で上代語の(古い終止形と推定される)連用形に接続する「見べし」から終止形接続「見るべし」に変化しているが、方言形「見べー」(戦前世代)は古い連用形接続を維持している可能性がなくもないが、恐らくは次述の二段系の変化に引きつけられた類推形の可能性が大きい。二段系の動詞は、通時的に①中世語段階で、連体形(「起くる」「受くる」)が終止形(「起く」「受く」)を駆逐したこと(「連体形の終止連体形化」)で、連体形「起くる」「受くる」や已然形「起くれ」「受くれ」さらに「起く{べし／まじ／な(禁止)}」や「受く{べし／まじ／な(禁止)}」のような「終止形」に接続する古典語の付属形式(いわゆる助動詞や助詞)の語幹・語基としての「起く＝」「受く＝」という形態が単語(＝自由形式)としての自立性を喪失したことで形態論的に不安定化した。その結果、②近世語段階で、連用形形態の語幹「起き」「受け」が終止形形態の語幹「起く」「受く」を駆逐するという出来事(「二段活用の一段化」)、すなわち「起くる」「受くる」が「起きる」「受ける」へと変化することで語幹が「起き」「受け」の一つに統一されること(「語幹の水平化leveling」)が起こった。終止形の「起く」「受く」形態が失われたことに連動して新たに、③近世・近代語段階で、古典語の終止形接続の「起く{べし／まじ／な(禁止)}」「受く{べし／まじ／な(禁止)}」も、連体形接続(「起きる{まい／な(禁止)}」「受ける{まい／な(禁止)}」)か、連用形接続(「起き{まい／な(禁止)}」「受け{まい／な(禁止)}」(「連用形な」禁止形は京阪語))かに組み替えられるという変化が起こった。なお、②を経ていないで「二段活用」を残す方言でも①の結果③の組み替えが起こっていることに注意。関東・東北方言の「起きるべい～起きべい」「受けるべい～受けべい」(いずれも理念型 idealtypus 的表記) の揺れも、その変化の一環として把えられるべきものと考えられる。埼玉県東南部方言の場合、戦前世代の「起きべー」「受けべー」から見て、二段系の「べー」は、歴史的には連用形接続に変化した後、さらに戦後世代で、多数派の四段系の「終止形べー」に類推して、終止形接続の「起きるべー(→起きんべー)」「受けるべー(→起きんべー)」へと変化したと考えるのが妥当と思われる。

なお、カ変とサ変については、多くの方言で不規則な多語幹型の活用を維持する傾向が強く、「語幹の水平化」が遅れている。そのため「くべい～くるべい～きべい～こべい」、「すべい～するべい～しべい～しるべい」(いずれも理念型的表記)のような多様な接続が見られる。埼玉県東南部方言の場合、カ変動詞はいわゆる未然形「き」の他は変格を維持し、サ変動詞のみ上一段活用化している。接続は、戦前世代で「きべー」「しべー」、戦後世代で「くるべー～くんべー」「しるべー～しんべー」(「するべー～すんべー」は新しい形で、共通語との混淆形)のようになっており、二段系の場合と同様な変化がここにも推定できると思われる。

形容詞の「語幹＋かんべー」は、形容詞の連体形語尾「かる」の撥音便形「かん」と「べし」の連体形「べき」のイ音便形「べい」との結合形「([語幹＋かる]べき→)[語幹＋かん]べい」に由来する。なお、起源的には「[[語幹＋連用形語尾ク]＋ある]べき」で、次項と語構成の点ではよく似ている。

いわゆる形容動詞語尾＝いわゆる断定の助動詞の「だんべー」(便宜的にこのように言っておく)は、「[にて＋ある]べき」を祖形として、「[で＋ある]べい」、「[であん]べい」を経て「だんべい」へと発達して成立したものと推定される。

へーだわ˥ら～はいだわ˥ら ／herda'wa˥ra～haida'wa˥ra／(戦前世代／hiʀ…／) [灰俵] (名詞)
灰を入れる俵。後半部は／＝だわ˥ら～だあ˥ら～だー˥ら -da'wa˥ra～da'a˥ra～daʀ˥ra／とも言う。

へー˥び ／heʀ˥bi／(戦前世代／hiʀ˥bi／) [蛇] (名詞)
蛇。戦後世代は見出しの仮名表記のように [he:bi] と発音する。
「蛇を手で直接指さすと手が腐る」という禁忌があって、もしも指さしてしまった場合は手を後ろに回して組み、その組んだ指を他人に手刀で切ってもらわなければならないという俗信があった。
※第1音節は長呼される。上代語で「蛇(へ乙み・*へ乙び)」の「へ」が乙類音(pëmi/*pëbi)で、古代語のアクセントが「去上[昇高]」(2拍名詞第9類)で「へ」がrising tone(上昇調)あったこととの関連は不明。

へーや¯ ／heʀ'ja／(戦前世代／hiʀ'ja／) [灰屋] (名詞)
灰屋。灰を買い入れてそれを農家に肥料として売ることを仕事としていた人を言う。古くは、馬に／へーだわ˥ら～はいだわ˥ら heʀda'wa˥ra～haida'wa˥ra／(灰を入れる俵) を背負わせて、仕入れては農家に売っていたと言う。

へー˥る ／heʀ˥ru／(戦前世代／hiʀ˥ru／) [入る] (自動詞ラ行五段)
外部から内部に移動する。他動詞は／いれる¯ 'ɪreru／(入れる)。／ひゃー˥る hjaʀ˥ru／という個人もあった。⇒／ひゃー˥る hjaʀ˥ru／を参照。
※アクセント核の位置が、通常の(共通語の平板型に対応する)無核型や(共通語の末尾から2拍目に核が来る型に対応する)尾高型Aと違い、(共通語の頭高型に対応する)特異な動詞である。
※「入る」の祖形アクセント(平安時代語)は、語源からも推定されるように、「這ひ入る(終止形：平*東上平。連体形：平*東上上)」→「はひる(終止形：平上平。連体形：平上上)」で、【3拍動詞第

３類】に属する。この点で多数派の、例えば「当たる」のような、無核型の祖形【３拍動詞第１類】（終止形：上上平。連体形；上上上）や、例えば「動く」のような、尾高型の祖形【３拍動詞第２類】（終止形：平平東。連体形：平平上）と異なり、「はひる（入る）」は、少数派の「あるく（歩く）」・「まゐる（参る）」と類を同じくしている。しかも、埼玉県東南部の方言アクセントにおいて、「入る」「参る」は同類の、「歩く」はそれとは別類のふるまいをしながらも、ともに他（３拍動詞の第１類・第２類）とは異なる特異なふるまいをしている点は注意されてよいと思われる。
／へー⏋れ／（入れ）、／へー⏋ろんか／（絶対に入らない）、／へー⏋れば～へー⏋りゃ／（入れば）、／へー⏋らねー～へーら⏋ねー～へん⏋ねー／（入らない）、／へーっ⏋た～へっ⏋た／（入った）。
※この語の戦前世代の発音は、音声的には殆ど常に「へーる[heːɾɯ～xeːɾɯ]」と言い、第１音節の母音は狭母音では発音しない（「ひーる[hɪːɾɯ～çɪːɾɯ]」のような発音は殆ど聞かれない）。なぜ、前舌半狭母音が現れるのかについてはよく分からないが、「改まり語形」の／はい⏋る hai⏋ru／という音形や／にどっぺー⏋り nidoQpeʀ⏋ri／（[寒い晩など]一晩に二度風呂に入ること）などの「結合語形」の／＝ぺーり -peʀ⏋ri／が関係しているのかもしれないが、よく分からない。

べそ⏋⌒かく⏋／beso⏋ kaku⏋／（連語動詞カ行五段）
泣きべそをかく。今にも泣き出しそうに唇をへの字に曲げた格好をしていること。
※／べそ⏋⌒かいてる／とふつう発音されるが、／べそ⏋・なんか　かい⏋てねー↓／のように間にに（息の切れ目や音調上の切れ目などの）ポーズ（音休止）が置かれると／かく⏋／のようにアクセント核が現れる。

へた¯／heta／（戦前世代／hɪta／）（名詞）
果実が枝や茎に付いている突き出た部分の名称。へた（蔕）。／しっぺた¯ siQpeta／とも言う。

へた=⏋／heta=⏋／（戦前世代／hɪta=⏋／）（名詞・状態詞）
不器用で手際が悪いこと。またその様子。基本的に／じょーず=⏋ zjoʀzu=⏋／（上手）の反対語。
／へた⏋⌒したら　やべー⏋⌒こと・ん⌒なる↓／。／はなし⏋　へた・な⏋　ひと／（話が下手な人）。
／へた・な⏋⌒こと　ゆいねー／＝／へた・な⏋⌒くち　きけねー／（不用意なことは言えない）。

へたっぺ⏋／hetaQpe⏋／（戦前世代／hɪtaQpe⏋／）［下手っぺ］（状態詞・名詞）
不器用で手際が悪いこと。またその人。

へっこむ⏋／heQkomu⏋／（戦前世代／hɪQkomu⏋／）［凹む］（所動詞マ行五段）
面的広がりをもつモノの一部が内部に向かって変形する。凹む/hekomu¯/（戦前世代は/hɪkomu¯/）。
／かべ・が　へっこん⏋でる／（壁の一部分がへこんでいる）
※「引っ込む」は〈モノが外部から中心をもつ内部に移動する〉のが基本的意味だが、「凹む」と意味が内部方向への変形と移動という点で部分的に近接している。共通語の「へっこむ」という語形の成立には「ひっこむ」が干渉・牽引しているのではないかと思われる。
※戦前世代では「引っ込む」は／しっこむ⏋ siQkomu⏋／だが、「凹む」は／ひっこむ⏋ hɪQkomu⏋／で区別がある。高度成長期以前の戦後世代では、「引っ込む」は／ひっこむ⏋ hiQkomu⏋／が多くなっているが、一部の話者は「凹む」も／へっこむ⏋ heQkomu⏋／でなく／ひっこむ⏋ hiQkomu⏋／と言って発音が同じになって両者の意味の区別が曖昧になっている話者がある。
※この語のアクセントが平板型ではなく（共通語の中高型に対応する）尾高型を示していることと、「凹む」と「引っ込む」の混線を示す話者の存在とは前述のように関連していると思われる。なお、／へっこむ¯／と平板型で発音する個人も少ないがいる。

へっつい¯／heQcui／（戦後世代の一部で／ひっつい¯ hiQcui／）、（戦前世代／hɪQcui／）（名詞）
かまど。戦後世代で／へっつい¯ heQcui／の他に／ひっつい¯ hiQcui／と言う人がある。
※戦前世代の／hɪQcui／は、無声子音の前の（無声母音音節の）／*hi／が／si／に変化してしまった後、残った（有声母音音節の）／*hi／と／*he／が合流して／hɪ／になったことの生き証人である。
※語源的には、本来、「へつひ」は、「へ（上代仮名乙類）」（かまど）＋連体助詞「つ」＋「ひ（上代仮名甲類）」（霊→神）という語構成で、「かまどの神」を意味したものが、「かまど」という意味になったものという。⇒／おかまさま=⏋ 'okamasama=⏋／の項を参照。

へなつち¯～ひなつち¯（～へなちち¯～ひなちち¯）／hɪnacuci～hɪnacici／（名詞）
①粘土。②粘土を含んだ黒い土（田んぼの土）。
※戦前世代の語頭音節/hɪ/は人により時により揺れがあるが、音声的には、頭子音は無声の声門摩擦音[h]～少し口蓋化した軟口蓋摩擦音[x]の範囲で、主母音は有声の緩んだ少し広い前舌狭母音[ɪ]～少し開いた前舌半狭母音[e]の範囲で発音されるが、音声的変異（[hɪ～he～xɪ～xe]）で音韻的に対立するわけではない（自由変異）。／＝つち～＝ちち／は人によりいずれかを使っている。音韻的に/hi/と/he/の区別のある戦後世代では／へなつち¯ henacuci／と／ひなつち¯ hinacuci／の両様の発音が聞かれる。中にはこの言葉を知らないという人もいる。
※音形と意味の点から、「へなつち」は、語源的には古語の「はにつち（埴土）」と関係があるかもしれない。アクセントも「上上上上[高高高高]」で（共通語や方言の）平板型はアクセント対応から問題がない。音形的には、（pani-→）hani-→hina- のような音位転換metathesis で成立した「*ひなつち」が、次いで、hina-→hena- のような母音の逆行同化によって「へなつち」になったと想定できる。方言の語形の揺れは、戦前世代で/hi：he/—中和→/hɪ/となっていたものが、戦後世代での再音韻化（/hɪ/→/hi：he/）にあたって、共通語の「へなつち」が（教科書に載らない）耳慣れないないこ

とばだったため規範として働かず、/hina-/と/hena-/に二重化してしまった可能性が考えられる。
⇒/つち=⌉ cuci=˥/(土)、/どろ=⌉ doro=˥/(泥)の各項を参照。

べべ⌉ /bebe˥/ (名詞)
「着物/kimono¯~kimoɴ¯/」の幼児語。美化語形は/おべべ¯ 'obebe/。

へや=⌉ /he'ja=˥/、(戦前世代/hɪ'ja=˥/) [部屋] (名詞)
①壁や襖や障子で仕切られた部屋。⇒「襖」は/からかみ¯ karakami/の項を参照。
②特に「奥の部屋」。

べろ⌉ /bero˥/ (名詞)
単語としては「舌」を言う。形態素としては「唇と舌」を言う。唇は「上唇」を/うわべろ¯~うわびる¯ 'u'wabero~'u'wabiru/、「下唇」を/したべろ¯~したびる¯ sitabero~sitabiru/と言う。唇自体は、/くちべろ¯~くちびる¯ kucibero~kucibiru/と言う。これらの語形は、「舌」の/べろ⌉ bero˥/に引き付けられたものと思われるが、あるいは「べろ」の古義を残したものかも知れない。戦後世代は「唇」の意味の/=べろ -bero/は使わない。⇒/くちびる¯~ kucibiru~/(唇)の項参照。

べんじょ=⌉ /beɴzjo=˥/ [便所] (名詞)
便所。/べんじょ⌉⌒いく(べんじょ・い⌉⌒いく)/(便所へ行く)。
※農家では、屋内(母屋)に便所がある家もあったが、戦後まもなくまで、便所は基本的に屋外にある(のを使う)のがふつうだった。戦前世代から聞き取った限りでは、屋内の便所は/かみおか¯ kami'oka/(「上後架」の転)、屋外のは/したべ⌉んじょ sitabe˥ɴzjo/(下便所) と区別して呼んでいたと言う。便所は、一般的に/ちょーつば¯ cjoʀcuba/(一部に/ちょーずば¯ cjoʀzuba/) と言っていたという。また、/せっち⌉ん seQci˥ɴ/(雪隠)や/せっちんぐ⌉ら seQciɴŋu˥ra/(雪隠「蔵」か)とも言う(言った)といっていた。明治生まれの女性は、/はばかり¯ habakari/とも言ったというが、ハイカラなことばだったと言っていた。なお、戦後は、戦前世代も含めて日常的には/べんじょ=⌉ beɴzjo=˥/がふつうのことばになっていた。

ほいる⌉ /hoiru˥/ (自動詞・他動詞ア行上一段)
①自動詞:(犬が) 吠える。
②他動詞:(犬が) 人に向かって吠える。
/この⌒いぬ⌉ おれ・こと ほいや⌉がった↓/ (この犬がおれヲ吠えた。)
※派生語/ほいつく¯ hoicuku/ (吠えつく) は対格コトよりも与格ゲか位格ニをとるのがふつう。
/この⌒いぬ⌉ おれ・げ ほいついた↓/ (戦前世代)
/この⌒いぬ⌉ おれ・に ほいついた↓/ (戦前世代・戦後世代)

ぼー¯ /boʀ/ [棒] (名詞)
一次元的方向への線的延長(広がり)の卓越を特徴とする立体。木の棒を典型とする。
/ながっぽそ⌉い naŋaQposo˥i/ものを/ぼー¯ boʀ/(棒)と言う。

ほーじねん⌉ぶつ /hoʀzineɴ˥bucu/ [法事念仏] (名詞)
年忌法要などで、念仏講の老人を家に招いて、念仏回向してもらい、食事や金品をふるまうこと。
※埼玉県は真言宗寺院が多く、この地域(北足立郡旧安行村と周辺地域)では、新義真言宗系の真言念仏が行われている。念仏講テキストに「極楽浄土の二の門は銭でも金でも開かぬ門。御念仏六字でさらと開く」とあるように真言(マントラ)としての名号の功力(くりき)による往生浄土の称名念仏である。多仏信仰の中の阿弥陀浄土信仰であり、弥陀の本願の念仏という側面は殆どない。

ほー⌉ずき /hoʀ˥zuki/ [酸漿] (名詞)
ほおずき(ナス科の植物の名)。実は種を抜いて口に含んで鳴らして遊ぶことがある。
※アクセントは筆者の周辺では共通語の平板型の[ホーズキ]と違い[ホーズキ]と発音されている。

ほー⌉たる /hoʀ˥taru/ [蛍] (名詞)
蛍。第1音節は長呼される。

ぼーっきれ¯ /boʀQkire/ (名詞)
①棒の切れ端。②小さい棒。

ぼーふら¯ /boʀhura/ (名詞)
蚊の幼虫。
※「ぼうふり虫(1633)→ぼうふり(1656)→ぼうふら(1763)」と転じたもの(初出例の年は『日本国語大辞典』第二版による。第一例の原文は「ほうふり虫」)。『物類称呼』(1775)には、「南瓜」の項に「江戸にて先年は○ぼうふらといひ、○今はかぼちやと云」とある。「南瓜」の「ぼうふら」の後を、「蚊の幼虫」の「ぼうふら」が襲う形になっている。なお、「なめくじり」から/なめくじ⌉ら/(なめくじ)への語尾音の転訛も類例と見なせるかもしれない。⇒/なめくじ⌉ら/参照。

ぼーぼー¯ /boʀboʀ/ [ぼうぼう] (名詞)
①手入れをされない田畑や庭に、また野原に、雑草が一面に伸び放題に茂っていること。
②髪や髭が手入れをされず伸び放題に生えている様子。/ぼさぼさ¯/は髪の乱れた様子で別語。
主語や目的語にならず繋合詞(断定の助動詞)と結合して述語的・叙述的に用いられることが多い。連用の格助詞は(結果の)「ニ」を取って(過程の)「ト」を取らない(「ふらふらニ(なるまで酒を飲む)」:「ふらふらト(歩く酔っ払い)」参照)。「デ」は述語的・叙述的に用いられ繋合詞につながる。連体

語は「くさ＋ぼーぼー・ノ＋畑」の他、状態詞(形容動詞)的に「くさ＋ぼーぼー・ナ＋畑」も可能。
※①は、助詞なしで１語のように／くさ⌉⌒ぼーぼー／と発音されることが多いが、他に、音調上の切れ目(息の切れ目ではない。一応＋で表す)のある／くさ⌉＋ぼーぼー¯／とも発音され、聴覚的には／くさ¯　ぼーぼー¯／と区別がつかない発音もある。
【一般的に、単語末尾にアクセント核のある語は息の切れ目(｜)や音調上の切れ目(＋)を置いて後続の語に続くと、アクセント核のない平板型と区別がつかなくなるが、切れ目を置かず(⌒)に発音すると平板型との区別がはっきりと際立って聞き取れる。】
※なお、「草ぼうぼう」は、間に助詞「ガ」や「ナンカ」が反省的には現れうるので連語である。「(あそこは)草・ガ＋ぼーぼー・ダ」、「(あそこは)草・ナンカ・デ＋ぼーぼー・ダ」。
※②の主語は、①と違って述語の／ぼーぼー¯ boʀboʀ／から切り離されて発音されることが多い。例えば、「髪・ガ＋ぼーぼー・ダ」(髪がぼうぼうだ)や「ぼーぼー・ニ＋はい⌉てる＋髭」(ぼうぼうに生えている髭)等。なお、「髪」は／かみ=⌉ kami=˥／の他に／あたま・の⌒け¯ 'atama no ke／や省略語法の／あたま=⌉ 'atama=˥／もよく使われる。「髭」は戦後世代で／ひげ¯ hiŋe／、戦前世代では／ひげ¯ hıŋe／の他に／しげ¯ siŋe／も使われていた。
※「ぼうぼう」は、話者には漢語「茫々・蓬々」とは意識されていない。

ぼー⌉ぼー(・と) ／boʀ˥boʀ(to)／ (状態副詞)
火が勢いよく燃える様子。
※／ぼー⌉ぼー・と　もいる¯／(ぼうぼうと燃える)と言って、／*ぼーぼー・に　もいる¯／(ぼうぼうに燃える[アクセント平板型に注意]) と言わない。即ち助詞に「過程のト」を取り「結果のニ」を取らないのは、燃焼の過程に注目しているこの語の語性をよく反映しているものである。前項を参照。
※／ぼっぽ⌉っと boQpo˥Qto／は、勢いよく弾みがついた様子で燃えることを表す。

ほーる¯ ／hoʀru／ ［放る］(他動詞ラ行五段)
離れた所へ投げる。／まり⌉　こっち⌉ー　ほーれ⌉・よ↓／(ボールをこっちへ放れよ。)
※「接頭辞＋／ほーる¯ hoʀru／(放る)」に由来する派生動詞は、「接頭辞＋／＝ぽる -poru／」という形(異形態)になっている。／おっぽ⌉る 'oQpo˥ru／(力を入れて放る)、／けっぽ⌉る keQpo˥ru／((遠くへ)蹴る)、／さっぽ⌉る saQpo˥ru／≒／すっぽ⌉る suQpo˥ru／ (放り投げる。接頭要素の意味がはっきりしない)、／ぼっぽ⌉る boQpo˥ru／(勢いよく放り投げる。*/buQpo˥ru/の母音逆行同化形)。なお、／ほっぽ⌉る hoQpo˥ru／(放り投げる)は、前部要素/hoQ-/も後部要素/-poru/もともに「放る」で一種の重言と思われるが、はっきりしない。
※有意志性の他動詞形成接尾辞／＝かす -kasu／との接合に関しては、本体の／ほーる¯ hoʀru／自体には／*ほーらかす *hoʀrakasu／という派生形式が存在しない。存在する「＝カス派生他動詞」を上例の順に挙げると、／おっぽ⌉らかす 'oQpo˥rakasu／、／すっぽ⌉らかす suQpo˥rakasu／、／ぼっぽ⌉らかす boQpo˥rakasu／、／ほっぽ⌉らかす hoQpo˥rakasu／となる。本来はもとの動詞に対して一種の強意動詞的な意味を帯びていたのではないかと思われるが、それぞれもとの動詞と意味用法に微妙だが明らかな違いが生じている。⇒各項目を参照のこと。
※『物類称呼』、「東国にて○ほうる といひ 越州にて… と云は投(なげ)やる事なり」参照。

ほーろく¯ ／hoʀroku／ ［焙烙］(名詞)
素焼きの土鍋。

ほきだす¯ ／hokidasu／ (他動詞サ行五段)
口に含んでいたものを口の外に出す。／はきだす¯ hakidasu／(吐き出す)とは別語。
※／はきだす¯ hakidasu／は腹の中（例えば、胃の中）に入っていたものを口の外に出すことで、意味の違いがある。口に入っていた飴などを「吐き出す」のは／ほきだす¯／、二日酔いで気持ち悪さから胃の中のものを「吐き出す」のは／はきだす¯／と言う。

ぼく⌉ ／boku˥／ ［服］(名詞)
→／ぶく⌉ buku˥／(服[物忌み])

ほくろ¯ ／hokuro／ ［黒子］(名詞)
→／ほころ¯ hokoro／(黒子)

ほごす⌉ ／hoŋosu˥／ (他動詞サ行五段)
糸などからまったものをほどいてもとに戻す。対応する所動詞は／ほごれる⌉ hoŋoreru˥／。戦後世代では／ほぐす⌉ hoŋusu˥／という発音も聞かれる。

ぽこ⌉ぽこ ／poko˥poko／ (状態副詞)
サツマイモなどをふかしたときの状態。

ほこら¯ ／hokora／ ［祠］(名詞)
神を祭った小さな建物。

ほこる⌉ ／hokoru˥／ (所動詞ラ行五段)
(草などが)大きくなる、茂る。

ほごれる⌉ ／hoŋoreru˥／ (所動詞ラ行下一段)
糸などからまったものがほどけてもとに戻る。対応する他動詞は／ほごす⌉ hoŋosu˥／。戦後世代では／ほぐれる⌉ hoŋureru˥／という発音も聞かれる。

ほ

ほころ¯ ／hokoro／［黒子］（名詞）
ほくろ（黒子）。戦後世代はふつう／ほくろ¯ hokuro／と言う。
※皮膚の上の点的な色変を／ほころ¯ hokoro／と言い、面的なそれを／あざ=⌉ 'aza=˥／と言う。
ぼさ⌉ ／bosa˥／（名詞）
木や竹や草が自然状態で生い茂っている所。藪。
ぼさやま¯ ／bosa'jama／（名詞）
木や竹や草が自然状態で生い茂っている所で／やま=⌉ 'jama=˥／（森）のようになっている所。
※／やま=⌉ 'jama=˥／は共通語の「山」と違って、いわゆる高い「山」だけでなく平地でも木や竹や草などが生い茂って森になっていれば「やま」と言う。⇒／やま=⌉ 'jama=˥／を参照。
ほし¯ ／hosi／［星］（名詞）
星。
ほし⌉ー ／hosi˥ʀ／（形容詞）
①手に入れたいと願望する。欲しい。
／こども・こ⌉と　ほし⌉かった・けど　できな⌉かった↓／
（子どもが欲しかった[直訳は、子供を欲しかった]けれど、出来なかった。）
※「欲しい」などの欲望や願望を表す情意形容詞は、共通語と違って、明確に「主語ガ＋対象語{生物名詞コト／無生物名詞 φ}＋情意形容詞」という、いわゆる対象語（≒目的語）を対格助詞コトで表示する、他動詞型の対格構文をとる。
②手放したくないと願望する。惜しい。
／ぜね⌉　ほし⌉くて　ゆってん⌉・じゃ⌒ねー↓／（お金が惜しくて言っているのではない。）
例文の「ほしい」は、お金を無心されて、貸すことが相手のためにならないからと断ったときの発言で、「欲しい」という意味ではない。
①と②の意味が共存している。意味的な近接からの混同なのか、音声的な変化による混同なのか、決め手を欠く。音声的な変化というのは、方言では語頭母音が柔らかい声立てで始まることが多く、それが声門摩擦音に発達したものかもしれないことをいう。⇒／はやす⌉ ha'jasu˥／（あやす）
注：「動詞接続形（〜テ）＋ほしい」（例えば「本当のこと（を）言ってほしい」）のような「欲しい」の補助形容詞用法は古くからある言い方ではない。以前は、同じことを「動詞接続形（〜テ）＋もらい＋たい」（例えば「本当のこと（を）言ってもらいたい」）のように、迂言的・分析的に言うのがふつうだった。今でも「言ってほしかった」より「言ってもらいたかった」の方がしっくり感じられる。
ほじくる⌉ ／hozikuru˥／（他動詞ラ行五段）
繰り返し（指先などで）つついて地面などに穴を掘りあける。繰り返し（指先などで）つついて穴から掻き出す。／ほじる⌉ hoziru˥／の反復動詞だが、／ほじる⌉ hoziru˥／より／ほじくる⌉ hozikuru˥／がふつうに使われている。「犬ガ＋{庭／地面} φ＋ほじくる」「人ガ＋{鼻／鼻くそ} φ＋ほじくる」という構文をとり、ほじくる場所やほじくる対象（対象物）を目的語にする。格助詞は常に「φ」表示。
ほじる⌉ ／hoziru˥／（他動詞ラ行五段）
（指先などで）つついて地面などに穴を掘りあける。（指先などで）つついて穴から掻き出す。／ほじくる⌉／の方が一般的。単独の／ほじる⌉／は分かるが使わない、更には知らないという話者もある。
ほそ⌉い〜ほせ⌉ー ／hoso˥i〜hose˥ʀ／［細い］（形容詞）
細い。棒状のものの、中心と外周との距離の小さいことをいう。
ほそっこ⌉い〜ほそっけ⌉ー ／hosoQko˥i〜hosoQke˥ʀ／（形容詞）
標準的・典型的サイズに比べて極度に細く感じられる様子。
／ほそっこ⌉い　きゅー⌉り／（きわめて細い胡瓜）。反対語は／ぶっと⌉い〜ぶって⌉ー／。
ぼたもち⌉〜ぼたもち¯ ／botamoci˥〜botamoci／［牡丹餅］（名詞）
ぼたもち。「おはぎ」とは言わなかった。
ぼたん⌉ゆき〜ぼたんゆ⌉き ／botaɴ˥'juki〜botaɴ'ju˥ki／［牡丹雪］（名詞）
雪粒が大きな柔らかいかたまりとなって降る雪。牡丹雪は積もらないと言われた。
／こなゆ⌉き kona'ju˥ki／（粉雪）の対語。
※『物類称呼』の「雪」の項に、「東武にて○綿帽子雪といふを…上総にて○ぼたん雪と云」とある。
ぼっこ⌉ぼす ／boQko˥bosu／（他動詞サ行五段）
容れ物を傾けて、中味を一部外に勢いよく落とすこと。
※接頭辞／ぶっ＝ buQ-／が後続成分の第1音節の母音に逆行同化した語形。
ほっこみ¯ ／hoQkomi／（名詞）
川や堀の片側に魚を誘い込むために掘った池状のもの。川や堀よりも深く／けーぼり¯ keʀbori／（堀や池の水をかき出して魚を捕ること）を行うためのもの。
ぼっこむ⌉ ／boQkomu˥／（他動詞マ行五段）
力いっぱいに投げ込む。
※接頭辞／ぶっ＝ buQ-／が後続成分の第1音節の母音に逆行同化した語形。
ぼっこ⌉ろす ／boQko˥rosu／（他動詞サ行五段）
力を込めて勢いよく打ち殺す。
※接頭辞／ぶっ＝ buQ-／が後続成分の第1音節の母音に逆行同化した語形。

ほった⌉らかす〜ほったら⌉かす ／hoQta⌉rakasu〜hoQtara⌉kasu／（他動詞サ行五段）
すべきことをせず(見るべき面倒を見ないで)放り出す、投げ出す、放置する。
「派生名詞形/hoQtarakasi⁻/＋格助詞/ni/＋サ変動詞/siru/」は、同意の他動詞相当連語として働く。
／こども・こ⌉と　ほったら⌉かして　あすびある⌉ってる↓／
（[あの母親は]子どもを面倒も見ないで遊び歩いている。）
※「ほったらかす」が仮に「ほっ＝たらかす」と分析できるとしても、「＝たらかす」の形と意味が明らかではない。もしも「うっちゃらかす」から孤・個的に変化してできた異語形の「*うったらかす」が仮定できるなら(現実には(本方言では)「うっちゃらかす/'uQcja⌉rakasu/」しか見つからないが)、意味的に近似する「ほっぽらかす」とそれとの混淆形ではないかとも想像するがはっきりしない。（「ほったら＝かす」という分析では「ほったら」の形と意味が説明できない。）
ぼっち⁻ ／boQci／（名詞）
脱穀の終わった稲ワラを円筒状に積み上げて上に円錐状のワラの屋根をおいたもの。稲叢。
ほっつき⌉あるく ／hoQcuki⌉'aruku／（自動詞カ行五段[特殊型]）
あちこち(目的なく)歩き回る、うろつき回る。伝統的発音では接合部にアクセント核がある。
ほっつき⌉まわる〜ほっつき⌉まある〜ほっつき⌉まーる
／hoQcuki⌉ma'waru〜hoQcuki⌉ma'aru〜hoQcuki⌉maʀru／（自動詞ラ行五段）
あちこち(目的なく)うろつき回る、歩き回る。伝統的発音では接合部にアクセント核がある。
ほっつく⌉ ／hoQcuku⌉／（自動詞カ行五段）
あちこち(目的なく)うろつく、遊び回る、遊び歩く。
／どこ⌉　ほっつい⌉てた・ん・だ↓／(どこを遊び歩いていたのだ。)
ほっとく⁻ ／hoQtoku／（連語他動詞カ行五段）
連語／ほーって⁻⌒おく⁻／(放っておく)の縮約形(詳しくは縮約に起原する予置形／ほーっとく⁻／(放っとく)の長母音が短呼された形式)で、意味も「そのままにしておく、そのままに放置する」と特殊化している。／いー⌉・から　かまわね⌉で　ほっとけ↓／(もうかまわないで放っておけ。)
※平板型アクセントの動詞の予置形「〜とく」のテ形・タ形では／ほっとい⌉て、ほっとい⌉た／のようにアクセント核が現れることが多い。なお、本動詞の「置く」は／おいて⁻、おいた⁻／である。
ぼっと⌒したら⌉ ／boQto sitara⌉／（副詞相当連語）
可能性はほとんど無いが、何かのはずみでそういうことが起こらないとも限らないことを予告する。
※語構成は、副詞「ぼっと/boQto⁻/」＋サ変動詞の実現仮定形「したら/sitara⌉/」。
※副詞／ぼっと⁻ boQto／は、共通語の副詞「ひょっと」によく似ている。以下の２項目も同じ。
ぼっと⌒して⁻ ／boQto site／（副詞相当連語）
可能性はほとんど無いが、何かのはずみでそういうことが起こらないとも限らないことを予告する。
※語構成は、副詞「ぼっと/boQto⁻/」＋サ変動詞の接続形「して/site⁻/」。
ぼっと⌒しん・と⁻ ／boQto si to／（副詞相当連語）
可能性はほとんど無いが、何かのはずみでそういうことが起こらないとも限らないことを予告する。
サ変動詞「しる」が共通語化して「する」となっている話者では／ぼっと⌒すん・と⁻／も聞かれる。
※語構成は、副詞「ぼっと/boQto⁻/」＋サ変動詞の終止形の撥音便形「しん(すん)/siɴ⁻(suɴ⁻)/」＋接続助詞「と/to/」。動詞語尾の「＝る/-ru/」が、接続助詞「と」と結合したときに(他地域では促音化して「＝っ/-Q/」となるところを)撥音化して「＝ん/ɴ/」となるのが、この方言の際だった特徴。
ほっぺ⌉た ／hoQpe⌉ta／（名詞）
頬。「尻の膨らみ」の／けつっぺた⁻ kecuQpeta／や／しりっぺた⁻ siriQpeta／にも同じ形態素が現れる。この３語に含まれる形態素「ぺた」は、話者には（語源といわれる「辺端」の意の古語の「へた」とは無関係な)「膨らみ」と受け取られている。
ぼっぽ⌉っと ／boQpo⌉Qto／（副詞）
火の勢いよく燃える様子。／ぼっぽ⌉っと／＋「火が燃える」
※／ぼー⌉ぼー・と boʀ⌉boʀ to／に比べて、勢いよく弾みがついた様子で燃える様子を表す。
※語根は／boQ-／だが、促音の後に濁音が来られない音韻規則のために重複の二番目の要素の頭子音が／-poQ-／となったもの。／*boQ-boQ-to→boQ-poQ-to／。⇒／ざっつぁ⌉っと／の項参照。
ほっぽ⌉らかす〜ほっぽら⌉かす ／hoQpo⌉rakasu〜hoQpora⌉kasu／（他動詞サ行五段）
未処理のまま中途で放り出す、投げ出す、放置する。
「派生名詞形/hoQporakasi⁻/＋格助詞/ni/＋サ変動詞/siru/」は、同意の他動詞相当連語として働く。
／やくそく　ほっぽ⌉らかしやがった／(約束を守らず投げ出した)。
／しくだい　ほっぽ⌉らかして　あすび⌉⌒いってる↓／(宿題を放り出して遊びに行っている。)
※学校文法的には、／ほっぽ⌉る hoQpo⌉ru／(放る)の未然形に他動詞形成接尾辞／＝かす -kasu／接合した形式。厳密には/hoQpor-akas-u/(/-akas-u/は接尾辞/-kas-u/の異形態)と分析される。
ほっぽり⌉だす〜ほっぽりだす⌉ ／hoQpori⌉dasu〜hoQporidasu⌉／（他動詞サ行五段）
手許に置かず外部に放り出す。放置する。
ぼっぽり⌉だす〜ぼっぽりだす⌉ ／boQpori⌉dasu〜boQporidasu⌉／（他動詞サ行五段）
手許に置かず外部に勢いよく放り出す。

ほっぽ⁊る ／hoQpo⁊ru／（他動詞ラ行五段）
　①放る、放り出す、放り投げる。
　②かまわないで放置する。／あいつ・こ⁊と・わ　ほっぽ⁊っとけ↓／(あいつは放っておけ。)
　※／ほっぽ⁊る hoQpo⁊ru／は語感としては重々しさに欠け軽く行う感じが伴い、力を込めて勢いよくやるのが／ぼっぽ⁊る boQpo⁊ru／という語感の違いがある。
ぼっぽ⁊る ／boQpo⁊ru／（他動詞ラ行五段）
　勢いよく放り投げる。
　※接頭辞／ぶっ＝ buQ-／が後続成分の第1音節の母音に逆行同化した語形。
ほど¯ ／hodo／［程］(名詞)
　おおよその(ふさわしい)程度や限度をいう。
　／のむ⁊・に・も　ほど・って⁊・の　あら⁊ー↓／([酒を]飲むにもほどというのがある。)
ほど¯ ／hodo／(副助詞)
　おおよその程度や見当を表す。
ほどく⁊ ／hodoku⁊／（他動詞カ行五段）
　[結び合わせてあったもの]を[解き離して元の状態に戻す]。紐や帯などを解く、ほどく、緩める。
　対応する所動詞は／ほどける⁊ hodokeru⁊／。
　※同意味の／ほどす⁊ hodosu⁊／と併存。／ほどす⁊ hodosu⁊／が本来語のようである。
ほとけ¯ ／hotoke／［仏］(名詞)
　①仏教の「仏」。歴史上の釈尊だけでなく、寺院に祀られる諸仏・諸菩薩・諸護法神など仏教で信仰の対象とされる存在者をいう。
　②民俗の「ほとけ」。死者の霊魂(死霊)。やがて没個性的な／せん⁊ぞさま seɴ⁊zosama／という民俗の「かみ(祖霊)」になると考えられている。
　※死者はだれでも死後に極楽に往生して「ほとけ」となるという通俗化した浄土仏教的信仰と、死者の霊魂は死後にホトケやオオミタマといわれる神的一者に帰入すると信じる汎神論的民俗信仰が背景となっていると思われる。
ほとけさま=⁊〜ほとけさま¯ ／hotokesama=⁊〜hotokesama／(名詞)
　前項の敬称（親称)。
ほどける⁊ ／hodokeru⁊／（所動詞カ行下一段）
　[結び合わされてあったもの]が[解き離されて元の状態に戻る]。紐や帯などが解ける、ほどける、緩む。対応する他動詞は／ほどく⁊ hodoku⁊／。
　※同意味の／ほどれる⁊ hodoreru⁊／と併存。／ほどれる⁊ hodoreru⁊／が本来語のようである。
ほどす⁊ ／hodosu⁊／（他動詞サ行五段）
　[結び合わせてあったもの]を[解き離して元の状態に戻す]。紐や帯などを解く、ほどく、緩める。
　構文は「[誰か]ガ＋[何か]φ＋ほどす」(無生物名詞の対格目的語は常にゼロ助詞)。対応する所動詞は／ほどれる⁊ hodoreru⁊／。
　補：「ほどす」と「ほどれる」について
　　他動詞「ほどす」は、「[誰か]ガ＋[対象物何か](ヲ)＋ほどす」という構文で、動作主主語が対象物の何かを目的語とする及物的行為(＝対象として働きかける行為)を表す他動詞文で使われる。対して、所動詞「ほどれる」は、「[対象物何か]ガ＋ほどれる」という構文で、対象物主語がそれ自体がもつ性質によってそうなるという(真の動作主を消去して対象物を動きの主体のように扱う)所動詞(学校文法的には自動詞)文で使われる。「所動詞」については『埼玉県東南部方言の記述的研究』(くろしお出版2016)197頁以下参照。
　注：可能他動詞文ⓐの「ほどせる」「ほどける①」と所動詞文ⓑの「ほどれる」「ほどける②」について
　　ⓐ／(結び目がきつくて)　その⁀なわ　なかなか　{ほどせな⁊かった／ほどけな⁊かった}↓／
　　ⓑ／(結び目がきつくて)　その⁀なわ　なかなか　{ほどれな⁊かった／ほどけな⁊かった}↓／
　　ⓐⓑいずれも共通語訳は「解(ほど)けなかった」となるが、ⓐは他動詞の「ほどす」「ほどく」の可能動詞「ほどせる」「ほどける①」の否定過去で、「([誰か]ガ)＋[その縄](ヲ)＋なかなか＋{ほどせなかった／ほどけなかった}」という(ほどこうとする)動作主主語をもつ他動詞文で、ⓑは所動詞の「ほどれる」「ほどける②」の否定過去で、「[その縄]ガ＋なかなか＋{ほどれなかった／ほどけなかった}」という対象物主語がそのもつ性質としてそうなるという動作主を欠く所動詞文で、方言形「ほどせる」「ほどれる」では区別がつくが「ほどける①」「ほどける②」では区別がつかないなど、似ているが、ⓐとⓑおよび①と②は、構文的にも意味的にも大きな違いがある。
　※／ほどす⁊／：／ほどれる⁊／＝／ほどく⁊／：／ほどける⁊／という対応関係で、語根√hodoを共通にする同根語。「ほどく：ほどける」の対は共通語にもあるが、「ほどす：ほどれる」の対は共通語・東京語にはないようで、国語辞典に語例が見えない。
　⇒／ほどく⁊ hodoku⁊／の項を参照。
ほどれる⁊ ／hodoreru⁊／（所動詞ラ行下一段）
　[結び合わされてあったもの]が[解き離されて元の状態に戻る]。紐や帯などが解ける、ほどける、緩む。構文は「[何か]ガ＋ほどれる」。対応する他動詞は／ほどす⁊ hodosu⁊／。
　⇒／ほどける⁊ hodokeru⁊／の項を参照。

ほね=˥ ／hone=˥／ ［骨］（名詞）
骨。「死者の骨」は敬称して／おこつ¯ 'okocu／と言う。
ほり=˥ ／hori=˥／ ［堀］（名詞）
地面を掘って水を通した、地表の細長く続く水路。
①人工河川。
※「堀」には用水堀（用水路）と悪水堀（排水路）、両者を兼ねた用悪水堀（用排水路）があるが、一般的に／ほり=˥ hori=˥／といっていた。
※／めどっこ¯ medoQko／（小さな水の流れ）よりは大きく、／かわ=˥ ka'wa=˥／よりは小さい水の流れを／ほり=˥ hori=˥／と言うトイウ話者があった。これは、一般的に自然河川の「川」の方が人工河川の「堀」より大きいことから、両者を大小の違いと捉え直して理解したためと思われる。
なお、「池沼」にも同様な区別と区別の捉え直しが見られる。自然の／ぬま=˥ numa=˥／（沼）と、人工の／いけ=˥ 'ıke=˥／（池）の区別が本来のものと考えられるが、ここにも一般的に「沼」の方が「池」より大きいことから、両者を大小の違いと捉え直して理解して、自然物でも小さいのは「池」だとする把え方が生じている。こちらの方は国語辞書の記述にも現れている。
※「見沼代用水」（東縁用水）も、地元ではふつうには／ほり=˥／、改まって／みぬまよー˥すい／と呼ばれていた。
②屋敷の周囲の濠。環濠。／かまいぼり¯ kamaibori／とも言う。
※／だい˥じん～でー˥じん dai˥zɪɴ～deʀ˥zɪɴ／（「大尽」。地主・資産家）と言われた家の屋敷周りには／かまいぼり¯／という／ほり=˥／があることが多かった。
ほり¯ ／hori／（名詞）
コクゾウムシ（穀象虫）。米の虫。米の虫が付くことを／ほり¯⌒とーす˥ hori toʀsu˥／と言う。
ほりさら˥い ／horisara˥i／ ［堀浚い］（動作名詞）
用水堀などの泥やゴミなどを取り除いてきれいにすること。昔は集落の共同作業として行われた。
ほりっぱ˥た ／horiQpa˥ta／ ［堀端］（名詞）
堀の側（そば）。／ほりっぱ˥た・の⌒うち～ほりっぱ˥た・の⌒ち／（堀のそばの家）。
ほり¯⌒とーす˥ ／hori toʀsu˥／（連語動詞サ行五段）
米の虫（「穀象虫」を/hori¯/という）が付く。
ほりもこ˥ ／horimoko˥／（名詞）
堀の向こう。堀向こう。／ほりもこ˥・の⌒うち～ほりもこ˥・の⌒ち／（堀の向こうの家）。
ほる˥ ／horu˥／ ［掘る］（他動詞ラ行五段）
道具を使って、対象物からその一部を取り除いてそこに穴や溝を作る。掘る。
※場所目的語「地面φ＋掘る」と、（結果の）モノ目的語「穴φ＋掘る」を取るが、二者が共起するときは「地面ニ＋穴φ＋掘る」という形を取る。
ぼろ˥ ／boro˥／（名詞）
①使い古して使えなくなった衣類。ぼろ。⇒／ぼろっきれ¯ boroQkire／参照。
②古くなって使えなくなった（ような）物。⇒／ぼろっち˥ー boroQci˥ʀ／、／ぼろうち¯ boro'uci／（ぼろ家）を参照。
※けなし言葉として、／おんぼろ¯ 'oɴboro／（古くてみすぼらしい様子）に似た意味を表す接頭辞として、／ぼろがっ˥こー borogaQ˥koʀ／（ぼろ学校）や／ぼろじてん˥しゃ boroziteɴ˥sja／（ぼろ自転車）のように、／ぼろ= boro-／が使われるのを以前はよく耳にした。
ぼろうち¯ ／boro'uci／（名詞）
古くなって使えなくなった（ような）家。
ぼろ˥すけ ／boro˥suke／（名詞）
フクロウ。鳴き声は／ぼろ˥すけ　ぼー˥ぼー／と言った。鳴き声が名前になったもの。戦後世代は／ふく˥ろー huku˥roʀ／。越谷吾山『物類称呼』の「片田舎の人は　五郎七ほうこう　と鳴く」、山田美妙『日本大辞書』の「声ハごろしちぼうこうト聞コヱ」、その他、「ぼろ着て奉公」など参照。
ぼろっきれ¯ ／boroQkire／（名詞）
①ぼろの切れ端。②小さいぼろ。
ぼろっち˥ー ／boroQci˥ʀ／（形容詞）
物が古くてみすぼらしい様子。／ぼろっち˥ー　うち／（ぼろっちい家）
ぼん˥くれ ／boɴ˥kure／ ［盆暮れ］（名詞）
「お盆/'oboɴ˥/」（盂蘭盆）の頃と「暮れ/kure¯/」（年末）の頃。親戚同士の伝統的な相互訪問を伴う互酬的 reciprocal な贈り物の交換の時期という意味合いと文脈で使われることが多かった。
ほん˥け ／hoɴ˥ke／ ［本家］（名詞）
本家。反対語は／いもち˥ 'ımoci˥／（分家）。親族（血族）は／いもちほん˥け 'ımocihoɴ˥ke／と言う。
ぼんこ˥ ／boɴko˥／（名詞）
先祖を送り迎えするために、墓や道端に立てられる３本の竹筒で、花や線香が立てられる。
※寺まで迎えに行く家では墓の前に、迎えに行かない家では家の門の側の道端に立てられた。
ほんご˥ー ／hoɴŋo˥ʀ／ ［本郷］（固有名詞・地名）
各地にあるが筆者の近くでは、川口市東本郷（旧新郷村）の地名。中世の「谷古宇郷」の本郷と比定される土地。近くの川口市峰の「峯ケ岡八幡」を古くは「谷古田八幡」と言い、草加から川口市峯を通って鳩ヶ谷に達する古道を／やくだ˥みち 'jakuda˥mici／と地元の人が言っているのもそれを裏づけている。⇒／やくだ˥みち 'jakuda˥mici／の注を参照のこと。

※／ほんご˥・の⌒ち honŋo˥ no ci／(「本郷」の家)のように語尾が短呼されることがある。

ぼんござ¯ ／boɴgoza／［盆茣蓙］(名詞)

盆棚の上に敷いて供え物を載せた茣蓙。

ぼんこ˥たて ／boɴko˥tate／(動作名詞)

／ぼんこ˥ boɴko˥／を立てること。⇒／ぼんこ˥ boɴko˥／を参照。

ぼんだ˥な ／boɴda˥na／［盆棚］(名詞)

盆(「お盆/'oboɴ˥/」)に先祖の／たまし˥ー tamasi˥ʀ／(霊魂)を迎えるために仏壇の前に作られる棚。

ほんと¯ ／hoɴto／［本当］(①名詞・②副詞)

①「嘘/'uso˥～'usu˥/」(虚偽)の対語の「本当」(真実)。／それ　ほんと・か˥・よ↓／(それ本当か。)

②「本当に」の意味の副詞。／ほんと・に hoɴto ni／の形でも使われるが、無助詞形が多い。

／ほんと　わる˥かった↓／(本当に悪かった。［謝りのことば］)

ぽん˥ぽん ／poɴ˥poɴ／(名詞)

「腹」の幼児語。

まー˥だ ／maʀ˥da／(副詞)

現実の時間・数量が基準となる時間・数量に達していないことを表す。未だ。

※現実の時間・数量が基準の時間・数量に達していることを表すのが、戦前世代で／はー¯ haʀ／、戦後世代以下で／もー˥～もー¯ moʀ˥～moʀ／である。

まーり=˥～まり=˥ ／maʀri=˥～mari=˥／［鞠］(名詞)

まり(鞠)。ボール。野球のボールもこう呼んでいた。第1音節はふつう長呼されるが、短呼形も現れる。語基形は／まりつき=˥／(鞠突き)や／まりなげ=˥／(ボール投げ)など短呼形が使われる。

／そこ・の　まーり˥　とって˥⌒くれ↓／(そこのボールを取ってくれ。)

※名詞「まり(毬)」と形容詞「丸い」に対応する古典語「まろし」や名詞「まろ(丸)」は、平安時代のアクセントが「毬」は「平平[低低]」で、「丸」が「上上[高高]」で異なっていて同源語とは考えられないが、本方言でともに第1音節が長呼されているのは、意味的・形態的に近接するための相互作用的な牽引が働いたためかもしれない。

まーり¯ ／maʀri／［周り］(名詞)

周り。周囲。⇒／まわり¯～まあり¯～まーり¯ ma'wari～ma'ari～maʀri／を参照。

／まーり¯⌒よく˥⌒みて ｜ まーり˥⌒とれ・よ↓／(周りをよく見て、ボールはとれ。)

まーるい¯ ／maʀrui／(形容詞)

丸い。円い。球形、円形いずれをも言う。⇒／まる¯ maru／の項を参照。

※球形と円形が語として区別されていない。「まあるい飴玉」(球形)、「まあるい十円玉」(円形)。これは奥行きを捨象すれば同じ「○」に見えるためである。同様のことが、「(前後の)たて」と「(上下の)たて」にもあって、「(前後の)たて」から奥行きを捨象すれば「(上下の)たて」に見える。従って、奥行きのある「(球形の)まあるい」「(前後の)たて」は、奥行きを捨象した「(円形の)まあるい」「(上下の)たて」に還元して考えることができる。

※共通語の3音節語の形容詞で、／Carui／(アクセント核なし)という形態のものは本方言では／Caʀrui／が対応する。逆に／Caru˥i／(アクセント核あり)という形態のものは／Cari˥ʀ／が対応する。

例：／かーるい¯ kaʀrui／(軽い)、／まーるい¯ maʀrui／(丸い)。

／だり˥ー dari˥ʀ／(だるい)、／わり˥ー 'wari˥ʀ／(悪い)。

※アクセントからすると、「丸い」／maʀrui¯／は、「束ねる」の意味の他動詞「まるく/maruku¯/」(カ行五段[音便形は「まるっテ、まるっタ」で特殊])と同語源と考えられる。

まーるっこい¯ ／maʀruQkoi／(形容詞)

丸み、円みがある様子。球形、円形いずれをも言う。

まい˥～めー˥ ／mai˥～meʀ˥／(名詞)

蚕の繭。蚕は／おこ˥さま 'oko˥sama／と言う。

まい˥る～めー˥る ／mai˥ru～meʀ˥ru／(自動詞ラ行五段)

降参する。お手上げである。

※往来の謙譲語の意味では共通語的な場面・文脈を除いて使われない。

※アクセントは／へー˥る／(入る)に似て特殊である。／へー˥る／(入る)の注を参照のこと。

※「参る」の祖形アクセント(平安時代語)は、語源から推定されるように、「*まゐ＋入る(終止形：平*東上平。連体形：平*東上上)」→「まゐる(終止形：平上平。連体形：平上上)」で、複合語起原の「3拍動詞第3類」に属する。この点で、「まゐる」は「はひる(入る)」と類を同じくしている。

なお、「*まゐ」は、「まゐく(参来)」「まゐのぼる(参上る)」などの造語成分として現れ、本来はワ行上一段動詞の「まゐる」の連用形と推定されている。更に「まゐる」はワ行上二段「まう」にさかのぼるものと推測される。祖形は活用から考えて、連用形は *mawo-i→*mawï→*mawi、終止形は *[mawo-i]-u→*mawo-u→*mawu→mau と推定され、語基として *mawo- が想定される。これは形態的・アクセント的に「まうす(申す)」の古形「まをす」の語基の *mawo- と一致する(形態的には *[[mawo-]s-]u と分析され、終止形アクセントは「平平東」)。従って、「参る」「申す」は同一の語源にさかのぼると考えられる。また、「参上」と「奏上」の二者間には一連の出来事としての近接性contiguityが存在しており、意味的な派生・分化の点であまり無理はないと思われる。

まがりっかど˥ ／maŋariQkado˥／（名詞）

道が曲がって突き出た角ができている所。曲がり角。

まがる¯ ／maŋaru／（所動詞ラ行五段）

①曲がる。／せなか　まがってる／（背中が曲がっている)。

②ねじける。／しょーね˥　まがってる／（性根が曲がっている)。

※比喩的に「曲直」の「曲」は負の価値を帯び、「直」は正の価値を帯びる。

※「おん曲がる/'ᴏɴma˥ŋaru/」と「曲がる/maŋaru/」について。

一般的に、いわゆる強意の接頭辞の付いた所動詞(学校文法では自動詞)は、それが付かない単独の所動詞と次のような点で異なりがある。

接頭辞が付いた形は「人力」を典型とする「外力」(時に外的自然を含めた「外力」)の存在を暗示／明示する。従って、「おん曲がった枝」はそういった意味で外力の働いた結果の形状を意味しやすく、接頭辞が付かない形「曲がった枝」はその点では中立的(±外力)で事実的な形状把握となっている。ただし、他動詞の形は本来他への働きかけを内容とし、内的自然を主語にできないだけに、「おん曲げる/'ᴏɴma˥ŋeru/」と「曲げる/maŋeru/」とでは、前者に「勢いよく力を入れて(曲げる)」という副詞的意味が加わるほかは、所動詞の場合ほど違いが認められるわけではない。

まき¯ ／maki／（名詞）

「風呂/huro=˥/」や「竈/kama¯～kamado¯/」の燃料とするために切ったり割ったりした小枝や木。薪。

※『物類称呼』に「畿内ニて○わりきと云うを　東国にて○まきといふ」とある。

まきた=˥ ／makita=˥／［真北］(名詞)

真北。／じしゃ˥く　まきた˥⁀さしてる↓／(磁石が真北を指している。)

まきだっぽ¯ ／makidaQpo／（名詞）

細かい薪、棒切れ。

※東京語の「まきざっぽう(薪雑把)」に対応する。母音間の/-z-/が方言では/-d-/になっている。

まきも˥の ／makimo˥no／［蒔きもの］(動作名詞)

種を蒔くこと。

／まきも˥の　した　やつ˥・が　あめ˥・に　くっつぁ˥されて　ながされ˥た↓／

(蒔いた種が雨に刺されるように降られて流された。)

まきわり¯ ／maki'wari／［薪割り］(名詞・動作名詞)

①材木などを割って薪にするための、刃が厚く大きくて柄が長めの刃物。⇒／なた¯ nata／参照。

②薪を割ること。

まく˥ ／maku˥／［撒く・蒔く］(他動詞カ行五段)

①地面に種を一様に散らしたり埋めたりする。／たね˥⁀まいた／(種を蒔いた)。

②物を投げたり落としたりして散らばらせる。／もち⁀まい˥た／((建前＝上棟式で)餅を撒いた)。

※／んーま˥かす 'ɴʀma˥kasu／や／んーま˥ける 'ɴʀma˥keru／など「容れ物をひっくりかえして、中味を全部外に勢いよく出して、散らかすこと」の意味の語に現れる／＝まかす、＝まける／はこの語の派生語と見られる(「撒く→撒かす」、「撒く→撒ける」)が、いずれもが共に他動詞である点で派生の仕方にすっきりしないものがある。

まく¯ ／maku／［巻く］(所動詞・他動詞カ行五段)

①１つの点を中心に渦状になる。／みず　うず˥　まいてる↓／((あそこは)水が渦を巻いている。)

※／うず˥　まいてる／は「渦が巻いてる」なら所動詞、例文のように「水が渦を巻いている」なら一応他動詞と考えられる。他動詞主語は通常生物名詞がなるので異例とも見られるが、日本語では自然現象では無生の自然物が他動詞の主語となるものが、「波が寄せる」「月が照らす」「霜が置く」のように存在するので、単純に異例とすることはできない。

②１つの軸を中心に物を廻(めぐ)らせたり丸めたりする。「包帯φ巻く」「筵(むしろ)φ巻く」など。

まくも¯ ／makumo／［真菰］(名詞)

／よし˥ 'josi˥／(葦)に似た水辺の植物。マコモ。

※盆茣蓙や盆の飾り物を作るのに使われた。また、竹の細く割って細長く棒状に削ったのを十字に組んで、それに「まくも」を四角く編みつけたのを、墓の前(墓に迎えに行く家の場合)や路傍(墓に迎えに行かない家の場合)に、四隅の竹の先端を地面に突き刺して台状に腰掛けのようにしたもの(民俗語彙で「仏の腰掛け」というもの)などが作られた(先祖がそこに来るのだと聞いた)。

まくら˥ ／makura˥／［枕］(名詞)

枕。３拍名詞第５類の語で、アクセントが東京語の頭高型に対応していない。

まくる¯ ／makuru／（他動詞ラ行五段）
覆っているものを巻き上げる。／めくる¯ mekuru／は、「薄く覆っているものを裏返す」。
＝まくる ／-makuru／（接尾辞ラ行五段）
むやみに～スル、さかんに～スルという派生動詞を作る接尾辞。
「手紙を／かきまくる¯～かきまくる˥／」、「一人で／しゃべりまくる¯～しゃべりまくる˥／」。
まぐれる˥ ／maŋurerul／（自動詞ラ行下一段）
親にはぐれる。迷子になる。「道にまぐれる」は、「道に迷う」の意の一種の慣用句のようで、例えば／どっ˥か・で　みち・に　まぐれ˥た・みてー・だ↓／（どこかで道に迷ったようだ。）のように使われる。言及している事態やその意味するところは「はぐれる」に近いが、「まぐれる」は、どうも〈「誰か{ニ／ト}＋はぐれた」状態になる〉ことをいうようで、そんなわけでか、「どこかデ＋まぐれた」は自然だが、ことさらに「誰か{?ニ／ト}＋まぐれた」と言うと坐りが悪く、付加語「どこかデ」を加えて「どこかデ＋誰かト＋まぐれた」と言うと「誰かト」があっても不自然ではなくなる。このように「まぐれる」は「場所」が、「はぐれる」は「人間（相手）」が問題になっているように見受けられる。例えば、「ここは人が多いから、ここでまぐれると、家に帰れなくなるよ。まぐれるんじゃないよ。」のような例文（作例）が真っ先に浮かぶことにも、「まぐれる」ことと「場所」の関わりの深さがあるように感じられる。
まける¯ ／makeru／（自動詞カ行下一段）
負ける。⇒／かつ˥ kacul／（勝つ）の項を参照。
まご=˥ ／maŋo=l／［孫］（名詞）
子の子、孫。なお、「孫の子」は／しこ¯ siko／とも／しこまご¯ sikomaŋo／とも言った（戦前世代）。
／まご˥・みてー・に　かんじてる¯／（孫のように感じている）。
／こども・よ˥り　まご・の⌒ほ˥・が　かわいー˥・って・よ↓／
（子どもより孫の方がかわいいと言っているよ。）
まごこ˥ ／maŋokol／［孫子］（名詞）
①孫や子、孫と子。／まごこ˥・みてー・に　おもって˥る／（孫や子のように思っている）。
②子孫、子々孫々。／まごこ˥・の⌒でー・まで（～でー˥・まで）／（子や孫の代まで）。
まごっこ˥ ／maŋoQkol／［孫っこ］（名詞）
子の子、孫。前々項の／まご=˥／に指小辞（「＝っこ」）が付いたもの。
まさ˥か ／masalka／（副詞）
①（否定を伴い、）起こるはずはないが、もしかしたら起こるかもしれないという危惧を表す。
②（肯定を伴い、）共通語の副詞「まさに」と似て、疑いもなく～、確かに～、ほんとうに、というような意味を表す。
／まさ˥か　よく˥⌒できた⌒もん・だった↓／（[あれは]確かによくできたものだった。）
③（肯定・否定を伴い、）肯定の場合は、「するはず（起こるはず）はないと思うが、もしかしてほんとうに、する（起こる）のか」という問いを表す。否定の場合は、「するはず（起こるはず）だと思うが、もしかしてほんとうに、しない（起こらない）のか」という問いを表す。
反対的事態の成立を当然と確信しつつ、万一の可能性として、当該事態の成立を危惧してする質問を表す。
／まさ˥か　いく・の˥・か↑／（（行かないと思うが、）ほんとうに行くのか。）
／まさ˥か　いかねー・の˥・か↑／（（行くと思うが、）ほんとうに行かないのか。）
※／まさ˥か／は何らかの予測を暗示する語で、それの否定的妥当（→危惧）が①で、肯定的妥当が②、なのだと考えると、統一的に解釈ができる。③は、意味的に①と②にまたがる。
※②の意味は現在ではほとんど聞かれない。
まし¯ ／masi／（状態詞）
（他と比較して端的にまさっていると積極的・肯定的に評価しているのではなく、）他と比較して少しはまさっていると消極的・否定的に評価していることを表す。
「これ（の方）ヨリ＋あれ（の方）ガ＋良い」（積極的・肯定的な優越性superiorityの評価）
「これ（の方）ヨリ＋あれ（の方）ガ＋まし・ダ」（消極的・否定的な優越性superiorityの評価）。
まじ˥ー～まず˥い ／mazilʀ～mazuli／（形容詞）
①味が悪い。②具合が悪い。
※反対語の／んーめ˥ー～んーま˥い 'ɴʀmelʀ～'ɴʀmali／も同様で、味がよいだけでなく、具合が良いという意味をもつのは共通語と同様。
ましか˥く ／masikalku／［真四角］（名詞・状態詞）
正方形。「長方形」は／ながしか˥く naŋasikalku／と言う。
＝ま˥す ／-malsu／（拡張接尾辞［学校文法では助動詞］）
動詞連用形に付いて、第一人称者（話し手）の第二人称者（聞き手）に対する敬意を内容とする、不定人称者の断定を表す。以下のように、疑問助詞「か/ka/」がなくても、質問の上昇音調（/↑/）をとって自然な質問文が作れるので判定作用の主は不定人称者と考えられる。
／あした・も　きま˥す・か↑　きま˥す↓／（明日も来ますか。来ます。）
／あした・も　きま˥す↑　きま˥す↓／（明日も来ますか。来ます。）

／あした・だ⌉ら　きさいま⌉す・か↑　きさいま⌉す↓／(明日なら来られますか。来られます。)
／あした・だ⌉ら　きさいま⌉す↑　きさいま⌉す↓／(明日なら来られますか。来られます。)
※形容詞の丁寧語は「終止形＋／で⌉す de⌉su／」、名詞・状態詞は「＋／で⌉す de⌉su／」で表される。但し、「明日雨ですか。」の意味で、／あした　あめ⌉・です↑／は、殆どの話者は不自然だと判断し、多くは問い返し文と判断するので、／で⌉す de⌉su／の判定作用の主は第一人称者であると考えられる。この点で／＝ま⌉す -ma⌉su／とは異なっていると考えられる。なお、方言差か個人差かは不明だが、東京などでは上昇音調を伴った「〜です？」質問文を使う話者に出会うことがあり、テレビなどでも使用が確認されるので、話者によっては判定作用の主が不定人称者である可能性があるように思われる。
否定形の／＝ませ⌉ん -mase⌉ɴ／・／＝ませ⌉ん・でした -mase⌉ɴ desita／には、(分析的な)連語形式の／＝ない・です -nai desu(話者によっては／＝ねー・です -neʀ desu／が混じる)／・／＝なかった・です -nakaQta desu／が併存(競合)している。現実には連語形式の使用の方が耳立つ。両者間には次のような込み入った相関関係〈(「丁寧」→)「丁寧＋否定」≒「否定＋丁寧」(←「否定」)〉が背景として存在している。最後の例は存在動詞で、補充法suppletionによっている。(アクセントは伝統的方言アクセントを示す)
○(「置きます/'okima⌉su/」→)「置きません/'okimase⌉ɴ/」
≒「置かないです/'okanai de⌉su/」(←「置かない/'okanai¯/」)
(「置きました/'okima⌉sita/」→)「置きませんでした/'okimase⌉ɴ desita/」
≒「置かなかったです/'okanakaQta⌉ desu/」(←「置かなかった/'okanakaQta¯/」)
○(「降ります/'orima⌉su/」→)「降りません/'orimase⌉ɴ/」
≒「降りないです/'orina⌉i desu/」(←「降りない/'orina⌉i/」)
(「降りました/'orima⌉sita/」→)「降りませんでした/'orimase⌉ɴ desita/」
≒「降りなかったです/'orina⌉kaQta desu/」(←「降りなかった/'orina⌉kaQta/」)
○(「有ります/'arima⌉su/」→)「有りません/'arimase⌉ɴ/」
≒「無いです/nai⌉ desu/」(←「無い/nai⌉/」)
(「有りました/'arima⌉sita/」→)「有りませんでした/'arimase⌉ɴ desita/」
≒「無かったです/naka⌉Qta desu/」(←「なかった/naka⌉Qta/」)

まだるっこ⌉い　／madaruQko⌉i／（形容詞）
他人の手際の悪さ、のろさにじれったくて不快な思いがすることを表す。後項に比し客観的。

まだるっこし⌉ー　／madaruQkosi⌉ʀ／（形容詞）
他人の手際の悪さ、のろさにじれったくて不快な思いがすることを表す。前項に比し主情的。
※同じ接尾辞を含む形容詞に／ずるっこし⌉ー zuruQkosi⌉ʀ／がある。

まち=⌉　／maci=⌉／［町］(名詞)
町。市街地。都市。反対語は／ぜー⌉〜ざい⌉ zeʀ⌉〜zai⌉／(「在」。田舎。郊外の農村)。

まち⌉　／maci⌉／（名詞）
マッチ（燐寸）。／まっち⌉ maQci⌉／がふつうになっている。

まちがい⌉〜まちげー⌉　／maciŋai⌉〜maciŋeʀ⌉／（名詞・動作名詞）
間違うこと。間違っていること。間違い。

まちがいる⌉〜まちげーる⌉　／maciŋairu⌉〜maciŋeʀru⌉／（他動詞一段）
間違える(「[正しいものごとと]異なることをする」)。
／みち　まちがい⌉た・みてー・だ／(道を間違えたようだ)≠／みち　ちがった・みて⌉ー・だ／
／ここ　まちがい⌉てる／(ここ(の答え)を間違えている)≠／ここ(・が)　ちがって⌉る／
／くつ⌉　まちがい⌉てきやがった／(靴を間違えて履いて行きやがった)

まちがう⌉〜まちがー⌉　／maciŋa'u⌉〜maciŋaʀ⌉／（所動詞ワ行五段）
間違う(「[正しいものごとと]異なる」)。誤る。
／みち　まちがった⌉・みてー・だ／≒／みち　ちがった・みて⌉ー・だ／(道が違ったようだ)
／まちがった⌉⁀みち　きて⌉る／(間違った道を来ている)≒／ちがった⁀みち　きて⌉る／
／ここ(・が)　まちがって⌉る／(ここ(の答え)が間違っている)≒／ここ(・が)　ちがってる／
※／ちがう¯〜ちがー¯ ciŋa'u〜ciŋaʀ／(違う)が「{(単に)異なる／[正しいものごとと]異なる}」を意味するのに対して、「[正しいものごとと]異なる」に特化した意味を表す。
※／ちがう¯〜ちがー¯ ciŋa'u〜ciŋaʀ／(違う)の活用が、例えば「違った、違ってる」のような動詞型の活用形の他に、「違[ちが]く(ない)、違[ちが]かった」のような形容詞型の活用形を混用するのに対して、動詞型の活用形しか現れない。

まちかた¯　／macikata／［町方］(名詞)
町の方。市街地の方。都市の方。反対語は／ぜーか⌉た(〜ざいか⌉た) zeʀka⌉ta(〜zaika⌉ta)／(「在方」。田舎の方。郊外の農村の方)。

まちば¯　／maciba／［町場］(名詞)
町中。市街地。反対語は／ぜー⌉〜ざい⌉ zeʀ⌉〜zai⌉／(「在」。田舎。郊外の農村)。

まつ⌉　／macu⌉／［松］(名詞)
松。／まつ⌉・の⁀き macu⌉ no ki／。「松かさ」については多数の名称がある。後続の各項参照。

まつ˥ ／mocu˥／［待つ］（他動詞タ行五段（話者によってツァ行五段））
待つ。
／だれ˥　まって˥ん・だい↓／～／だれ˥・こと　まって˥ん・だい↓／（誰を待っているのだ。）
／だれ˥　くん˥・の　まって˥ん・だい↓／～／だれ˥・が　くん˥・の　まって˥ん・だい↓／
（［誰が来る］のを待っているのだ。）　答えは／おめー　くん˥・の　まって˥た・ん・だ↓／

まっか˥ ／maQka˥／（状態詞）
真っ赤。「真赤（まあか）/ma'aka/［maaka］」が［*ma:ka］を経て「真っ赤（まっか）/maQka/［makka］」に発達した可能性が考えられる。この推定される変化は、方言で、「そー・か（Is it so？）［so: ka］」が「そっ・か［sok ka］」となるのと、「長母音＋単子音［V:C（V）］」の結合が「短母音＋重子音［VCC（V）］」となっている点で似ており、更には、ラテン語の、例えば、lītera（文字）がlĭttera、Jūpiter（天空神）がJŭppiterになる音韻変化規則、いわゆる「littera rule」とも、［V:C（V）］→［VCC（V）］という点で似ていることが注意される。⇒／そっ・か˥～そっ・か˥ー soQ ka˥～soQ ka˥ʀ／（連語）の項を参照。

まっかっか˥ ／maQkaQka˥／（状態詞）
／まっか˥ maQka˥／（真っ赤）のさらなる強調形。／まっかっか˥・ん⁀なって　おこって˥る↓／

まっきー˥ろ ／maQkiʀ˥ro／（名詞・状態詞）
真っ黄色。／きーろ¯ kiʀro／（名詞。黄色）や／きーろい¯ kiʀroi／（形容詞。黄色い）の強調形。

まっきっき˥ ／maQkiQki˥／（状態詞）
／きーろ¯ kiʀro／（名詞。黄色）や／きーろい¯ kiʀroi／（形容詞。黄色い）の強調形の／まっきー˥ろ maQkiʀ˥ro／（名詞・状態詞。真っ黄色）のさらなる強調形。

まっくろ˥ ／maQkuro˥／（状態詞）
真っ黒。形容詞形は／まっくろ˥い maQkuro˥i／。様子強調形に／まっくろ˥け／（状態詞）がある。

まつげ˚˥ ／macuŋe˥／（名詞）
上下のまぶた（ふつう／まぶ˥ち mabu˥ci／と言った）の縁に生えている毛。まつげ。

まっさお˥ ／maQsa'o˥／（状態詞）
真っ青。異語形に／まっつぁお˥ maQca'o˥／がある。

まっしろ˥ ／maQciro˥／（状態詞）
真っ白。異語形に／まっちろ˥ maQciro˥／がある。形容詞形は／まっしろ˥い maQsiro˥i／。様子強調形に／まっしろ˥け／（状態詞）がある。

まっちょー˥じき ／maQcjoʀ˥ziki／［真っ正直］（状態詞）
真っ正直。／まっしょー˥じき maQsjoʀ˥ziki／の異語形。

まっちろ˥ ／maQciro˥／（状態詞）
真っ白。／まっしろ˥ maQsiro˥／の異語形。形容詞形は／まっちろ˥い maQciro˥i／。様子強調形に／まっちろ˥け maQciro˥ke／がある。

まっつぁお˥ ／maQca'o˥／（状態詞）
真っ青。／まっさお˥ maQsa'o˥／の異語形。

まっつぁき˥ ／maQcaki˥／（名詞）
真っ先。／まっさき˥ maQsaki˥／の異語形。

まっつぐ˚˥ ／maQcuŋu˥／（副詞）
真っすぐ。／まっすぐ˚˥ maQsuŋu˥／の異語形。
※促音の後で、形態素の初頭位のサ行音（摩擦音/s-/［s-～ɕ-］）がツァ行音（破擦音/c-/［ts-～tɕ-］）に変化する語彙的な形態音素交替（/-Qs-/［-ss-～-ɕɕ-］→/-Qc-/［-tts-～-ttɕ-］）の一例。
※なお、逆に、歴史的には、この条件下で古音が語彙的・部分的に残存している可能性が考えられる。（当然、後世の類推に基づく形式が存在することを排除するものではない。）
サ行子音［s-～ɕ-］は、古くは破擦音［ts-～tɕ-］だったと推定されており、対応するザ行子音が、東日本諸方言では破擦音［dz-～dʑ-］であるなどの点で、ハ行子音とバ行子音が「/p/［p］：/b/［b］」→「/p/［ɸ］：/b/［b］」→「/h/［h］：/b/［b］」と、歴史的に推移しつつ、ハ行子音が摩擦音［h］になった後でも促音の後では古い破裂音［p］を、例えば「真っ裸/maQpada˥ka/」「真っ昼間/maQpiru˥ma/」のように保存するのと平行的で、よく似ていると思われるからである。
サ行音・ザ行音の変化：「/s¹/［ts～tɕ］：/z/［ⁿdz～ⁿdʑ］」→「/s²/［s～ɕ］：/z/［dz～dʑ］」
ハ行音・バ行音の変化：「/p/［p］：/b/［ᵐb］」→「/p/［ɸ］：/b/［b］」→「/h/［h］：/b/［b］」
注１．音素記号/s¹//s²/は厳密には/c//s/とすべきだが、便宜と便利のためにこうしておく。
注２．［ɸ］は音韻論的には/p/と解釈する（服部四郎1960『言語学の方法』p317, p259参照）。
注３．破裂音・破擦音の摩擦音化（/p/→/h/、/s¹/→/s²/（/c/→/s/））で、「あきま」になった無声破裂音［p］の位置に音素/p/が生じたように、無声破擦音［ts～tɕ］の位置に（破裂音/t/［t］からの、/ti, tu/→/ci, cu/も加えて）音素/c/（＝/s¹/）が生じたと考えることができる。なお、これらの音を表記する「ぱ、ぴ、…」（『浮世風呂』「さ˚［tsa］、せ˚［tse］、そ˚［tso］」）を「半濁音」と呼び習わすが、「清音」の「半濁」ではなく、「濁音」の「半濁」であることに注意。そうでないと問題の音を導けない。［b］→［p］（［dz］→［ts］）。
注４．有声の破擦音/z/と破裂音/b/は、表記のように古くは鼻的入りわたりを伴う前鼻音化prenasalized音であった。これらは共に、清音と濁音が同器官的な調音の/k：g//t：d/

の濁音より早く、前鼻音化を失ったと考えられることに注意(cf.『ロドリゲス日本大文典』、「高知方言」(ex.『講座方言学８―中国・四国地方の方言』p291など))。
注５．現代語で、有声の破擦音/z/[dz～dʑ]に母音間で弱まり音の摩擦音[-z-～-ʑ-]が存在するのと平行的に、破裂音/b/[b]にも同一条件下で摩擦音[-β-]が存在することに注意。
なお、ここでは便宜的に「促音の後」という言い方をしているが、音韻的に促音が成立する以前は、促音と後続子音に該当する音声は、強調的な長子音[pː-][tːs-～tːɕ-]であった(か)と考えられる。また、破裂音・破擦音の摩擦音化（/p/→/h/、/s¹/→/s²/(/c/→/s/))に取り残された、促音の後の破裂音・破擦音の[p][ts～tɕ]は、新しい音素の/p//c/に帰属先を変えていることに注意。

まつっこぶ˥し ／macuQkobu˥si／（名詞）
松かさ。語構成は／まつ˥ macu˥／(松)＋／こぶし¯ kobusi／((握り)拳[こぶし])。

まつったん˥こぶ ／macuQtaɴ˥kobu／（名詞）
松かさ。語構成は／まつ˥ macu˥／(松)＋／たんこぶ˥ taɴkobu˥／(たん瘤(大きな瘤))。

まつったんこぶ˥し ／macuQtaɴkobu˥si／（名詞）
松かさ。／まつっこぶ˥し macuQkobu˥si／と／まつったん˥こぶ macuQtaɴ˥kobu／の混淆形と考えられる。

まっぱだ˥か ／maQpada˥ka／（名詞）
全く衣服を身につけていないこと。／すっぱだ˥か suQpada˥ka／に同じ。⇒／はだか¯ hadaka／

まつば˥ら ／macuba˥ra／［松原］（固有名詞）
草加の綾瀬川に沿った日光道中(街道)の松並木を、／まつば˥ら、そーか・の⌒まつば˥ら、そーかまつば˥ら／(松原、草加の松原、草加松原)と言っていた。
※『草加市史・通史編上』等によると、草加宿の(公的)成立は寛永7(1630)年、直流化した新綾瀬川に沿った街道の並木の植樹は天和3(1683)年頃ということだが、寛延4(1751)年に描かれた『増補行程記』には松はなくハンノキの並木が描かれ、寛政4(1792)年に最古の松の苗木に関する記録があり、文化3(1806)年に完成した『日光道中分間延絵図』には松並木を見ることができるということなので、松尾芭蕉が草加を通ったのが元禄2(1689)年だから、松尾芭蕉が草加の松原(松並木)を通ったとするかのような、芭蕉と松原を結びつけるような言説は、成立しがたく怪しい。

まつぼっく˥り ／macuboQku˥ri／（名詞）
松かさ。語源は「松」＋「ふぐり(陰嚢)」だが、話し手には語構成は不明になっている。

ま˥で～まで˥ ／ma˥de～made˥／（副助詞）
限度・限界など到達点・帰着点を表す。
※「マデ」は、意味的には開始限界(出発点・起点・開始点)の格助詞「カラ」に対して、終了限界(到達点・着点・終了点)を表すが、機能的には格助詞との結合が「コト・マデ(をまで)、ゲ・マデ(にまで)、ガニ・マデ(にまで)、ニ・マデ、カラ・マデ」、「マデ・ニ、マデ・デ」のように可能で、これは普通の格助詞には見られず、通常の格関係とは異なる秩序に属していることを示している。象徴的なのが「カラ・マデ」で、「カラ・モ」のような意味で、「戸塚カラマデ香典が届いちゃった。」([殆ど行き来のない]戸塚の親戚からマデ香典が届いてしまった)というように使われている。
※時間の「マデ、マデ・ニ」のマデは時間の線分的な把握〈開始限界―[延長～持続]―終了限界〉の終了限界を表すが、「マデ」は終了限界に至る[延長～持続]に、「マデ・ニ」は[延長～持続]の終了限界に、共通語同様意味の重点が置かれる表現であるが、方言では場合によって「マデ」が「マデ・ニ」の意味範囲も表現できる。
　対応する所動詞(変化動詞)をもつ他動詞、例えば「店φ開けとく」(店を開けておく)などでは、「(いついつ)マデ・ニ ～」(期限―処置)と、「(いついつ)マデ ～」(期間―設置)が分化しているが、一般の単なる対象目的語をとる他動詞、例えば「本φ読んどく」(本を読んでおく)などでは、「明日マデ本φ読んどけ。」は「明日マデ・ニ読んでおけ。」(期限)の意味で十分文法的で、「明日マデ・ニ読んどけ。」と併行して使われている。これは、これらの動詞では「(いついつ)マデずっと～」(期間)の読みが「＝とく」の意味と矛盾し排除されるためとも思われる。

まないた¯ ／mana'ıta／（名詞）
まな板。野菜の調理台の「菜板(さいばん)」と魚の調理台の「俎板(まないた)」の区別はしない。

まなつ¯ ／manacu／［真夏］（名詞）
夏／なつ=˥ nacu=˥／の真っ盛りをいう。／まふ˥ゆ mahu˥'ju／(真冬)の項を参照。

まにし¯ ／manisi／［真西］（名詞）
真西。／じしゃ˥く　まにし　さして˥る↓／(磁石が真西を指している。)

まひが˥し ／mahıŋa˥si／［真東］（名詞）
真東。／まひが˥し・の　ほーがく／(真東の方角)。

まぶし˥ー ／mabusi˥ʀ／（形容詞）
まぶしい。
※『物類称呼』に「羞明(まばゆし)といふ事を　…江戸にて○まぼしいと云」とあるのを参照。

まぶ˥た ／mabu˥ta／（名詞）

まぶた（瞼）。目の閉じたり開いたりする蓋の部分。語源は「目ma-」＋「蓋-buta」。
まぶ˥ち ／mabu˥ci／（名詞）
／まぶ˥た mabu˥ta／（瞼）の縁の部分を言うが、／まぶ˥た mabu˥ta／とあまり区別なく使われる。語源は「目ma-」＋「縁-buci」。
まふ˥ゆ ／mahu˥'ju／［真冬］（名詞）
冬／ふゆ=˥ hu'ju=˥／の真っ盛りをいう。
※改まった共通語的場面で／ま˥ふゆ／と発音する話者があった。以前は平板型の発音はなかった。四季の名称で、接頭辞「ま（真）」が付くのは「夏・冬」だけであるのは、夏・冬を基本的な季節の極とし、その二極の中間に「春・秋」を配置する季節感の表れと思われる。中間を象徴するものが、春・秋二つの／ひがん˥ hıŋaɴ˥／（「彼岸」）と思われる。
ままご˥と ／mamaŋo˥to／（名詞・動作名詞）
子どもの行う、まねごととしての食事の遊び。
※一部の話者は、「飯/maɴma-/」＋「事/-ŋoto/」のことだと考えていた。正鵠を射ていると思われる。高度成長期以後の世代の人が、筆者に（お母さんの）「ママ（mama）」＋「事」という語源を語った。
ままっかか¯ ／mamaQkaka／（名詞）
継母。「継子」は／ままっこ¯ mamaQko／と言う。
ままっこ¯ ／mamaQko／（名詞）
継子。「継母」は／ままっかか¯ mamaQkaka／と言う。
まみげ˥ ／mamiŋe˥／（名詞）
眉毛。戦後世代では聞かない。⇒／まみや˥ mami'ja˥／（眉毛）を参照。
※古語の「まみ」（目もと）との関連が気になるが、素直に「まみ」の「毛」と分析すると「まみ」は「眉」を意味する形式と考えられるが、「眉」の意味の「まみ」という語は方言には存在しない。なお、「眉」は「眉毛」を含意するから、「眉＋毛」同様、「まみ＋毛」も意味的には重言になっている。話者にとっては「まみ」は意味が不明になっている。
まみな˥み ／mamina˥mi／［真南］（名詞）
真南。／まみな˥み・の　ほーがく／（真南の方角）。
まみや˥ ／mami'ja˥／（名詞）
眉毛。戦後世代でも聞かれたが、今は多くは共通語化して／まゆ˥げ ma'ju˥ŋe／となっている。自然な談話で／まゆげ˥ ma'juŋe˥／と尾高型Aがよく観察されるのは、先行する固有形の／まみげ˥ mamiŋe˥／や、特に／まみや˥ mami'ja˥／のアクセントが干渉しているのかもしれない。
⇒／まみげ˥ mamiŋe˥／（眉毛）を参照。
※語形は、／まみげ˥ mamiŋe˥／（眉毛）と同じく「まみ」を含むが、後半部の／＝や 'ja／は分からない。話し手にとってはこの単語の語構成は不明になっている。江戸語・東京語の「まみあい→まみえー→まみえ」と関連づければ、多分・恐らく「*まみあい→*まみやい→まみや」と個別的に変化したものであろう。
※『物類称呼』の「眉（まゆ）」の項に「東国にて〇まみあいといふ」とあるものと関連があるかと思われる。
まめ=˥ ／mame=˥／［豆］（名詞）
豆。／まめ˥⌒にる／（豆を煮る）、／まめ˥・みてー・な、まめ・の・よ˥・な／（豆のような）。
まめ¯ ／mame／（状態詞）
①仕事ぶりが勤勉な様子。②体が丈夫な様子。／あれ・わ　まめ・に　はたらく／（彼は勤勉だ）。
まめっつぶ˥ ／mameQcubu˥／［豆粒］（名詞）
豆粒。
まり=˥〜まーり=˥ ／mari=˥〜maʀri=˥／［毬］（名詞）
→／まーり=˥〜まり=˥ maʀri=˥〜mari=˥／（毬）
まる¯ ／maru／（名詞）
奥行きがあってもなくても視覚に「〇」として把えられるものをいう。平面的な円形（「円い十円玉」）も立体的な球形（「丸い飴玉」）も同じ形のものとして把えられている。類例に、前後の「たて」と上下の「たて」がある。なお、英語の round も同様で、円形の circular も球形の globular も意味しうる。
※完全な／まる¯ maru／を、／まんまる¯ maɴmaru／という。平行的に、／まーるい¯ maʀrui／は／まんまるい¯ maɴmarui／となる。⇒／まんまる¯／と／まんまるい¯／の各項を参照。
まるく¯ ／maruku／（他動詞カ行五段［特殊型］）
薪やワラ（藁）などを、束にする、束ねる。
／そこ・な　まき　まるっとけ˥↓／（そこにある薪を束にしておけ。）
※カ行五段だが、いわゆる連用形の音便形がイ音便ではなく促音便形となるなるのが特殊である。（このタイプは他に／いく¯ 'ıku／（行く）、／あるく˥ 'aruku˥／（歩く）があるのみである。）
※古典語の「まろかす」（サ行四段「丸くする、丸いかたまりにする」）、「まろかる」（自動詞ラ行下二段「丸くなる、丸いかたまりになる」）から想定される、「*まろく」（他動詞カ行四段）がこの語に対応すると思われる。アクセント的にも「まろかす」は「上上上平」、「まろかる」は「上上上平」だから、「*まろく」は「*上上平」と推定され、無核型の「まるく」に完全に対応している。

まるたんぼ¯ ／marutaɴbo／（名詞）
皮を剥いだだけの材木、丸太。
まるっぱ˥ ／maruQpa˥／（名詞）
(鋏などの)刃が丸くなったもの。丸刃。
まるまっこい¯ ／marumaQkoi／（形容詞）
小さく丸まった様子。次項との差ははっきりしない。次項を参照。
まるまっちー¯ ／marumaQciʀ／（形容詞）
小さく丸まった様子。
※「丸々しい」の音便形だが、話し手の意識としては、「丸くなる」の意の／まるまる¯ marumaru／(所動詞ラ行五段)に、(「丸まる＋しい」のような感じで)引き付けられて感じられている。
まるまる¯ ／marumaru／（所動詞ラ行五段）
丸くなる。丸い形になる。
まるめる¯ ／marumeru／（他動詞マ行下一段）
丸くする。丸い形にする。
まわす¯〜まあす¯〜まーす¯ ／ma'wasu〜ma'asu〜maʀsu／（他動詞サ行五段）
回す。／まわる¯〜まある¯〜まーる¯ ma'waru〜ma'aru〜maʀru／(自・所動詞ラ行五段)の他動詞。
※共通語の[-awa-]に対しては、/-a'wa-〜-a'a-〜-aʀ-/[-awa-〜-aa-〜-a:-]が現れる。[-awa-]は改まった物言いに、[-aa-〜-a:-](連母音〜長母音)は自然な発話に現れる。長母音であることが多い。
まわり¯〜まあり¯〜まーり¯ ／ma'wari〜ma'ari〜maʀri／（名詞）
周り。周囲。右側が「くだけた」発音の形。共通語の[-awa-]に対して、[-awa-〜-aa-〜-a:-]が現れる。
まわる¯〜まある¯〜まーる¯ ／ma'waru〜ma'aru〜maʀru／（自動詞・所動詞ラ行五段）
①生物が基準点を中心に回転・旋回の運動をする。迂回・遠回りするは転義。
／はや˥く　べー˥す　まーれ↓／(速く野球のベースを回れ。)
②無生物が回転運動をする。／めー˥⌒まーる／(目が回る)。
※基準点は、共通語「を」と違って、格助詞は現れない。基準点は運動の場所で目的語ではない。
まんが¯ ／maɴŋa／［馬鍬］（名詞）
田の代掻きに用いた農具。馬鍬。
※日葡辞書に「mangua[マングヮ](馬鍬)」とあるのが、この／まんが¯ maɴŋa／の直接的祖形である。日葡辞書の「mangua[マングヮ](馬鍬)」は、同じく日葡辞書記載の「maguua[マグワ](馬鍬)」が「マグワ[maⁿguwa]」→「マングヮ[maŋgwa]」と転じたもの（[maⁿguwa]の[ⁿg]は前鼻音化有声軟口蓋破裂音でガ行鼻音の前身、[maŋgwa]ではその入りわたり鼻音が成拍鼻音＝撥音[ŋ]に発達し、後の[ⁿguwa]は縮約(後の「注」参照)されて[gwa]と合拗音化している。なお[gwa]が前鼻音化音[ⁿgwa]でないのは既述のように成拍鼻音[ŋ]が先行するためである[条件異音])。
方言形の「まんが/maɴŋa¯/」は、日葡辞書にある「mangua[maŋgwa]」という語形から、前鼻音化有声軟口蓋破裂音のガ行鼻音化と合拗音の直音化(唇音退化)によって成立した語形である。
注．次のような条件下の音連続が以下のような一種の重子音化と音節の縮約を伴う(語彙的な)音韻変化を起こすことが日本語において通時的・共時的に観察される。
/VCi'jV/(…きや…／…ぎや…) 【なお/VCi'V/も/VCi'jV/を経て同類の変化が起こる】
→ Cが無声子音のとき/VQCjV/(…っきゃ…) 〜 Cが有声子音のとき/VɴCjV/(…んぎゃ…)
/VCu'wV/(…くわ…／…ぐわ…) 【なお/VCu'V/も/VCu'wV/を経て同類の変化が起こる】
→ Cが無声子音のとき/VQCwV/(…っくゎ…) 〜 Cが有声子音のとき/VɴCwV/(…んぐゎ…)
例えば、諸方言で、「にぎやか(賑やか)」が「にんぎゃか」となったり、「出くわす」が「でっくゎす」となったりする変化である。ここの「まぐわ(馬鍬)」→「まんぐゎ」(→「まんが」)はその早い例かと思われる。
まん˥ごく ／maɴ˥ŋoku／［万石］（名詞）
木の枠に金網を張った長方形の篩(ふるい)で、傾めに立てて籾米を上から流し落として、玄米と籾殻とに選別する。⇒／ふるい¯ hurui／(篩)の項を参照。
まん˥そく ／maɴ˥soku／［満足］（状態詞、動作名詞）
個人的変種なのか、／まん˥ぞく maɴ˥zoku／(満足)をこのように発音する個人が複数存在した(いずれも明治大正生まれの人)。
※秋永一枝編『東京弁辞典』(東京堂出版2004)に、安藤鶴夫『わが落語鑑賞』(筑摩書房1965)が引用されていてそこに、「まんそく[満足]…明治の下町っ子は、これを不思議に濁らずにいったものである」とあるのと、つながりがあるものと思われる。
まん˥ぞく ／maɴ˥zoku／［満足］（状態詞、動作名詞）
十分に満ち足りた状態、あるいは十分に満ち足りること。
※個人的なのか清音で／まん˥そく maɴ˥soku／と発音する話者が複数ある。
まんなか¯ ／maɴnaka／［真ん中］（名詞）
両極・両端から等距離にある位置を言う。真ん中、中央、中心。
※「中」は、「右←中→左」「上←中→下」など〈[＋極]←[中]→[－極]〉という関係態において把えられる概念で、従って、「真ん中」は、「反対関係」をなす両極・両端が決まらないと確定しない構造

になっている。なお、「矛盾関係」をなす「男」と「女」などにはこの意味の「中」や「真ん中」は存在しないことに注意。「真ん中」の強調形は／まんまん⌉なか／である。

まんの⌉ー〜まんの⌉ ／maɴno˥ʀ〜maɴno˥／ ［万能］（名詞）

土を耕す道具で、３本から５本に分かれた鉄の爪の刃先がある鍬/ku'wa¯/。

まん⌉ま ／maɴ˥ma／（名詞）

ご飯。美化語形は／おまん⌉ま 'omaɴ˥ma／。なお、類義の男性語の／めし=⌉ mesi=˥／は、ぞんざいな語感があって、そのせいか文体的(語体的)に矛盾する美化語形の「*おめし」は存在しない。

⇒／こめ=⌉ kome=˥／の項の注(※)、／ままご⌉と mamaŋo˥to／の項を参照。

※幼児語ではなく、以前は成人の女性や男性でも普通に使う語だったと言う。方言自体に即すれば、一般語は／まん⌉ま maɴ˥ma／で、それに主に男性語として／めし=⌉ mesi=˥／が加わったのが、共通語化以前のすがたで、そこに／ごは⌉ん goha˥ɴ／が共通語として新たに加わってきたのが現在の状態と、通時的には把えることができるように思われる。

まんま¯ ／maɴma／（形式名詞）

以前に成立した事態や状態が、それ以後も持続(存続)していることを表す。

／でて⌉った⁀まんま　まー⌉だ　けーって⌉⁀きねー↓／（出て行ったまま、まだ帰って来ない。）

まんまる¯ ／maɴmaru／（名詞・状態詞）

完全な円形や球形をいう。完全な／まる¯ maru／をいう。

まんまるい¯ ／maɴmarui／（形容詞）

前項の形容詞形。完全な円形や球形であることをいう。

※／まんまるい¯ maɴmarui／という語形は、接頭辞／maɴ-／(／ma-／(真)の異形態)＋形容詞／まーるい¯ maʀrui／(円い・丸い)からは導きにくいので、前項の／まんまる¯ maɴmaru／を語基とした派生形容詞と考えた方が無理がなく説明がしやすい。

まんまん⌉なか ／maɴmaɴ˥naka／ ［真ん真ん中］（名詞）

／まんなか¯ maɴnaka／(真ん中)の強調形。［真ん［真ん［中］］］という語構成で、〈「真ん中」(の中)の「真ん中」〉というような意味で使われる。「ど真ん中」は高度成長期(1970年頃)以後の新しい語。

み=¯〜みー¯ ／mi〜miʀ／ ［実・身］（名詞）

中間の充実した部分。なかみ。また、「なかみ」を含む全体。

①茎幹の「なかみ」、また、実(「なかみ」)と果実(植物)。／みー　いってる¯／(実が熟している)。／かき・の⁀み　いら⌉　なって⌉る／(柿の実が沢山ついている。熟していなくても使える)。

②身と身体(動物)。／みー　へっ⌉てる〜へーっ⌉てる／（[魚などの]身が(多く)入っている)。／いそがし⌉くて　みー　もたね⌉ー↓／(忙しくて身体が持たない。)

※植物の茎幹や果実、動物の身体は、どれも「表皮／み／核」という三層構造として言語的に分節されているようである。／から=⌉／(殻・幹)—／みー¯／(身・実)—／しん⌉／(芯)である。すると、語形から考えて人間の身体も、／からだ¯／(体)—／みー¯／(身)—／こころ=⌉／(心)という平行した三層構造として分節されていると言えるようである。また、「なかみ」の「実」と「身」で全体を呼称することがあるのも共通する。

みー⁀いる¯ ／miʀ 'ɪru／ ［実が入る］（所動詞相当連語ラ行五段）

実が熟する。この連語は、語構成的には「実＋入(い)る」だが、意味的には全体で「実が熟する」と意識されていて、この「入(い)る」に関しては、「入(はい)る/(hai˥ru〜)heʀ⌉ru/」の意味だとは、自然的(反省以前的)には理解されていない。⇒／いる¯ 'ɪru／(入る)の項を参照。

みぎ¯ ／miŋi／（名詞）

右。⇒／たて⌉ tate˥／(縦)、／よこ¯ 'joko／(横)参照。

※「たて」(垂直方向の「上下」と水平方向の「前後」を意味する）が決まって、「よこ」(「たて」が「上下」なら前後左右を含む「水平方向」、「前後」なら「左右方向」になる)が決まるのだが、その「よこ」がさらに分節されて、言語者(話し手)を基準にしてその人から見て「右/miŋi¯/」と「左/hɪdari¯/」が決まる仕組みになっている。「上下」「前後」や「縦」に比べて「左右」や「横」は二次的なようである。

みぎっか⌉し ／miŋiQka˥si／（名詞）

右の方向。

みぎっか⌉た ／miŋiQka˥ta／（名詞）

右の方向とその方向にある場所。

みじか⌉い〜みじけ⌉ー ／mizika˥i〜mizike˥ʀ／（形容詞）

短い。／みじっか⌉い〜みじっけ⌉ー miziQka˥i〜miziQke˥ʀ／も聞く。

みじっか⌉い〜みじっけ⌉ー ／miziQka˥i〜miziQke˥ʀ／（形容詞）

短い。／みじか⌉い〜みじけ⌉ー mizika˥i〜mizike˥ʀ／の異語形。

みず¯ ／mizu／（名詞）

水。混じりけのない水を／まみず¯ mamizu／(真水)、湧き水を／しみず¯ simizu／(清水)と言う。

※沖積低地地域(「さと/sato¯/」という)では、水道が引かれる以前は、井戸水/'ɪdomi˥zu/は、漉して「漉し水/kosimizu¯/」にして飲むものだった。

みずくさ⌉い〜みずくせ⌉ー ／mizukusa˥i〜mizukuse˥ʀ／（形容詞）

①水分が多くて味が薄い。水っぽい。／この⌒さけ　みずくせ˥ー↓／（この酒は水くさい。）
②よそよそしくて他人行儀である。
みずくみ˥／mizukumi˥／［水汲み］（動作名詞）
井戸や川などから汲んで桶やバケツなどの容器に入れた水を、水がめや風呂、田畑や台所などそれを使う所まで運び込むこと。仕事として把えれば／みずくみしご˥と mizukumisiŋo˥to／と言う。
みずぐるま¯／mizuŋuruma／［水車］（名詞）
用水から田に水を汲み上げる足踏み式の揚水機。手押しポンプ式の揚水機は、／すいこ¯ suiko／（吸子）と言った。
みずくれ¯／mizukure／［水呉れ］（動作名詞）
草木に水を与えること。水遣り。／あさが˥お・げ　みずくれ　やっとけ↓／（朝顔に水やりをしておけ。）これは、／あさが˥お・げ　みず　くいとけ（くれとけ）↓／（朝顔に水をやっておけ。）とほぼ同意。無生物名詞の受け手は「イ」（方向格）か「ニ」（位格）表示がふつうで、この文の動作の受け手の「ゲ」（与格）表示は、身近に育てる朝顔を生物・受益者扱いしたもので特例的であることに注意。
みずすまし¯／mizusumasi／（名詞）
水中を泳ぎ回る小昆虫の名。多分、共通語の「まつもむし」という虫か。
※『物類称呼』の「豉虫（まいまいむし）」の項に「江戸にて○水すまし…」とある。
みずっけ¯／mizuQke／（名詞）
水分を含んでいる（と感じられる）こと。また、含まれている水分。
みずったまり¯／mizuQtamari／（名詞）
水が一時的にたまっている所。
※永続するものは、／いけ=˥ 'ɪke=˥／（池［人工的］）、／ぬま=˥ numa=˥／（沼［自然的］）などと言う。
※雨あとの路上の水たまりから、大水の後の大きな水たまりまでを言う。
みずっぱな¯／mizuQpana／（名詞）
鼻から出る水状の分泌物。／はなみず¯ hanamizu／とも言うが、／みずっぱな¯ mizuQpana／が固有語。構成要素の順序が共通語と逆になっている。
みずっぽ˥い／mizuQpo˥i／（形容詞）
水分が多くて味が薄く感じられること。
みずぶくれ¯／mizubukure／（名詞・動作名詞）
やけどなどで皮膚の一部に水状の液がたまって不定形に膨れること。また、その膨れた部分。
みずまめ¯／mizumame／（名詞）
（靴擦れなどで手足の）皮膚の下に水状の液がたまってできる豆状の丸い膨らみ。水ぶくれの一種。
※打ったり挟んだりしてできる豆状に血が溜まった膨らみは／ちまめ¯ cimame／（血豆）という。
みずれ˥ー（～みずら˥い）／mizure˥ʀ（～mizura˥i）／（形容詞）
（人に見られ［るのではないかと思われ］て）恥ずかしい。
※語源は「見づらい」で「見ていることに心理的な苦痛を感じる」という意味であったろうが、「人に見られることに心理的苦痛を感じる」ような意味をへて、現在の「恥ずかしい」の意味になったものと思われる。「恥ずかしい」を意味する最もふつうの語であるが、人の視線・評価を気にするふうが強く感じられる。
※対応する共通語形が存在しない俚言的な単語に関しては、公共的場面では使われにくいなど使用の場面的制約が働いて／みずら˥い mizura˥i／のような回帰的な語形の使用が極端に少ない。
みせる˥／miseru／（他動詞サ行下一段）
見せる。／めせる˥ meseru／もよく聞かれる。⇒／めせる˥ meseru／参照。
「見せる」の受身形（「着せる」も同様）は、使役動詞が「［立たせる＋ラレル］＝［立たせラレル］→［立たさレル］（被役動詞）」・「［見させる＋ラレル］＝［見させラレル］→［見ささレル］（被役動詞）」となるのと違って、「［見せる＋ラレル］＝［見せラレル］」にとどまって「*見さレル」となることはない。
従って、この形態的な違い、および意味的な違い（「（嫌なものを）見させられた／見さされた」と「（嫌なものを）見せられた」では、「見る」という行為の行為者は、同じ「見る」にしても、前者（使役動詞の受動文）のは被動者にして動作主という二重性があるのに、後者（他動詞の受動文）のは単なる被動者に過ぎないなど、行為の行為者としてのあり方に大きな違いがある）から見て、「見せる」の「＝せる/-se(-ru)/」は、共時的には使役の形態素「＝せる～＝させる/-Sase(-ru)/」とは別のものと考えられる。
※／それ　おれ・げ˥・も　みせろ˥↓／（それを俺にも見せろ。）というように、与格助詞の「ゲ」をとる与格動詞である。
※テ形・タ形は、「見せて/mise˥te/、見せた/mise˥ta/」と言い、「見して/misi˥te/、見した/misi˥ta/」とは言わないという人が殆どだが、個人的にこのように言う人が見られた。
みそ˥⌒つける˥／miso˥ cukeru˥／（連語動詞）
失敗すること。失敗することでみっともない思いをする、体面を失う。
みぞおち¯～みぞーち¯／mizo'oci～mizoʀci／［鳩尾］（名詞）
腹の上方中央の少し凹んだ所をいい、急所の１つ。みずおち。
みそっぱ˥／misoQpa˥／（名詞）

子どもなどの欠けて黒くなった歯。
みぞれ¯ ／mizore／［霙］(名詞)
雪まじりの雨。みぞれ。／ゆきみぞ˥れ 'jukimizo˥re／とも言う。
みち¯ ／mici／(名詞)
人が行き来するための離れた2地点をつなぐ通路。一般的には、「道路/doʀ˥ro/」を「道/mici¯/」と言うが、「あでみち/'ademi˥ci/(畦道)」や「たのころみち/tanokoro˥mici/(田の畔(くろ)道)」など「道路/doʀ˥ro/」とは言わない(言えない)「道/mici¯/」がある(「道/mici¯/」≧「道路/doʀ˥ro/」)ので、このように言い直す。大きな通り(道路)を／おーかん¯～おかん¯ 'oʀkaɴ～'okaɴ／(往還)といい、家から「往還」までの連絡道を／けーど¯～かいど¯ keʀdo～kaido／(垣外)と言った。
みちっぱた¯ ／miciQpata／(名詞)
道端。大きな通りの道端は／(おーかんぱ˥た～)おかんぱ˥た('oʀkaɴpata～)'okaɴpata／と言う。
みったね˥ー(～みったな˥い) ／miQtane˥ʀ～miQtana˥i／(形容詞)
体裁が悪くてばつが悪い。みっともない。
※「見たくない[mitaku nai]」のウ音便形「見たうない[mitau nai]」から「*みたーない[mita:nai]」を経て成立した語形の可能性がある。古典語の連母音「＝アウ」[-au]の「＝アー」[-a:]化には、「しやうない」(仕様ない)→／しゃーね˥ー／の例が存在する。【別に、「見たくない」→「*みったくない」→「みったない」という可能性も考えられる。】共通語の「みっともない」は「みたくもない」→「みたうもない」→「みとーもない」→「みっともない」という成立だから、外見と違って近い関係にある。
※2つの俚言／もったね˥ー(～もったな˥い)／(もったいない)と／みったね˥ー(～みったな˥い)／(みっともない)は語形的に近い(類音性)ためか、意味的にも何か引き合うもの(類義性)—たぶん「否定的評価」—を話者は感じている。
みっつ=˥ ／miQcu=˥／(数詞)
三つ。
※／みっつ¯⁀ある˥／、／みっつ・も˥⁀ある／、／みっつ・の˥⁀うち／、
／みっつ˥・みてー・だ～みっつ・みて˥ー・だ／(三つみたいだ)。
みつば˥ち ／micuba˥ci／(名詞)
ミツバチ。
みて˥ー(～みて˥)～みた˥い／mite˥ʀ(～mite˥)～mita˥i／(状態詞的準体助詞)
名詞・状態詞(いわゆる形容動詞語幹)には直接し、動詞・形容詞にはその終止＝連体形に付く。但し、状態詞には「状態詞＋な」に付くこともあり、名詞にもその属性に注目した場合「名詞＋な」にも付く。「見た目の様子」を表す。／みた˥い mita˥i／は多少とも改まった発話に現れる語形。
／そと˥・わ　しず˥か・みてー・だ↓／(外は静かなようだ。外は静かみたいだ。)
／そと˥・わ　しず˥か・な・みてー・だ↓／(外は静かなようだ。外は静かナみたいだ。)
／あれ・わ　まー˥だ　こども・みて˥ー・だ↓／(あの子はまだ子どもみたいだ。)
／あれ・わ　まー˥だ　こども・な・みて˥ー・だ↓／(あの子はまだ子どもナみたいだ。)
※／はな=˥／［花］や／おんな=˥／［女］など、東京語の尾高型に対応する方言の語類(尾高型B)は、付属語との結合では単語境界を越えて付属語の第1音節にアクセント核が移動し、自立語との結合ではアクセント核が移動しないことを特徴とするが、この語に限って自立語並みにアクセント核が移動しない。／はな˥・みてー・だ／、／おんな˥・みてー・だ／など。これはこの形式が自立形式の「～(を)みたようだ」に起源することの反映である。厳密には方言に即すれば「女{コト／φ}＋見た・よー・だ」→「女・みたよー・だ」→「女・みたい・だ」となる。
※この点で、単独でははっきりしない「平板型」と「尾高型(尾高型Aは核が移動しない型。尾高型Bは核が付属語では移動する型[前述])」を見分ける手掛かりになる。「尾高型」には(前述のように)アクセント核が現れるが、「平板型」にはアクセント核が現れないことが目印となる。
／はし˥・みてー・だ／(「箸(尾高型A)みたいだ」と「橋(尾高型B)みたいだ」)
：／はし・みて˥ー・だ／(「端(平板型)みたいだ」)。
なお、尾高型Bの末尾のアクセント核を消去する「の」と組み合わせると、尾高型Aと尾高型Bとの違いが明らかにできる。上記の例は次のようになる。
／はし˥・の・よー・だ／(「箸(尾高型A)のようだ」)
：／はし・の・よー˥・だ／(「橋(尾高型B)のようだ」と「端(平板型)のようだ」)
こうして結果的に、「尾高型A」「尾高型B」「平板型」の2音節名詞の3類の別が明確になる。
※単独の形で平板型の動詞・形容詞の終止＝連体形に付くときは、／いく・みて˥ー・だ／(行く)、／あかい・みて˥ー・だ／(赤い)のように、アクセント核のない方の形が現れる。
※和語数詞「二人、二つ・三つ・四つ・六つ・八つ」と「皆んな」は、(東京語の「尾高型」に対応する)「尾高型B」に似て付属語との結合でアクセント核が単語境界を越えて付属語の第1音節に移動するが、付属語を介さない自立語との結合(「単独形」)ではアクセント核が消え「平板型」になり、通常「尾高型B」の先行語のアクセント核を消去する付属語の「の」との結合ではアクセント核が消えないなど、特異なふるまいの数詞群であるが、／みて˥ー～みた˥い／との結合では、先行語の末尾にアクセント核がある型とない型が観察される。前者は、「尾高型B」との結合における一般型につながる形(類推形？)であるが、後者は、語源から予測される形(「単独形」の「平板型」)に合致

する点から本来の形と考えられる。(／ふたーり￣　みた˥／(二人を見た)→「みたい」の祖形相当形／ふたーり￣⌒みた˥・よー・だ／(二人φ見たようだ)→／ふたーり・みた˥い・だ／)
／ふたっつ・も˥⌒ある／、／ふたっつ￣⌒ある˥／、／ふたっつ・の˥⌒うち／、
／ふたっつ˥・みてー・だ〜ふたっつ・みて˥ー・だ／([答えは]二つあるようだ)。
／みんな・が˥⌒きた／(皆んなが来た)、／みんな￣⌒きた˥／(皆んな来た)、
／みんな・の˥⌒うち／(皆んなの内)、／みんな・の˥・よー・に／(皆んなのように)
／これ・で　みんな˥・みてー・だ〜これ・で　みんな・みて˥ー・だ／(これで全部のようだ)
※平板型の指示副詞／こー￣、そー￣、あー￣／と／みて˥ー・だ／の連語形は、／こー・みて˥ー・だ、そー・みて˥ー・だ、あー・みて˥ー・だ／の他に、指示副詞にアクセント核が現れる、／こー˥・みてー・だ、そー˥・みてー・だ、あー˥・みてー・だ／という発音も聞かれる。
※文末の終止する位置でも繋合詞(いわゆる断定の助動詞)／だ da／を伴わないことが男性語でも非常に多い。このせいか、形容詞的活用に転じている個人（複数）もある。
／きょー˥・わ　あめ˥⌒ふる・みたく　なか˥った↓／(今日は雨が降るみたいではなかった。)

みなみ￣　／minami／［南］(名詞)
南。真南は／まみな˥み mamina˥mi／。

みの˥　／mino˥／［蓑］(名詞)
わらなどを編んで作った、肩から羽織って前で結んで使う、雨具の一種。

みぼし￣　／mibosi／［煮干し］(名詞)
「煮干し/nibosi￣/」の訛語。／みぼし￣ mibosi／と言う話者が特に戦前世代に多かった。
※後続する[-b-]によって先行する[n-]が[m-]と逆行同化された語形だが、反省的には、「身干し」という語構成意識(改釈)が働いているようであった。

みみ=˥　／mimi=˥／（名詞）
耳。／みみ・で˥⌒きく・の・と　｜　め・で˥⌒みん・の・と／（耳で聞くのと、目で見るのと)。

みみずばれ￣〜みみずっぱれ￣　／mimizubare〜mimizuQpare／（名詞）
打撲ややけどなどで皮膚の表面にできる細長く赤い腫れをいう。
※「みみず(蚯蚓)＋腫れ」とすると、虫の「みみず(蚯蚓)」は／めめず￣ memezu／と言うので語形のうえで不揃いになる。両方とも固有語とすると、祖形の「みみず／みみずばれ」が「めめず／みみずばれ」に分化する条件が問題になる。この問題を避けるとしたら、固有語「めめず」のうえに借用語「みみずばれ」が加わったとすることが１つのありうる説明として可能かもしれない。

みみだれ￣　／mimidare／（名詞）
中耳炎などで耳の穴の奥からしみ出す分泌液をいう。

みみ˥ったぼ〜みみったぼ˥　／mimi˥Qtabo〜mimiQtabo˥／（名詞）
耳の下部の垂れ下がった丸みのある膨らみ。／しり˥ったぼ siri˥Qtabo／(尻臀)にも同じ形態素の／(＝っ)たぼ／が現れている。話者の内省では「丸い膨らみ」という意味だと言う。

みみっち˥ー　／mimiQci˥ʀ／（形容詞）
①僅かな金銭にこだわる様子。けちくさい。②小さいことにこだわる様子。気が小さい。

みよが￣　／mi'joŋa／（名詞）
「みょうが(茗荷)」(植物名)。
※１音節２拍の[mjoː]が２音節２拍の[mijo]に割れて発音される例。「雹」「鋲」に類例が見られる。

みよ˥じ　／mi'jo˥zi／（名詞）
名字(家族名)。前項の注を参照。

みる˥　／miru˥／（他動詞マ行上一段）
見る。
※活用は上一段型だが、命令形に、きつくてぞんざいな／みろ˥ miro˥／の他に、優しく穏やかな／みん˥ miɴ˥／という形がある。⇒／みん˥ miɴ˥／(「見る」の命令形の１つ)の注(※)を参照。
／もー　ちょっ˥と　がんばって˥⌒みん・や↓／（もう少し頑張ってみろや。）
※所動詞派生語：／めー˥る meʀ˥ru／（「見える」所動詞一段)。⇒／めー˥る meʀ˥ru／の項を参照。
※使役動詞派生語：／みせる˥〜めせる˥ miseru˥〜meseru˥／(見せる)と／みさせる˥ misaseru˥／(見させる)の２形式がある。被使役者は戦前世代では「ニ」か「ゲ」、戦後世代以下では「ニ」で格表示される。コトで格表示されることはない。
「花子ガ犬コト見る」という文の目的語「犬」を再帰詞を含む「自分の犬」として使役化した場合、
①「太郎ガ花子{ニ／ゲ}自分の犬コト見せる」では、「自分の犬」は文主語の「太郎の犬」でなければならないが、
②「太郎ガ花子{ニ／ゲ}自分の犬コト見させる」では、「自分の犬」は、文主語の「太郎の犬」すなわち「太郎が花子に太郎の犬を見させる」の場合も、「花子の犬」すなわち「太郎が花子に花子の犬を見させる」の場合もある(「見る」を「care」の意味に読み替えると違いが分かりやすくなる)。
／みせる˥〜めせる˥／の目的語は他動的行為の単なる対象(被動者)で、／みさせる˥／の目的語は場合によっては自己決定することが可能な有意志的な対象者(被動者にして動作主)と扱われている。それが「自分」の読みの違いに反映していると考えられる(文構造の違いが背景にある)。

みん˥　／miɴ˥／（他動詞「見る」の命令形の１つ）

通常の命令形／みろ⌉ miro˥／に対して、第二人称者への優しく穏やかな命令を表す。⇒前項参照。
／これ　みて⌉⌒みん↓／（これを見てみろ。）、／いって⌒みん⌉・な↓／（行ってみろな。）、
／じぶん・で　やって⌒みん⌉・よ↓／（自分でしてみろよ。）
※ひょっとしたら、軽い敬意を表す「尊敬命令形」の／みせ⌉ー miseˈlʀ／の推定される古形(中間祖形)の／*みんせ⌉ー *minseˈlʀ／の下略形に起源する形式かもしれない(更に、「みなせー」←「みなさい」←「みなされ」と遡ると推定される)。⇒／くんせ⌉ー kunseˈlʀ／の語注を参照。

みんな=⌉／minna=˥／［皆んな］(名詞・数量詞)
全ての人、全ての物。全て。皆んな。皆。
／みんな¯　ゆー／(皆んなが言う)、／みんな・が⌉　ゆー／(皆んなが言う)、
／みんな・か⌉ら・も／(皆んなからも)、／みんな・こ⌉と・も／(皆んなをも)、
／みんな・で⌉　やる／(皆んなでやる)、／みんな・の⌉　かお／(みんなの顔)、
／みんな・の⌉⌒よー・に／、／みんな⌉・みてー・に～みんな・みて⌉ー・に／(皆んなのように)
※無助詞のとき無核の「平板型」。助詞が付くとアクセント核が助詞の第1音節に置かれる。連体助詞「の」が付いてもアクセント核が消えないで、助詞の「の」に置かれる。準体助詞「みてー」が付く場合には「皆んな」の末尾音節にアクセント核が現れる発音と現れない発音が観察される。以上のように単独で「平板型」、付属語との結合形では格が移動する「尾高型B(=⌉)」、「の」との結合でアクセント核が消えないなど、特異なアクセント交替を示している。
※なお、単独で「平板型」、「の」との結合でアクセント核が消えない点などは、「尾高型B」の数詞、例えば「二人、二つ・三つ・四つ・六つ・八つ」などのふるまいとも共通していて、「皆んな」の語性にも関わって注目される。(東京語でも同様で共通する。)

むかご¯／mukaŋo／(名詞)
／きねいも¯ kine'ımo／(「杵芋」長芋)や／じねんじょ¯ zinenzjo／(「自然薯」山芋)の、葉の脇の部分にできる小さな芋の形をしたもの。／わきめ¯ 'wakime／(脇芽)であると説明する人もある。

むかぜ¯／mukaze／(名詞)
ムカデ(百足)。戦後世代では／むかで¯ mukade／がふつう。

むぎ⌉／muŋi˥／［麦］(名詞)
麦。昔は、／おーむぎ⌉～おーむぎ¯ 'oʀmuŋi˥～'oʀmuŋi／(大麦)を主とし、自家用に／こむぎ⌉～こむぎ¯ komuŋi˥～komuŋi／(小麦)を作る家が多かったという。

むぎわら¯／muŋi'wara／［麦わら］(名詞)
麦わら。／むぎ⌉・の　わら⌉・の　こと／を言う。

むく¯／muku／［剥く］(他動詞カ行五段)
→／はがす⌉ haŋasu˥／(剥がす)

むぐっ⌉ちょ～むぐっちょ⌉／muŋuQ˥co～muŋuQco˥／(名詞)
カイツブリ(鳥の名)。長く水にもぐる(もぐって獲物を捕る)のでこう呼ばれると言う。
※旧利根川(古利根川・中川)周辺の八潮・越谷・三郷・吉川で聞いた語で、台地部の安行辺りで、この名で訊くと訊いた限りでは知らないということだった。動詞「むぐる/muŋuru˥/」(「もぐる」の訛語)派生の連用形名詞「むぐり」＋指小辞「っちょ」(/*muŋuriQcjo/→/muŋuQcjo/)という語構成。
※『物類称呼』の「かいつぶり」の項に、「東国にて○むぐつ鳥」とある。語尾は「鳥」と解している。

むくる¯／mukuru／(所動詞ラ行五段)
／みず・が　むくる／という形で、水が湧き出る、水が上がる。

むぐる⌉／muŋuru˥／(自動詞・所動詞ラ行五段)
水などの液体状のものの中に全体が入り込むこと。もぐる。

むくれる¯／mukureru／(自動詞ラ行下一段)
気に入らず不機嫌な態度・表情を示す。

むし¯／musi／(名詞)
①広く、虫。②特に、昆虫。

むしおい¯／musi'oi／［虫追い］(名詞)
夏に行われた、たいまつをたいて作物の害虫を追い払う行事(北足立郡安行村花栗[草加市])。

むしとり⌉／musitori˥／［虫捕り］(動作名詞)
昆虫採集。
※[[虫φ(目的語)＋捕り(不定詞的連用形)]＋行く(自動詞)](「虫を捕りに行く」)と、[[虫捕り(動作名詞(動作名詞は不定詞的連用形と同じ機能を持つ))]＋行く](「虫捕りに行く」)は、それぞれ／むし¯　とり⌉⌒いく／と／むしとり⌉⌒いく／となって、ごく丁寧に言わないと、言っている本人の他は、聞いていて分からないほどに微妙である。但し、前者は意図を明確にするために対格助詞を用いて[[虫コト(目的語)＋捕り(不定詞的連用形)]＋行く(自動詞)]と言うこともできるのでこう言えば問題はない。なお、「行き来の目的」は、例文のように「連用形＋{行く／来る}」で共通語のように「連用形＋に＋{行く／来る}」とはふつう言わないことに注意。

むじな=⌉(～むじな¯)／muzina=˥(～muzina)／(名詞)
タヌキ(狸)。戦前世代の話者に何度か「むじな」について訊いたことがあるが、「たぬき」のことだと

言われた。よく人をだますと聞かされた。アクセントは尾高型Bがふつうだったが、平板型も少ないが聞かれた。戦後世代では徐々に「たぬき/tanu˥ki/」がふつうになっていた。高度成長期以降の世代の人の話では(「たぬき/ta˥nuki/」専用で)「むじな」は聞いたことがなく知らないということだった。
※昭和20年代でも、夜道で「むじな」にだまされて、「風呂」と間違えて「肥溜め」にはまった人の話や、「そば」と間違えて「みみず」を食わされた人の話が具体的人名を伴って語られていた。

むしろ=˥ ／musiro=˥／［筵］（名詞）
わらを編んで作った敷物。

むしろっぱた˥き ／musiroQpata˥ki／（動作名詞・名詞）
①収穫が終わって、ムシロを叩いて、そこにくっついている籾(もみ)や米を叩き出すこと。
②秋の取り入れが終わり、一段落したところで、嫁を実家へ遊びに帰すこと。１、２晩泊まり、婚家の親の死、あるいは嫁が家の実権を引き継ぐまで続くという。

むすめ=| ／musume=˥／（名詞）
①両親から見た子で女の方。②結婚前の若い女。
※①の反対語は／せがれ¯ seŋare 〜 むすこ¯ musuko／(「せがれ」の方がふだん多く聞かれた)。
親称は／むすめさん¯ musumesaɴ／。他人の「娘」を指して言う。卑称(軽卑語)は／むすめっこ˥〜むすめっこ¯ musumeQko˥〜musumeQko／。
既婚女性が結婚以前を振り返って／むすめじだ˥い musumezida˥i／(②)と言うのをよく聞いた。

むせー¯ ／museʀ／（形容詞）
持ちが良い、長持ちする。
／この⁀まき・わ　むせー↓　まー˥だ　もいてる↓／(この薪は持ちがいい。まだ燃えている。)
※三郷・吉川の辺では「むそい」と言うが、草加・川口(安行辺り)では聞いて確かめた範囲ではそう言わないということだった。語幹は／むせ＝ muse-／で過去形は／むせかった¯／のように言う。このような終止＝連体形以外で語幹がエ段音の形容詞は他に例がない。

むっつ=˥ ／muQcu=˥／（数詞）
六つ。／むっつ⁀ある˥、むっつ・も˥⁀ある、むっつ・の˥⁀とし／(「六つ(も)ある、六つの歳)。

むで˥っき ／mude˥Qki／（状態詞［形容動詞語幹］）
思慮なく行動すること、無謀。
／あいつぁ　むで˥っき・で　あぶなっかし˥くて　いけねー↓／（あれは無謀で危なくて困る。）

むね=˥ ／mune=˥／（名詞）
胸。「肩/kata˥/」の下、「腹/hara=˥/」の上の部分。

むらす˥ ／murasu˥／（他動詞サ行五段）
①(水を)漏らす。②(小便を)漏らす。
※「小便を／むらす˥ murasu˥／」は無意志的・不随意的に体外に排泄することで、意志的・随意的に体外に排泄する「小便を／たいる˥ tairu˥／(垂れる)」とは区別されている。

むらっき¯ ／muraQki／（名詞）
気分にむらのある人。気分が変わりやすい人。気まぐれな人。

むる˥ ／muru˥／（所動詞ラ行五段）
①(雨が)漏る。②(水が)漏れる。③(小便が)漏れる。
／あめ˥・が　むる˥／(雨が漏る)。
※「小便が／むる˥ muru˥／」は意志を離れた出来事としての排泄を、「小便を／むらす˥ murasu˥／」は無意志的・不随意的に体外に排泄することを表す。意志的・随意的に体外に排泄することは、「小便を／たいる˥ tairu˥／(垂れる)」と言う。②③のように「漏れる」も／むる˥ muru˥／と言う。

め=˥〜めー˥[1] ／me=˥〜meʀ˥／［目］（名詞）
目。／めー˥　さます˥／(目を覚ます)、／め・が˥　いて˥ー／(目が痛い)。
※一息で続けて発音すると［めー˥⁀さます］［め・が˥⁀いてー］のように後続語のアクセント核が抑圧されて現れない。

め=˥〜めー˥[2] ／me=˥〜meʀ˥／［芽］（名詞）
草木の「芽」。
／あさが˥お　めー˥　だした˥／(朝顔が芽を出した)。
／あさが˥お　めー˥　でた˥／(朝顔が芽が出た)。
※例文の「朝顔＋芽＋出す」は、他動詞文「動作主＋対象＋他動詞」としては、命令文や禁止文が成立しない、目的語を(主語の有生性制約もあるが)主語化して受身文にできない、使役派生文「朝顔ニ芽ヲ出させる」がふつうには作れない、「朝顔」と「芽」は「主体―対象」関係にはないなど異例。
同様に、例文の「朝顔＋芽＋出る」も、構文的には「[朝顔＋[芽＋出る]]」だろうが、「朝顔」と「芽」があたかも不可分者の分割、即ち「[[朝顔の芽]＋出る]」→「[[朝顔]＋[[芽]＋出る]]」のようで、「二重化された目的語」、例えば「[[猫の頭]＋撫ぜた]」→「[[猫コト]＋[[頭φ]＋撫ぜた]]」に通じる「二重化された主語」構文(微妙に違うが「象は鼻が長い」構文参照)として分析できるのではないかなど、一筋縄ではいかない構文のように感じられる。

めー˥〜まい˥ ／meʀ˥ 〜 mai˥／［前］（名詞）

①空間的(場所的)な前。／うしろ¯ 'usiro／の対語。【平板型アクセントで発音することはない。】
／めー˥・わ　あきち・だ↓／(前は空き地だ。)、／めー˥・の⌒ち／(前の家、前にある家)。
②時間的(順序的)な前。以前。／あと˥ 'ato˥／の対語。【この意味では平板型が多く聞かれる。】
⇒次項の／めー¯〜まい¯ meʀ 〜 mai／参照。
／めー˥・と　あと˥・で　ちがー⌒こと˥　ゆってる↓／(前と後で違うことを言っている。)
／めー˥・わ　そんな⌒ふ˥・に　ゆわなかった¯↓／(以前はそう言わなかった。)
／めー˥・の⌒ち／(／いま˥・の⌒ち／(今の家)に対して、前の家、以前の家。)
※戦後世代では／まえ˥ ma'e˥／(尾高型A)さらに／ま˥え ma˥'e／(頭高型)も現れる。

めー¯〜まい¯ ／meʀ 〜 mai／［前］(名詞)
時間的(順序的)な前。以前。／あと˥ 'ato˥／の対語。【尾高型Aのアクセントも(少し)聞かれる。】
⇒前項の／めー˥〜まい˥ meʀ˥ 〜 mai˥／の②を参照。
／めー・と¯　あと˥・で　ちがー⌒こと˥　ゆってる↓／(前と後で違うことを言っている。)
／めー・わ¯　そんな⌒ふ˥・に　ゆわなかった¯↓／(以前はそう言わなかった。)
／めー・の⌒ち¯〜めー・の⌒ち=˥／(／いま˥・の⌒ち／(今の家)に対して、前の家、以前の家)
※時間的(順序的)な前は、／めー˥〜まい˥ meʀ˥ 〜 mai˥／(尾高型A) のように言う人もあるが、多くは無核型(平板型)で発音する。戦後世代では／まえ¯ ma'e／(平板型)も現れる。

＝め˥ー〜＝め˥ ／-me˥ʀ〜-me˥／ (統語接尾辞［学校文法では助動詞］)
主として戦前世代で使われ、五段動詞の終止形・一段動詞の連用形に付いて、
①第一人称者(話し手)の否定的意志を表す。
／いくめ˥ー／(行くまい。／いくべ˥ー／の否定形)。
※否定の意志は、「行かねーべ˥ー 'ɪkaneʀbe˥ʀ (と思った)」や「行かないよ˥ー 'ɪkanai'jo˥ʀ (と思った)」(いわゆる助動詞ウ・ヨウのヨウがナイに付いていることに注意)のように、「＝ねー＋べー」「＝ない＋よー」と分析的に表現されることが、特に戦後世代以降の話者に多くなっている。(べーやヨーは附属形式で、単語未満の形態素である)。
②第一人称者(話し手)の否定的推量を表す。
／いくめ˥ー／(行くまい。／いく・だ˥んべー／の否定形)。
※否定の推量は、「行かねー・ダ˥ンベー」や「行かない・だ˥ろー」のように、「＝ねー＋だんべー」「＝ない＋だろー」と分析的に表現することが、特に戦後世代以降の話者に多くなっている。(ダンベーやダローは付属語で単語である)
接続の語例；
／いくめ˥ー(行く)／、／かくめ˥ー(書く)／。
／しんめ˥ー(知る)／、／あんめ˥ー(有る)／。
／あけめ˥ー(開ける)／、／おきめ˥ー(起きる)／。
／きめ˥ー(来る)／、／しめ˥ー(為る)／。
※語尾が／＝る／となるものは／＝るめー／→／＝んめー／となるのが普通である。
※形容詞の否定推量は、「高い」を例にとれば／たか˥か＋あんめ˥ー taka˥ka 'ᴀɴme˥ʀ／(高くはあるまい)のように迂言的に表現されるが、［たか˥か⌒あんめー］が縮約されて［たか˥かんめー］のように発音されることがある。常にそうなるわけではないので、確立した活用形として立てない。
※繋合詞(断定の助動詞)の否定推量に関しても、「そうだ」を例にとれば／そー˥・じゃ＋あんめ˥ー soʀ˥ zja 'ᴀɴme˥ʀ／のように迂言的に表現されるが、［そー˥・じゃ⌒あんめー］が時に縮約されて［そー˥・じゃんめー］のように発音されるのを聞くが、常のことではないので確立した活用形としては立てない。

めーかけ¯〜まいかけ¯ ／meʀkake〜maikake／ (名詞)
前掛け、エプロン。

めーだまだん˥ご〜まいだまだん˥ご〜まゆだまだん˥ご
／meʀdamadaɴ˥ŋo〜maidamadaɴ˥ŋo〜ma'judamadaɴ˥ŋo／［繭玉団子］(名詞)
１月15日の小正月に、(前日に)米の粉をこねてまるめて蒸かして作った団子を木の枝にさして神棚に供えたもの。またその団子をいう。繭の豊作を祈って繭の形に作ったので「繭玉」と言うという。
※そのほかに、小正月(の前日)に／もちつき˥ mocicuki˥／(餅つき)して、小さく四角く切った餅を木の枝にさして神棚に供えた(とも聞く)。

めーだれ¯〜まいだれ¯ ／meʀdare〜maidare／ (名詞)
前掛け、エプロン。／めーかけ¯〜まいかけ¯ meʀkake〜maikake／より古い語感がある。

めーど¯ ／meʀdo／［冥途］(名詞)
①死後四十九日間の「この世」から「あの世」への「死出の旅」の間(途中)をいう(cf.「冥土の旅」)。
②「死出の旅」を経て行き着く「あの世」をいう(cf.「冥土の土産」)。

めー˥にち／meʀ˥nici／［命日］(名詞)
命日。ふつうには／たち˥び〜たちび˥ taci˥bi〜tacibi˥／と言う。

めー˥る ／meʀ˥ru／ (所動詞下一段)
①一項所動詞：単に、(何かガ)見える。
／こっ・から˥・じゃ　なんに・も　めー˥ろんか↓／ (ここからでは何も見えない。)

／にし・の　そら⏋・に　ふじ⏋さん・が　めー⏋てる↓／(西の空に富士山が見えている。)
②二項所動詞：{[誰か]ガニ[何か]ガ見える(戦前世代)／[誰か]ニ[何か]ガ見える(戦後世代)}
→二項所動詞の「見える」は対象物（対象語）とその出来事の主体的関与者(主語)が必要な点で、他動詞の「見る」が対象物(目的語)と動作主(主語)が必要なのと似ている。／猫ガニ＋犬ガ＋見えてる／：／猫ガ＋犬コト＋見てる／のように述語動詞の違い(二項所動詞：他動詞)によって格助詞の選択と配置が異なるが文の知的意味の点ではよく似ているといえる。
／すずめ・が⏋に　き・の⏋⌒かげ・の　ねこ⏋・が　めー⏋てん・だんべ・か↓／
（雀に木の陰の猫が見えているのだろうか。）
※「え/'e/」と「い/'i/」が音韻的・音声的に対立していた時代でないと[ミエル→メール]という変化は起こりえないので、「連母音の長母音化」(/i'e/→/eʀ/)が、「喉頭音音素/'/の後の前舌母音/i,e/の中和化」(/'e：'i/→/'ɪ/)に先行していなければならないことに注意。/*mi'ɪru⁻/だと/meʀru⁻/ではなく/*miʀru⁻/となるのが自然と考えられる。
※アクセント核の位置が特殊で、またアクセント核の移動も起こらない。理由は不明。
／めー⏋ねー、めー⏋れば、めー⏋ろんか、めー⏋た／(見えない、見えれば、見えるものか、…)。

めかけ=⏋／mekake=l／［妾］(名詞・動作名詞)
妾。／めかけ⏋・みてー・だ、めかけ・の・よー⏋・だ／(妾のようだ)。
／あの⌒しと⏋・に・わ　めかけ・が⏋　いた・って　はなし・だ⏋・けど　｜　／(あの人には…)。
※／めかけ⏋⌒してた、めかけ⏋⌒やってた／と言うことがあるので、動作名詞も認める。

めがね⏋／meŋanel／［眼鏡］(名詞)
眼鏡。／めがね⏋・の⌒いろ／(眼鏡の色)。／めがね⏋⌒してた／(眼鏡をかけていた)。

めくしょ⏋／mekusjol／(名詞)
目くそ。目やに。幼児語ではなく大人も言っていた。／めくそ⏋ mekusol／とも言う。「鼻くそ」は／はなくそ⁻ hanakuso／、「耳くそ」は／みみくそ⏋ mimikusol／と言う。

めくじ⏋り⌒たてる⏋／mekuzilri tateru⏋／(連語動詞タ行下一段)
怒って他人のあら探しをする。戦前世代は「めくじら」ではなく「めくじり」と言っていた。後部成分は意味は聞いても分からなかった。「めくじり」「めくじら」は、音形だけなら歴史的に見て「なめくじり」「なめくじら」に似ているようにも見える。

めくら=⏋／mekura=l／(名詞)
目の見えない人。[差別的語気がある]

めくる⁻／mekuru／(他動詞ラ行五段)
薄く覆っているものを裏返す。／まくる⁻ makuru／は、「覆っているものを巻き上げる」。

めし=⏋／mesi=l／［飯］(名詞)
「めし(飯)」(ご飯)。男性語。ぞんざいな語感があり、そのせいか文体的(語体的)に矛盾する美化語形の「*おめし」はない。／まん⏋ま maɴlma／には美化語形の／おまん⏋ま 'omaɴlma／が存在する。
⇒／こめ=⏋ kome=l／(米)、／まん⏋ま maɴlma／の各項の注を参照。

めせる⏋／meserul／(他動詞サ行下一段)
見せる。／みせる⏋／とも言う。／みせる⏋ miserul／(見せる)が／めー⏋る meʀlru／(見える)に引き付けられた形と考えられる。
※この語形を使う話者のテ形・タ形は「めせて/meselte/、めせた/meselta/」で「*めして、*めした」は全く観察されなかった。

めだか⁻／medaka／(名詞)
メダカ。
／めだか・わ　めどっこ・に　いら⏋　いた↓／(メダカは小さい流れにたくさんいた。)
※『物類称呼』の「丁斑魚(めだか)」の項に「東武にて○めだか」とある。

めだま=⏋／medama=l／［目玉］(名詞)
眼球。目(の形をしたもの)。／めだま・に⏋⌒めーる／、／めだま・の・よ⏋ー・に　めー⏋る／、／めだま⏋・みてー・に　めー⏋る／(目玉のように見える)。

めだま⏋し／medamalsi／(名詞)
子どもが起きた(目覚めた)とき与える菓子などをいう。
※寝起きにぐずる子どもを巧みにだまして(なだめすかして)機嫌良くさせるものという意識から、「目覚まし」が「目だまし」と変形したものであろう。以前はよく耳にした。

めち⏋／mecil／(名詞)
千枚通し、「目打ち」の訛語。

めっ⏋～め⏋／meQl～mel／(感動詞)
子どもを叱ることば。感動詞には／めっ⏋ meQl／、名詞的には／め⏋ mel／が使われる傾向がある。名詞的に／そんな⌒こと⏋⌒っしゃ　め⏋・だ・よ／（そんなことをしてはだめだよ）とも使う。
※１音節語は単独では長呼されるがこの語は短いままであり、アクセントも第１音節におかれたまま移動しない。
※「目/me=l/」の「{いい／ひどい}目に会う、{いい／ひどい}目を見る」などの「(正負の)経験」(一

般的に負の経験を表す傾向がある）を意味する語から出たものであろう。「だめ/dame=˥/」からではないと思う。

めっか˥ち　／meQka˥ci／（名詞）
①片目が見えない人。②片目が小さかったりつぶれている人。［いずれも差別的語気がある。］

めっか˥る～めっかる¯　／meQka˥ru～meQkaru／（所動詞ラ行五段）
見つかる。アクセント核が移動しない型と無核型の発音が観察される。

めっけもの¯～めっけもん¯　／meQkemono～meQkemoɴ／（名詞）
思いがけなく見つけた幸運。また、それによって手にした物。

めっけ˥る～めっける¯　／meQke˥ru～meQkeru／（他動詞カ行下一段）
見つける。アクセント核が移動しない型と無核型の発音が観察される。
※近ごろ（1980年代）／みっけ˥る　miQke˥ru／という子どもが多くなったが、これは以前は全く聞かれない言い方であった。

めでたま˥し　／medetama˥si／（名詞）
／ねんぶつ˥　neɴbucu˥／（念仏講）のおばあさん・おばさんたちへの嫁の披露の儀式。ここで歌われるのが／これさま¯　koresama／である。⇒／これさま¯　koresama／の項参照。
※／ばーさまぶる˥めー　baʀsamaburu˥meʀ／とも／おばさんぶる˥めー　'obasaɴburu˥meʀ／とも言う。
※／めでたも˥し　medetamo˥si／と言う地域・所もある。従って、語源は「めでた申し」か。

めどっこ¯　／medoQko／（名詞）
自然なものも人工のものも含めて、小さな水の流れをいう。／しみず¯／（「清水」湧き水）の流れる小川などが典型的な／めどっこ¯　medoQko／である。汚れた水の流れは／どぶ¯　dobu／と言う。
※／めどっこ¯　medoQko／は〈小さな水の流れ〉を意味するが、本来は「みぞ（溝）」を意味していたと考えられる。「穴」を意味する／＝めど　-medo／（例えば、／はりめど˥　harimedo˥／（針の穴）、／はなめど¯　hanamedo／（鼻の穴）、／あなめど˥　'anamedo˥／（穴））と同源らしいが、共時的には意味的連関は切れている。

めめず¯　／memezu／（名詞）
みみず（蚯蚓）。
※ミミズに小便をかけることは禁忌と考えられ、「罰（ばち）が当たる」と言われていた。あるいは、本来は生きている虫や生き物に小便をかけることが禁忌だったのかもしれない。
※「めー（目）＋めーず（見えず）」→「めめず」という語源意識を持つ話者が何人もいた。

めめっちゃぶ˥ろ　／memeQcjabu˥ro／（名詞）
カタツムリ。⇒次項の／めめっつぶ˥ろ　memeQcubu˥ro／参照。
※だいぶ古いことばで、旧戸塚村（川口市）の明治20年代生まれの女性が昔は言っていたと話していた。現在はふつうは／でんで˥んむし　deɴde˥ɴmusi／と言う。
※『物類称呼』に「（蝸牛を）江戸にて○まいまいつぶり」とあるのと関連があろうが、次項の／めめっつぶ˥ろ　memeQcubu˥ro／より、音形がだいぶずれている。

めめっつぶ˥ろ　／memeQcubu˥ro／（名詞）
カタツムリ。⇒前項の／めめっちゃぶ˥ろ　memeQcjabu˥ro／参照。
※だいぶ古いことばで、旧安行村（草加市）の明治30年代生まれの男性が昔は言っていたと話していた。現在は／でんで˥んむし　deɴde˥ɴmusi／と言う。
※『物類称呼』に「（蝸牛を）江戸にて○まいまいつぶり」とあるのと関連がある。
※「ナメクジ系→ツブリ系→カタツムリ系→マイマイ系→デデムシ系」と語が発生伝播したとする、『蝸牛考』の説の、「マイマイ」と前々代の「ツブリ」の合成語形と思われるが、語構成の原則から意味の核は「ツブリ」で「マイマイのツブリ」が本来の構成的意味だとすると、前代の「カタ（堅い）＋ツブリ」の「カタツムリ」と、ともに「ツブリ」を差異化・差別化するという点で命名の仕方が似ている。（「マイマイツブリ」が新語「マイマイ」と在来語「ツブリ」の新旧複合である可能性を妨げるものではない。）いずれも、広く巻貝や蝸牛を意味したとされる先行語の「ツブリ」の多義性を差別化する命名であったのであろう。

めんどー˥　／meɴdoʀ˥／［面倒］（名詞・状態詞）
①手数（てかず）をかけること。特に手数をかけて（人や物の）世話をすること。名詞。
②手数がかかって煩わしい感じであることを表す。状態詞。

めんどー˥⌒みる˥　／meɴdoʀ˥ miru˥／［面倒見る］（他動詞相当連語マ行上一段）
人の世話をする。
「親の面倒を見る」ことを／おや・の⌒めんどー˥　みる˥／の他に、／おや・こ˥と　めんどー˥⌒みる／と言う。格関係は直訳すると、「親を［面倒を見る］」となり、共通語的には成り立たない？が、動詞句「［面倒φ＋見る］」が目的語「親コト」を取った構文である。「面倒φ＋見る」は、／おや・こ˥と　めんどー˥・も⌒みねー／（親を［面倒も見ない］）のように、間に助詞が介入しうるので、1語ではない。また、不本意に「親の面倒を見る」（＝見させられて見る）ことを、／おや・こ˥と　めんどー˥⌒みさされる／というが、これは能動文／（誰か^{1}が）おや・こ˥と　めんどー˥⌒みる／の使役表現／（誰か^{2}が誰か^{1}に）おや・こ˥と　めんどー˥⌒みさせる／の受動（＝被役）表現で、／（誰か^{1}が誰か^{2}に）おや・こ˥と　めんどー˥⌒みさされる／ということで、かなり構文的にも心理的にも入り組んだことになっている。
めんどくせ˥ー～めんどくさ˥い ／meɴdokuse˥ʀ～meɴdokusa˥i／［面倒臭い］（形容詞）
手数(てかず)がかかってひどく煩わしい感じであることを表す。
※／めんどっち˥ー meɴdoQci˥ʀ／(形容詞)という言い方を近頃は耳にする(1990年代)。

も ／mo／（係助詞・並立助詞）
係助詞：
同類を配慮した取り立てを表す。
並立助詞：
「ＡもＢも」の形で、同類付加的並列を表す。
※不定語(疑問語)とモとの結合は、その範疇の全成員を包括的に妥当するものとして取り立てる。否定判断と共起することが多い。
「何モ欲しいモノがない」、「何モやりたいコトがない」、「だれモ好きなヒトがいない」、「どこモ行きたいトコロがない」ナド。
※否定判断だけでなく、肯定判断と共起しても使われる。その場合「でも」と近似した意味を表す。
／だれ˥・も まちがいる˥ こと ある˥・さ↓／(だれでも間違えることはある。)
※疑問詞に付いてもアクセントが平板化しない形／だれ˥・も、どれ˥・も、どこ˥・も／が、平板化する発音／だれ・も¯、どれ・も¯、どこ・も¯／とともに観察される。
もいる¯ ／moiru／（所動詞ア行上一段）
燃える。他動詞は／もす¯ mosu／。
もーじき¯ ／moʀziki／（副詞）
間を少し置いてまもなく。／じき¯／より現在に近い。「現在」―「もーじき」―「じき」の順。
※就学前の子を話題にして、「じき学校だ」と「もうじき学校だ」では、後者の方が入学が近いと感じる話者が多い。
もーすぐ˥ ／moʀsuŋu˥／（副詞）
間をあまり置かずにまもなく。／すぐ˥／よりは以後になる。「現在」―「すぐ」―「もーすぐ」の順。
もーせ˥ん ／moʀse˥ɴ／（副詞）
今からだいぶ前に。／さっき˥／より現在から遠い。「もーせん」―「さっき」―「現在」の順。
／もーせ˥ん いった とこん／(だいぶ以前に行った所)。
もー˥ち ／moʀ˥ci／［黐］（名詞）
①モチノキ（黐の木)。②トリモチ（鳥黐)。
※第１音節は長呼される。
もー˥ち・の⁀き ／moʀ˥ci no ki／［黐の木］（連語名詞）
モチノキ（黐の木)。
もく¯ ／moku／（名詞）
川や堀に生える藻草。
もぐ˥ ／moŋu˥／（他動詞ガ行五段）
もぎ取る。／かき もい˥てけ↓／（柿の実をもぎ取って持って行け。)
※テ形・タ形は「もいテ」「もいタ」(共に清音)であることに注意。東京語では「もぎる」（ラ行五段）というそうだが、そう言うことはない。「チケットのモギリ」などは一瞬意味が分からなかった。
もくかり=˥ ／mokukari=˥／（動作名詞）
用排水路としての川や堀に生える藻草(／もく¯ moku／)を(共同で)刈り取ること。
もくかり˥がま ／mokukari˥ŋama／（名詞）
川や堀に生える藻草(／もく¯ moku／)を刈り取る鎌。
もくど˥り ／mokudo˥ri／（名詞）
ムクドリ(椋鳥)。
もこ˥ ／moko˥／（名詞）
婿。対語は／よめ¯ 'jome／(嫁)。
※敬称は／もこ˥さま moko˥sama／。親称は／もこ˥さん moko˥saɴ／。
※「moko」は文章語(共通語)の「muko」の母音交替形だが、古い時代からある語形で一概に方言の訛語とは言い切れない。『新撰字鏡』(892-900年)の「聟 毛古(もこ)」(「古」ハ甲類ノ「こ」)を参照。他に『古事記』(応神天皇)、『日本書紀』(仁徳即位前紀)にも関連語の「毛古、毛胡」が見られる。
もこー¯～もこ¯ ／mokoʀ～moko／（名詞）
向こう。向かい。
／ふみきり・の もこー¯／(踏切の向こう)↔／ふみきり・の てめー¯／(踏切の手前)
※基準となる物(境界線や基準点)によって二分割される空間(場所)のうち、自分のいる側の空間(場所)を／てめー¯～てまい¯ temeʀ～temai／(手前)や／こっち=˥ koQci=˥／とし、もう一方の側の空間(場所)を／もこー¯ mokoʀ／(向こう)や／あっち=˥ 'aQci=˥／と把えている。
もこー・な⁀ち¯～もこ・な⁀ち¯ ／mokoʀ na ci～moko na ci／（連語名詞）
向こうの家。／こっち・な˥⁀ち koQci na˥ ci／（こっちの家）の対語。前項参照。

※「な」は、／ここ・な　いし=˥／(ここの石)、／そこ・な　ほん˥／(そこの本)などのように、場所性の名詞・代名詞(位置詞)に付く所在格(場所属格)の格助詞である。意味的・機能的には位格の「に」(連用格)に対応する連体格の格助詞である。

もこー・な˥⌒ち～もこ・な˥⌒ち ／mokoʀ na˥ ci～moko na˥ ci／ (固有名詞的連語名詞)

単に一般的に向こうの家(向こうにある家)と言及する／もこー・な⌒ち¯～もこ・な⌒ち¯／に対して、その家の複数ある建物の特定の建物を母屋から見て／もこー・な˥⌒ち～もこ・な˥⌒ち／と固有名詞的に言及する。アクセント核が連体助詞の「な」にあって、アクセント核のない平板型の普通名詞的な前者と区別される。この連体助詞「な」にアクセント核が置かれる語形は、連体助詞を含む連語(「～＋の＋…」や「～＋が＋…」)が、例えば、(味/'azi¯/→)「味の素/'azi-no˥-moto/」や（焼け野/'jakeno¯/→)「焼け野が原/'jakeno-ŋa˥-hara/」のように、一語化(単語化)すると連体助詞「の」や「が」にアクセント核が置かれる型になるという音韻現象と同類のものと考えることができるように思われる。従って、後者は厳密には/mokoʀ-na˥-ci～moko-na˥-ci/のように表記すべきものと考えられる。

もしつける˥ ／mosicukeru˥／ (他動詞カ行下一段)

「まき/maki¯/(薪[たきぎ])」などに火を付けて燃やし始める。

／ふろ˥　もしつけ˥た／(風呂のたきぎに火を付けて燃やし始めた。風呂を焚きつけた)。

もじる˥ ／moziru˥／ (自動詞ラ行五段)

人見知りする。

※「人見知り」を／しともじり¯ sitomoziri／(戦後世代は／ひともじり¯ hitomoziri／)と言う。

もす¯ ／mosu／ (他動詞サ行五段)

燃やす。／もいる¯ moiru／(燃える)の他動詞形。「燃やす」とは言わなかった。

もちくさ¯ ／mocikusa／ ［餅草］(名詞)

ヨモギ。／くさも˥ち kusamo˥ci／(草餅)の材料となることから「餅/moci¯/」＋「草/kusa=˥/」と名づけられたもの。⇒／くさも˥ち kusamo˥ci／(草餅)を参照。

もちつき=˥ ／mocicuki=˥／ ［餅つき］(動作名詞・名詞)

蒸籠/seʀro¯/で蒸かした糯米/mociŋome¯/を臼/'usu˥/に入れて杵/kine˥/で搗いて餅/moci¯/に作ること。正月の「お供え餅」「のし餅」(後で「切り餅」にする)を作り、最後に、「あんころ餅」や「辛み餅」を作って食べた。／もちつき˥⌒やる／、／もちつき・の⌒あと˥・で／。

※動作自体は／もち⌒つく˥(⌒こと)、もち⌒つい˥た／のように言う。「搗く/cuku˥/」は尾高型。

もちなげ=˥ ／mocinaŋe=˥／ ［餅投げ］(動作名詞・名詞)

上棟式／たてまい¯～たてめー¯ tatemai～tatemeʀ／で行われる屋根から餅などを撒く行事。

／もちなげ˥⌒やる／、／もちなげ・の⌒とちゅー¯／(餅投げの途中)で、東京語の尾高型に対応。

もちゃ˥がる ／mocja˥ŋaru／ (所動詞ラ行五段)

高く上に持ち上がる。アクセント核は移動しない。

もちゃ˥げる ／mocja˥ŋeru／ (他動詞ガ行下一段)

高く上に持ち上げる。アクセント核は移動しない。

もつ˥[1] ／mocu˥／ (他動詞タ行五段(話者によってツァ行五段))

持つ。手に持つ、所持する、所有するナドの意味を表す。

※ふつう接続形のアクセントは／もって˥ moQte˥／であるが、移動動詞が後続するとアクセント核が消えて／もって¯ moQte／となることが多い。「持って行く」は／もって˥⌒いく～もって˥く／の他に／もって⌒いく¯～もってく¯／、「持って来る」は／もって˥⌒くる／の他に／もって⌒くる˥／、「持って帰る」は／もって˥⌒けーる／の他に／もって⌒けーる˥／など。

※「タ行五段活用動詞」の語幹末子音/-t/は、後続する「付属形式の始まりの音」＝「辞頭音」(の母音の広狭や半母音)によって、辞頭音が広い/a-, e-, o-/で始まる形式ならそのまま/-t/、狭い/i-, u-/と/j-/で始まる形式なら/-c/と交替する。これは共通語と同一の形態規則であるが、個人的に語幹末子音の/-t/がすべてに/-c/となる話者が年齢層に関係なく少なからず存在する。このような話者にあっては、「タ行五段活用動詞」は「ツァ行五段活用動詞」ということになる(これは、交替する２つの基本語幹、例えば/mot-/と/moc-/を、使用頻度の高い/mac-/１つにする、不規則の規則化、いわゆる「語幹の水平化leveling」が働いた結果で、言語の合理化の１つの現れである)。例えば、「持たない/motane˥ʀ→mocane˥ʀ/」、「持てば/mote˥ba→moce˥ba/」、「持とんか/moto˥ɴka→moco˥ɴka/」(確否形)など。簡略に言えば、［モツァネー］、［モツェバ］、［モツォンカ］となる。ふつう言語者はある音連続を言葉として聞くのであって、つまり、ふつうある音連続を音声そのものとしては聞いてはいないので、身近にこのような発音をする話者がいても気づかずにいて、指摘されても初めはそのこと(ある話者がそのように発音していること)を理解しないという経験をしたことがある。具体的には、このタ行五段動詞語尾の/-ta-, -te-, -to-/を/-ca-, -ce-, -co-/と発音する一部の方言話者の発音、および母音間のガ行鼻音/VŋV/とガ行濁音/VgV/を区別しない一部の方言話者の発音に関して、殆どの他の話者は気づいていなかった。実際に他の話者に上記の一部の方言話者の発音を聞かせても、何が問題か何が違うのかが分からなかったりして、殆どの話者には聞き分けることが困難であった。

もつ˥[2] ／mocu˥／ (所動詞タ行五段(話者によってツァ行五段))

(悪くならないで)長く同じ状態を保つ。長持ちする。

／この⌒りんご　どの・ぐれー　もつ⌉↑　あんまし　もたね⌉ー・な↓／
※「食べたものが長く消化されない感じ」を表す／もたれる⌉ motareru꜔／(所動詞)は意味的・形態的に考えて、この語(さらに他動詞の)(/moc-u/)と関連のある語と思われ、その自然可能(自発)形(/mot-are-ru/)に相当する語と考えられる。

もっこ¯ ／moQko／ ［畚］(名詞)
縄で編んだ四角い網や筵の四隅を吊り紐でまとめて中に物を入れて担いで運ぶ道具。

もったね⌉ー (〜もったな⌉い) ／moQtane꜔ʀ (〜moQtana꜔i)／ (形容詞)
もったいない。
※対応する共通語が存在しない俚言的な単語に関しては、公共的場面では使われにくいなど使用の場面的制約が働いて／もったない moQtana꜔i／のような回帰的な語形の使用は極端に少ない。
※２つの俚言／みったね⌉ー(〜みったな⌉い)／(みっともない)と／もったね⌉ー(〜もったな⌉い)／(もったいない)は語形的に近い(類音性)ためか、意味的にも何か引き合うもの(類義性)—たぶん「否定的評価」—を話者は感じている。

もとごい¯ ／motoŋoi／ ［元肥］(名詞)
種蒔きや植え付けの前に田畑に与える肥料。

もとな⌉り ／motona꜔ri／ (名詞)
蔓性の野菜の実のうちで、根元近くに生(な)る実。うまくて種にもなる。／うらなり¯ 'uranari／の対語。

もの=⌉ ／mono=꜕／ (名詞)
指示の対象として措定されるのが「モノ」、判断の対象として措定されるのが「コト」である。
次項の「然るべきもの」の／もの¯ mono／(アクセントは平板型)を、アクセントと意味の点でこの項から別立てする。次項参照。
※弱まり語形は／もん=⌉〜もん⌉〜もん¯ moɴ=꜕〜moɴ꜔〜moɴ／ともなる。
※形式名詞は繋合詞(断定の助動詞)「ダ」と結合して「決まり切った当然のことだ」という判断を表す。

もの¯ ／mono／ (名詞)
然るべきもの。
山田美妙『日本大辞書』(1892)に、「［主に全平］然るべきもの」として記述されているところの、「ものになる」・「ものにする」、「ものがいい」・「ものがものだから」の「もの」は、東京語と同様に、平板型(／もの¯ mono／)に発音される。アクセントと意味の点で前項から別立てする。

もの¯ ／mono／ (接続助詞)
後件に対して、その前提となる理由を提示する。
／しらねー・もの　へんじ⌉⌒できっこ　ね⌉ー↓／ (知らないから、返事できっこない。)
※終助詞の／もん¯／と意味的に近縁だが、続くときは／もの¯／、切れるときは／もん¯／というふうに形態的には区別がある(ようである)。

ものーき¯ ／monoʀki／ ［物置］(名詞)
農機具や日常使わないものなどを置いておく小屋。物置。

ものもら⌉い〜ものもれ⌉ー ／monomora꜔i〜monomore꜔ʀ／ (名詞)
モノモライ (麦粒腫)。
※これに罹ると、他人(隣家)からおむすびなどの物をもらえば直るという俗信と習俗が、筆者が子どものころ(昭和20年代)にもまだあった。

もみ¯ ／momi／ ［籾］(名詞)
通常は、①の「籾米」の意味で使われる。
①籾米。稲(稲穂)から扱き取っただけの、堅い殻(籾殻)が付いたままの米。
この稲扱きの段階で、／もんぶるい¯ moɴburui／が使われた。
②籾殻(籾糠)。玄米を取る時に籾米から除かれる殻。
この籾摺りの段階で、／からうす¯ kara'usu／が使われた。

もみがら¯ ／momiŋara／ ［籾殻］(名詞)
玄米を取るときに「籾/momi¯/」(籾米)から除かれる堅い殻。籾殻(籾糠)。／すくも¯ sukumo／とも言う。

もみげ¯ ／momiŋe／ (名詞)
びん(鬢)の毛の細く生え下がった部分と、そこに生えている毛。「もみあげ」と「もみあげの毛」。
※／もみげ¯ momiŋe／の／=げ -ŋe／は「毛」と意識されている。

もみ⌉じ ／momi꜔zi／ (名詞)
モミジ (植物名)。カエデ。

もみすり¯ ／momisuri／ ［籾摺り］(動作名詞)
「籾/momi¯/」(籾米) を「唐臼/kara'usu¯〜karasu¯/」で摺って、「籾殻/sukumo¯//momiŋara¯/」を取り除いて、「玄米/geɴ꜔mai/」にすること。⇒／こめつき=⌉ komecuki=꜕／の項を参照。

もも⌉ ／momo꜔／ ［股］(名詞)
脚の付け根の／また=⌉ mata=꜕／(股)から膝の関節までをいう。ももの前面は、特に坐った場合など／ひざ¯ hɪza／(膝)とも言う。ももの内側を／うちもも¯ 'ucimomo／(内股)という。

もも⅂ったぼ ／momo⅂Qtabo／（名詞）

もも(股)の丸く膨らんだ部分。／しり⅂ったぼ siri⅂Qtabo／、／みみ⅂ったぼ mimi⅂Qtabo／にも同じ形態素の／(＝っ)たぼ／が現れている。話者の内省では「丸い膨らみ」という意味だと言う。

もらいっこ¯ ／moraiQko／［貰いっ子］(名詞・動作名詞)

①他家に貰われた子ども。養子。②他家から子どもを貰うこと。

※／よーし¯ 'joʀsi／(養子)は、／ふーふよー⅂し huʀhu'joʀ⅂si／(夫婦養子)のように成人の場合も可能だが、／もらいっこ¯ moraiQko／は幼いときに貰われた子ども(往々にして本人はそのことを知らない場合もあった)を指す。

もらいゆ¯ ／morai'ju／［貰い湯］(名詞)

他家の風呂に入れさせてもらうこと。

※昭和20年代頃までは各戸で毎日は風呂を焚かなかったので、近所と呼んで呼ばれて互酬的に風呂を使うことがあり、それを「貰い湯」と言った。

もらう¯～もらー¯ ／mora'u～moraʀ／［貰う］(他動詞ワ行五段)

貰う。

※「やりもらい(授受)表現」に関して、共通語では、①「太郎(私)が次郎にお菓子をやった」、②「太郎が次郎(私)にお菓子をくれた」、③「次郎が太郎にお菓子をもらった」という３形式が存在する。①と②とでは、第一人称の「(私)」の分布が明らかにしているように、話し手の共感点が、①では「太郎」に、②では「次郎」にある。方言では、「やる」は共通語同様に受け手に「第一人称」が立てないが、「くれる」は①と②とを区別せず、「俺ガ次郎ゲ菓子φくれた」とも「太郎ガ俺ゲ菓子φくれた」とも言えて、与え手・受け手に人称制限がない。また、ここに(位格助詞の「ニ」も現れるが)「与格助詞」の「ゲ」が現れるのがこの方言の特徴である。③にあたる文は、「次郎ガ太郎ニ菓子φもらった」(位格助詞「ニ」)か「次郎ガ太郎カラ菓子φもらった」(奪格助詞「カラ」)であって、同じ意味で「次郎ガ太郎ゲ菓子φもらった」(与格助詞「ゲ」)と言うことは絶対にない。

　なお、このように、「次郎ガ太郎ゲ菓子φもらった」は、「やりもらい」の直接的な関与者を表す③の意味では非文であるが、「次郎」が(自分の身内の)「太郎」に対して(「太郎」のために)誰かから菓子をもらったのなら文法的である。この場合は位格助詞「ニ」と与格助詞「ゲ」を共起させて「次郎ガ誰か{ニ(／カラ)}太郎ゲ菓子φもらった」と言うことが可能である。参考までに、共通語に直訳すると、「次郎が誰か{に(／から)}太郎に菓子をもらった」という文(「二重ニ格」文)になる。

　以上のように共通語においては区別が明確でない授受動詞の関与者補語が、実は「与・位格助詞」の「ゲ～ニ」で表示される(主語起点型の「与格動詞」の)補語と、「奪・位格助詞」の「カラ～ニ」で表示される(主語着点型の「奪格動詞」の)補語の、文法的には２つの異なる補語であることが、形態的に異なる、方言の格助詞の分布から明らかになる。

　関連して、「やる・くれる」文には、「×次郎は太郎にお菓子をやられた」「×次郎は太郎にお菓子をくれられた」のように「やられる・くれられる」という受動形がないが、これは能動文を「太郎が次郎にお菓子を与えた」とパラフレーズしたうえで、受動化すると「次郎が太郎にお菓子を与えられた」が得られ、この文が知的意味において「次郎が太郎にお菓子をもらった」と等価であることが参考になる。つまり、「やる・くれる」≒「与える」↔「与えられる」≒「もらう」という図式が成り立つなら、「もらう」は「やる・くれる」の受身形相当形式と考えることができる。このように、「やる・くれる」に「やられる・くれられる」という受身形がないことと、「もらう」の存在とは体系的に関連する事象で、両者は表裏の関係(相補的関係)にあると考えられる。

※補助動詞のテモラウは、本動詞のモラウと、取る格助詞に違いがある。それによって、補助動詞「テモラウ」が作る文には２つの「テモラウ文」があることが明らかになる。１つは使役文の「弟が兄に宿題をやらせた」に近い「弟ガ兄ゲ宿題φやっテモラッタ」(使役的「テモラウ文」)で、ここには本動詞文には現れることのない与格助詞ゲが現れる。もう１つは受身文の「弟が先生にほめられた」に近い「弟ガ先生ニほめテモラッタ」(受動的「テモラウ文」)で、この場合は格助詞ニかカラが現れ、与格ゲは絶対に現れない。

もり⅂っこ ／mori⅂Qko／（動作名詞・名詞）

子守をすること。子守をする人。

※「もる(守る)」は語源的には「目më」の被覆形「ma-」の母音交替形「mö-」を語基とする派生動詞で「目で見守る」が原義と思われる。

もろ=⅂ ／moro=⅂／［室］(名詞)

①高台や高台の斜面に掘られた作物の育成・保存用の穴。入り口は筵その他によってふさがれる。

②家の土間/doma=⅂/や縁の下/'ɪɴɴu⅂sita/に掘られた作物の貯蔵用の穴。

※「室(むろ muro)」の語頭母音が後続の奥舌円唇母音に逆行同化された形([muro→moro]簡略表記)。

もん¯ ／moɴ／（終助詞）

第一人称者(話し手)の、第二人称者(聞き手)に対する理由の提示を示す。

／だ・け⅂ど　おら　そんな⁀こと　しらなかった⅂・もん↓／

　(だけど、俺はそんなことを知らなかったもの。)

※終助詞の／もん¯／は接続助詞の／もの¯／と違って、平板型の語に低く付く傾向がある。

もんぶるい¯ ／moɴburui／（名詞）

脱穀した「籾/momi¯/」(籾米)とゴミを選り分けために使う、目の粗い「篩/hurui¯/」。
※「もみ」と「ふるい」の複合語「もみぶるい」の変化した語形(/momiburui¯/→/moɴburui¯/)。

もんぺ˥ ／moɴpe˥／ (名詞)
モンぺ。／もんぺ˥　はく／(モンぺを穿く)。
※「もんぺ」は戦時中からのもので、戦前は、男性と同様に「股引/momosiki¯/」を穿いていた。また、「腰巻/kosimaki˥〜kosimaki¯/」に「前掛け/meʀkake¯〜maikake¯/・前垂れ/meʀdare¯〜maidare¯/」をしていたという。
※「もんぺ」は上記の意味で新語であったが、アクセントは、／もんぺ˥・も、もんぺ˥・みてー・な、もんぺ˥・の⌒した・に／のように、アクセント核の固定した尾高型Aに発音されていた。

もんも¯ ／moɴmo／ (名詞)
桃の木と桃の実。桃。樹木・果実の桃以外は、「桃色/momo'ıro¯/」「桃太郎/momota˥roʀ/」「桃の節句/momo no seQku˥/」など／もんも¯　moɴmo／とは言わない(言わなかった)。
※「股(もも)」は、／momo˥／ と言って分節音的にも区別がある。

や[1] ／'ja／ (並立助詞)
「AやBや」の形で、例示的並列を表す。

や[2] ／'ja／ (終助詞)
形容詞(型)終止形、動詞命令形、動詞志向形、動詞否定意志・推量形、形容詞推量形、推量の助動詞／だんべ˥ー／について、
第一人称者(話し手)の詠嘆的確認を表す。
／もー　いー˥・や↓／(もういいや。)、／はや˥く　いけ˥・や↓／(早く行けや。)、
／こっち・の˥・が　つめてー¯・や¯↓／(こっちの[水の方]が冷たいや。)
／はー　よすべ˥ー・や↓／、／もー　よそ˥ー・や↓、(もう止そうや。)、
／あい・じゃ　しゃんめ˥ー・や↓／(あれでは仕様があるまいや。)、
／はー　よか˥んべ・や↓／、／もー　いー˥・だんべ・や↓／(もういいだろうや。)、
／よんでた˥・の・わ　なん˥・だんべ・や↓／(呼んでいたのは何だろうや。)

や[3] ／'ja／ (間投助詞)
呼びかけの対象となり得る生物名詞に付いて、「呼びかけ」の独立語を構成する。印欧語の「呼格」に相当する機能を名詞に付与する。
／あんちゃ˥ん・や　|　おかー˥ちゃん　こー˥・っつってた↓／
(兄ちゃんや、おかあちゃんが来いといっていた。)
／ぼー˥ず・や　|　んーな⌒いたずら・べ˥ー　してちゃ　だめ・だ˥・ぞ↓／
(「坊主」(男の子ヲ指シテイウ)や、そんないたずらばかりしていてはだめだぞ。)
／みけ˥・や　|　どこ˥⌒いってた・ん・だ↓／(「みけ」(猫の名)や、どこに行っていたのだ。)
※但し、呼格的機能は名詞単独の「名詞＋φ」でも果たせる。むしろ、この形が最もニュートラルな呼格形で、次に無色なのが「名詞＋／や 'ja／」と言うことができる。更に、「名詞＋／よ 'jo／」となると(言語化するのは難しいが)単なる「呼びかけ」以上の意味合いが加わった呼格形となる。(少なくとも「名詞＋／よ 'jo／」の「呼びかけ」には、軽く聞き流しにくいものを感じる。)

やー˥ ／'jaʀ˥／ ［嫌］(状態詞。いわゆる形容動詞語幹)
嫌。「嫌い」との違いについては以下を参照。
※語頭の／*'i'jV-／は／'jVʀ／となるようで、「嫌/'jaʀ˥/」のほかに「魚/'joʀ-/」がある。
※／やー˥・に・なる／は／や・ん˥・なる／がふつう。
「嫌がる」は／やーがる˥〜やがる˥ 'jaʀŋaru˥〜'jaŋaru˥／。
※「感情形容詞・状態詞」は「AはBが〜ダ」のような構文を取るが、「私は彼が嫌いだ」と「私は彼が嫌だ」では、内容に違いがあるように見える。東京語ではこの点の違いが構文的には明らかでないが、方言から見てみると、「嫌いダ」は他の感情形容詞・状態詞と同様に、他動詞的に対格助詞「コト」を取り、「おれはやつコト嫌いだ」となる。しかし、「嫌ダ」は「おれはやつコト嫌だ」は少し変で、自然な文としては「おれはやつφ嫌だ」か「おれはやつガ嫌だ」か「おれはやつは嫌だ」となるのがふつうのように感じられる。(但し、素直な理解ではないが、例えば「おまえはやつコトどう思う？」に対する応答としての、「おれはやつコトいや(な奴)だ(ト思ッテイル)」のはしょり表現としてなら可能と思われる。)すなわち「嫌」は対格コトを通常取らない。意味的な関係では、「嫌い」は「彼」との「関係の拒絶」を内容とし、「嫌」では「彼」という人間との関係の拒絶ではなく、「彼がχスルコト」「彼がχデアルコト」という「彼」の性癖・性格に対する「心理的な違和感からする忌避」を内容としているという違いがあるように感じられる。「嫌いダ」では「私・彼(おれ・やつ)」間に直接的な「主体・客体」関係が心理的に成り立つのに対して、「嫌ダ」では、「彼」は「私にとって嫌な(ヒト)」という感情の帰属先で、心理的に直接的で対象的な「主体・客体」関係が両者間に成り立っていないという違いがあるように思う。

やーべ⅂～やべ⅂ ／'jaʀbe⅂～'jabe⅂／（自動詞志向形[欠如動詞]）
行こう。戦後世代は使わない。
／いっしょ・に　やべ⅂↓／(一緒に行こう。)、／そこまで⅂　やべ⅂・や↓／(そこまで行こうよ。)
※／いくべ⅂ー／(行こう）に当たる意味を表す。ほとんどが勧誘の意味で用いられ、命令の語感はない。この形しか使われず、終止形その他の活用形はない。
※語源は「あゆぶ（歩ぶ)」で「あいぶ」→「やーぶ」→「やぶ」のようにして成立した語の命令形が他の活用形の摩滅に伴って命令の語気を減じて現在見るような勧誘の意味になったものであろうか。あるいは「あゆぶベー」→「あいぶベー」→「やーぶベー」→「やーベー」という変化のいずれかの段階（厳密には、他の活用形を失い、活用語としての自立性が失われた段階）で動詞語尾と「ベー」が縮約・熟合したのかもしれない。
※連母音／-ai／→／-jaʀ／は他に／ひゃー⅂る hjaʀ⅂ru／（入る）があるだけで異例に属する。

＝や⅂がる ／-'ja⅂ŋaru／（拡張接尾辞［学校文法的には助動詞・接尾辞］。ラ行五段）
述語動詞に付いて、主語に対する、不定人称者の不快感情や軽卑感情(時に親愛感情)を表出する。
／ねこ⅂(・の・やろ)　どけ⅂　いきや⅂がった・ん・だ↓／(猫はどこへ行きやがったのだ。)
／やつ⅂・わ　たのまい⅂たって　きや⅂がろんか↓／(あの男は頼まれても全く来やがらない。)
／あいつ　あんな⁀とこん・で　ねてや⅂がる↑／(あいつなんな所で寝ていやがる？)
／ばす⅂(・の・やろ)　なかなか　きや⅂がんねー↓／（バスの野郎がなかなか来やがらない。)
※話し手の軽卑感情の対象は、例えば、「やつ(ガ→φ)は本当のことφ知っていやがった」のような「ガ格」の主語だけでなく、例えば、「やつガニは本当のことガ分かっていやがった」のような「ガニ格」(「ニ格」でも言える)の主語にも当てはまるので、(意味役割の「動作主」や題述の「主題」などではなく)主語に対するものであることが明らかである。この点で、話し手の主語に対する尊敬感情を表する尊敬語の対極に位置する待遇語と考えることができる。主語は、その後に「～の野郎/～no 'jaro⅂/」や時に「～の畜生/～ɴ cikisjo⅂/」などのような軽卑を直接明示する表現を伴うことも多い。
※主語に関して、有生性制限がなく、例えば／あめ⅂・が　ふって⅂⁀きやがった↓／(雨が降ってきやがった。)のように無生物主語も可能である点で尊敬語とは異なっている。また、／てめーなに⅂⁀しやがん・だ↓／(てめえ何をしやがるのだ。)のように当然に第二人称者主語に関しては喧嘩でもなければ使えない。
※アスペクト(拡張形式)の「チャウ(てしまう)」や「テル(ている)」との承接については、共通語と同様、後続し、先行することはない。「もう{忘れ／別れ}チャッタ」「もう{忘れ／別れ}チャッテル」「もう{忘れ／別れ}テル」は、「…{忘れ／別れ}＋チャイ＋ヤガッタ」「…{忘れ／別れ}＋チャッ＋テ＋ヤガル」「…{忘れ／別れ}＋テ＋ヤガル」と言って、「…{忘れ／別れ}＋ヤガッ＋チャッタ」「…{忘れ／別れ}＋ヤガッ＋チャッ＋テル」「…{忘れ／別れ}＋ヤガッ＋テル」と言うことはない。
※アクセント核は固定的で、(先行形式のアクセントによって抑圧されることはあるが)全活用形が／＝や⅂がる -'ja⅂ŋaru／の／や 'ja／に核のある形になる。例えば、上記の語は次のようになる。
「忘れる/'wasuiru¯/」
→[ワスイヤ⅂ガル][ワスイヤ⅂ガッタ]／[ワスイチャイヤ⅂ガッタ][ワスイテヤ⅂ガッタ]
「別れる/'wakareru⅂/」
→[ワカレヤ⅂ガル][ワカレヤ⅂ガッタ]／[ワカレ⅂チャイヤガッタ][ワカレ⅂テヤガッタ]
但し、例外的な固定的アクセントを持つ動詞ではそのアクセント核の位置が維持される。
「落ちる/'oQko⅂ciru/」「落とす/'oQko⅂tosu/」→[オッコ⅂チヤガル][オッコ⅂トシヤガル]

やくざ⅂ ／'jakuza⅂／（状態詞）
性格や態度が人並み外れて粗暴な様子。／あの⁀しと⅂・わ　やくざ⅂・だ↓　すぐ⅂　おこる⅂↓／
※名詞としていわゆる暴力団や暴力団員を指しても使われる。
アクセントは尾高型Aで東京語の頭高型に対応していない。

やくだ⅂みち ／'jakuda⅂mici／［谷古田道］（名詞）
(日光道中の宿場の)草加から南草加・立野・花栗・小山を経て横道・大竹・峰・前野宿・赤井を通って(鎌倉街道中ツ道を継ぐ日光御成道の宿の)鳩ヶ谷に至る古道(旧道)の当該地域での呼称。道筋に「本郷」があることからその辺りが鎌倉幕府の史書の『吾妻鏡』に出る「矢古宇」の本郷で、それに因む名称であろう。本郷に隣接する峯に、「谷古田八幡」(峯ケ岡八幡)があるのもそれを裏づけるものであろう。「谷古田八幡」(峯ケ岡八幡)の直ぐ傍らに県南部最古最大の「高稲荷古墳」（「高稲荷」は土地の人は/taka⅂'ɪnari/と発音していた)が存在したこと、また、「前野宿(まえのしゅく)」という宿地名(『新編武蔵風土記稿』には別説が記される)が存在すること、なおまた、この谷古田道は「赤山道(赤山街道)」（江戸時代に伊奈氏陣屋(川口市赤山)と日光道中の保木間(足立区竹の塚。そこに「竹塚の立場(たてば)」があったという)を結んだ脇往還)と本郷に隣接する赤井で合流分岐していることなども注意される。ついでながら、「赤井」は、土地の人は／あけー¯ 'akeʀ／と発音していた。『新編武蔵風土記稿』は「村内円通寺境内に星の井という呼ぶ井ありし故」とあるが、これは、その井戸が「閼伽(あか)」(梵語arghya(仏を供養するもの[としての水])(水ハ原義デハナク転義デアルコトニ注意。閼伽＝aqua(ラテン語「水」)同語源トスル謬説ガ世上ニ流布シテイルので念のため))を汲む井戸、すなわち「閼伽井」であったことにちなむことを言ったもの。

※「谷古田(やこだ)」(地名)の訛語＋「道」。「矢古宇・谷古宇」と「谷古田」の関係については諸説あるが、文献的に先行する「矢古宇・谷古宇」から導くとしたら「谷古宇＋田→谷古田」で、大宮台地の安行支台上の峯村辺りから、東の旧荒川(旧入間川)の支流沿いの(綾瀬川まで続く)自然堤防を辿って草加方向の低地に向かって新田開発が進んだこと(途中に峯村の分かれの「峯分」がある)から考えて、その辺一帯を「谷古宇＋田→谷古田」と言ってそれが広域化して「谷古宇＝谷古田」というようになったのかもしれないと考えている(仮説)。

※上記の地名は、戦前世代の話者の日常的な発話では、南草加/minamizoʀ˥ka/・立野/tateno¯/・花栗/hanaŋu˥ri/・小山/ko'jama¯/・横道/'jokomici¯/・大竹/'oʀtake¯/・峰/mine¯/・本郷/hoɴŋo˥ʀ/・前野宿/meʀno˥siku/・赤井/'akeʀ¯/・鳩ヶ谷/hatoŋe˥ʀ/と発音されていた。地名は教えてくれた話者(明治42年生)が挙げた順による。大竹は飛び地の「大竹分」を先に通るためと思われる。

やご˥[1] ／'jaŋo˥／ (名詞)

トンボの幼虫。

やご˥[2] ／'jaŋo˥／ (名詞)

野菜など草木の脇芽。語源は「や(弥)＋こ(子)」か。

やさい¯～やせー¯ ／'jasai～'jaseʀ／ (形容詞)

味などが、軽い(強くない)ことを表す。戦後世代では聞かれない。

／その⌒たばこ・わ　やさい¯↓／ (そのタバコは味が軽い。)

／ういすき˥ー・わ　あじ・わ　やさか⌒ね˥ー↓／ (ウイスキーは味は軽くない。)

※次項の／やさしー¯ 'jasasiʀ／と関連がある語で、穏やかな印象にかかわるものであろう。「まずい・まずしい」「ちかい・ちかしい」のような派生関係が考えられる。アクセントも無核型同士で派生関係上問題がない。越谷市で「易しい」の意味の「やさい」を耳にしたのでこの推定は確実と思われる。

※流行語の「ださい」は、ひょっとしたら、接頭辞「ど」とこの「やさい」の派生語「*どやさい」の変化した形ではないかと思われる。(負の価値を帯びた)形容詞「やさい」は各地にあるようだから、こういう派生はどこかで生じた可能性が有り得ることと思われる。(接頭辞「ど」と形容詞の結合は、「どいかい→でかい～でっかい」など例がある。)

やさしー¯ ／'jasasiʀ／ (形容詞)

①人物について、穏やかで思いやりある印象を与える様子。②課題について、解決が容易なこと。

やし˥お ／'jasi˥'o／ [八潮] (固有名詞・地名)

八潮。／みなみさいたま˥ぐん⌒やしお˥まち、やしお˥し／(南埼玉郡八潮町、八潮市)。

※合併に伴う合成地名(「八条」「八幡」「潮止」)で新しい語だが、地元の人の多くは中高型アクセントで／やし˥お／と発音していた(1970年代)。一部では平板型アクセントで／やしお¯／と発音する人がいた。若い世代と新住民は頭高型アクセントで／や˥しお／と発音している(2010年代)。

やしきうち¯ ／'jasiki'uci／ [屋敷内] (名詞)

家の敷地内。ほぼ／くねうち¯ kune'uci／(垣根内)に同じ。⇒／くねうち¯ kune'uci／を参照。

やしゃご¯ ／'jasjaŋo／ (名詞)

／しこ¯～しこまご¯ siko～sikomaŋo／(孫の子。曽孫)の子ども。玄孫。

※「玄孫」の子は／きしゃご¯ kisjaŋo／と言う。

やし˥ろ ／'jasi˥ro／ (名詞)

神社の神を祀った建物。

※「神社／じん˥じゃ ziɴ˥zja／」は神を祭った建物だけでなく境内地も含んだ意味になる。

やすむ˥ ／'jasumu˥／ [休む] (自動詞・他動詞マ行五段)

仕事をしないこと。①休憩する。②欠席する。③休業する。

／やす˥んで　あすんでる¯↓／ (休んで遊んでいる。)

やつ˥ ／'jacu˥／ (名詞)

①軽い扱いで人を取り上げて言う語。あいつ。第三人称代名詞のように使われる。

②軽い扱いで物を取り上げて言う語。形式名詞の「もの」や準体助詞の「の」の働きをする。

／もっと　やす˥い⌒やつ　ねー˥・かい↑／ (もっと安い物はないか。)

※①②の人や物の指示語としては、物理的・心理的距離によって／{この／こね}⌒やつ˥、{その／そね}⌒やつ˥、{あの／あね}⌒やつ˥／となる。待遇的には軽い扱いの下位の人や物を表す。

※／これ、それ、あれ／は、連体詞／この、その、あの／の語尾母音/-o/が、後続語の／やつ˥ 'jacu˥／の語頭の硬口蓋音/'j-/[j-]に逆行同化(ex.[konojatsɯ]→[konejatsɯ])した形(異形態)。

③同格の格助詞「の」を受けて「連体節＋やつ」の形で「の」の前の名詞を関係節のように限定する。

／[[さけ]・の　[あつ˥い⌒やつ]]・が　いー˥・なー↓／ (酒の熱いのがいいなあ。)

⇒厳密な文法的説明は、名詞的準体助詞／の no／の「注」を参照。

やつ¯ ／'jacu／ [谷・谷津] (名詞)

台地に刻まれたあまり深くない谷。台地の開析谷。山あい(の土地)。

※地名語尾に現れる「谷(や)」は、「低湿地」を表し、その点で(底部が低湿な土地である)台地の開析谷を表す「谷(やつ)」と一部共通の意味特徴を持っている。形態からも両者は同源語と思われる。ただ、「谷(やつ)」は台地に局在するのに対して、「谷(や)」は台地の低湿地だけでなく、(特に埼

玉県東部地域では）大きな河川の自然堤防の後背湿地をも表していると思われる点で意味範囲に違いがあり、「谷（やつ）」と「谷（や）」は同列には扱えない。「やつ」は「や」の派生語で「や（低湿地）」（のある）「つ（所）」が原義かもしれない。「谷原（やわら）」や「谷河原（やっから）」も、（後背）低湿地の「や」につながる語と考えられる。⇒／やっから¯ 'jaQkara／の項を参照。

⇒／こしげ˥ー kosiŋe˥ʀ／［越ヶ谷・越谷］、／はとげ˥ー hatoŋe˥ʀ／［鳩ヶ谷・鳩谷］の項を参照。

※『物類称呼』に「（谷を）相州鎌倉及上総辺にて○やつと呼　江戸近辺にて○やと唱ふ」とある。

※この語は、『新明解日本語アクセント辞典』（2001）には「頭高型」とあるが、古くは、山田美妙の『日本大辞書』（1892）に「全平」とあるように「平板型」であり、方言のアクセントはこの東京語アクセントに対応する形で、東京語の頭高型に対応する「奴」の／やつ˥／とは明確に区別される。

やつがしら¯ ／'jacuŋasira／（名詞）

里芋の一種。

※正月の雑煮は「もち」と「やつがしら」を必須とする観念が広く共有されている。正月の仏壇や神棚にも、以前は小さく切った餅とヤツガシラが供えられていた。

やっかみはん˥ぶん ／'jaQkamihaɴ˥buɴ／（名詞）

半ばは嫉妬の気持ちが込められている（と思われる）ことをいう。

やっかむ˥ ／'jaQkamu˥／（他動詞マ行五段）

うらやむ、ねたむ。

／ひと・こ˥と　やっかん˥でて　なん˥・に⌒なるい↓／（人を羨んでいて何になるか。）

／あいつ　こいつ・こ˥と　やっかん˥でる↓／（あの猫はこの猫（が撫でられるの）を妬んでいる。）

やっから¯ ／'jaQkara／［（谷河原）］（名詞）

旧利根川や旧荒川の古利根川・中川・綾瀬川・江戸川沿いの越谷市・吉川市・三郷市・草加市・八潮市・足立区で確認できた語（「普通名詞」）で、「川沿いの芦（よし／'josi˥／）などが生える泥の深い低湿な土地」を意味する。この語は、低湿地・後背湿地の「谷（や）」と「河原（かわら）」との複合語の「谷河原（やかわら）」に基づく語形（「*やかわら→やっから」）と思われる。

やっけ˥ ／'jaQke˥／（名詞・状態詞［形容動詞語幹］）

「やっかい（厄介）」の訛語。

①自分にとって面倒なこと。②他人の世話になること、他人に面倒をかけること。

／やっけ˥・な　こと・ん　なる˥　めー・に　なん・と˥か　しろ↓／

（やっかいなことになる前に何とかしろ。）

／しば˥らく　やっけ˥・ん⌒なる・よ↓／（しばらく世話になるよ。）

やっこ˥い〜やっけ˥ー ／'jaQko˥i〜'jaQke˥ʀ／（形容詞）

柔らかい。反対語は／かたい¯〜かてー¯ katai〜kateʀ／（堅い）。

殆ど同意の語に／やわらか˥い〜やあらか˥い〜やーらか˥い 'ja'waraka˥i〜'ja'araka˥i〜'jaʀraka˥i／があるが、／やっこ˥い 'jaQko˥i／には、「頭が／やわらかい 'ja'waraka˥i／」のような（比喩的・抽象的な）「柔軟な・融通が利く」というような意味はなく、「頭が／やっこ˥い 'jaQko˥i／」と言えば、（物理的・具体的に）「押して凹むような柔らかい頭？」と受け取られる。なお、反対語の「頭が／かたい¯ katai／」には比喩的・抽象的と物理的・具体的な両様の用法が見られる。

※同意・類意の単語において、共通語と同形の単語が具体・抽象いずれにも言え、方言に固有の単語が即物的・具体的な意味に偏る傾向があり、これはその一つ。

※「やっこい」は、例えば「ねば（粘）い→ねばっこい/nebaQko˥i/」・「まる（丸）い→まるっこい/maʀru Qkoi¯/」・「ずる（狡）い→ずるっこい/zuruQko˥i/」などに見られる〈「形容詞語幹」（語基）＋形容詞派生接尾辞「っこい」〉という造語法から考えて、「やわ（柔）い→*やわっこい→やっこい」のように、「やわい」から「*やわっこい」を経て成立した語形と考えられる。「*やわっこい」以外は近隣の諸方言でも使用が確認される。

やつだ¯ ／'jacuda／（名詞）

谷あいの田（湿地で水捌けがよくなく深田であるのがふつう）。

やっちゃば¯ ／'jaQcjaba／（固有名詞）

「千住/seɴzi¯/」にあった青果市場。昔はそこまで「大八車/daihaciŋuru˥ma〜deʀhaciŋuru˥ma/」で出荷していたというのを聞いた。千住は荒川放水路（現荒川）で分断される前は埼玉から地続きだった。

やっつ=˥ ／'jaQcu=˥／［八つ］（数詞）

八つ。／やっつ⌒ある˥／、／やっつ・も˥⌒ある／、／やっつ・の˥⌒うち・で／。

やっつける˥ ／'jaQcukeru˥／（他動詞カ行下一段）

①喧嘩などで、相手を打ち負かす。／あんな⌒やつ˥　やっつけ˥ちゃいや　いー˥・に↓／（あんな奴は打ちのめしてしまえばいい。／やっつけ˥ちゃいや／は／やっつけ˥ちゃいば／とも言う。）

②仕事などを、一気にやり終える、一気にやってしまう。

／はー　これ　やっつけ˥て　けんべ˥・や↓／（速やかにこの仕事をやり終えてもう帰ろうや。）

やつっぱた˥け ／'jacuQpata˥ke／（名詞）

山あいの畑。（水捌けの悪い畑であるのがふつう。）

やつで¯ ／'jacude／（名詞）

ヤツデ（八つ手）。植物名・樹木名。／よつで¯ 'jocude／（名詞）は「四つ手網」で魚を取る網の一種。

やっと¯ ／'jaQto／（副詞）
待ちに待った事柄の実現を表す副詞。／よーやっと¯ 'joʀ'jaQto／はこの語の強意表現。
やっとこ¯ ／'jaQtoko／（副詞）
副詞／やっと¯ 'jaQto／の強意形。
やっとこさ¯ ／'jaQtokosa／（副詞）
副詞／やっとこ 'jaQtoko／の強意形。
やっとこすっ˥とこ ／'jaQtokosuQ˥toko／（副詞）
副詞／やっとこ 'jaQtoko／の強意形。
やっぱ˥し ／'jaQpa˥si／（副詞）
副詞／やっぱ˥り 'jaQpa˥ri／の変異形(訛語)で併用される。／やっぱ˥し やめとく／(やはり止めておく)。語尾脱落の「やっぱ/'jaQ˥pa/」は高度成長期以後の流行語形で伝統的語形ではない。
やど˥ ／'jado˥／［宿］(名詞)
念仏講などの講で、当番に当たった家を言う。食事の用意・世話などをする。
やね˥ ／'jane˥／［屋根］(名詞)
屋根。／くさやね˥ kusa'jane˥／(草屋根)～／わらやね˥ 'wara'jane˥／(藁屋根)。／かわらやね˥ ka'wara'jane˥／（瓦屋根）など。
やのあさって˥～やなあさって˥ ／'jano'asaQte˥～'jana'asaQte˥／（名詞）
明日を第１日として３日目の日。明日を入れて、明日から三日目の日。
※日の名前は、／きょー˥→あした˥→あさって˥→やのあさって˥→しあさって˥／のようになっていて、「やのあさって」と「しあさって」の順序が共通語とは異なっている。高度経済成長期の後に育った人たちは「あさっての次の日」のように分析的に表現するようになってきている。
※語源は「や(弥)＋の＋あさって」か。
やぶっか¯ ／'jabuQka／［藪蚊］(名詞)
藪蚊。藪や茂みに出る蚊で、家に出るふつうの蚊に比べて黒くて大きい蚊を言う。
⇒／しまっか˥ simaQka˥／(縞蚊)を参照。
やぶっかがし¯ ／'jabuQkaŋasi／（名詞）
ヤブカラシ（葡萄科の雑草)。
やま=˥ ／'jama=˥／［山］(名詞)
①森や林。②山。
※いわゆる「山」だけでなく、平地の「森や林」、特に家屋の背後の「屋敷林」や神社の背後の「自然林」なども「やま」と言うことが特徴的である。従って、方言(俚言)の／やま=˥ 'jama=˥／の異義素としては〈周囲よりも際だって高くなっている所〉というようなものが考えられる。共通語と違って、土地の凸型の高まりの「山」だけでなく、平地の〈木や竹などがこんもりと生い茂った所〉も「やま」と言うのは、このように／やま=˥ 'jama=˥／の異義素が「土地の凸型の高まり」という意味特徴を欠いている点で共通語と異なるためである。⇒／うらやま¯ 'ura'jama／の項を参照。
やまっかがし¯ ／'jamaQkaŋasi／（名詞）
ヤマカガシ（蛇の名)。
※『物類称呼』の「蛇(へび)」の項に見える「一種東国にて○山かがちと云を…」と関連するか。
やも˥り[1] ／'jamo˥ri／（名詞）
家の天井や壁に張り付いて虫を捕る、とかげに似た小動物。
※井戸の側壁に張り付いている、よく似た小動物のことは／いも˥り 'ɪmo˥ri／と言う。
やも˥り[2] ／'jamo˥ri／（名詞）
小作人。
※経済史的には「屋守」は地主の代理人で小作人を仕切る管理人的小作人のことを言うのだが、小作人そのものを言うという。だいぶ古いことばらしいので、あるいはインフォーマントの記憶違いがあるかも知れない。ふつうには、改まって／こさく¯／(小作)、多少のさげすみの語気を伴って、／みずのみ¯～みずのみびゃく˥しょー mizunomi～mizunomibjaku˥sjoʀ／と言ったという。
補注：『春日部市史(庄和地域)』(2012)に、「庄和地域などに見られる家守小作とは、村の年貢や諸役を地主に代わって負担する契約を結んだ小作人を意味した」とあるのを(その後)発見した。
ややっこし˥ー ／'ja'jaQkosiʀ／（形容詞）
込み入っていて分かりにくい。ややこしい。
やらい¯ ／'jarai ／［矢来］(名詞)
→／のろし˥ norosi˥／
やらかす¯ ／'jarakasu／（他動詞サ行五段）
生物がことさらに対他的に具体的な動作を行う。例えば、／なに˥ やらかした˥・ん・だ↓／は、／なに˥ やった˥・ん・だ↓／より具体的で有意的動作である。
やる¯ ／'jaru／（他動詞ラ行五段）
①生物が対他的に具体的・外形的な動作を行う。
※／しる¯ siru／(為る)は、主語の有生性や動作の具体性・外形性に関して中立的 neutral で、一般的性格を帯びる。

や

「勉強・運動」を／'jaru／方が／siru／よりも動きが具体的・外形的に把えられている。
「心配・気の毒」は／siru／と結合して／'jaru／は結合しないのも、心理的・抽象的な動作・行為であるためである。
②主語の話し手から間接目的語の他者(受け手)に物を与える。
※この方言では、「話し手から他者にものを与える」ことを共通語と同様に／やる¯／とも言うが、／くいる¯(～くれる¯) kuiru(～kureru)／(呉れる)がこの場合にもふつうに使われる。／くいる¯／には、「与え手」と「受け手」に関して、書き言葉の「与える」や英語の「to give」同様に人称制限がないからである。但し、／くいて¯⌒やる¯ kuite 'jaru／(呉れてやる)は、話し手から他者に物を与える意味でしか使えない。⇒／くいる¯(～くれる¯)／、／くいて⌒やる¯(～くれてやる¯)／
やろ˥～やろ¯ ／'jaro˥～'jaro／（名詞）
／やろ˥ー～やろー¯ 'jaro˥ʀ～'jaroʀ／の短呼形。⇒次項を参照。
やろ˥ー～やろー¯ ／'jaro˥ʀ～'jaroʀ／（名詞）
①「男」・「人」の卑称。(一般的な「人」の卑称では使えるが、「女性」限定の卑称では使えない。)
／あの⌒やろ˥ー・こと・わ　しんじ˥ちゃ　だめ・だ˥・って↓／(あの男は信じてはだめだ。)
②広く「生き物」の卑称。
／ねこ˥・の⌒やろー　おれ・こ˥と　しっかきや˥がった↓／(猫の野郎がおれを引っ掻いた。)
③擬人化した「物」の卑称。
／ばす˥・の⌒やろー　いっくら˥⌒まったって　きや˥がんねー↓／
(バスの野郎がいくら待っても来ない。)
※物理的･心理的距離によって／この⌒やろ˥ー、その⌒やろ˥ー、あの⌒やろ˥ー／となるが、指示連体詞／この、その、あの／は後続の／やろ˥ー／に逆行同化されて、／こね⌒やろ˥ー、そね⌒やろ˥ー、あね⌒やろ˥ー／と発音されることも多い。待遇的には下位の扱いで、／やつ˥／(奴)の下、／ちきしょ˥ー／(畜生)の上で、人に対して面と向かって言えば喧嘩になるような扱いを表す。
※アクセントは、多くは／やろ˥ー 'jaro˥ʀ／と発音されるが、話者によっては／やろー¯ 'jaroʀ／も聞かれる。
※自然談話では短呼されて／やろ˥、やろ¯／ともなるが、反省的には／やろ˥ー、やろー¯／になる。
やろっこ˥ ／'jaroQko˥／（名詞）
「男」の卑称。／やろ˥ー 'jaro˥ʀ／(同じく「男」の卑称)に指小辞の／＝っこ -Qko／がついたもの。
やわ˥ ／'ja'wa˥／［柔］(状態詞)
物や人について、柔らかくて弱々しく感じられる様子。

ゆ=˥～ゆー˥ ／'ju=˥～'juʀ˥／［湯］(名詞)
①湯。②風呂。／ゆー˥　しっつい˥た・か↑／（風呂に水を入れたか。「引っ注ぐ/siQcuŋu˥/」)
※助詞がつくと／ゆ=˥／。例えば／ゆ・に˥⌒なる～ゆ・ん˥⌒なる、ゆ・の˥⌒なか・に～ゆ・ん˥⌒なか・に／(湯になる、湯の中に)となる。
ゆー¯～ゆう¯ ／'juʀ～'ju'u／［言う］(他動詞ワ行五段)
ことばを口にする、言う。
※活用は、学校文法的に未然形から順に挙げると、「ゆわ(ねー)」・「ゆい(てー)」・「ゆー(な)」・「{ゆい／ゆえ}(ば)」・「{ゆい／ゆえ}」・「ゆおんか」(絶対に言わない)・「ゆっ({て／た})」となり、いわゆる学校文法的な語幹は「ゆ＝」に統一されている。ただ、連用形の複合語語基に「いー(つける)」のような「いー」も現れる。未然形の「ゆわ」と終止＝連体形の「ゆー」は、それぞれ、「ワ」の前の「イ」は「ユ」になる、連母音「イウ」は長母音「ユー」になる、という音韻的に条件づけられた変化(後者は歴史的変化)だが、この「ゆ＝」を転回軸(類推軸)としてその他の活用形の語幹も「い＝」から「ゆ＝」と水平化されたものと考えられる。仮定形「ゆえ(ば)」と命令形「ゆえ」は戦後世代の新しい形である。
※指示副詞「こう、そう、ああ、どう」との連語形（連体詞化形）は次のような変異形がある。
①／こーゆー¯ koʀ'juʀ 、そーゆー¯ soʀ'juʀ 、あーゆー¯ 'aʀ'juʀ 、どー˥ゆー doʀ˥'juʀ／
②／こーい¯ koʀ'ɪ 、そーい¯ soʀ'ɪ 、あーい¯ 'aʀ'ɪ 、どー˥い doʀ˥'ɪ ／
③／こい¯ koi 、そい¯ soi 、あい¯ 'ai 、どい˥ doi˥ ／
(明治生まれの話者の自然談話では／そい¯ soi／はさらに／せー¯ seʀ／と連母音融合形で発音された。)⇒／せー¯～そい¯ seʀ～soi／(指示動詞特殊活用)の項を参照。
ゆーだち¯ ／'juʀdaci／［夕立］(名詞)
夏の午後に降る／にわかあ˥め～にわかー˥め ni'waka'a˥me～ni'wakaʀ˥me／（俄か雨）を言う。
ゆーや˥ ／'juʀ'ja˥／［湯屋］(名詞)
風呂屋。村にはなかったが、ことばはあった。／ふろや˥ huro'ja˥／は新しいことばである。
ゆき=˥ ／'juki=˥／［雪］(名詞)
雪。晴れた日に舞う雪を／かざはな¯ kazahana／と言う。
／ゆき˥⌒ふる／(雪が降る)、／ゆき・に˥⌒なる／(雪になる)、／ゆき・ん⌒なか˥・に／(雪の中に)、／ゆき˥・みてー・だ／(雪のようだ)。

ゆきみぞ˥れ ／'jukimizo˥re／ ［雪霙］（名詞）
　　／みぞれ¯ mizore／（雪まじりの雨）に同じ。「雪(/'juki=˥/)とみぞれ(/mizore¯/)」ではない。
ゆきめ¯ ／'jukime／［雪目］（名詞）
　　雪に反射する太陽の光によって起こる目の炎症。
ゆく˥ ／'juku˥／（副詞）
　　①そのことがたびたび行われる(起こる)ことを表す副詞。／よく˥ 'joku˥／の異語形。
　　／そい⁀こと　むかし　ゆく˥　あった↓／（そういうことが昔はよくあった。）
　　②困難があるにもかかわらず無理を押しきって実行する意味の副詞。／よく˥ 'joku˥／の異語形。
　　／そんな⁀こと˥｜　ゆく˥　ゆいん・な˥／（そんなことを[人に向かって]よく言えるものだな。）
ゆげ˥ ／'juŋe˥／［湯気］（名詞）
　　炊けたご飯や焚けた風呂、火照った体から立ち昇る温かい水蒸気を湯気という。
ゆだれ¯ ／'judare／（名詞）
　　涎。⇒／よだれ¯ 'jodare／(涎)参照。
ゆだれか˥け ／'judareka˥ke／（名詞）
　　涎掛け。⇒／よだれか˥け 'jodareka˥ke／(涎掛け)参照。
ゆどの=˥ ／'judono=˥／［湯殿］（名詞）
　　入浴するための(湯船が置かれた)小屋や部屋(風呂場)。
ゆび=˥ ／'jubi=˥／［指］（名詞）
　　指。⇒／いび=˥ 'ıbi=˥／(指)を参照。
ゆび・の¯⁀はら=˥ ／'jubi no hara=˥／（名詞）
　　指の爪の反対側の部分。／いび・の¯⁀はら=˥ 'ıbi no hara=˥／とも言う。
ゆびや¯ ／'jubi'ja／［指輪］（名詞）
　　指輪。／*Ci'wa／(C≠')→／Ci'ja／という法則的な変化の一例。
ゆわ=˥ ／'ju'wa=˥／［岩］（名詞）
　　岩。共通語で「いわ～」となるものには／ゆわ～ 'ju'wa～／が音韻法則的に対応する。
　　地殻を構成する堅い物質としての「岩」(不可算名詞)は「岩/'ju'wa=˥/」だが、その断片の個体としての「岩」(可算名詞)はふつうは「岩/'ju'wa=˥/」と言うよりは「でっかい石/'ısi=˥/」と言っている。
　　※姓名の「岩本」や「岩雄」の読み(読み仮名)が「いわもと/'ı'wamo˥to/」か「ゆわもと/'ju'wamo˥to/」か、「いわお/'ı'wa'o˥/」か「ゆわお/'ju'wa'o˥/」か、どちらが正しいかが話題になった場面を実際に見聞したことがある。勿論、日常的には「ゆわもと」「ゆわお」と言っていることを前提としている。
ゆわい=˥ ／'ju'wai=˥／［祝い］（名詞）
　　祝い。美化語は／おゆわい¯ 'o'ju'wai／。
　　※／ゆわい˥　とずける˥／（祝いを届ける）、／ゆわい・の⁀しな¯／（祝いの品）。
ゆわいもの¯～ゆわいもん¯ ／'ju'waimono～'ju'waimoɴ／［祝い物］（名詞）
　　祝いの贈り物。共通語で「いわ～」となるものには／ゆわ～ 'ju'wa～／が音韻法則的に対応する。
ゆわう˥～ゆわー˥ ／'ju'wa'u˥～'ju'wa˥ʀ／［祝う］（他動詞ワ行五段）
　　祝う。共通語で「いわ～」となるものには／ゆわ～ 'ju'wa～／が音韻法則的に対応する。
　　※「祝う(祝ふ)」は院政期のアクセントが「平平東[低低降]」で、「言う(言ふ)」が「上平[高低]」で、第1音節のアクセントの高さが一致しないので、語源的には関係がない（=「祝ふ」は「言ふ」のハ行延言の「言はふ」ではない）と考えられる。「祝ふ」の原義と第1音節の高さから考えて、造語成分の「い=(斎・忌)」と意味が近縁でアクセント(「平[低]」)が一致するので、「祝ふ」は[い(斎)+はふ(動詞形成接尾辞)]が語源と考えられる(cf.[い(斎)+む(動詞形成接尾辞)]=「忌む」)。
ゆわく˥ ／'ju'waku˥／（他動詞カ行五段）
　　結わえる。／ひぼ・で　ゆわい˥とく／(紐で結わえておく)。
ゆわし¯ ／'ju'wasi／［鰯］（名詞）
　　鰯。共通語で「いわ～」となるものには／ゆわ～ 'ju'wa～／が音韻法則的に対応する。
ゆわれ¯ ／'ju'ware／（名詞）
　　そのように言われるわけ(由来や理由)。
　　／あら　なん˥・か　ゆわれ　あん˥・の・か⁀しんねー↓／
　　(あれは何かいわれがあるのかもしれない。)
　　※「言われる」は／ゆわいる¯ 'ju'wairu／(時に／ゆわれる¯ 'ju'wareru／)と言う。共通語で「いわ～」となるものには／ゆわ～ 'ju'wa～／が音韻法則的に対応する。
ゆんべ˥ ／'juɴbe˥／（名詞）
　　昨日の夜。昨夜。無助詞の副詞的用法では／ゆんべ¯／と平板型に発音される。
　　／ゆんべ˥・わ　どこ˥⁀いった・ん・だ↓／↔／ゆんべ¯　どこ˥⁀いった・ん・だ↓／

よ ／'jo／（終助詞・間投助詞）
　　終助詞：
　　　第一人称者(話し手)の、第二人称者(聞き手)に対する呼びかけ・告知を表す。
　　間投助詞：

第一人称者(話し手)の、第二人称者(聞き手)に対する呼びかけ・告知を表す。

※「告知」は、情報の不共有を前提として告知がなされること、「念押し」は、情報の共有を前提に念押しがなされること、に注意。従って、例えば「行く＋よ＋な」という、「告知」＋「念押し」の形は、告知された情報の共有を前提にして念押しがなされていることに注意。

※アクセント核のない平板型の終止形(例えば「行く、居る、冷たい」)に付く場合、終止形の末尾にアクセント核のある(尾高型の) ／いく˥・よ、いる˥・よ、つめてー˥・よ／の他に、アクセント核のない(平板型の)／いく¯・よ¯、いる¯・よ¯、つめてー¯・よ¯／という発音が聞かれる。特に過去形の「(行っ)た」や繋合詞の「(子ども)だ」については、／いった˥・よ、こども・だ˥・よ／がよく聞かれる。

※アクセント核がある先行語句に付いた場合、通常はアクセント核が抑圧されるが、しばしばアクセント核がある形が現れる。その場合には長呼形／よ˥ー／となることも多い。

※呼びかけの感動詞(間投詞)の／よ˥ー～よー˥ 'jo˥ʀ～'joʀ˥／と意味的・機能的に近い。

よあが˥り ／'jo'aŋa˥ri／ (名詞)

夜雨があがること。(天気が)／よあが˥り・だ・から　ながもち˥⁀しねー↓／と言う。

よい¯ ／'joi／ [宵] (名詞)

／ばんがた¯ baɴŋata／ (「晩方」夕方) に続く夜の初めの時間で、暗くなってからふつうに寝るまでの時間。／よい・の⁀(う)ち¯ 'joi no ('u)ci／(宵のうち)。

※「朝」の反対語で、「昼間」の始まりの「朝」と、「夜」の始まりの「宵」とは、対応関係がある。

よいっぱり¯ ／'joiQpari／ (名詞)

夜遅くまで起きていること、また、そうする人。

よー¯ ／'joʀ／ [余] (名詞)

数に付いて、余りを表す。「数詞＋の＋／よー¯ 'joʀ／」の形で使われる。

／にじゅ˥ー・の⁀よー　ある˥／ (20あまりある)。

※漢語形態素「余」から来たもの。ただし、話し手に漢語としての意識はない。

よー=˥ ／'joʀ=˥／ [用] (名詞・状態詞)

必要。名詞的に「必要、必要なこと、用事」、状態詞的に「必要な」の意味で使われる。

／きょー˥・わ　よー˥⁀あって　きた˥↓／ (今日は用があって来た。)

／よー・も˥⁀ねー・に　くる˥↓／ (用もないのに来る。)

／よー・な˥⁀くち　きけねーで、こまった˥⁀やつ・だ↓／ (必要なことが言えず困った奴だ。)

／よー・な˥⁀もん　あった˥ら　ゆって⁀くれ↓／(必要なものがあったら言ってくれ。)

※／よーな˥(＋名詞)／は、ほとんどこの形で使われるので連体詞と考えるべきかもしれない。

※(「川/ka'wa=˥/」などが時に/kaʀ=˥/[kaː=˥]と発音されるのと違って、)末尾が(本来の)長音形の単語で、アクセントが単独で尾高型、付属語との結合でアクセント核が1拍後退する形の単語は今のところこれしか見つからない。非常に特殊なアクセントの単語と言える。

なお、この字音語「用(よう)」は、『「早稲田語類」「金田一語類」対照資料』(アクセント史資料研究会1998)に、金田一語類の「2拍体言第3類[平平(低低)]」相当の「補3」とあることが注目される。この音韻法則的発達形は、東京方言では「尾高型」となるはずのもので、本方言の「尾高型B類」はこれに対応する語形である可能性がある。実際の東京方言の「頭高型」はその後の個的な音韻変化によると考えられる。

よ˥ー～よー˥ ／'jo˥ʀ～'joʀ˥／ (感動詞)

話し手が特定の人物を会話の対話者として定位するためにする(交話的phaticな)呼びかけのことば。

※アクセントは、多くは[高˥低]の下降調で発音されるが、／よー˥ 'joʀ˥／[高高˥]も聞かれる。

よー˥～よ˥ ／'joʀ˥～'jo˥／ (状態詞的準体助詞)

連体語を受けて、目の前にあるものと目の前にないものとの感覚的類似性を表す準体助詞で、

①例えば「お盆のような月↔月がお盆のようだ」のような直喩表現や、

②繋合詞(断定の助動詞)ダとの結合形(助動詞相当連語)で、例えば「(空の様子から)雨になるようだ」のような目の前にあること (状況・情報など) から目の前にないこと (出来事など) を推量する感覚的類推判断に用いられる。

③直喩からの派生である例示は、客観的様子・様態を表す。

／あら　しと・の・こと　きく・よ˥・な　やつ˥・じゃ⁀ねー↓／

(あれは人の言うことを聞くような奴ではない。)

※接尾辞／＝そ˥ー～＝そ˥ -so˥ʀ～-so˥／は、語幹が指示する現実の事態・感覚に近接した事態・感覚という、主観性の高い印象に基づく様子・様態を表し、／よー˥ ～よ˥ 'joʀ˥～'jo˥／の意味と違いがある。／あめ˥　ふりそ˥・な　てん˥き／(雨が降りそうな天気) は事態の把握に主観的確信と切迫感が感じ取れる。これに比べて、／あめ˥　ふる˥・よ・な　てん˥き／(雨が降るような天気)の方は述べ方に感情移入が少なく事態を客観的に把えているように感じられる。(ふつう[あめ˥⁀ふりそ・な]や[あめ˥⁀ふる・よ・な]のように後続語のアクセント核は抑圧される。)

※自然談話では／よ˥ 'jo˥／がふつうで、／よ˥ー～よー˥ 'jo˥ʀ～'joʀ˥／と言うことは殆どない。

よーつり˥ ／'joʀcuri˥／ [魚釣り] (動作名詞)

魚釣り。／いよつり˥ 'ɪ'jocuri˥／のように言う人もある。

⇒／よのめ˥ 'jonome˥／(魚の目)と／さかな¯ sakana／(魚)の項を参照。
※魚を意味する「いよ＝、よー＝」の存在は、古くこの地域で「魚」を「いお」と言っていたことの名残りと考えられる。草加の綾瀬川沿いにあった「魚屋河岸」を地元で「ゆうや河岸」と言っていたというが、これも古くはこの地域で「魚」を「うお」ではなく「いお」と言っていたことの傍証となるものと思われる。
※「さかな」すなわち「さか(酒)＋な(肴)」が意味拡大して「(調理した)魚」「(食材の)魚」さらに「魚一般」を表すようになったと言われている。このことは取りも直さず、「いお／うお(いを／うを)」が、「魚一般」から「([調理・食材の魚を除く]生きて泳いでいる)魚」と意味縮小して、さらに「さかな」に取って代わられたということでもある。「いよつり／よーつり」は、「おかず」でなく泳いでいる「魚」を「いお」と言っていた段階を、「ゆうや河岸」は、「いお」が「魚一般」を言っていた段階(『日葡辞書』の「iuoya(魚屋)」参照) をことばに残しているのかもしれない。なお、現在は「魚」はすべて／さかな¯ sakana／とだけ言っている。
※語頭の／*Ci'(j)V-／は語的に／CjVʀ-／となるようで、「魚/'joʀ-/」は、古典語の「いを」から［iwo→io→ijo→jo:］と音転して成立した語形と思われる。「仕置き/sjoʀki¯/」「嫌/'jaʀ˥/」などを参照。

よーつり˥ざお ／'joʀcuri˥za'o／［魚釣り竿］(名詞)
釣竿。

よーやっと¯ ／'joʀ'jaQto／(副詞)
ようやく、やっとのことで。
※／よーやく¯ 'joʀ'jaku／(漸く)と／やっと¯ 'jaQto／のコンタミネーション(混淆)語形。

よく˥ ／'joku˥／(副詞)
①そのことがたびたび行われる(起こる)ことを表す副詞。異語形に／ゆく˥ 'juku˥／がある。
／ここ・わ　がっこーがい˥り・に　よく˥　とーった˥↓／(ここは学校帰りによく通った。)
②困難があるにもかかわらず無理を押しきって実行する意味の副詞。異語形に／ゆく˥ 'juku˥／。
／あんな　ひでー˥　こと　よく˥　やれる↓／(あんなひどことをよくやれる。)

よくせき¯ ／'jokuseki／(副詞)
よくよく、よっぽど。／よくせき・の⌒こと=˥／(よくよくのこと、よっぽどのこと)。

よこ¯ ／'joko／［横］(名詞)
直立した姿勢における左右・水平の方向。
※「よこ」は「たて」に対して二次的・従属的である。「たて」が上下方向のとき、「よこ」は(前後左右を含む)水平方向であり、「たて」が前後方向であるとき「よこ」は左右方向である。このように「たて」が決まらないと「よこ」が決まらない。その逆ではない。
※「横」の左右は、／みぎよこ¯／、／ひだりよこ¯／と言う。

よこお¯～よこー¯ ／'joko'o～'jokoʀ／［横緒］(名詞)
下駄の鼻緒。／よこお　すげる¯／(鼻緒を取り替える)。戦後世代は／はなお¯ hana'o／と言う。

よこす˥ ／'jokosu˥／(他動詞サ行五段)
よこす。「誰かガ＋誰か{ゲ／ニ}＋{誰かコト／何かφ}＋よこす」という構文型をとる。
／しらせ・に　この⌒しと˥・こと　おら˥ち・に　よこした˥・みてー・だ↓／
(報せるためにこの人をうちによこしたようだ。)
／あの⌒しと˥・わ　おれ・げ　よく˥　てがみ　よこした˥↓／
(あのひとはおれに手紙をたびたびよこした。)
／あいつ　おれ・げ˥・も　もん˥く　ゆって　よこしや˥がった↓／
(あいつはおれにも文句を言ってよこした。)
※対象としての移動物と着点としての移動先が必要ないわゆる複他動詞ditransitive verb。移動物は「(生物)コト」か「(生物・無生物)φ」で表され、移動先は「(生物)ゲ」か「(生物・無生物)ニ」で表される。接続形＋／よこす／で動作が向けられる方向を明示する補助動詞用法がある。
※『物類称呼』の「つかはせといふ詞」の項に「江戸にて○よこせと云」とある。

よこっちょ¯ ／'jokoQcjo／(名詞)
横、横の方。

よこっつら¯ ／'jokoQcura／(名詞)
顔の横の部分。「横」を前部成分とする複合語は意味的には逆語順となっているものが多い。

よこっぱら¯ ／'jokoQpara／(名詞)
腹の横の部分。脇腹。

よこっぴ˥ ／'jokoQpi˥／(名詞)
横の方。多くは／よこっぴ˥⌒むく／(横の方を向く)の形で使われる。
※／よこっぴ˥ 'jokoQpi˥／、／よそっぴ˥ 'josoQpi˥／の接尾辞／＝っぴ -Qpi／は「方向」を表す。
※この接尾辞の祖形が「*ひ」だとしたら古語の「そこひ(底ひ)」の「ひ」(上代仮名の甲類)につながり、更に古語の「へ(辺)」(甲類)にさかのぼる可能性(意味は「辺」→「方」)が考えられる。⇒／こけら¯ kokera／(場所代名詞)の注※を参照。

よこみち¯ ／'jokomici／(名詞)
①脇道。枝道。②(動作名詞)回り道。回り道をする。／ちかみ˥ち cikami˥ci／の反対語。

よし˥ ／'josi˥／［葦］（名詞）
水辺に生える植物、葦。
よしず¯ ／'josizu／（名詞）
よしず（葦簾）。太めの葦の芯を編んだもので立て掛けて使うものをいう。
※「よしず」の「ず/-zu/」は、／この⌒でーこ ｛す・が／すー・φ｝ ｛あいてる／いってる｝／（この大根は「す（鬆）」が｛空いている／入っている｝）などの「す/su=¯/（鬆）」と同じ形式で、「すき間」の意味。／すだれ¯ sudare／（簾）や／すのこ¯ sunoko／（簀の子）などにも現れている。
よす˥ ／'josu˥／［止す］（他動詞サ行五段）
続けてきたことや行おうとしていることを中止する。また、就いていた学業や職業を離れる。
※「やめる：やめにしる（する）」と平行的に「よす：よしにしる（する）」という「単純形：迂言形」の表現が存在する。単純形と迂言形には、以下のように意味的な違いが認められる。
「○大学φやめた：×大学φやめにした」「○会社φよした：×会社φよしにした」
「○進学φやめた：○進学φやめにした」「○喧嘩φよした：○喧嘩φよしにした」
（φはゼロ形態の対格助詞。ここでの「大学」は「通っている大学」、「会社」は「勤めている会社」。）
よず˥め ／'jozu˥me／［夜爪］（名詞）
夜に爪を切ること。夜に爪を切ると親の死に目に会えないと言ってタブー視されたが、高度成長期頃以降には廃れた。家庭ごとに違っているかもしれない。
※同様に、夜、靴下を履いて寝るとやはり親の死に目に会えないなどとよく言われた。こちらの方はその後もずっと言われ続けた。家庭ごとに違っているかもしれない。
よそ=˥ ／'joso=˥／（名詞）
①自分の家以外の所。②その場所以外の所。
／よそ・の˥⌒うち、よそ・の˥⌒ち／（よその家）。
／よそ˥⌒みてちゃ だめ・だ˥・よ↓／（よそを見ていてはだめだ。）
※尾高型Bの語だが格助詞の「の」が付いてもアクセント核が1拍後退するだけで消えない。
よそいき¯ ／'joso'ɪki／（名詞）
①（「よそ」に行く時の）外出着。晴れ着。②（「よそ」に行った時の）改まった態度や言葉づかい。
※衣服は、まず［＋外出着］の／よそいき¯ 'joso'ɪki／と［－外出着］に分けられ、次に、［－外出着］が、［＋仕事着］の／のらぎ¯ noraŋi／と［－仕事着］の／ふだんぎ˥ hudaɴŋi˥／とに分けられているようである。
よそさ˥ま ／'jososa˥ma／（名詞）
「自分の家以外の所」の意味の／よそ=˥ 'joso=˥／の敬称。
／よそさ˥ま・い かおむけ⌒できね˥ー／（よそさまへ顔向けできない）。
※戦前世代の／かみ=˥ kami=˥／（神）の敬称／かみさ˥ま kamisa˥ma／（神さま）のアクセント参照。
よそっぴ˥ ／'josoQpi˥／（名詞・動作名詞）
①よその方。／よそっぴ˥⌒むく／の形で、目の前でなくよそのほうを向く。
②目の前でなくよその方を見ていること。
／あの⌒こ˥ よそっぴ˥⌒してる↓／（あの子、よそ見をしている。）
※／よそっぴ˥ 'josoQpi˥／、／よこっぴ˥ 'jokoQpi˥／の接尾辞／＝っぴ -Qpi／は「方向」を表す。
※この接尾辞の祖形が「*ひ」だとしたら古語の「そこひ（底ひ）」の「ひ」（上代仮名の甲類）につながり、更に古語の「へ（辺）」（甲類）にさかのぼる可能性（意味は「辺」→「方」）が考えられる。⇒／こけら¯ kokera／（場所代名詞）の注※を参照。
よそっぽ˥ ／'josoQpo˥／（名詞）
目の前でなくよその方。よその方向。
よそる¯ ／'josoru／（他動詞ラ行五段）
ご飯を茶碗に盛る。共通語のワ行五段にラ行五段が対応するものの1つ。
※埼玉県東北部の特に北の方で「盛る［moru］」と言うのもよく聞く。県東南部では、南の方で「よそう［josou～joso:］」と言うのを聞くことがある。あるいは、北部の「盛る」と南部の「よそう」との混淆に起源する語形かも知れない（［moru］×［josou］→［josoru］）。
よだれ¯ ／'jodare／［涎］（名詞）
よだれ（涎）。／ゆだれ¯ 'judare／という人もあった。
よだれか˥け ／'jodareka˥ke／［涎掛け］（名詞）
よだれかけ。／ゆだれか˥け 'judareka˥ke／という人もあった。
※「あぶらやさん」（「油屋さん（の前掛け）」）からでたという東京語の「あぶちゃん」は以前は全く耳にしたことがなかった。
よっかかる˥ ／'joQkakaru˥／（自動詞ラ行五段）
寄りかかる。／おっかかる˥ 'oQkakaru˥／に同じ。
よつかど¯ ／'jocukado／［四つ角］（名詞）
道が十字に交差して四つの突き出た角ができている所。十字路。
よったり=˥ ／'joQtari=˥／［四人］（数詞）
四人。明治中頃生まれの人に聞かれたが、今では／よにん˥～よにん¯ 'joniɴ˥～'joniɴ／と言う。

よっつ=˥ ／'joQcu=˥／［四つ］(数詞)
四つ。／よっつ⌒ある˥／、／よっつ・も˥⌒ある／、／よっつ・の˥⌒うち・で／。
よつで¯ ／'jocude／(名詞)
魚を取る網の一種。四つ手網。／やつで¯ 'jacude／(ヤツデ(八つ手))は植物名・樹木名。
よっぱらい¯ ／'joQparai¯／(名詞)
酒に酔って普通とは異なった状態になっている人。
※動詞連用形と分節音素が同じでかぶせ音素(アクセント)のみ異なる名詞すなわち「連用形(派生)名詞」は／よっぱらい¯ 'joQparai¯／で、動詞の／よっぱ˥らう 'joQpa˥ra'u／とはアクセントが大きく異なって、核のない平板型になっていることに注意。
※『物類称呼』に「(酒狂人を)東国にて○…又よつぱらいといふ」とある語。
よっぱ˥らう～よっぱ˥らー ／'joQpa˥ra'u～'joQpa˥raʀ／(自動詞ワ行五段)
酒に酔って普通とは異なった状態になること。
※アクセント核は移動しない。／おら よっぱ˥らってろんか↓／(おれは酔ってなんかいない。)
よっぴ˥て ／'joQpi˥te／(副詞)
一晩中。
※『物類称呼』に「(よひとよといふ事を)…関東又は四国にて○よがよつぴといと云」とある語の変化した形。
よどむ¯ ／'jodomu／(所動詞マ行五段)
水の流れ(動き)がなく停滞する。／おどむ¯ 'odomu／は「沈殿する」。同項を参照。
よなか=˥ ／'jonaka=˥／［夜中］(名詞)
①狭義には、「宵」に続く時間。夜中。夜の真ん中を／まよな˥か ma'jona˥ka／と言う。
②広義には、「夜」に同じ。／よなかじゅー¯ 'jonakazjuʀ／(一晩中)。
よなべ¯ ／'jonabe／(名詞・動作名詞)
夜、仕事をすること。また、その仕事。
よのめ˥ ／'jonome˥／(名詞)
足の裏や手のひらにできる「うおのめ(魚の目)」。
※「魚['jo]＋の[no]＋目[me]」で語構成的には東京語の「魚[ウオ]の目」に同じ。／よ＝ 'jo-／は、／よーつり˥ 'joʀcuri˥／(魚釣り)の／よー＝ 'joʀ-／と同じく「魚」の意味であるが、付属形式で単語ではない。
よばいる¯(～よばれる¯) ／'jobairu(～'jobareru)／ (「呼ぶ/'jobu¯/」の受身動詞。ア行上一段(ラ行下一段))
①／よぶ¯ 'jobu／(呼ぶ)の受身動詞。呼ばれる。
②人の家に呼ばれて(招かれて)御馳走になる。①の転義。
／ゆんべ けっこん˥しき・で しんる˥い・に よばいた↓／(昨夜結婚式で親類によばれた。)
よばる¯ ／'jobaru／［呼ばる］(他動詞ラ行五段)
大きな声で人を呼ぶ。「誰かガ＋誰かコト＋よばる」の構文を取る。／もこー・で だい˥・か おめー・こ˥と よばってる↓／(向こうで誰かがおまえを大きな声で呼んでいる。)
※「呼ばわる」の音変化であろう。／よぶ¯ 'jobu／(呼ぶ)が「来るように声をかける、人を呼び寄せる」という意味合いが強いのに対して、／よばる¯ 'jobaru／は「大きな声で人を呼ぶ、大きな声で人に呼びかける」という違いがある。
よぶ¯ ／'jobu／［呼ぶ］(他動詞バ行五段)
声をかける(呼びかける)。来るように声をかける(呼び寄せる)。「誰かガ＋誰かコト＋呼ぶ」の構文を取る。／さっき˥・っから おや˥じ・が おめー・こ˥と よんでる・よ↓／(先ほどから父親がおまえを呼んでいる。)、／よばいたら˥ へんじ˥⌒しろ↓／(呼ばれたら返事をしろ。)
※古典語の「よばふ」(求婚する)を、「呼ぶ」の反復継続相の形の「呼ばふ①」(いわゆる「ハ行延言」)から導く語源説が流布しているが、「言い寄る・求婚する」の「よばふ②」を「呼ばふ①」からの派生とするのは間違っている。理由は、平安時代末期のアクセントが、「呼ばふ①」は「上上平[高高低]」で、「よばふ②」は「平平東[低低降]」となっていて、「金田一の法則」(同一語源の語の第1音節のアクセントの高さは同一であるとする音韻法則)から見て、両者は語源的に別語と考えられるからである。私見では、「求婚する」の「よばふ②」は、「呼ぶ」からではなく、「夜(よ)」から導くべきであり、語源は「夜＋はふ」で、名詞「夜」に動詞形成接尾辞の「はふ」(cf.「味(あぢ)＋はふ」「幸(さき)＋はふ」)が付いてできた派生動詞と考えられる。「夜」の平安時代のアクセントは「平[低]」で、「よばふ②」アクセントの「平平東[低低降]」と第1音節のアクセントの高さが一致している点で問題がない。「夜」と「結婚」との結びつきは、婚姻習俗(妻問婚)と関係があるものと思われ、この点に関しては、古典語の夜の時間区分が、「ゆふへ／よひ／よなか／あかつき／あした」のように、昼間の「あさ／ひる／ゆふ」に対して、細分化していることが参考になると思われる。
よみ˥や ／'jomi˥'ja／(名詞)
／おまつり¯ 'omacuri／(祭り)の前の晩に行われる祭り。宵宮。
よめ¯ ／'jome／［嫁］(名詞)
嫁。対語は／もこ˥ moko˥／(婿)。
※敬称は／よめさま¯ 'jomesama／。親称は／よめさん¯ 'jomesaɴ／。

よめこー¯ ／'jomekoʀ／［嫁講］(名詞)
集落における嫁の親睦組織。
よめっこ¯ ／'jomeQko／(名詞)
嫁。／よめ¯ 'jome／に較べて軽卑の語気が多少ある。
よ˥り～より˥ ／'jo˥ri～'jori˥／(格助詞「比較格」)
比較の基準を表す。起点を表すことはない。副助詞／か／との結合形／よ˥り・か～より˥・か／もよく使われる。さらに、／よっ˥・か／と促音化した形式も使われる。
「太郎は次郎{より／より・か／よっ・か}速く走る。」
※他の格助詞と違って、格助詞の「より」の比較の基準となる名詞表現は、上の文が「太郎は[次郎ガ速ク走ル]より速く走る」と延長できることや、「花子はおれコトより太郎コト好きなみたいだ」(花子はおれヲより太郎ヲ好きなようだ)のように他の格助詞に後続し、しかも同様に「花子は[おれコト好きナ]より太郎コト好きなみたいだ」と延長できることから分かるように、節clause的内容をもつこと、従って、「より」には接続詞的性格が見て取れることに注意。
(ラテン語の奪格casus ablativusが現代ロマンス諸言語で接続詞を用いた表現に替わっていることや、英語のthanが接続詞であること等参照。)
補：二者対比的な比較において、比較対象は「ヨリ」で表示され、比較基準は「ガ」より「の方＋ガ」となるのがふつうである。「ガ」だけだと坐りが悪い。他に準体助詞との結合形「ノ＋ガ」も可能である(と感じられる)。
・彼より私が背が高い。～私が彼より背が高い。
→多少とも坐りが悪く感じられる。
・彼より私の方が背が高い。～私の方が彼より背が高い。
→いちばん自然と判断する話者が多い。
・彼より私のが背が高い。～私のが彼より背が高い。
→不自然とする話者があるが、筆者など(複数)はこのように言える。
準体助詞を用いた所有物の比較では上記の例文とは分布が異なるようである。このような場合、上記の例文と異なって「の方」は入れづらいと思われる。
・彼のより私のが良くできてる。～私のが彼のより良くできてる。
→自然と判断する話者がほとんどである。
・彼のより私の方が良くできてる。～私の方が彼のより良くできてる。
→自然だと判断する話者があるが、筆者など(複数)は所有の意味が出にくく不自然に感じる。
・彼のより私のの方が良くできてる。～私のの方が彼のより良くできてる。
→筆者など(複数)は準体助詞「ノ」＋連体助詞「ノ」＋形式名詞「方」は十分文法的に感じる。
最上級的な、三者以上の中のいちばんの意味では「の方」は現れない。
よ˥り・か～より˥・か～よっ˥・か ／'jo˥ri ka～'jori˥ ka～'joQ˥ ka／(連語格助詞)
比較の基準を表す。前項の／よ˥り～より˥ 'jo˥ri～'jori˥／を参照。
よりやい¯ ／'jori'jai／(名詞)
集落の構成員(主に各家の代表者)による、行事や儀礼を決めたり行ったりするための集会。
よる˥ ／'joru˥／［夜］(名詞)
日没後から日の出前までの時間。夜。
※「夜」の時間帯は順に／よい¯ 'joi ～ よい・の⁀(う)ち¯ 'joi no ('u)ci／→／よなか=˥ 'jonaka=˥／→／あけがた¯ 'akeŋata／と推移するが、これは、「昼間」の時間帯が／あさ˥ 'asa˥ ～ あさ・の⁀(う)ち¯ 'asa no ('u)ci／→／ひる=˥ hıru=˥、おひる˥ 'ohıru˥／→／ばんがた¯ baɴŋata／と推移するのと平行的である。

＝ら˥ ／-ra˥／(接尾辞)
生物名詞や(生物を指示対象とする)代名詞に付き、不特定多数を表す接尾辞。この接尾辞が付いた名詞は特定数表現と共起しない。これに反して、この接尾辞が付いた人称代名詞は特定多数(複数)表現と共起し、共起しないと非文になる。この点で、名詞と代名詞とでは文法的に異なる。
特定多数と共起する名詞、例えば「３人の子どもら」や「子どもら３人」はかなり変で、「３人の子ども」や「子ども３人」と言うのが通則である。
「おれガニは{×?３人の子どもら／３人の子ども}ガいる」(おれには３人の子どもがいる)。
「おれガニは{×?子どもらガ／子どもガ}３人いる」(おれには子どもが３人いる)。
不特定多数の場合は、「おおぜいの子どもら(に囲まれる)」や「子どもら{ガ／φ}おおぜい(来た)」とも、「おおぜいの子ども(に囲まれる)」や「子ども{ガ／φ}おおぜい(来た)」とも言える。
代名詞は、名詞と違って「数詞(特定多数(複数))＋の＋代名詞」の形式はなく、「代名詞＋遊離数詞(特定多数(複数))」の形式のみが使われる。また、特定多数(複数) と共起する場合、「＝ら」形の使用が義務的である点で、「＝ら」形の排除を通則とする名詞と大きく異なっている。

「２人の{×おめー／×おめーら}が行け」
「{×おめー／おめーら}２人が行け」
※アクセントは、アクセント核がある形式に対してはその核の位置を維持し、核のない形式に対しては全体で／＝ら˥／にアクセント核がある形すなわち(核の動かない)尾高型Aになる。
／やつ˥(奴)→やつ˥ら／、／さと˥ー(佐藤)→さと˥ーら／、／おめー¯(you)→おめーら˥／。
※以下のような諸形式の存在から、接尾辞／＝ら -ra／には古く連体語となる(を作る)機能があったらしいことが推定される。次の諸形式に現れる／おら˥＝／は／おれ＋ら˥→おら˥／という縮約に基づく形で、この形が機能的に連体語として働いており、上記のように考えないと説明がつかないからである。以下の４例のうち、後の２例は一語化の程度が高いが構成的には同じである。
／おら˥むすめ 'ora˥ musume／(俺の娘)、／おら˥むら 'ora˥ mura／(俺の村)、
／おら˥ち 'ora˥ci／((おら＋うち(家))おれの家)、／おら˥ほ 'ora˥ho／((おら＋方)おれの方)。
⇒／＝ら˥ち -ra˥ci／、／＝ら˥ほ -ra˥ho／の項を参照。

らいさま=˥〜れーさま=˥ ／raisama=˥〜reʀsama=˥／ ［雷様］(名詞)
(敬避する気持ちから)雷さま。戦前世代では、連母音形が改まった形。長母音形が日常語。
子どもは、また子どもに対しては、／ごろごろさま=˥ gorogorosama=˥／と言った。
／らいさま˥⌒なってる／(雷が鳴っている)、／らいさま・よ˥り　おっかね˥ー／(雷より怖い)、
／らいさま・の⌒おと˥⌒してる／(雷の音がしている)、／らいさま˥・みてー・な　おと˥⌒した／(雷のような音がした)。

らいねん¯〜れーねん¯ ／raineɴ〜reʀneɴ／ ［来年］(名詞)
来年。戦前世代では、連母音形が改まった形。長母音形が日常語。来年の翌年は／さらいねん¯〜されーねん¯ saraineɴ〜sareʀneɴ／(再来年)

＝らいる(〜＝られる) ／-rairu(〜-rareru)／
(受身・可能動詞形成接尾辞［学校文法では助動詞］。ア行上一段(〜ラ行下一段))
一段動詞のいわゆる未然形に付く(厳密には母音語幹＋-rai-ru)。五段動詞のいわゆる未然形に付く／＝いる -iru(厳密には子音語幹＋-ai-ru)／の異形態である。
①受身動詞を作る。(受身文には直接・間接・いわゆる所有の受身文がある)
②一段動詞から派生の可能動詞を作る。
※／＝られる -rareru／と言うことも、多くはないが観察されないわけではない。
※／くる˥ kuru˥／(来る)は／きさいる˥〜きされる˥ kisairu˥〜kisareru˥／と言う。少数だが、人によって／きらいる˥〜きられる˥ kirairu˥〜kirareru˥／と言う。
※いわゆる「所有の受身文」は共通語と異なって能動文が成立することに注意。能動文の目的語は「生物コト＋無生物φ」の形をとり、意味的に不可譲渡的な「生物の無生物」関係成立が必要。
「次郎は太郎ニ足φふんずびらいた」↔「太郎ガ次郎コト足φふんずびた」
(次郎は太郎に足(を)踏まれた)　　　　(太郎が次郎を足(を)踏んだ[直訳(共通語で非文)])
※受身文の動作主は、(使役文の動作主が、間接使役で格助詞「ゲ」か「ニ」、直接使役で「コト」によって示されるのと違って、)格助詞「ニ」で示される(語彙的に「カラ」も可能な場合もあるが、与格助詞「ゲ」で示されることは絶対にない)。
「親ガ子どもコト褒めた」→「子どもガ親ニ褒めらいた／子どもガ親カラ褒めらいた」。
cf.「親ガ子どもコト褒める」→「親ゲ子どもコト褒めさした／親ニ子どもコト褒めさした」
※対応する基本文で対格助詞「コト」と与格助詞「ゲ」で示される名詞がまともな受身文の主語になることができる。例：
①「花子ガ太郎コトそこで見た」→「太郎ガ花子ニそこで見らいた」など。
②「花子ガ太郎ゲ子どもコト見せた」→「太郎ガ花子ニ子どもコト見せらいた」。
(対格目的語の「子ども」を主語とする受身文の「子どもガ花子ニ太郎ゲ見せられた」は、「子どもガ」を主題化して「子どもは」とし、更に動作主の「花子ニ」も「花子ニヨッテ」としないと、かなり変で落ち着かない。それは「子ども」が、単なるモノとして把えられていて、有意的存在者としては把えられていないからであろう。)

らおや˥ ／ra'o'ja˥／ ［羅宇屋］(名詞)
キセルの竹製の管を新しいのと取り替える行商人を言ったという。

らし˥ー ／rasi˥ʀ／ (助動詞・形容詞型)
名詞・状態詞、および動詞・形容詞の終止＝連体形に付いて、不定人称者の、根拠のある(「＋有根拠性」の)、推定を表す。
／あした˥・わ　あめ・らし˥ー↓／(明日は雨らしい。)
／あした˥・わ　あめ˥　ふる・らし˥ー↓／(明日は雨が降るらしい。)
※「[明日は朝から[雨]]らしい」や「[明日は海は[穏やか]]らしい」のように「名詞・状態詞」に付くラシイは、①：否定形が「[明日は朝から[[雨]ではない]]らしい」や「[明日は海は[[穏やか]ではない]]らしい」であることから考えて、肯定形も「[明日は朝から[[雨]~~デアル~~]]らしい」や「[明日は海は[[穏やか]~~デアル~~]]らしい」、すなわち「[明日は朝から[[雨]φ]]らしい」や「[明日は海は[[穏やか]φ]]らしい」と考えた方がよいと思われる。同様に、②：過去形が「[昨日は朝から[[雨]だった]]らしい」や「[昨日は海は[[穏やか]だった]]らしい」であることから考えて、現在形(非過去

形)も「[今日は朝から[[雨]~~デアル~~]]らしい」や「[今日は海は[[穏やか]~~デアル~~]]らしい」、すなわち「[今日は朝から[[雨]φ]]らしい」や「[今日は海は[[穏やか]φ]]らしい」と考えた方がよいと思われる。ごく雑に言えば繋合詞「ダ」のφ形式が存在すると考えた方が「動詞・形容詞」とも平行的に記述できてよいと思われる。なお、厳密には、「ダ」は「×明日は雨だ？」のように判断要求の質問文にはできないので、「ダ」の判断者は「第一人称者」と考えられ、「明日は雨φ？」のように判断要求の質問文にできる「φ」の判断者は「不定人称者」と考えられるので、形式としては別の繋合詞copula, copulativeとすべきだが、複雑になるので、便宜的に「ダ」のφ形式としておく。

※付属語の「ラシイ」は、結合する自立語のアクセント核を無化して結合全体を「ラシイ」自体のアクセントに変える。(なお、下記用例の長音のアクセント核／○˥ー／は／○ー˥／と自由変異。)

／あめ˥／(雨)＋／らし˥ー／→／あめ・らし˥ー／

cf.／あめ˥・の・よー・だ／(雨のようだ)、／あめ˥・みてー・だ／(雨みたいだ)

／はな=˥／(花)＋／らし˥ー／→／はな・らし˥ー／

cf.／はな・の・よ˥ー・だ／(花のようだ)、／はな˥・みてー・だ／(花みたいだ)

／あめ¯／(飴)＋／らし˥ー／→／あめ・らし˥ー／

cf.／あめ・の・よ˥ー・だ／(飴のようだ)、／あめ・みて˥ー・だ／(飴みたいだ)

／ある˥／(有る)＋／らし˥ー／→／ある・らし˥ー／

cf.／ある˥・よー・だ／(有るようだ)、／ある˥・みてー・だ／(有るみたいだ)

／いる¯／(居る)＋／らし˥ー／→／いる・らし˥ー／

cf.／いる・よ˥ー・だ／(居るようだ)、／いる・みて˥ー・だ／(居るみたいだ)

らじ˥お～らじお˥ ／razi˥'o～razi'o˥／ (名詞)

ラジオ。／らじお˥・で　ゆってた／(ラジオで言っていた)。

※中高型のほかに、尾高型が多く聞かれた。人名の「○○お」(例えば「富士夫」)が本方言では尾高型アクセントなのと通じるようで、あるいはこのような型に引きつけられたのかもしれない。

＝ら˥ち ／-ra˥ci／ (名詞形成接尾辞)

人間名詞（人代名詞・人名・名字）に付いてその人が所属する家を言う。

／おら˥ち／(俺の家)、／おめーら˥ち～おめら˥ち／(お前の家)、／やつ˥らち／(あいつの家)、／はな˥こらち／(花子の家)、／はるお˥らち／(春夫の家)、／まさよら˥ち／(正代の家)、／さと˥ーらち／ (佐藤の家)、／すずきら˥ち／ (鈴木の家) など。

※上例のように、アクセント核がある形式に対してはその核の位置を維持して／はな˥こ→はな˥こらち、はるお˥→はるお˥らち／のように、核のない形式には／まさよ¯→まさよら˥ち／のように接尾する。これは複数(多数)接尾辞の／＝ら˥ -ra˥／とも共通していることに注意。

※人間名詞でないものについては／～の⁀ち ～no ci／ (～の家) という形が用いられる。

／うら・の⁀ち¯ 'ura no ci／ (裏の家) 、／めー˥・の⁀ち meʀ˥ no ci／ (前の家) 、

／かみ˥・の⁀ち kami˥ no ci／ (上の家) 。

※接尾辞／＝ら -ra／には連体語を作る機能があったらしい(／おら˥むすめ 'ora˥ musume／(俺の娘)、／おら˥むら 'ora˥ mura／(俺の村)など)。それと／うち¯ 'uci／(建物の家も制度としての家も指す)との結合の融合形である。1970年頃の話者への確認では／＝ら・うち -ra 'uci／とは言わないということだった。

らち˥⁀あかねー¯～らち˥⁀あかない¯ ／raci˥ 'akaneʀ～raci˥ 'akanai／ (連語動詞否定形)

物事が進展しない、決まりが付かないナドの意味。馬場の柵の「埒」が語源。次項を参照。

らちゃ˥くちゃ⁀ね˥ー～らちゃ˥くちゃ⁀ねー ／racja˥kucja ne˥ʀ～racja˥kucja neʀ／ (連語形容詞)

乱雑でだらしない様子。

※アクセント核が二か所に現れるような発音がある。／らちゃ˥くちゃ／はそれだけで〈乱雑な様子〉を表すと感じられるところがあり、比較的独立して意識される。／ね˥ー／は否定的意味合いで使われていると感じられる［アクセントがそれを暗示している］。

※語源は、馬場の柵の意味の「埒(らち)」か、出家後の年数・年次の意味の「臈次(らっし)」の訛語の「らっち～らち」を語基とする派生語の〈「らちくち」が「無い」〉からであろう。(「埒(らち)」「臈次(らっし→らち)」のどちらも「けじめ、秩序」の意味で文献上用例が見られる。)

らっきょ¯ ／raQkjo／ ［辣韮］(名詞)

ラッキョウ(栽培植物)。／らっきょー¯ raQkjoʀ／という語尾長呼形は日常語では殆ど聞かれない。「ラッキョウの皮むき/raQkjo no {ka'wamuki˥～ka'amuki˥～kaʀmuki˥}/」は、「むいてもむいても皮ばかりで、実[中味]がないこと」や「(そうした)無駄な努力(を繰り返すこと)」の意味で使われる。

＝ら˥ほ ／-ra˥ho／ (名詞形成接尾辞)

人間名詞（人代名詞・人名・名字）に付いてその人が所属する集団の側を言う。

／おら˥ほ／(俺の方)、／おめーら˥ほ～おめら˥ほ／(お前の方)、／やつ˥らほ／(あいつの方)、／はな˥こらほ／(花子の方)、／はるお˥らほ／(春夫の方)、／まさよら˥ほ／(正代の方)、／さと˥ーらほ／ (佐藤の方)、／すずきら˥ほ／ (鈴木の方) など。

※上例のように、アクセント核がある形式に対してはその核の位置を維持して／はな˥こ→はな˥こらほ、はるお˥→はるお˥らほ／のように、核のない形式には／まさよ¯→まさよら˥ほ／のように接尾する。これは複数(多数)接尾辞の／＝ら˥ -ra˥／とも共通していることに注意。

※接尾辞／＝ら -ra／には連体語を作る機能があったらしい（／おら⌉むすめ 'ora⌉ musume／（俺の娘）、／おら⌉むら 'ora⌉ mura／（俺の村）など）。それと／ほー⌉ hoʀ⌉／（方）との結合の融合形である。

りや⌉かー ／ri'ja⌉kaʀ／（名詞）
自転車の後ろに取り付けたタイヤ付きの二輪の荷車。病人を運ぶなどにも使われた。
※「リヤカー」は戦前から戦後にかけて広く使われていた（と言う）。それ以前は／だいはちぐる⌉ま～でーはちぐる⌉ま daihaciŋuru⌉ma～deʀhaciŋuru⌉ma／（大八車）が使われていたと言う。
※和製英語「rear＋car」。意味範囲の点で、日本語の「くるま」は車輪付きの（人や物の）運搬具一般を指すが、英語の「car」は「truck」「bus」「cart」を含まないことに注意。英語なら「cart」の範疇。
りょー＝ ／rjoʀ-／［両］（接頭辞）
一対のものの双方を指して言うことば。単語としては／りょーほ⌉ー～りょーほ⌉ー／が使われる。
／りょーめ¯（両目）、りょーみみ¯（両耳）、りょーて¯（両手）、りょーうで¯（両腕）、りょーひじ¯（両肘）、りょーかた¯（両肩）、りょーあし¯（両足）、りょーひざ¯（両膝）／など。
※一対のものの一方を指して言う／かた＝ kata-／（片）の対語。
りょーがわ¯～りょーっかわ¯ ／rjoʀŋa'wa～rjoʀQka'wa／［両側］（名詞）
中を挟んで対する両方の側。「道の両側」「川の両側」など。
※／りょーがー¯～りょーっかー¯ rjoʀŋaʀ～rjoʀQkaʀ／という発音も聞かれる。
※中を挟んで対する一方の側を指す語は／かたがわ¯～かたっかわ¯ kataŋa'wa～kataQka'wa／。
りょーっぱし¯～りょーっぱじ¯ ／rjoʀQpasi～rjoʀQpazi／［両端］（名詞）
中を挟んで対する両方の端。
※中を挟んで対する一方の端を指す語は／かたっぱし¯～かたっぱじ¯ kataQpasi～kataQpazi／。
りょーほ⌉ー～りょーほ⌉ ／rjoʀho⌉ʀ～rjoʀho⌉／［両方］（名詞）
一対のものの双方。両方。／りょーほ⌉・が　わり⌉ー↓／（両方が悪い。）
※「片方」の／かたっぽ⌉～かたっ⌉ぽ kataQpo⌉～kataQ⌉po／の対語。
りょーほ⌉っかた ／rjoʀho⌉Qkata／［両方方］（名詞）
両方・双方。／りょーほ⌉っかた・から　たのまい⌉てる／（両方の方から頼まれている）。

るす⌉ ／rusu⌉／［留守］（名詞・動作名詞）
外出していて家に居ないこと。
／いったら⌉　るす⌉・だった↓／（行ったら留守だった。）
／るす⌉⌒してて　わる⌉かった・な↓／（留守していて済まなかった。）
るーすい⌉ ／ruʀsui⌉／［留守居］（動作名詞）
留守番をすること。／ちゃんと　るーすい⌉⌒してろ↓／（ちゃんと留守番していろ。）
※「るすい」ではなく「るーすい」と第１音節が長呼される。アクセントは尾高型Aで、東京語の中高型に対応する形。なお、／いるす¯ 'ɪrusu／（居留守）は、別語。

れー¯ ／reʀ／［礼］（名詞）
お礼、謝礼。／せんせー⌉・げ　れー⌒した／（先生にお礼をした）。
※「お辞儀」の「礼」とはアクセントが異なる。
れー⌉ ／reʀ⌉／［礼］（名詞）
頭を下げてするお辞儀。／せんせー⌉・げ　れー⌉⌒した／（先生にお辞儀をした）
※「お礼」の「礼」とはアクセントが異なる。
れーさま=⌉～らいさま=⌉ ／reʀsama=⌉～raisama=⌉／［雷様］（名詞）
→／らいさま=⌉～れーさま=⌉ raisama=⌉～reʀsama=⌉／（雷様）
れーねん¯～らいねん¯ ／reʀneɴ～raineɴ／［来年］（名詞）
→／らいねん¯～れーねん¯ raineɴ～reʀneɴ／（来年）

ろーか¯ ／roʀka／［廊下］（名詞）
直接出入りできない部屋と部屋をつなぐ板敷きの細長い通路。⇒／えんがわ¯ 'eɴŋa'wa／を参照。
ろーじゅー¯ ／roʀzjuʀ／［猟銃］（名詞）
「猟銃/rjoʀzjuʀ¯/」の異語形。子どもたちは耳で覚えたせいか専ら/roʀzjuʀ¯/と言っていた［昭和20年代］。⇒／てっぽ⌉ー～てっぽー¯ teQpo⌉ʀ～teQpoʀ／（鉄砲）を参照。
ろーそく=⌉ ／roʀsoku=⌉／［蝋燭］（名詞）
蝋燭。／ろーそく⌉・みたい・な⌒もの／、／ろーそく・の・よー⌉・な⌒もの／。
ろく¯ ／roku／（状態詞）
①まともな、十分な様子。／ろく・に¯ roku ni／の形で副詞的に、／ろく・な¯ roku na／の形で連体詞的に使われることが多い。否定語と共起する否定極性を持つ語である。従って、「×ろくに見た」「×ろくな勉強をした」のように肯定表現と共起すると非文法的になる。
／ろく・に　み・も⌉⌒しねーで　けーしや⌉がった↓／（ちゃんと見ないで返した。）

ろ

／ろく・な　べんきょー　してねー・の⌉に　うかっちゃ⌉いやがった↓／
（まともな勉強もしていなのに（受かりにくい学校に）受かってしまった。）
※否定極性というのは否定と共起する統語的特徴を持つことで、例えば、「ただ者」「ただ事」は必ず「あの人はただ者ではない」「これはただ事ではない」と言い、「×あの人はただ者だ」「×これはただ事だ」と言うと不自然で非文法的な文になる。
②水平・平らな様子。前稿で「大工は今でも言うと聞いたことがある」としたが、建築用語として建築関係では今でも広く使われていることを教わった。この語に関しては肯定・否定の極性はないとのことだった。
※「陸」（中古漢語音/liʌuk/［lɪuk］）の「呉音ロク・漢音リク」の呉音に基づく語で、『日葡辞書』にも載っている「Rocuna. cousa praina（=plaina）」（平らなこと）、例「Rocuna michi. caminho praino」（平坦な道）のような「水平・平ら・真っ直ぐ」を経て、「まとも・十分（＋否定）」となったものと考えられる。

ろく⌉じぞー　／roku⌉zizoʀ／［六地蔵］（名詞）
道端や寺の墓地に立ち並ぶ六体の地蔵を言う。六道（地獄・餓鬼・畜生・阿修羅・人間・天）の生きとし生けるもの（衆生）を救う守り仏と信じられていた。

ろくすっぽ¯　／rokusuQpo／（副詞）
否定語を伴って、不十分なこと、不足なことを表す。⇒／ろく・に¯／、／ろくろく¯／参照。
／ろくすっぽ　わかんねー⌉・くせ・して　くち　だしや⌉がる↓／
（ろくに分かっていないのに口を出しやがる。）

ろく・で・も⌒ね⌉ー～ろく・で・も⌒な⌉い　／roku de mo ne⌉ʀ～roku de mo na⌉i／（連語形容詞）
まともでない、くだらない、何の値打ちのないナドの意味を表す。／ろくでなし¯ rokudenasi／はこの連語の名詞化した形で、そういう鼻つまみの人間を指して言う。
／あいつ・わ　ろく・で・も⌒ねー⌉⌒やろ・だった↓／（あいつはろくでもない男だった。）

ろくどー¯　／rokudoʀ／［六道］（名詞）
／がんばこ¯ gaɴbako／（棺桶）をかつぎ、またそれをおさめる墓穴を掘る人。村の年の若い者がその役に当たったという。
※輪廻する世界の「地獄・餓鬼・畜生・阿修羅・人間・天」を指す仏教語の「六道」から出た語である。六道のうちの「地獄・餓鬼・畜生」を指す「三悪道」／さんまくどー¯ saɴmakudoʀ／は、「火葬場」になっている。

ろくろく¯　／rokuroku／（副詞）
否定語を伴って、不十分なこと、不足なことを表す。⇒／ろく・に¯／、／ろくすっぽ¯／参照。
／ろくろく　みね⌉ーで　かー・か⌉ら　んーな⌒こと・ん⌉⌒なん・だ・よ↓／
（よく見ないで買うからそんなことになるんだよ。）

わ～あ　／'wa～'a／［は］（係助詞）
他者（他物）を配慮した取り立てを表す。
／この⌒ねこ⌉・わ　たにん・に⌉・わ　なつかね⌉ー↓／（この猫は他人にはなつかない。）
対比の相手が不特定化すると、主題性の取り立てとなるが、この場合も、／φ／の非対比性の主題と比べると、何らか対比的感じが伴う。
①／ふろ・わ⌉　みず　ながっしゃ⌉った・よ↓／↔／ふろ⌉　みず　ながっしゃ⌉った・よ↓／
（風呂は水を流してしまったよ。「風呂の水を流してしまった」の「風呂」を主題化した文）
②／おら　いきたく　ね⌉ー／↔／おれ　いきたく　ね⌉ー／（おれは行きたくない。）
※①②の例文のそれぞれの文頭の「（代）名詞＋わ」と「（代）名詞＋φ」はいずれも文の主題を表しているが、意味に違いがある。②を例にとれば、「名詞＋わ」には同類の他者への配慮が働いていて、「他の人はどうか知らないが、俺は」という（主題物を強調したり自己を主張したりする）ニュアンスが感じ取れる。「名詞＋φ」には単純に「俺について言えば、俺は」という素直な感じがある。
格助詞との承接については、主格助詞の「が/ŋa/」とは共起しない（「が＋わ」→「φ＋わ」）。対格助詞の「こと/ko⌉to/」とは（共通語の「を」と違い）共起するが、文脈によっては省略できる（「こと＋わ」→{「こと＋わ」／「φ＋わ」}）。位格の「に/ni/」と能格の「がに/ŋa⌉ni/」も対格「こと/ko⌉to/」に似て共起が原則だが文脈によっては省略できる。
／あめ⌉・わ　ふんね⌉ー↓／（雨は降らない。「［雨＋が］＋わ」→「［雨＋φ］＋わ」）
／あれ・こ⌉と・わ　どー⌉⌒おもってる・ん・だ↓／（あの人をどう思っているのだ。）
／やつ⌉・こと・わ　ゆるせね⌉ー↓／～／やつ⌉・わ　ゆるせね⌉ー／（あいつは許せない。）
／おれ・が⌉に・わ　できね⌉ー↓／～／おれ・わ　できね⌉ー↓／（おれにはできない。）
名詞・代名詞・状態詞（＝形容動詞語幹）の短母音で終わる語に付くときは、両唇の調音が弱化して

／あ ’a／[a]と発音されていることが多い。
なお、直前の短母音と臨時的に融合することがあるが、確立された形ではない。融合するとしたら、イ段音[-i＋wa→-ja(:)](「こっちは」→[コッチャ(ー)])、エ段音[-e＋wa→-ja(:)](「これは」→[コリャ(ー)])、ア段音[-a＋wa→-a(:)](「ここいらは」→[コケラ(ー)])、オ段音[-o＋wa→-a(:)](「ここは」→[コカ(ー)])、ウ段音[-u＋wa→-a(:)](「こいつは」→[コイツァ(ー)])となる。(念のため、一部の付属語や接尾辞との結合では、例えば(「では/de＋’wa/」→)「じゃ(ー)/zja(ʀ)/」や(「〜ては/te＋’wa/」→)「〜ちゃ(ー)/cja(ʀ)/」のように、融合形が確立しているものがあることにも注意。)
例えば、「(やっぱり)子どもは子どもだ」・「(あそこは)静かは静かだ」の「子どもは」・「静かは」は、元の形の[コドモ・ワ]・[シズ˥カ・ワ]の他に、弱まり形の[コドモ・ア]・[シズ˥カ・ア]が耳を澄ませばよく聞かれる。更に、話者は自覚的でないが、[コドマー]・[シズ˥カー]となる発音も時に聞かれる。
※ここで「臨時的」というのは、指示代名詞「こっちは」を例にとると、元の形の[コッチ・ワ]とその弱まり形の[コッチ・ア]のような分析的な言い方がごくふつうに行われる一方で、[コッチャー〜コッチャ]のような融合的な言い方が時になされるが、この形の使用が言語的社会習慣として義務的に行われているわけではないことを言う。〈反省的には元の形に回帰した言い方になる〉のが特徴的である。
※指示代名詞／これ¯〜こい¯ kore〜koi、それ¯〜そい¯ sore〜soi、あれ¯〜あい¯ ’are〜’ai／(近称、中称、遠称)に付くときは、前項の臨時的な／こりゃ¯ korja、そりゃ¯ sorja、ありゃ¯ ’arja／の形の他に、それから変化した／こら¯ kora、そら¯ sora、あら¯ ’ara／という融合形があり、こちらは「指示代名詞＋わ」連語に等価な１語の融合語形として確立している。第一人称代名詞の／おれ¯〜おい¯ ’ore〜’oi／(俺)の取り立て形には、／おりゃ¯ ’orja／の形はなく、／おら¯ ’ora／という形しかない。

・形容詞の連用形に付く、例えば「濃くはない、無くはない、白くはない、赤くはない／の「濃くは、無くは、白くは、赤くは」は、分析的な／こー˥く・わ⁀ねー、なく˥・わ⁀ねー、しろ˥く・わ⁀ねー、あかく・わ˥⁀ねー／の他に、特に戦前世代で、融合的な／こー˥か⁀ねー、なか˥⁀ねー、しろ˥か⁀ねー、あかか˥⁀ねー／という形がよく行われる。(弱まり形は省略)
・動詞の連用形に付く、例えば「来(き)はしない、為(し)はしない、書きはしない、行きはしない」の「来は、為は、書きは、行きは」は、／き・や˥⁀しねー、し・や˥⁀しねー、かき・や˥⁀しねー、いき・や˥⁀しねー／のような形になる。この位置では「は」は[ワ]ではなく[ヤ]に固定している。
・２種類の同語反復表現「[ＡはＡ(だ)]」について(この項の用例は現代仮名遣い表記)：
Ａが名詞の主語述語(主題叙述)的な例えば「(やはり)[子どもは子ども{だ／だった}]。」の他に、例えば「太郎は[子どもは子ども{だ／だった}](けど、しっかりして{る／た}。)」のように、接続助詞を伴う接続節の述語の位置に「[ＡはＡ(だ)]」という同語反復表現が現れる。このＡの位置には名詞の他に、例えば「あの辺は[静かは静か{だ／だった}](けど、不便{だ／だった}。)」のように状態詞(形容動詞語幹)「静か」も現れる。これらは知的意味を変えず単純な述語の「子ども・{だ／だった}」「静か・{だ／だった}」と言い換えられることから明らかなように述語の(一種の)強調表現と見ることができるので「述語的」な同語反復表現とする。この述語的な同語反復表現のＡの位置には他に動詞・形容詞も例えば「おれは[行くは行く](けど、遅くなるぞ。)」「やつは[来たは来た](けど、遅かった。)」・「これ(漬物)は[辛いは辛い](けど、美味いぞ。)」「これは[辛かったは辛かった](けど、美味かった。)」のように現れる。状態詞や動詞・形容詞の用例から見て述語的な同語反復表現は主述(題述)的な同語反復表現には還元できないものと思われる。「行くは行く」「来たは来た」については意味的に「行くには行く」「来たには来た」に近いことも注意される。

わ ／’wa／ (終助詞)
第一人称者(話し手)の軽い断言を表す。性別に関してニュートラルな「通性語」で、男性がふつうに使用することばであることに注意。東京語の女性語の終助詞「わ」とはアクセント、イントネーションの点で異なっている。
／やー˥・だら　おれ　やる・わ¯↓／([お前が]いやなら、おれがやるわ。)
／もー　いー˥・わ↓　おれ　やっ・か˥ら↓／ (もういいわ。俺がやるから。)
※語源的には、動詞終止形＋「わ」から成る／やら˥ー／(遣らあ)や／かか˥ー／(書かあ)など「主張形」が第一人称者(話し手)の軽い断言的主張を表すのと、意味の点で幾分違って来ている。
※アクセント核のない平板型の終止形(例えば「行く、居る、冷たい」)に付く場合、アクセント核のない(平板型の)／いく¯・わ¯、いる¯・わ¯、つめてー¯・わ¯／の他に、終止形の末尾にアクセント核のある(尾高型の) ／いく˥・わ、いる˥・わ、つめてー˥・わ／という発音が聞かれる。特に過去形の「(行っ)た」や繋合詞の「(子ども)だ」については、／いった˥・わ、こども・だ˥・わ／と尾高型になるのがふつう。

わか˥いし〜わけ˥ーし ／’waka˥isi〜’wake˥ʀsi／ (名詞)
若い者、若い衆。共通語の短い「シュ/sju/」はこの方言では/si/が対応する。

わかしっけーし¯ ／’wakasiQkeʀsi／ (名詞)
①一度沸かして冷めた湯を再度沸かすこと。②前日焚いた風呂を、水を替えずに再度沸かすこと。

わかる˥ ／'wakaru˥／（所動詞ラ行五段）
①一項所動詞：単に、(何かガ)はっきりする、明らかになる。
／はー　けっか　わかん˥・だんべ↓／（もう間もなく(試験の)結果が分かるだろう。）
②二項所動詞：「{[誰か]ガニ[{誰か／何か}]ガ分かる(戦前世代)／[誰か]ニ[{誰か／何か}]ガ分かる(戦前・戦後世代)}」の形で、(誰かニ{誰か／何か}ガ)理解できる。この二項所動詞は、能格型の構文(「ガニ格(能格)主語＋ガ格(主格)目的語＋動詞」)の他に、他動詞的な「[誰か]ガ{[誰か]コト／[何か]φ}分かる」という対格型の構文(「ガ格(主格)主語＋{コト格(対格)／φ格(対格)}目的語＋動詞」)をとることができる。
／やつ˥・がに・わ　おれ・が　わかんな˥かった・みてー・だ↓／
／やつ˥・わ　おれ・こ˥と　わかんな˥かった・みてー・だ↓／
(直訳：「やつには俺が分からなかったようだ。」「やつは俺を分からなかったようだ。」)
※対格型の構文をとる典型的他動詞は能格型の構文をとることはできない。二項所動詞に限って能格型の構文の他に対格型の構文がとれるので、二項所動詞の対格構文と考える。

わかれ˥～わか˥れ ／'wakare˥～'waka˥re／（名詞）
縁続き。親戚。分家筋。同義語の／ひっぱれ¯ siQpare／(戦後世代は／hiQpare／)の方がよく耳にする。

わき=˥ ／'waki=˥／［脇］(名詞)
①本体に付随して存在する側面部分。脇。／わき・に˥　どけとけ↓／（脇にどけておけ。）
②体の(両)側面。腕の付け根から下の部分。／わきっぱら¯ 'wakiQpara／（脇腹)。
③特に腕の付け根下の凹み。脇の下。／わきげ¯ 'wakiŋe／（腋毛)。
※「脇」の左右は、／みぎわき¯／、／ひだりわき¯／と言う。

わきっちょ˥ ／'wakiQcjo˥／（名詞）
少し脇の方。／わきっちょ˥・に　どけとけ↓／（脇にどけておけ。）

わきばら¯～わきっぱら¯ ／'wakibara～'wakiQpara／（名詞）
腹の左右の側面部分をいう。

わきめ¯ ／'wakime／［脇芽］(名詞)
植物の茎から葉が出る所の付け根の部分にできる芽。
※「野菜の脇芽」は／やご˥ 'jaŋo˥／、「長芋の脇芽」は／むかご¯ mukaŋo／と言った。

わけ˥ ／'wake˥／［訳］(名詞・形式名詞)
①ことばの意味。ことがらの事情、理由。訳。
②形式名詞として、「わけ・だ」の形で繋合詞(いわゆる断定の助動詞)と結合して「論理的帰結」を表す。次のような文脈と対表現に注意。なお、行為的連関を表している表現型の｛スル／シタ｝｛シナイ／シナカッタ｝は、推移的連関を表す場合は｛ナル／ナッタ｝｛ナラナイ／ナラナカッタ｝に読み替えること(例えば「(そう)スル」→「(そう)ナル」)。
ⓐ「だからda ka˥ra、～(そう)｛スル／シタ｝　わけ・だ'wake˥ da」
↔「だからってda ka˥raQte、～(そう)｛シナイ／シナカッタ｝　わけ・ではない'wake˥ zja ne˥ʀ」
ⓑ「だからda ka˥ra、～(そう)｛シナイ／シナカッタ｝　わけ・だ'wake˥ da」
↔「だからってda ka˥raQte、～(そう)｛スル／シタ｝　わけ・ではない'wake˥ zja ne˥ʀ」
※「論理的帰結」を表す上記ⓐⓑの「わけ・だ」の位置には、「状況」「原因・理由・根拠」を説明する(説明体の)「の・だ」も現れる。「わけ・だ」と「の・だ」は、理由づけ・根拠づけという点でかなりの部分で意味・用法が重なる。

わざっ˥と ／'wazaQ˥to／（副詞）
故意に、わざと。／わざっ˥と　あし˥⌒だした／(わざと足を出し(て転ばせ)た)。
※／わざ˥わざ 'waza˥'waza／は「特にそのことだけのために(する)」という意味で、近いが異なる。

わすいる¯ ／'wasuiru／（他動詞ア行上一段）
忘れる。
可能動詞形は／わすらいる¯ 'wasurairu／（「忘られる」）で変則的である。意味は、①可能と②自発（＝自然可能）の両方が見られる。
①／わすいべ˥・ともったって　わすらいる⌒もん・だ⌒ね˥ー↓／
(忘れようと思っても「忘られる」ものではない。)
②／いつ・の・ま・に˥・か　わすらいてる⌒もん・だ˥・よ↓／
(いつの間にか「忘られている」ものだ。)
受身動詞形は規則どおり／わすいらいる¯ 'wasuirairu／(「忘れられる」)となる。
／あんな⌒こと　いつ˥・まで　おぼい˥てろんか↓　すぐ˥・に　わすいらいら˥ー↓／
(あんなことを(他人は)いつまでも覚えていない。すぐに(他人に)忘れられる。)
動詞語基形（連用形）に付いて複合動詞を形成する。殆どは①「～スル{こと／の}を忘れる」という意味を表すが、少数「「～シタ{こと／の}を忘れる」という意味を表す。
①／てがみ　あてな　かきわすい˥て　だっしゃっ˥た↓／
(手紙を、宛名を書き忘れて、出してしまった。)
／てれ˥び　みわすいた↓／（[見ようと思っていた]テレビの番組を見忘れた。）

②／どー˥・も　さいふ　どっ˥か・い　おきわすい˥ちゃった・みてー↓／
（どうも財布をどこかに置き忘れてしまったようだ。）
／おれ・こ˥と　みわすいた˥・か↑／（[よそよそしくする猫に]おれを見忘れたか。）
※共通語のラ行下一段動詞の語尾の「れ」がその直前の音節が非前舌母音音節の場合に「い」に音韻変化し、ア行上一段化した形で対応するものものがかなりあり、この語もそれに該当する。

わすらいる¯ ／'wasurairu／（可能動詞ア行上一段）
／わすいる¯ 'wasuiru／（忘れる）の可能動詞。⇒／わすいる¯ 'wasuiru／（忘れる）を参照。

わた=˥ ／'wata=˥／［綿］（名詞）
綿。⇒／わた・の⌒き˥ 'wata no ki˥／参照。

わた=˥ ／'wata=˥／［腸］（名詞）
（魚などの）内臓。複合語では異形態に／＝ばた -bata／が出る。⇒／はらばた=˥～はらばた¯～はらわた=˥～はらわた¯／の項を参照。
／わた˥　とっちゃ˥い↓／、／わた・も˥　とっちゃ˥い↓／（腸[も]取ってしまえ。）
（／わた˥　とっちゃ˥い↓／は一息に続けると［わた˥⌒とっちゃい］とアクセント核が消える。）

わた˥ごみ～わた˥ごみ ／'wata˥gomi～'wata˥ŋomi／［綿ごみ］（名詞）
ほこりがたまって綿（わた）状になったものを言う。
※空中に飛散する綿（わた）の繊維くずのほこりは／わたぼこ˥り／と言うという。

わた˥⌒ぬく ／'wata˥ nuku／（連語カ行五段活用）
魚などの、内臓を抜き取ること。⇒／はらばた=˥～はらばた¯～はらわた=˥～はらわた¯／参照。

わた・の¯⌒き˥ ／'wata no ki˥／［綿の木］（連語名詞）
綿の木。昔は農作物として植えられていたと言う。

わたぼこ˥り ／'watabokо˥ri／［綿ぼこり］（名詞）
①綿（わた）を扱うとき空中に飛散する繊維くずのほこりを言う。但し、話者によっては、②ほこりがたまって綿（わた）状になったものも言うという。⇒／わた˥ごみ～わた˥ごみ／を参照。

わっか˥ ／'waQka˥／（名詞）
環状の物。「枠/'waku=˥/」として機能する「輪/'wa=˥/」の形をしたもの。
※複数の話者が「わっか」とは「枠輪」のことではないかという語意識を述べていた。また、「何かに「わく（枠）」をはめる」と「何かに「わっか」をはめる」の（同じ構文での）意味的な近似と相違からも「わっか」すなわち「枠＋輪」とする仮説に無理はないと思われる。この場合、「わくわ（枠輪）」から［*wakuwa→*wakkwa→wakka］と変化したと推定される。⇒／まんが¯ maɴŋa／（馬鍬）の注参照。

わっかく˥ ／'waQkaku˥／（他動詞カ行五段）
割って二つ以上にすること。／かき　わっかい˥て　かじった˥／（柿を割ってかじった）。

わっつぁく˥ ／'waQcaku˥／（他動詞カ行五段）
割って二つ以上に分けること。
／まるた　わっつぁい˥て　まき・に　した／（丸太を割って薪にした）。

わら˥ ／'wara˥／［藁］（名詞）
稲や麦の茎を乾燥させたもの。それぞれ／いねわら¯～いなわら¯ 'ɪne'wara～'ɪna'wara／（稲わら）、／むぎわら¯ muŋi'wara／（麦わら）という。

わらう¯～わらー¯ ／'wara'u～'waraʀ／［笑う］（自動詞・他動詞ワ行五段）
①自動詞は、嬉しいときや恥ずかしいときに顔に表れる特有の表情を言う。声を伴うことも伴わないこともある。笑う。／あか˥ちゃん　わらった↓／（赤ちゃんが笑った。）
②他動詞は、ばかにして笑う。ばかにする。⇒／わらわいる¯ 'wara'wairu／（受身動詞）を参照。
／かげ˥・で　おめ・こ˥と　わらってん・だん˥べ・よ↓／（陰でお前を笑っているだろう。）
／しと・に　わらわいる⌒こと・だけ˥・わ　しんな˥↓／（人に笑われることだけはするな。）

わらかす¯～わらわかす¯ ／'warakasu～'wara'wakasu／（他動詞サ行五段）
笑わせる。／ばか˥　ゆって　ひと・こ˥と　わらかす／（ばかを言って人を笑わせる）。
※語基としてのいわゆる未然形「笑わ＝」に他動詞形成接尾辞の／＝かす -kasu／が付いた形（厳密には子音動詞の子音語幹'wara'w-に他動詞形成接尾辞-kas-uの異形態の-akas-uが付いた形）の／わらわかす¯／が本来の形で、／わらかす¯／はさらに変化した形である。後者が一般的に使われる。「散る/cir-u¯/」―「散らかす/cir-akas-u¯/」、「腐る/kusa˥r-u/」―「腐らかす/kusa˥r-akas-u/」などが同類の派生型に属する。

わらごや¯ ／'waraŋo'ja／［藁小屋］（名詞）
ワラを保管しておく小屋。

わらじ˥むし ／'warazi˥musi／（名詞）
共通語で言う「ダンゴムシ（団子虫）」のこと。触ると丸くなる。⇒／ぞーり˥むし zoʀri˥musi／参照。
※似ているが、触っても丸くならないのは／ぞーり˥むし zoʀri˥musi／と言う。これが共通語では「ワラジムシ」と言われるものである。つまり、方言の「わらじむし」を共通語で「ダンゴムシ」と言い、方言の「ぞーりむし」を共通語で「ワラジムシ」と言うことに注意。

わらずと¯ ／'warazuto／［藁苞］（名詞）
ワラなどを束ねて食品（納豆など）を包んだもの。単に／つと˥～つと¯ cuto˥～cuto／（苞）とも言う。

わらやね⌉ ／'wara'jane⌉／［藁屋根］(名詞)
藁葺きの屋根。／くさやね⌉ kusa'jane⌉／(草屋根)とも言う。
わらわいる¯ ／'wara'wairu／（「笑う/'wara'u¯/」の受身動詞。ア行上一段)
「ばかにして笑う。ばかにする」の意味の他動詞／わらう¯ 'wara'u／の受身動詞。
／しと・{に／から} わらわいる¯／(人{に／から}笑われる)の形で、「他人や世間の人{に／から}ばかにされる」という意味を表す。なお、表記{A／B}は、AとBが選択関係にあることを表す。
／んーな⌒こと⌉⌒したら しと・{に／から} わらわいん・ど⌉↓／
(そんなことをしたら人{に／から}笑われるぞ。)
※受身文の動作主補語(「笑われる」における「笑う」行為の「行為者」)は、位格の「ニ」か奪格の「カラ」で表される。使役文で位格の「ニ」(や対格の「コト」)とともにその動作主補語（「行かせる」における「行く」行為の「行為者」)を表示する与格の「ゲ」を受身文で使うことは全く不可(戦前世代。戦後世代は与格助詞「ゲ」を欠く)。また、能格の「ガニ」や無助詞の「φ」で表示することもできない。つまり、受身文の動作主補語は、「人{ニ／カラ}＋わらわいる」の形を取って、「人{×ゲ／×ガニ／×φ}＋わらわいる」とはならないこと、対して、使役文の動作主補語は、「人{ニ／ゲ／コト～φ}＋行かせる」の形を取るということになる。
なお、可能動詞の／わらいる¯ 'warairu／(笑える)が作る可能文の主語（「笑う」行為の「行為者」)の表示(戦前世代)は、無助詞の「φ」でも主格の「ガ」でも能格の「ガニ」でもいずれも可能である。参考までに主語の他に目的語を持つ他動詞由来の可能動詞の目的語の格表示も一緒にして示すと、例えば、「[おれ{φ／ガ／ガニ}＋やつ{φ／コト／ガ}＋わらいなかった]わけは…」(おれがやつを笑えなかったわけは…) のようになる。φ格の名詞句を含む「主語＋目的語」の組み合わせを除くと、「ガ格主語＋コト格目的語」(対格構文)、「ガニ格主語＋ガ格目的語」(能格構文)の組み合わせが典型的と考えられるが、「ガニ格主語＋コト格目的語」(混合構文) も十分文法的である。「ガ格主語＋ガ格目的語」(二重ガ格構文) に関してはこのままでは意味が分からないとする話者が多かった。ちなみに、他動詞文自体の格表示は、「[おれ{φ／ガ}＋やつ{φ／コト}＋わらわなかった] わけは…」(おれがやつを笑わなかったわけは…)のように、「ガ格主語＋コト格目的語」(対格構文)になっていて、この形だけが文法的である。
※「村」共同体においては、他人に笑われないことが社会的な行動基準になっているようなところがあった。⇒／わらう¯～わらー¯ 'wara'u～'waraʀ／(他動詞)の項を参照。
わらわかす¯～わらかす¯ ／'wara'wakasu～'warakasu／ (他動詞サ行五段)
→／わらかす¯～わらわかす¯ 'warakasu～'wara'wakasu／
わり⌉ー～わる⌉い ／'wari⌉ʀ～'waru⌉i／［悪い］(形容詞)
悪い。反対語は／いー⌉ ɪʀ⌉／。⇒連語／いー⌉⌒わりー／を参照。
※「非好意的に言う」という意の「悪く言う/'waru⌉ku 'juʀ/」は、「[誰か¹]ガ＋[誰か²]ゲ＋[誰か³]コト＋悪く＋言う」という構文をとる。(戦後世代は「[誰か²]ニ」。与・位格句は随意的)
／あいつ・が (おれ・げ) {おめー・こ⌉と／おめーら⌉ち・こと} わる⌉く ゆった↓／
(あいつが(おれに){おまえを／おまえの家を}けなした。「おめーらち」は集合名詞で生物扱い)
「非好意的に思う」という意味の「悪く思う/'waru⌉ku 'omo⌉ʀ/」は、似ているが与格句を欠き、[誰か¹]ガ＋[誰か³]コト＋悪く＋思う」という。
／おれ・わ あいつ・こ⌉と わる⌉く おもって⌉た↓／(おれはあいつを悪く思っていた。)
わり⌉ー～わり⌉ー・な(⌉) ／'wari⌉ʀ～'wari⌉ʀ na(⌉)／ (形容詞の感動詞的用法)
謝罪や感謝のことば。同じ場面で同じことを過去形で／わる⌉かった～わる⌉かった・な(⌉) 'waru⌉kaQta～'waru⌉kaQta na(⌉)／とも言う。この過去形は、事態や状態が実現(現成)していることを確認する形式で、同じ事態の異なった把え方(直接的↔反省的)による表現になっている。
※「(相手に)悪い(ことをした)」ということから、相手への心理的負い目を表現することで謝罪や感謝に使われたもの。／すまね⌉ー、すまな⌉かった／にも同様な心理的構えが見られる。
わるがる⌉ ／'waruŋaru⌉／［悪がる］(他動詞ラ行五段)
／わる⌉い 'waru⌉i／の派生語で、謝罪(や感謝)の気持ちをもつことを表す。済まながる。
／わるがって⌉っ・から かん⌉べん⌒して やれ⌉・や↓／ (済まながっているから許してやれ。)
※「誰かガ(主格)＋誰か{ゲ／ニ}(与・位格)＋何かφ(対格)＋悪がる」という構文を取る。人称制限があり、通常、主語に第一人称は立たない。
わるくち⌉～わるくち=⌉ ／'warukuci⌉～'warukuci=⌉／［悪口］(名詞)
他人のことを(陰で)悪く言うこと。／わるくち⌉・みてー・に きこいる／、／わるくち⌉・の・よ・に きこいる～わるくち・の・よ⌉・に きこいる／(悪口のように聞こえる)。／わるくち⌉⌒ゆー／(悪口を言う)。
わる⌉さ ／'waru⌉sa／ (名詞)
他人の迷惑になる悪戯。
※／いたずら¯ 'ɪtazura／は子どもの(時として罪のない)悪戯。

ん¯ ／'ɴ／（指示代名詞）

繋合詞／だ da／（いわゆる断定の助動詞）の諸活用形と結合して、軽い文脈指示的な機能を果たす形式である。なお、この場合の文脈指示とは、先行する語句や発言、事態や状況を指示する照応詞的 anaphoric な働きのことをいう。指示代名詞／それ¯ sore／が繋合詞／だ da／と結合して撥音便化した形式／そん¯ soɴ／の弱まり語形／ほん¯ hoɴ、ふん¯ hɴ／のさらなる弱まり語形に起源する形式と考えられる。下記の①の諸形式は共時的には／それ¯ sore／に還元できず、むしろ指示副詞／そー¯ soʀ／と置き換え可能だが、／そー¯ soʀ／からは／ん¯ 'ɴ／という音形を導くことが困難なので、やはり①の／ん¯ 'ɴ／についても、②の／ん¯ 'ɴ／を介して、／それ¯ sore／の弱まり語形／そん¯ soɴ／起源の／ん¯ 'ɴ／が用法・機能を拡大したものと考えておく。

①繋合詞の終止形式とともに現れるもの。アクセント表記は省略。

ⓐ／ん・だ／、／ん・だ・な／、／ん・だ・よ／、／ん・だ・よ・な／など。
／ん・だった／、／ん・だった・な／、／ん・だった・よ／、／ん・だった・よ・な／など。

ⓑ／ん・だっけ／、／ん・だっけ・な／、／ん・だっけ・よ／など。
／ん・だったっけ／、／ん・だったっけ・な／、／ん・だったっけ・よ／など。

ⓒ／ん・だんべ／、／ん・だんべ・な／、／ん・だんべ・よ／など。
／ん・だったんべ／、／ん・だったんべ・な／、／ん・だったんべ・よ／など。

例文：／ん・だ・な˥ー↓／（そうだなあ。おまえ（対話者）の言うとおりだなあ。）

②繋合詞の接続形式とともに現れるもの。ⓕⓖは終止形式に接続助詞が付いた形式だが、機能的に見て②に入れてある。アクセント表記は省略。

ⓐ／ん・で／。ⓑ／ん・じゃ／。ⓒ／ん・でも／。ⓓ／ん・だって／、／ん・だったって／。ⓔ／ん・だら／、／ん・だったら／。ⓕ／ん・だ・から／、／ん・だった・から／。ⓖ／ん・だ・けど～ん・だ・けんど／、／ん・だった・けど～ん・だった・けんど／など。

例文：／ん・だ˥ら　どー˥⁀しんば　いー˥・ん・だ↓／（それなら、どうすればいいのだ。）

˥んで ／˥ɴde／（接続助詞）

「＋有根拠性」の順接確定条件を表し、／か˥ら／に比して論理構成上の客観性の度合いが高い。
／もー⁀すぐ˥・に　そっち˥ー　つく˥・んで　あと⁀ちょっ˥と　まって˥て⁀くれ↓／

んま=˥ ／'ɴma=˥／［馬］（名詞）

馬。／んま˥⁀かってた／、／んま˥　かって˥た／、／んま・こ˥と　かって˥た／（馬を飼っていた）。／んま・の⁀こ¯、んま・の⁀こども¯／（馬の子）、／んま˥・みてー・な⁀かお／（馬似の顔）。

※語頭音節/'u/は、広い母音を音節主音とする「マ行音」（マ・メ・モ）の前には立たず、その位置には代わりに成節的鼻音/'ɴ/[m̩]（漸強＝漸弱音で、通常の撥音のような漸弱音ではない）が現れる。このような発音をする話者に、問題の音が「ウ」なのか「ン」なのかを確認したところ、「ウ」ではなく「ン」だと言っていた。「生めば[ンメバ]」の拗音化形の「生みゃあ」も[ンミャー]と発音される。語頭ではないが、「お馬」や「子馬」も[オンマ]や[コンマ]と発音される。この場合丁寧な発音では成節的に[オ・ンマ]や[コ・ンマ]となるが、ふつうは非成節的に[オン・マ]や[コン・マ]と発音されている（成節的な[ン]の方が非成節的な漸弱音の[ン]より持続が長い）。ただし、戦後世代では、この位置には文字言語の影響によるものか［u］が現れるようになってきており、ふだんは成節的鼻音で発音している話者でも、改まると［u］と言うのが普通になっている。

んま˥い～んめ˥ー ／'ɴma˥i～'ɴme˥ʀ／（形容詞）

①上手な、好都合な。②味がよい、うまい。
／あら　じー˥　んま˥か⁀ねー↓／（あの人は字が下手だ。）
／こんだ˥・こさ　んま˥く⁀いく・と　いー˥・けど・な↓／（今度こそうまくいくといいけど。）

※この語形は①の意味でよく使われるように感じる。②の意味では／んーま˥い～んーめ˥ー／が多いように感じられる。

んまかた¯ ／'ɴmakata／［馬方］（名詞）

馬に人や荷物を乗せて運ばせることを仕事とした人。馬方。

※屋号に／こまかた¯ komakata／（駒方）があり、この家はむかし前記のような仕事もしていたと聞くので、古くは／んまかた¯ 'ɴmakata／（馬方）を、／こまかた¯ komakata／（駒方）とも言っていた可能性がある。

んまる¯～んーまる¯ ／'ɴmaru～'ɴʀmaru／［埋まる］（所動詞ラ行五段）

①穴などのくぼみに物が入りいっぱいになるなど、他のものの内部に入り込んで外見上一体となる。
／あな˥　ごみ・で˥　んまってる↓／（穴がゴミで埋まっている。）

②湯に水が入りぬるくなるなど、他のものに覆い隠されて見えなくなる。
／ふろ˥　んまった・か↑／（加水することで風呂が熱くなくなって入れるようになったか。）のような言い方で使われることが多い。

※語源的には／んーまる¯ 'ɴʀmaru／は、語基の所動詞／んまる／（埋まる）に、「打ち＝」由来の強意の接頭辞の／（うっ＝～）うん＝／が付いた派生動詞、即ち／*'uɴ-＋'ɴmaru／→／*'uɴ'ɴmaru／→／'uɴmaru／[ummaru]→／'ɴʀmaru／[m̩ːmaru]かもしれないが、意味・用法に違いが殆どなく併用されているので、異語形のように扱った。

ん

んまれる¯ ／'ɴmareru／ ［生まれる］（自動詞ラ行下一段）
生き物が誕生する。植物の誕生？は／はいる˥ hairu˥／（生える。所動詞）という。
注．この語は生物主語をとることから「死ぬ」と同様に自動詞とされるが、命令形や志向形、使役態や受動態、利益態の不自然さや欠如など文法的ふるまいからは所動詞に近く、所動詞の取る構文に「むすめガニ＋子どもガ＋／んまれた¯ 'ɴmareta／」（戦前世代）のように現れる。意味的に近い所動詞文の「むすめガニ＋子どもガ＋できた」に引きつけられているとも考えられるが、自動詞一般の取る構文とは異なっている。⇒／うむ¯ 'umu／（生む）を参照。
／むすめ・が˥に　おんな・の˥⌒こ・が　んまれた↓／［戦前世代］（娘に女の子が生まれた。）
／むすめ・に˥　おんな・の˥⌒こ・が　んまれた↓／［戦前・戦後世代］（娘に女の子が生まれた。）
／せがれ・が˥に　おんな・の˥⌒こ・が　んまれた↓／［戦前世代］（息子に女の子が生まれた。）
／せがれ・に　おんな・の˥⌒こ・が　んまれた↓／［戦前・戦後］（息子に女の子が生まれた。）
※受身の「れる・られる」形は方言では「イル・ライル」形が対応するが、この語は「生マイル」という受身形式で言われることはない。東京語もそうだが「生まれる」は「生む」の受身動詞ではないことと関係していよう。
注．念のため、英語の「be born」も俗説と違って「bear」の受動態ではない。理由は次のとおり。
①例えば、Mother loved me. は I was loved by Mother. と受動文化できるが、Mother bore me. を受動文化した *I was born by Mother. は文法的な文にはならない（非文）。受動文なら共起できるはずの動作主agent を表す by前置詞句と be born は共起できないことに注意。
②bear には、二つの過去分詞形 born と borne があるとされるが、born には、I was born. のような叙述用法のほか、the first born child のような限定用法しかない（つまり形容詞的であり動詞的でない）。一方、borne は She has borne two children. のように目的語を伴ったり、動作主を表す by前置詞句と the two children borne by her. のように共起できる（つまり動詞的でありかつ形容詞的（＝分詞的）である）。born と borne を入れ替えると誤文になることに注意。
③born は、Two children were born to her. のように、他の形容詞と同様に経験者experiencer を表す to前置詞句を取ることができる。
従って、こういう文法的特徴から見て born は形容詞と考えるべきであり、I was born. は受動文ではなく、形容詞を述詞（補語）predicative とする自動詞文（SVC）と考えるのが言語学的には妥当と考えられる。
んめ¯ ／'ɴme／ ［梅］（名詞）
梅。戦前世代のほとんどの話者は語頭音を成節音に［ンメ m̩me］と発音している。
／んめ・の¯⌒き˥ 'ɴme no ki˥／（梅の木）、／んめ・の¯⌒み¯ 'ɴme no mi／（梅の実）。
んめぼし¯～んめぶし¯ ／'ɴmebosi～'ɴmebusi／ ［梅干し］（名詞）
梅干し。／んめぶし¯ 'ɴmebusi／と発音する話者も少なからずいた。
んめる¯～んーめる¯ ／'ɴmeru～'ɴʀmeru／ ［埋める］（他動詞マ行下一段）
①穴などのくぼみに物を入れていっぱいにするなど、他のものの内部に入り込ませて外見上一体とする。／ごみ・わ˥　あな˥⌒ほって　んーめろ˥↓／（ゴミは穴を掘って埋めろ。）
②湯に水を入れてぬるくするなど、他のものを覆い隠して見えなくする。
／ふろ˥　んめる ～ ふろ˥　んーめる／（風呂をうめる）という言い方で使われることが多い。
／あっつい˥・から　ふろ˥　んーめて　くれ˥↓／（熱いから風呂の湯を水でうめてくれ。）
※／んーめる¯／は／んめる¯／に「力を込めて～スル」意味の接頭辞／（'uQ-～）'uɴ-／が付いた語形「*うん埋める」（強意表現）のように話者には感じられているが、現実の使用では両者は区別なく使われている。語源的にも／んーめる¯ 'ɴʀmeru／は、語基の他動詞／んめる 'ɴmeru／（埋める）に、「打ち＝」由来の強意の接頭辞／（うっ＝～）うん＝ （'uQ-～）'uɴ-／が付いた派生動詞、即ち／*'uɴ-＋'ɴmeru／→／*'uɴ'ɴmeru／→／'uɴmeru／［ummeru］→／'ɴʀmeru／［m̩:meru］かもしれないが、上記のように意味・用法に違いが殆どなく併用されているので、異語形のように扱った。
注：共通語の「埋める・埋まる・埋もれる」と共通するが、「他のものの内部に入れ込んで対象物を見えなくする」「他のものの内部に入り込んで対象物が見えなくなる」が基本義と考えられる。
対する「うずめる・うずまる・うずもれる」は、「他のもので表面を覆って対象物を見えなくする」「他のもので表面が覆われて対象物が見えなくなる」が基本義と考えられる。
いずれも、「対象物を（隠して）見えなくする」「対象物が（隠れて）見えなくなる」点で共通する意味特徴を持っているが、前者は「他のものの内部への移動」が固有特徴で、後者は「他のものによる表面の被覆」が固有特徴と考えられる。方言では後者の語彙は欠けているようで、後者は前者に意味的には合流しているようである。
んーな¯ ／'ɴʀna／［n̩:na］（連体詞・副詞、感動詞）
①連体詞で「そんな」、副詞で「そんなに」のような意味を表す。／そんな¯／に比べて指示性は弱い。／んーな⌒こと˥　ゆわいたっ˥て／（そんなことを言われても）、／んーな　ゆわいたっ˥て／（そのように言われても）。その他、「奴/'jacu˥/」「野郎/'jaro˥ʀ/」の前で／んーね¯ 'ɴʀne／が現れる。
②（感動詞）相手のことばを受けて、相手の下した判断に対する、不平・不満・不同意の語気［否定的語気］を表す。終助詞的に、話し手の判断を述べる文の文末に音休止をおかず一息に続けて発音されて、相手への不同意の語気を文に与える。単独で文として発話されることもある。使用頻

度は高く耳立つことがある。
／そら　あろ˥んか・よ⌒んーな¯↓／(それはないよ、んんな。)
／そら　あろ˥んか・よ↓｜ んーな¯↓／(それはないよ。んんな。「｜」は音休止)

んーま˥い～んーめ˥ー ／'ɴʀma˥i～'ɴʀme˥ʀ／[m̩:ma˥i～m̩:me˥:]（形容詞）
①味がよい、うまい。②上手な、好都合な。
※この語形は①の意味でよく使われるように感じる。②の意味では／んま˥い～んめ˥ー／が多いように感じられる。①の意味では以前は日常的に男女ともに使い、「おいしい/'oisiʀ¯/」は、使うとしたらよそいきの上品語で生活語ではなかった。なお、話者によっては／うんま˥い～うんめ˥ー 'uɴma˥i～'uɴme˥ʀ／[umma˥i～umme˥:]という発音も聞かれた。
※この語形は、形容詞に見られる語幹の第1音節と第2音節の間に{促音／撥音}を挿入する―厳密には第2音節の頭(子)音を重複(二重化)する―(多くは臨時的な)強意表現(例えば「た＋っ＋けー[takke:]」(高い)や「す＋ん＋げー[suŋŋe:]」(凄い)等)に起源する形と考えられる。／んーめ˥ー／は、／んめ˥ー 'ɴme˥ʀ[m̩me˥:]／の強意形式である[m̩mme:](成節的両唇鼻音[m̩](漸強漸弱音)＋撥音(非成節的両唇鼻音)[m](漸弱音)＋[me:])に起源し、結果的に／んーめ˥ー 'ɴʀme˥ʀ[m̩:me˥:](/'ɴ/[m̩]＋引音/ʀ/[:]＋/meʀ/[me:])と音韻論的に解釈される形になったものと考えられる(一部アクセント表記省略)【ごく簡単に言えば「うめー」→「う＋ん＋めー」という変化が「う」が成節的鼻音「ん[m̩]」だったために、「んめー」→「ん＋ん(撥音)＋めー」→「ん＋ー(引き音)＋めー」となったと推定されるということである】。強意形に起源する形が味覚表現①によく使われるのは、身体的直接経験(味覚)の表出に強意表現が親和的{な／だった}ためと思われる。

んーま˥かす ／'ɴʀma˥kasu／（他動詞サ行五段）
容れ物をひっくりかえして、中味を全部外に勢いよく出して散らかすこと［±意志的］。
次々項／んーま˥ける 'ɴʀma˥keru／にほぼ同意。⇒／うんま˥かす 'uɴma˥kasu／の項を参照。
／ばけつ(・の⌒みず)　んーま˥かしやがった／(バケツ(の水)をぶちまけやがった)。
※／うんま˥かす 'uɴma˥kasu／と発音する話者もいる。

んーま˥かる ／'ɴʀma˥karu／（所動詞ラ行五段）
次項の他動詞／んーま˥ける 'ɴʀma˥keru／の動作主を(削除ではなく)括弧入れして対象物を主語とした「脱使役decausativization」形(cf.「(木を)植えた」→「(木が)植わっている」)。従って、／んーま˥かる 'ɴʀma˥karu／には背後に動作主の影があって、「誰かが／んーま˥けた 'ɴʀma˥keta／」からそうなった、そうなっているのだという事態の把握になっている。
／そけらじゅー　ごみ˥　んーま˥かってた↓／(その辺一面にゴミがぶちまけられていた。)

んーま˥ける ／'ɴʀma˥keru／（他動詞カ行下一段）
容れ物をひっくりかえして、中味を全部外に勢いよく出して、散らかすこと［＋意志的］。
前々項／んーま˥かす 'ɴʀma˥kasu／にほぼ同意。⇒／うんま˥ける 'uɴma˥keru／の項を参照。
／ばけつ(・の⌒みず)　んーま˥けやがった／(バケツ(の水)をぶちまけやがった)。
類義語に／ぶんま˥ける buɴma˥keru／がある。／ぶんま˥ける buɴma˥keru／の方が有意性・故意性が強い。／んーま˥かす 'ɴʀma˥kasu／に対応する／*ぶんま˥かす *buɴma˥kasu／は聞かれない。
※／うんま˥ける 'uɴma˥keru／と発音する話者もいる。
※「打ち撒(ま)ける」が語源であるが、「撒き散らす」意味の単独の「撒(ま)ける」や「撒(ま)かす」は本方言にはなく、接頭辞／うん＝～んー＝／などと結合してのみ現れる形態(造語成分)である。
※／こぼす˥ kobosu˥／は容れ物を傾けて、中味を一部外に落とすこと（意志的なことも無意志的なこともある）

ん

『埼玉県東南部方言の記述的研究』（くろしお出版2016）の正誤表と補筆事項

・正誤表：

108頁11行　/ŋure˥(ʀ)〜…/のŋure˥(ʀ)の前に、Qcu˥を挿入する。【「Qcu˥」が落ちていたので】
→/Qcu˥, ŋure˥(ʀ)〜…/

116頁15行　「（音調上の切れ目なく）」続けてひと息で…発音される」こと
→「（音調上の切れ目なく）続けてひと息で…発音される」こと
【「（…切れ目なく）」続けて…」の「続けて」の前の鉤括弧閉じ（」）をとる】

293頁14行　/Qcu/（ずつ）【アクセント核の記号（˥）が落ちているので次のように直す】
→/Qcu˥/（ずつ）

・補筆事項：

199頁28行　28行以下の文章に次のように下線部を補う。
①〜④、特に④とは違う一項所動詞に基づく特異な「〜ガニ＋〜ガ＋所動詞」文が存在するので、ここで触れておく。それは、「おれガニ目ガ見えたら…」「おれガニ耳ガ聞こえない」のような文―他に、反省的に「〜ガ＋〜ガ＋所動詞」型の「おれガ目ガ見えたら…」「おれガ耳ガ聞こえない」と言うことが可能―のことで、これらは上記のものと違って、実質は「［おれの目ガ］見えたら…」「［おれの耳ガ］聞こえない」と同じであり、それを「［おれガニ目ガ］見えたら…」「［おれガニ耳ガ］聞こえない」（構文的には「［おれガニ［目ガ見え］］たら…」等）―同様に、「［おれガ目ガ］見えたら…」「［おれガ耳ガ］聞こえない」（構文的には「［おれガ［目ガ見え］］たら…」等）―と言っているわけで、「二重化された目的語」（192頁）と同様に、一種の「二重化された主語」と考えるべきものと思われる。従って、ここの考察では対象外としている。

236頁11行　この次行に再帰代名詞の補注として、「※１・２人称の主語に対しては再帰代名詞だけでなく１・２人称代名詞もそれぞれ再帰的に使われることがある。」という補足を入れる。

［著者］
原田 伊佐男（はらだ いさお）

1947年に埼玉県北足立郡安行村小山（現草加市小山町）に生まれる。
1953年～1957年　安行村立安行小学校。
1957年～1959年　草加市立草加小学校。
1959年～1962年　草加市立草加中学校。
1962年～1965年　埼玉県立春日部高等学校。
1965年～1969年　早稲田大学商学部。
1969年～1971年　早稲田大学教育学部国語国文学科。
1971年～1973年　早稲田大学大学院文学研究科国語学専攻。
1973年～2010年　埼玉県立高等学校勤務。
1985年まで埼玉県草加市に居住。
1985年から現在まで埼玉県越谷市に居住。

著書に、『埼玉県東南部方言の記述的研究』（くろしお出版、2016年）。

埼玉県東南部方言辞典（さいたまけんとうなんぶほうげんじてん）

初版第1刷———2024年 12月25日

著　者————原田 伊佐男（はらだ いさお）

発行人————岡野秀夫
発行所————株式会社 くろしお出版

〒102-0084　東京都千代田区二番町4-3
［電話］03-6261-2867　［WEB］www.9640.jp

印刷・製本　藤原印刷

ISBN ▶978-4-87424-986-4 C3581　Printed in Japan